Platon, Sohn des Ariston, geboren um 427 v. Chr. in Athen, ist ebendort 349 v. Chr. gestorben.

Das umfangreiche und vielschichtige Werk Platons fordert noch heute jeden zur Auseinandersetzung heraus, dem es um philosophische Bildung zu tun ist. Schon seit der Antike genießt Platon den Ruf eines klassischen philosophischen Autors. Seine Schriften haben daher nicht nur in der von ihm gegründeten Akademie zu differenzierten Reaktionen geführt, sondern auch darüber hinaus eine sehr komplexe Wirkungsgeschichte ausgelöst; noch in der Neuzeit hat man sich auf immer wieder neue Weisen mit Platon befaßt. Angesichts einer solch bedeutenden Tradition ist zu wünschen, daß sich auch künftig viele Köpfe an Platon zu schulen versuchen. Die vorliegende insel taschenbuch-Ausgabe in zehn Bänden unterstützt diesen Wunsch, indem sie das gesamte Corpus der Platonischen Schriften im griechischen Originaltext und in einer deutschen Übersetzung einem breiten Publikum zugänglich macht.

insel taschenbuch 1401

Platon

Protagoras · Apologie

PLATON

SÄMTLICHE WERKE

in zehn Bänden
Griechisch und Deutsch
Nach der Übersetzung
Friedrich Schleiermachers,
ergänzt durch Übersetzungen
von Franz Susemihl
und anderen
Herausgegeben von
Karlheinz Hülser

PLATON

ION · PROTAGORAS · APOLOGIE
KRITON · LACHES · LYSIS
CHARMIDES

Griechisch und Deutsch
Sämtliche Werke I

Insel Verlag

insel taschenbuch 1401
Erste Auflage 1991

Hinweise zu dieser Ausgabe zu Beginn des ersten Bandes
Umschlag- und Kassettenmotiv: Elke Dörr
Vertrieb durch den Suhrkamp Taschenbuch Verlag
Umschlag nach Entwürfen von Willy Fleckhaus
Satz: Pagina GmbH, Tübingen
Druck: Nomos Verlagsgesellschaft, Baden-Baden
Printed in Germany

1 2 3 4 5 6 – 96 95 94 93 92 91

INHALT

Einleitung des
Herausgebers
9

Ἴων · Ion
23

Πρωταγόρας · Protagoras
61

Ἀπολογία Σωκράτους · Apologie
Des Sokrates Verteidigung
197

Κρίτων · Kriton
263

Λάχης · Laches
301

Λύσις · Lysis
369

Χαρμίδης · Charmides
423

Hinweise
des Herausgebers
486

EINLEITUNG DES HERAUSGEBERS

Das Interesse an Platon scheint ungebrochen groß zu sein. Mit der vorliegenden Ausgabe möchte der Insel Verlag daher einem breiten Publikum das gesamte Corpus der platonischen Schriften im griechischen Originaltext und in einer deutschen Übersetzung zugänglich machen. Bei der Vorbereitung der Ausgabe stand frühzeitig fest, daß der griechische Text von der Budé-Ausgabe übernommen und daß die Übersetzung von Friedrich Schleiermacher benutzt werden sollte. Die weitere Gestaltung wurde dem Herausgeber anvertraut. Um das nunmehr vorliegende Ergebnis dieser Bemühungen zu erläutern, ist erstens noch einmal genauer auf den Umfang der vorliegenden Ausgabe einzugehen, zweitens auf den griechischen und deutschen Text sowie auf die vom Herausgeber hinzugefügten Gliederungen und Zwischenüberschriften und drittens auf die Bandeinteilung.

I.

Um über den UMFANG der vorliegenden Ausgabe zu sprechen, soll ein wenig weiter ausgeholt werden, als es eigentlich nötig wäre. Gegen Ende des 1. Jahrhunderts v.Chr. wurden Platons Schriften – es handelt sich größtenteils um Dialoge – in neun Vierergruppen (Tetralogien) geordnet; zusätzlich zählte man ein Buch *Definitionen* und sechs kleine Dialoge auf, die als unecht galten und die sogenannte Appendix Platonica bilden. Im einzelnen sah das folgendermaßen aus:[1]

Tetralogie I:
Euthyphron, Apologie, Kriton, Phaidon.

1 Vgl. z. B. die Platon-Ausgabe von J. Burnet, Bd. I-V, Oxford 1900–1907, am Anfang jedes Bandes, oder auch O. Gigon, *Platon*. Bern 1950 (= Bibliographische Einführungen in das Studium der Philosophie Bd. 12), S. 5–8.

Tetralogie II:
Kratylos, Theaitetos, Sophistes, Politikos.
Tetralogie III:
Parmenides, Philebos, Symposion, Phaidros.
Tetralogie IV:
Alkibiades I, Alkibiades II, Hipparchos, Amatores.
Tetralogie V:
Theages, Charmides, Laches, Lysis.
Tetralogie VI:
Euthydemos, Protagoras, Gorgias, Menon.
Tetralogie VII:
Hippias maior, Hippias minor, Ion, Menexenos.
Tetralogie VIII:
Kleitophon, Politeia, Timaios, Kritias.
Tetralogie IX:
Minos, Nomoi, Epinomis, Briefe.
Definitionen
Appendix Platonica:
De iusto, De virtute, Demodokos, Sisyphos, Eryxias, Axiochos.

Die in den einzelnen Tetralogien zusammengefaßten Dialoge sollten thematisch zusammengehören – ein Anspruch, der sich keineswegs immer so schön durchführen ließ wie im Fall der ersten Tetralogie, welche eben die vier Schriften vereint, in denen Platon sich mit dem Prozeß und dem Tod des Sokrates beschäftigt hat. Wichtiger als dieser inhaltliche Aspekt ist im Augenblick aber etwas anderes.

In der Anordnung der Tetralogien wurden Platons Schriften getreulich überliefert, und man war dabei der Meinung, es außer in der Appendix durchweg mit Schriften zu tun zu haben, die wirklich von Platon verfaßt waren. Dies hat die Kritik des 19. und 20. Jahrhunderts so nicht stehen lassen. Vielmehr hat man bei einigen dieser Schriften sicher zeigen können und ein Einverständnis darüber erzielt, daß sie unecht sind und nicht von Platon verfaßt wurden; einige andere Schriften gelten als zweifelhaft; und nochmals einige andere werden inzwischen wieder mit verhältnismäßig großer Sicherheit als echt angesehen.[2]

2 Siehe auch weiter unten S. 16.

Mit Blick auf den Umfang der vorliegenden Ausgabe war also zu entscheiden, wie vollständig das Corpus der unter Platons Namen überlieferten Schriften präsentiert werden sollte. Anstatt einer verbreiteten Praxis zu folgen und die mehr oder weniger problematischen Schriften ganz oder teilweise beiseite zu lassen, verständigten sich der Herausgeber und der Verlag dahin, ohne Abzug alles zu drucken, was die Budé-Ausgabe an griechischem Text bietet, also das gesamte Corpus Platonicum oder m. a. W. ausnahmslos alle Schriften, die unter Platons Namen überliefert sind. Eine derart vollständige Platon-Ausgabe gibt es im deutschen Sprachraum bisher nicht. Da die zweifelhaften und unechten Schriften einzeln nur schwer zugänglich sind, vor allem dann, wenn man sie in deutscher Übersetzung lesen möchte, dürfte die Vollständigkeit einem verbreiteten Wunsch entsprechen.

II.

DEN GRIECHISCHEN TEXT von der Ausgabe der Association Guillaume Budé bzw. der Société d'édition »Les Belles Lettres« zu übernehmen bot sich aus mehreren Gründen an. Diese Ausgabe ist ein Gemeinschaftswerk mehrerer Gelehrter und in diesem Sinne eine Gesamtausgabe der platonischen Schriften. Dabei handelt es sich erstens um die bislang letzte kritische Gesamtausgabe. Zweitens sind die einzelnen Bände dieser Ausgabe immer wieder mit Verbesserungen gedruckt und einige Platon-Dialoge vor relativ kurzer Zeit sogar völlig neu bearbeitet worden, so 1983 der *Phaidon*, 1985 der *Phaidros* und 1989 das *Symposion*. Die hier verwendete letztgültige Gesamtausgabe der Association Guillaume Budé bietet daher – wenn nicht in allen Einzelheiten, dann doch insgesamt – einen aktuellen Text. Drittens hat in der textkritischen Rekonstruktion der platonischen Schriften eine neue Epoche begonnen. Denn neuerdings zieht man hier auch intensiv die Überlieferung in den Papyri heran; E. R. Dodds' Ausgabe des Dialogs *Gorgias*[3] gilt für künftige Forschungen auf diesem Gebiet als

3 Plato, *Gorgias. A Revised Text with Introduction and Commentary*, by E. R. Dodds. Oxford 1959.

vorbildlich. Die anstehende Textkritik ist eine ebenso lohnende wie umfangreiche Aufgabe, die noch viel Zeit beanspruchen wird. Es wird daher noch lange dauern, bis eine neue kritische Gesamtausgabe des Corpus Platonicum zum Abschluß kommt; und so lange bildet der griechische Platon-Text der Association Guillaume Budé die letzte kritische Gesamtausgabe der platonischen Schriften.

Der griechische Text der vorliegenden Ausgabe ist demnach gut ausgewählt. Bedauerlich ist nur, daß ihm kein textkritischer Apparat beigegeben werden konnte. Für diesen Apparat mochte »Les Belles Lettres« keine Lizenz erteilen. Dieser Mangel hebt die erwähnten Vorzüge des Textes natürlich nicht auf. Was hier vorgelegt wird, ist vielmehr auch ohne den textkritischen Apparat ein hervorragender, wissenschaftlich abgesicherter Lesetext.

Am Ende eines jeden Bandes finden sich bibliographische Nachweise. Sie informieren den Benutzer darüber, von wem der griechische Text der in dem betreffenden Band abgedruckten Dialoge gestaltet worden ist, wann er in der letztgültigen Form gedruckt wurde und wo er innerhalb der Budé-Ausgabe zu finden ist.

DER DEUTSCHE TEXT erfordert etwas ausführlichere Erklärungen. Die Platon-Übersetzung von Friedrich Ernst Daniel Schleiermacher (1768–1834) läßt sich deutlich stärker als die anderen deutschen Übersetzungen vom griechischen Text führen und lehnt sich daran zuweilen sogar um den Preis großer sprachlicher Härten und entsprechend erschwerter Verständlichkeit an. Durch diese Nähe zum Originaltext hat sie die Platon-Forschung ursprünglich sehr gefördert und aus demselben Grund genießt sie in der Fachwelt auch heute noch die größte Anerkennung, wobei man aber zugleich um ihre Schwächen weiß und andere Übersetzungen keineswegs achtlos beiseite schiebt, die ohne Verletzung des deutschen Sprachempfindens den Anspruch erheben, auf der Sinnebene mindestens ebenso genau zu sein wie Schleiermacher. Mit diesem leicht kritischen Zusatz ist dessen Übersetzung die am meisten anerkannte deutsche Platon-Übersetzung. Auf sie zurückzugreifen lag daher nahe.

Freilich ist Schleiermachers Übersetzung immer wieder bearbeitet und nie mehr in ihrer ursprünglichen Form gedruckt worden. So mußte entschieden werden, in welcher Gestalt sie nun vorgelegt werden sollte. Diese Frage wurde im Rückgang auf Schleiermachers Originaltext gelöst. Es wurde die letzte von Schleiermacher selbst redigierte Fassung seiner Übersetzung zugrunde gelegt, also die zweite Auflage (Berlin: G. Reimer Verlag 1817–1828). Am Rand dieses Textes wurden die Seitenzahlen der Stephanus-Ausgabe berichtigt und vervollständigt. Am Text selbst wurden nur die folgenden Änderungen vorgenommen: Abgesehen davon, daß Schleiermachers eigene Corrigenda-Liste einzuarbeiten war und ganz offensichtliche elementare Flüchtigkeitsfehler, zumeist Druckfehler, beseitigt werden mußten, ist an diesem Text nur die Orthographie behutsam modernisiert worden, nämlich so, daß die jetzige Schreibweise den alten Lautstand wiedergibt. In geeigneten Umgebungen wird also beispielsweise *t* statt *th* geschrieben, *ck* statt *k* oder *kk*, *tz* statt *z*, *t* statt *dt*, *dt* statt *d*, *ff* statt *f*, *ä* statt *e*, *e* statt *ä* usw. Diese lautstandsinvariante Modernisierung folgt den Richtlinien, die für die Ausgaben des Deutschen Klassiker Verlags als bindend festgelegt worden sind.[4] Die alte Groß- und Klein-, Getrennt- und Zusammenschreibung läßt sie ebenso unverändert wie die Interpunktion, den Wortbestand, die Wortstellung und die Absatzeinteilung. All dies bleibt in der ursprünglichen Form. In diesem Sinne wird hier Schleiermachers Originaltext unterbreitet.[5]

Seine Übersetzung ist hier also nicht – darauf sei nachdrücklich hingewiesen – nach dem griechischen Text der Budé-Ausgabe überarbeitet worden. Schleiermachers Vorlage, an die er sich so genau zu halten versuchte, gilt heute als veraltet und stimmt mit dem Text der Budé-Ausgabe nicht genau überein. Gelegentlich hat man die Übersetzung auch in dieser Hin-

4 Deutscher Klassiker Verlag, *Die Edition der Bibliothek deutscher Klassiker*. Frankfurt a. M. 1985, S. 31–34.

5 Im übrigen führte die Modernisierung zu einem Text, der dem von J. Irmscher vor einigen Jahren herausgegebenen Schleiermacher-Text sehr ähnlich ist (Berlin: Akademie-Verlag 1984–1987).

sicht zu modernisieren versucht. Aber das ist ein recht problematisches Unternehmen, zumal auch der griechische Text selbst, wie oben angedeutet, noch mancher Verbesserungen harrt. So wäre höchstens zu überlegen gewesen, ob Unstimmigkeiten zwischen dem griechischen und deutschen Text auf irgendeine Art markiert werden sollten. Davon wurde jedoch Abstand genommen, weil solche Markierungen auf die eine oder andere Weise zur Unübersichtlichkeit führen. Es scheint nach wie vor ratsamer, den Benutzer der Ausgabe an dieser Stelle auf mögliche Diskrepanzen zwischen dem griechischen und dem deutschen Text hinzuweisen und ihn zu ermuntern, eventuelle Unterschiede zwischen den beiden Texten als Ansatzpunkte für eine kritische Auseinandersetzung mit Schleiermacher oder auch mit Platon selbst zu nutzen und sie als Hilfen zu betrachten, um über Schwierigkeiten nicht hinwegzulesen, sondern daran zu lernen.

Schleiermacher hat seine Platon-Übersetzung allerdings nicht vollendet, und so mußte der deutsche Text der Dialoge *Timaios, Kritias, Nomoi* und *Epinomis*, der *Briefe*, der *Definitionen* und der gesamten Appendix Platonica ergänzt werden. Zu diesem Zweck hat man gelegentlich die Übersetzung von Hieronymus Müller (1785–1861) herangezogen. Dagegen wird hier erstmals auf die Gemeinschaftsübersetzung von Franz Susemihl (1826–1901), Wilhelm Wiegand (1851–1915) und anderen zurückgegriffen, die es nicht länger verdient hat, weniger bekannt zu sein. Da Susemihl einige Dialoge der Appendix Platonica bisher als erster und einziger ins Deutsche übersetzt hat, hat sie zugleich den Vorteil, daß man mit ihr mehr Lücken der Schleiermacher-Übersetzung schließen kann als mit jeder anderen Übersetzung. Im übrigen stammt fast alles, was von dieser Gemeinschaftsübersetzung hier benutzt wird, von Susemihl; nur die Übersetzung der Briefe geht auf Wiegand zurück.

Auch bei diesen Übersetzungen wurde die Orthographie unter Wahrung des Lautstands behutsam modernen Gepflogenheiten angeglichen. Außerdem wurden die Corrigenda-Listen der Autoren berücksichtigt und am Rand die Seitenzahlen der Stephanus-Ausgabe ergänzt. Ansonsten wurden diese

Übersetzungen nicht verändert, insbesondere nicht mit dem heute üblichen griechischen Text abgestimmt.

Freilich blieben auch nach den Ergänzungen von Susemihl und Wiegand noch Lücken. Drei Dialoge der Appendix Platonica (*De virtute, Eryxias* und *Axiochos*) fehlen bei Susemihl und sind auch sonst noch nicht ins Deutsche übertragen. Sie hat der Herausgeber also selbst übersetzt.

Damit der Benutzer der Ausgabe sich jederzeit den nötigen Überblick verschaffen kann, stehen am Ende eines jeden Bandes entsprechende Bibliographische Nachweise. Sie informieren darüber, wer die Übersetzungen der in dem jeweiligen Band abgedruckten Dialoge angefertigt hat und wo genau sie ursprünglich publiziert worden sind. Wer sich die Mühe machen will, kann aus diesen Angaben auch rekonstruieren, wie Schleiermacher die Schriften Platons gruppiert hat.

Die GLIEDERUNGEN, die jedem Dialog als eine Art Inhaltsverzeichnis vorangestellt sind, wurden vom Herausgeber neu angelegt. Ihre einzelnen Zeilen werden innerhalb der Dialoge als ZWISCHENÜBERSCHRIFTEN wiederholt, genauer: innerhalb der deutschen Übersetzungen und vom übrigen Text mit typographischen Mitteln deutlich abgehoben. Zumal wegen der Art der Gestaltung sind die Gliederungen und Zwischenüberschriften zusammen geeignet, die Übersicht über Platons Dialoge und die Orientierungsmöglichkeiten innerhalb der verschiedenen Schriften wesentlich zu erhöhen, und das dürfte sehr zur Brauchbarkeit der gesamten Ausgabe beitragen.

Eine Kleinigkeit sollte in diesem Zusammenhang nicht unbeachtet bleiben. Wo der Herausgeber einen Gliederungsschritt bzw. eine Zwischenüberschrift gemacht hat, da haben nicht immer auch Schleiermacher, Susemihl oder Wiegand einen Absatz gemacht. Die Stellen, an denen der Einschnitt nur vom Herausgeber und nicht auch von dem jeweiligen Übersetzer gemacht worden ist, lassen sich für den Benutzer noch leicht erkennen. Es sind genau die Stellen, an denen der deutsche Platon-Text nach einer gliedernden Zwischenüberschrift ohne den sonst üblichen Einzug fortfährt.

III.

Bei der BANDAUFTEILUNG wurde zuerst zwischen den echten und den zweifelhaften oder unechten platonischen Schriften unterschieden. Die zweifelhaften oder unechten wurden im Band X zusammengefaßt und dort untereinander ebenso angeordnet, wie sie in der Tradition der Tetralogien aufeinander folgen.[6] Dagegen wurden die echten Schriften in ungefähr die Reihenfolge gebracht, in der sie von Platon verfaßt wurden, und in dieser annähernd historischen Reihenfolge auf die Bände I-IX verteilt.

Zwei Punkte in dieser Konzeption erfordern zusätzliche Bemerkungen: zum einen die Unterscheidung der echten und der zweifelhaften oder unechten Schriften, zum andern die historische Reihenfolge der echten Schriften.

Daß die in Band X zusammengefaßten Schriften alle zweifelhaft oder unecht sind, bedarf keiner Diskussion. Nichtsdestoweniger gibt es dabei beachtliche Möglichkeiten zu differenzieren. So hat beispielsweise von der Appendix Platonica seit dem 1. Jahrhundert v. Chr. noch niemand behauptet, die sechs Dialoge seien von Platon verfaßt worden. Dagegen wurde der Dialog *Kleitophon* von K. Gaiser noch mit gewissen Bedenken als echt eingestuft;[7] nach den Untersuchungen von S. R. Slings wurde er jedoch höchstwahrscheinlich nicht von Platon selbst, sondern „by a very close and intelligent pupil of Plato“ verfaßt.[8] Die 13 Briefe hinwiederum sind in der Mehrzahl sicherlich unecht; aber die Echtheit des 6. und 7. Briefes wird nach wie vor diskutiert, und H. Schmitz hat sie vor wenigen Jahren (gestützt auf entsprechende Vorarbeiten anderer) mit zum Teil neuen Argumenten begründet.[9] Diese Beispiele

6 Vgl. oben S. 9f.

7 K. Gaiser, *Name und Sache in Platons ‹Kratylos›*. Heidelberg 1974 (Abhandlungen der Heidelberger Akademie der Wissenschaften, Philosophisch-historische Klasse 1974,3), S. 137; vgl. unten S. 19.

8 S. R. Slings, *A Commentary on the Platonic Clitophon*. Amsterdam 1981, besonders S. 253–257, Zitat S. 257.

9 H. Schmitz, *Die Ideenlehre des Aristoteles*. Bonn 1985, Bd. II S. 133–135

mögen genügen, um die Differenzierungsmöglichkeiten in der Kategorie der zweifelhaften oder unechten Schriften zu demonstrieren. Im übrigen sind diese Schriften, selbst wenn sie zweifelsfrei unecht sind, deswegen nicht ohne weiteres wertlos. Mit Ausnahme der *Definitionen* gehören sie vielmehr wie die meisten echten Schriften zur Gattung des Sokratischen Gesprächs, und häufig besteht erst dann, wenn der Streit um die Echtheit beigelegt ist, eine Möglichkeit, sie unvoreingenommen zu untersuchen.

Indes hätte man weitere Schriften in den X. Band aufnehmen können. Von den Dialogen, die hier als echt behandelt werden, sind nämlich im Laufe der Zeit mehrere in den Verdacht geraten, nicht authentisch zu sein (*Alkibiades, Hippias maior, Hippias minor, Menexenos*). Insofern wäre es gerechtfertigt, sie zu den zweifelhaften Schriften zu zählen. Jedoch behandelte K. Gaiser davon in der eben angesprochenen Liste nur den Alkibiades als unecht,[10] und überhaupt „scheint sich", um mit H. Dörrie zu sprechen, „die Waage der Anerkennung dieser Werke zuzuneigen";[11] speziell für den *Hippias maior* hat inzwischen H. Schmitz einen stichhaltigen Echtheitsbeweis entwickelt.[12] Daraufhin wäre es irreführend, diese Dialoge als zweifelhaft zu klassifizieren. Es ist wesentlich angemessener, sie als echt einzustufen und darauf hinzuweisen, daß diese Klassifikation nicht trivial ist.

Der zweite erläuterungsbedürftige Punkt ist die annähernd historische Reihenfolge der authentischen Werke. Nicht zuletzt aufgrund von Sprachuntersuchungen ist die Chronologie dieser Schriften im großen und ganzen gut gesichert; doch werden zahlreiche Einzelheiten nach wie vor diskutiert. Wie weit die Übereinstimmung und der Dissens reichen, hat O. Gigon seinerzeit an den entsprechenden Schemata von K.

über den 6. Brief (mit der These, der Brief sei bis 323c6 echt und ab 323c7 ein Xenokrates-Fragment), S. 316–320 über den 7. Brief.

10 K. Gaiser a. a. O. S. 137.

11 H. Dörrie, Artikel „Platon" in *Der kleine Pauly. Lexikon der Antike*, München 1975, Bd. IV Sp. 902.

12 H. Schmitz a. a. O. S. 36f.

Prächter, U. von Wilamowitz-Moellendorff und P. Friedländer deutlich gemacht:[13]

(a) Das Schema von K. Prächter:[14]

1. Jugendschriften: *Apologie, Kriton, Protagoras, Ion, Laches, Politeia I, Lysis, Charmides, Euthyphron.*

2. Übergangsperiode: *Gorgias, Menon, Euthydemos, Hippias minor, Kratylos, Hippias maior, Menexenos.*

3. Schriften der reifen Mannesjahre: *Symposion, Phaidon, Politeia II-X, Phaidros.*

4. Schriften der Altersjahre: *Theaitetos, Parmenides, Sophistes, Politikos, Philebos, Timaios, Kritias, Nomoi.*

(b) Das Schema von U. von Wilamowitz-Moellendorff:[15]

1. Schriften vor dem Tod des Sokrates: *Ion, Hippias minor, Protagoras.*

2. Schriften von 399 bis zur ersten Reise nach Sizilien 388: *Apologie, Kriton, Laches, Lysis, Charmides, Euthyphron, Politeia I, Gorgias.*

3. Werke der Mannesjahre (388–360): *Menexenos, Menon, Kratylos, Euthydemos, Phaidon, Symposion, Politeia II-X, Phaidros, Parmenides, Theaitetos.*

4. Werke des Alters (360–347): *Sophistes, Politikos, Timaios, Kritias, Philebos, Nomoi.*

(c) Das Schema von P. Friedländer:[16]

1. Aufstieg: *Protagoras, Laches, Politeia I, Charmides, Euthyphron, Lysis, Hippias minor, Hipparchos, Ion, Hippias maior, Theages, Apologie, Kriton, Euthydemos, Kratylos, Menexenos, Alkibiades I, Gorgias, Menon.*

13 O. Gigon a. a. O. S. 8f.

14 F. Ueberweg, *Grundriß der Geschichte der Philosophie. Bd. I: Die Philosophie des Altertums*, 12. umgearb. u. erweit. Aufl., hrsg. v. K. Prächter, Berlin 1926, S. 199–218, besonders S. 218.

15 U. v. Wilamowitz-Moellendorff, *Platon.* 2 Bde., Berlin 1919, 3. Aufl. 1929. Man vergleiche insbesondere den Aufbau von Bd. 1: *Leben und Werke.*

16 P. Friedländer, *Platon.* 3 Bde., Berlin 1928ff., Bd. I 3. durchges. u. verbess. Aufl. 1964, Bd. II 3. verbess. Aufl. 1964, Bd. III 2 erweit. u. verbess. Aufl. 1960. Vgl. die Gliederung der Bände II und III sowie die „Rechenschaft über die Anordnung" in Bd. III S. 415–423.

2. Mitte: *Symposion, Phaidon, Politeia II-X.*
3. Spätwerk: *Theaitetos, Parmenides, Phaidros, Sophistes, Politikos, Philebos, Timaios, Kritias, Nomoi.*

Darüber hinaus kann man (d) die Reihenfolge der Dialoge in der Budé-Ausgabe vergleichen; sie soll eine ungefähre Chronologie zum Ausdruck bringen und läßt sich aus den bibliographischen Angaben am Ende jedes Bandes der vorliegenden Ausgabe rekonstruieren; des weiteren

(e) die chronologisch geordnete Liste der platonischen Schriften nach K. Gaiser:[17]
Laches, Charmides, Hippias minor, Ion, Protagoras, Apologie, Kriton, Euthyphron, Gorgias, Menexenos, (Kleitophon), Lysis, Euthydemos, Hippias maior, Menon, Phaidon, Symposion, Politeia, Kratylos, Parmenides, Theaitetos, Sophistes, Politikos, Phaidros, Philebos, Timaios, Kritias, Nomoi – und

(f) die von H. Schmitz unterbreiteten Argumente zur Chronologie einiger Schriften. Danach sind
– *Gorgias, Menon, Euthyphron, Kratylos* und *Hippias maior* ab 388 und vor dem *Symposion* in dieser Reihenfolge entstanden[18] und
– *Symposion, Phaidon, Politeia* und *Phaidros* zwischen 385 und 370 in dieser Reihenfolge, wobei das *Symposion* spätestens 378 abgeschlossen war.[19] Darüber hinaus zeigt Schmitz für
– *Sophistes, Politikos, Philebos, Timaios* und *Nomoi* im Sinne der Tradition und gegen einige abweichende Auffassungen, daß diese Dialoge in eben dieser Reihenfolge geschrieben wurden, wobei der *Timaios* in Platons letztes Lebensjahrzehnt gehört und etwa zeitgleich mit dem *7. Brief* entstanden ist.[20]

Auf der Grundlage dieses repräsentativen Thesenspektrums wurde ohne zusätzliche Untersuchungen die annähernd

17 K. Gaiser a. a. O. S. 137.
18 H. Schmitz a. a. O. S. 25–30, 37–39.
19 ebd. S. 15f., 25f.
20 ebd. S. 86–88, 97–99.

chronologische Reihenfolge entwickelt, nach der die Dialoge in der vorliegenden Ausgabe geordnet sind. Es wurde also zuerst festgestellt, worüber man sich durchweg einig ist. Damit steht die Chronologie ab dem *Symposion* schon weitgehend fest, und für die vorangehenden Dialoge sind wichtige Eckdaten gesetzt. Dieses chronologische Gerüst mußte an einigen Stellen noch präzisiert werden, z. B. bezüglich der Reihenfolge der Dialoge *Parmenides* und *Theaitetos*; an anderen Stellen verlangte es Ergänzungen, vor allem im Bereich der Frühdialoge. Diese Fragen auf eine wissenschaftlich fundierte Weise beantworten zu wollen wäre hier nicht der Ort gewesen. Außerdem könnte Platon an mehreren Dialogen gleichzeitig gearbeitet haben; schon deshalb wird sich die Chronologie nie so weit klären lassen, daß man jedem einzelnen Dialog einen wohlbestimmten Platz auf einer durchnumerierten Liste zuordnen könnte; eine gewisse Unbestimmtheit wird immer bleiben. Aus diesen Gründen wurden die fälligen Entscheidungen auf eine eher pragmatische Weise getroffen, nämlich so, daß sie durch wenigstens eine, möglichst durch mehrere der hier unterbreiteten Auffassungen zur Chronologie Platons unterstützt werden, und darüber hinaus so, daß für die Bände I-IV und VI-VIII möglichst gleichmäßige Seitenzahlen zu erwarten waren. Natürlich wurde auch das erste Buch der *Politeia* nicht zu den Frühdialogen gestellt, sondern bei den Büchern im Band V belassen. Von daher versteht sich die annähernd historische Reihenfolge, nach der die Dialoge in der vorliegenden Ausgabe geordnet sind. Zusammen mit den vorangehenden Erläuterungen wird der Leser sie wohl richtig zu gebrauchen wissen.[21]

21 Wer die durch die Bandaufteilung ausgedrückte Reihenfolge der platonischen Schriften mit der wissenschaftlichen Diskussion konfrontieren möchte, sei auch auf eine Monographie aufmerksam gemacht, die erst kürzlich erschienen ist; in ihr werden fast alle Konzeptionen aufgearbeitet, die zur Frage der Chronologie entwickelt worden sind: L. Brandwood, *The chronology of Plato's dialogues*. Cambridge 1990.

IV.

Platon genießt seit der Antike den Ruf eines klassischen philosophischen Autors. Seine Schriften haben daher nicht nur in der von ihm gegründeten Akademie zu differenzierten Reaktionen geführt, sondern auch darüber hinaus eine sehr komplexe Wirkungsgeschichte ausgelöst; noch in der Neuzeit hat man sich auf immer wieder neue Weise mit Platon befaßt. Angesichts einer solch bedeutenden Tradition ist zu wünschen, daß sich auch künftig viele Köpfe an Platon zu schulen versuchen. Durch die Gestaltung der vorliegenden Taschenbuch-Ausgabe hofft der Herausgeber diesen Wunsch zu unterstützen.

Konstanz, im März 1991 *Karlheinz Hülser*

Ἴων
Ion

GLIEDERUNG

1. Einleitung: Entwicklung der Frage, ob die Kunst der Rhapsoden ein Wissen ist (530a1)
1.1. Ions Tätigkeit als Rhapsode (530a1)
1.2. Ions Vorliebe allein für Homer, und was es bedeutet, wenn sie auf Sachverstand beruht (530d9)
2. Rhapsodenkunst fußt auf Inspiration: erste Erwägung (532b8)
2.1. Ions Talent gründet nicht auf Wissen (532b8)
2.2. Die vom Rhapsoden vorgetragene Dichtung beruht auf göttlicher Einwirkung, ebenso die Rhapsodenkunst selbst (533c9)
3. Zweite Erwägung, daß Rhapsodenkunst auf Inspiration zurückgeht: Worin ist Ion kompetent? (536d4)
3.1. Jede Kunst hat eine spezifische Kompetenz. Der Rhapsode kann nicht für alles kompetent sein, wie Ion glaubt (536d4)
3.2. Ion modifiziert seine These: seine Kompetenz beziehe sich auf die angemessene Redeweise verschiedener Gesellschaftsgruppen. Die Absurdität dieser Behauptung, entwickelt am Beispiel des Heerführers (540a9)
4. Schluß: Ion vor der Wahl, ein unrechtlicher oder, wie Sokrates sagt, ein inspirierter Mann zu sein (541e1)

Ἴων

ΣΩΚΡΑΤΗΣ ΙΩΝ

ΣΩ. Τὸν Ἴωνα χαίρειν. Πόθεν τὰ νῦν ἡμῖν ἐπιδεδή- 530 a
μηκας; ἢ οἴκοθεν ἐξ Ἐφέσου;

ΙΩΝ. Οὐδαμῶς, ὦ Σώκρατες, ἀλλ' ἐξ Ἐπιδαύρου ἐκ τῶν Ἀσκληπιείων.

ΣΩ. Μῶν καὶ ῥαψῳδῶν ἀγῶνα τιθέασιν τῷ θεῷ οἱ Ἐπιδαύριοι;

ΙΩΝ. Πάνυ γε, καὶ τῆς ἄλλης γε μουσικῆς.

ΣΩ. Τί οὖν; ἠγωνίζου τι ἡμῖν; καὶ πῶς τι ἠγωνίσω;

ΙΩΝ. Τὰ πρῶτα τῶν ἄθλων ἠνεγκάμεθα, ὦ Σώκρατες. b

ΣΩ. Εὖ λέγεις· ἄγε δὴ ὅπως καὶ τὰ Παναθήναια νικήσομεν.

ΙΩΝ. Ἀλλ' ἔσται ταῦτα, ἐὰν θεὸς ἐθέλῃ.

ΣΩ. Καὶ μὴν πολλάκις γε ἐζήλωσα ὑμᾶς τοὺς ῥαψῳδούς, ὦ Ἴων, τῆς τέχνης· τὸ γὰρ ἅμα μὲν τὸ σῶμα κεκοσμῆσθαι ἀεὶ πρέπον ὑμῶν εἶναι τῇ τέχνῃ καὶ ὡς καλλίστοις φαίνεσθαι, ἅμα δὲ ἀναγκαῖον εἶναι ἔν τε ἄλλοις ποιηταῖς διατρίβειν πολλοῖς καὶ ἀγαθοῖς καὶ δὴ καὶ μάλιστα ἐν Ὁμήρῳ, τῷ ἀρίστῳ καὶ θειοτάτῳ τῶν ποιητῶν, καὶ τὴν τούτου διάνοιαν ἐκμανθάνειν, μὴ μόνον τὰ ἔπη, ζηλωτόν ἐστιν. Οὐ c
γὰρ ἂν γένοιτό ποτε ῥαψῳδός, εἰ μὴ συνείη τὰ λεγόμενα ὑπὸ τοῦ ποιητοῦ. Τὸν γὰρ ῥαψῳδὸν ἑρμηνέα δεῖ τοῦ ποιητοῦ τῆς διανοίας γίγνεσθαι τοῖς ἀκούουσι· τοῦτο δὲ καλῶς ποιεῖν μὴ γιγνώσκοντα ὅ τι λέγει ὁ ποιητὴς ἀδύνατον. Ταῦτα οὖν πάντα ἄξια ζηλοῦσθαι.

ΙΩΝ. Ἀληθῆ λέγεις, ὦ Σώκρατες· ἐμοὶ γοῦν τοῦτο πλεῖστον ἔργον παρέσχεν τῆς τέχνης, καὶ οἶμαι κάλλιστα ἀνθρώπων λέγειν περὶ Ὁμήρου, ὡς οὔτε Μητρόδωρος ὁ

Ion

SOKRATES ION

1. Einleitung: Entwicklung der Frage, ob die Kunst der Rhapsoden ein Wissen ist

1.1. Ions Tätigkeit als Rhapsode

SOKRATES: Willkommen dem Ion! Woher kommst du uns 530a jetzt gewandert? wohl von Hause aus Ephesos?

ION: Mit nichten, Sokrates; sondern von Epidauros vom Feste des Asklepios.

SOKRATES: Halten etwa die Epidaurier dem Gotte zu Ehren auch einen Wettstreit von Rhapsoden?

ION: Jawohl, so wie ja auch in den übrigen Musenkünsten.

SOKRATES: Wie also? hast du uns mit gekämpft? und mit welchem Erfolge hast du gekämpft?

ION: Den ersten Preis haben wir davon getragen, Sokrates. b

SOKRATES: Wohl gesprochen! Wohlan denn, mache daß wir auch in den Panathenaien siegen.

ION: Das soll geschehen, so Gott will.

SOKRATES: Wahrlich, oft habe ich schon Euch Rhapsoden beneidet um eure Kunst. Denn sowohl daß auch am Leibe immer geschmückt zu sein und euch aufs schönste zu zeigen euerer Kunst angemessen ist, als auch daß ihr in der Notwendigkeit seid mit vielen andern trefflichen Dichtern euch zu beschäftigen, besonders aber mit dem Homeros dem trefflichsten und göttlichsten der Dichter, und seinen Sinn zu verstehen, nicht seine Worte nur, das ist beneidenswert. Denn c es kann doch keiner ein Rhapsode sein, wenn er nicht versteht was der Dichter meint; da ja der Rhapsode den Zuhörern den Sinn des Dichters überbringen soll, und dies gehörig zu verrichten, ohne einzusehen, was der Dichter meint, ist unmöglich. Dies alles also ist beneidenswert.

ION: Ganz recht, Sokrates. Auch hat mir dies die meiste Mühe gemacht bei meiner Kunst; und ich glaube, daß ich am besten unter allen Menschen über den Homeros rede, und daß

Λαμψακηνὸς οὔτε Στησίμβροτος ὁ Θάσιος οὔτε Γλαύκων d οὔτε ἄλλος οὐδεὶς τῶν πώποτε γενομένων ἔσχεν εἰπεῖν οὕτω πολλὰς καὶ καλὰς διανοίας περὶ Ὁμήρου ὅσας ἐγώ.

ΣΩ. Εὖ λέγεις, ὦ Ἴων· δῆλον γὰρ ὅτι οὐ φθονήσεις μοι ἐπιδεῖξαι.

ΙΩΝ. Καὶ μὴν ἄξιον ἀκοῦσαι, ὦ Σώκρατες, ὡς εὖ κεκόσμηκα τὸν Ὅμηρον· ὥστε οἶμαι ὑπὸ Ὁμηριδῶν ἄξιος εἶναι χρυσῷ στεφάνῳ στεφανωθῆναι.

ΣΩ. Καὶ μὴν ἐγὼ ἔτι ποιήσομαι σχολὴν ἀκροᾶσθαί σου, νῦν δέ μοι τοσόνδε ἀπόκριναι· πότερον περὶ Ὁμήρου μόνον 531 a δεινὸς εἶ ἢ καὶ περὶ Ἡσιόδου καὶ Ἀρχιλόχου ;

ΙΩΝ. Οὐδαμῶς, ἀλλὰ περὶ Ὁμήρου μόνον· ἱκανὸν γάρ μοι δοκεῖ εἶναι.

ΣΩ. Ἔστι δὲ περὶ ὅτου Ὅμηρός τε καὶ Ἡσίοδος ταὐτὰ λέγετον ;

ΙΩΝ. Οἶμαι ἔγωγε καὶ πολλά.

ΣΩ. Πότερον οὖν περὶ τούτων κάλλιον ἂν ἐξηγήσαιο ἃ Ὅμηρος λέγει ἢ ἃ Ἡσίοδος ;

ΙΩΝ. Ὁμοίως ἂν περί γε τούτων, ὦ Σώκρατες, περὶ ὧν ταὐτὰ λέγουσιν.

ΣΩ. Τί δὲ ὧν πέρι μὴ ταὐτὰ λέγουσιν ; οἷον περὶ μαντι- b κῆς λέγει τι Ὅμηρός τε καὶ Ἡσίοδος.

ΙΩΝ. Πάνυ γε.

ΣΩ. Τί οὖν ; ὅσα τε ὁμοίως καὶ ὅσα διαφόρως περὶ μαντικῆς λέγετον τὼ ποιητὰ τούτω, πότερον σὺ κάλλιον ἂν ἐξηγήσαιο ἢ τῶν μάντεών τις τῶν ἀγαθῶν ;

ΙΩΝ. Τῶν μάντεων.

ΣΩ. Εἰ δὲ σὺ ἦσθα μάντις, οὐκ, εἴπερ περὶ τῶν ὁμοίως λεγομένων οἷός τ' ἦσθα ἐξηγήσασθαι, καὶ περὶ τῶν διαφόρως λεγομένων ἠπίστω ἂν ἐξηγεῖσθαι ;

ΙΩΝ. Δῆλον ὅτι.

ΣΩ. Τί οὖν ποτε περὶ μὲν Ὁμήρου δεινὸς εἶ, περὶ δὲ c

weder Metrodoros der Lampsakener, noch Stesimbrotos der Thasier, noch Glaukon, noch irgend einer der je gewesen so viele schöne Auslegungen über den Homeros vorzutragen weiß als ich. d

SOKRATES: Wohl gesprochen, Ion. Denn so wirst du mir auch nicht mißgönnen mir davon zu zeigen.

ION: Es lohnt auch schon zu hören, Sokrates, wie gut ich den Homeros ausgestattet habe. So daß ich glaube, ich verdiene von den Homeriden mit goldnem Kranze bekränzt zu werden.

1.2. Ions Vorliebe allein für Homer, und was es bedeutet, wenn sie auf Sachverstand beruht

SOKRATES: Gewiß ich werde mir auch noch Muße machen
um dich zu hören. Jetzt aber beantworte mir nur dieses, ob du 531a
nur über den Homeros so gewaltig bist oder auch über den Hesiodos und Archilochos?

ION: Keinesweges; sondern über den Homeros nur. Auch dünkt mich das genug.

SOKRATES: Gibt es aber nicht Manches, worüber Homeros und Hesiodos dasselbe sagen?

ION: Das glaube ich, und gar Vieles.

SOKRATES: Würdest du nun wohl besser auslegen, was Homeros hierüber sagt, als was Hesiodos?

ION: Das wohl gleich gut, glaube ich, worüber sie dasselbe sagen.

SOKRATES: Und wie, worüber sie nicht dasselbe sagen? wie b
über das Wahrsagen spricht doch Homeros und auch Hesiodos?

ION: Freilich.

SOKRATES: Wie also? was auf gleiche Art und was auf abweichende diese beiden Dichter über die Wahrsagekunst sagen, würdest du das besser auslegen oder einer von den guten Wahrsagern?

ION: Von den Wahrsagern einer.

SOKRATES: Wenn du nun ein Wahrsager wärest, würdest du nicht, wie du das auf ähnliche Art gesagte auszulegen wüßtest auch das abweichende auszulegen wissen?

Ἡσιόδου οὔ, οὐδὲ τῶν ἄλλων ποιητῶν ; ἢ Ὅμηρος περὶ ἄλλων τινῶν λέγει ἢ ὧνπερ σύμπαντες οἱ ἄλλοι ποιηταί ; οὐ περὶ πολέμου τε τὰ πολλὰ διελήλυθεν καὶ περὶ ὁμιλιῶν πρὸς ἀλλήλους ἀνθρώπων ἀγαθῶν τε καὶ κακῶν καὶ ἰδιωτῶν καὶ δημιουργῶν, καὶ περὶ θεῶν πρὸς ἀλλήλους καὶ πρὸς ἀνθρώπους ὁμιλούντων, ὡς ὁμιλοῦσι, καὶ περὶ τῶν οὐρανίων παθημάτων καὶ περὶ τῶν ἐν Ἅιδου, καὶ γενέσεις καὶ θεῶν καὶ ἡρώων ; οὐ ταῦτά ἐστι περὶ ὧν Ὅμηρος τὴν ποίησιν d
πεποίηκεν ;

ΙΩΝ. Ἀληθῆ λέγεις, ὦ Σώκρατες.

ΣΩ. Τί δὲ ; οἱ ἄλλοι ποιηταὶ οὐ περὶ τῶν αὐτῶν τούτων ;

ΙΩΝ. Ναί, ἀλλ', ὦ Σώκρατες, οὐχ ὁμοίως πεποιήκασι καὶ Ὅμηρος.

ΣΩ. Τί μήν ; κάκιον ;

ΙΩΝ. Πολύ γε.

ΣΩ. Ὅμηρος δὲ ἄμεινον ;

ΙΩΝ. Ἄμεινον μέντοι νὴ Δία.

ΣΩ. Οὐκοῦν, ὦ φίλη κεφαλὴ Ἴων, ὅταν περὶ ἀριθμοῦ πολλῶν λεγόντων εἷς τις ἄριστα λέγῃ, γνώσεται δήπου τις τὸν εὖ λέγοντα ;

ΙΩΝ. Φημί. e

ΣΩ. Πότερον οὖν ὁ αὐτὸς ὅσπερ καὶ τοὺς κακῶς λέγοντας, ἢ ἄλλος ;

ΙΩΝ. Ὁ αὐτὸς δήπου.

ΣΩ. Οὐκοῦν ὁ τὴν ἀριθμητικὴν τέχνην ἔχων οὗτός ἐστιν ;

ΙΩΝ. Ναί.

ΣΩ. Τί δ' ; ὅταν πολλῶν λεγόντων περὶ ὑγιεινῶν σιτίων ὁποῖά ἐστιν, εἷς τις ἄριστα λέγῃ, πότερον ἕτερος μέν τις τὸν ἄριστα λέγοντα γνώσεται ὅτι ἄριστα λέγει, ἕτερος δὲ τὸν κάκιον ὅτι κάκιον, ἢ ὁ αὐτός ;

ΙΩΝ. Δῆλον δήπου, ὁ αὐτός.

ION: Offenbar wohl.

SOKRATES: Wie kannst du also über den Homeros zwar c
gewaltig sein, nicht aber über die andern Dichter? Spricht etwa Homeros über andere Gegenstände als worüber alle anderen Dichter auch? Handelt er nicht meistens vom Kriege und von dem Verkehr guter und böser Menschen unter einander, und Unkundiger und Kundiger, und von dem Umgang der Götter unter einander und mit den Menschen, wie sie mit ihnen umgehn, und von den Ereignissen im Himmel und in der Unterwelt und von den Erzeugungen der Götter sowohl als Heroen? Ist es nicht dies, worüber Homeros seine Gedichte gedichtet d
hat?

ION: Ganz richtig, Sokrates.

SOKRATES: Und wie? die andern Dichter nicht gleichfalls über eben dieses?

ION: Ja, Sokrates. Aber sie haben doch gar nicht so gedichtet wie Homeros.

SOKRATES: Wie doch? schlechter?

ION: Bei weitem.

SOKRATES: Und Homeros besser?

ION: Besser, ja wohl, beim Zeus.

SOKRATES: Wenn nun, du edelster Freund Ion, unter Vielen, die über Zahlen sprechen, Einer am besten spricht: so wird doch Einer den erkennen, der gut spricht.

ION: Das denke ich. e

SOKRATES: Ob wohl derselbe, der auch die schlecht sprechenden, oder ein anderer?

ION: Derselbe gewiß.

SOKRATES: Nicht wahr der die Rechenkunst inne hat, der ist es?

ION: Ja.

SOKRATES: Und wie wenn über die Zuträglichkeit der Speisen unter Vielen Einer am besten spricht, wird ein Anderer den am besten sprechenden erkennen, daß er am besten spricht, und wiederum ein Anderer den schlechteren daß er schlechter? oder derselbe?

ION: Offenbar ja doch derselbe.

SOKRATES: Wer ist es? welchen Namen hat er?

ΣΩ. Τίς οὗτος; τί ὄνομα αὐτῷ;

ΙΩΝ. Ἰατρός.

ΣΩ. Οὐκοῦν ἐν κεφαλαίῳ λέγομεν ὡς ὁ αὐτὸς γνώσεται ἀεί, περὶ τῶν αὐτῶν πολλῶν λεγόντων, ὅστις τε εὖ λέγει καὶ ὅστις κακῶς· ἢ εἰ μὴ γνώσεται τὸν κακῶς λέγοντα, **532 a** δῆλον ὅτι οὐδὲ τὸν εὖ, περί γε τοῦ αὐτοῦ.

ΙΩΝ. Οὕτως.

ΣΩ. Οὐκοῦν ὁ αὐτὸς γίγνεται δεινὸς περὶ ἀμφοτέρων;

ΙΩΝ. Ναί.

ΣΩ. Οὐκοῦν σὺ φῄς καὶ Ὅμηρον καὶ τοὺς ἄλλους ποιητάς, ἐν οἷς καὶ Ἡσίοδος καὶ Ἀρχίλοχός ἐστιν, περί γε τῶν αὐτῶν λέγειν, ἀλλ' οὐχ ὁμοίως, ἀλλὰ τὸν μὲν εὖ γε, τοὺς δὲ χεῖρον;

ΙΩΝ. Καὶ ἀληθῆ λέγω.

ΣΩ. Οὐκοῦν, εἴπερ τὸν εὖ λέγοντα γιγνώσκεις, καὶ τοὺς χεῖρον λέγοντας γιγνώσκοις ἂν ὅτι χεῖρον λέγουσιν. **b**

ΙΩΝ. Ἔοικέν γε.

ΣΩ. Οὐκοῦν, ὦ βέλτιστε, ὁμοίως τὸν Ἴωνα λέγοντες περὶ Ὁμήρου τε δεινὸν εἶναι καὶ περὶ τῶν ἄλλων ποιητῶν οὐχ ἁμαρτησόμεθα, ἐπειδή γε αὐτὸς ὁμολογεῖ τὸν αὐτὸν ἔσεσθαι κριτὴν ἱκανὸν πάντων ὅσοι ἂν περὶ τῶν αὐτῶν λέγωσι, τοὺς δὲ ποιητὰς σχεδὸν ἅπαντας τὰ αὐτὰ ποιεῖν.

ΙΩΝ. Τί οὖν ποτε τὸ αἴτιον, ὦ Σώκρατες, ὅτι ἐγώ, ὅταν μέν τις περὶ ἄλλου του ποιητοῦ διαλέγηται, οὔτε προσέχω τὸν νοῦν ἀδυνατῶ τε καὶ ὁτιοῦν συμβαλέσθαι λόγου ἄξιον, **c** ἀλλ' ἀτεχνῶς νυστάζω, ἐπειδὰν δέ τις περὶ Ὁμήρου μνησθῇ, εὐθύς τε ἐγρήγορα καὶ προσέχω τὸν νοῦν καὶ εὐπορῶ ὅ τι λέγω;

ΣΩ. Οὐ χαλεπὸν τοῦτό γε εἰκάσαι, ὦ ἑταῖρε, ἀλλὰ παντὶ δῆλον ὅτι τέχνῃ καὶ ἐπιστήμῃ περὶ Ὁμήρου λέγειν ἀδύνατος εἶ· εἰ γὰρ τέχνῃ οἷός τε ἦσθα, καὶ περὶ τῶν ἄλλων ποιητῶν ἁπάντων λέγειν οἷός τ' ἂν ἦσθα· ποιητικὴ γάρ πού ἐστιν τὸ ὅλον. Ἢ οὔ;

ION: Der Arzt ist es.

SOKRATES: Wollen wir nun nicht im Allgemeinen sagen, daß allemal, wo über denselben Gegenstand Viele sprechen, Einer und derselbe den erkennen wird der gut spricht, und den der schlecht. Oder wenn Jemand nicht den schlecht redenden 532a
erkennt, dann offenbar auch nicht den gut redenden von derselben Sache.

ION: Das wollen wir.

SOKRATES: Derselbe also wird uns stark in beiden?

ION: Ja.

SOKRATES: Nun behauptest du doch, daß Homeros und die anderen Dichter, unter denen ja auch Hesiodos und Archilochos sind, über dieselben Gegenstände sprechen; aber nicht auf gleiche Art, sondern jener gut, diese aber schlechter.

ION: Und das ist auch wahr, wie ich es sage.

SOKRATES: Also wenn du den gut sprechenden erkennst, so mußt du ja auch die schlechter sprechenden erkennen, daß b
sie schlechter sprechen.

ION: Das scheint wohl.

SOKRATES: Also, Bester, wenn wir sagen, Ion sei gleich stark im Homeros und in den andern Dichtern, so werden wir nicht fehlen, indem er ja selbst gesteht, ein und derselbe Beurteiler reiche hin für Alle, welche von denselben Gegenständen reden, die Dichter aber dichteten alle fast über das nämliche.

2. Rhapsodenkunst fußt auf Inspiration: erste Erwägung

2.1. Ions Talent gründet nicht auf Wissen

ION: Was ist also wohl die Ursache, Sokrates, daß ich wenn Jemand über einen andern Dichter spricht, weder sonderlich Acht gebe, noch auch irgend etwas der Rede wertes mit bei- c
zubringen im Stande bin, sondern ordentlich wie schlummere; sobald aber Jemand des Homeros erwähnt, dann gleich erwache und aufmerke, und gar Vieles zu sagen weiß.

SOKRATES: Das ist nicht schwer aufzufinden, Freund; sondern es ist wohl Jedem deutlich, daß du durch Kunst und Wissenschaft über den Homeros zu reden unvermögend bist. Denn vermöchtest du es durch Kunst: so vermöchtest du auch

ΙΩΝ. Ναί.

ΣΩ. Οὐκοῦν ἐπειδὰν λάβῃ τις καὶ ἄλλην τέχνην ἡντινοῦν ὅλην, ὁ αὐτὸς τρόπος τῆς σκέψεως ἔστι περὶ ἁπασῶν τῶν τεχνῶν; πῶς τοῦτο λέγω, δέει τί μου ἀκοῦσαι, ὦ Ἴων; d

ΙΩΝ. Ναὶ μὰ τὸν Δία, ὦ Σώκρατες, ἔγωγε· χαίρω γὰρ ἀκούων ὑμῶν τῶν σοφῶν.

ΣΩ. Βουλοίμην ἄν σε ἀληθῆ λέγειν, ὦ Ἴων· ἀλλὰ σοφοὶ μέν πού ἐστε ὑμεῖς οἱ ῥαψῳδοὶ καὶ ὑποκριταὶ καὶ ὧν ὑμεῖς ᾄδετε τὰ ποιήματα, ἐγὼ δὲ οὐδὲν ἄλλο ἢ τἀληθῆ λέγω, οἷον εἰκὸς ἰδιώτην ἄνθρωπον. Ἐπεὶ καὶ περὶ τούτου οὗ νῦν e ἠρόμην σε, θέασαι ὡς φαῦλον καὶ ἰδιωτικόν ἐστι καὶ παντὸς ἀνδρὸς γνῶναι ὃ ἔλεγον, τὴν αὐτὴν εἶναι σκέψιν, ἐπειδάν τις ὅλην τέχνην λάβῃ. Λάβωμεν γὰρ τῷ λόγῳ· γραφικὴ γάρ τίς ἐστι τέχνη τὸ ὅλον;

ΙΩΝ. Ναί.

ΣΩ. Οὐκοῦν καὶ γραφῆς πολλοὶ καὶ εἰσὶ καὶ γεγόνασιν ἀγαθοὶ καὶ φαῦλοι;

ΙΩΝ. Πάνυ γε.

ΣΩ. Ἤδη οὖν τινα εἶδες ὅστις περὶ μὲν Πολυγνώτου τοῦ Ἀγλαοφῶντος δεινός ἐστιν ἀποφαίνειν ἃ εὖ τε γράφει καὶ ἃ μή, περὶ δὲ τῶν ἄλλων γραφέων ἀδύνατος; καὶ 533 a ἐπειδὰν μέν τις τὰ τῶν ἄλλων ζωγράφων ἔργα ἐπιδεικνύῃ, νυστάζει τε καὶ ἀπορεῖ καὶ οὐκ ἔχει ὅ τι συμβάληται, ἐπειδὰν δὲ περὶ Πολυγνώτου ἢ ἄλλου ὅτου βούλει τῶν γραφέων ἑνὸς μόνου δέῃ ἀποφήνασθαι γνώμην, ἐγρήγορέν τε καὶ προσέχει τὸν νοῦν καὶ εὐπορεῖ ὅ τι εἴπῃ;

ΙΩΝ. Οὐ μὰ τὸν Δία, οὐ δῆτα.

ΣΩ. Τί δέ; ἐν ἀνδριαντοποιίᾳ ἤδη τιν' εἶδες ὅστις περὶ μὲν Δαιδάλου τοῦ Μητίονος ἢ Ἐπειοῦ τοῦ Πανοπέως ἢ b Θεοδώρου τοῦ Σαμίου ἢ ἄλλου τινὸς ἀνδριαντοποιοῦ ἑνὸς πέρι δεινός ἐστιν ἐξηγεῖσθαι ἃ εὖ πεποίηκεν, ἐν δὲ τοῖς τῶν ἄλλων ἀνδριαντοποιῶν ἔργοις ἀπορεῖ τε καὶ νυστάζει, οὐκ ἔχων ὅ τι εἴπῃ;

über Alle andern Dichter zu reden. Denn die Dichtkunst ist doch wohl das Ganze, oder nicht?

ION: Ja.

SOKRATES: Wenn nun Jemand auch irgend eine andere d
Kunst ganz nimmt, so ist es immer dieselbe Betrachtungsart in
allen Künsten. Wie ich das meine, willst du wohl von mir hören, Ion?

ION: Gar sehr, o Sokrates, beim Zeus! Denn ich mag gar gern euch Weisen zuhören.

SOKRATES: Ich wollte wohl du sprächest wahr, Ion! Aber
weise seid ihr wohl eigentlich, ihr Rhapsoden und Schauspieler,
und die deren Gedichte ihr singt; ich aber rede eben nur die
Wahrheit, wie es sich für einen ungelehrten Menschen schickt. e
So auch darüber, wonach ich dich jetzt fragte, betrachte nur wie
gemein und ungelehrt, so daß jeder Mensch es einsehen kann,
das ist, was ich eben sagte, daß es nur eine und dieselbe Untersuchung
sei, wenn jemand eine Kunst ganz nimmt. Laß es
uns aber durchgehn. Die Malerei ist doch eine ganze Kunst.

ION: Ja.

SOKRATES: Und auch viele Maler gibt es und hat gegeben gute und schlechte.

ION: Freilich.

SOKRATES: Hast du nun wohl je einen gesehen, der stark
darin ist zu zeigen, was Polygnotos, des Aglaophon Sohn, gut
malt und was nicht, von andern Malern aber es nicht kann? und 533a
wenn Jemand Werke von andern Malern vorzeigt, dann
schlummert und verlegen ist, und seinerseits nichts beizubringen
hat; wenn er aber über den Polygnotos, oder welchen andern
einzelnen Maler du sonst willst, seine Meinung mitteilen
soll, dann erwacht, und seiner Gedanken mächtig ist, und vieles
zu sagen weiß?

ION: Beim Zeus nein, dergleichen nicht.

SOKRATES: Oder wie, hast du wohl in der Bildnerei einen
gesehen, der von Daidalos dem Sohne des Metion, oder Epeios b
dem des Panops, oder Theodoros dem Samier oder irgend
einem andern einzelnen Bildner stark wäre zu erklären, was er
gut gebildet hat, bei anderer Bildner Werken aber verlegen
wäre und schlummerte, nicht habend was er sage?

ΙΩΝ. Οὐ μὰ τὸν Δία, οὐδὲ τοῦτον ἑώρακα.

ΣΩ. Ἀλλὰ μήν, ὥς γ' ἐγὼ οἶμαι, οὐδ' ἐν αὐλήσει γε οὐδὲ ἐν κιθαρίσει οὐδὲ ἐν κιθαρῳδίᾳ οὐδὲ ἐν ῥαψῳδίᾳ οὐδεπώποτ' εἶδες ἄνδρα ὅστις περὶ μὲν Ὀλύμπου δεινός ἐστιν ἐξηγεῖσθαι ἢ περὶ Θαμύρου ἢ περὶ Ὀρφέως ἢ περὶ Φημίου τοῦ c
Ἰθακησίου ῥαψῳδοῦ, περὶ δὲ Ἴωνος τοῦ Ἐφεσίου ἀπορεῖ καὶ οὐκ ἔχει συμβαλέσθαι ἅ τε εὖ ῥαψῳδεῖ καὶ ἃ μή.

ΙΩΝ. Οὐκ ἔχω σοι περὶ τούτου ἀντιλέγειν, ὦ Σώκρατες· ἀλλ' ἐκεῖνο ἐμαυτῷ σύνοιδα ὅτι περὶ Ὁμήρου κάλλιστ' ἀνθρώπων λέγω καὶ εὐπορῶ καὶ οἱ ἄλλοι πάντες μέ φασιν εὖ λέγειν, περὶ δὲ τῶν ἄλλων οὔ. Καίτοι ὅρα τοῦτο τί ἔστιν.

ΣΩ. Καὶ ὁρῶ, ὦ Ἴων, καὶ ἔρχομαί γέ σοι ἀποφαινόμενος ὅ μοι δοκεῖ τοῦτο εἶναι. Ἔστι γὰρ τοῦτο τέχνη μὲν οὐκ d
ὂν παρὰ σοὶ περὶ Ὁμήρου εὖ λέγειν, ὃ νῦν δὴ ἔλεγον, θεία δὲ δύναμις ἥ σε κινεῖ, ὥσπερ ἐν τῇ λίθῳ ἣν Εὐριπίδης μὲν Μαγνῆτιν ὠνόμασεν, οἱ δὲ πολλοὶ Ἡρακλείαν. Καὶ γὰρ αὕτη ἡ λίθος οὐ μόνον αὐτοὺς τοὺς δακτυλίους ἄγει τοὺς σιδηροῦς, ἀλλὰ καὶ δύναμιν ἐντίθησι τοῖς δακτυλίοις ὥστε δύνασθαι ταὐτὸν τοῦτο ποιεῖν ὅπερ ἡ λίθος, ἄλλους ἄγειν δακτυλίους, ὥστ' ἐνίοτε ὁρμαθὸς μακρὸς πάνυ σιδηρῶν [καὶ] e
δακτυλίων ἐξ ἀλλήλων ἤρτηται· πᾶσι δὲ τούτοις ἐξ ἐκείνης τῆς λίθου ἡ δύναμις ἀνήρτηται. Οὕτω δὲ καὶ ἡ Μοῦσα ἐνθέους μὲν ποιεῖ αὐτή, διὰ δὲ τῶν ἐνθέων τούτων ἄλλων ἐνθουσιαζόντων ὁρμαθὸς ἐξαρτᾶται. Πάντες γὰρ οἵ τε τῶν ἐπῶν ποιηταὶ οἱ ἀγαθοὶ οὐκ ἐκ τέχνης ἀλλ' ἔνθεοι ὄντες καὶ κατεχόμενοι πάντα ταῦτα τὰ καλὰ λέγουσι ποιήματα, καὶ οἱ μελοποιοὶ οἱ ἀγαθοὶ ὡσαύτως· ὥσπερ οἱ κορυβαντιῶντες οὐκ ἔμφρονες ὄντες ὀρχοῦνται, οὕτω καὶ οἱ μελοποιοὶ οὐκ 534 a
ἔμφρονες ὄντες τὰ καλὰ μέλη ταῦτα ποιοῦσιν, ἀλλ' ἐπειδὰν ἐμβῶσιν εἰς τὴν ἁρμονίαν καὶ εἰς τὸν ῥυθμόν, καὶ βακχεύουσι

ION: Nein, beim Zeus, auch einen solchen habe ich nicht gesehn.

SOKRATES: Auch nicht glaube ich über das Flötenspielen oder über den Gesang zur Lyra oder über das Spiel darauf, noch auch über die Rhapsodenkunst glaube ich wirst du Einen gesehen haben, der über den Olympos stark ist sich zu erklären, oder über den Thamyras oder Orpheus oder Phemios den c
Ithakesischen Rhapsoden, über Ion den Ephesischen aber im bloßen wäre, und nichts darüber zu sagen wüßte, was der gut vorträgt und was schlecht!

ION: Dagegen weiß ich dir nicht zu widersprechen, Sokrates; jenes aber bin ich mir wohl bewußt, daß ich über den Homeros am besten unter allen Menschen rede und sehr reichhaltig, so daß auch alle Andern sagen ich redete gut, über die andern aber nicht. Also sieh zu, was das wohl sein mag.

2.2. Die vom Rhapsoden vorgetragene Dichtung beruht auf göttlicher Einwirkung, ebenso die Rhapsodenkunst selbst

SOKRATES: Ich sehe ja zu, o Ion, und fange schon an dir zu zeigen, was mich dies zu sein dünkt. Nämlich dies wohnt dir d
nicht als Kunst bei, gut über den Homeros zu reden wie ich eben sagte, sondern als eine göttliche Kraft, welche dich bewegt, wie in dem Steine der vom Euripides der Magnet gewöhnlich aber der Herakleiische genannt wird. Denn auch dieser Stein zieht nicht nur selbst die eisernen Ringe, sondern er teilt auch den Ringen die Kraft mit, daß sie eben dieses tun können wie der Stein selbst, nämlich andere Ringe ziehn, so daß bisweilen eine ganze lange Reihe von Eisen und Ringen an e
einander hängt; allen diesen aber ist ihre Kraft von jenem Steine angehängt. Eben so auch macht zuerst die Muse selbst Begeisterte, und an diesen hängt eine ganze Reihe Anderer durch sie sich begeisternder. Denn alle rechten Dichter alter Sagen sprechen nicht durch Kunst sondern als Begeisterte und Besessene alle diese schönen Gedichte, und eben so die rechten Liederdichter, so wenig die welche vom tanzenden Wahnsinn befallen sind in vernünftigem Bewußtsein tanzen, so dichten 534a
auch die Liederdichter nicht bei vernünftigem Bewußtsein diese schönen Lieder, sondern wenn sie der Harmonie und des

καὶ κατεχόμενοι, ὥσπερ αἱ βάκχαι ἀρύονται ἐκ τῶν ποταμῶν μέλι καὶ γάλα κατεχόμεναι, ἔμφρονες δὲ οὖσαι οὔ, καὶ τῶν μελοποιῶν ἡ ψυχὴ τοῦτο ἐργάζεται, ὅπερ αὐτοὶ λέγουσι. Λέγουσι γὰρ δήπουθεν πρὸς ἡμᾶς οἱ ποιηταὶ ὅτι ἀπὸ κρηνῶν μελιρρύτων ἐκ Μουσῶν κήπων τινῶν καὶ ναπῶν b
δρεπόμενοι τὰ μέλη ἡμῖν φέρουσιν ὥσπερ αἱ μέλιτται, καὶ αὐτοὶ οὕτω πετόμενοι· καὶ ἀληθῆ λέγουσι· κοῦφον γὰρ χρῆμα ποιητής ἐστιν καὶ πτηνὸν καὶ ἱερόν, καὶ οὐ πρότερον οἷός τε ποιεῖν πρὶν ἂν ἔνθεός τε γένηται καὶ ἔκφρων καὶ ὁ νοῦς μηκέτι ἐν αὐτῷ ἐνῇ· ἕως δ' ἂν τουτὶ ἔχῃ τὸ κτῆμα, ἀδύνατος πᾶς ποιεῖν ἄνθρωπός ἐστιν καὶ χρησμῳδεῖν. Ἅτε οὖν οὐ τέχνῃ ποιοῦντες [καὶ] πολλὰ λέγοντες καὶ καλὰ περὶ τῶν πραγμάτων, ὥσπερ σὺ περὶ Ὁμήρου, ἀλλὰ θείᾳ μοίρᾳ, c
τοῦτο μόνον οἷός τε ἕκαστος ποιεῖν καλῶς ἐφ' ὃ ἡ Μοῦσα αὐτὸν ὥρμησεν, ὁ μὲν διθυράμβους, ὁ δὲ ἐγκώμια, ὁ δὲ ὑπορχήματα, ὁ δ' ἔπη, ὁ δ' ἰάμβους· τὰ δ' ἄλλα φαῦλος αὐτῶν ἕκαστός ἐστιν. Οὐ γὰρ τέχνῃ ταῦτα λέγουσιν, ἀλλὰ θείᾳ δυνάμει, ἐπεί, εἰ περὶ ἑνὸς τέχνῃ καλῶς ἠπίσταντο λέγειν, κἂν περὶ τῶν ἄλλων ἁπάντων· διὰ ταῦτα δὲ ὁ θεὸς ἐξαιρούμενος τούτων τὸν νοῦν τούτοις χρῆται ὑπηρέταις καὶ τοῖς χρησμῳδοῖς καὶ τοῖς μάντεσι τοῖς θείοις, ἵνα ἡμεῖς d
οἱ ἀκούοντες εἰδῶμεν ὅτι οὐχ οὗτοί εἰσιν οἱ ταῦτα λέγοντες οὕτω πολλοῦ ἄξια, οἷς νοῦς μὴ πάρεστιν, ἀλλ' ὁ θεὸς αὐτός ἐστιν ὁ λέγων, διὰ τούτων δὲ φθέγγεται πρὸς ἡμᾶς. Μέγιστον δὲ τεκμήριον τῷ λόγῳ Τύννιχος ὁ Χαλκιδεύς, ὃς ἄλλο μὲν οὐδὲν πώποτε ἐποίησε ποίημα ὅτου τις ἂν ἀξιώσειεν μνησθῆναι, τὸν δὲ παιῶνα ὃν πάντες ᾄδουσι, σχεδόν τι πάντων μελῶν κάλλιστον, ἀτεχνῶς, ὅπερ αὐτὸς λέγει, « εὕρημά τι Μοισᾶν ». Ἐν τούτῳ γὰρ δὴ μάλιστά μοι e
δοκεῖ ὁ θεὸς ἐνδείξασθαι ἡμῖν, ἵνα μὴ διστάζωμεν, ὅτι οὐκ ἀνθρώπινά ἐστιν τὰ καλὰ ταῦτα ποιήματα οὐδὲ ἀνθρώπων, ἀλλὰ θεῖα καὶ θεῶν, οἱ δὲ ποιηταὶ οὐδὲν ἀλλ' ἢ ἑρμηνῆς εἰσιν τῶν θεῶν, κατεχόμενοι ἐξ ὅτου ἂν ἕκαστος κατέ-

Rhythmos erfüllt sind, dann werden sie den Bakchen ähnlich, und begeistert, wie diese aus den Strömen Milch und Honig nur wenn sie begeistert sind schöpfen, wenn aber ihres Bewußtseins mächtig dann nicht, so bewirkt auch der Liederdichter Seele dieses, wie sie auch selbst sagen. Es sagen uns nämlich die Dichter, daß sie aus honigströmenden Quellen aus gewis- b
sen Gärten und Hainen der Musen pflückend diese Gesänge uns bringen wie die Bienen, auch eben so umherfliegend. Und wahr reden sie. Denn ein leichtes Wesen ist ein Dichter und geflügelt und heilig, und nicht eher vermögend zu dichten, bis er begeistert worden ist und bewußtlos und die Vernunft nicht mehr in ihm wohnt. Denn so lange er diesen Besitz noch festhält ist jeder Mensch unfähig zu dichten oder Orakel zu sprechen. Wie sie nun nicht durch Kunst dichtend vieles und schönes über die Dinge sagen, eben wie du über den Homeros, c
sondern durch göttliche Schickung: so ist nun deshalb Jeder nur dasjenige schön zu dichten vermögend, wozu die Muse ihn antreibt, der Dithyramben, der Lobgesänge, der Tänze, der Sagen, der Jamben, und im übrigen ist Jeder schlecht. Nämlich nicht durch Kunst bringen sie dieses hervor, sondern durch göttliche Kraft. Denn wenn sie durch Kunst über Eins schön zu reden wüßten, würden sie es auch über alles Andere. Daher auch der Gott nur nachdem er ihnen die Vernunft genommen sie und die Orakelsänger und die göttlichen Wahrsager zu Die- d
nern gebraucht, damit wir Hörer gewiß wissen mögen, daß nicht diese es sind, welche das sagen was soviel wert ist, denen ihre Vernunft ja nicht einwohnt; sondern daß der Gott selbst es ist, der es sagt, und daß er nur durch diese zu uns spricht. Ein großer Beweis für diese Rede ist Tynnichos der Chalkidier, der nie irgend ein anderes Gedicht gedichtet hat, dessen es nur lohnte zu erwähnen, doch aber diesen Päan, den Jedermann singt, fast unter allen Liedern das schönste, recht, wie er selbst sagt einen Fund der Musen. Denn an ihm scheint ganz vor- e
züglich der Gott uns dieses gezeigt zu haben, damit wir ja nicht zweifeln, daß diese schönen Gedichte nicht menschliches sind und von Menschen, sondern göttliches und von Göttern, die Dichter aber nichts sind als Sprecher der Götter, besessen jeder von dem, der ihn eben besitzt. Um dies zu zeigen hat recht

χηται. Ταῦτα ἐνδεικνύμενος ὁ θεὸς ἐξεπίτηδες διὰ τοῦ φαυλοτάτου ποιητοῦ τὸ κάλλιστον μέλος ᾖσεν· ἢ οὐ δοκῶ 535 a
σοι ἀληθῆ λέγειν, ὦ Ἴων ;

ΙΩΝ. Ναὶ μὰ τὸν Δία, ἔμοιγε· ἅπτει γάρ πώς μου τοῖς λόγοις τῆς ψυχῆς, ὦ Σώκρατες, καί μοι δοκοῦσι θείᾳ μοίρᾳ ἡμῖν παρὰ τῶν θεῶν ταῦτα οἱ ἀγαθοὶ ποιηταὶ ἑρμηνεύειν.

ΣΩ. Οὐκοῦν ὑμεῖς αὖ οἱ ῥαψῳδοὶ τὰ τῶν ποιητῶν ἑρμηνεύετε ;

ΙΩΝ. Καὶ τοῦτο ἀληθὲς λέγεις.

ΣΩ. Οὐκοῦν ἑρμηνέων ἑρμηνῆς γίγνεσθε;

ΙΩΝ. Παντάπασί γε.

ΣΩ. Ἔχε δή μοι τόδε εἰπέ, ὦ Ἴων, καὶ μὴ ἀποκρύψῃ b
ὅ τι ἄν σε ἔρωμαι· ὅταν εὖ εἴπῃς ἔπη καὶ ἐκπλήξῃς μάλιστα τοὺς θεωμένους, ἢ τὸν Ὀδυσσέα ὅταν ἐπὶ τὸν οὐδὸν ἐφαλλόμενον ᾄδῃς, ἐκφανῆ γιγνόμενον τοῖς μνηστῆρσι καὶ ἐκχέοντα τοὺς ὀιστοὺς πρὸ τῶν ποδῶν, ἢ Ἀχιλλέα ἐπὶ τὸν Ἕκτορα ὁρμῶντα, ἢ καὶ τῶν περὶ Ἀνδρομάχην ἐλεινῶν τι ἢ περὶ Ἑκάβην ἢ περὶ Πρίαμον, τότε πότερον ἔμφρων εἶ
ἢ ἔξω σαυτοῦ γίγνει καὶ παρὰ τοῖς πράγμασιν οἴεταί σου c
εἶναι ἡ ψυχὴ οἷς λέγεις ἐνθουσιάζουσα, ἢ ἐν Ἰθάκῃ οὖσιν ἢ ἐν Τροίᾳ ἢ ὅπως ἂν καὶ τὰ ἔπη ἔχῃ ;

ΙΩΝ. Ὡς ἐναργές μοι τοῦτο, ὦ Σώκρατες, τὸ τεκμήριον εἶπες· οὐ γάρ σε ἀποκρυψάμενος ἐρῶ. Ἐγὼ γὰρ ὅταν ἐλεινόν τι λέγω, δακρύων ἐμπίμπλανταί μου οἱ ὀφθαλμοί· ὅταν τε φοβερὸν ἢ δεινόν, ὀρθαὶ αἱ τρίχες ἵστανται ὑπὸ φόβου καὶ ἡ καρδία πηδᾷ.

ΣΩ. Τί οὖν ; φῶμεν, ὦ Ἴων, ἔμφρονα εἶναι τότε τοῦτον d
τὸν ἄνθρωπον, ὃς ἂν κεκοσμημένος ἐσθῆτι ποικίλῃ καὶ χρυσοῖσι στεφάνοις κλάῃ τ' ἐν θυσίαις καὶ ἑορταῖς, μηδὲν ἀπολωλεκὼς τούτων, ἢ φοβῆται πλέον ἢ ἐν δισμυρίοις ἀνθρώποις ἑστηκὼς φιλίοις, μηδενὸς ἀποδύοντος μηδὲ ἀδικοῦντος ;

ΙΩΝ. Οὐ μὰ τὸν Δία, οὐ πάνυ, ὦ Σώκρατες, ὥς γε τἀληθὲς εἰρῆσθαι.

absichtlich der Gott durch den schlechtesten Dichter das schön- 535a
ste Lied gesungen. Oder dünkt dich nicht daß ich recht habe, Ion?

ION: Ja, beim Zeus, mich dünkt es gewiß. Denn du ergreifst mir recht die Seele mit deinen Worten, Sokrates; und ich glaube wohl, daß durch göttliche Schickung die rechten Dichter uns dies von den Göttern überbringen.

SOKRATES: Und nicht wahr ihr Rhapsoden überbringt wieder jenes von den Dichtern?

ION: Auch daran hast du Recht.

SOKRATES: Ihr seid also Sprecher der Sprecher?

ION: Allerdings.

SOKRATES: Komm aber, und sage mir auch dies, Ion, und b
verheimliche es mir nicht was ich dich fragen will. Wenn du die Verse schön vorträgst und deine Zuschauer am meisten hinreißest, es sei nun, daß du den Odysseus singst wie er auf die Schwelle springt, sich den Freiern offenbart und sich die Pfeile ausgießt vor die Füße, oder den Achilleus wie er gegen den Hektor dringt, oder auch etwas klägliches von der Andromache oder der Hekabe oder dem Priamos: bist du dann bei völligem Bewußtsein, oder gerätst du außer dich und glaubt deine c
begeisterte Seele bei den Gegenständen zu sein, von welchen du sprichst, sie mögen nun in Ithaka sein oder in Troja oder wo sonst das Gedicht sich aufhält?

ION: Welchen deutlichen Beweis hast du mir da aufgestellt, Sokrates! Denn ich will dir nichts davon verheimlichen. Wenn ich nämlich etwas klägliches vortrage: so füllen sich mir die Augen mit Tränen, wenn aber etwas furchtbares und schreckliches, so sträuben sich die Haare aufwärts vor Furcht, und das Herz pocht.

SOKRATES: Was wollen wir also sagen, Ion? daß derjenige d
bei vollem Bewußtsein ist, welcher mit bunten Kleidern und goldnen Kränzen geschmückt mitten unter Opfern und Festlichkeiten weint, ohne von jenen Herrlichkeiten etwas verloren zu haben, oder sich fürchtet mitten unter zwanzigtausend befreundeten Menschen, ohne daß ihn Jemand ausziehen oder sonst ihm Leides zufügen will?

ION: Nein, beim Zeus, Sokrates, nicht eben, wenn ich doch die Wahrheit sagen soll.

ΣΩ. Οἶσθα οὖν ὅτι καὶ τῶν θεατῶν τοὺς πολλοὺς ταὐτὰ ταῦτα ὑμεῖς ἐργάζεσθε;

ΙΩΝ. Καὶ μάλα καλῶς οἶδα· καθορῶ γὰρ ἑκάστοτε e
αὐτοὺς ἄνωθεν ἀπὸ τοῦ βήματος κλάοντάς τε καὶ δεινὸν ἐμβλέποντας καὶ συνθαμβοῦντας τοῖς λεγομένοις. Δεῖ γάρ με καὶ σφόδρ' αὐτοῖς τὸν νοῦν προσέχειν· ὡς ἐὰν μὲν κλάοντας αὐτοὺς καθίσω, αὐτὸς γελάσομαι ἀργύριον λαμβάνων, ἐὰν δὲ γελῶντας, αὐτὸς κλαύσομαι ἀργύριον ἀπολλύς.

ΣΩ. Οἶσθα οὖν ὅτι οὗτός ἐστιν ὁ θεατὴς τῶν δακτυλίων ὁ ἔσχατος, ὧν ἐγὼ ἔλεγον ὑπὸ τῆς Ἡρακλειώτιδος λίθου ἀπ' ἀλλήλων τὴν δύναμιν λαμβάνειν; ὁ δὲ μέσος σὺ ὁ ῥαψῳδὸς καὶ ὑποκριτής, ὁ δὲ πρῶτος αὐτὸς ὁ ποιητής· ὁ 536 a
δὲ θεὸς διὰ πάντων τούτων ἕλκει τὴν ψυχὴν ὅποι ἂν βούληται τῶν ἀνθρώπων, ἀνακρεμαννὺς ἐξ ἀλλήλων τὴν δύναμιν. Καὶ ὥσπερ ἐκ τῆς λίθου ἐκείνης ὁρμαθὸς πάμπολυς ἐξήρτηται χορευτῶν τε καὶ διδασκάλων καὶ ὑποδιδασκάλων, ἐκ πλαγίου ἐξηρτημένων τῶν τῆς Μούσης ἐκκρεμαμένων δακτυλίων. Καὶ ὁ μὲν τῶν ποιητῶν ἐξ ἄλλης Μούσης, ὁ δὲ ἐξ ἄλλης ἐξήρτηται — ὀνομάζομεν δὲ αὐτὸ κατέχεται, τὸ δέ ἐστι παραπλήσιον· ἔχεται γάρ — ἐκ δὲ τούτων τῶν b
πρώτων δακτυλίων, τῶν ποιητῶν, ἄλλοι ἐξ ἄλλου αὖ ἠρτημένοι εἰσὶ καὶ ἐνθουσιάζουσιν, οἱ μὲν ἐξ Ὀρφέως, οἱ δὲ ἐκ Μουσαίου· οἱ δὲ πολλοὶ ἐξ Ὁμήρου κατέχονταί τε καὶ ἔχονται. Ὧν σύ, ὦ Ἴων, εἷς εἶ καὶ κατέχει ἐξ Ὁμήρου, καὶ ἐπειδὰν μέν τις ἄλλου του ποιητοῦ ᾄδῃ, καθεύδεις τε καὶ ἀπορεῖς ὅ τι λέγῃς, ἐπειδὰν δὲ τούτου τοῦ ποιητοῦ φθέγξηταί τις μέλος, εὐθὺς ἐγρήγορας καὶ ὀρχεῖταί σου ἡ ψυχὴ καὶ εὐπορεῖς ὅ τι λέγῃς· οὐ γὰρ τέχνῃ οὐδ' ἐπιστήμῃ περὶ c
Ὁμήρου λέγεις ἃ λέγεις, ἀλλὰ θείᾳ μοίρᾳ καὶ κατοκωχῇ, ὥσπερ οἱ κορυβαντιῶντες ἐκείνου μόνου αἰσθάνονται τοῦ μέλους ὀξέως ὃ ἂν ᾖ τοῦ θεοῦ ἐξ ὅτου ἂν κατέχωνται, καὶ εἰς ἐκεῖνο τὸ μέλος καὶ σχημάτων καὶ ῥημάτων εὐποροῦσι,

SOKRATES: Und weißt du wohl, daß ihr auch unter den
Zuschauern gar viele eben dahin bringt?

ION: Gar sehr weiß ich das. Denn ich betrachte sie jedesmal e
oben herab von der Bühne wie sie weinen und furchtbar umblicken und mitstaunen über das Gesagte. Auch muß ich ja wohl gar sehr auf sie Acht geben: Denn habe ich sie recht weinen gemacht, so lache ich hernach weil ich Geld einnehme: habe ich sie aber zu lachen gemacht; so muß ich selbst weinen, weil ich das Geld einbüße.

SOKRATES: Merkst du nun, daß dieser Zuschauer der letzte ist von den Ringen, von welchen ich sagte, daß sie aus dem herakleotischen Stein einer durch den andern ihre Kraft empfingen? der mittlere aber bist du, der Rhapsode und Darsteller, 536a
und der erste ist der Dichter selbst. Der Gott aber zieht durch alle diese die Seelen der Menschen wohin er will, indem er der einen Kraft an den andern anhängt. Und wie an jenem Steine so hängt auch hier eine gar lange Reihe von Chorsängern und Lehrern des Chors und Unterlehrern, die wieder seitwärts angehängt sind, an den an der Muse hangenden Ringen. Und der eine Dichter hängt an dieser, der andere an jener Muse; wir nennen das zwar sie besitzt ihn, das ist aber ziemlich dasselbe, b
denn sie hält ihn doch immer. An diesen ersten Ringen nun den Dichtern hangen wieder an Jedem Andere und sind begeistert einige vom Orpheus, Andere vom Musaios, die meisten aber werden vom Homeros besessen und gehalten, von denen auch du, Ion, einer bist und vom Homeros gehalten wirst. Wenn daher Jemand von einem andern Dichter etwas singt, so schlummerst du und hast nichts zu sagen; wenn aber Jemand ein Lied von diesem Dichter anstimmt, so wachst du sogleich und deine Seele tanzt und gar Vieles weißt du zu sagen. Denn c
nicht durch Kunst oder Wissenschaft sagst du was du vom Homeros sagst, sondern durch göttliche Schickung und Besitzung, so wie die Korybanten nur auf jenen Gesang recht hören, der von dem Gotte herrührt, welcher sie besitzt, und auf dessen Weise einen Reichtum an Gebärden und Worten haben, um andere sich aber gar nicht bekümmern: so hast auch du, Ion, wenn Jemand des Homeros erwähnt großen Vorrat; bei andern aber gar keinen. Und die Ursache hievon, wonach du d

τῶν δὲ ἄλλων οὐ φροντίζουσιν· οὕτω καὶ σύ, ὦ Ἴων, περὶ μὲν Ὁμήρου ὅταν τις μνησθῇ, εὐπορεῖς, περὶ δὲ τῶν ἄλλων ἀπορεῖς· τούτου δ᾽ ἐστὶ τὸ αἴτιον, ὅ μ᾽ ἐρωτᾷς, δι᾽ ὅ τι σὺ d
περὶ μὲν Ὁμήρου εὐπορεῖς, περὶ δὲ τῶν ἄλλων οὔ, ὅτι οὐ τέχνῃ, ἀλλὰ θείᾳ μοίρᾳ Ὁμήρου δεινὸς εἶ ἐπαινέτης.

ΙΩΝ. Σὺ μὲν εὖ λέγεις, ὦ Σώκρατες· θαυμάζοιμι μεντᾶν εἰ οὕτως εὖ εἴποις, ὥστε με ἀναπεῖσαι ὡς ἐγὼ κατεχόμενος καὶ μαινόμενος Ὅμηρον ἐπαινῶ. Οἶμαι δὲ οὐδ᾽ ἂν σοὶ δόξαιμι, εἴ μου ἀκούσαις λέγοντος περὶ Ὁμήρου.

ΣΩ. Καὶ μὴν ἐθέλω γε ἀκοῦσαι, οὐ μέντοι πρότερον πρὶν ἄν μοι ἀποκρίνῃ τόδε· ὧν Ὅμηρος λέγει περὶ τίνος εὖ e
λέγεις; οὐ γὰρ δήπου περὶ ἁπάντων γε.

ΙΩΝ. Εὖ ἴσθι, ὦ Σώκρατες, περὶ οὐδενὸς ὅτου οὔ.

ΣΩ. Οὐ δήπου καὶ περὶ τούτων ὧν σὺ μὲν τυγχάνεις οὐκ εἰδώς, Ὅμηρος δὲ λέγει.

ΙΩΝ. Καὶ ταῦτα ποῖά ἐστιν ἃ Ὅμηρος μὲν λέγει, ἐγὼ δὲ οὐκ οἶδα;

ΣΩ. Οὐ καὶ περὶ τεχνῶν μέντοι λέγει πολλαχοῦ Ὅμηρος 537a
καὶ πολλά; οἷον καὶ περὶ ἡνιοχείας — ἐὰν μνησθῶ τὰ ἔπη, ἐγώ σοι φράσω.

ΙΩΝ. Ἀλλ᾽ ἐγὼ ἐρῶ· ἐγὼ γὰρ μέμνημαι.

ΣΩ. Εἰπὲ δή μοι ἃ λέγει Νέστωρ Ἀντιλόχῳ τῷ ὑεῖ, παραινῶν εὐλαβηθῆναι περὶ τὴν καμπὴν ἐν τῇ ἱπποδρομίᾳ τῇ ἐπὶ Πατρόκλῳ.

ΙΩΝ. Κλινθῆναι δέ, φησί, καὶ αὐτὸς ἐυξέστῳ ἐνὶ δίφρῳ
ἦκ᾽ ἐπ᾽ ἀριστερὰ τοῖιν· ἀτὰρ τὸν δεξιὸν ἵππον b
κένσαι ὁμοκλήσας, εἶξαί τέ οἱ ἡνία χερσίν.
Ἐν νύσσῃ δέ τοι ἵππος ἀριστερὸς ἐγχριμφθήτω,
ὡς ἄν τοι πλήμνη γε δοάσσεται ἄκρον ἱκέσθαι
κύκλου ποιητοῖο· λίθου δ᾽ ἀλέασθαι ἐπαυρεῖν.

ΣΩ. Ἀρκεῖ. Ταῦτα δή, ὦ Ἴων, τὰ ἔπη εἴτε ὀρθῶς λέγει c

mich fragst, weshalb du nur über den Homeros etwas weißt, über andere aber nicht, ist die, daß du nicht durch Kunst, sondern durch göttliche Schickung so gewaltig bist als ein Verherrlicher des Homeros.

3. Zweite Erwägung, daß Rhapsodenkunst auf Inspiration zurückgeht: Worin ist Ion kompetent?

3.1. Jede Kunst hat eine spezifische Kompetenz. Der Rhapsode kann nicht für alles kompetent sein, wie Ion glaubt

ION: Sehr gut zwar sprichst du, Sokrates, jedoch wollte ich mich wundern, wenn du so gut sprächest, daß du mich überreden könntest, ich verherrlichte den Homeros durch Eingeistung und Wahnsinn. Ich glaube auch es würde nicht einmal dir so vorkommen wenn du mich hörtest über den Homeros reden.

SOKRATES: Gewiß will ich dich ja hören, nicht eher jedoch bis du mir dies beantwortest. Worüber von allem, wovon Ho- e
meros spricht, sprichst du gut? Denn über alles und jedes doch wohl nicht?

ION: Das wisse nur, Sokrates, über alles ohne Ausnahme.

SOKRATES: Doch aber nicht darüber, wovon du nichts verstehst, und Homeros doch spricht?

ION: Was für Dinge wären das, wovon Homeros zwar spricht, ich aber nichts verstehe?

SOKRATES: Redet nicht auch Homeros von allerlei Kün- 537a
sten an vielen Orten vielerlei? So wie von der Kunst des Wagenführers; wenn mir die Verse einfallen, will ich sie dir sagen.

ION: Ich will sie dir schon sagen; mir fallen sie gewiß ein.

SOKRATES: So sage mir denn, was Nestor zu seinem Sohne Antilochos spricht, indem er ihn erinnert sich wohl vorzusehen mit der Wendung beim Wagenrennen zu Ehren des Patroklos.

ION: Selber zugleich dann beug' in dem schöngeflochtenen Sessel, Sanft zur Linken dich hin, und das rechte Roß des Ge- b
spannes Treib mit Geißel und Ruf, und laß ihm die Zügel ein wenig, Während dir nah am Ziele das linke Roß sich herumdreht, So daß fast die Nabe den Rand zu erreichen dir scheinet Deines zierlichen Rades: den Stein nur zu rühren vermeide –

SOKRATES: Genug. Ob also, o Ion, in diesen Versen Ho- c

Ὅμηρος εἴτε μή, πότερος ἂν γνοίη ἄμεινον, ἰατρὸς ἢ ἡνίοχος;

ΙΩΝ. Ἡνίοχος δήπου.

ΣΩ. Πότερον ὅτι τέχνην ταύτην ἔχει ἢ κατ' ἄλλο τι;

ΙΩΝ. Οὔκ, ἀλλ' ὅτι τέχνην.

ΣΩ. Οὐκοῦν ἑκάστῃ τῶν τεχνῶν ἀποδέδοταί τι ὑπὸ τοῦ θεοῦ ἔργον οἵᾳ τε εἶναι γιγνώσκειν; οὐ γάρ που ἃ κυβερνητικῇ γιγνώσκομεν, γνωσόμεθα καὶ ἰατρικῇ.

ΙΩΝ. Οὐ δῆτα.

ΣΩ. Οὐδέ γε ἃ ἰατρικῇ, ταῦτα καὶ τεκτονικῇ.

ΙΩΝ. Οὐ δῆτα.

ΣΩ. Οὐκοῦν οὕτω καὶ κατὰ πασῶν τῶν τεχνῶν, ἃ τῇ d
ἑτέρᾳ τέχνῃ γιγνώσκομεν, οὐ γνωσόμεθα τῇ ἑτέρᾳ; τόδε δέ μοι πρότερον τούτου ἀπόκριναι· τὴν μὲν ἑτέραν φῂς εἶναί τινα τέχνην, τὴν δ' ἑτέραν;

ΙΩΝ. Ναί.

ΣΩ. Ἆρα ὥσπερ ἐγὼ τεκμαιρόμενος, ὅταν ἡ μὲν ἑτέρων πραγμάτων ᾖ ἐπιστήμη, ἡ δ' ἑτέρων, οὕτω καλῶ τὴν μὲν ἄλλην, τὴν δὲ ἄλλην τέχνην, οὕτω καὶ σύ;

ΙΩΝ. Ναί. e

ΣΩ. Εἰ γάρ που τῶν αὐτῶν πραγμάτων ἐπιστήμη εἴη τις, τί ἂν τὴν μὲν ἑτέραν φαῖμεν εἶναι, τὴν δ' ἑτέραν, ὁπότε γε ταὐτὰ εἴη εἰδέναι ἀπ' ἀμφοτέρων; ὥσπερ ἐγώ τε γιγνώσκω ὅτι πέντε εἰσὶν οὗτοι οἱ δάκτυλοι, καὶ σύ, ὥσπερ ἐγώ, περὶ τούτων ταὐτὰ γιγνώσκεις· καὶ εἴ σε ἐγὼ ἐροίμην εἰ τῇ αὐτῇ τέχνῃ γιγνώσκομεν τῇ ἀριθμητικῇ τὰ αὐτὰ ἐγώ τε καὶ σὺ ἢ ἄλλῃ, φαίης ἂν δήπου τῇ αὐτῇ.

ΙΩΝ. Ναί.

ΣΩ. Ὃ τοίνυν ἄρτι ἔμελλον ἐρήσεσθαί σε, νυνὶ εἰπέ, εἰ 538 a
κατὰ πασῶν τῶν τεχνῶν οὕτω σοι δοκεῖ, τῇ μὲν αὐτῇ τέχνῃ τὰ αὐτὰ ἀναγκαῖον εἶναι γιγνώσκειν, τῇ δ' ἑτέρᾳ μὴ τὰ αὐτά, ἀλλ' εἴπερ ἄλλη ἐστίν, ἀναγκαῖον καὶ ἕτερα γιγνώσκειν.

meros richtig spricht oder nicht, welcher von beiden wird das besser verstehen, der Arzt oder der Wagenführer?

ION: Der Wagenführer allerdings.

SOKRATES: Etwa weil er diese Kunst inne hat, oder sonst weswegen?

ION: Nein, sondern deswegen.

SOKRATES: Ist nun nicht jeder Kunst von Gott Ein Werk angewiesen, das sie vermögend ist zu verstehen. Denn was wir durch die Steuermannskunst verstehen, das verstehen wir doch nicht durch die Heilkunst.

ION: Nein freilich.

SOKRATES: Und was durch die Heilkunst, das nicht auch durch die Baukunst.

ION: Nein freilich.

SOKRATES: Und wird es nicht mit allen Künsten so sein, d
daß was wir durch die eine verstehen, wir nicht auch durch eine andere verstehen? Zuerst aber beantworte mir das, behauptest du auch daß diese Kunst eine ist, und jene wieder eine andere?

ION: Ja.

SOKRATES: Auch wohl wie ich urteilend, wenn nämlich die eine die Erkenntnis dieser Gegenstände ist und die andere wieder jener, diese dann eine andere Kunst nenne, und jene wieder eine andere, so auch du?

ION: Ja. e

SOKRATES: Denn wenn eine jede die Erkenntnis derselben Gegenstände wäre, warum soll man sagen die eine wäre diese und die andere wieder jene, wenn man doch durch beide nur einerlei weiß? So wie ich weiß, daß dies fünf Ringe sind, und du dies ganz eben so weißt wie ich; und wenn ich dich nun fragte, ob auch wohl durch dieselbe Kunst, nämlich die Rechenkunst, wir beide das nämliche wissen, ich und du, oder durch eine andere: du doch wohl sagen würdest durch dieselbe.

ION: Ja.

SOKRATES: Was ich dich also schon vorher im Begriff war 538a
zu fragen, das sage mir nun, ob es dich auch in Absicht aller Künste so dünkt, daß man notwendig durch dieselbe Kunst auch dasselbe erkennt, durch eine andere aber nicht dasselbe, sondern da sie ja eine andere ist, sie auch notwendig etwas anderes erkennen muß?

ΙΩΝ. Οὕτω μοι δοκεῖ, ὦ Σώκρατες.

ΣΩ. Οὐκοῦν ὅστις ἂν μὴ ἔχῃ τινὰ τέχνην, ταύτης τῆς τέχνης τὰ λεγόμενα ἢ πραττόμενα καλῶς γιγνώσκειν οὐχ οἷός τ' ἔσται ;

ΙΩΝ. Ἀληθῆ λέγεις. b

ΣΩ. Πότερον οὖν περὶ τῶν ἐπῶν ὧν εἶπες, εἴτε καλῶς λέγει Ὅμηρος εἴτε μή, σὺ κάλλιον γνώσει ἢ ἡνίοχος ;

ΙΩΝ. Ἡνίοχος.

ΣΩ. Ῥαψῳδὸς γάρ που εἶ, ἀλλ' οὐχ ἡνίοχος.

ΙΩΝ. Ναί.

ΣΩ. Ἡ δὲ ῥαψῳδικὴ τέχνη ἑτέρα ἐστὶ τῆς ἡνιοχικῆς ;

ΙΩΝ. Ναί.

ΣΩ. Εἰ ἄρα ἑτέρα, περὶ ἑτέρων καὶ ἐπιστήμη πραγμάτων ἐστίν.

ΙΩΝ. Ναί.

ΣΩ. Τί δὲ δή, ὅταν Ὅμηρος λέγῃ ὡς τετρωμένῳ τῷ Μαχάονι Ἑκαμήδη ἡ Νέστορος παλλακὴ κυκεῶνα πιεῖν δίδωσι ; καὶ λέγει πως οὕτως — c

οἴνῳ πραμνείῳ, φησίν, ἐπὶ δ' αἴγειον κνῆ τυρὸν
κνήστι χαλκείῃ· παρὰ δὲ κρόμυον ποτῷ ὄψον·

ταῦτα εἴτε ὀρθῶς λέγει Ὅμηρος εἴτε μή, πότερον ἰατρικῆς ἐστι διαγνῶναι καλῶς ἢ ῥαψῳδικῆς ;

ΙΩΝ. Ἰατρικῆς.

ΣΩ. Τί δέ, ὅταν λέγῃ Ὅμηρος —

ἡ δὲ μολυβδαίνῃ ἰκέλη ἐς βυσσὸν ἵκανεν, d
ἥ τε κατ' ἀγραύλοιο βοὸς κέρας ἐμμεμαυῖα
ἔρχεται ὠμηστῇσι μετ' ἰχθύσι πῆμα φέρουσα·

ταῦτα πότερον φῶμεν ἁλιευτικῆς εἶναι τέχνης μᾶλλον κρῖναι ἢ ῥαψῳδικῆς, ἅττα λέγει καὶ εἴτε καλῶς εἴτε μή ;

ΙΩΝ. Δῆλον δή, ὦ Σώκρατες, ὅτι ἁλιευτικῆς.

ΣΩ. Σκέψαι δή, σοῦ ἐρομένου, εἰ ἔροιό με· « Ἐπειδὴ τοίνυν, ὦ Σώκρατες, τούτων τῶν τεχνῶν ἐν Ὁμήρῳ εὑρί- e

ION: So dünkt es mich, Sokrates.

SOKRATES: Also wer irgend eine Kunst nicht besitzt, der wird auch was vermöge dieser Kunst geredet oder getan wird nicht richtig zu beurteilen vermögen.

ION: Wahr gesprochen. b

SOKRATES: Wirst nun wohl über die Verse, welche du eben hersagtest ob sie gut gesagt sind vom Homeros oder nicht, du besser urteilen können oder ein Wagenführer?

ION: Ein Wagenführer.

SOKRATES: Denn du bist ein Rhapsode und kein Wagenführer.

ION: Nein.

SOKRATES: Und die Kunst der Rhapsoden ist eine andere als die der Wagenführer?

ION: Ja.

SOKRATES: Wenn also eine andere, so ist sie auch Erkenntnis anderer Gegenstände.

ION: Ja.

SOKRATES: Wie nun, wenn Homeros sagt, daß Hekamede des Nestors Leibdienerin dem verwundeten Machaon einen Kühltrank zu trinken reicht, und er so etwa sagt: Mengte des c
Pramnischen Weins, spricht er, und rieb mit eherner Raspel Ziegenkäse darauf mit weißem Mehl ihn bestreuend, ob dies Homeros recht sagt oder nicht, ist das die Sache der Arzneikunst richtig zu beurteilen oder der rhapsodischen?

ION: Der Arzneikunst.

SOKRATES: Und wie wenn Homeros sagt: Jene sank wie
geründetes Blei in die Tiefe hinunter Welches über dem Horn d
des geweideten Stieres befestigt Sinkt den gefräßigen Fischen des Meers das Verderben zu bringen; wollen wir sagen dies gehöre mehr für die Fischerkunst zu beurteilen oder für die rhapsodische, was er hier sagt und ob es recht ist oder nicht?

ION: Offenbar, Sokrates, für die Fischerkunst.

SOKRATES: So erwäge also, wenn du nun der fragende wä-
rest und mich fragtest: Da du nun, Sokrates, für alle diese e
Künste etwas findest im Homeros was ihnen zusteht zu beurteilen, so komm und finde mir auch heraus, was für den Wahrsager und die Wahrsagekunst gehört, was das wohl sein

σκεις ἃ προσήκει ἑκάστῃ διακρίνειν, ἴθι μοι ἔξευρε καὶ τὰ τοῦ μάντεώς τε καὶ μαντικῆς, ποῖά ἐστιν ἃ προσήκει αὐτῷ οἵῳ τ' εἶναι διαγιγνώσκειν, εἴτε εὖ εἴτε κακῶς πεποίηται» — σκέψαι ὡς ῥᾳδίως τε καὶ ἀληθῆ ἐγώ σοι ἀποκρινοῦμαι. Πολλαχοῦ μὲν γὰρ καὶ ἐν Ὀδυσσείᾳ λέγει, οἷον καὶ ἃ ὁ τῶν Μελαμποδιδῶν λέγει μάντις πρὸς τοὺς μνηστῆρας, Θεοκλύμενος —

δαιμόνιοι, τί κακὸν τόδε πάσχετε; νυκτὶ μὲν ὑμέων 539 a
εἰλύαται κεφαλαί τε πρόσωπά τε νέρθε τε γυῖα,
οἰμωγὴ δὲ δέδηε, δεδάκρυνται δὲ παρειαί·
εἰδώλων τε πλέον πρόθυρον, πλείη δὲ καὶ αὐλὴ
ἱεμένων ἔρεβόσδε ὑπὸ ζόφον· ἠέλιος δὲ
οὐρανοῦ ἐξαπόλωλε, κακὴ δ' ἐπιδέδρομεν ἀχλύς· b

πολλαχοῦ δὲ καὶ ἐν Ἰλιάδι, οἷον καὶ ἐπὶ τειχομαχίᾳ· λέγει γὰρ καὶ ἐνταῦθα —

ὄρνις γάρ σφιν ἐπῆλθε περησέμεναι μεμαῶσιν,
αἰετὸς ὑψιπέτης, ἐπ' ἀριστερὰ λαὸν ἐέργων,
φοινήεντα δράκοντα φέρων ὀνύχεσσι πέλωρον, c
ζωόν, ἔτ' ἀσπαίροντα· καὶ οὔπω λήθετο χάρμης.
Κόψε γὰρ αὐτὸν ἔχοντα κατὰ στῆθος παρὰ δειρὴν
ἰδνωθεὶς ὀπίσω, ὁ δ' ἀπὸ ἕθεν ἧκε χαμᾶζε
ἀλγήσας ὀδύνῃσι, μέσῳ δ' ἐνὶ κάββαλ' ὁμίλῳ·
αὐτὸς δὲ κλάγξας πέτετο πνοιῇς ἀνέμοιο. d

Ταῦτα φήσω καὶ τὰ τοιαῦτα τῷ μάντει προσήκειν καὶ σκοπεῖν καὶ κρίνειν.

ΙΩΝ. Ἀληθῆ γε σὺ λέγων, ὦ Σώκρατες.

ΣΩ. Καὶ σύ γε, ὦ Ἴων, ἀληθῆ ταῦτα λέγεις. Ἴθι δὴ καὶ σὺ ἐμοί, ὥσπερ ἐγὼ σοὶ ἐξέλεξα καὶ ἐξ Ὀδυσσείας καὶ ἐξ Ἰλιάδος ὁποῖα τοῦ μάντεώς ἐστι καὶ ὁποῖα τοῦ ἰατροῦ καὶ ὁποῖα τοῦ ἁλιέως, οὕτω καὶ σὺ ἐμοὶ ἔκλεξον, ἐπειδὴ καὶ e
ἐμπειρότερος εἶ ἐμοῦ τῶν Ὁμήρου, ὁποῖα τοῦ ῥαψῳδοῦ ἐστιν, ὦ Ἴων, καὶ τῆς τέχνης τῆς ῥαψῳδικῆς, ἃ τῷ ῥαψῳδῷ

mag was denen gebührt beurteilen zu können ob es gut oder
schlecht gedichtet ist: so sieh wie leicht und richtig ich dir ant-
worten werde. Denn gar oft sagt er dergleichen auch in der
Odysseia, wie was der Seher der Melampodideer Theoklyme-
nos zu den Freiern sagt: Ach unglückliche Männer was duldet 539a
ihr? rings ja in Nacht sind Euch gehüllt die Häupter, die Ange-
sicht' und die Glieder! Schrecklich ertönt Wehklag', und trä-
nenbenetzt sind die Wangen! Voll der Schattengebild ist die
Flur und voll auch der Vorhof die zum Erebos eilen in Fin-
sternis! aber die Sonn' ist ausgelöscht am Himmel und rings b
herrscht gräßliches Dunkel! Oft auch in der Ilias wie im Mauer-
gefecht, denn auch hier sagt er: Denn ein Vogel erschien, da sie
überzugehn sich entschlossen Ein hochfliegender Adler der
links hin streifend das Kriegsheer Eine Schlang' in den Klauen c
dahertrug rot und unendlich Lebend annoch und zappelnd,
noch nicht vergessend der Streitlust. Denn dem haltenden Ad-
ler durchstach sie die Brust an dem Halse Rückwärts drehend
das Haupt, er schwang sie hinweg auf die Erde Hart von
Schmerzen gequält, und sie fiel in die Mitte des Haufens, Aber
er selbst lauttönend entflog im Hauche des Windes. Dieses d
würde ich sagen gehört für den Wahrsager zu betrachten und
zu beurteilen.

ION: Sehr wahr sprichst du daran, o Sokrates.

SOKRATES: Auch du sprichst hieran sehr wahr, o Ion! So
komm denn, und wie ich dir ausgesucht habe aus der Odysseia
und Ilias, was für den Wahrsager gehört, und was für den Arzt
und was für den Fischer: so suche du nun auch mir heraus, da e
du ja des Homeros kundiger bist als ich, was doch für den
Rhapsoden gehört, o Ion, und für die rhapsodische Kunst, und

προσήκει καὶ σκοπεῖσθαι καὶ διακρίνειν παρὰ τοὺς ἄλλους ἀνθρώπους.

ΙΩΝ. Ἐγὼ μέν φημι, ὦ Σώκρατες, ἅπαντα.

ΣΩ. Οὐ σύ γε φῄς, ὦ Ἴων, ἅπαντα· ἢ οὕτως ἐπιλήσμων εἶ; καίτοι οὐκ ἂν πρέποι γε ἐπιλήσμονα εἶναι ῥαψῳδὸν ἄνδρα.

ΙΩΝ. Τί δὲ δὴ ἐπιλανθάνομαι;

ΣΩ. Οὐ μέμνησαι ὅτι ἔφησθα τὴν ῥαψῳδικὴν τέχνην 540 a
ἑτέραν εἶναι τῆς ἡνιοχικῆς;

ΙΩΝ. Μέμνημαι.

ΣΩ. Οὐκοῦν καὶ ἑτέραν οὖσαν ἕτερα γνώσεσθαι ὁμολόγεις;

ΙΩΝ. Ναί.

ΣΩ. Οὐκ ἄρα πάντα γε γνώσεται ἡ ῥαψῳδικὴ κατὰ τὸν σὸν λόγον οὐδὲ ὁ ῥαψῳδός.

ΙΩΝ. Πλήν γε ἴσως τὰ τοιαῦτα, ὦ Σώκρατες.

ΣΩ. Τὰ τοιαῦτα δὲ λέγεις πλὴν τὰ τῶν ἄλλων τεχνῶν b
σχεδόν τι· ἀλλὰ ποῖα δὴ γνώσεται, ἐπειδὴ οὐχ ἅπαντα;

ΙΩΝ. Ἃ πρέπει, οἶμαι ἔγωγε, ἀνδρὶ εἰπεῖν καὶ ὁποῖα γυναικί, καὶ ὁποῖα δούλῳ καὶ ὁποῖα ἐλευθέρῳ, καὶ ὁποῖα ἀρχομένῳ καὶ ὁποῖα ἄρχοντι.

ΣΩ. Ἆρα ὁποῖα ἄρχοντι, λέγεις, ἐν θαλάττῃ χειμαζομένου πλοίου πρέπει εἰπεῖν, ὁ ῥαψῳδὸς γνώσεται κάλλιον ἢ ὁ κυβερνήτης;

ΙΩΝ. Οὔκ, ἀλλὰ ὁ κυβερνήτης τοῦτό γε.

ΣΩ. Ἀλλ᾽ ὁποῖα ἄρχοντι κάμνοντος πρέπει εἰπεῖν, ὁ c
ῥαψῳδὸς γνώσεται κάλλιον ἢ ὁ ἰατρός;

ΙΩΝ. Οὐδὲ τοῦτο.

ΣΩ. Ἀλλ᾽ οἷα δούλῳ πρέπει, λέγεις;

ΙΩΝ. Ναί.

was diesem gebührt zu betrachten und zu beurteilen vor den übrigen Menschen.

ION: Ich behaupte eben, Alles, Sokrates.

SOKRATES: So eben, Ion, wolltest du doch nicht behaupten, Alles. Oder bist du so vergeßlich? Das ziemt ja wohl einem Rhapsoden nicht vergeßlich zu sein?

ION: Was vergesse ich denn?

SOKRATES: Erinnerst du dich nicht, daß du behauptetest, 540a
die Kunst des Rhapsoden wäre eine andere als die des Wagenführers?

ION: Das erinnere ich mich.

SOKRATES: Und daß sie als eine andere auch anderes verstehe, gestandest du das auch?

ION: Ja.

SOKRATES: Nicht alles also wird doch die rhapsodische Kunst nach deiner Rede verstehen, und der Rhapsode?

3.2. Ion modifiziert seine These: seine Kompetenz beziehe sich auf die angemessene Redeweise verschiedener Gesellschaftsgruppen. Die Absurdität dieser Behauptung, entwickelt am Beispiel des Heerführers

ION: Ausgenommen vielleicht dergleichen, Sokrates.

SOKRATES: Mit diesem dergleichen meinst du doch ausge- b
nommen was für alle übrigen Künste gehört? Aber was wird er denn verstehen, wenn doch nicht Alles?

ION: Was einem Manne zu sprechen ziemt, glaube ich, und was einer Frau, was einem Knechte und was einem Freien, was einem Gehorchenden und was einem Gebietenden.

SOKRATES: Meinst du etwa was dem Gebietenden über ein auf dem Meere mit dem Sturme kämpfenden Schiff, zu sprechen geziemt, werde der Rhapsode besser verstehen als der Steuermann.

ION: Nein, sondern dies wohl der Steuermann.

SOKRATES: Aber was dem, der über einen Kranken gebie- c
tet, zu sprechen geziemt, das wird der Rhapsode besser verstehen als der Arzt?

ION: Auch das nicht.

SOKRATES: Aber was einem Knechte geziemt, sagst du?

ION: Ja.

ΣΩ. Οἷον βουκόλῳ λέγεις δούλῳ ἃ πρέπει εἰπεῖν ἀγριαινουσῶν βοῶν παραμυθουμένῳ, ὁ ῥαψῳδὸς γνώσεται ἀλλ' οὐχ ὁ βουκόλος;

ΙΩΝ. Οὐ δῆτα.

ΣΩ. Ἀλλ' οἷα γυναικὶ πρέποντά ἐστιν εἰπεῖν ταλασιουργῷ περὶ ἐρίων ἐργασίας;

ΙΩΝ. Οὔ.

ΣΩ. Ἀλλ' οἷα ἀνδρὶ πρέπει εἰπεῖν γνώσεται στρατηγῷ d
στρατιώταις παραινοῦντι ;

ΙΩΝ. Ναί, τὰ τοιαῦτα γνώσεται ὁ ῥαψῳδός.

ΣΩ. Τί δέ ; ἡ ῥαψῳδικὴ τέχνη στρατηγική ἐστιν ;

ΙΩΝ. Γνοίην γοῦν ἂν ἐγὼ οἷα στρατηγὸν πρέπει εἰπεῖν.

ΣΩ. Ἴσως γὰρ εἶ καὶ στρατηγικός, ὦ Ἴων. Καὶ γὰρ εἰ ἐτύγχανες ἱππικὸς ὢν ἅμα καὶ κιθαριστικός, ἔγνως ἂν ἵππους εὖ καὶ κακῶς ἱππαζομένους· ἀλλ' εἴ σ' ἐγὼ ἠρόμην· e
« Ποτέρᾳ δὴ τέχνῃ, ὦ Ἴων, γιγνώσκεις τοὺς εὖ ἱππαζομένους ἵππους ; ᾗ ἱππεὺς εἶ ἢ ᾗ κιθαριστής ; » τί ἂν μοι ἀπεκρίνω;

ΙΩΝ. Ἧι ἱππεύς, ἔγωγ' ἄν.

ΣΩ. Οὐκοῦν εἰ καὶ τοὺς εὖ κιθαρίζοντας διεγίγνωσκες, ὡμολόγεις ἄν, ᾗ κιθαριστὴς εἶ, ταύτῃ διαγιγνώσκειν, ἀλλ οὐχ ᾗ ἱππεύς.

ΙΩΝ. Ναί.

ΣΩ. Ἐπειδὴ δὲ τὰ στρατιωτικὰ γιγνώσκεις, πότερον ᾗ στρατηγικὸς εἶ γιγνώσκεις ἢ ᾗ ῥαψῳδὸς ἀγαθός ;

ΙΩΝ. Οὐδὲν ἔμοιγε δοκεῖ διαφέρειν.

ΣΩ. Πῶς ; οὐδὲν λέγεις διαφέρειν ; μίαν λέγεις τέχνην 541 a
εἶναι τὴν ῥαψῳδικὴν καὶ τὴν στρατηγικὴν ἢ δύο ;

ΙΩΝ. Μία ἔμοιγε δοκεῖ.

SOKRATES: Was einem Knechte der das Vieh hütet zu sprechen gebührt, wenn ihm die Rinder wild werden und er ihnen zuredet, das wird der Rhapsode verstehn und nicht der Ochsenhirte?

ION: Freilich wohl nicht.

SOKRATES: Aber was einer webenden Frau geziemt von der Verarbeitung der Wolle zu sprechen?

ION: Nein.

SOKRATES: Was aber einem Heerführer zu sprechen ge- d
ziemt, der den Kriegern zuredet, wird er verstehn?

ION: Ja dergleichen wird der Rhapsode verstehn.

SOKRATES: Wie doch? Ist die Kunst des Rhapsoden die des Heerführers?

ION: Ich würde wenigstens schon verstehen, was einem Heerführer zu sprechen geziemt!

SOKRATES: Vielleicht bist du eben auch ein Heerführer der Kunst nach. Denn wenn du zugleich ein Bereuter wärest und ein Künstler auf der Lyra, so verständest du dich auch auf Pferde die gut und schlecht zugeritten wären. Aber wenn ich e
dich dann fragte: durch welche Kunst o Ion erkennst du die gut zugerittenen Pferde? durch die vermöge der du ein Bereuter bist, oder durch die vermöge der ein Lyraspieler? was würdest du mir antworten?

ION: Durch die vermöge welcher ich ein Bereuter bin, antwortete ich.

SOKRATES: Also wenn du auch die welche die Lyra gut spielen, erkenntest: so würdest du gestehen sie, durch die vermöge deren du selbst die Lyra spielst zu erkennen, nicht durch die vermöge der du ein Bereuter bist?

ION: Ja.

SOKRATES: Wenn du also was zur Heerführung gehört verstehst, verstehst du es in so fern du der Kunst nach ein Heerführer, oder in so fern du ein guter Rhapsode bist?

ION: Das dünkt mich gar nicht unterschieden zu sein.

SOKRATES: Wie meinst du gar nicht unterschieden? Meinst 541a
du das wäre nur Eine Kunst, die des Rhapsoden und die des Heerführers oder zwei?

ION: Eine scheint es mir wenigstens.

ΣΩ. Ὅστις ἄρα ἀγαθὸς ῥαψῳδός ἐστιν, οὗτος καὶ ἀγαθὸς στρατηγὸς τυγχάνει ὤν;

ΙΩΝ. Μάλιστα, ὦ Σώκρατες.

ΣΩ. Οὐκοῦν καὶ ὅστις ἀγαθὸς στρατηγὸς τυγχάνει ὤν, ἀγαθὸς καὶ ῥαψῳδός ἐστιν.

ΙΩΝ. Οὐκ αὖ μοι δοκεῖ τοῦτο.

ΣΩ. Ἀλλ' ἐκεῖνο μὴν δοκεῖ σοι, ὅστις γε ἀγαθὸς ῥαψῳδός, καὶ στρατηγὸς ἀγαθὸς εἶναι; b

ΙΩΝ. Πάνυ γε.

ΣΩ. Οὐκοῦν σὺ τῶν Ἑλλήνων ἄριστος ῥαψῳδὸς εἶ;

ΙΩΝ. Πολύ γε, ὦ Σώκρατες.

ΣΩ. Ἦ καὶ στρατηγός, ὦ Ἴων, τῶν Ἑλλήνων ἄριστος εἶ;

ΙΩΝ. Εὖ ἴσθι, ὦ Σώκρατες· καὶ ταῦτά γε ἐκ τῶν Ὁμήρου μαθών.

ΣΩ. Τί δή ποτ' οὖν πρὸς τῶν θεῶν, ὦ Ἴων, ἀμφότερα ἄριστος ὢν τῶν Ἑλλήνων, καὶ στρατηγὸς καὶ ῥαψῳδός, ῥαψῳδεῖς μὲν περιιὼν τοῖς Ἕλλησι, στρατηγεῖς δ' οὔ; ἢ ῥαψῳδοῦ μὲν δοκεῖ σοι χρυσῷ στεφάνῳ ἐστεφανωμένου c
πολλὴ χρεία εἶναι τοῖς Ἕλλησι, στρατηγοῦ δὲ οὐδεμία;

ΙΩΝ. Ἡ μὲν γὰρ ἡμετέρα, ὦ Σώκρατες, πόλις ἄρχεται ὑπὸ ὑμῶν καὶ στρατηγεῖται καὶ οὐδὲν δεῖται στρατηγοῦ, ἡ δὲ ὑμετέρα καὶ ἡ Λακεδαιμονίων οὐκ ἄν με ἕλοιτο στρατηγόν· αὐτοὶ γὰρ οἴεσθε ἱκανοὶ εἶναι.

ΣΩ. Ὦ βέλτιστε Ἴων, Ἀπολλόδωρον οὐ γιγνώσκεις τὸν Κυζικηνόν;

ΙΩΝ. Ποῖον τοῦτον;

ΣΩ. Ὃν Ἀθηναῖοι πολλάκις ἑαυτῶν στρατηγὸν ᾕρηνται
ξένον ὄντα· καὶ Φανοσθένη τὸν Ἄνδριον καὶ Ἡρακλείδην d
τὸν Κλαζομένιον, οὓς ἥδε ἡ πόλις ξένους ὄντας, ἐνδειξαμένους ὅτι ἄξιοι λόγου εἰσί, καὶ εἰς στρατηγίας καὶ εἰς τὰς ἄλλας ἀρχὰς ἄγει· Ἴωνα δ' ἄρα τὸν Ἐφέσιον οὐχ αἱρήσεται

SOKRATES: Wer also ein guter Rhapsode ist, der ist auch ein guter Heerführer?

ION: Ganz gewiß, Sokrates.

SOKRATES: Und auch wer ein guter Heerführer ist, ist also ein guter Rhapsode?

ION: Das dünkt mich wieder nicht.

SOKRATES: Aber jenes dünkt dich, wer nur ein guter
Rhapsode ist, sei auch ein guter Heerführer? b

ION: Gar sehr.

SOKRATES: Nun bist du doch unter den Hellenen der beste Rhapsode?

ION: Bei weitem, Sokrates.

SOKRATES: Bist du etwa auch, o Ion, der beste Heerführer unter den Hellenen?

ION: Wisse nur, Sokrates, daß ich auch das aus dem Homeros gelernt habe.

SOKRATES: Warum also doch bei den Göttern, o Ion, wenn
du unter den Hellenen beides der beste bist, Rhapsode und
Heerführer, gehst du zwar umher und singst den Hellenen vor
als Rhapsode, führst sie aber nicht an als Heerführer? Oder
glaubst du daß um einen mit goldenem Kranze bekränzten c
Rhapsoden zwar große Not ist unter den Hellenen, um Heer-
führer aber gar nicht?

ION: Unsere Stadt wird ja von Euch regiert und beschützt und bedarf keines Heerführers, die eurige aber, Sokrates, und Lakedaimon würden mich nicht zum Heerführer wählen, denn ihr glaubt dazu selbst genug zu sein.

SOKRATES: Bester Ion, kennst du nicht Apollodoros den Kyzikener?

ION: Was doch für einen?

SOKRATES: Den die Athener als einen Fremden doch schon
oft zu ihrem Heerführer gewählt haben, wie auch den Phano-
sthenes von Andros und Herakleides den Klazomenier, wel- d
che, obgleich Fremde, die aber gezeigt haben was sie wert sind,
die Stadt zu Heerführer sowohl als zu andern Staatsämtern
erhebt. Und Ion den Ephesier also sollte sie nicht zum Heer-

στρατηγὸν καὶ τιμήσει, ἐὰν δοκῇ ἄξιος λόγου εἶναι; τί δέ; οὐκ Ἀθηναῖοι μέν ἐστε οἱ Ἐφέσιοι τὸ ἀρχαῖον, καὶ ἡ Ἔφεσος οὐδεμιᾶς ἐλάττων πόλεως; ἀλλὰ γὰρ σύ, ὦ Ἴων, e
εἰ μὲν ἀληθῆ λέγεις ὡς τέχνῃ καὶ ἐπιστήμῃ οἷός τε εἶ Ὅμηρον ἐπαινεῖν, ἀδικεῖς, ὅστις ἐμοὶ ὑποσχόμενος ὡς πολλὰ καὶ καλὰ περὶ Ὁμήρου ἐπίστασαι καὶ φάσκων ἐπιδείξειν, ἐξαπατᾷς με καὶ πολλοῦ δεῖς ἐπιδεῖξαι, ὅς γε οὐδὲ ἅττα ἐστὶ ταῦτα περὶ ὧν δεινὸς εἶ ἐθέλεις εἰπεῖν, πάλαι ἐμοῦ λιπαροῦντος, ἀλλὰ ἀτεχνῶς ὥσπερ ὁ Πρωτεὺς παντοδαπὸς γίγνει στρεφόμενος ἄνω καὶ κάτω, ἕως τελευτῶν διαφυγών με στρατηγὸς ἀνεφάνης, ἵνα μὴ ἐπιδείξῃς ὡς 542 a
δεινὸς εἶ τὴν περὶ Ὁμήρου σοφίαν. Εἰ μὲν οὖν τεχνικὸς ὤν, ὅπερ νῦν δὴ ἔλεγον, περὶ Ὁμήρου ὑποσχόμενος ἐπιδείξειν ἐξαπατᾷς με, ἄδικος εἶ· εἰ δὲ μὴ τεχνικὸς εἶ, ἀλλὰ θείᾳ μοίρᾳ κατεχόμενος ἐξ Ὁμήρου μηδὲν εἰδὼς πολλὰ καὶ καλὰ λέγεις περὶ τοῦ ποιητοῦ, ὥσπερ ἐγὼ εἶπον περὶ σοῦ, οὐδὲν ἀδικεῖς. Ἑλοῦ οὖν πότερα βούλει νομίζεσθαι ὑπὸ ἡμῶν ἄδικος ἀνὴρ εἶναι ἢ θεῖος.

ΙΩΝ. Πολύ διαφέρει, ὦ Σώκρατες· πολὺ γὰρ κάλλιον τὸ b
θεῖον νομίζεσθαι.

ΣΩ. Τοῦτο τοίνυν τὸ κάλλιον ὑπάρχει σοι παρ' ἡμῖν, ὦ Ἴων, θεῖον εἶναι καὶ μὴ τεχνικὸν περὶ Ὁμήρου ἐπαινέτην.

führer wählen und sonst ehren, wenn sie glaubt daß er der Rede wert sei? Und wie? seid ihr Ephesier nicht noch überdies Athener von Alters her, und Ephesos nicht geringer als irgend eine andere Stadt? e

4. Schluß: Ion vor der Wahl, ein unrechtlicher oder, wie Sokrates sagt, ein inspirierter Mann zu sein

Aber du, o Ion, wenn du Recht daran hast, daß du durch Kunst und Wissenschaft im Stande bist den Homeros zu verherrlichen, so tust du Unrecht, da du doch viel Schönes über den Homeros zu wissen behauptest und mir versprochen hast davon zu zeigen, daß du mich betrügst und weit gefehlt dich mir mit Jenem zu zeigen, mir nicht einmal sagen willst, was das ist worin du gewaltig bist, wornach mich doch schon lange recht gelüstet. Sondern ordentlich wie Proteus vervielfältigst du dich und drehst dich von oben nach unten bis du mir endlich ganz entschlüpfst und mir als Heerführer wieder erscheinst, 542a
um nur nicht zu zeigen wie stark du bist, in der Weisheit über den Homeros. Wenn du also als ein Künstler um dein Versprechen, dessen ich eben erwähnte daß du dich mir über den Homeros zeigen wolltest, mich betrügst: so tust du Unrecht. Wenn du aber kein Künstler bist; sondern durch göttliche Schickung am Homeros festgehalten ohne etwas zu wissen viel und Schönes sagst über den Dichter, wie ich eben von dir sagte, dann tust du nicht unrecht. So wähle nun, wofür du lieber von uns willst gehalten sein, für einen unrechtlichen Mann oder für einen göttlichen.

ION: Ein großer Unterschied ist das, Sokrates! denn weit b
schöner ist es für einen göttlichen gehalten zu werden.

SOKRATES: Dieses Schönere also, o Ion, trägst du von unserntwegen davon, ein göttlicher zu sein, nicht aber ein künstlerischer Verherrlicher des Homeros.

Πρωταγόρας
Protagoras

GLIEDERUNG

1. Einleitungsgespräche (309a1)
1.1. Rahmendialog: Sokrates wird veranlaßt, von einer Begegnung mit Protagoras zu erzählen (309a1)
1.2. Die Vorgeschichte der Begegnung: ein Besuch des Hippokrates bei Sokrates (310a8)
1.2.1. Hippokrates kündigt Protagoras an, will ihn hören (310a8)
1.2.2. Fragen zum Unterricht bei einem Sophisten: Was ist ein Sophist? Was lernt man bei ihm? Gefahren seines Handels mit Kenntnissen (311a8)
1.2.3. Der Weg zum Haus des Kallias. Zusammentreffen mit den dort versammelten Sophisten (314c3)
1.3. Sokrates bittet Protagoras um eine Unterredung. Dessen Bereitschaft. Zurüstungen zum Gespräch (316a6)
2. Das Thema der weiteren Erörterungen: Ist die Tugend und vor allem die politische Kunst lehrbar? (317e3)
2.1. Protagoras' Unterricht soll in der Verwaltung der privaten und öffentlichen Angelegenheiten besser machen (317e3)
2.2. Gegenüberlegung des Sokrates anhand der mangelhaften Erziehung der Söhne großer Politiker: Politische Tugend scheint nicht lehrbar zu sein (319a7)
2.3. Protagoras begründet seine These, politische Tugend sei lehrbar (320c8)
2.3.1. Ein Mythos über die Entstehung der Kultur (320c8)
2.3.2. Folgerungen aus dem Mythos: Jeder hat Anteil an der politischen Tugend, und jeder hält sie für lehrbar (322d6)
2.3.3. Man muß unterstellen, daß vortreffliche Männer ihre Söhne in der Tugend unterweisen. Die gesamte Erziehung zielt auf politische Tugend (324d2)
2.3.4. Die Ursache pädagogischer Mißerfolge. Protagoras als geeigneter Lehrer (326e7)
3. Das Verhältnis der Einzeltugenden zur Gesamttugend (328d3)

3.1. Sokrates fragt, ob die Einzeltugenden untereinander gleichartig oder verschieden sind (328d3)
3.2. Protagoras: Die Einzeltugenden sind verschiedene Teile der Gesamttugend (329d3)
3.3. Gegenbeweise des Sokrates (330b4)
3.3.1. Die Teile der Tugend zu trennen ist unangemessen. Beispiel: Gerechtigkeit und Frömmigkeit (330b4)
3.3.2. Identität von Weisheit, Besonnenheit und Gerechtigkeit. Protagoras über das Nützliche (332a5)
3.4. Vorläufiger Abbruch – methodisches Intermezzo (334c8)
3.4.1. Streit über die Länge der Redebeiträge; Sokrates will aufbrechen (334c8)
3.4.2. Intervention der anderen Gesprächsteilnehmer (335c9)
3.4.3. Regeln für die weitere Unterredung (338b3)
4. Gesprächsführung durch Protagoras: Diskussion über Tugend anhand eines Gedichts von Simonides (338e8)
4.1. Protagoras: Das Gedicht enthält einen Widerspruch (338e8)
4.2. Sokrates bestreitet den Widerspruch, dabei beraten von Prodikos: Bedeutungsunterschied von „sein“ und „werden“; die Bedeutung von „schwer“ (339e4)
4.3. Die Simonides-Interpretation des Sokrates (342a6)
4.3.1. Die altspartanische Weisheitsliebe und die Absicht des Simonides, Pittakos zu widerlegen. Nachweis der Absicht am Anfang des Gedichts (342a6)
4.3.2. Ein trefflicher Mann dauernd zu sein, ist unmöglich (344b6)
4.3.3. Der Grund für den Tadel des Simonides an Pittakos: Niemand tut freiwillig Böses (345c5)
4.4. Intermezzo vor der Rückkehr ins dialektische Gespräch; Vorschlag des Sokrates, die Gedichte beiseite zu lassen (347a6)
5. Gesprächsführung durch Sokrates: Wiederaufnahme der Frage nach der Einheit der Tugenden (348c6)
5.1. Rückkehr zum Stand der Diskussion (348c6)
5.2. Das Verhältnis der Tapferkeit zu den anderen Tugenden: Identität mit der Weisheit? Protest des Protagoras (349d2)

5.3. Verlagerung der Argumentation auf das Gebiet der Lustethik (351b4)
5.3.1. Allgemeine Erwägungen über Lust bzw. Vergnügtsein, Gutes und die Macht von Erkenntnis (351b4)
5.3.2. Das Verhältnis von Lust und Unlust, Gutem und Schlechtem nach dem hedonistischen Kalkül (353c1)
5.3.3. Die Abwägung von Lust und Unlust ist fehlerträchtig, verlangt eine Meßkunst (355c1)
5.3.4. Lust als das Ziel allen Handelns beruht auf Erkenntnis; verkehrtes Handeln ist unfreiwillig und beruht auf Unverstand (357c2)
5.4. Rückkehr zur Frage nach der Stellung der Tapferkeit: Tapferkeit ist ein Wissen und lehrbar (359a2)
5.5. Schluß: Die paradoxe Verkehrung der Standpunkte bezüglich der Lehrbarkeit der Tugend (360e7)

Πρωταγόρας

ΕΤΑΙΡΟΣ ΣΩΚΡΑΤΗΣ

ΕΤΑΙΡΟΣ. Πόθεν, ὦ Σώκρατες, φαίνει; Ἢ δῆλα δὴ 309
ὅτι ἀπὸ κυνηγεσίου τοῦ περὶ τὴν Ἀλκιβιάδου ὥραν; Καὶ μήν μοι καὶ πρῴην ἰδόντι καλὸς μὲν ἐφαίνετο ἀνὴρ ἔτι. ἀνὴρ μέντοι, ὦ Σώκρατες, ὥς γ᾽ ἐν αὐτοῖς ἡμῖν εἰρῆσθαι. καὶ πώγωνος ἤδη ὑποπιμπλάμενος.

ΣΩΚΡΑΤΗΣ. Εἶτα τί τοῦτο; οὐ σὺ μέντοι Ὁμήρου ἐπαινέτης εἶ, ὃς ἔφη χαριεστάτην ἥβην εἶναι τοῦ ὑπη- b
νήτου, ἣν νῦν Ἀλκιβιάδης ἔχει;

ΕΤ. Τί οὖν τὰ νῦν; Ἦ παρ᾽ ἐκείνου φαίνει; καὶ πῶς πρὸς σὲ ὁ νεανίας διάκειται;

ΣΩ. Εὖ, ἔμοιγε ἔδοξεν, οὐχ ἥκιστα δὲ καὶ τῇ νῦν ἡμέρᾳ· καὶ γὰρ πολλὰ ὑπὲρ ἐμοῦ εἶπε, βοηθῶν ἐμοί, καὶ οὖν καὶ ἄρτι ἀπ᾽ ἐκείνου ἔρχομαι. Ἄτοπον μέντοι τί σοι ἐθέλω εἰπεῖν· παρόντος γὰρ ἐκείνου, οὔτε προσεῖχον τὸν νοῦν ἐπελανθανόμην τε αὐτοῦ θαμά.

ΕΤ. Καὶ τί ἂν γεγονὸς εἴη περὶ σὲ κἀκεῖνον τοσοῦτον πρᾶγμα; οὐ γάρ δήπου τινὶ καλλίονι ἐνέτυχες ἄλλῳ ἔν γε τῇδε τῇ πόλει.

ΣΩ. Καὶ πολύ γε.

ΕΤ. Τί φῄς; ἀστῷ ἢ ξένῳ;

ΣΩ. Ξένῳ.

ΕΤ. Ποδαπῷ;

ΣΩ. Ἀβδηρίτῃ.

ΕΤ. Καὶ οὕτω καλός τις ὁ ξένος ἔδοξέν σοι εἶναι, ὥστε τοῦ Κλεινίου ὑέος καλλίων σοι φανῆναι;

ΣΩ. Πῶς δ᾽ οὐ μέλλει, ὦ μακάριε, τὸ σοφώτατον κάλλιον φαίνεσθαι;

Protagoras

EIN FREUND SOKRATES

1. Einleitungsgespräche

1.1. Rahmendialog: Sokrates wird veranlaßt, von einer Begegnung mit Protagoras zu erzählen

FREUND: Woher erscheinst du uns, Sokrates? oder versteht 309a
es sich von der Jagd auf des Alkibiades Schönheit? Wahrlich auch ich fand den Mann erst neulich, als ich ihn sah, noch recht schön; aber ein Mann ist er doch, Sokrates, unter uns gesagt, und dem der Bart schon überall hervorwächst.

SOKRATES: Nun und was ist das mehr? Lobst du nicht den
Homeros, welcher das die holdesten Reize der Jugend nennt, b
wenn nun der Bart aufkeimt? und dieser eben erfreut sich jetzt Alkibiades.

FREUND: Aber was nun? Kommst du von ihm? und wie zeigt sich der Jüngling gegen dich?

SOKRATES: Sehr gut, dünkt es mich, und zumal heute. Denn gar vieles hat er zu meiner Verteidigung geredet; auch komme ich grade von ihm. Etwas wunderbares aber muß ich dir sagen, nämlich obgleich er zugegen war, habe ich doch wenig auf ihn geachtet, ja ihn nicht selten ganz vergessen.

FREUND: Was kann doch so großes zwischen dir und ihm c
gewesen sein? Denn einen andern schöneren hast du doch hier in der Stadt wohl nicht angetroffen.

SOKRATES: Und zwar einen weit schöneren.

FREUND: Was sagst du? einen Einheimischen oder Fremden?

SOKRATES: Einen Fremden.

FREUND: Und von wannen?

SOKRATES: Von Abdera.

FREUND: Und so schön dünkte dich der Fremde, daß er dir schöner erschien als der Sohn des Kleinias?

SOKRATES: Wie sollte denn nicht, du kluger Freund, das weisere immer als das schönere erscheinen?

ΕΤ. Ἀλλ' ἦ σοφῷ τινι ἡμῖν, ὦ Σώκρατες, ἐντυχὼν πάρει ;

ΣΩ. Σοφωτάτῳ μὲν οὖν δήπου τῶν γε νῦν, εἴ σοι δοκεῖ d
σοφώτατος εἶναι Πρωταγόρας.

ΕΤ. Ὦ τί λέγεις ; Πρωταγόρας ἐπιδεδήμηκεν ;

ΣΩ. Τρίτην γε ἤδη ἡμέραν.

ΕΤ. Καὶ ἄρτι ἄρα ἐκείνῳ συγγεγονὼς ἥκεις ;

ΣΩ. Πάνυ γε πολλὰ καὶ εἰπὼν καὶ ἀκούσας. 310

ΕΤ. Τί οὖν οὐ διηγήσω ἡμῖν τὴν ξυνουσίαν, εἰ μή σέ τι κωλύει, καθιζόμενος ἐνταυθί, ἐξαναστήσας τὸν παῖδα τουτονί ;

ΣΩ. Πάνυ μὲν οὖν· καὶ χάριν γε εἴσομαι, ἐὰν ἀκούητε.

ΕΤ. Καὶ μὴν καὶ ἡμεῖς σοί, ἐὰν λέγῃς.

ΣΩ. Διπλῆ ἂν εἴη ἡ χάρις. Ἀλλ' οὖν ἀκούετε.

Τῆς παρελθούσης νυκτὸς ταυτησί, ἔτι βαθέος ὄρθρου, Ἱπποκράτης ὁ Ἀπολλοδώρου ὑός, Φάσωνος δὲ ἀδελφός,
τὴν θύραν τῇ βακτηρίᾳ πάνυ σφόδρα ἔκρουε, καὶ ἐπειδὴ b
αὐτῷ ἀνέῳξέ τις, εὐθὺς εἴσω ᾔειν ἐπειγόμενος, καὶ τῇ φωνῇ μέγα λέγων, Ὦ Σώκρατες, ἔφη, ἐγρήγορας ἢ καθεύδεις ; — Καὶ ἐγὼ τὴν φωνὴν γνοὺς αὐτοῦ, Ἱπποκράτης, ἔφην, οὗτος· μή τι νεώτερον ἀγγέλλεις ; — Οὐδέν γ', ἦ δ' ὅς, εἰ μὴ ἀγαθά γε. — Εὖ ἂν λέγοις, ἦν δ' ἐγώ. Ἔστι δὲ τί, καὶ τοῦ ἕνεκα τηνικάδε ἀφίκου ; — Πρωταγόρας, ἔφη, ἥκει, στὰς παρ' ἐμοί. — Πρῴην, ἔφην ἐγώ. Σὺ δὲ ἄρτι πέπυσαι ; — Νὴ τοὺς θεούς, ἔφη, ἑσπέρας γε.
— Καὶ ἅμα ἐπιψηλαφήσας τοῦ σκίμποδος ἐκαθέζετο παρὰ c
τοὺς πόδας μου, καὶ εἶπεν· Ἑσπέρας δῆτα, μάλα γε ὀψὲ ἀφικόμενος ἐξ Οἰνόης. Ὁ γάρ τοι παῖς με ὁ Σάτυρος ἀπέδρα· καὶ δῆτα μέλλων σοι φράζειν ὅτι διωξοίμην αὐτόν, ὑπό τινος ἄλλου ἐπελαθόμην. Ἐπειδὴ δὲ ἦλθον καὶ

FREUND: So bist du wohl eben mit einem Weisen zusammen gewesen, und kommst uns von daher?

SOKRATES: Und zwar mit dem Weisesten unter denen we- d
nigstens die jetzt leben; wenn du den Protagoras für den Wei-
sesten hältst.

FREUND: O was du sagst! Protagoras ist bei uns eingewandert?

SOKRATES: Seit drei Tagen schon.

FREUND: Und eben aus seiner Gesellschaft kommst du?

SOKRATES: Nachdem ich gar vieles mit ihm gesprochen 310a
und von ihm gehört.

FREUND: Warum also läßt du nicht den Knaben dort aufstehn, und setzest dich hieher, um uns eure Verhandlungen zu erzählen, wenn dich nichts hindert?

SOKRATES: Sehr gern sogleich, und werde euch noch Dank wissen, wenn ihr zuhört.

FREUND: Wahrlich auch wir dir, wenn du erzählst.

SOKRATES: Beiden geschieht also erwünschtes. So höret denn.

1.2. Die Vorgeschichte der Begegnung: ein Besuch des Hippokrates bei Sokrates

1.2.1. Hippokrates kündigt Protagoras an, will ihn hören

Diese vergangene Nacht, noch am ersten grauen Morgen,
pochte Hippokrates, der Sohn des Apollodoros, des Phason
Bruder gewaltig mit dem Stock bei mir an die Türe, und als b
ihm einer geöffnet hatte, stürmte er sogleich herein, und rief
mir mit lauter Stimme: Sokrates wachst oder schläfst du? Ich
ihn an der Stimme erkennend entgegnete: Das ist ja Hip-
pokrates! Du bringst doch nichts Neues? – Nichts wenigstens,
sagte er, als Gutes. – Das möge wahr sein, sprach ich, was gibt
es aber? und weshalb bist du so frühe schon hier? – Protagoras
ist hier, sagte er, indem er zu mir herantrat. – Seit vorgestern,
sprach ich, und du hast es jetzt erst erfahren? – Bei den Göttern,
sagte er, gestern Abend. Zugleich tappte er nach dem Bette, c
setzte sich mir zu Füßen, und fuhr fort. Gestern Abend also
ganz spät, als ich aus Oinoë zurückkam. Satyros der Bursche
war mir entlaufen; ich wollte dir auch sagen, daß ich ihm nach-

δεδειπνηκότες ἦμεν καὶ ἐμέλλομεν ἀναπαύεσθαι, τότε μοι
ἀδελφὸς λέγει ὅτι ἥκει Πρωταγόρας. Καὶ ἔτι μὲν ἐνεχεί-
ρησα εὐθὺς παρὰ σὲ ἰέναι, ἔπειτά μοι λίαν πόρρω ἔδοξε
τῶν νυκτῶν εἶναι· ἐπειδὴ δέ τάχιστά με ἐκ τοῦ κόπου ὁ
ὕπνος ἀνῆκεν, εὐθὺς ἀναστὰς οὕτω δεῦρο ἐπορευόμην. — d
Καὶ ἐγὼ γιγνώσκων αὐτοῦ τὴν ἀνδρείαν καὶ τὴν πτόησιν·
Τί οὖν σοι, ἦν δ' ἐγώ, τοῦτο; μῶν τί σε ἀδικεῖ Πρωτα-
γόρας; — Καὶ ὃς γελάσας· Νὴ τοὺς θεούς, ἔφη, ὦ Σώ-
κρατες, ὅτι γε μόνος ἐστὶ σοφός, ἐμὲ δὲ οὐ ποιεῖ. —
Ἀλλὰ ναὶ μὰ Δία, ἔφην ἐγώ, ἂν αὐτῷ διδῷς ἀργύριον καὶ
πείθῃς ἐκεῖνον, ποιήσει καὶ σὲ σοφόν. — Εἰ γάρ, ἦ δ' ὅς,
ὦ Ζεῦ καὶ θεοί, ἐν τούτῳ εἴη· ὡς οὔτ' ἂν τῶν ἐμῶν ἐπιλί- e
ποιμι οὐδὲν οὔτε τῶν φίλων· ἀλλ' αὐτὰ ταῦτα καὶ νῦν
ἥκω παρὰ σέ, ἵνα ὑπὲρ ἐμοῦ διαλεχθῇς αὐτῷ. Ἐγὼ γὰρ
ἅμα μὲν καὶ νεώτερός εἰμι, ἅμα δὲ οὐδὲ ἑώρακα Πρωτα-
γόραν πώποτε οὐδ' ἀκήκοα οὐδέν· ἔτι γὰρ παῖς ἦ ὅτε τὸ
πρότερον ἐπεδήμησεν. Ἀλλὰ γάρ, ὦ Σώκρατες, πάντες
τὸν ἄνδρα ἐπαινοῦσιν καί φασιν σοφώτατον εἶναι λέγειν·
ἀλλὰ τί οὐ βαδίζομεν παρ' αὐτόν, ἵνα ἔνδον καταλάβωμεν;
Καταλύει δ', ὡς ἐγὼ ἤκουσα, παρὰ Καλλίᾳ τῷ Ἱππονίκου· 311
ἀλλ' ἴωμεν. — Καὶ ἐγὼ εἶπον· Μήπω, ἀγαθέ, ἐκεῖσε
ἴωμεν, πρῷ γάρ ἐστιν, ἀλλὰ δεῦρο ἐξαναστῶμεν εἰς τὴν
αὐλήν, καὶ περιιόντες αὐτοῦ διατρίψωμεν, ἕως ἂν φῶς
γένηται· εἶτα ἴωμεν. Καὶ γὰρ τὰ πολλὰ Πρωταγόρας ἔνδον
διατρίβει, ὥστε, θάρρει, καταληψόμεθα αὐτόν, ὡς τὸ
εἰκός, ἔνδον.

Μετὰ ταῦτα ἀναστάντες εἰς τὴν αὐλὴν περιῇμεν· καὶ
ἐγὼ ἀποπειρώμενος τοῦ Ἱπποκράτους τῆς ῥώμης διεσκό- b
πουν αὐτὸν καὶ ἠρώτων· Εἰπέ μοι, ἔφην ἐγώ, ὦ Ἱππό-
κρατες, παρὰ Πρωταγόραν νῦν ἐπιχειρεῖς ἰέναι, ἀργύριον
τελῶν ἐκείνῳ μισθὸν ὑπὲρ σεαυτοῦ, ὡς παρὰ τίνα ἀφι-
ξόμενος καὶ τίς γενησόμενος; Ὥσπερ ἂν εἰ ἐπενόεις παρὰ

setzen würde, über etwas anderem aber entfiel es mir wieder. Als ich nun zurück war, nach der Mahlzeit erst, da wir uns eben zur Ruhe legen wollten, sagte mir der Bruder, Protagoras ist da. Zuerst wollte ich sogleich zu dir gehen, hernach aber dünkte es mich doch schon zu spät in der Nacht zu sein. Nun aber bin
ich, sobald nur nach solcher Ermüdung der Schlaf mich ver- d
lassen wollte, aufgestanden und hieher gegangen. – Ich nun, der ich sein mutiges und eifriges Wesen kenne, fragte: Was hast du denn aber? tat dir Protagoras etwas zu Leide? – Da sagte er lachend: Ja bei den Göttern, Sokrates, daß er allein weise ist, und mich nicht dazu macht. – Nun, beim Zeus, sprach ich, wenn du ihm nur Geld gibst und ihn überredest, wird er dich auch wohl weise machen. – Wollte doch Zeus und alle Götter,
rief er aus, es beruhte nur hierauf, so ließ ich es weder an dem e
meinigen ermangeln, noch an der Freunde Beistand. Aber eben deshalb komme ich jetzt zu dir, damit du meinetwegen mit ihm redest. Denn ich selbst bin nicht nur zu jung, sondern habe auch den Protagoras noch niemals weder gesehen noch gesprochen, denn ich war noch ein Kind, als er das erstemal hieher kam. Aber Alle, o Sokrates, loben ja den Mann, und sagen, er wäre der kunstreichste im Reden. Warum aber gehen wir nicht gleich zu ihm, damit wir ihn noch zu Hause treffen? Er
wohnt, wie ich gehört habe, bei dem Kallias, dem Sohne des 311a
Hipponikos. Laß uns doch gehen. – Da sagte ich: Jetzt gleich, mein Guter, laß uns noch nicht dorthin gehen, denn es ist noch zu früh; sondern laß uns aufstehn, und komm in den Hof hinaus, da wollen wir auf- und abgehend verweilen bis es Tag wird, und dann gehen. Ohnedies hält sich Protagoras viel zu Hause, darum sei guten Mutes, wir wollen ihn wohl finden.

1.2.2. Fragen zum Unterricht bei einem Sophisten: Was ist ein Sophist? Was lernt man bei ihm? Gefahren seines Handels mit Kenntnissen

Somit standen wir auf, und gingen im Hofe umher. Ich nun
wollte gern des Hippokrates Stärke versuchen, betrachtete mir b
ihn daher recht, und fragte ihn: Sage mir, Hippokrates, zum Protagoras willst du jetzt, um ihm Geld für dich zu entrichten, hingehn; aber als zu wem willst du doch hingehn? und um was

τὸν σαυτοῦ ὁμώνυμον ἐλθὼν Ἱπποκράτη τὸν Κῷον, τὸν
τῶν Ἀσκληπιαδῶν, ἀργύριον τελεῖν ὑπὲρ σαυτοῦ μισθὸν
ἐκείνῳ, εἴ τίς σε ἤρετο· Εἰπέ μοι, μέλλεις τελεῖν, ὦ Ἱπ-
πόκρατες, Ἱπποκράτει μισθὸν ὡς τίνι ὄντι ; τί ἂν ἀπε- c
κρίνω ; — Εἶπον ἄν, ἔφη, ὅτι ὡς ἰατρῷ. — Ὡς τίς γενη-
σόμενος ; — Ὡς ἰατρός, ἔφη. — Εἰ δὲ παρὰ Πολύκλειτον
τὸν Ἀργεῖον ἢ Φειδίαν τὸν Ἀθηναῖον ἐπενόεις ἀφικόμενος
μισθὸν ὑπὲρ σαυτοῦ τελεῖν ἐκείνοις, εἴ τίς σε ἤρετο·
Τελεῖν τοῦτο τὸ ἀργύριον ὡς τίνι ὄντι ἐν νῷ ἔχεις Πολυ-
κλείτῳ τε καὶ Φειδίᾳ ; τί ἂν ἀπεκρίνω ; — Εἶπον ἂν ὡς
ἀγαλματοποιοῖς. — Ὡς τίς δὲ γενησόμενος αὐτός ; —
Δῆλον ὅτι ἀγαλματοποιός. — Εἶεν, ἦν δ' ἐγώ· παρὰ δὲ δὴ
Πρωταγόραν νῦν ἀφικόμενοι ἐγώ τε καὶ σὺ ἀργύριον ἐκείνῳ d
μισθὸν ἕτοιμοι ἐσόμεθα τελεῖν ὑπὲρ σοῦ, ἂν μὲν ἐξικνῆται
τὰ ἡμέτερα χρήματα καὶ τούτοις πείθωμεν αὐτόν, εἰ δὲ
μή, καὶ τὰ τῶν φίλων προσαναλίσκοντες. Εἰ οὖν τις ἡμᾶς
περὶ ταῦτα οὕτω σφόδρα σπουδάζοντας ἔροιτο· Εἰπέ μοι,
ὦ Σώκρατές τε καὶ Ἱππόκρατες, ὡς τίνι ὄντι τῷ Πρωτα-
γόρᾳ ἐν νῷ ἔχετε χρήματα τελεῖν ; Τί ἂν αὐτῷ ἀποκρι-
ναίμεθα ; Τί ὄνομα ἄλλο γε λεγόμενον περὶ Πρωταγόρου e
ἀκούομεν, ὥσπερ περὶ Φειδίου ἀγαλματοποιὸν καὶ περὶ
Ὁμήρου ποιητήν, τί τοιοῦτον περὶ Πρωταγόρου ἀκού-
ομεν ; — Σοφιστὴν δή τοι ὀνομάζουσί γε, ὦ Σώκρατες,
τὸν ἄνδρα εἶναι, ἔφη. — Ὡς σοφιστῇ ἄρα ἐρχόμεθα τε-
λοῦντες τὰ χρήματα ; — Μάλιστα. — Εἰ οὖν καὶ τοῦτό
τίς σε προσέροιτο· Αὐτὸς δὲ δὴ ὡς τίς γενησόμενος ἔρχει 312
παρὰ τὸν Πρωταγόραν ; — Καὶ ὃς εἶπεν ἐρυθριάσας, ἤδη
γάρ ὑπέφαινέν τι ἡμέρας, ὥστε καταφανῆ αὐτὸν γενέσ-
θαι· Εἰ μέν τι τοῖς ἔμπροσθεν ἔοικεν, δῆλον ὅτι σο-
φιστὴς γενησόμενος. — Σὺ δέ, ἦν δ' ἐγώ, πρὸς θεῶν, οὐκ
ἂν αἰσχύνοιο εἰς τοὺς Ἕλληνας σαυτὸν σοφιστὴν παρέ-
χων ; — Νὴ τὸν Δία, ὦ Σώκρατες, εἴπερ γε ἃ διανοοῦμαι
χρὴ λέγειν. — Ἀλλ' ἄρα, ὦ Ἱππόκρατες, μὴ οὐ τοιαύτην

doch zu werden? Wie wenn du zu deinem Namensverwandten,
dem Hippokrates von Kos, dem Asklepiaden, gehen wolltest,
dem Lehrgeld für dich zu bezahlen, und es fragte dich Jemand:
Sage mir, Hippokrates, dem Hippokrates willst du Lehrgeld
entrichten: als wem doch? Was würdest du antworten? – Ich c
würde sagen, sprach er, als einem Arzte. – Und um was doch zu
werden? – Ein Arzt, sagte er. – Oder wenn du zum Polykleitos
von Argos oder zum Pheidias hier aus Athen zu gehn im Sinne
hättest, um ihnen Lehrgeld für dich zu entrichten, und es fragte
dich Jemand: Als wem gedenkst du denn dem Polykleitos oder
dem Pheidias dieses Geld zu entrichten? Was würdest du ant-
worten? – Ich würde sagen als Bildhauern. – Und um was doch
selbst zu werden? – Offenbar ein Bildhauer. – Gut, sprach ich.
Nun aber gehen wir zum Protagoras, ich und du, und sind d
bereit ihm Lehrgeld für dich zu bezahlen, wenn das unsrige
dazu hinreicht, und wir ihn um diesen Preis überreden können,
wo nicht, auch noch das unserer Freunde daran zu wenden.
Wenn uns nun Jemand in solchem Eifer über diese Sache se-
hend fragte: Sagt mir doch, Sokrates und Hippokrates, als
wem gedenkt ihr dem Protagoras dieses Geld zu geben? Was
würden wir antworten? mit was für einem andern Namen hö- e
ren wir den Protagoras noch genannt, wie den Pheidias einen
Bildhauer und den Homeros einen Dichter? was hören wir
ähnliches vom Protagoras? – Einen Sophisten, o Sokrates, sag-
te er, nennen sie den Mann. – Also als einem Sophisten wollen
wir ihm das Geld entrichten gehn? – Freilich. – Wenn dich nun
Jemand auch das noch fragte: Und um was doch selbst zu 312a
werden gehst du zum Protagoras? – Da sagte er errötend, denn
der Tag schimmerte schon etwas, so daß ich es deutlich sehen
konnte: Wenn es sich damit wie mit dem vorigen verhält, so ist
es offenbar um ein Sophist zu werden. – Und du, sprach ich, um
der Götter willen, würdest du dich nicht schämen, den Helle-
nen dich als einen Sophisten darzustellen? – Beim Zeus, Sokra-
tes, sagte er, wenn ich reden soll wie ich denke, ja. – Vielleicht
aber, Hippokrates, ist gar nicht deine Meinung, daß dein Un-

ὑπολαμβάνεις σου τὴν παρὰ Πρωταγόρου μάθησιν ἔσεσθαι, ἀλλ' οἵαπερ ἡ παρὰ τοῦ γραμματιστοῦ ἐγένετο καὶ κιθα- b
ριστοῦ καὶ παιδοτρίβου ; Τούτων γὰρ σὺ ἑκάστην οὐκ ἐπὶ τέχνῃ ἔμαθες, ὡς δημιουργὸς ἐσόμενος, ἀλλ' ἐπὶ παιδείᾳ, ὡς τὸν ἰδιώτην καὶ τὸν ἐλεύθερον πρέπει. — Πάνυ μὲν οὖν μοι δοκεῖ, ἔφη, τοιαύτη μᾶλλον εἶναι ἡ παρὰ Πρωταγόρου μάθησις.

— Οἶσθα οὖν ὃ μέλλεις νῦν πράττειν, ἤ σε λανθάνει ; ἦν δ' ἐγώ. — Τοῦ πέρι ; — Ὅτι μέλλεις τὴν ψυχὴν τὴν σαυτοῦ παρασχεῖν θεραπεῦσαι ἀνδρί, ὡς φῄς, σοφιστῇ· ὅ τι c
δέ ποτε ὁ σοφιστής ἐστιν, θαυμάζοιμ' ἂν εἰ οἶσθα. Καίτοι εἰ τοῦτ' ἀγνοεῖς, οὐδὲ ὅτῳ παραδίδως τὴν ψυχὴν οἶσθα, οὔτ' εἰ ἀγαθῷ οὔτ' εἰ κακῷ πράγματι. — Οἶμαί γ', ἔφη, εἰδέναι. — Λέγε δή, τί ἡγεῖ εἶναι τὸν σοφιστήν ; — Ἐγὼ μέν, ἦ δ' ὅς, ὥσπερ τοὔνομα λέγει, τοῦτον εἶναι τὸν τῶν σοφῶν ἐπιστήμονα. — Οὐκοῦν, ἦν δ' ἐγώ, τοῦτο μὲν ἔξεστι λέγειν καὶ περὶ ζωγράφων καὶ περὶ τεκτόνων, ὅτι οὗτοί εἰσιν οἱ τῶν σοφῶν ἐπιστήμονες· ἀλλ' εἴ τις ἔροιτο ἡμᾶς· Τῶν τί σοφῶν εἰσιν οἱ ζωγράφοι ἐπιστήμονες ; εἴποιμεν d
ἂν που αὐτῷ ὅτι τῶν πρὸς τὴν ἀπεργασίαν τὴν τῶν εἰκόνων, καὶ τἆλλα οὕτως. Εἰ δέ τις ἐκεῖνο ἔροιτο· Ὁ δὲ σοφιστὴς τῶν τί σοφῶν ἐστιν ; τί ἂν ἀποκρινοίμεθα αὐτῷ ; ποίας ἐργασίας ἐπιστάτης ; — Τί ἂν εἴποιμεν αὐτὸν εἶναι, ὦ Σώκρατες, ἢ ἐπιστάτην τοῦ ποιῆσαι δεινὸν λέγειν ; — Ἴσως ἄν, ἦν δ' ἐγώ, ἀληθῆ λέγοιμεν, οὐ μέντοι ἱκανῶς γε· ἐρωτήσεως γὰρ ἔτι ἡ ἀπόκρισις ἡμῖν δεῖται, περὶ ὅτου ὁ σοφιστὴς δεινὸν ποιεῖ λέγειν· ὥσπερ ὁ κιθαριστὴς δεινὸν δήπου ποιεῖ λέγειν περὶ οὗπερ καὶ e
ἐπιστήμονα, περὶ κιθαρίσεως· ἦ γάρ ; — Ναί. — Εἶεν· ὁ δὲ δὴ σοφιστὴς περὶ τίνος δεινὸν ποιεῖ λέγειν ; <Ἢ> δῆλον ὅτι περὶ οὗπερ καὶ ἐπίσταται ; — Εἰκός γε. — Τί δή ἐστιν τοῦτο περὶ οὗ αὐτός τε ἐπιστήμων ἐστὶν ὁ σοφιστὴς καὶ τὸν μαθητὴν ποιεῖ ; — Μὰ Δί', ἔφη, οὐκέτι ἔχω σοι λέγειν.

terricht bei dem Protagoras ein solcher sein solle, sondern so
wie der war bei deinem Sprachlehrer, deinem Musiklehrer und b
deinem Lehrer in den Leibesübungen. Denn in dem Allen nahmst du Unterricht nicht als Kunst, um ein Gewerbe daraus zu machen, sondern als Übung, wie es einem von freier Herkunft, der sich selbst leben will, geziemt. – Allerdings, sagte er, dünkt mich der Unterricht beim Protagoras mehr von dieser Art zu sein. – Weißt du also wohl, was du jetzt zu tun im Begriff bist, oder merkst du es nicht? sagte ich. – Was meinst du
denn? – Daß du im Begriff stehst deine Seele einem Sophisten, c
wie du sagst, zur Bearbeitung zu übergeben, was aber ein Sophist eigentlich ist, sollte mich wundern wenn du es wüßtest. Und doch wenn dir dieses unbekannt ist, weißt du auch nicht, wem du deine Seele übergibst, ob einem guten oder einem schlechten Dinge. – Ich glaube wenigstens, sagte er, es zu wissen. – So sage denn, was glaubst du ist ein Sophist? – Ich meines Teils, sagte er, wie auch schon der Name besagt, der welcher sich auf Kluges versteht. – Aber, sprach ich, dieses kann man auch von Malern und Zimmerleuten sagen, daß sie die sind, welche sich auf Kluges verstehen. Wenn uns aber
Jemand weiter fragte, auf was für Kluges verstehen sich denn d
die Maler, so würden wir ihm sagen, auf das zu Verfertigung von Bildern gehörige und so auch im übrigen. Wenn uns aber Jemand fragte: Und der Sophist, auf was für Kluges denn der? Was würden wir ihm antworten, was zu verfertigen er verstehe? was würden wir sagen daß er sei? – O Sokrates, er verstehe gewaltig zu machen im Reden. – Vielleicht, sprach ich, sagten wir dann etwas richtiges, aber hinreichend doch nicht. Denn die Antwort bedarf uns noch einer Frage, nämlich im Reden worüber denn der Sophist gewaltig macht? So wie der Musik-
meister doch auch wohl seinen Schüler gewaltig macht im Re- e
den, darüber nämlich, worin er ihn auch sachverständig macht, über die Musik. Nicht wahr? – Ja. – Gut, also der Sophist, im Reden worüber macht denn der gewaltig? Offenbar über das, worauf er sich auch versteht? – So sollte man denken. – Was ist also dasjenige, worin er selbst, der Sophist, sachverständig ist, und auch seinen Schüler dazu macht? – Beim Zeus, sagte er,

— Καὶ ἐγὼ εἶπον μετὰ τοῦτο· Τί οὖν ; οἶσθα εἰς οἷόν τινα κίνδυνον ἔρχει ὑποθήσων τὴν ψυχήν ; Ἦ εἰ μὲν τὸ σῶμα ἐπιτρέπειν σε ἔδει τῳ, διακινδυνεύοντα ἢ χρηστὸν αὐτὸ γενέσθαι ἢ πονηρόν, πολλὰ ἂν περιεσκέψω εἴτ' ἐπιτρεπτέον εἴτε οὔ, καὶ εἰς συμβουλὴν τούς τε φίλους ἂν παρεκάλεις καὶ τοὺς οἰκείους, σκοπούμενος ἡμέρας συχνάς· ὃ δὲ περὶ πλείονος τοῦ σώματος ἡγεῖ, τὴν ψυχήν, καὶ ἐν ᾧ πάντ' ἐστὶν τὰ σὰ ἢ εὖ ἢ κακῶς πράττειν, χρηστοῦ ἢ πονηροῦ αὐτοῦ γενομένου, περὶ δὲ τούτου οὔτε τῷ πατρὶ οὔτε τῷ ἀδελφῷ ἐπεκοινώσω οὔτε ἡμῶν τῶν ἑταίρων οὐδενί, εἴτ' ἐπιτρεπτέον εἴτε καὶ οὐ τῷ ἀφικομένῳ τούτῳ ξένῳ τὴν σὴν ψυχήν, ἀλλ' ἑσπέρας ἀκούσας, ὡς φῄς, ὄρθριος ἥκων περὶ μὲν τούτου οὐδένα λόγον οὐδὲ συμβουλὴν ποιεῖ εἴτε χρὴ ἐπιτρέπειν σαυτὸν αὐτῷ εἴτε μή, ἕτοιμος δ' εἶ ἀναλίσκειν τά τε σαυτοῦ καὶ τὰ τῶν φίλων χρήματα, ὡς ἤδη διεγνωκὼς ὅτι πάντως συνεστέον Πρωταγόρᾳ, ὃν οὔτε γιγνώσκεις, ὡς φῄς, οὔτε διείλεξαι οὐδεπώποτε, σοφιστὴν δ' ὀνομάζεις, τὸν δὲ σοφιστήν, ὅ τί ποτ' ἔστιν, φαίνει ἀγνοῶν, ᾧ μέλλεις σαυτὸν ἐπιτρέπειν.

313 b c

— Καὶ ὃς ἀκούσας· Ἔοικεν, ἔφη, ὦ Σώκρατες, ἐξ ὧν σὺ λέγεις. — Ἆρ' οὖν, ὦ Ἱππόκρατες, ὁ σοφιστὴς τυγχάνει ὢν ἔμπορός τις ἢ κάπηλος τῶν ἀγωγίμων, ἀφ' ὧν ψυχὴ τρέφεται ; φαίνεται γὰρ ἔμοιγε τοιοῦτός τις. — Τρέφεται δέ, ὦ Σώκρατες, ψυχὴ τίνι ; — Μαθήμασιν δήπου, ἦν δ' ἐγώ. Καὶ ὅπως γε μή, ὦ ἑταῖρε, ὁ σοφιστὴς ἐπαινῶν ἃ πωλεῖ ἐξαπατήσῃ ἡμᾶς, ὥσπερ οἱ περὶ τὴν τοῦ σώματος τροφήν, ὁ ἔμπορός τε καὶ κάπηλος. Καὶ γὰρ οὗτοί που ὧν ἄγουσιν ἀγωγίμων οὔτε αὐτοὶ ἴσασιν ὅ τι χρηστὸν ἢ πονηρὸν περὶ τὸ σῶμα, ἐπαινοῦσιν δὲ πάντα πωλοῦντες, οὔτε οἱ ὠνούμενοι παρ' αὐτῶν, ἐὰν μή τις τύχῃ γυμναστικὸς ἢ ἰατρὸς ὤν. Οὕτω δὲ καὶ οἱ τὰ μα-

d

weiter weiß ich dir nun nichts zu sagen. – Darauf sprach ich: 313a
Wie nun? weißt du also welcher Gefahr du gehst deine Seele
preiszugeben? Oder würdest du wenn du deinen Körper einem
anvertrauen solltest auf die Gefahr, ob er gestärkt werden würde
oder verdorben, dann wohl erst vielfach überlegen, ob du
ihn ihm anvertrauen wollest oder nicht, und zur Beratung deine
Freunde herbeirufen und deine Verwandte, mehrere Tage
lang der Sache nachdenkend: was du aber weit höher als deinen
Körper achtest, und dem gemäß alle deine Angelegenheiten
gut oder schlecht gehen müssen, je nachdem es gestärkt wird
oder verdorben, die Seele, hierüber hast du dich weder deinem
Vater noch deinem Bruder mitgeteilt, noch irgend einem von b
uns, deinen Freunden, ob du diesem eben angekommenen
Fremdling anvertrauen sollst oder nicht deine Seele; sondern
nachdem du gestern Abend von ihm gehört, wie du sagst,
kommst du heute mit dem frühesten Morgen, nicht etwa um
noch darüber irgend Gespräch und Beratung zu pflegen, ob du
dich selbst ihm hingeben sollst oder nicht, sondern ganz bereit
schon, dein und deiner Freunde Vermögen daran zu wenden,
also als wäre dieses schon fest beschlossen, daß du auf alle
Weise dich mit dem Protagoras einlassen mußt, welchen du
doch weder kennst, wie du sagst, noch auch jemals gesprochen
hast; sondern du nennst ihn nur einen Sophisten, was aber ein
solcher Sophist eigentlich ist, dem du dich selbst übergeben c
willst, darin zeigst du dich ganz unwissend. – Als er dieses
angehört, sagte er: So hat es freilich das Ansehn, o Sokrates,
nach dem was du sagst. – Ist etwa, Hippokrates, der Sophist ein
Kaufmann oder Kleinkrämer in solchen Waren, von welchen
die Seele sich nährt? Mir wenigstens scheint er ein solcher. –
Aber wovon nährt sich die Seele, Sokrates? – Von Kenntnissen
doch wohl, sprach ich. Daß also nur nicht der Sophist uns
betrüge, Freund, was er verkauft uns anpreisend, wie Kaufleute
und Krämer mit den Nahrungsmitteln für den Körper tun. d
Denn auch diese verstehen selbst nicht, was wohl von den
Waren, welche sie führen, dem Körper heilsam oder schädlich
ist, loben aber alles, wenn sie es feil haben; noch auch verstehen
es die, welche von ihnen kaufen, wenn nicht einer etwa ein Arzt
ist, oder ein Vorsteher der Leibesübungen. Eben so auch die,

θήματα περιάγοντες κατὰ τὰς πόλεις καὶ πωλοῦντες καὶ
καπηλεύοντες τῷ ἀεὶ ἐπιθυμοῦντι ἐπαινοῦσιν μὲν πάντα
ἃ πωλοῦσιν, τάχα δ' ἄν τινες, ὦ ἄριστε, καὶ τούτων
ἀγνοοῖεν ὧν πωλοῦσιν ὅ τι χρηστὸν ἢ πονηρὸν πρὸς τὴν
ψυχήν· ὡς δ' αὕτως καὶ οἱ ὠνούμενοι παρ' αὐτῶν, ἐὰν μή e
τις τύχῃ περὶ τὴν ψυχὴν αὖ ἰατρικὸς ὤν. Εἰ μὲν οὖν σὺ
τυγχάνεις ἐπιστήμων τούτων τί χρηστὸν καὶ πονηρόν,
ἀσφαλές σοι ὠνεῖσθαι μαθήματα καὶ παρὰ Πρωταγόρου
καὶ παρ' ἄλλου ὁτουοῦν· εἰ δὲ μή, ὅρα, ὦ μακάριε, μὴ περὶ
τοῖς φιλτάτοις κυβεύῃς τε καὶ κινδυνεύῃς. Καὶ γὰρ δὴ καὶ 314
πολὺ μείζων κίνδυνος ἐν τῇ τῶν μαθημάτων ὠνῇ ἢ ἐν τῇ
τῶν σιτίων. Σιτία μὲν γὰρ καὶ ποτὰ πριάμενον παρὰ τοῦ
καπήλου καὶ ἐμπόρου ἔξεστιν ἐν ἄλλοις ἀγγείοις ἀποφέ-
ρειν, καὶ πρὶν δέξασθαι αὐτὰ εἰς τὸ σῶμα πιόντα ἢ φα-
γόντα, καταθέμενον οἴκαδε ἔξεστιν συμβουλεύσασθαι,
παρακαλέσαντα τὸν ἐπαΐοντα, ὅ τι τε ἐδεστέον ἢ ποτέον
καὶ ὅ τι μή, καὶ ὁπόσον καὶ ὁπότε· ὥστε ἐν τῇ ὠνῇ οὐ
μέγας ὁ κίνδυνος. Μαθήματα δὲ οὐκ ἔστιν ἐν ἄλλῳ ἀγγείῳ b
ἀπενεγκεῖν, ἀλλ' ἀνάγκη, καταθέντα τὴν τιμήν, τὸ μάθημα
ἐν αὐτῇ τῇ ψυχῇ λαβόντα καὶ μαθόντα ἀπιέναι ἢ βεβλαμ-
μένον ἢ ὠφελημένον. Ταῦτα οὖν σκοπώμεθα καὶ μετὰ τῶν
πρεσβυτέρων ἡμῶν· ἡμεῖς γὰρ ἔτι νέοι ὥστε τοσοῦτον
πρᾶγμα διελέσθαι. Νῦν μέντοι, ὥσπερ ὡρμήσαμεν, ἴωμεν
καὶ ἀκούσωμεν τοῦ ἀνδρός, ἔπειτα ἀκούσαντες καὶ ἄλλοις
ἀνακοινωσώμεθα· καὶ γὰρ οὐ μόνος Πρωταγόρας αὐτόθι
ἐστίν, ἀλλὰ καὶ Ἱππίας ὁ Ἠλεῖος· οἶμαι δὲ καὶ Πρόδικον c
τὸν Κεῖον· καὶ ἄλλοι πολλοὶ καὶ σοφοί.

Δόξαν ἡμῖν ταῦτα ἐπορευόμεθα. Ἐπειδὴ δὲ ἐν τῷ προ-
θύρῳ ἐγενόμεθα, ἐπιστάντες περί τινος λόγου διελεγόμεθα,
ὃς ἡμῖν κατὰ τὴν ὁδὸν ἐνέπεσεν· ἵν' οὖν μὴ ἀτελὴς γέ-

welche mit Kenntnissen in den Städten umherziehen, und Jedem der Lust hat davon verkaufen und verhökern, loben freilich alles was sie feil haben; vielleicht aber, mein Bester, mag auch unter ihnen so Mancher nicht wissen, was wohl von seinen Waren heilsam oder schädlich ist für die Seele, und eben so
wenig wissen es die, welche von ihnen kaufen, wenn nicht etwa e
einer darunter in Beziehung auf die Seele ein Heilkundiger ist. Verstehst du dich nun darauf was hievon heilsam oder schädlich ist, so kannst du unbedenklich Kenntnisse kaufen vom Protagoras sowohl als von jedem Anderen; wo aber nicht, so siehe wohl zu, du Guter, daß du nicht um dein teuerstes wür-
felnd ein gefährliches Spiel wagst. Denn überdies noch ist weit 314a
größere Gefahr beim Einkauf der Kenntnisse als bei dem der Speisen. Denn Speisen und Getränke, die du vom Kaufmann oder Krämer eingehandelt hast, kannst du in andern Gefäßen davon tragen, und ehe du sie essend oder trinkend in deinen Leib aufnimmst, sie zu Hause hinstellen, und auch dann noch einen Sachverständigen herbeirufend beratschlagen, was davon du essen und trinken sollst und was nicht, und wieviel und wann; so daß es bei dem Einkauf nicht viel bedeutet mit der
Gefahr. Kenntnisse aber kannst du nicht in einem andern Ge- b
fäß davon tragen, sondern hast du den Preis bezahlt, so mußt du sie in deine Seele selbst aufnehmend lernen, und hast deinen Schaden oder Vorteil schon weg, wenn du gehst. Dies also laß uns wohl überlegen, und zwar mit Älteren als wir sind: Denn wir sind noch zu jung um eine so wichtige Angelegenheit zu entscheiden. Jetzt indes, wie wir einmal unsern Sinn darauf gesetzt haben, laß uns immer hingehn und den Mann hören; haben wir ihn aber gehört, dann auch mit Anderen uns besprechen. Denn Protagoras ist auch nicht allein dort, sondern
auch Hippias von Elis, und ich glaube auch Prodikos von Keos c
und viele andere gar weise Männer.

1.2.3. Der Weg zum Haus des Kallias. Zusammentreffen mit den dort versammelten Sophisten

Dies beschlossen gingen wir. Und als wir in den Vorhof kamen, standen wir still, und sprachen noch über eine Sache, die uns unterweges eingefallen war. Um nun diese nicht abzubre-

νοιτο, ἀλλὰ διαπερανάμενοι οὕτως ἐσίοιμεν, ἐπιστάντες
ἐν τῷ προθύρῳ διελεγόμεθα, ἕως συνωμολογήσαμεν ἀλλή-
λοις. Δοκεῖ οὖν μοι, ὁ θυρωρός, εὐνοῦχός τις, κατήκουεν
ἡμῶν, κινδυνεύει δὲ διὰ τὸ πλῆθος τῶν σοφιστῶν ἄχθεσθαι d
τοῖς φοιτῶσιν εἰς τὴν οἰκίαν· ἐπειδὴ γοῦν ἐκρούσαμεν τὴν
θύραν, ἀνοίξας καὶ ἰδὼν ἡμᾶς· — Ἔα, ἔφη, σοφισταί τινες·
οὐ σχολὴ αὐτῷ· — καὶ ἅμα ἀμφοῖν τοῖν χεροῖν τὴν θύραν
πάνυ προθύμως ὡς οἷός τ' ἦν ἐπήραξεν. Καὶ ἡμεῖς πάλιν
ἐκρούομεν, καὶ ὃς ἐγκεκλῃμένης τῆς θύρας ἀποκρινόμενος
εἶπεν· — Ὦ ἄνθρωποι, ἔφη, οὐκ ἀκηκόατε ὅτι οὐ σχολὴ
αὐτῷ ; — Ἀλλ' ὠγαθέ, ἔφην ἐγώ, οὔτε παρὰ Καλλίαν
ἥκομεν οὔτε σοφισταί ἐσμεν. Ἀλλὰ θάρρει· Πρωταγόραν
γάρ τοι δεόμενοι ἰδεῖν ἤλθομεν· εἰσάγγειλον οὖν. — Μόγις e
οὖν ποτε ἡμῖν ἄνθρωπος ἀνέῳξεν τὴν θύραν.

Ἐπειδὴ δὲ εἰσήλθομεν, κατελάβομεν Πρωταγόραν ἐν τῷ
προστῴῳ περιπατοῦντα, ἑξῆς δ' αὐτῷ συμπεριεπάτουν ἐκ
μὲν τοῦ ἐπὶ θάτερα Καλλίας ὁ Ἱππονίκου καὶ ὁ ἀδελφὸς
αὐτοῦ ὁ ὁμομήτριος, Πάραλος ὁ Περικλέους, καὶ Χαρμίδης 315
ὁ Γλαύκωνος, ἐκ δὲ τοῦ ἐπὶ θάτερα ὁ ἕτερος τῶν Περι-
κλέους Ξάνθιππος, καὶ Φιλιππίδης ὁ Φιλομήλου καὶ Ἀντί-
μοιρος ὁ Μενδαῖος, ὅσπερ εὐδοκιμεῖ μάλιστα τῶν Πρωτα-
γόρου μαθητῶν καὶ ἐπὶ τέχνῃ μανθάνει, ὡς σοφιστὴς
ἐσόμενος. Τούτων δὲ οἳ ὄπισθεν ἠκολούθουν ἐπακούοντες
τῶν λεγομένων, τὸ μὲν πολὺ ξένοι ἐφαίνοντο, οὓς ἄγει ἐξ
ἑκάστων τῶν πόλεων ὁ Πρωταγόρας, δι' ὧν διεξέρχεται,
κηλῶν τῇ φωνῇ ὥσπερ Ὀρφεύς, οἱ δὲ κατὰ τὴν φωνὴν b
ἕπονται κεκηλημένοι· ἦσαν δέ τινες καὶ τῶν ἐπιχωρίων
ἐν τῷ χορῷ. Τοῦτον τὸν χορὸν μάλιστα ἔγωγε ἰδὼν
ἥσθην, ὡς καλῶς ηὐλαβοῦντο μηδέποτε ἐμποδὼν ἐν τῷ
πρόσθεν εἶναι Πρωταγόρου, ἀλλ' ἐπειδὴ αὐτὸς ἀνα-
στρέφοι καὶ οἱ μετ' ἐκείνου, εὖ πως καὶ ἐν κόσμῳ πε-
ριεσχίζοντο οὗτοι οἱ ἐπήκοοι ἔνθεν καὶ ἔνθεν, καὶ ἐν
κύκλῳ περιιόντες ἀεὶ εἰς τὸ ὄπισθεν καθίσταντο κάλ-
λιστα. . .

chen, sondern zu Ende zu bringen ehe wir hineingingen, blieben wir im Vorhofe stehen und sprachen bis wir einig waren unter einander. Dies dünkt mich mochte der Türsteher, ein Verschnittener, etwa gehört haben, und er scheint wohl wegen der Menge der Sophisten Allen die das Haus besuchen sehr d
unhold zu sein. Als wir daher anpochten, und er aufmachte und uns ansichtig ward, rief er aus: Ha, schon wieder Sophisten! er hat nicht Muße; und somit schlug er die Türe ohne Umstände mit beiden Händen recht tüchtig wieder zu, und wir pochten eben aufs neue. Darauf gab er uns durch die verschlossene Türe zur Antwort: Leute, habt ihr denn nicht gehört, daß er nicht Muße hat? – Aber guter Mann, sprach ich, weder kommen wir zum Kallias noch sind wir Sophisten. Gib dich also zufrieden, wir sind nur gekommen um den Protagoras zu be- e
suchen, und so melde uns hinein. Darauf öffnete uns der Mensch endlich mit genauer Not die Türe.

Als wir nun hineintraten, fanden wir den Protagoras im bedeckten Gange herumwandelnd. Mit ihm wandelten hintereinander auf der einen Seite Kallias der Sohn des Hipponikos, und sein Halbbruder von mütterlicher Seite Paralos der Sohn 315a
des Perikles, und Charmides der Sohn des Glaukon: auf der andern Seite aber der andere Sohn des Perikles Xanthippos, und Philippides der Sohn des Philomelos, und Antimoiros von Menda, der gepriesenste unter allen Schülern des Protagoras, der auch ordentlich auf die Kunst bei ihm lernt, um selbst ein Sophist zu werden. Die übrigen hinter diesen folgenden, Zuhörer nur des Gesprochenen, waren größtenteils Fremde, deren Protagoras aus allen Städten, die er durchzieht, mitbringt, kirrend sie mittelst der Töne Gewalt, wie Orpheus, und sie b
folgen ihm auf den Ton, die Gekirrten; indes befanden sich doch auch einige Einheimische unter dem Chor. Diesen Chor nun betrachtend ergötzte ich mich besonders daran, wie artig sie sich in Acht nahmen, niemals dem Protagoras vorn im Wege zu sein, sondern wenn er mit seinen Begleitern umwendete, wie ordentlich und geschickt diese Hörer zu beiden Seiten sich teilten, und sich dann im Kreise herumschwenkten,

Τὸν δὲ μετ' εἰσενόησα, ἔφη Ὅμηρος, Ἱππίαν τὸν Ἠλεῖον, καθήμενον ἐν τῷ κατ' ἀντικρὺ προστῴῳ ἐν θρόνῳ· c
περὶ αὐτὸν δ' ἐκάθηντο ἐπὶ βάθρων Ἐρυξίμαχός τε ὁ Ἀκουμενοῦ καὶ Φαῖδρος ὁ Μυρρινούσιος καὶ Ἄνδρων ὁ Ἀνδροτίωνος καὶ τῶν ξένων πολῖταί τε αὐτοῦ καὶ ἄλλοι τινές. Ἐφαίνοντο δὲ περὶ φύσεώς τε καὶ τῶν μετεώρων ἀστρονομικὰ ἄττα διερωτᾶν τὸν Ἱππίαν, ὁ δ' ἐν θρόνῳ καθήμενος ἑκάστοις αὐτῶν διέκρινεν καὶ διεξῄει τὰ ἐρωτώμενα.

Καὶ μὲν δὴ καὶ Τάνταλόν γε εἰσεῖδον, ἐπεδήμει γὰρ ἄρα καὶ Πρόδικος ὁ Κεῖος, ἦν δὲ ἐν οἰκήματί τινι, ᾧ d
πρὸ τοῦ μὲν ὡς ταμιείῳ ἐχρῆτο Ἱππόνικος, νῦν δὲ ὑπὸ τοῦ πλήθους τῶν καταλυόντων ὁ Καλλίας καὶ τοῦτο ἐκκενώσας ξένοις κατάλυσιν πεποίηκεν. Ὁ μὲν οὖν Πρόδικος ἔτι κατέκειτο, ἐγκεκαλυμμένος ἐν κῳδίοις τισὶν καὶ στρώμασιν καὶ μάλα πολλοῖς, ὡς ἐφαίνετο· παρεκάθηντο δὲ αὐτῷ ἐπὶ ταῖς πλησίον κλίναις Παυσανίας τε ὁ ἐκ Κεραμέων καὶ μετὰ Παυσανίου νέον τι ἔτι μειράκιον, ὡς μὲν ἐγῷμαι, καλόν τε κἀγαθὸν τὴν φύσιν, τὴν δ' οὖν ἰδέαν e
πάνυ καλός. Ἔδοξα ἀκοῦσαι ὄνομα αὐτῷ εἶναι Ἀγάθωνα, καὶ οὐκ ἂν θαυμάζοιμι, εἰ παιδικὰ Παυσανίου τυγχάνει ὤν. Τοῦτό τ' ἦν τὸ μειράκιον, καὶ τὼ Ἀδειμάντω ἀμφοτέρω, ὅ τε Κήπιδος καὶ ὁ Λευκολοφίδου, καὶ ἄλλοι τινὲς ἐφαίνοντο· περὶ δὲ ὧν διελέγοντο οὐκ ἐδυνάμην ἔγωγε μαθεῖν ἔξωθεν, καίπερ λιπαρῶς ἔχων ἀκούειν τοῦ Προδίκου· — πάσσοφος γάρ μοι δοκεῖ ἀνὴρ εἶναι καὶ θεῖος· — ἀλλὰ διὰ τὴν βαρύτητα τῆς φωνῆς βόμβος τις ἐν τῷ οἰκή- 316
ματι γιγνόμενος ἀσαφῆ ἐποίει τὰ λεγόμενα.

Καὶ ἡμεῖς μὲν ἄρτι εἰσεληλύθειμεν, κατόπιν δὲ ἡμῶν ἐπεισῆλθον Ἀλκιβιάδης τε ὁ καλός, ὡς φῂς σὺ καὶ ἐγὼ πείθομαι, καὶ Κριτίας ὁ Καλλαίσχρου.

Ἡμεῖς οὖν ὡς εἰσήλθομεν, ἔτι σμίκρ' ἄττα διατρίψαντες καὶ ταῦτα διαθεασάμενοι προσῇμεν πρὸς τὸν Πρωταγόραν,

um fein artig immer hinten zu sein. Jenem zunächst erblickte
ich, spricht Homeros, den Hippias von Elis in dem bedeckten c
Gange gegenüber auf einem Sessel sitzend. Um ihn herum
saßen auf Bänken: Eryximachos der Sohn des Akumenos, und
Phaidros der Myrrhinusier, und Andron der Sohn des Androtion, und einige Fremde, teils Landesleute von ihm, teils andere. Sie schienen über die Natur und die Himmelserscheinungen allerlei Fragen aus der Sternkunde dem Hippias vorzulegen, und er auf seinem Throne sitzend ging mit jedem seine Frage durch, und gab seine Entscheidung. Auch den
Tantalos schaut' ich; Prodikos nämlich der Keier war auch d
angekommen, und befand sich in einem Gemach, welches Hipponikos ehedem als Vorratskammer gebraucht hatte, jetzt aber hatte Kallias wegen Menge der Einkehrenden auch dieses ausgeleert und zum Gastzimmer gemacht. Prodikos nun lag noch dort eingehüllt in Decken und Felle, und zwar in sehr viele wie man sah. Auf den nächsten Polstern um ihn her saßen Pausanias der Kerameer, und neben ihm ein noch kaum halb
erwachsener Jüngling schöner und edler Natur, wie ich glaube, e
von Gestalt aber gewiß sehr schön; mich dünkt gehört zu haben, daß man ihn Agathon nannte, und es sollte mich nicht wundern, wenn er der Liebling des Pausanias wäre. Dieser Jüngling also und die beiden Adeimante, der Sohn des Kepis, und der des Leukolophides, nebst einigen andern zeigten sich da. Wovon sie aber sprachen, konnte ich von draußen nicht vernehmen, wiewohl sehr begierig den Prodikos zu hören, denn gar weise und göttlich dünkt mich der Mann zu sein.
Allein die Tiefe seiner Stimme verursachte in dem Gemach ein 316a
dumpfes Getöse, das alles Gesprochene unvernehmlich machte. Und wir waren nur eben eingetreten, als hinter uns noch herein kamen: Alkibiades, der Schöne wie du sagst und auch ich glaube, und Kritias der Sohn des Kallaischros.

1.3. Sokrates bittet Protagoras um eine Unterredung. Dessen Bereitschaft. Zurüstungen zum Gespräch

Wir nun verweilten nach unserm Eintritt ein wenig, um dies alles zu beschauen; dann gingen wir zum Protagoras heran,

καὶ ἐγὼ εἶπον· — Ὦ Πρωταγόρα, πρὸς σέ τοι ἤλθομεν b
ἐγώ τε καὶ Ἱπποκράτης οὗτος. — Πότερον, ἔφη, ⟨μόνοι⟩
μόνῳ βουλόμενοι διαλεχθῆναι ἢ καὶ μετὰ τῶν ἄλλων; —
Ἡμῖν μέν, ἦν δ' ἐγώ, οὐδὲν διαφέρει· ἀκούσας δὲ οὗ
ἕνεκα ἤλθομεν, αὐτὸς σκέψαι. — Τί οὖν δή ἐστιν, ἔφη,
οὗ ἕνεκα ἥκετε; — Ἱπποκράτης ὅδε ἐστὶν μὲν τῶν ἐπι-
χωρίων, Ἀπολλοδώρου ὑός, οἰκίας μεγάλης τε καὶ εὐδαί-
μονος, αὐτὸς δὲ τὴν φύσιν δοκεῖ ἐνάμιλλος εἶναι τοῖς
ἡλικιώταις. Ἐπιθυμεῖν δέ μοι δοκεῖ ἐλλόγιμος γενέσθαι
ἐν τῇ πόλει, τοῦτο δὲ οἴεταί οἱ μάλιστ' ἂν γενέσθαι, εἰ σοὶ c
συγγένοιτο· ταῦτ' οὖν ἤδη σὺ σκόπει, πότερον περὶ αὐτῶν
μόνος οἴει δεῖν διαλέγεσθαι πρὸς μόνους, ἢ μετ' ἄλλων.
— Ὀρθῶς, ἔφη, προμηθεῖ, ὦ Σώκρατες, ὑπὲρ ἐμοῦ. Ξένον
γὰρ ἄνδρα καὶ ἰόντα εἰς πόλεις μεγάλας, καὶ ἐν ταύταις
πείθοντα τῶν νέων τοὺς βελτίστους ἀπολείποντας τὰς
τῶν ἄλλων συνουσίας, καὶ οἰκείων καὶ ὀθνείων, καὶ πρε-
σβυτέρων καὶ νεωτέρων ἑαυτῷ συνεῖναι ὡς βελτίους ἐσο-
μένους διὰ τὴν ἑαυτοῦ συνουσίαν, χρὴ εὐλαβεῖσθαι τὸν d
ταῦτα πράττοντα· οὐ γὰρ σμικροὶ περὶ αὐτὰ φθόνοι τε
γίγνονται καὶ ἄλλαι δυσμένειαί τε καὶ ἐπιβουλαί. Ἐγὼ δὲ
τὴν σοφιστικὴν τέχνην φημὶ μὲν εἶναι παλαιάν, τοὺς δὲ
μεταχειριζομένους αὐτὴν τῶν παλαιῶν ἀνδρῶν, φοβουμέ-
νους τὸ ἐπαχθὲς αὐτῆς, πρόσχημα ποιεῖσθαι καὶ προκα-
λύπτεσθαι, τοὺς μὲν ποίησιν, οἷον Ὅμηρόν τε καὶ Ἡσίο-
δον καὶ Σιμωνίδην, τοὺς δὲ αὖ τελετάς τε καὶ χρησμῳδίας,
τοὺς ἀμφί τε Ὀρφέα καὶ Μουσαῖον· ἐνίους δέ τινας ᾔσθη-
μαι καὶ γυμναστικήν, οἷον Ἴκκος τε ὁ Ταραντῖνος καὶ ὁ
νῦν ἔτι ὢν οὐδενὸς ἥττων σοφιστὴς Ἡρόδικος ὁ Σηλυμ- e
βριανός, τὸ δὲ ἀρχαῖον Μεγαρεύς· μουσικὴν δὲ Ἀγαθο-
κλῆς τε ὁ ὑμέτερος πρόσχημα ἐποιήσατο, μέγας ὢν
σοφιστής, καὶ Πυθοκλείδης ὁ Κεῖος καὶ ἄλλοι πολλοί.
Οὗτοι πάντες, ὥσπερ λέγω, φοβηθέντες τὸν φθόνον ταῖς
τέχναις ταύταις παραπετάσμασιν ἐχρήσαντο· ἐγὼ δὲ τού-

und ich sagte: Protagoras, zu dir kommen wir um etwas, ich b
und hier Hippokrates. – Wollt ihr etwa, fragte er, allein mit mir
sprechen, oder hier mit den übrigen? – Uns, sprach ich, macht
es keinen Unterschied, höre aber weshalb wir kommen und
überlege es dann selbst. – Was ist es denn also, fragte er, wes-
halb ihr hergekommen seid? – Dieser Hippokrates, sagte ich,
ist hier einheimisch, der Sohn des Apollodoros von einem gro-
ßen und glänzenden Geschlecht, und auch er selbst dünkt
mich, was seine natürlichen Anlagen betrifft, es mit seinen
Altersgenossen wohl aufnehmen zu können, und Lust zu ha-
ben ein ausgezeichneter Mann in unserer Stadt zu werden; und
eben dieses glaubt er am besten zu erreichen, wenn er mit dir c
sein könnte. Ob du nun meinst hierüber mit uns allein spre-
chen zu müssen oder vor Andern, das überlege dir selbst. –
Sehr mit Recht, Sokrates, sprach er, bist du besorglich um
mich. Denn ein Fremdling der die großen Städte durchreiset,
und dort die vorzüglichsten Jünglinge überredet, dem Um-
gang mit andern Verwandten und Mitbürgern, Alten und Jun-
gen entsagend, sich zu ihm zu halten, weil sie durch den Um-
gang mit ihm besser werden würden, ein solcher muß freilich d
auf seiner Hut sein. Denn nicht wenig Mißgunst entsteht hier-
aus und Übelwollen und Nachstellungen aller Art. Daher auch
behaupte ich, daß die sophistische Kunst zwar schon sehr alt
ist, daß aber diejenigen unter den Alten, welche sie ausübten,
aus Furcht vor dem Gehässigen derselben einen Vorwand ge-
nommen und sie versteckt haben, einige hinter der Poesie, wie
Homeros, Hesiodos und Simonides, andere hinter Mysterien
und Orakelsprüchen, wie Orpheus und Musaios, ja einige habe
ich bemerkt bedienten sich dazu sogar der Kunst der Lei-
besübungen, wie Ikkos der Tarentiner, und auch jetzt noch
einer, der ein Sophist ist so gut als irgend einer, Herodikos der e
Selymbrianer, ursprünglich aber aus Megara. Die Musik hat
Agathokles euer Landsmann zum Vorwande genommen, der
ein großer Sophist ist, so auch Pythokleides von Keos und
viele andere. Alle diese, wie gesagt, haben aus Furcht des Nei-
des sich jener Künste zum Deckmantel bedient. Ich aber will

τοις ἅπασιν κατὰ τοῦτο εἶναι οὐ ξυμφέρομαι· ἡγοῦμαι 317
γὰρ αὐτοὺς οὔ τι διαπράξασθαι ὃ ἐβουλήθησαν· οὐ γὰρ λαθεῖν τῶν ἀνθρώπων τοὺς δυναμένους ἐν ταῖς πόλεσι πράττειν, ὧνπερ ἕνεκα ταῦτ' ἐστὶν τὰ προσχήματα· ἐπεὶ οἵ γε πολλοὶ ὡς ἔπος εἰπεῖν οὐδὲν αἰσθάνονται, ἀλλ' ἅττ' ἂν οὗτοι διαγγέλλωσι, ταῦτα ὑμνοῦσιν. Τὸ οὖν ἀποδιδράσκοντα μὴ δύνασθαι ἀποδρᾶναι, ἀλλὰ καταφανῆ εἶναι, πολλὴ μωρία καὶ τοῦ ἐπιχειρήματος, καὶ πολὺ δυσμενεστέρους παρέχεσθαι ἀνάγκη τοὺς ἀνθρώπους· ἡγοῦνται γὰρ b
τὸν τοιοῦτον πρὸς τοῖς ἄλλοις καὶ πανοῦργον εἶναι. Ἐγὼ οὖν τούτων τὴν ἐναντίαν ἅπασαν ὁδὸν ἐλήλυθα, καὶ ὁμολογῶ τε σοφιστὴς εἶναι καὶ παιδεύειν ἀνθρώπους, καὶ εὐλάβειαν ταύτην οἶμαι βελτίω ἐκείνης εἶναι, τὸ ὁμολογεῖν μᾶλλον ἢ ἔξαρνον εἶναι· καὶ ἄλλας πρὸς ταύτῃ ἔσκεμμαι, ὥστε, σὺν θεῷ εἰπεῖν, μηδὲν δεινὸν πάσχειν διὰ τὸ ὁμολογεῖν σοφιστὴς εἶναι. Καίτοι πολλά γε ἔτη ἤδη c
εἰμὶ ἐν τῇ τέχνῃ· καὶ γὰρ καὶ τὰ ξύμπαντα πολλά μοί ἐστιν· οὐδενὸς ὅτου οὐ πάντων ἂν ὑμῶν καθ' ἡλικίαν πατὴρ εἴην· ὥστε πολύ μοι ἥδιστόν ἐστιν, εἴ τι βούλεσθε, περὶ τούτων ἁπάντων ἐναντίον τῶν ἔνδον ὄντων τὸν λόγον ποιεῖσθαι.

Καὶ ἐγὼ — ὑπώπτευσα γὰρ βούλεσθαι αὐτὸν τῷ τε Προδίκῳ καὶ τῷ Ἱππίᾳ ἐνδείξασθαι καὶ καλλωπίσασθαι ὅτι ἐρασταὶ αὐτοῦ ἀφιγμένοι εἶμεν· — Τί οὖν, ἔφην ἐγώ, οὐ d
καὶ Πρόδικον καὶ Ἱππίαν ἐκαλέσαμεν καὶ τοὺς μετ' αὐτῶν, ἵνα ἐπακούσωσιν ἡμῶν ; — Πάνυ μὲν οὖν, ἔφη ὁ Πρωταγόρας. — Βούλεσθε οὖν, ὁ Καλλίας ἔφη, συνέδριον κατασκευάσωμεν, ἵνα καθεζόμενοι διαλέγησθε ; — Ἐδόκει χρῆναι· ἄσμενοι δὲ πάντες ἡμεῖς, ὡς ἀκουσόμενοι ἀνδρῶν σοφῶν, καὶ αὐτοὶ ἀντιλαβόμενοι τῶν βάθρων καὶ τῶν κλινῶν κατεσκευάζομεν παρὰ τῷ Ἱππίᾳ· ἐκεῖ γὰρ προϋπῆρχε τὰ βάθρα. Ἐν δὲ τούτῳ Καλλίας τε καὶ Ἀλκιβιάδης ἡκέτην ἄγοντε τὸν Πρόδικον, ἀναστήσαντες ἐκ τῆς κλίνης, e
καὶ τοὺς μετὰ τοῦ Προδίκου.

mich hierin ihnen allen nicht gleich stellen, glaube auch daß sie 317a
das nicht ausgerichtet haben was sie wollten, diejenigen näm-
lich nicht getäuscht, welche in einem Staate mächtig sind, um
derentwillen eben solche Vorwände gesucht werden; denn der
große Haufe, daß ich es kurz heraus sage, merkt überall nichts,
und singt nach, was Jene ihm vorsagen. Wenn nun Jemand
heimlich davonlaufen will und nicht kann, sondern entdeckt
wird; so ist schon das Unternehmen sehr töricht, und muß die
Menschen notwendig noch mehr aufbringen; denn neben al- b
lem andern halten sie dann einen solchen auch noch für einen
Ränkemacher. Daher habe ich den ganz entgegengesetzten
Weg eingeschlagen, und sage grade heraus, daß ich ein Sophist
bin, und die Menschen erziehen will, und halte diese Vorsicht
für besser als jene, sich lieber dazu zu bekennen, als es zu leug-
nen. Und noch einige andere beobachte ich, so daß mir, es sei
mit Gott gesprochen, noch nicht übles um deswillen widerfah-
ren ist, daß ich mich für einen Sophisten ausgebe, obgleich ich c
diese Kunst schon viele Jahre lang treibe; wie ich denn über-
haupt schon hoch in Jahren bin, und es keinen unter euch gibt,
dessen Vater ich nicht dem Alter nach sein könnte. So daß es
mir weit lieber ist, wenn ihr etwas wünscht, daß ihr vor Allen
die hier zugegen sind eure Sache anbringt. – Darauf sprach ich,
denn ich merkte wohl, er wollte den Prodikos und Hippias
sehen lassen, und damit groß gegen sie tun, daß wir als seine
Verehrer hingekommen wären: Warum rufen wir also nicht d
gleich auch den Prodikos und Hippias und die bei ihnen sind,
damit sie uns auch hören? – O ja, sagte Protagoras. – Wollt ihr
also, sprach Kallias, so wollen wir eine Sitzung veranstalten,
damit ihr euch niederlassen und mit einander verhandeln
könnt. – Das waren wir sehr zufrieden; und hoch erfreut daß
wir die weisen Männer sollten reden hören, legten wir selbst
Hand an, und machten Bänke und Polster da zurecht, wo Hip-
pias saß, denn da standen schon die Bänke. Darüber kamen
auch Kallias und Alkibiades, den Prodikos, den sie aus seinem e
Lager aufgestört hatten, und seine Gesellschaft herbeiführend.

Ἐπεὶ δὲ πάντες συνεκαθεζόμεθα, ὁ Πρωταγόρας· —
Νῦν δὴ ἄν, ἔφη, λέγοις, ὦ Σώκρατες, ἐπειδὴ καὶ οἵδε
πάρεισιν, περὶ ὧν ὀλίγον πρότερον μνείαν ἐποιοῦ πρὸς ἐμὲ
ὑπὲρ τοῦ νεανίσκου. — Καὶ ἐγὼ εἶπον ὅτι· Ἡ αὐτή μοι 318
ἀρχή ἐστιν, ὦ Πρωταγόρα, ἥπερ ἄρτι, περὶ ὧν ἀφικόμην.
Ἱπποκράτης γὰρ ὅδε τυγχάνει ἐν ἐπιθυμίᾳ ὢν τῆς σῆς συν-
ουσίας· ὅ τι οὖν αὐτῷ ἀποβήσεται, ἐάν σοι συνῇ, ἡδέως ἂν
φησι πυθέσθαι. Τοσοῦτος ὅ γε ἡμέτερος λόγος. — Ὑπο-
λαβὼν οὖν ὁ Πρωταγόρας εἶπεν· Ὦ νεανίσκε, ἔσται τοί-
νυν σοι, ἐὰν ἐμοὶ συνῇς, ᾗ ἂν ἡμέρᾳ ἐμοὶ συγγένῃ, ἀπιέ-
ναι οἴκαδε βελτίονι γεγονότι, καὶ ἐν τῇ ὑστεραίᾳ ταὐτὰ
ταῦτα· καὶ ἑκάστης ἡμέρας ἀεὶ ἐπὶ τὸ βέλτιον ἐπιδιδόναι.
— Καὶ ἐγὼ ἀκούσας εἶπον· Ὦ Πρωταγόρα, τοῦτο μὲν b
οὐδὲν θαυμαστὸν λέγεις, ἀλλὰ εἰκός, ἐπεὶ κἂν σύ, καίπερ
τηλικοῦτος ὢν καὶ οὕτως σοφός, εἴ τίς σε διδάξειεν ὃ μὴ
τυγχάνεις ἐπιστάμενος, βελτίων ἂν γένοιο· ἀλλὰ μὴ οὕτως,
ἀλλ' ὥσπερ ἂν εἰ αὐτίκα μάλα μεταβαλὼν τὴν ἐπιθυμίαν
Ἱπποκράτης ὅδε ἐπιθυμήσειεν τῆς συνουσίας τούτου τοῦ
νεανίσκου τοῦ νῦν νεωστὶ ἐπιδημοῦντος, Ζευξίππου τοῦ
Ἡρακλεώτου, καὶ ἀφικόμενος παρ' αὐτόν, ὥσπερ παρὰ σὲ
νῦν, ἀκούσειεν αὐτοῦ ταὐτὰ ταῦτα ἅπερ σοῦ, ὅτι ἑκάστης c
ἡμέρας ξυνὼν αὐτῷ βελτίων ἔσται καὶ ἐπιδώσει· εἰ αὐτὸν
ἐπανέροιτο· Τί δὴ φῄς βελτίω ἔσεσθαι καὶ εἰς τί ἐπιδώ-
σειν; εἴποι ἂν αὐτῷ ὁ Ζεύξιππος ὅτι πρὸς γραφικήν.
Κἂν εἰ Ὀρθαγόρᾳ τῷ Θηβαίῳ συγγενόμενος, ἀκούσας
ἐκείνου ταὐτὰ ταῦτα ἅπερ σοῦ, ἐπανέροιτο αὐτὸν εἰς
ὅ τι βελτίων καθ' ἡμέραν ἔσται συγγιγνόμενος ἐκείνῳ,
εἴποι ἂν ὅτι εἰς αὔλησιν. Οὕτω δὴ καὶ σὺ εἰπὲ τῷ
νεανίσκῳ καὶ ἐμοὶ ὑπὲρ τούτου ἐρωτῶντι· Ἱπποκράτης d
ὅδε Πρωταγόρᾳ συγγενόμενος, ᾗ ἂν αὐτῷ ἡμέρᾳ συγγέ-
νηται, βελτίων ἄπεισι γενόμενος καὶ τῶν ἄλλων ἡμερῶν
ἑκάστης οὕτως ἐπιδώσει εἰς τί, ὦ Πρωταγόρα, καὶ περὶ
τοῦ;

2. Das Thema der weiteren Erörterungen: Ist die Tugend und vor allem die politische Kunst lehrbar?

2.1. Protagoras' Unterricht soll in der Verwaltung der privaten und öffentlichen Angelegenheiten besser machen

Als wir uns nun alle gesetzt hatten, hub Protagoras an. Nun also, Sokrates, da auch diese Männer alle hier sind, so trage jetzt vor, wessen du vorhin erwähntest gegen mich wegen dieses Jünglinges. – Ich sagte also: Mein Anfang, o Protagoras, ist 318a
derselbe wie vorher, wegen dessen warum ich gekommen bin. Hier dieser Hippokrates nämlich trägt großes Verlangen nach deinem näheren Umgange; was ihm aber eigentlich daraus herkommen wird, wenn er sich zu dir hält, dies möchte er, wie er sagt, gern vorher vernehmen. Das ist unsere Rede. – Darauf nahm Protagoras das Wort, und sprach: Junger Mann, es wird dir also geschehen, wenn du dich zu mir hältst, daß du schon an dem ersten Tage, den du bei mir zubringst, besser geworden nach Hause gehen wirst, und an dem folgenden ebenfalls, und so alle Tage zum besseren fortschreitest. – Als ich das gehört hatte, sprach ich: Dieses ist nichts wunderbares gesagt, Prota- b
goras, sondern ganz natürlich. Denn auch du, wiewohl so alt und so weise, wenn dich jemand lehrte, was du noch nicht wüßtest, würdest besser werden. Aber nicht also; sondern so wie wenn Hippokrates, sein Verlangen plötzlich ändernd, nun verlangte sich zu dem kürzlich hier angekommenen jungen Manne zu begeben, zu dem Zeuxippos von Herakleia, und er nun zu diesem käme, und von ihm dasselbe hörte, was du jetzt c
sagst, daß er an jedem bei ihm zugebrachten Tage besser werden und Fortschritte machen würde, und ihn weiter fragte, in wiefern, sagst du, daß ich besser werden und worin Fortschritte machen werde? ihm Zeuxippos gewiß antworten würde in der Malerei; oder wie wenn er zum Protagoras von Thebä sich begebend, von diesem dasselbe hörte wie von dir, und er ihn dann weiter fragte, worin er denn besser werden würde durch seinen Umgang, dieser ihm gewiß sagen würde im Flötenspielen: Eben so sage doch auch du dem jungen Manne und mir, der ich an seiner Stelle frage, Hippokrates soll, wenn er d
sich zum Protagoras hält, schon an dem ersten Tage, den er bei ihm zubringt, besser nach Hause gehen, und so täglich Fort-

— Καὶ ὁ Πρωταγόρας ἐμοῦ ταῦτα ἀκούσας· Σύ τε καλῶς ἐρωτᾷς, ἔφη, ὦ Σώκρατες, καὶ ἐγὼ τοῖς καλῶς ἐρωτῶσι χαίρω ἀποκρινόμενος. Ἱπποκράτης γὰρ παρ' ἐμὲ ἀφικόμενος οὐ πείσεται, ἅπερ ἂν ἔπαθεν ἄλλῳ τῳ συγγενόμενος τῶν σοφιστῶν· οἱ μὲν γὰρ ἄλλοι λωβῶνται τοὺς νέους· τὰς γὰρ τέχνας αὐτοὺς πεφευγότας ἄκοντας πάλιν αὖ ἄγοντες e
ἐμβάλλουσιν εἰς τέχνας, λογισμούς τε καὶ ἀστρονομίαν καὶ γεωμετρίαν καὶ μουσικὴν διδάσκοντες — καὶ ἅμα εἰς τὸν Ἱππίαν ἀπέβλεψεν — παρὰ δ' ἐμὲ ἀφικόμενος μαθήσεται οὐ περὶ ἄλλου του ἢ περὶ οὗ ἥκει. Τὸ δὲ μάθημά ἐστιν εὐβουλία περὶ τῶν οἰκείων, ὅπως ἂν ἄριστα τὴν αὑτοῦ οἰκίαν διοικοῖ, καὶ περὶ τῶν τῆς πόλεως, ὅπως τὰ 319
τῆς πόλεως δυνατώτατος ἂν εἴη καὶ πράττειν καὶ λέγειν. — Ἆρα, ἔφην ἐγώ, ἕπομαί σου τῷ λόγῳ; Δοκεῖς γάρ μοι λέγειν τὴν πολιτικὴν τέχνην καὶ ὑπισχνεῖσθαι ποιεῖν ἄνδρας ἀγαθοὺς πολίτας. — Αὐτὸ μὲν οὖν τοῦτό ἐστιν, ἔφη, ὦ Σώκρατες, τὸ ἐπάγγελμα ὃ ἐπαγγέλλομαι.

— Ἦ καλόν, ἦν δ' ἐγώ, τέχνημα ἄρα κέκτησαι, εἴπερ κέκτησαι· οὐ γάρ τι ἄλλο πρός γε σὲ εἰρήσεται ἢ ἅπερ νοῶ. Ἐγὼ γὰρ τοῦτο, ὦ Πρωταγόρα, οὐκ ᾤμην διδακτὸν εἶναι, σοὶ δὲ λέγοντι οὐκ ἔχω ὅπως [ἂν] ἀπιστῶ. Ὅθεν δὲ αὐτὸ b
ἡγοῦμαι οὐ διδακτὸν εἶναι μηδ' ὑπ' ἀνθρώπων παρασκευαστὸν ἀνθρώποις, δίκαιός εἰμι εἰπεῖν. Ἐγὼ γὰρ Ἀθηναίους, ὥσπερ καὶ οἱ ἄλλοι Ἕλληνες, φημὶ σοφοὺς εἶναι. Ὁρῶ οὖν, ὅταν συλλεγῶμεν εἰς τὴν ἐκκλησίαν, ἐπειδὰν μὲν περὶ οἰκοδομίας τι δέῃ πρᾶξαι τὴν πόλιν, τοὺς οἰκοδόμους μεταπεμπομένους συμβούλους περὶ τῶν οἰκοδομημάτων, ὅταν δὲ περὶ ναυπηγίας, τοὺς ναυπηγούς, καὶ τἆλλα πάντα οὕτως, ὅσα ἡγοῦνται μαθητά τε καὶ διδακτὰ εἶναι· ἐὰν δέ τις ἄλλος ἐπιχειρῇ αὐτοῖς συμβου- c
λεύειν, ὃν ἐκεῖνοι μὴ οἴονται δημιουργὸν εἶναι, κἂν πάνυ

schritte machen, in wiefern, Protagoras, und worin? – Und nachdem Protagoras mich ausgehört hatte, sagte er: Du fragst sehr gut, Sokrates, und mir macht es Freude, denen die gut fragen zu antworten. Wenn also Hippokrates zu mir kommt, wird ihm das nicht begegnen, was ihm bei einem andern Sophisten begegnen würde. Die andern nämlich mißhandeln die Jünglinge offenbar. Denn nachdem diese den Schulkünsten eben glücklich entkommen sind, führen jene sie wider ihren e
Willen wiederum zu Künsten, und lehren sie Rechnen, und Sternkunde, und Meßkunde, und Musik, wobei er den Hippias ansah, bei mir aber soll er nichts lernen, als das weshalb er eigentlich kommt. Diese Kenntnis aber ist die Klugheit in seinen eignen Angelegenheiten, wie er sein Hauswesen am besten verwalten, und dann auch in den Angelegenheiten des Staats, 319a
wie er am geschicktesten sein wird, diese sowohl zu führen als auch darüber zu reden. – Folge ich wohl, sagte ich darauf, deiner Rede? Du scheinst mir nämlich die Staatskunst zu bezeichnen, und zu verheißen, du wollest zu tüchtigen Männern für den Staat die Männer bilden? – Eben dieses, sagte er, ist das Anerbieten, wozu ich mich erbiete.

2.2. Gegenüberlegung des Sokrates anhand der mangelhaften Erziehung der Söhne großer Politiker: Politische Tugend scheint nicht lehrbar zu sein

– Gewiß eine schöne Kunst, sprach ich, besitzest du, wenn du sie besitzest, denn zu dir soll nichts anderes geredet werden als ich denke. Ich nämlich, Protagoras, meinte, dieses wäre nicht lehrbar; dir aber, da du es sagst, weiß ich nicht wie ich nicht b
glauben sollte. Weshalb ich aber denke, dies sei nicht lehrbar, noch könne ein Mensch es dem andern verschaffen, das muß ich billig sagen. Ich halte nämlich, wie auch wohl alle Hellenen tun, die Athener für weise, und nun sehe ich, wenn wir in der Gemeinde versammelt sind, und es soll im Bauwesen der Stadt etwas geschehen, so holen sie die Baumeister zur Beratung über die Gebäude; wenn im Schiffswesen, dann die Schiffbauer, und in allen andern Dingen eben so, welche sie für lehrbar und lernbar halten. Will sich aber ein Anderer unter- c
fangen ihnen Rat zu geben, von dem sie glauben, daß er kein

καλὸς ᾖ καὶ πλούσιος καὶ τῶν γενναίων, οὐδέν τι μᾶλλον
ἀποδέχονται, ἀλλὰ καταγελῶσι καὶ θορυβοῦσιν, ἕως ἂν ἢ
αὐτὸς ἀποστῇ ὁ ἐπιχειρῶν λέγειν καταθορυβηθείς, ἢ οἱ
τοξόται αὐτὸν ἀφελκύσωσιν ἢ ἐξάρωνται κελευόντων τῶν
πρυτάνεων. Περὶ μὲν οὖν ὧν οἴονται ἐν τέχνῃ εἶναι, οὕτω
διαπράττονται· ἐπειδὰν δέ τι περὶ τῶν τῆς πόλεως διοική-
σεως δέῃ βουλεύσασθαι, συμβουλεύει αὐτοῖς ἀνιστάμενος d
περὶ τούτων ὁμοίως μὲν τέκτων, ὁμοίως δὲ χαλκεὺς σκυ-
τοτόμος, ἔμπορος ναύκληρος, πλούσιος πένης, γενναῖος
ἀγεννής, καὶ τούτοις οὐδεὶς τοῦτο ἐπιπλήττει ὥσπερ τοῖς
πρότερον, ὅτι οὐδαμόθεν μαθών, οὐδὲ ὄντος διδασκάλου
οὐδενὸς αὐτῷ, ἔπειτα συμβουλεύειν ἐπιχειρεῖ· δῆλον γὰρ
ὅτι οὐχ ἡγοῦνται διδακτὸν εἶναι. Μὴ τοίνυν ὅτι τὸ κοινὸν
τῆς πόλεως οὕτως ἔχει, ἀλλὰ ἰδίᾳ ἡμῖν οἱ σοφώτατοι καὶ e
ἄριστοι τῶν πολιτῶν ταύτην τὴν ἀρετὴν ἣν ἔχουσιν οὐχ
οἷοί τε ἄλλοις παραδιδόναι· ἐπεὶ Περικλῆς, ὁ τουτωνὶ τῶν
νεανίσκων πατήρ, τούτους ἃ μὲν διδασκάλων εἴχετο καλῶς
καὶ εὖ ἐπαίδευσεν, ἃ δὲ αὐτὸς σοφός ἐστιν, οὔτε αὐτὸς 320
παιδεύει οὔτε τῳ ἄλλῳ παραδίδωσιν, ἀλλ' αὐτοὶ περιιόντες
νέμονται ὥσπερ ἄφετοι, ἐάν που αὐτόματοι περιτύ-
χωσιν τῇ ἀρετῇ. Εἰ δὲ βούλει, Κλεινίαν, τὸν Ἀλκιβιάδου
τουτουὶ νεώτερον ἀδελφόν, ἐπιτροπεύων ὁ αὐτός οὗτος ἀνὴρ
Περικλῆς, δεδιὼς περὶ αὐτοῦ μὴ διαφθαρῇ δὴ ὑπὸ Ἀλκι-
βιάδου, ἀποσπάσας ἀπὸ τούτου, καταθέμενος ἐν Ἀρίφρο-
νος ἐπαίδευε· καὶ πρὶν ἓξ μῆνας γεγονέναι, ἀπέδωκε
τούτῳ οὐκ ἔχων ὅ τι χρήσαιτο αὐτῷ. Καὶ ἄλλους σοι παμ- b
πόλλους ἔχω λέγειν, οἳ αὐτοὶ ἀγαθοὶ ὄντες οὐδένα πώποτε
βελτίω ἐποίησαν οὔτε τῶν οἰκείων οὔτε τῶν ἀλλοτρίων.
Ἐγὼ οὖν, ὦ Πρωταγόρα, εἰς ταῦτα ἀποβλέπων οὐχ ἡγοῦ-
μαι διδακτὸν εἶναι ἀρετήν· ἐπειδὴ δέ σου ἀκούω ταῦτα
λέγοντος, κάμπτομαι καὶ οἶμαί τί σε λέγειν διὰ τὸ ἡγεῖ-
σθαί σε πολλῶν μὲν ἔμπειρον γεγονέναι, πολλὰ δὲ μεμα-
θηκέναι, τὰ δὲ αὐτὸν ἐξηυρηκέναι. Εἰ οὖν ἔχεις ἐναργέστε-

Kunstverwandter in dieser Sache ist, sei er auch noch so schön
und reich und vornehm: so nehmen sie ihn doch nicht an,
sondern lachen ihn aus und betreiben Lärm bis er entweder
heruntergelärmt von selbst wieder abtritt, oder die Gerichts-
diener ihn herunterziehen oder herausschaffen auf Geheiß der
Prytanen. Und in allem, wovon sie glauben, daß es auf Kunst
beruhe, verfahren sie so. Wenn aber über Verwaltung der Stadt
etwas zu ratschlagen ist, so steht Jeder auf und erteilt ihnen d
seinen Rat: Zimmermann, Schmied, Schuster, Krämer,
Schiffsherr, Reiche, Arme, Vornehme, Geringe, einer wie der
andere, und Niemand macht einem Vorwürfe darüber, wie im
vorigen Falle, daß er ohne dies irgendwo gelernt zu haben,
oder seinen Meister darin aufzeigen zu können, sich nun doch
unterfangen wolle Rat zu geben. Offenbar also glauben sie,
dies sei nicht lehrbar. Und nicht nur das versammelte Volk
denkt so, sondern auch zu Hause für sich sind unsere verstän- e
digsten und vortrefflichsten Mitbürger nicht im Stande, diese
Tugend welche sie besitzen Andern mitzuteilen. Perikles zum
Beispiel, der Vater dieser beiden jungen Männer, hat sie in
Allem, was von Lehrern abhing, vortrefflich unterrichten las-
sen; aber in dieser Sache, worin er selbst weise ist, unterrichtet 320a
er sie weder selbst, noch hat er sie einem Andern übergeben,
sondern sie laufen ganz frei herum und weiden allein, ob sie
irgendwo von selbst etwas von dieser Tugend antreffen möch-
ten. Wenn du noch mehr willst, derselbe Perikles ist Vormund
von Kleinias, dem jüngern Bruder dieses Alkibiades hier, und
aus Besorgnis, daß er von dem Alkibiades möchte verdorben
werden, trennte er ihn von diesem, und gab ihn in das Haus des
Ariphron, um ihn dort erziehen zu lassen, der aber gab ihn ihm
zurück ehe sechs Monate um waren, weil er nicht wußte, was er
mit ihm anstellen sollte. Und so kann ich dir sehr viele Andere b
nennen, welche selbst treffliche Männer, dennoch niemals ir-
gend einen besser gemacht haben, weder von ihren Angehö-
rigen noch sonst. Ich meines Teils also, Protagoras, halte hier-
auf Rücksicht nehmend nicht dafür, die Tugend sei lehrbar.
Nun aber ich dich dieses behaupten höre, lenke ich um und
denke, du werdest wohl Recht haben, weil ich von dir halte, du
habest vieles in der Welt erfahren, vieles gelernt, und manches

ρον ἡμῖν ἐπιδεῖξαι ὡς διδακτόν ἐστιν ἡ ἀρετή, μὴ c
φθονήσῃς, ἀλλ' ἐπίδειξον. — Ἀλλ', ὦ Σώκρατες, ἔφη, οὐ
φθονήσω· ἀλλὰ πότερον ὑμῖν, ὡς πρεσβύτερος νεωτέροις,
μῦθον λέγων ἐπιδείξω ἢ λόγῳ διεξέλθω; — Πολλοὶ οὖν
αὐτῷ ὑπέλαβον τῶν παρακαθημένων, ὁποτέρως βούλοιτο,
οὕτως διεξιέναι. — Δοκεῖ τοίνυν μοι, ἔφη, χαριέστερον
εἶναι μῦθον ὑμῖν λέγειν.

Ἦν γάρ ποτε χρόνος, ὅτε θεοὶ μὲν ἦσαν, θνητὰ δὲ γένη
οὐκ ἦν. Ἐπειδὴ δὲ καὶ τούτοις χρόνος ἦλθεν εἱμαρμένος d
γενέσεως, τυποῦσιν αὐτὰ θεοὶ γῆς ἔνδον ἐκ γῆς καὶ πυρὸς
μείξαντες καὶ τῶν ὅσα πυρὶ καὶ γῇ κεράννυται. Ἐπειδὴ δ'
ἄγειν αὐτὰ πρὸς φῶς ἔμελλον, προσέταξαν Προμηθεῖ καὶ
Ἐπιμηθεῖ κοσμῆσαί τε καὶ νεῖμαι δυνάμεις ἑκάστοις ὡς
πρέπει. Προμηθέα δὲ παραιτεῖται Ἐπιμηθεὺς αὐτὸς νεῖ-
μαι· Νείμαντος δέ μου, ἔφη, ἐπίσκεψαι· καὶ οὕτως πείσας
νέμει. Νέμων δὲ τοῖς μὲν ἰσχὺν ἄνευ τάχους προσῆπτεν,
τοὺς δ' ἀσθενεστέρους τάχει ἐκόσμει· τοὺς δὲ ὥπλιζε, τοῖς e
δ' ἄοπλον διδοὺς φύσιν ἄλλην τιν' αὐτοῖς ἐμηχανᾶτο
δύναμιν εἰς σωτηρίαν. Ἃ μὲν γὰρ αὐτῶν σμικρότητι
ἤμπισχεν, πτηνὸν φυγὴν ἢ κατάγειον οἴκησιν ἔνεμεν· ἃ δὲ
ηὖξε μεγέθει, τῷδε αὐτῷ αὐτὰ ἔσῳζεν· καὶ τἆλλα οὕτως 321
ἐπανισῶν ἔνεμεν. Ταῦτα δὲ ἐμηχανᾶτο εὐλάβειαν ἔχων μή
τι γένος ἀϊστωθείη· ἐπειδὴ δὲ αὐτοῖς ἀλληλοφθοριῶν δια-
φυγὰς ἐπήρκεσε, πρὸς τὰς ἐκ Διὸς ὥρας εὐμαρίαν ἐμηχα-
νᾶτο ἀμφιεννὺς αὐτὰ πυκναῖς τε θριξὶν καὶ στερεοῖς
δέρμασιν, ἱκανοῖς μὲν ἀμῦναι χειμῶνα, δυνατοῖς δὲ καὶ
καύματα, καὶ ἐς εὐνὰς ἰοῦσιν ὅπως ὑπάρχοι τὰ αὐτὰ ταῦτα
στρωμνὴ οἰκεία τε καὶ αὐτοφυὴς ἑκάστῳ· καὶ ὑποδῶν τὰ

auch selbst erfunden. Kannst du uns also deutlicher zeigen, daß
die Tugend lehrbar ist, so wolle es nicht vorenthalten, sondern c
zeige es. – Gut, Sokrates, sagte er, ich will es auch nicht vorenthalten. Aber wie soll ich es euch zeigen, indem ich ein Märchen erzähle wie Ältere wohl Jüngeren zu tun pflegen, oder indem ich eine Abhandlung vortrage? – Viele nun der umher sitzenden sagten, er möchte es vortragen, auf welche Weise er selbst am liebsten wollte. – So dünkt es mich denn anmutiger, sagte er, euch ein Märchen zu erzählen.

2.3. Protagoras begründet seine These, politische Tugend sei lehrbar
2.3.1. Ein Mythos über die Entstehung der Kultur

Es war einst eine Zeit, wo es Götter zwar gab, sterbliche
Geschlechter aber gab es noch nicht; nachdem aber auch für d
diese die vorherbestimmte Zeit ihrer Erzeugung gekommen war, bildeten die Götter sie innerhalb der Erde aus Erde und Feuer auch das hinzumengend, was von Erde und Feuer gemengt ist. Und als sie sie nun ans Licht bringen sollten, übertrugen sie dem Prometheus und Epimetheus, sie auszustatten, und die Kräfte unter sie, wie es jedem zukomme, zu verteilen. Vom Prometheus aber erbat sich Epimetheus, er wolle verteilen, und, sagte er, wenn ich ausgeteilt, so komme du es zu besichtigen. Und so nachdem er ihn beredet, verteilte er. Bei der Verteilung nun verlieh er Einigen Stärke ohne Schnelligkeit, die Schwächeren aber begabte er mit Schnelligkeit; Einige e
bewaffnete er, Anderen, denen er eine wehrlose Natur gegeben, ersann er eine andere Kraft zur Rettung. Welche er nämlich in Kleinheit gehüllt hatte, denen verlieh er geflügelte Flucht oder unterirdische Behausung, welche aber zu bedeutender Größe ausgedehnt, die rettete er eben dadurch, und so 321a
auch verteilte er alles übrige ausgleichend. Dies aber ersann er so aus Vorsorge, daß nicht eine Gattung gänzlich verschwände. Als er ihnen nun des Wechselverderbens Entfliehungen zu Stande gebracht, begann er ihnen auch gegen die Zeiten vom Zeus leichte Gewöhnung zu ersinnen durch Bekleidung mit dichten Haaren und starken Fellen, hinreichend um die Kälte, aber auch vermögend die Hitze abzuhalten, und außerdem zugleich jedem, wenn es zur Ruhe ging, zur eigentümlichen und

μὲν ὁπλαῖς, τὰ δὲ [θριξὶν καὶ] δέρμασιν στερεοῖς καὶ b
ἀναίμοις. Τοὐντεῦθεν τροφὰς ἄλλοις ἄλλας ἐξεπόριζεν,
τοῖς μὲν ἐκ γῆς βοτάνην, ἄλλοις δὲ δένδρων καρπούς, τοῖς
δὲ ῥίζας· ἔστι δ' οἷς ἔδωκεν εἶναι τροφὴν ζῴων ἄλλων
βοράν· καὶ τοῖς μὲν ὀλιγογονίαν προσῆψε, τοῖς δ' ἀναλισκο-
μένοις ὑπὸ τούτων πολυγονίαν, σωτηρίαν τῷ γένει πορί-
ζων. Ἅτε δὴ οὖν οὐ πάνυ τι σοφὸς ὢν ὁ Ἐπιμηθεὺς
ἔλαθεν αὑτὸν καταναλώσας τὰς δυνάμεις εἰς τὰ ἄλογα· c
λοιπὸν δὴ ἀκόσμητον ἔτι αὐτῷ ἦν τὸ ἀνθρώπων γένος, καὶ
ἠπόρει ὅ τι χρήσαιτο.

Ἀποροῦντι δὲ αὐτῷ ἔρχεται Προμηθεὺς ἐπισκεψόμενος
τὴν νομήν, καὶ ὁρᾷ τὰ μὲν ἄλλα ζῷα ἐμμελῶς πάντων
ἔχοντα, τὸν δὲ ἄνθρωπον γυμνόν τε καὶ ἀνυπόδητον καὶ
ἄστρωτον καὶ ἄοπλον· ἤδη δὲ καὶ ἡ εἱμαρμένη ἡμέρα πα-
ρῆν, ἐν ᾗ ἔδει καὶ ἄνθρωπον ἐξιέναι ἐκ γῆς εἰς φῶς. Ἀπο-
ρίᾳ οὖν ἐχόμενος ὁ Προμηθεὺς ἥντινα σωτηρίαν τῷ
ἀνθρώπῳ εὕροι, κλέπτει Ἡφαίστου καὶ Ἀθηνᾶς τὴν ἔν- d
τεχνον σοφίαν σὺν πυρί — ἀμήχανον γὰρ ἦν ἄνευ πυρὸς
αὐτὴν κτητήν τῳ ἢ χρησίμην γενέσθαι — καὶ οὕτω δὴ
δωρεῖται ἀνθρώπῳ. Τὴν μὲν οὖν περὶ τὸν βίον σοφίαν
ἄνθρωπος ταύτῃ ἔσχεν, τὴν δὲ πολιτικὴν οὐκ εἶχεν· ἦν
γὰρ παρὰ τῷ Διί. Τῷ δὲ Προμηθεῖ εἰς μὲν τὴν ἀκρόπολιν
τὴν τοῦ Διὸς οἴκησιν οὐκέτι ἐνεχώρει εἰσελθεῖν· πρὸς δὲ
καὶ αἱ Διὸς φυλακαὶ φοβεραὶ ἦσαν· εἰς δὲ τὸ τῆς Ἀθηνᾶς
καὶ Ἡφαίστου οἴκημα τὸ κοινόν, ἐν ᾧ ἐφιλοτεχνείτην,
λαθὼν εἰσέρχεται, καὶ κλέψας τήν τε ἔμπυρον τέχνην τὴν e
τοῦ Ἡφαίστου καὶ τὴν ἄλλην τὴν τῆς Ἀθηνᾶς δίδωσιν
ἀνθρώπῳ, καὶ ἐκ τούτου εὐπορία μὲν ἀνθρώπῳ τοῦ βίου
γίγνεται, Προμηθέα δὲ [δι' Ἐπιμηθέα] ὕστερον, ᾗπερ 322
λέγεται, κλοπῆς δίκη μετῆλθεν.

Ἐπειδὴ δὲ ὁ ἄνθρωπος θείας μετέσχε μοίρας, πρῶτον
μὲν [διὰ τὴν τοῦ θεοῦ συγγένειαν] ζῴων μόνον θεοὺς
ἐνόμισεν, καὶ ἐπεχείρει βωμούς τε ἱδρύεσθαι καὶ ἀγάλ-

angewachsenen Lagerbedeckung dienend. Und unter den Füßen versah er einige mit Hufen und Klauen, andere mit Haaren b
und starken blutlosen Häuten. Hiernächst wies er dem einen diese, dem anderen jene Nahrung an, dem einen aus der Erde die Kräuter, dem anderen von den Bäumen die Früchte, einigen auch verordnete er zur Nahrung anderer Tiere Fraß. Und diesen letzteren verlieh er dürftige Zeugung, dagegen den von ihnen verzehrten eine vielerzeugende Kraft dem Geschlecht zur Erhaltung. Wie aber Epimetheus doch nicht ganz weise war, hatte er unvermerkt schon alle Kräfte aufgewendet [für c
die unvernünftigen Tiere;] übrig also war ihm noch unbegabt das Geschlecht der Menschen, und er war wieder ratlos was er diesem tun sollte. In dieser Ratlosigkeit nun kommt ihm Prometheus die Verteilung zu beschauen, und sieht die übrigen Tiere zwar in allen Stücken weislich bedacht, den Menschen aber nackt, unbeschuhet, unbedeckt, unbewaffnet, und schon war der bestimmte Tag vorhanden, an welchem auch der Mensch hervorgehn sollte aus der Erde an das Licht. Gleichermaßen also der Verlegenheit unterliegend, welcherlei Rettung er dem Menschen noch ausfände, stiehlt Prometheus die kunst- d
reiche Weisheit des Hephaistos und der Athene, nebst dem Feuer, denn unmöglich war, daß sie einem ohne Feuer hätte können angehörig sein oder nützlich, und so schenkt er sie dem Menschen. Die zum Leben nötige Wissenschaft also erhielt der Mensch auf diese Weise, die bürgerliche aber hatte er nicht. Denn diese war beim Zeus, und dem Prometheus stand in die Feste, die Behausung des Zeus, einzugehen nicht mehr frei, auch waren furchtbar die Wachen des Zeus. Aber in das dem Hephaistos und der Athene gemeinschaftliche Gemach wo sie ihre Kunst übten geht er heimlich hinein, und nachdem er so e
die feurige Kunst des Hephaistos und die andere der Athene gestohlen, gibt er sie dem Menschen. Und von da an genießt nun der Mensch Behaglichkeit des Lebens; den Prometheus aber hat hernach, so wie erzählt wird, die Strafe für diesen 322a
Diebstahl um des Epimetheus willen ergriffen. Da nun aber der Mensch göttlicher Vorzüge teilhaftig geworden, hat er auch zuerst, wegen seiner Verwandtschaft mit Gott das einzige unter allen Tieren, Götter geglaubt, auch Altäre und Bildnisse der

ματα θεῶν· ἔπειτα φωνὴν καὶ ὀνόματα ταχὺ διηρθρώσατο τῇ τέχνῃ, καὶ οἰκήσεις καὶ ἐσθῆτας καὶ ὑποδέσεις καὶ στρωμνὰς καὶ τὰς ἐκ γῆς τροφὰς ηὕρετο. Οὕτω δὴ παρεσκευασμένοι κατ' ἀρχὰς ἄνθρωποι ᾤκουν σποράδην, b
πόλεις δὲ οὐκ ἦσαν· ἀπώλλυντο οὖν ὑπὸ τῶν θηρίων διὰ τὸ πανταχῇ αὐτῶν ἀσθενέστεροι εἶναι, καὶ ἡ δημιουργικὴ τέχνη αὐτοῖς πρὸς μὲν τροφὴν ἱκανὴ βοηθὸς ἦν, πρὸς δὲ τὸν τῶν θηρίων πόλεμον ἐνδεής· πολιτικὴν γὰρ τέχνην οὔπω εἶχον, ἧς μέρος πολεμική. Ἐζήτουν δὴ ἁθροίζεσθαι καὶ σῴζεσθαι κτίζοντες πόλεις· ὅτ' οὖν ἁθροισθεῖεν, ἠδίκουν ἀλλήλους ἅτε οὐκ ἔχοντες τὴν πολιτικὴν τέχνην, ὥστε πάλιν σκεδαννύμενοι διεφθείροντο. Ζεὺς οὖν δείσας περὶ τῷ γένει ἡμῶν μὴ ἀπόλοιτο πᾶν, Ἑρμῆν πέμπει c
ἄγοντα εἰς ἀνθρώπους αἰδῶ τε καὶ δίκην, ἵν' εἶεν πόλεων κόσμοι τε καὶ δεσμοὶ φιλίας συναγωγοί. Ἐρωτᾷ οὖν Ἑρμῆς Δία, τίνα οὖν τρόπον δοίη δίκην καὶ αἰδῶ ἀνθρώποις· Πότερον ὡς αἱ τέχναι νενέμηνται, οὕτω καὶ ταύτας νείμω; Νενέμηνται δὲ ὧδε· εἷς ἔχων ἰατρικὴν πολλοῖς ἱκανὸς ἰδιώταις, καὶ οἱ ἄλλοι δημιουργοί. Καὶ δίκην δὴ καὶ αἰδῶ οὕτω θῶ ἐν τοῖς ἀνθρώποις, ἢ ἐπὶ πάντας d
νείμω; Ἐπὶ πάντας, ἔφη ὁ Ζεύς, καὶ πάντες μετεχόντων· οὐ γὰρ ἂν γένοιντο πόλεις, εἰ ὀλίγοι αὐτῶν μετέχοιεν ὥσπερ ἄλλων τεχνῶν· καὶ νόμον γε θὲς παρ' ἐμοῦ τὸν μὴ δυνάμενον αἰδοῦς καὶ δίκης μετέχειν κτείνειν ὡς νόσον πόλεως.

Οὕτω δή, ὦ Σώκρατες, καὶ διὰ ταῦτα οἵ τε ἄλλοι καὶ Ἀθηναῖοι, ὅταν μὲν περὶ ἀρετῆς τεκτονικῆς ᾖ λόγος ἢ ἄλλης τινὸς δημιουργικῆς, ὀλίγοις οἴονται μετεῖναι συμ-

Götter aufzurichten versucht, dann bald darauf Töne und
Worte mit Kunst zusammengeordnet, dann Wohnungen und
Kleider und Beschuhungen und Lagerdecken und die Nah-
rungsmittel aus der Erde erfunden. So ausgerüstet wohnten
die Menschen anfänglich zerstreut, Städte aber gab es nicht. b
Daher wurden sie von den wilden Tieren ausgerottet, weil sie
in jeder Art schwächer waren, als diese, und die verarbeitende
Kunst war ihnen zwar zur Ernährung hinreichende Hülfe, aber
zum Kriege gegen die Tiere unwirksam; denn die bürgerliche
Kunst hatten sie noch nicht, von welcher die kriegerische ein
Teil ist. Sie versuchten also sich zu sammeln, und sich zu er-
retten durch Erbauung der Städte; wenn sie sich aber gesam-
melt hatten, so beleidigten sie einander, weil sie eben die bür-
gerliche Kunst nicht hatten, so daß sie wiederum sich zer-
streuend auch bald wieder aufgerieben wurden. Zeus also für
unser Geschlecht, daß es nicht etwa gar untergehn möchte, c
besorgt, schickt den Hermes ab, um den Menschen Scham und
Recht zu bringen, damit diese der Städte Ordnungen und Ban-
de würden der Zuneigung Vermittler. Hermes nun fragt den
Zeus, auf welche Art er doch den Menschen das Recht und die
Scham geben solle. Soll ich, so wie die Künste verteilt sind,
auch diese verteilen? Jene nämlich sind so verteilt: Einer, wel-
cher die Heilkunst inne hat, ist genug für viele Unkundige, und
so auch die andern Künstler. Soll ich nun auch Recht und
Scham eben so unter den Menschen aufstellen, oder soll ich sie d
unter Alle verteilen? Unter Alle, sagte Zeus, und Alle sollen
Teil daran haben; denn es könnten keine Staaten bestehen,
wenn auch hieran nur Wenige Anteil hätten, wie an anderen
Künsten. Und gib auch ein Gesetz von meinetwegen, daß man
den, der Scham und Recht sich anzueignen unfähig ist, töte wie
einen bösen Schaden des Staates.

2.3.2. Folgerungen aus dem Mythos: Jeder hat Anteil an der politischen Tugend, und jeder hält sie für lehrbar

Auf diese Art also, Sokrates, und aus dieser Ursach glauben alle anderen und auch die Athener, daß wenn von der Tugend eines Baumeisters die Rede ist oder eines andern Künstlers, alsdann nur Wenigen Anteil zustehe an der Beratung; und

βουλῆς, καὶ ἐάν τις ἐκτὸς ὢν τῶν ὀλίγων συμβουλεύῃ, οὐκ e
ἀνέχονται, ὡς σὺ φῄς· εἰκότως, ὡς ἐγώ φημι· ὅταν δὲ
εἰς συμβουλὴν πολιτικῆς ἀρετῆς ἴωσιν, ἣν δεῖ διὰ δι- 323
καιοσύνης πᾶσαν ἰέναι καὶ σωφροσύνης, εἰκότως ἅπαντος
ἀνδρὸς ἀνέχονται, ὡς παντὶ προσῆκον ταύτης γε μετέχειν
τῆς ἀρετῆς, ἢ μὴ εἶναι πόλεις. Αὕτη, ὦ Σώκρατες, τού-
του αἰτία.

Ἵνα δὲ μὴ οἴῃ ἀπατᾶσθαι ὡς τῷ ὄντι ἡγοῦνται πάντες
ἄνθρωποι πάντα ἄνδρα μετέχειν δικαιοσύνης τε καὶ τῆς
ἄλλης πολιτικῆς ἀρετῆς, τόδε αὖ λαβὲ τεκμήριον. Ἐν
γὰρ ταῖς ἄλλαις ἀρεταῖς, ὥσπερ σὺ λέγεις, ἐάν τις φῇ
ἀγαθὸς αὐλητὴς εἶναι, ἢ ἄλλην ἡντινοῦν τέχνην ἣν μή
ἐστιν, ἢ καταγελῶσιν ἢ χαλεπαίνουσιν, καὶ οἱ οἰκεῖοι προσ- b
ιόντες νουθετοῦσιν ὡς μαινόμενον· ἐν δὲ δικαιοσύνῃ καὶ
ἐν τῇ ἄλλῃ πολιτικῇ ἀρετῇ, ἐάν τινα καὶ εἰδῶσιν ὅτι ἄδι-
κός ἐστιν, ἐὰν οὗτος αὐτὸς καθ' αὑτοῦ τἀληθῆ λέγῃ ἐναν-
τίον πολλῶν, ὃ ἐκεῖ σωφροσύνην ἡγοῦντο εἶναι, τἀληθῆ
λέγειν, ἐνταῦθα μανίαν, καί φασιν πάντας δεῖν φάναι εἶναι
δικαίους, ἐάν τε ὦσιν ἐάν τε μή, ἢ μαίνεσθαι τὸν μὴ
προσποιούμενον δικαιοσύνην· ὡς ἀναγκαῖον <ὂν> οὐδένα
ὅντιν' οὐχὶ ἁμῶς γέ πως μετέχειν αὐτῆς, ἢ μὴ εἶναι ἐν c
ἀνθρώποις.

Ὅτι μὲν οὖν πάντ' ἄνδρα εἰκότως ἀποδέχονται περὶ
ταύτης τῆς ἀρετῆς σύμβουλον διὰ τὸ ἡγεῖσθαι παντὶ μετ-
εῖναι αὐτῆς, ταῦτα λέγω· ὅτι δὲ αὐτὴν οὐ φύσει ἡγοῦνται
εἶναι οὐδ' ἀπὸ τοῦ αὐτομάτου ἀλλὰ διδακτόν τε καὶ ἐξ
ἐπιμελείας παραγίγνεσθαι ᾧ ἂν παραγίγνηται, τοῦτό σοι
μετὰ τοῦτο πειράσομαι ἀποδεῖξαι. Ὅσα γὰρ ἡγοῦνται ἀλ-
λήλους κακὰ ἔχειν ἄνθρωποι φύσει ἢ τύχῃ, οὐδεὶς θυμοῦ- d
ται οὐδὲ νουθετεῖ οὐδὲ διδάσκει οὐδὲ κολάζει τοὺς ταῦτα
ἔχοντας, ἵνα μὴ τοιοῦτοι ὦσιν, ἀλλ' ἐλεοῦσιν· οἷον τοὺς

wenn Jemand außer diesen Wenigen dennoch Rat geben will, e
so dulden sie es nicht, wie du sagst, und zwar ganz mit Recht,
wie ich sage. Wenn sie aber zur Beratung über die bürgerliche 323a
Tugend gehen, wohin Alles auf Gerechtigkeit und Besonnenheit ankommt, so dulden sie mit Recht einen Jeden, weil es Jedem gebührt, an dieser Tugend doch Anteil zu haben, oder es könnte keine Staaten geben. Dieses, Sokrates, ist hiervon die Ursach. Nimm aber auch noch diesen Beweis hinzu, damit du nicht etwa glaubest nur damit überlistet zu werden, daß wirklich alle Menschen annehmen, ein Jeder habe Anteil an der Gerechtigkeit und der übrigen bürgerlichen Tugend. In andern Dingen nämlich, wie du selbst sagst, wenn Jemand behauptet, im Flötenspiel vortrefflich zu sein, oder in irgend einer anderen Kunst, worin er es nicht ist, verlachen ihn die Leute
entweder oder werden unwillig, und seine Angehörigen gehen b
hin und stellen ihn zur Rede als einen Verwirrten. In Sachen der Gerechtigkeit aber und der übrigen bürgerlichen Tugend, wenn sie auch sehr wohl wissen, daß einer ungerecht ist, er selbst aber wollte hierüber gegen sich selbst die Wahrheit reden vor vielen Menschen: so würden sie eben dieses, was sie in jenem Falle für vernünftig hielten, nämlich die Wahrheit zu sagen, in diesem für eine Verrücktheit erklären, und behaupten, ein Jeder müsse wenigstens behaupten er sei gerecht, möge er es nun sein oder nicht, oder er wäre verrückt, wenn er sich die Gerechtigkeit nicht zuschriebe; als ob notwendig ein
jeder Mensch auf irgend eine Art Anteil an ihr haben müsse, c
oder gar nicht unter Menschen leben. Daß sie also mit Recht einen Jeden als Ratgeber in Sachen dieser Tugend annehmen, weil sie nämlich glauben, daß ein Jeder Anteil an ihr habe, das habe ich hiedurch gezeigt. Daß sie aber dennoch nicht glauben man habe sie von Natur, oder sie komme ganz von selbst, sondern sie sei allerdings lehrbar, und durch Fleiß habe sie Jeder erlangt, der sie erlangt habe, das will ich dir demnächst zu beweisen suchen. Nämlich über ein Übel, wovon Jeder
glaubt, wer es hat habe es von Natur oder durch ein Unglück, d
erzürnt sich Niemand, oder schilt oder belehrt oder bestraft die mit dergleichen behaftet sind, damit sie etwa aufhören möchten so zu sein, sondern man bemitleidet sie; wie die Häßlichen,

αἰσχροὺς ἢ σμικροὺς ἢ ἀσθενεῖς τίς οὕτως ἀνόητος ὥστε
τι τούτων ἐπιχειρεῖν ποιεῖν; Ταῦτα μὲν γάρ, οἶμαι, ἴσα-
σιν ὅτι φύσει τε καὶ τύχῃ τοῖς ἀνθρώποις γίγνεται τὰ
καλὰ καὶ τἀναντία τούτοις· ὅσα δὲ ἐξ ἐπιμελείας καὶ
ἀσκήσεως καὶ διδαχῆς οἴονται γίγνεσθαι ἀγαθὰ ἀνθρώποις,
ἐάν τις ταῦτα μὴ ἔχῃ, ἀλλὰ τἀναντία τούτων κακά, ἐπὶ e
τούτοις που οἵ τε θυμοὶ γίγνονται καὶ αἱ κολάσεις καὶ αἱ
νουθετήσεις.

Ὧν ἐστιν ἓν καὶ ἡ ἀδικία καὶ ἡ ἀσέβεια καὶ συλλήβδην
πᾶν τὸ ἐναντίον τῆς πολιτικῆς ἀρετῆς· ἔνθα δὴ πᾶς 324
παντὶ θυμοῦται καὶ νουθετεῖ, δῆλον ὅτι ὡς ἐξ ἐπιμελείας
καὶ μαθήσεως κτητῆς οὔσης. Εἰ γὰρ ἐθέλεις ἐννοῆσαι τὸ
κολάζειν, ὦ Σώκρατες, τοὺς ἀδικοῦντας τί ποτε δύναται,
αὐτό σε διδάξει ὅτι οἵ γε ἄνθρωποι ἡγοῦνται παρασκευα-
στὸν εἶναι ἀρετήν. Οὐδεὶς γὰρ κολάζει τοὺς ἀδικοῦντας
πρὸς τούτῳ τὸν νοῦν ἔχων καὶ τούτου ἕνεκα, ὅτι ἠδίκησεν,
ὅστις μὴ ὥσπερ θηρίον ἀλογίστως τιμωρεῖται· ὁ δὲ μετὰ b
λόγου ἐπιχειρῶν κολάζειν οὐ τοῦ παρεληλυθότος ἕνεκα
ἀδικήματος τιμωρεῖται — οὐ γὰρ ἂν τό γε πραχθὲν ἀγέ-
νητον θείη — ἀλλὰ τοῦ μέλλοντος χάριν, ἵνα μὴ αὖθις
ἀδικήσῃ μήτε αὐτὸς οὗτος μήτε ἄλλος ὁ τοῦτον ἰδὼν
κολασθέντα· καὶ τοιαύτην διάνοιαν ἔχων διανοεῖται παι-
δευτὴν εἶναι ἀρετήν· ἀποτροπῆς γοῦν ἕνεκα κολάζει. Ταύ-
την οὖν τὴν δόξαν πάντες ἔχουσιν ὅσοιπερ τιμωροῦνται
καὶ ἰδίᾳ καὶ δημοσίᾳ· τιμωροῦνται δὲ καὶ κολάζονται οἵ τε c
ἄλλοι ἄνθρωποι οὓς ἂν οἴωνται ἀδικεῖν, καὶ οὐχ ἥκιστα
Ἀθηναῖοι, οἱ σοὶ πολῖται· ὥστε κατὰ τοῦτον τὸν λόγον καὶ
Ἀθηναῖοί εἰσι τῶν ἡγουμένων παρασκευαστὸν εἶναι καὶ
διδακτὸν ἀρετήν. Ὡς μὲν οὖν εἰκότως ἀποδέχονται οἱ σοὶ
πολῖται καὶ χαλκέως καὶ σκυτοτόμου συμβουλεύοντος τὰ
πολιτικά, καὶ ὅτι διδακτὸν καὶ παρασκευαστὸν ἡγοῦνται
ἀρετήν, ἀποδέδεικταί σοι, ὦ Σώκρατες, ἱκανῶς, ὥς γ'
ἐμοὶ φαίνεται. d

die Kleinen, die Schwächlichen, wer wäre wohl so unverstän-
dig gegen solche etwas dergleichen zu tun? weil man nämlich
weiß, glaube ich, daß in diesen Dingen das Gute und das Ent-
gegengesetzte den Menschen von Natur oder durch Zufall
kommt. Von was für Gutem sie aber glauben, daß es der
Mensch durch Fleiß, Übung und Unterricht erlange, wenn Je-
mand das nicht hat, sondern das entgegengesetzte Böse, dar- e
über entstehen dann die Erzürnungen und die Bestrafungen
und die Ermahnungen. Wovon eins nun auch die Ungerech-
tigkeit ist und die Gottlosigkeit, und überhaupt alles der bür-
gerlichen Tugend entgegengesetzte. Hier also schilt und zürnt 324a
einer auf den andern offenbar als werde diese allerdings durch
Achtsamkeit und Unterricht erworben. Denn wenn du beden-
ken willst das Bestrafen der Unrechttuenden, was damit wohl
gemeint ist, so wird schon dieses dich lehren, daß alle Men-
schen glauben die Tugend sei zu erwerben. Denn Niemand
bestraft die welche Unrecht getan haben darauf seinen Sinn
richtend und deshalb, weil einer eben Unrecht getan hat, außer
wer sich ganz vernunftlos wie ein Tier eigentlich nur rächen b
will. Wer aber mit Vernunft sich vornimmt einen zu strafen,
der bestraft nicht um des begangenen Unrechts willen, denn er
kann ja doch das Geschehene nicht ungeschehen machen, son-
dern des zukünftigen wegen, damit nicht auf ein andermal wie-
der, weder derselbe noch einer der diesen bestraft gesehen hat,
dasselbe Unrecht begehe. Und indem er dieses beabsichtiget,
denkt er doch wohl, daß die Tugend kann angebildet werden;
denn der Ablenkung wegen straft er ja. Dieser Meinung sind
also Alle zugetan, welche Strafen verhängen von Volks wegen
und zu Hause. Es strafen und züchtigen ja aber sowohl die c
übrigen Menschen den, von welchem sie glauben er habe un-
recht getan, als auch nicht minder die Athener, deine Mitbür-
ger; so daß hieraus zu schließen auch die Athener zu denen
gehören, welche annehmen, die Tugend könne gelehrt werden
und durch allerlei Anstalten hervorgebracht. Daß also ganz mit
Recht deine Mitbürger es annehmen, wenn auch ein Schmied
und Schuster ihnen Rat erteilen in bürgerlichen Dingen, und
daß sie dennoch glauben, die Tugend könne gelehrt und er-
worben werden, dieses, Sokrates, ist dir nun hinlänglich er-
wiesen, wie es mir scheint. d

Ἔτι δὴ λοιπὴ ἀπορία ἐστίν, ἣν ἀπορεῖς περὶ τῶν ἀν-
δρῶν τῶν ἀγαθῶν, τί δήποτε οἱ ἄνδρες οἱ ἀγαθοὶ τὰ μὲν
ἄλλα τοὺς αὑτῶν ὑεῖς διδάσκουσιν, ἃ διδασκάλων ἔχεται,
καὶ σοφοὺς ποιοῦσιν, ἣν δὲ αὐτοὶ ἀρετὴν ἀγαθοί, οὐδενὸς
βελτίους ποιοῦσιν. Τούτου δὴ πέρι, ὦ Σώκρατες, οὐκέτι
μῦθόν σοι ἐρῶ, ἀλλὰ λόγον. Ὧδε γὰρ ἐννόησον· πότερον
ἔστιν τι ἕν, ἢ οὐκ ἔστιν, οὗ ἀναγκαῖον πάντας τοὺς πολί-
τας μετέχειν, εἴπερ μέλλει πόλις εἶναι; Ἐν τούτῳ γὰρ e
αὕτη λύεται ἡ ἀπορία ἣν σὺ ἀπορεῖς, ἢ ἄλλοθι οὐδαμοῦ.
Εἰ μὲν γὰρ ἔστιν καὶ τοῦτό ἐστιν τὸ ἓν οὐ τεκτονικὴ οὐδὲ
χαλκεία οὐδὲ κεραμεία, ἀλλὰ δικαιοσύνη καὶ σωφροσύνη 325
καὶ τὸ ὅσιον εἶναι, καὶ συλλήβδην ἓν αὐτὸ προσαγορεύω
εἶναι ἀνδρὸς ἀρετήν· εἰ τοῦτ᾽ ἐστὶν οὗ δεῖ πάντας μετέ-
χειν καὶ μετὰ τούτου πάντ᾽ ἄνδρα, ἐάν τι καὶ ἄλλο βού-
ληται μανθάνειν ἢ πράττειν, οὕτω πράττειν, ἄνευ δὲ τού-
του μή, ἢ τὸν μὴ μετέχοντα καὶ διδάσκειν καὶ κολάζειν,
καὶ παῖδα καὶ ἄνδρα καὶ γυναῖκα, ἕωσπερ ἂν κολαζόμενος
βελτίων γένηται, ὃς δ᾽ ἂν μὴ ὑπακούῃ κολαζόμενος καὶ
διδασκόμενος, ὡς ἀνίατον ὄντα τοῦτον ἐκβάλλειν ἐκ τῶν
πόλεων ἢ ἀποκτείνειν· εἰ οὕτω μὲν ἔχει, οὕτω δ᾽ αὐτοῦ b
πεφυκότος οἱ ἀγαθοὶ ἄνδρες εἰ τὰ μὲν ἄλλα διδάσκονται
τοὺς ὑεῖς, τοῦτο δὲ μή, σκέψαι ὡς θαυμάσιοι γίγνονται
οἱ ἀγαθοί. Ὅτι μὲν γὰρ διδακτὸν αὐτὸ ἡγοῦνται καὶ ἰδίᾳ
καὶ δημοσίᾳ, ἀπεδείξαμεν· διδακτοῦ δὲ ὄντος καὶ θεραπευ-
τοῦ τὰ μὲν ἄλλα ἄρα τοὺς ὑεῖς διδάσκονται, ἐφ᾽ οἷς οὐκ
ἔστι θάνατος ἡ ζημία, ἐὰν μὴ ἐπίστωνται, ἐφ᾽ ᾧ δὲ ἥ τε
ζημία θάνατος αὐτῶν τοῖς παισὶ καὶ φυγαὶ μὴ μαθοῦσι
μηδὲ θεραπευθεῖσιν εἰς ἀρετήν, καὶ πρὸς τῷ θανάτῳ c
χρημάτων τε δημεύσεις καὶ ὡς ἔπος εἰπεῖν συλλήβδην
τῶν οἴκων ἀνατροπαί, ταῦτα δ᾽ ἄρα οὐ διδάσκονται οὐδ᾽
ἐπιμελοῦνται πᾶσαν ἐπιμέλειαν; Οἴεσθαί γε χρή, ὦ Σώ-
κρατες.

2.3.3. Man muß unterstellen, daß vortreffliche Männer ihre Söhne in der Tugend unterweisen. Die gesamte Erziehung zielt auf politische Tugend

Jetzt ist noch der Zweifel übrig, den du vorher hegtest von wegen der vortrefflichen Männer, warum nämlich wohl diese ihre Söhne in Allem, was von Lehrern abhängt, unterrichten und weise machen, in der Tugend aber, worin sie selbst sich auszeichnen, sie nicht besser machen als Andere. Hierüber nun, Sokrates, will ich dir nicht mehr eine Erzählung vorlegen, sondern die Gründe. Erwäge die Sache so. Gibt es oder gibt es nicht etwas gewisses, was notwendig alle Bürger an sich haben müssen, wenn es einen Staat geben soll? Denn hiedurch wird e
dieser Zweifel gelöset, den du hegst, oder sonst durch nichts. Denn wenn es so etwas gibt, und wenn dieses Etwas nicht die Zimmerkunst ist noch die Schmiedekunst noch die Töpferkunst, sondern die Gerechtigkeit und die Besonnenheit und 325a
das Frommsein, und was ich Alles in Eins zusammengefaßt die Tugend eines Mannes nennen möchte, wenn diese das ist, was Alle an sich haben müssen, und mit dieser ein Jeder, der sonst etwas lernen und verrichten will, Alles verrichten muß, ohne sie aber nichts; oder wer sie nicht an sich hat, sei es Mann oder Kind oder Weib, wird belehrt und gezüchtiget, bis er durch die Züchtigung besser geworden ist, wer aber auf die Züchtigung und Belehrung nicht merkt, als ein Unheilbarer aus dem Staate herausgetrieben oder getötet; wenn es sich so verhält, und b
wenn bei so bewandten Sachen deine vortrefflichen Männer ihre Söhne in allem Andern unterrichten lassen, hierin aber nicht: so sieh doch zu, wie wunderlich diese trefflichen Mämmer sein müssen. Denn daß sie es für lehrbar halten zu Hause und öffentlich im Staate, das haben wir gezeigt. Und obgleich es gelehrt und angebildet werden kann, sollten sie ihren Söhnen wohl alles Andere lehren lassen, worauf nicht der Tod oder eine andere Strafe gesetzt ist, wenn sie es nicht wissen; weshalb aber ihren Söhnen der Tod als Strafe bevorsteht oder die Verweisung, wenn sie es nicht gelernt haben, noch zur Tugend c
gebildet worden sind, und außer dem Tode die Einziehung der Güter, und daß ich es kurz sage, das Verderben des ganzen Hauses, dieses sollten sie ihnen nicht lehren lassen und nicht

Ἐκ παίδων σμικρῶν ἀρξάμενοι, μέχρι οὗπερ ἂν ζῶσι,
καὶ διδάσκουσι καὶ νουθετοῦσιν. Ἐπειδὰν θᾶττον συνιῇ τις
τὰ λεγόμενα, καὶ τροφὸς καὶ μήτηρ καὶ παιδαγωγὸς καὶ
αὐτὸς ὁ πατὴρ περὶ τούτου διαμάχονται, ὅπως βέλτιστος d
ἔσται ὁ παῖς, παρ' ἕκαστον καὶ ἔργον καὶ λόγον διδάσκον-
τες καὶ ἐνδεικνύμενοι ὅτι τὸ μὲν δίκαιον, τὸ δὲ ἄδικον,
καὶ τόδε μὲν καλόν, τόδε δὲ αἰσχρόν, καὶ τόδε μὲν ὅσιον,
τόδε δὲ ἀνόσιον, καὶ τὰ μὲν ποίει, τὰ δὲ μὴ ποίει. Καὶ ἐὰν
μὲν ἑκὼν πείθηται· εἰ δὲ μή, ὥσπερ ξύλον διαστρεφόμενον
καὶ καμπτόμενον εὐθύνουσιν ἀπειλαῖς καὶ πληγαῖς. Μετὰ
δὲ ταῦτα εἰς διδασκάλων πέμποντες πολὺ μᾶλλον ἐντέλ-
λονται ἐπιμελεῖσθαι εὐκοσμίας τῶν παίδων ἢ γραμμάτων e
τε καὶ κιθαρίσεως· οἱ δὲ διδάσκαλοι τούτων τε ἐπιμελοῦν-
ται, καὶ ἐπειδὰν αὖ γράμματα μάθωσιν καὶ μέλλωσιν
συνήσειν τὰ γεγραμμένα ὥσπερ τότε τὴν φωνήν, παρατι-
θέασιν αὐτοῖς ἐπὶ τῶν βάθρων ἀναγιγνώσκειν ποιητῶν ἀγα-
θῶν ποιήματα καὶ ἐκμανθάνειν ἀναγκάζουσιν, ἐν οἷς πολ-
λαὶ μὲν νουθετήσεις ἔνεισιν, πολλαὶ δὲ διέξοδοι καὶ ἔπαινοι 326
καὶ ἐγκώμια παλαιῶν ἀνδρῶν ἀγαθῶν, ἵνα ὁ παῖς ζηλῶν
μιμῆται καὶ ὀρέγηται τοιοῦτος γενέσθαι. Οἵ τ' αὖ κιθα-
ρισταί, ἕτερα τοιαῦτα, σωφροσύνης τε ἐπιμελοῦνται καὶ
ὅπως ἂν οἱ νέοι μηδὲν κακουργῶσιν· πρὸς δὲ τούτοις,
ἐπειδὰν κιθαρίζειν μάθωσιν, ἄλλων αὖ ποιητῶν ἀγαθῶν
ποιήματα διδάσκουσι μελοποιῶν, εἰς τὰ κιθαρίσματα ἐντεί-
νοντες, καὶ τοὺς ῥυθμούς τε καὶ τὰς ἁρμονίας ἀναγκά- b
ζουσιν οἰκειοῦσθαι ταῖς ψυχαῖς τῶν παίδων, ἵνα ἡμερώ-
τεροί τε ὦσιν, καὶ εὐρυθμότεροι καὶ εὐαρμοστότεροι
γιγνόμενοι χρήσιμοι ὦσιν εἰς τὸ λέγειν τε καὶ πράττειν·
πᾶς γὰρ ὁ βίος τοῦ ἀνθρώπου εὐρυθμίας τε καὶ εὐαρμο-
στίας δεῖται. Ἔτι τοίνυν πρὸς τούτοις εἰς παιδοτρίβου
πέμπουσιν, ἵνα τὰ σώματα βελτίω ἔχοντες ὑπηρετῶσι τῇ
διανοίᾳ χρηστῇ οὔσῃ, καὶ μὴ ἀναγκάζωνται ἀποδειλιᾶν c
διὰ τὴν πονηρίαν τῶν σωμάτων καὶ ἐν τοῖς πολέμοις καὶ

alle Sorgfalt daran wenden? Man muß ja wenigstens glauben,
Sokrates, daß sie es tun. Schon von der zartesten Kindheit
anfangend, so lange sie leben, belehren und ermahnen sie ein
Kind, sobald es nur versteht was zu ihm geredet wird, sowohl
die Wärterin als die Mutter, der Knabenführer und der Vater
selbst beeifern sich darauf, daß der Knabe aufs beste gedeihe, d
indem sie ihn bei jeder Handlung und Rede belehren und ihm
zeigen, dies ist recht, jenes ist unrecht, dies gut, jenes schlecht,
dies fromm, jenes gottlos, dies tue, jenes tue nicht; und wenn er
gutwillig gehorcht, gut; wo nicht, so suchen sie ihn wie ein
Holz, das sich geworfen und verbogen hat, wieder grade zu
machen durch Drohungen und Schläge. Hernach wenn sie ihn
in die Schule schicken, schärfen sie dem Lehrer weit dringender
ein, für die Sittsamkeit der Kinder zu sorgen als für ihr Lesen e
und ihr Spiel auf der Lyra. Die Lehrer also haben hierauf Acht,
und auch wenn die Kinder nun Lesen gelernt haben, und auch
das Geschriebene schon verstehen wie vorher nur den Ton: so
geben sie ihnen auf den Bänkchen die Gedichte der
trefflichsten Dichter zu lesen, und lassen sie sie einlernen, in
denen viele Zurechtweisungen enthalten sind und Erläuterun- 326a
gen, auch Lob und Verherrlichung alter trefflicher Männer,
damit der Knabe sie bewundernd nachahme, und sich bestrebe
auch ein solcher zu werden. Die Musikmeister eben so sehen
auf Sittsamkeit, und daß die Knaben nicht Unfug treiben.
Überdies wenn sie nun die Lyra spielen gelernt haben, lehren
diese ihnen wiederum anderer vortrefflichen Dichter, nämlich
der liederdichtenden Gedichte, welche sie den Gesangweisen
unterlegen, und arbeiten dahin Zeitmaß und Wohlklang den b
Seelen der Kinder geläufig zu machen, damit sie milder wer-
den, und indem sie Maß und Ton halten, auch geschickter zum
Reden und Handeln. Denn überall bedarf das Leben der Men-
schen richtiges Zeitmaß und Zusammenstimmung. Über das
alles schicken sie sie noch zum Meister der Leibesübungen,
damit sie dem Körper nach besser ausgebildet auch der rich-
tigen Gesinnung dienen können, und nicht nötig haben sich c

ἐν ταῖς ἄλλαις πράξεσιν. Καὶ ταῦτα ποιοῦσιν οἱ μάλιστα
δυνάμενοι ⟨μάλιστα⟩· μάλιστα δὲ δύνανται οἱ πλουσιώ-
τατοι· καὶ οἱ τούτων ὑεῖς, πρῳαίτατα εἰς διδασκάλων τῆς
ἡλικίας ἀρξάμενοι φοιτᾶν, ὀψιαίτατα ἀπαλλάττονται.
Ἐπειδὰν δὲ ἐκ διδασκάλων ἀπαλλαγῶσιν, ἡ πόλις αὖ τούς
τε νόμους ἀναγκάζει μανθάνειν καὶ κατὰ τούτους ζῆν
[κατὰ παράδειγμα], ἵνα μὴ αὐτοὶ ἐφ' αὑτῶν εἰκῇ πράττωσιν, d
ἀλλ' ἀτεχνῶς ὥσπερ οἱ γραμματισταὶ τοῖς μήπω δεινοῖς
γράφειν τῶν παίδων ὑπογράψαντες γραμμὰς τῇ γραφίδι
οὕτω τὸ γραμματεῖον διδόασιν καὶ ἀναγκάζουσι γράφειν
κατὰ τὴν ὑφήγησιν τῶν γραμμῶν, ὣς δὲ καὶ ἡ πόλις νό-
μους ὑπογράψασα, ἀγαθῶν καὶ παλαιῶν νομοθετῶν εὑ-
ρήματα, κατὰ τούτους ἀναγκάζει καὶ ἄρχειν καὶ ἄρχε-
σθαι· ὃς δ' ἂν ἐκτὸς βαίνῃ τούτων, κολάζει, καὶ ὄνομα
τῇ κολάσει ταύτῃ καὶ παρ' ὑμῖν καὶ ἄλλοθι πολλαχοῦ, e
ὡς εὐθυνούσης τῆς δίκης, εὔθυναι. Τοσαύτης οὖν τῆς
ἐπιμελείας οὔσης περὶ ἀρετῆς ἰδίᾳ καὶ δημοσίᾳ, θαυμά-
ζεις, ὦ Σώκρατες, καὶ ἀπορεῖς εἰ διδακτόν ἐστιν ἀρετή ;
Ἀλλ' οὐ χρὴ θαυμάζειν, ἀλλὰ πολὺ μᾶλλον, εἰ μὴ δι-
δακτόν.

Διὰ τί οὖν τῶν ἀγαθῶν πατέρων πολλοὶ ὑεῖς φαῦλοι
γίγνονται ; Τοῦτο αὖ μάθε· οὐδὲν γὰρ θαυμαστόν, εἴπερ
ἀληθῆ ἐγὼ ἐν τοῖς ἔμπροσθεν ἔλεγον, ὅτι τούτου τοῦ πράγ-
ματος, τῆς ἀρετῆς, εἰ μέλλει πόλις εἶναι, οὐδένα δεῖ 327
ἰδιωτεύειν. Εἰ γὰρ δὴ ὃ λέγω οὕτως ἔχει — ἔχει δὲ μά-
λιστα πάντων οὕτως — ἐνθυμήθητι ἄλλο τῶν ἐπιτηδευ-
μάτων ὁτιοῦν καὶ μαθημάτων προελόμενος. Εἰ μὴ οἷόν
τ' ἦν πόλιν εἶναι εἰ μὴ πάντες αὐληταὶ ἦμεν, ὁποῖός τις
ἐδύνατο ἕκαστος, καὶ τοῦτο καὶ ἰδίᾳ καὶ δημοσίᾳ πᾶς
πάντα καὶ ἐδίδασκε καὶ ἐπέπληττε τὸν μὴ καλῶς αὐλοῦντα,
καὶ μὴ ἐφθόνει τούτου, ὥσπερ νῦν τῶν δικαίων καὶ τῶν

feigherzig zurückzuziehn wegen des Körpers Untüchtigkeit, es sei nun im Kriege oder bei andern Geschäften. Und dieses nun führt am besten aus, wer es am besten vermag; am besten aber vermögen es die Reichsten, deren Kinder auch am frühesten in ihrer Jugend anfangen die Lehre zu suchen, und am spätesten damit aufhören. Wenn sie dann aber ihre Lehrer verlassen, so nötiget wiederum die Stadt sie, die Gesetze zu lernen und nach diesen zu leben, wie nach einer Vorschrift, damit sie nicht eignem Gutdünken folgend etwas Ungeschick- d
tes beginnen; sondern recht eigentlich wie der Sprachlehrer den Kindern, die noch nicht schreiben können, die Buchstaben mit dem Griffel vorschreibt, und ihnen dann die Tafel hingibt und ihnen befiehlt, diese Züge, wie er sie ihnen vorgeschrieben hat, nachzuziehen, eben so schreibt die Stadt die Gesetze vor von trefflichen alten Gesetzgebern ausgedacht, und befiehlt ihnen nach diesen zu regieren und sich regieren zu lassen. Wer aber hievon abweicht, den züchtiget sie, und diese Züchtigung heißt bei euch und an vielen andern Orten, gleichsam weil die e
Strafe den Menschen wieder weise macht, eine Weisung. Da nun sowohl zu Hause als von Staats wegen so viele Sorgfalt auf die Tugend gewendet wird, wie kannst du dich noch wundern, Sokrates, und Zweifel hegen, ob sie lehrbar sei? Darüber ist sich nicht zu wundern, sondern vielmehr wenn sie nicht lehrbar wäre.

2.3.4. Die Ursache pädagogischer Mißerfolge. Protagoras als geeigneter Lehrer

Weshalb aber mißraten viele Söhne vortrefflicher Männer? Das erfahre nun auch. Dies nämlich ist nichts wunderbares, wenn ich anders im vorigen richtig gesagt habe, daß in dieser Sache, nämlich der Tugend, wenn es Staaten geben soll, niemand un- 327a
wissend sein darf. Wenn dieses sich so wie ich sage verhält, es verhält sich aber allerdings und auf alle Weise so: so erwäge einmal die Sache an irgend einer andern Kunst und Geschicklichkeit, an welcher du am liebsten willst. Wenn es keinen Staat geben könnte, wofern wir nicht alle Flötenspieler wären, wie gut eben jeder könnte, und wenn hierin Jeder den andern unterrichtete zu Hause und im öffentlichen Leben, und den

νομίμων οὐδεὶς φθονεῖ οὐδ' ἀποκρύπτεται ὥσπερ τῶν b ἄλλων τεχνημάτων — λυσιτελεῖ γὰρ οἶμαι ἡμῖν ἡ ἀλλήλων δικαιοσύνη καὶ ἀρετή· διὰ ταῦτα πᾶς παντὶ προθύμως λέγει καὶ διδάσκει καὶ τὰ δίκαια καὶ τὰ νόμιμα — εἰ οὖν οὕτω καὶ ἐν αὐλήσει πᾶσαν προθυμίαν καὶ ἀφθονίαν εἴχομεν ἀλλήλους διδάσκειν, οἴει ἄν τι, ἔφη, μᾶλλον, ὦ Σώκρατες, τῶν ἀγαθῶν αὐλητῶν ἀγαθοὺς αὐλητὰς τοὺς ὑεῖς γίγνεσθαι ἢ τῶν φαύλων; Οἶμαι μὲν οὔ, ἀλλὰ ὅτου ἔτυχεν ὁ ὑὸς εὐφυέστατος γενόμενος εἰς αὔλησιν, οὗτος ἂν ἐλλόγιμος ηὐξήθη, ὅτου δὲ ἀφυής, ἀκλεής· καὶ πολλάκις c μὲν ἀγαθοῦ αὐλητοῦ φαῦλος ἂν ἀπέβη, πολλάκις δ' ἂν φαύλου ἀγαθός· ἀλλ' οὖν αὐληταί γ' ἂν πάντες ἦσαν ἱκανοὶ ὡς πρὸς τοὺς ἰδιώτας καὶ μηδὲν αὐλήσεως ἐπαΐοντας.

Οὕτως οἴου καὶ νῦν, ὅστις σοι ἀδικώτατος φαίνεται ἄνθρωπος τῶν ἐν ἐννόμοις ἀνθρώποις τεθραμμένων, δίκαιον αὐτὸν εἶναι καὶ δημιουργὸν τούτου τοῦ πράγματος, εἰ δέοι αὐτὸν κρίνεσθαι πρὸς ἀνθρώπους οἷς μήτε παιδεία d ἐστὶν μήτε δικαστήρια μήτε νόμοι μηδὲ ἀνάγκη μηδεμία διὰ παντὸς ἀναγκάζουσα ἀρετῆς ἐπιμελεῖσθαι, ἀλλ' εἶεν ἄγριοί τινες οἷοίπερ οὓς πέρυσιν Φερεκράτης ὁ ποιητὴς ἐδίδαξεν ἐπὶ Ληναίῳ. Ἦ σφόδρα ἐν τοῖς τοιούτοις ἀνθρώποις γενόμενος, ὥσπερ οἱ ἐν ἐκείνῳ τῷ χορῷ μισάνθρωποι, ἀγαπήσαις ἂν εἰ ἐντύχοις Εὐρυβάτῳ καὶ Φρυνώνδᾳ, καὶ ἀνολοφύραι' ἂν ποθῶν τὴν τῶν ἐνθάδε ἀνθρώπων πονηρίαν· νῦν δὲ τρυφᾷς, ὦ Σώκρατες, διότι πάντες e διδάσκαλοί εἰσιν ἀρετῆς, καθ' ὅσον δύνανται ἕκαστος, καὶ οὐδείς σοι φαίνεται· εἶθ', ὥσπερ ἂν εἰ ζητοῖς τίς διδάσκαλος τοῦ ἑλληνίζειν, οὐδ' ἂν εἷς φανείη, οὐδέ γ' ἄν, οἶμαι, 328 εἰ ζητοῖς τίς ἂν ἡμῖν διδάξειεν τοὺς τῶν χειροτεχνῶν ὑεῖς αὐτὴν ταύτην τὴν τέχνην ἣν δὴ παρὰ τοῦ πατρὸς μεμαθήκασιν, καθ' ὅσον οἷός τ' ἦν ὁ πατὴρ καὶ οἱ τοῦ

schlechtspielenden tadelte, und ihm dies nicht neidisch vorent-
hielte, so wie jetzt keiner dem Andern das Gerechte und Ge-
setzmäßige vorenthält oder verbirgt, wie es wohl in andern b
Künsten geschieht; denn Jedem von uns glaube ich nützt die
Gerechtigkeit und Tugend der Andern, deshalb lehrt Jeder so
gern den Andern das Gerechte und Gesetzmäßige; wenn nun
eben so im Flötenspielen Jeder dem Andern alle Bereitwillig-
keit und Dienstfertigkeit erzeigte ihn zu unterrichten: glaubst
du, Sokrates, sagte er, daß dann mehr die Söhne guter Flöten-
spieler gute Flötenspieler werden würden als die Söhne der
schlechten? Ich glaube es nicht, sondern wessen Sohn die be-
sten Anlagen zum Flötenspieler hätte, der würde zu einem
ausgezeichneten gedeihen, wessen es aber daran fehlte, der c
würde unberühmt bleiben, und oft würde der Sohn eines guten
Flötenspielers ein schlechter werden, und der eines schlechten
ein guter; aber Alle würden doch ordentliche Flötenspieler sein
in Vergleich mit den Ununterrichteten, die gar nichts vom Flö-
tenspiel verstehen. So glaube nun auch jetzt, daß selbst derje-
nige, welcher sich dir als der ungerechteste zeigt von Allen, die
unter Gesetzen und mit Menschen auferzogen sind, dennoch
gerecht ist, und wirklich ein ausübender Künstler in dieser
Sache, wenn du ihn mit solchen Menschen vergleichen solltest, d
die gar keine Erziehung haben, keine Gerichtshöfe, keine Ge-
setze, und überall keinen Zwang, der sie zwingt sich in allen
Stücken der Tugend zu befleißigen, sondern die solche Wilde
wären, wie sie uns im vorigen Jahre der Dichter Pherekrates
am Bakchosfest aufgestellt hat. Wahrlich, wenn du dich unter
solchen Menschen befändest, wie die Menschenfeinde in jenem
Chore, würdest du sehr zufrieden sein, wenn du auch nur einen
Eurybatos oder Phrynondas anträfest, und würdest jammern
aus Sehnsucht nach der Schlechtigkeit der hiesigen Menschen.
Nun aber bist du verwöhnt, Sokrates, weil eben Alle Lehrer e
der Tugend sind, Jeder so gut er kann, und siehst deshalb
nirgends einen. Eben als wenn du nachfragtest, wo es wohl
einen Lehrer im hellenisch sprechen gäbe, würdest du auch 328a
keinen einzigen finden. Ja ich glaube nicht einmal, wenn du
nachfragtest, wer wohl die Söhne unserer Handwerker in der
Kunst unterrichtete, die sie bereits von ihrem Vater, so weit er

πατρὸς φίλοι ὄντες ὁμότεχνοι, τούτους ἔτι τίς ἂν διδάξειεν, οὐ ῥᾴδιον οἶμαι εἶναι, ὦ Σώκρατες, τούτων διδάσκαλον φανῆναι, τῶν δὲ ἀπείρων παντάπασι ῥᾴδιον, οὕτω δὲ ἀρετῆς καὶ τῶν ἄλλων πάντων· ἀλλὰ κἂν εἰ ὀλίγον ἔστιν τις ὅστις διαφέρει ἡμῶν προβιβάσαι εἰς ἀρετήν, ἀγαπητόν. b

Ὧν δὴ ἐγὼ οἶμαι εἷς εἶναι, καὶ διαφερόντως ἂν τῶν ἄλλων ἀνθρώπων ὀνῆσαί τινα πρὸς τὸ καλὸν κἀγαθὸν γενέσθαι, καὶ ἀξίως τοῦ μισθοῦ ὃν πράττομαι, καὶ ἔτι πλείονος, ὥστε καὶ αὐτῷ δοκεῖν τῷ μαθόντι. Διὰ ταῦτα καὶ τὸν τρόπον τῆς πράξεως τοῦ μισθοῦ τοιοῦτον πεποίημαι· ἐπειδὰν γάρ τις παρ' ἐμοῦ μάθῃ, ἐὰν μὲν βούληται, ἀποδέδωκεν ὃ ἐγὼ πράττομαι ἀργύριον· ἐὰν δὲ μή, ἐλθὼν εἰς ἱερόν, ὀμόσας ὅσου ἂν φῇ ἄξια εἶναι τὰ μαθήματα, c τοσοῦτον κατέθηκε.

Τοιοῦτόν σοι, ἔφη, ὦ Σώκρατες, ἐγὼ καὶ μῦθον καὶ λόγον εἴρηκα, ὡς διδακτὸν ἀρετὴ καὶ Ἀθηναῖοι οὕτως ἡγοῦνται, καὶ ὅτι οὐδὲν θαυμαστὸν τῶν ἀγαθῶν πατέρων φαύλους ὑεῖς γίγνεσθαι καὶ τῶν φαύλων ἀγαθούς, ἐπεὶ καὶ οἱ Πολυκλείτου ὑεῖς, Παράλου καὶ Ξανθίππου τοῦδε ἡλικιῶται, οὐδὲν πρὸς τὸν πατέρα εἰσίν, καὶ ἄλλοι ἄλλων δημιουργῶν. Τῶνδε δὲ οὔπω ἄξιον τοῦτο κατηγορεῖν· ἔτι d γὰρ ἐν αὐτοῖς εἰσιν ἐλπίδες· νέοι γάρ.

— Πρωταγόρας μὲν τοσαῦτα καὶ τοιαῦτα ἐπιδειξάμενος ἀπεπαύσατο τοῦ λόγου. Καὶ ἐγὼ ἐπὶ μὲν πολὺν χρόνον κεκηλημένος ἔτι πρὸς αὐτὸν ἔβλεπον ὡς ἐροῦντά τι, ἐπιθυμῶν ἀκούειν· ἐπεὶ δὲ δὴ ᾐσθόμην ὅτι τῷ ὄντι πεπαυμένος εἴη, μόγις πως ἐμαυτὸν ὡσπερεὶ συναγείρας εἶπον, βλέψας πρὸς τὸν Ἱπποκράτη· — Ὦ παῖ Ἀπολλοδώρου, ὡς χάριν σοι ἔχω ὅτι προὔτρεψάς με ὧδε ἀφικέσθαι· πολλοῦ γὰρ ποιοῦμαι ἀκηκοέναι ἃ ἀκήκοα Πρωταγόρου. Ἐγὼ γὰρ e

es im Stande war, und von seinen kunstverwandten Freunden
gelernt haben. Wer unterrichtet diese wohl noch besonders?
Ich glaube, es würde nicht leicht sein, Sokrates, ihren Lehrer
aufzuzeigen, dagegen der noch ganz unkundigen sehr leicht.
So ist es in der Tugend und in allen andern Dingen. Also wenn
einer auch nur um ein Weniges besser als wir versteht sie in der
Tugend weiter zu bringen, muß man es gern annehmen. Von b
welchen nun auch ich glaube einer zu sein, und besser als an-
dere Menschen mancherlei zu verstehen, wodurch einer gut
und trefflich wird, wohl wert der Belohnung die ich dafür
fordere, und noch größerer, nach dessen Meinung selbst der
gelernt hat. Daher ich auch diese Art meine Belohnung zu
bestimmen eingerichtet habe. Wenn nämlich Jemand bei mir
gelernt hat, und er will, so gibt er mir den Preis den ich fordre,
wo nicht, so geht er in den Tempel, und schwört dort wie hoch c
er die erworbenen Kenntnisse schätze, und so viel gibt er dann.
Somit, Sokrates, sagte er, habe ich dir durch Geschichte und
Gründe erwiesen, daß die Tugend allerdings lehrbar ist, und
daß auch die Athener sie dafür halten, und daß es dennoch
nicht zu verwundern ist, wenn die Söhne guter Väter schlecht
und schlechter gut werden. Denn auch die Söhne des Po-
lykleitos von gleichem Alter mit dem Paralos und Xanthippos
hier sind nichts in Vergleich mit ihrem Vater und so auch an-
dere anderer Künstler. Diesen aber darf man hieraus noch kei- d
nen Vorwurf machen, sondern man muß Gutes von ihnen
hoffen, denn sie sind jung.

3. Das Verhältnis der Einzeltugenden zur Gesamttugend

3.1. Sokrates fragt, ob die Einzeltugenden untereinander gleichartig oder verschieden sind

Protagoras nun, nachdem er sich so und so ausführlich vor
uns gezeigt hatte, hörte auf zu reden; ich aber, auf lange Zeit
bezaubert, sah noch immer auf ihn, als würde er weiter reden,
lüstern zu hören. Da ich aber merkte, daß er wirklich aufgehört
hatte, sammelte ich mich so zu sagen endlich mit Mühe, wende-
te mich zu dem Hippokrates, und sagte: Wie danke ich dir,
Sohn des Apollodoros, daß du mich aufgefordert hast hieher
zu gehn! denn gar viel ist es mir wert das gehört zu haben vom e

ἐν μὲν τῷ ἔμπροσθεν χρόνῳ ἡγούμην οὐκ εἶναι ἀνθρωπίνην
ἐπιμέλειαν ᾗ ἀγαθοὶ οἱ ἀγαθοὶ γίγνονται· νῦν δὲ πέπει-
σμαι. Πλὴν σμικρόν τί μοι ἐμποδών, ὃ δῆλον ὅτι Πρωτα-
γόρας ῥᾳδίως ἐπεκδιδάξει, ἐπειδὴ καὶ τὰ πολλὰ ταῦτα
ἐξεδίδαξεν. Καὶ γὰρ εἰ μέν τις περὶ αὐτῶν τούτων συγγέ-
νοιτο ὁτῳοῦν τῶν δημηγόρων, τάχ' ἂν καὶ τοιούτους λόγους 329
ἀκούσειεν ἢ Περικλέους ἢ ἄλλου τινὸς τῶν ἱκανῶν εἰπεῖν·
εἰ δὲ ἐπανέροιτό τινά τι, ὥσπερ βιβλία οὐδὲν ἔχουσιν οὔτε
ἀποκρίνασθαι οὔτε αὐτοὶ ἐρέσθαι, ἀλλ' ἐάν τις καὶ σμικρὸν
ἐπερωτήσῃ τι τῶν ῥηθέντων, ὥσπερ τὰ χαλκεῖα πληγέντα
μακρὸν ἠχεῖ καὶ ἀποτείνει ἐὰν μὴ ἐπιλάβηταί τις, καὶ οἱ
ῥήτορες οὕτω σμικρὰ ἐρωτηθέντες δόλιχον κατατείνουσι b
τοῦ λόγου. Πρωταγόρας δὲ ὅδε ἱκανὸς μὲν μακροὺς λόγους
καὶ καλοὺς εἰπεῖν, ὡς αὐτὸ δηλοῖ, ἱκανὸς δὲ καὶ ἐρωτηθεὶς
ἀποκρίνασθαι κατὰ βραχὺ καὶ ἐρόμενος περιμεῖναί τε καὶ
ἀποδέξασθαι τὴν ἀπόκρισιν, ἃ ὀλίγοις ἐστὶ παρεσκευασ-
μένα. Νῦν οὖν, ὦ Πρωταγόρα, σμικροῦ τινος ἐνδεής εἰμι
πάντ' ἔχειν, εἴ μοι ἀποκρίναιο τόδε.

Τὴν ἀρετὴν φῂς διδακτὸν εἶναι, καὶ ἐγὼ εἴπερ ἄλλῳ τῳ
ἀνθρώπων πειθοίμην ἄν, καὶ σοὶ πείθομαι· ὃ δ' ἐθαύμασά
σου λέγοντος, τοῦτό μοι ἐν τῇ ψυχῇ ἀποπλήρωσον. Ἔλεγες c
γὰρ ὅτι ὁ Ζεὺς τὴν δικαιοσύνην καὶ τὴν αἰδῶ πέμψειεν
τοῖς ἀνθρώποις, καὶ αὖ πολλαχοῦ ἐν τοῖς λόγοις ἐλέγετο
ὑπὸ σοῦ ἡ δικαιοσύνη καὶ σωφροσύνη καὶ ὁσιότης καὶ
πάντα ταῦτα ὡς ἕν τι εἴη συλλήβδην, ἀρετή· ταῦτ' οὖν
αὐτὰ δίελθέ μοι ἀκριβῶς τῷ λόγῳ, πότερον ἓν μέν τί ἐστιν
ἡ ἀρετή, μόρια δὲ αὐτῆς ἐστιν ἡ δικαιοσύνη καὶ σωφρο-
σύνη καὶ ὁσιότης, ἢ ταῦτ' ἐστὶν ἃ νυνδὴ ἐγὼ ἔλεγον
πάντα ὀνόματα τοῦ αὐτοῦ ἑνὸς ὄντος· τοῦτ' ἐστὶν ὃ ἔτι d
ἐπιποθῶ.

— Ἀλλὰ ῥᾴδιον τοῦτό γ', ἔφη, ὦ Σώκρατες, ἀποκρίνασθαι,
ὅτι ἑνὸς ὄντος τῆς ἀρετῆς μόριά ἐστιν ἃ ἐρωτᾷς. — Πότε-

Protagoras, was ich gehört habe. Bis jetzt nämlich glaubte ich,
es wären nicht menschliche Bemühungen, wodurch die Guten
gut werden; nun aber bin ich davon überzeugt. Ausgenommen
eine Kleinigkeit ist mir im Wege, was offenbar Protagoras
leicht noch dazu lehren wird, da er ja dieses viele gelehrt hat.
Denn wenn sich Jemand über eben dieses mit einem von un-
sern Volksrednern bespräche, könnte er solche Reden vom 329a
Perikles oder einem von den andern Meistern im Reden auch
wohl hören; aber wenn einer etwas weiter fragt, so wissen sie
wie die Bücher nichts weiter weder zu antworten noch selbst zu
fragen; aber wenn einer auch nur ein Weniges von dem gesag-
ten fragt, dann, wie Metall worauf einer geschlagen lange fort
tönt, wenn es nicht einer anrührt; eben so auch diese Redner,
um weniges gefragt, dehnen eine meilenlange Rede. Unser b
Protagoras aber versteht zwar ebenfalls lange und schöne Re-
den zu halten, wie eben die Tat gezeigt, er versteht aber auch
sowohl gefragt im kurzen zu antworten, als auch selbst fragend
die Antwort abzuwarten, und aufzunehmen, und hierauf sind
nur Wenige ausgerüstet. Jetzt also, Protagoras, fehlt mir noch
ein Weniges um Alles zu haben, wenn du mir dieses beant-
worten möchtest. Du sagst die Tugend sei lehrbar, und ich,
wenn ich irgend einem Menschen glaube, glaube ich gewiß dir.
Was mir aber aufgefallen ist, als du sprachst, das ergänze mir c
noch in meiner Seele. Du sagtest nämlich, Zeus habe den Men-
schen die Gerechtigkeit geschickt und die Scham, und wieder-
um erwähntest du vielfältig in deiner Rede der Gerechtigkeit
und Besonnenheit und Frömmigkeit, und dieses alles, als ob es
zusammengenommen Eins wäre, die Tugend. Eben dieses also
setze mir doch genauer auseinander, ob die Tugend Eins zwar
ist, doch aber Teile von ihr sind die Gerechtigkeit und die
Besonnenheit und die Frömmigkeit, oder ob alles, was ich jetzt
genannt habe, nur verschiedene Namen sind für eine und die- d
selbe Sache. Das ist es was ich noch vermisse.

3.2. Protagoras: Die Einzeltugenden sind verschiedene Teile der Gesamttugend

– Sehr leicht, sagte er, ist dies ja zu beantworten, Sokrates, daß von der Tugend die Eins ist, dieses Teile sind, wonach du

ρον, ἔφην, ὥσπερ προσώπου τὰ μόρια μόριά ἐστιν, στόμα
τε καὶ ῥὶς καὶ ὀφθαλμοὶ καὶ ὦτα, ἢ ὥσπερ τὰ τοῦ χρυσοῦ
μόρια οὐδὲν διαφέρει [τὰ ἕτερα τῶν ἑτέρων] ἀλλήλων καὶ
τοῦ ὅλου, ἀλλ' ἢ μεγέθει καὶ σμικρότητι ; — Ἐκείνως μοι
φαίνεται, ὦ Σώκρατες, ὥσπερ τὰ τοῦ προσώπου μόρια e
ἔχει πρὸς τὸ ὅλον πρόσωπον. — Πότερον οὖν, ἦν δ' ἐγώ,
καὶ μεταλαμβάνουσιν οἱ ἄνθρωποι τούτων τῶν τῆς ἀρετῆς
μορίων οἱ μὲν ἄλλο, οἱ δὲ ἄλλο, ἢ ἀνάγκη, ἐάνπερ τις ἓν
λάβῃ, ἅπαντα ἔχειν ; — Οὐδαμῶς, ἔφη, ἐπεὶ πολλοὶ ἀνδρεῖοί
εἰσιν, ἄδικοι δέ, καὶ δίκαιοι αὖ, σοφοὶ δὲ οὔ. — Ἔστιν γὰρ
οὖν καὶ ταῦτα μόρια τῆς ἀρετῆς, ἔφην ἐγώ, σοφία τε καὶ 330
ἀνδρεία ; — Πάντων μάλιστα δήπου, ἔφη· καὶ μέγιστόν
γε ἡ σοφία τῶν μορίων. — Ἕκαστον δὲ αὐτῶν ἐστιν, ἦν
δ' ἐγώ, ἄλλο, τὸ δὲ ἄλλο ; — Ναί. — Ἦ καὶ δύναμιν
αὐτῶν ἕκαστον ἰδίαν ἔχει, ὥσπερ τὰ τοῦ προσώπου ; Οὐκ
ἔστιν ὀφθαλμὸς οἷον τὰ ὦτα, οὐδ' ἡ δύναμις αὐτοῦ ἡ αὐτή·
οὐδὲ τῶν ἄλλων οὐδέν ἐστιν οἷον τὸ ἕτερον οὔτε κατὰ
τὴν δύναμιν οὔτε κατὰ τὰ ἄλλα· ἆρ' οὖν οὕτω καὶ τὰ τῆς
ἀρετῆς μόρια οὐκ ἔστιν τὸ ἕτερον οἷον τὸ ἕτερον, οὔτε
αὐτὸ οὔτε ἡ δύναμις αὐτοῦ ; Ἢ δῆλα δὴ ὅτι οὕτως ἔχει, b
εἴπερ τῷ παραδείγματί γε ἔοικεν ; — Ἀλλ' οὕτως, ἔφη,
ἔχει, ὦ Σώκρατες.

— Καὶ ἐγὼ εἶπον· Οὐδὲν ἄρα ἐστὶν τῶν τῆς ἀρετῆς μορίων
ἄλλο οἷον ἐπιστήμη, οὐδ' οἷον δικαιοσύνη, οὐδ' οἷον ἀνδρεία,
οὐδ' οἷον σωφροσύνη, οὐδ' οἷον ὁσιότης. — Οὐκ ἔφη. —
Φέρε δή, ἔφην ἐγώ, κοινῇ σκεψώμεθα ποῖόν τι αὐτῶν
ἐστὶν ἕκαστον. Πρῶτον μὲν τὸ τοιόνδε· ἡ δικαιοσύνη
πρᾶγμά τί ἐστιν ἢ οὐδὲν πρᾶγμα ; ἐμοὶ μὲν γὰρ δοκεῖ· τί c
δὲ σοί ; — Κἀμοί, ἔφη. — Τί οὖν ; Εἴ τις ἔροιτο ἐμέ τε
καὶ σέ· Ὦ Πρωταγόρα τε καὶ Σώκρατες, εἴπετον δή μοι,
τοῦτο τὸ πρᾶγμα ὃ ὠνομάσατε ἄρτι, ἡ δικαιοσύνη, αὐτὸ
τοῦτο δίκαιόν ἐστιν ἢ ἄδικον ; Ἐγὼ μὲν ἂν αὐτῷ ἀποκρι-
ναίμην ὅτι δίκαιον· σὺ δὲ τίν' ἂν ψῆφον θεῖο ; Τὴν αὐτὴν

fragst. – Ob wohl auf die Art, sprach ich, wie die Teile des
Gesichtes Teile sind, Mund und Nase und Augen und Ohren?
oder so wie die Teile des Goldes gar nicht unterschieden sind
eins vom andern und vom Ganzen als durch Größe und Klein-
heit? – Auf jene Art scheint es mir, Sokrates, wie die Teile des e
Gesichtes sich zum ganzen Gesicht verhalten. – Besitzen denn
auch die Menschen, fragte ich, von diesen Teilen der Tugend
der eine den, der andere jenen, oder muß notwendig wer einen
hat auch alle haben? – Keinesweges, sprach er, denn Viele sind
ja tapfer, aber ungerecht, und gerecht, weise aber nicht. – Also
dies sind auch Teile der Tugend, fragte ich, Weisheit und Tap- 330a
ferkeit? – Freilich vor allen Dingen, sprach er, und der größte
sogar ist die Weisheit unter diesen Teilen. – Und jeder von
ihnen, sagte ich, ist etwas anderes als der andere? – Ja. – Hat
auch jeder seine eigene Verrichtung, wie im Gesicht das Auge
nicht ist wie die Ohren noch seine Verrichtung dieselbe, und
überhaupt kein Teil wie der andere ist, weder der Verrichtung
nach noch sonst, ist nun eben so auch von den Teilen der Tu-
gend keiner wie der andere, weder an sich selbst noch auch
seine Verrichtung? Oder muß nicht offenbar die Sache sich so b
verhalten, wenn sie doch unserm Beispiel ähnlich sein soll? –
Sie verhält sich auch so, Sokrates, sagte er.

3.3. Gegenbeweise des Sokrates

3.3.1. Die Teile der Tugend zu trennen ist unangemessen. Beispiel: Gerechtigkeit und Frömmigkeit

– Darauf sprach ich: Also ist keiner von den andern Teilen der
Tugend wie die Erkenntnis, oder wie die Gerechtigkeit, oder
wie die Besonnenheit, oder wie die Frömmigkeit? – Nein, sag-
te er. – Wohlan also, sprach ich, laß uns zusammen sehen,
welcherlei doch jedes von ihnen ist. Zuerst so. Ist die Gerech-
tigkeit etwas bestimmtes, oder ist sie nicht etwas bestimmtes? c
Mir scheint sie so etwas zu sein, wie denn dir? – Auch mir, sagte
er. – Wie nun? wenn einer mich und dich fragte: Sagt mir doch,
Protagoras und Sokrates, dieses was ihr jetzt eben genannt
habt, die Gerechtigkeit, ist sie eben dieses gerecht oder unge-
recht? würde ich ihm freilich antworten, gerecht; du aber was
für eine Stimme würdest du geben, dieselbe mit mir oder eine

ἐμοὶ ἢ ἄλλην ; — Τὴν αὐτήν, ἔφη. — Ἔστιν ἄρα τοιοῦ-
τον ἡ δικαιοσύνη οἷον δίκαιον εἶναι, φαίην ἂν ἔγωγε ἀπο-
κρινόμενος τῷ ἐρωτῶντι· οὐκοῦν καὶ σύ ; — Ναί, ἔφη. — d
Εἰ οὖν μετὰ τοῦτο ἡμᾶς ἔροιτο· Οὐκοῦν καὶ ὁσιότητά τινά
φατε εἶναι ; φαῖμεν ἄν, ὡς ἐγῷμαι. — Ναί, ἦ δ᾽ ὅς. — Οὐκοῦν
φατε καὶ τοῦτο πρᾶγμά τι εἶναι ; φαῖμεν ἄν, ἢ οὔ ; — Καὶ
τοῦτο συνέφη. — Πότερον δὲ τοῦτο αὐτὸ τὸ πρᾶγμά φατε
τοιοῦτον πεφυκέναι οἷον ἀνόσιον εἶναι ἢ οἷον ὅσιον ; Ἀγα-
νακτήσαιμ᾽ ἂν ἔγωγ᾽, ἔφην, τῷ ἐρωτήματι, καὶ εἴποιμ᾽ ἄν·
Εὐφήμει, ὦ ἄνθρωπε· σχολῇ μεντἂν τι ἄλλο ὅσιον εἴη, εἰ μὴ
αὐτή γε ἡ ὁσιότης ὅσιον ἔσται. Τί δὲ σύ ; Οὐχ οὕτως ἂν e
ἀποκρίναιο ; — Πάνυ μὲν οὖν, ἔφη.

— Εἰ οὖν μετὰ τοῦτο εἴποι ἐρωτῶν ἡμᾶς· Πῶς οὖν ὀλί-
γον πρότερον ἐλέγετε ; Ἆρ᾽ οὐκ ὀρθῶς ὑμῶν κατήκουσα ;
Ἐδόξατέ μοι φάναι τὰ τῆς ἀρετῆς μόρια εἶναι οὕτως
ἔχοντα πρὸς ἄλληλα, ὡς οὐκ εἶναι τὸ ἕτερον αὐτῶν οἷον
τὸ ἕτερον. Εἴποιμ᾽ ἂν ἔγωγε ὅτι· Τὰ μὲν ἄλλα ὀρθῶς
ἤκουσας, ὅτι δὲ καὶ ἐμὲ οἴει εἰπεῖν τοῦτο, παρήκουσας·
Πρωταγόρας γὰρ ὅδε ταῦτα ἀπεκρίνατο, ἐγὼ δὲ ἠρώτων. 331
Εἰ οὖν εἴποι· Ἀληθῆ ὅδε λέγει, ὦ Πρωταγόρα ; Σὺ φῄς
οὐκ εἶναι τὸ ἕτερον μόριον οἷον τὸ ἕτερον τῶν τῆς ἀρε-
τῆς ; Σὸς οὗτος ὁ λόγος ἐστίν ; Τί ἂν αὐτῷ ἀποκρίναιο ;
— Ἀνάγκη, ἔφη, ὦ Σώκρατες, ὁμολογεῖν. — Τί οὖν, ὦ
Πρωταγόρα, ἀποκρινούμεθα αὐτῷ, ταῦτα ὁμολογήσαντες,
ἐὰν ἡμᾶς ἐπανέρηται· Οὐκ ἄρα ἐστὶν ὁσιότης οἷον δίκαιον
εἶναι πρᾶγμα, οὐδὲ δικαιοσύνη οἷον ὅσιον, ἀλλ᾽ οἷον μὴ
ὅσιον· ἡ δ᾽ ὁσιότης οἷον μὴ δίκαιον, ἀλλ᾽ ἄδικον ἄρα, τὸ
δὲ ἀνόσιον ; Τί αὐτῷ ἀποκρινούμεθα ; Ἐγὼ μὲν γὰρ αὐτὸς b
ὑπέρ γε ἐμαυτοῦ φαίην ἂν καὶ τὴν δικαιοσύνην ὅσιον
εἶναι καὶ τὴν ὁσιότητα δίκαιον· καὶ ὑπὲρ σοῦ δέ, εἴ με
ἐῴης, ταὐτὰ ἂν ταῦτα ἀποκρινοίμην, ὅτι ἤτοι ταὐτόν γ᾽
ἐστὶν δικαιότης ὁσιότητι ἢ ὅ τι ὁμοιότατον, καὶ μάλιστα
πάντων ἥ τε δικαιοσύνη οἷον ὁσιότης καὶ ἡ ὁσιότης οἷον

andere? – Dieselbe, sagte er. – Die Gerechtigkeit also ist eben
das wie gerecht sein, würde ich sagen dem Fragenden zur Ant-
wort. Du auch? – Ja, sagte er. – Wenn er uns nun nach diesem d
fragte: Sagt ihr nicht auch, daß es eine Frömmigkeit gibt? wür-
den wir es doch bejahen, glaube ich? – Freilich, sagte er. – Sagt
ihr auch, daß diese etwas bestimmtes ist? sollen wir es zugeben
oder nicht? – Auch dies bejahte er. – Sagt ihr nun, daß diese
von Natur eben das ist wie gottlos sein, oder fromm? Ich,
sprach ich, würde unwillig werden über die Frage, und sagen:
Rede nicht dergleichen, lieber Mensch! wie wollte denn irgend
etwas anderes fromm sein, wenn die Frömmigkeit selbst nicht e
fromm wäre! Und wie du? würdest du nicht so antworten? –
Allerdings, sagte er. – Wenn er nun hierauf spräche fragend:
Wie habt ihr doch vor kurzem gesagt? habe ich euch etwa nicht
recht vernommen? Mich dünkt, ihr sagtet, die Teile der Tu-
gend verhielten sich so gegen einander, daß keiner von ihnen
wäre wie der andere? so würde ich ihm sagen: Übrigens hast du
wohl recht gehört, daß du aber glaubst ich hätte dieses auch
gesagt, das hast du verhört. Denn, Protagoras hier hat dies 331a
geantwortet, ich habe nur gefragt. Wenn er nun fragte: Spricht
dieser wahr, Protagoras? Du also sagst, kein Teil der Tugend
sei wie der andere? Deine Rede ist dies? Was würdest du ihm
antworten? – Natürlich, sagte er, mich dazu bekennen. – Was
also, Protagoras, werden wir, dieses eingestanden, ihm ant-
worten, wenn er uns weiter fragt: Also ist die Frömmigkeit
nicht wie gerecht sein, und die Gerechtigkeit nicht wie fromm,
sondern wie nicht fromm und die Frömmigkeit wie nicht ge-
recht, also ungerecht und jene gottlos? Was werden wir ihm b
antworten? Ich meines Teils für mich wenigstens würde sagen,
daß die Gerechtigkeit allerdings fromm sei und die Frömmig-
keit gerecht; und auch für dich, wenn du es mir zuließest, wür-
de ich das nämliche antworten, daß die Gerechtigkeit entweder
dasselbe ist mit der Frömmigkeit oder ihr doch so ähnlich, als
nur irgend möglich, und also auf alle Weise die Gerechtigkeit
wie die Frömmigkeit, und die Frömmigkeit wie die Gerech-

δικαιοσύνη. Ἀλλ' ὅρα εἰ διακωλύεις ἀποκρίνεσθαι, ἢ καὶ σοὶ συνδοκεῖ οὕτως. — Οὐ πάνυ μοι δοκεῖ, ἔφη, ὦ Σώκρατες, οὕτως ἁπλοῦν εἶναι, ὥστε συγχωρῆσαι τήν τε δικαιο- c
σύνην ὅσιον εἶναι καὶ τὴν ὁσιότητα δίκαιον, ἀλλά τί μοι δοκεῖ ἐν αὐτῷ διάφορον εἶναι. Ἀλλὰ τί τοῦτο διαφέρει; ἔφη· εἰ γὰρ βούλει, ἔστω ἡμῖν καὶ δικαιοσύνη ὅσιον καὶ ὁσιότης δίκαιον.

— Μή μοι, ἦν δ' ἐγώ· οὐδὲν γὰρ δέομαι τὸ εἰ βούλει τοῦτο καὶ εἴ σοι δοκεῖ ἐλέγχεσθαι, ἀλλ' ἐμέ τε καὶ σέ· τὸ δ' ἐμέ τε καὶ σὲ τοῦτο λέγω, οἰόμενος οὕτω τὸν λόγον βέλτιστ' ἂν ἐλέγχεσθαι, εἴ τις τὸ εἰ ἀφέλοι αὐτοῦ. — Ἀλλὰ d
μέντοι, ἦ δ' ὅς, προσέοικέν τι δικαιοσύνη ὁσιότητι· καὶ γὰρ ὁτιοῦν ὁτῳοῦν ἁμῇ γέ πῃ προσέοικεν. Τὸ γὰρ λευκὸν τῷ μέλανι ἔστιν ὅπῃ προσέοικεν, καὶ τὸ σκληρὸν τῷ μαλακῷ, καὶ τἆλλα ἃ δοκεῖ ἐναντιώτατα εἶναι ἀλλήλοις· καὶ ἃ τότε ἔφαμεν ἄλλην δύναμιν ἔχειν καὶ οὐκ εἶναι τὸ ἕτερον οἷον τὸ ἕτερον, τὰ τοῦ προσώπου μόρια, ἁμῇ γέ πῃ προσέοικεν καὶ ἔστιν τὸ ἕτερον οἷον τὸ ἕτερον· ὥστε τούτῳ γε τῷ τρόπῳ κἂν ταῦτα ἐλέγχοις, εἰ βούλοιο, ὡς ἅπαντά ἐστιν e
ὅμοια ἀλλήλοις. Ἀλλ' οὐχὶ τὰ ὅμοιόν τι ἔχοντα ὅμοια δίκαιον καλεῖν, οὐδὲ τὰ ἀνόμοιόν τι ἔχοντα ἀνόμοια, κἂν πάνυ σμικρὸν ἔχῃ τὸ ὅμοιον. — Καὶ ἐγὼ θαυμάσας εἶπον πρὸς αὐτόν· Ἦ γὰρ οὕτω σοι τὸ δίκαιον καὶ τὸ ὅσιον πρὸς ἄλληλα ἔχει, ὥστε ὅμοιόν τι σμικρὸν ἔχειν ἀλλήλοις; — Οὐ πάνυ, ἔφη, οὕτως, οὐ μέντοι οὐδὲ αὖ ὡς σύ μοι δοκεῖς 332
οἴεσθαι. — Ἀλλὰ μήν, ἔφην ἐγώ, ἐπειδὴ δυσχερῶς δοκεῖς μοι ἔχειν πρὸς τοῦτο, τοῦτο μὲν ἐάσωμεν, τόδε δὲ ἄλλο ὧν ἔλεγες ἐπισκεψώμεθα.

Ἀφροσύνην τι καλεῖς; — Ἔφη. — Τούτῳ τῷ πράγματι οὐ πᾶν τοὐναντίον ἐστὶν ἡ σοφία; — Ἔμοιγε δοκεῖ, ἔφη. — Πότερον δὲ ὅταν πράττωσιν ἄνθρωποι ὀρθῶς τε καὶ ὠφελίμως, τότε σωφρονεῖν σοι δοκοῦσιν οὕτω πράττον-

tigkeit. Sieh also zu, ob du mir verbietest so zu antworten oder
ob es dich eben so dünkt? – Keineswegs, sprach er, dünkt
mich dieses unbedingt so zu sein, daß man zugeben müsse die c
Gerechtigkeit sei frommes und die Frömmigkeit gerechtes,
sondern mich dünkt wohl noch etwas verschiedenes darin zu
sein. Doch was liegt daran, sprach er? Wenn du willst soll uns
auch die Gerechtigkeit fromm und auch die Frömmigkeit ge-
recht sein. – Das ja nicht! sagte ich. Ich begehre gar nicht, daß
ein solches Wenn du willst und Wie du meinst untersucht wer-
de, sondern Ich und Du. Das Ich und Du sage ich aber in der
Meinung, der Satz selbst werde am besten geprüft werden, d
wenn man dieses Wenn ganz herausläßt. – Aber doch, sprach
er, ist ja die Gerechtigkeit der Frömmigkeit ähnlich; denn auch
jedes Ding ist jedem Dinge gewissermaßen ähnlich. Sogar ist
auf eine Art das Weiße dem Schwarzen ähnlich und das Harte
dem Weichen, und was sonst einander am meisten entgegen-
gesetzt zu sein scheint, und auch das, wovon wir vorher sagten,
jedes habe eine eigene Verrichtung und eines sei nicht wie das
andere, die Teile des Gesichtes sind einander doch auch gewis-
sermaßen ähnlich und eins ist wie das andere, so daß du auf
diese Art auch das beweisen könntest, wenn du wolltest, daß e
alles einander ähnlich ist. Aber es ist nicht recht, Dinge die
etwas Ähnliches haben gleich ähnlich zu nennen, und die etwas
Unähnliches haben unähnlich, auch wenn sie gar wenig Ähn-
liches und Unähnliches haben. – Darüber verwundert, sagte
ich zu ihm: Verhält sich denn bei dir das Gerechte und das
Fromme so gegen einander, daß es ein wenig Ähnliches mit
einander hat? – Nicht ganz so, sprach er, aber doch auch nicht 332a
so, wie du zu glauben scheinst. – Ei nun, sprach ich, weil dir
dieses ungelegen zu sein scheint, wollen wir dieses nur lassen,
und dies andere von dem was du sagtest in Betrachtung ziehen.

3.3.2. Identität von Weisheit, Besonnenheit und Gerechtigkeit. Protagoras über das Nützliche

Du nennst doch Etwas Unsinnigkeit? – Er sagte Ja. – Ist nicht davon ganz das Gegenteil die Weisheit? – Mich dünkt es so, sagte er. – Und wenn die Menschen richtig und wie es heilsam ist handeln, scheinen sie dir dann besonnen zu sein,

τες, ἢ [εἰ] τοὐναντίον [ἔπραττον]; — Σωφρονεῖν, ἔφη. —
Οὐκοῦν σωφροσύνῃ σωφρονοῦσιν; — Ἀνάγκη. — Οὐκοῦν b
οἱ μὴ ὀρθῶς πράττοντες ἀφρόνως πράττουσιν καὶ οὐ σω-
φρονοῦσιν οὕτω πράττοντες; — Συνδοκεῖ μοι, ἔφη. —
Τοὐναντίον ἄρα ἐστὶν τὸ ἀφρόνως πράττειν τῷ σωφρόνως;
— Ἔφη. — Οὐκοῦν τὰ μὲν ἀφρόνως πραττόμενα ἀφρο-
σύνῃ πράττεται, τὰ δὲ σωφρόνως σωφροσύνῃ; — Ὡμο-
λόγει. — Οὐκοῦν εἴ τι ἰσχύϊ πράττεται, ἰσχυρῶς πράττε-
ται, καὶ εἴ τι ἀσθενείᾳ, ἀσθενῶς; — Ἐδόκει. — Καὶ εἴ
τι μετὰ τάχους, ταχέως, καὶ εἴ τι μετὰ βραδυτῆτος, βρα-
δέως; — Ἔφη. — Καὶ εἴ τι δὴ ὡσαύτως πράττεται, ὑπὸ c
τοῦ αὐτοῦ πράττεται, καὶ εἴ τι ἐναντίως, ὑπὸ τοῦ ἐναν-
τίου; — Συνέφη. — Φέρε δή, ἦν δ' ἐγώ, ἔστιν τι καλόν; —
Συνεχώρει. — Τούτῳ ἔστιν τι ἐναντίον πλὴν τὸ αἰσχρόν; —
Οὐκ ἔστιν. — Τί δέ; ἔστιν τι ἀγαθόν; — Ἔστιν. — Τούτῳ
ἔστιν τι ἐναντίον πλὴν τὸ κακόν; — Οὐκ ἔστιν. — Τί δέ;
Ἔστιν τι ὀξὺ ἐν φωνῇ; — Ἔφη. — Τούτῳ μὴ ἔστιν τι
ἐναντίον ἄλλο πλὴν τὸ βαρύ; — Οὐκ ἔφη. — Οὐκοῦν, ἦν
δ' ἐγώ, ἑνὶ ἑκάστῳ τῶν ἐναντίων ἓν μόνον ἐστὶν ἐναντίον
καὶ οὐ πολλά; — Συνωμολόγει.

— Ἴθι δή, ἦν δ' ἐγώ, ἀναλογισώμεθα τὰ ὡμολογημένα ἡμῖν. d
Ὡμολογήκαμεν ἓν ἑνὶ μόνον ἐναντίον εἶναι, πλείω δὲ μή;
— Ὡμολογήκαμεν. — Τὸ δὲ ἐναντίως πραττόμενον ὑπὸ
ἐναντίων πράττεσθαι; — Ἔφη. — Ὡμολογήκαμεν δὲ
ἐναντίως πράττεσθαι ὃ ἂν ἀφρόνως πράττηται τῷ σωφρόνως
πραττομένῳ; — Ἔφη. — Τὸ δὲ σωφρόνως πραττόμενον
ὑπὸ σωφροσύνης πράττεσθαι, τὸ δὲ ἀφρόνως ὑπὸ ἀφρο-
σύνης; — Συνεχώρει. — Οὐκοῦν εἴπερ ἐναντίως πράττεται, e
ὑπὸ ἐναντίου πράττοιτ' ἄν; — Ναί. — Πράττεται δὲ τὸ
μὲν ὑπὸ σωφροσύνης, τὸ δὲ ὑπὸ ἀφροσύνης; — Ναί. —
Ἐναντίως; — Πάνυ γε. — Οὐκοῦν ὑπὸ ἐναντίων ὄντων;
— Ναί. — Ἐναντίον ἄρ' ἐστὶν ἀφροσύνη σωφροσύνῃ;

wenn sie so handeln, oder wenn entgegengesetzt? – Alsdann
sind sie besonnen, sagte er. – Nicht wahr durch die Besonnen-
heit sind sie besonnen? – Natürlich. – Und nicht wahr, die nicht b
richtig handelnden handeln unsinnig und sind nicht besonnen,
indem sie so handeln? – Das dünkt mich eben so, sagte er. –
Das Gegenteil ist also das unsinnig handeln vom besonnenen?
– Er gab es zu. – Nicht wahr, was unsinnig getan wird, wird
durch Unsinnigkeit, und was besonnen durch Besonnenheit
getan. – Das räumte er ein. – Nicht wahr, wenn etwas mit
Stärke getan wird, das wird stark getan, und wenn mit Schwä-
che schwach? – So schien es ihm. – Und was mit Schnelligkeit
schnell, was mit Langsamkeit langsam. – Er bejahete. – Und c
also wenn etwas eben so getan wird, wird es auch von dem-
selben getan, wenn aber entgegengesetzt, dann auch von dem
entgegengesetzten. – Er stimmte bei. – Wohlan, sagte ich, gibt
es etwas Schönes? – Er räumte es ein. – Und ist diesem noch
irgend etwas entgegengesetzt außer dem Häßlichen? – Nichts
weiter. – Und wie? gibt es etwas Gutes? – Es gibt. – Ist diesem
etwas entgegengesetzt außer dem Bösen? – Nichts weiter. –
Und wie? gibt es etwas hohes in der Stimme? – Er bejahete es. –
Ist diesem nichts anders entgegengesetzt außer dem tiefen? –
Nein, sagte er. – Also, sprach ich, jedem Einzelnen von diesen
entgegengesetzten ist auch nur eins entgegengesetzt und nicht
viele? – Dazu bekannte er sich. – Komm denn, sprach ich, laß d
uns zusammenrechnen, was wir eingestanden. Haben wir
eingestanden, daß einem nur eins entgegengesetzt ist, mehre-
res aber nicht? – Das haben wir eingestanden. – Und daß was
auf entgegengesetzte Art getan wird, auch durch entgegen-
gesetztes getan wird? – Er bejahete. – Und haben wir einge-
standen, daß was unsinnig getan wird, auf entgegengesetzte
Art getan wird, als was besonnen? – Er bejahete es. – Und daß
was besonnen getan wird, durch Besonnenheit verrichtet wird,
was aber unsinnig durch Unsinnigkeit? – Er räumte es ein. – e
Also da es auf entgegengesetzte Art getan wird, muß es auch
durch entgegengesetztes verrichtet werden? – Ja. – Es wird
aber das eine durch Besonnenheit und das andere durch Unsin-
nigkeit verrichtet? – Ja. – Auf entgegengesetzte Art? – Frei-
lich. – Also auch durch entgegengesetztes? – Ja. – Entgegen-

— Φαίνεται. — Μέμνησαι οὖν ὅτι ἐν τοῖς ἔμπροσθεν ὡμολόγηται ἡμῖν ἀφροσύνη σοφίᾳ ἐναντίον εἶναι; — Συνωμολόγει. — Ἓν δὲ ἑνὶ μόνον ἐναντίον εἶναι; — Φημί.

— Πότερον οὖν, ὦ Πρωταγόρα, λύσωμεν τῶν λόγων; τὸ 333
ἓν ἑνὶ μόνον ἐναντίον εἶναι, ἢ ἐκεῖνον ἐν ᾧ ἐλέγετο ἕτερον
εἶναι σωφροσύνης σοφία, μόριον δὲ ἑκάτερον ἀρετῆς, καὶ
πρὸς τῷ ἕτερον εἶναι καὶ ἀνόμοια καὶ αὐτὰ καὶ αἱ δυνάμεις
αὐτῶν, ὥσπερ τὰ τοῦ προσώπου μόρια; Πότερον οὖν δὴ
λύσωμεν; Οὗτοι γὰρ οἱ λόγοι ἀμφότεροι οὐ πάνυ μουσικῶς
λέγονται· οὐ γὰρ συνᾴδουσιν οὐδὲ συναρμόττουσιν ἀλλή-
λοις. Πῶς γὰρ ἂν συνᾴδοιεν, εἴπερ γε ἀνάγκη ἑνὶ μὲν ἓν
μόνον ἐναντίον εἶναι, πλείοσι δὲ μή, τῇ δὲ ἀφροσύνῃ ἑνὶ b
ὄντι σοφία ἐναντία καὶ σωφροσύνη αὖ φαίνεται· ἦ γάρ, ὦ
Πρωταγόρα, ἔφην ἐγώ, ἢ ἄλλως πως; — Ὡμολόγησεν καὶ
μάλ' ἀκόντως. — Οὐκοῦν ἓν ἂν εἴη ἡ σωφροσύνη καὶ ἡ
σοφία; Τὸ δὲ πρότερον αὖ ἐφάνη ἡμῖν ἡ δικαιοσύνη καὶ ἡ
ὁσιότης σχεδόν τι ταὐτὸν ὄν. Ἴθι δή, ἦν δ' ἐγώ, ὦ Πρωτα-
γόρα, μὴ ἀποκάμωμεν, ἀλλὰ καὶ τὰ λοιπὰ διασκεψώμεθα.
Ἆρά τίς σοι δοκεῖ ἀδικῶν ἄνθρωπος σωφρονεῖν, ὅ τι ἀδικεῖ; c
— Αἰσχυνοίμην ἂν ἔγωγ', ἔφη, ὦ Σώκρατες, τοῦτο ὁμολο-
γεῖν, ἐπεὶ πολλοί γέ φασιν τῶν ἀνθρώπων. — Πότερον οὖν
πρὸς ἐκείνους τὸν λόγον ποιήσομαι, ἔφην, ἢ πρὸς σέ; —
Εἰ βούλει, ἔφη, πρὸς τοῦτον πρῶτον τὸν λόγον διαλέχθητι
τὸν τῶν πολλῶν. — Ἀλλ' οὐδέν μοι διαφέρει, ἐὰν μόνον σύ
γε ἀποκρίνῃ, εἴτ' οὖν δοκεῖ σοι ταῦτα, εἴτε μή. Τὸν γὰρ
λόγον ἔγωγε μάλιστα ἐξετάζω, συμβαίνει μέντοι ἴσως
καὶ ἐμὲ τὸν ἐρωτῶντα καὶ τὸν ἀποκρινόμενον ἐξετά-
ζεσθαι.

Τὸ μὲν οὖν πρῶτον ἐκαλλωπίζετο ἡμῖν ὁ Πρωταγόρας· d
τὸν γὰρ λόγον ᾐτιᾶτο δυσχερῆ εἶναι· ἔπειτα μέντοι συνε-
χώρησεν ἀποκρίνεσθαι. — Ἴθι δή, ἔφην ἐγώ, ἐξ ἀρχῆς
μοι ἀπόκριναι. Δοκοῦσί τινές σοι σωφρονεῖν ἀδικοῦντες;
— Ἔστω, ἔφη. — Τὸ δὲ σωφρονεῖν λέγεις εὖ φρονεῖν;

gesetzt also ist die Unsinnigkeit der Besonnenheit? – Das ist
klar. – Erinnerst du dich wohl, daß im vorigen von uns einge-
standen war, die Unsinnigkeit sei der Weisheit entgegenge-
setzt? – Das gestand er. – Und daß Einem nur Eins entgegen-
gesetzt sei? – Das behaupte ich. – Welche von unsern beiden 333a
Behauptungen wollen wir nun aufgeben, Protagoras? Die daß
Einem nur Eins entgegengesetzt ist, oder jene als wir sagten,
die Besonnenheit wäre etwas anderes als die Weisheit? und
beide wären Teile der Tugend? und außerdem daß jede etwas
anderes wäre, wären sie auch einander unähnlich, sie selbst und
ihre Verrichtungen, wie die Teile des Gesichts? Welche von
beiden wollen wir nun aufgeben? Denn zugleich können diese
beiden Behauptungen nicht sehr musikalisch vorgetragen wer-
den, denn sie stimmen nicht und klingen nicht zusammen. Wie
können sie auch zusammen klingen, wenn notwendig Eins nur
Einem entgegengesetzt ist, mehreren aber nicht, der Unsinnig- b
keit aber, welche Eins ist, sich sowohl die Weisheit als die
Besonnenheit entgegengesetzt zeigt? Ist es so, Protagoras,
fragte ich, oder anders wie? – Er gestand es sehr ungern. – So
wären diese also wohl Eins, die Besonnenheit und die Weis-
heit? Vorher aber zeigten sich uns die Gerechtigkeit und die
Frömmigkeit fast als dasselbe? Komm also, sprach ich, Prota-
goras, laß uns nicht müde werden, sondern nun das Übrige
auch noch durchnehmen. Scheint dir ein Mensch, welcher Un-
recht tut, wohl darin besonnen zu sein, daß er Unrecht tut? – c
Ich würde mich ja schämen, o Sokrates, sagte er, dieses zuzu-
geben, obgleich die meisten Menschen es wohl sagen. – Soll ich
also an Jene meine Rede richten, oder an dich? – Wenn du
willst, sagte er, so rede zuerst gegen jenen Satz der meisten. –
Gut, sprach ich, mir verschlägt es nichts, wenn du nur ant-
wortest, ob übrigens du selbst dieses annimmst oder nicht.
Denn ich will eigentlich nur den Satz prüfen, aber es ereignet
sich dann wohl, daß dabei auch ich der Fragende und der Ant-
wortende geprüft werden. – Zuerst nun zierte sich Protagoras d
und klagte, es wäre ein gar beschwerlicher Satz; endlich aber
bequemte er sich doch zu antworten. – Komm also, sprach ich,
antworte mir von Anfang an. Dünken dich einige Menschen,
indem sie Unrecht tun, besonnen zu sein? – Es soll so sein,

— Ἔφη. — Τὸ δ' εὖ φρονεῖν εὖ βουλεύεσθαι ὅτι ἀδικοῦσιν; — Ἔστω, ἔφη. — Πότερον, ἦν δ' ἐγώ, εἰ εὖ πράττουσιν ἀδικοῦντες ἢ εἰ κακῶς; — Εἰ εὖ. — Λέγεις οὖν ἀγαθὰ ἄττα εἶναι; — Λέγω. — Ἆρ' οὖν, ἦν δ' ἐγώ, ταῦτ' ἐστὶν ἀγαθά, ἅ ἐστιν ὠφέλιμα τοῖς ἀνθρώποις; — Καὶ ναὶ μὰ Δί', ἔφη, κἂν μὴ τοῖς ἀνθρώποις ὠφέλιμα ᾖ, ἔγωγε καλῶ e
ἀγαθά.

Καί μοι ἐδόκει ὁ Πρωταγόρας ἤδη τετραχύνθαι τε καὶ ἀγωνιᾶν καὶ παρατετάσθαι πρὸς τὸ ἀποκρίνεσθαι· ἐπειδὴ οὖν ἑώρων αὐτὸν οὕτως ἔχοντα, εὐλαβούμενος ἠρέμα ἠρόμην. — Πότερον, ἦν δ' ἐγώ, λέγεις, ὦ Πρωταγόρα, ἃ μηδενὶ ἀνθρώπων ὠφέλιμά ἐστιν, ἢ ἃ μηδὲ τὸ παράπαν 334
ὠφέλιμα; Καὶ τὰ τοιαῦτα σὺ ἀγαθὰ καλεῖς; — Οὐδαμῶς, ἔφη· ἀλλ' ἔγωγε πολλὰ οἶδα ἀνθρώποις μὲν ἀνωφελῆ [ἐστι] καὶ σιτία καὶ ποτὰ καὶ φάρμακα καὶ ἄλλα μυρία, τὰ δέ γε ὠφέλιμα· τὰ δὲ ἀνθρώποις μὲν οὐδέτερα, ἵπποις δέ· τὰ δὲ βουσὶν μόνον, τὰ δὲ κυσίν· τὰ δέ γε τούτων μὲν οὐδενί, δένδροις δέ· τὰ δὲ τοῦ δένδρου ταῖς μὲν ῥίζαις ἀγαθά, ταῖς δὲ βλάσταις πονηρά, οἷον καὶ ἡ κόπρος πάντων τῶν φυτῶν ταῖς μὲν ῥίζαις ἀγαθὸν παραβαλλομένη, εἰ δ' ἐθέ- b
λοις ἐπὶ τοὺς πτόρθους καὶ τοὺς νέους κλῶνας ἐπιβάλλειν, πάντα ἀπόλλυσιν· ἐπεὶ καὶ τὸ ἔλαιον τοῖς μὲν φυτοῖς ἅπασίν ἐστιν πάγκακον καὶ ταῖς θριξὶν πολεμιώτατον ταῖς τῶν ἄλλων ζῴων πλὴν ταῖς τοῦ ἀνθρώπου, ταῖς δὲ τοῦ ἀνθρώπου ἀρωγὸν καὶ τῷ ἄλλῳ σώματι. Οὕτω δὲ ποικίλον τί ἐστιν τὸ ἀγαθὸν καὶ παντοδαπόν, ὥστε καὶ ἐνταῦθα τοῖς μὲν ἔξωθεν τοῦ σώματος ἀγαθόν ἐστιν τῷ ἀνθρώπῳ, τοῖς c
δ' ἐντὸς ταὐτὸν τοῦτο κάκιστον· καὶ διὰ τοῦτο οἱ ἰατροὶ πάντες ἀπαγορεύουσιν τοῖς ἀσθενοῦσιν μὴ χρῆσθαι ἐλαίῳ, ἀλλ' ἢ ὅ τι σμικροτάτῳ ἐν τούτοις οἷς μέλλει ἔδεσθαι, ὅσον μόνον τὴν δυσχέρειαν κατασβέσαι τὴν ἐπὶ ταῖς αἰσθήσεσι ταῖς διὰ τῶν ῥινῶν γιγνομένην ἐν τοῖς σιτίοις τε καὶ ὄψοις.

sagte er. – Unter dem Besonnensein aber meinst du, daß sie
sich wohl besinnen? – Er bejahete es. – Und sich recht besinnen
heißt, daß sie sich wohl beraten in dem was sie Unrecht tun? –
Das soll gelten, sagte er. – Ob wohl, fragte ich, wenn sie sich
wohl befinden beim Unrechttun, oder wenn übel? – Wenn sie
sich wohl befinden. – Nimmst du nun an, daß einiges gut ist? –
Das sage ich. – Ist etwa, sprach ich, dasjenige gut, was den
Menschen nützlich ist? – Ja auch beim Zeus, sagte er, manches e
was den Menschen nicht nützlich ist nenne ich wenigstens doch
gut. – Und mich dünkte Protagoras schon ganz verdrießlich zu
sein, und sich zu ängstigen und zu sträuben gegen das Ant-
worten; und da ich ihn in dieser Verfassung sah, nahm ich mich
in Acht und fragte nur ganz bedächtig weiter. Meinst du nur,
sprach ich, was keinem Menschen nützlich ist, oder auch was 334a
ganz und gar nicht nützlich ist, und nennst du auch solche
Dinge gut? – Keinesweges, sagte er, aber ich kenne sehr viele
Dinge, welche zwar dem Menschen völlig unnütz sind, Spei-
sen, Getränke, Arzeneien und sonst tausenderlei; andere sind
ihm nützlich; wiederum andere sind dem Menschen zwar kei-
nes von beiden, wohl aber den Pferden, andere wieder nur den
Ochsen, andere den Hunden, noch andere keinem von allen
diesen, wohl aber den Bäumen; ja einiges ist wiederum für die
Wurzeln der Bäume gut, für die Zweige aber schädlich, wie
zum Beispiel der Mist um die Wurzeln gelegt allen Pflanzen b
heilsam ist, wolltest du ihn aber auf die Triebe oder auf die
jungen Zweige legen, so würde alles verderben. So ist auch das
Öl allen Pflanzen sehr schädlich, und auch den Haaren der
anderen Tiere sehr verderblich, nur denen des Menschen nicht,
denn diesen ist es zum Wachstum beförderlich und so auch
seinem übrigen Körper. Und so schillert das Gute und ver-
wandelt sich immer wieder, daß auch dieses hier für die äuße-
ren Teile des Körpers zwar sehr gut ist, dasselbige aber den c
inneren sehr übel. Daher verbieten auch alle Ärzte den Kran-
ken das Öl, bis auf etwas weniges an dem was sie genießen, nur
so viel eben hinreicht um das Widrige zu dämpfen, was ver-
schiedene Speisen sonst für die Empfindungen, die wir durch
die Geruchswerkzeuge bekommen, an sich haben würden.

Εἰπόντος οὖν ταῦτα αὐτοῦ οἱ παρόντες ἀνεθορύβησαν
ὡς εὖ λέγοι· καὶ ἐγὼ εἶπον· — Ὦ Πρωταγόρα, ἐγὼ τυγ-
χάνω ἐπιλήσμων τις ὢν ἄνθρωπος, καὶ ἐάν τίς μοι μακρὰ
λέγῃ, ἐπιλανθάνομαι περὶ οὗ ἂν ᾖ ὁ λόγος. Ὥσπερ οὖν, εἰ d
ἐτύγχανον ὑπόκωφος ὤν, ᾤου ἂν χρῆναι, εἴπερ ἔμελλές
μ ι διαλέξεσθαι, μεῖζον φθέγγεσθαι ἢ πρὸς τοὺς ἄλλους,
οὕτω καὶ νῦν, ἐπειδὴ ἐπιλήσμονι ἐνέτυχες, σύντεμνέ μι
τὰς ἀποκρίσεις καὶ βραχυτέρας ποίει, εἰ μέλλω σοι ἕπε-
σθαι. — Πῶς οὖν κελεύεις με βραχέα ἀποκρίνεσθαι ; Ἢ
βραχύτερά σοι, ἔφη, ἀποκρίνωμαι ἢ δεῖ ; — Μηδαμῶς, ἦν
δ' ἐγώ. — Ἀλλ' ὅσα δεῖ ; ἔφη. — Ναί, ἦν δ' ἐγώ. — Πό- e
τερα οὖν ὅσα ἐμοὶ δοκεῖ δεῖν ἀποκρίνεσθαι, τοσαῦτά σοι
ἀποκρίνωμαι, ἢ ὅσα σοί ; — Ἀκήκοα γοῦν, ἦν δ' ἐγώ, ὅτι
σὺ οἷός τ' εἶ καὶ αὐτὸς καὶ ἄλλον διδάξαι περὶ τῶν αὐτῶν
καὶ μακρὰ λέγειν, ἐὰν βούλῃ, οὕτως ὥστε τὸν λόγον μηδέ-
ποτε ἐπιλιπεῖν, καὶ αὖ βραχέα οὕτως ὥστε μηδένα σοῦ ἐν 335
βραχυτέροις εἰπεῖν· εἰ οὖν μέλλεις ἐμοὶ διαλέξεσθαι, τῷ
ἑτέρῳ χρῶ τρόπῳ πρός με, τῇ βραχυλογίᾳ. — Ὦ Σώκρα-
τες, ἔφη, ἐγὼ πολλοῖς ἤδη εἰς ἀγῶνα λόγων ἀφικόμην
ἀνθρώποις, καὶ εἰ τοῦτο ἐποίουν ὃ σὺ κελεύεις, ὡς ὁ ἀντι-
λέγων ἐκέλευέν με διαλέγεσθαι, οὕτω διελεγόμην, οὐδενὸς
ἂν βελτίων ἐφαινόμην οὐδ' ἂν ἐγένετο Πρωταγόρου ὄνομα
ἐν τοῖς Ἕλλησιν.

Καὶ ἐγώ — ἔγνων γὰρ ὅτι οὐκ ἤρεσεν αὐτὸς αὑτῷ ταῖς
ἀποκρίσεσιν ταῖς ἔμπροσθεν, καὶ ὅτι οὐκ ἐθελήσοι ἑκὼν b
εἶναι ἀποκρινόμενος διαλέγεσθαι — ἡγησάμενος οὐκέτι
ἐμὸν ἔργον εἶναι παρεῖναι ἐν ταῖς συνουσίαις· — Ἀλλά
τοι, ἔφην, ὦ Πρωταγόρα, οὐδ' ἐγὼ λιπαρῶς ἔχω παρὰ τὰ σοὶ
δοκοῦντα τὴν συνουσίαν ἡμῖν γίγνεσθαι, ἀλλ' ἐπειδὰν σὺ
βούλῃ διαλέγεσθαι ὡς ἐγὼ δύναμαι ἕπεσθαι, τότε σοι
διαλέξομαι. Σὺ μὲν γάρ, ὡς λέγεται περὶ σοῦ, φῂς δὲ καὶ
αὐτός, καὶ ἐν μακρολογίᾳ καὶ ἐν βραχυλογίᾳ οἷός τ' εἶ

3.4. Vorläufiger Abbruch – methodisches Intermezzo
3.4.1. Streit über die Länge der Redebeiträge; Sokrates will aufbrechen

Als er dies gesagt, erhoben die Anwesenden ein Geräusch
von Beifallsbezeugungen, wie schön er spräche. Ich aber sagte,
o Protagoras, ich bin ein sehr vergeßlicher Mensch, und wenn
Jemand so lange spricht, vergesse ich ganz wovon eigentlich d
die Rede ist. So wie nun, wenn ich etwas taub wäre, du glauben
würdest, wenn du anders mit mir reden wolltest, lauter spre-
chen zu müssen als mit anderen: so auch jetzt, da du mit einem
Vergeßlichen zu tun hast, beschneide mir die Antworten und
mache sie etwas kürzer, wenn ich dir anders folgen soll. – Wie
heißest du mich denn kurz antworten? etwa kürzer soll ich dir
antworten, sagte er, als nötig ist? – Keineswegs, sprach ich. –
Also so viel als nötig ist? – O ja, sagte ich. – Soll ich dir also so e
viel antworten als ich für nötig halte, oder so viel als du? – Ich
habe doch gehört, sprach ich, du besäßest die Geschicklichkeit
und teiltest sie auch Andern mit, über dieselbe Sache sowohl
lange zu reden, wenn du willst, so daß dir die Rede niemals
abreißt, als auch wiederum so kurz, daß sich niemand kürzer 335a
fassen kann als du. Willst du nun mit mir ein Gespräch führen,
so bediene dich gegen mich der andern Art zu reden, der Kurz-
rednerei. – O Sokrates, sagte er, schon mit vielen Menschen
habe ich den Kampf des Redens bestanden, hätte ich aber das
getan, was du von mir verlangst, nämlich immer auf die Art
das Gespräch geführt, wie mein Gegner es mich führen hieß, so
würde ich gewiß keinen Einzigen überwunden haben, und
Protagoras würde keinen Namen haben unter den Hellenen. –
Ich aber, denn ich merkte wohl, daß er sich in seinen vorigen
Antworten gar nicht gefallen hatte, und daß er gutwillig nicht b
würde der Antwortende sein wollen im Gespräch, glaubte daß
für mich in dieser Zusammenkunft nichts mehr zu tun wäre,
und sagte: Aber Protagoras, auch ich bin ja nicht erpicht dar-
auf, daß unsere Unterhaltung anders als es dir recht ist geführt
werde; sondern wenn es dir gelegen sein wird so Gespräch zu
führen, wie ich dir folgen kann, dann will ich mit dir reden.
Denn du, wie man von dir rühmt und du auch selbst sagst,
verstehst beides sowohl in langen Reden als in kurzen die Un-

συνουσίας ποιεῖσθαι· σοφὸς γὰρ εἶ· ἐγὼ δὲ τὰ μακρὰ c
ταῦτα ἀδύνατος, ἐπεὶ ἐβουλόμην ἂν οἷός τ' εἶναι. Ἀλλὰ
σὲ ἐχρῆν ἡμῖν συγχωρεῖν τὸν ἀμφότερα δυνάμενον,
ἵνα ἡ συνουσία ἐγίγνετο· νῦν δὲ ἐπειδὴ οὐκ ἐθέλεις καὶ
ἐμοί τις ἀσχολία ἐστὶν καὶ οὐκ ἂν οἷός τ' εἴην σοι
παραμεῖναι ἀποτείνοντι μακροὺς λόγους — ἐλθεῖν γάρ ποί
με δεῖ — εἶμι· ἐπεὶ καὶ ταῦτ' ἂν ἴσως οὐκ ἀηδῶς σου
ἤκουον.

Καὶ ἅμα ταῦτ' εἰπὼν ἀνιστάμην ὡς ἀπιών· καί μου ἀνι-
σταμένου ἐπιλαμβάνεται ὁ Καλλίας τῆς χειρὸς τῇ δεξιᾷ,
τῇ δ' ἀριστερᾷ ἀντελάβετο τοῦ τρίβωνος τουτουί, καὶ εἶπεν· d
— Οὐκ ἀφήσομέν σε, ὦ Σώκρατες· ἐὰν γὰρ σὺ ἐξέλθῃς,
οὐχ ὁμοίως ἡμῖν ἔσονται οἱ διάλογοι. Δέομαι οὖν σου παρα-
μεῖναι ἡμῖν· ὡς ἐγὼ οὐδ' ἂν ἑνὸς ἥδιον ἀκούσαιμι ἢ σοῦ τε
καὶ Πρωταγόρου διαλεγομένων. Ἀλλὰ χάρισαι ἡμῖν πᾶσιν.
— Καὶ ἐγὼ εἶπον, ἤδη δὲ ἀνειστήκη ὡς ἐξιών· Ὦ παῖ
Ἱππονίκου, ἀεὶ μὲν ἔγωγέ σου τὴν φιλοσοφίαν ἄγαμαι, ἀτὰρ
καὶ νῦν ἐπαινῶ καὶ φιλῶ, ὥστε βουλοίμην ἂν χαρίζεσθαί e
σοι, εἴ μου δυνατὰ δέοιο· νῦν δ' ἐστὶν ὥσπερ ἂν εἰ δέοιό
μου Κρίσωνι τῷ Ἱμεραίῳ δρομεῖ ἀκμάζοντι ἕπεσθαι, ἢ τῶν
δολιχοδρόμων τῳ ἢ τῶν ἡμεροδρόμων διαθεῖν τε καὶ ἕπε-
σθαι. Εἴποιμι ἄν σοι ὅτι πολὺ σοῦ μᾶλλον ἐγὼ ἐμαυτοῦ 336
δέομαι θέουσιν τούτοις ἀκολουθεῖν, ἀλλ' οὐ γὰρ δύναμαι,
ἀλλ' εἴ τι δέει θεάσασθαι ἐν τῷ αὐτῷ ἐμέ τε καὶ Κρίσωνα
θέοντας, τούτου δέου συγκαθεῖναι· ἐγὼ μὲν γὰρ οὐ δύναμαι
ταχὺ θεῖν, οὗτος δὲ δύναται βραδέως. Εἰ οὖν ἐπιθυμεῖς
ἐμοῦ καὶ Πρωταγόρου ἀκούειν, τούτου δέου, ὥσπερ τὸ
πρῶτόν μοι ἀπεκρίνατο διὰ βραχέων τε καὶ αὐτὰ τὰ ἐρω-
τώμενα, οὕτω καὶ νῦν ἀποκρίνεσθαι· εἰ δὲ μή, τίς ὁ τρό- b
πος ἔσται τῶν διαλόγων ; Χωρὶς γὰρ ἔγωγ' ᾤμην εἶναι τὸ
συνεῖναί τε ἀλλήλοις διαλεγομένους καὶ τὸ δημηγορεῖν. —

terhaltung zu führen; denn du bist eben ein weiser Mann, ich c
aber weiß nun einmal mit diesen langen Reden gar nicht umzugehn, wiewohl ich sehr wünschte auch das zu verstehen. Also solltest du der du beides kannst, uns nachgeben, damit eine Unterhaltung zu Stande käme. Nun aber du nicht willst, und auch ich nicht länger Zeit habe, und es nicht abwarten könnte, wenn du deine Reden so in die Länge zögest, denn ich muß anders wohin: so gehe ich; wiewohl auch dieses hörte ich gewiß gern von dir.

3.4.2. Intervention der anderen Gesprächsteilnehmer

Und mit diesen Worten stand ich auf, um fortzugehen; aber so wie ich aufstand ergriff mich Kallias mit einer Hand bei der
Rechten, und mit der andern hielt er mich hier beim Mantel d
und sagte: Wir werden dich nicht loslassen, Sokrates, denn wenn du uns fortgehst wird es mit unseren Gesprächen gar nicht mehr dasselbe sein. Ich bitte dich also bei uns zu bleiben; denn ich weiß Keinen, den ich lieber hören möchte als dich und den Protagoras mit einander reden. Sei also uns Allen gefällig. – Ich erwiderte, ich war aber schon aufgestanden um zu gehen: Immer, Kallias, habe ich an deiner Liebe zur Wissenschaft mei-
ne Freude gehabt, und so lobe und liebe ich sie auch jetzt. So e
daß ich dir gern willfahren würde, wenn du etwas mögliches bätest; nun aber ist es, wie wenn du mich bätest mit dem Krison aus Himera, unserm stärksten Wettläufer, oder mit irgend einem andern Wettläufer oder Eilboten zu laufen und gleichen
Schritt mit ihnen zu halten, ich dir dann sagen würde, mir wäre 336a
es noch weit lieber als dir, wenn ich diesen nachkommen könnte im Laufen; aber ich kann doch nicht. Ist es dir also lieb mich und den Krison zusammen laufen zu sehen, so bitte diesen, daß er nachlasse; denn ich kann nicht geschwind laufen, er aber kann langsam. Wünschest du also mich und den Protagoras zusammen zu hören, so bitte diesen, wie er mir vorher geantwortet hat in kurzen Worten und auf das was ich fragte, so auch
jetzt noch mir zu antworten; wo aber nicht, welches soll denn b
die Weise der Gespräche sein? Denn ich wenigstens habe immer geglaubt, dies wären zwei ganz verschiedene Dinge, Gespräch mit einander führen, und Reden halten. – Aber sieh nur,

Ἀλλ' ὁρᾷς, ἔφη, ὦ Σώκρατες· δίκαια δοκεῖ λέγειν Πρωτα-
γόρας ἀξιῶν αὑτῷ τε ἐξεῖναι διαλέγεσθαι ὅπως βούλεται
καὶ σοὶ ὅπως ἂν αὖ σὺ βούλῃ.

Ὑπολαβὼν οὖν ὁ Ἀλκιβιάδης· — Οὐ καλῶς λέγεις, ἔφη,
ὦ Καλλία· Σωκράτης μὲν γὰρ ὅδε ὁμολογεῖ μὴ μετεῖναι
οἱ μακρολογίας καὶ παραχωρεῖ Πρωταγόρᾳ, τοῦ δὲ διαλέ-
γεσθαι οἷός τ' εἶναι καὶ ἐπίστασθαι λόγον τε δοῦναι καὶ c
δέξασθαι θαυμάζοιμ' ἂν εἴ τῳ ἀνθρώπων παραχωρεῖ. Εἰ
μὲν οὖν καὶ Πρωταγόρας ὁμολογεῖ φαυλότερος εἶναι Σω-
κράτους διαλεχθῆναι, ἐξαρκεῖ Σωκράτει· εἰ δὲ ἀντιποιεῖ-
ται, διαλεγέσθω ἐρωτῶν τε καὶ ἀποκρινόμενος, μὴ ἐφ'
ἑκάστῃ ἐρωτήσει μακρὸν λόγον ἀποτείνων, ἐκκρούων τοὺς
λόγους καὶ οὐκ ἐθέλων διδόναι λόγον, ἀλλ' ἀπομηκύνων ἕως d
ἂν ἐπιλάθωνται περὶ ὅτου τὸ ἐρώτημα ἦν οἱ πολλοὶ τῶν
ἀκουόντων· ἐπεὶ Σωκράτη γε ἐγὼ ἐγγυῶμαι μὴ ἐπιλήσεσθαι,
οὐχ ὅτι παίζει καί φησιν ἐπιλήσμων εἶναι. Ἐμοὶ μὲν οὖν
δοκεῖ ἐπιεικέστερα Σωκράτης λέγειν· χρὴ γὰρ ἕκαστον τὴν
ἑαυτοῦ γνώμην ἀποφαίνεσθαι.

Μετὰ δὲ τὸν Ἀλκιβιάδην, ὡς ἐγῷμαι, Κριτίας ἦν ὁ
εἰπών· — Ὦ Πρόδικε καὶ Ἱππία, Καλλίας μὲν δοκεῖ μοι
μάλα πρὸς Πρωταγόρου εἶναι, Ἀλκιβιάδης δὲ ἀεὶ φιλόνι- e
κός ἐστι πρὸς ὃ ἂν ὁρμήσῃ· ἡμᾶς δὲ οὐδὲν δεῖ συμφιλονι-
κεῖν οὔτε Σωκράτει οὔτε Πρωταγόρᾳ, ἀλλὰ κοινῇ ἀμφοτέ-
ρων δεῖσθαι μὴ μεταξὺ διαλῦσαι τὴν ξυνουσίαν.

Εἰπόντος δὲ αὐτοῦ ταῦτα ὁ Πρόδικος· — Καλῶς μοι, 337
ἔφη, δοκεῖς λέγειν, ὦ Κριτία· χρὴ γὰρ τοὺς ἐν τοιοῖσδε
λόγοις παραγιγνομένους κοινοὺς μὲν εἶναι ἀμφοῖν τοῖν
διαλεγομένοιν ἀκροατάς, ἴσους δὲ μή. Ἔστιν γὰρ οὐ ταὐ-
τόν· κοινῇ μὲν γὰρ ἀκοῦσαι δεῖ ἀμφοτέρων, μὴ ἴσον δὲ
νεῖμαι ἑκατέρῳ, ἀλλὰ τῷ μὲν σοφωτέρῳ πλέον, τῷ δὲ ἀμα-
θεστέρῳ ἔλαττον. Ἐγὼ μὲν καὶ αὐτός, ὦ Πρωταγόρα τε
καὶ Σώκρατες, ἀξιῶ ὑμᾶς συγχωρεῖν καὶ ἀλλήλοις περὶ
τῶν λόγων ἀμφισβητεῖν μέν, ἐρίζειν δὲ μή· ἀμφισβητοῦσι b

Sokrates, sagte er, Protagoras scheint doch Recht zu haben,
wenn er verlangt, ihm solle erlaubt sein zu sprechen, wie er
will, und dir wie du willst. – Darauf nahm Alkibiades das Wort
und sagte: Du hast Unrecht Kallias! denn Sokrates gesteht ja
mit der Langrednerei nicht Bescheid zu wissen, und räumt
darin dem Protagoras den Vorzug ein: aber ein ordentliches
Gespräch recht zu führen, dem Andern Rede zu stehen und ihn c
dann auch wieder auszufragen, darin sollte es mich sehr Wun-
der nehmen, wenn er irgend Jemand den Vorzug einräumte.
Gesteht nun Protagoras seiner Seits, daß er schlechter ist im
Gesprächführen als Sokrates, so ist Sokrates zufrieden; will er
sich ihm aber gegenüber stellen, wohl, so mag er auch ordent-
lich in Frage und Antwort mit ihm sprechen, nicht aber nach
jeder Frage eine lange Rede ausspinnen, der Frage ausweichen,
und anstatt den Andern zum Worte zu lassen immer weiter d
reden, bis die mehresten unter den Zuhörern vergessen haben,
was die Frage eigentlich betraf. Denn für den Sokrates ver-
bürge ich mich, daß er es nicht vergessen wird, ob er gleich
scherzt und sagt, er sei vergeßlich. Mir also scheint, was Sokra-
tes sagt, billiger; denn Jeder muß seine Meinung kund geben. –
Nach dem Alkibiades war es glaube ich Kritias welcher sagte:
O Prodikos und Hippias, Kallias freilich dünkt mich sehr für
den Protagoras zu sein, Alkibiades aber ist auch immer e
rechthaberisch wenn er worauf seinen Sinn gesetzt hat. Uns
aber ziemt es für keinen von Beiden Partei zu nehmen, weder
den Sokrates noch den Protagoras, sondern nur insgemein Bei-
de zu bitten uns die Unterhaltung nicht in der Mitte abzubre-
chen. – Als er dies gesagt, sprach Prodikos: Sehr richtig dünkst 337a
du mich zu sprechen, Kritias. Denn die bei einer solchen Un-
terredung gegenwärtigen müssen zwar beide Unterredner ins-
gemein anhören, nicht aber beide gleich, denn das ist nicht
einerlei. Nämlich sie müssen zwar beide insgemein anhören,
nicht aber beiden gleiches gewähren, sondern dem Weiseren
mehr, dem Unweiseren weniger. Auch ich, o Protagoras und
Sokrates, bitte euch beide nachzugeben, und über eure Sätze zu
streiten, aber nicht zu zanken, denn streiten können auch b

μὲν γὰρ καὶ δι' εὔνοιαν οἱ φίλοι τοῖς φίλοις, ἐρίζουσιν δὲ οἱ διάφοροί τε καὶ ἐχθροὶ ἀλλήλοις. Καὶ οὕτως ἂν καλλίστη ἡμῖν ἡ συνουσία γίγνοιτο· ὑμεῖς τε γὰρ οἱ λέγοντες μάλιστ' ἂν οὕτως ἐν ἡμῖν τοῖς ἀκούουσιν εὐδοκιμοῖτε καὶ οὐκ ἐπαινοῖσθε· εὐδοκιμεῖν μὲν γάρ ἔστιν παρὰ ταῖς ψυχαῖς τῶν ἀκουόντων ἄνευ ἀπάτης, ἐπαινεῖσθαι δὲ ἐν λόγῳ πολλάκις παρὰ δόξαν ψευδομένων· ἡμεῖς τ' αὖ οἱ ἀκούοντες μάλιστ' ἂν οὕτως εὐφραινοίμεθα, οὐχ ἡδοίμεθα· c
εὐφραίνεσθαι μὲν γάρ ἔστιν, μανθάνοντά τι καὶ φρονήσεως μεταλαμβάνοντα αὐτῇ τῇ διανοίᾳ, ἥδεσθαι δὲ ἐσθίοντά τι ἢ ἄλλο ἡδὺ πάσχοντα αὐτῷ τῷ σώματι. — Ταῦτα οὖν εἰπόντος τοῦ Προδίκου πολλοὶ πάνυ τῶν παρόντων ἀπεδέξαντο.

Μετὰ δὲ τὸν Πρόδικον Ἱππίας ὁ σοφὸς εἶπεν· — Ὦ ἄνδρες, ἔφη, οἱ παρόντες, ἡγοῦμαι ἐγὼ ὑμᾶς συγγενεῖς τε καὶ οἰκείους καὶ πολίτας ἅπαντας εἶναι φύσει, οὐ νόμῳ·
τὸ γὰρ ὅμοιον τῷ ὁμοίῳ φύσει συγγενές ἐστιν, ὁ δὲ νόμος, d
τύραννος ὢν τῶν ἀνθρώπων, πολλὰ παρὰ τὴν φύσιν βιάζεται. Ἡμᾶς οὖν αἰσχρὸν τὴν μὲν φύσιν τῶν πραγμάτων εἰδέναι, σοφωτάτους δὲ ὄντας τῶν Ἑλλήνων, καὶ κατ' αὐτὸ τοῦτο νῦν συνεληλυθότας τῆς τε Ἑλλάδος εἰς αὐτὸ τὸ πρυτανεῖον τῆς σοφίας καὶ αὐτῆς τῆς πόλεως εἰς τὸν μέγιστον καὶ ὀλβιώτατον οἶκον τόνδε, μηδὲν τούτου τοῦ
ἀξιώματος ἄξιον ἀποφήνασθαι, ἀλλ' ὥσπερ τοὺς φαυλο- e
τάτους τῶν ἀνθρώπων διαφέρεσθαι ἀλλήλοις. Ἐγὼ μὲν οὖν καὶ δέομαι καὶ συμβουλεύω, ὦ Πρωταγόρα τε καὶ Σώκρατες, συμβῆναι ὑμᾶς ὥσπερ ὑπὸ διαιτητῶν ἡμῶν συμβι-
βαζόντων εἰς τὸ μέσον, καὶ μήτε σὲ τὸ ἀκριβὲς τοῦτο 338
εἶδος τῶν διαλόγων ζητεῖν τὸ κατὰ βραχὺ λίαν, εἰ μὴ ἡδὺ Πρωταγόρᾳ, ἀλλ' ἐφεῖναι καὶ χαλάσαι τὰς ἡνίας τοῖς λόγοις, ἵνα μεγαλοπρεπέστεροι καὶ εὐσχημονέστεροι ἡμῖν φαίνωνται, μήτ' αὖ Πρωταγόραν πάντα κάλων ἐκτείναντα, οὐρίᾳ ἐφέντα, φεύγειν εἰς τὸ πέλαγος τῶν λόγων, ἀποκρύ-

Freunde mit Freunden in allem Wohlmeinen, aber zanken nur
die, welche uneinig und auch feindselig gegen einander sind.
Und auf diese Art wird unsere Unterhaltung am schönsten
fortgehen. Denn ihr, die Sprechenden, werdet so am meisten
von uns, den Hörenden, geachtet werden, nicht gelobt; geach-
tet nämlich wird man in den Seelen der Hörenden ohne Betrug,
gelobt aber mit Worten von Solchen die oft gegen ihre Über-
zeugung unwahres reden: wir aber, die Hörenden, werden so
am meisten Vergnügen davon haben, nicht Genuß, denn Ver- c
gnügen hat auch wer etwas erlernt und Gedanken auffaßt mit
der Seele selbst, Genuß aber nur wer etwas ißt oder sonst eine
angenehme Empfindung durch den Körper selbst empfängt. –
Mit dieser Rede fand Prodikos bei den mehrsten Anwesenden
großen Beifall. Nach dem Prodikos aber sprach Hippias der
weise. Ich denke, sagte er, ihr versammelten Männer, daß wir
Verwandte und Befreundete und Mitbürger von Natur sind
nicht durch das Gesetz. Denn das Ähnliche ist dem Ähnlichen d
von Natur verwandt, das Gesetz aber, welches ein Tyrann der
Menschen ist, erzwingt vieles gegen die Natur. Für uns also
wäre es schändlich die Natur der Sache zwar zu kennen, uns
aber dennoch, obgleich die weisesten unter den Hellenen, und
eben deshalb in dieser Stadt als dem Hauptsitz Hellenischer
Weisheit, und in diesem Hause als dem angesehensten und
glänzendsten dieser Stadt versammelt, dieser Würde nicht
würdig zu zeigen, sondern wie die gemeinsten Menschen un- e
tereinander uns zu veruneinigen. Ich bitte und rate euch daher,
o Protagoras und Sokrates, von uns als euern Schiedsrichtern
in der Mitte zusammengeführt euch zu vereinigen, so daß we- 338a
der du diese strengste Art des Gespräches forderst, die allzu-
gedrungene Kürze, wenn sie dem Protagoras nicht angenehm
ist, sondern den Reden ein wenig die Zügel nachlassest, damit
sie sich mutiger und in schöneren Bewegungen zeigen können,
noch auch Protagoras alle Segel beisetze, um mit vollem Winde
das Land ganz aus dem Gesicht verlierend in die hohe See der
Reden zu entfliehen, sondern daß ihr euch beide in einem mitt-

ψαντα γῆν, ἀλλὰ μέσον τι ἀμφοτέρους τεμεῖν. Ὡς οὖν ποιήσατε καὶ πίθεσθέ μοι ῥαβδοῦχον καὶ ἐπιστάτην καὶ πρύτανιν ἑλέσθαι, ὃς ὑμῖν φυλάξει τὸ μέτριον μῆκος τῶν b
λόγων ἑκατέρου.

Ταῦτα ἤρεσε τοῖς παροῦσι, καὶ πάντες ἐπῄνεσαν, καὶ ἐμέ τε ὁ Καλλίας οὐκ ἔφη ἀφήσειν καὶ ἑλέσθαι ἐδέοντο ἐπιστάτην. Εἶπον οὖν ἐγὼ ὅτι αἰσχρὸν εἴη βραβευτὴν ἑλέσθαι τῶν λόγων· εἴτε γὰρ χείρων ἔσται ἡμῶν ὁ αἱρεθείς, οὐκ ὀρθῶς ἂν ἔχοι τὸν χείρω τῶν βελτιόνων ἐπιστατεῖν, εἴτε ὅμοιος, οὐδ' οὕτως ὀρθῶς· ὁ γὰρ ὅμοιος ἡμῖν ὅμοια καὶ ποιήσει, ὥστε ἐκ περιττοῦ ᾑρήσεται. Ἀλλὰ δὴ βελτίονα c
ἡμῶν αἱρήσεσθε. Τῇ μὲν ἀληθείᾳ, ὡς ἐγᾦμαι, ἀδύνατον ὑμῖν ὥστε Πρωταγόρου τοῦδε σοφώτερόν τινα ἑλέσθαι· εἰ δὲ αἱρήσεσθε μὲν μηδὲν βελτίω, φήσετε δέ, αἰσχρὸν καὶ τοῦτο τῷδε γίγνεται, ὥσπερ φαύλῳ ἀνθρώπῳ ἐπιστάτην αἱρεῖσθαι, ἐπεὶ τό γ' ἐμὸν οὐδέν μοι διαφέρει. Ἀλλ' οὑτωσὶ ἐθέλω ποιῆσαι, ἵν' ὃ προθυμεῖσθε συνουσία τε καὶ διάλογοι ἡμῖν γίγνωνται· εἰ μὴ βούλεται Πρωταγόρας ἀποκρίνεσθαι, οὗτος μὲν ἐρωτάτω, ἐγὼ δὲ ἀποκρινοῦμαι, καὶ d
ἅμα πειράσομαι αὐτῷ δεῖξαι ὡς ἐγώ φημι χρῆναι τὸν ἀποκρινόμενον ἀποκρίνεσθαι· ἐπειδὰν δὲ ἐγὼ ἀποκρίνωμαι ὁπόσ' ἂν οὗτος βούληται ἐρωτᾶν, πάλιν οὗτος ἐμοὶ λόγον ὑποσχέτω ὁμοίως. Ἐὰν οὖν μὴ δοκῇ πρόθυμος εἶναι πρὸς αὐτὸ τὸ ἐρωτώμενον ἀποκρίνεσθαι, καὶ ἐγὼ καὶ ὑμεῖς κοινῇ δεησόμεθα αὐτοῦ ἅπερ ὑμεῖς ἐμοῦ, μὴ διαφθείρειν e
τὴν συνουσίαν· καὶ οὐδὲν δεῖ τούτου ἕνεκα ἕνα ἐπιστάτην γενέσθαι, ἀλλὰ πάντες κοινῇ ἐπιστατήσετε. — Ἐδόκει πᾶσιν οὕτω ποιητέον εἶναι· καὶ ὁ Πρωταγόρας πάνυ μὲν οὐκ ἤθελεν, ὅμως δὲ ἠναγκάσθη ὁμολογῆσαι ἐρωτήσειν, καὶ ἐπειδὰν ἱκανῶς ἐρωτήσῃ, πάλιν δώσειν λόγον κατὰ σμικρὸν ἀποκρινόμενος. Ἤρξατο οὖν ἐρωτᾶν οὑτωσί πως.

leren Durchschnitt haltet. Folget mir daher und macht es so,
daß ihr einen Kampfrichter und Aufseher und Vorsitzer er-
wählet, welcher darauf halte, daß Jeder von euch das gehörige b
Maß in seinen Reden beobachte.

3.4.3. Regeln für die weitere Unterredung

– Das gefiel den Anwesenden, und sie lobten ihn alle, und
Kallias versicherte er würde mich nicht loslassen, und sie baten
einen Aufseher zu erwählen. Ich sagte also, es würde schimpf-
lich sein einen Kampfrichter für unser Gespräch zu bestellen;
denn wenn der gewählte schlechter wäre als wir, so wäre es
nicht richtig, daß der Schlechtere über Bessere die Aufsicht
führe. Wenn er uns ähnlich wäre, wäre es auch so nicht richtig;
denn der Ähnliche würde auch ähnliches wie wir tun, so daß er
ganz zum Überfluß würde gewählt sein. Aber ihr werdet frei- c
lich einen Besseren als wir sind erwählen. Einen in der Tat
weiseren als unser Protagoras, ist euch, glaube ich, unmöglich
zu wählen. Werdet ihr aber einen wählen, der nichts besser ist,
von dem ihr es aber behauptet, so ist auch das für diesen hier
schimpflich, daß ihr ihm wie einem gemeinen Menschen einen
Aufseher bestellt, denn mir für mein Teil gilt es gleich. Dies
aber will ich tun, damit wie ihr es wünscht Unterhaltung und
Gespräch zwischen uns zu Stande komme. Wenn Protagoras
nicht antworten will: so mag er fragen und ich will antworten, d
und dabei versuchen ihm zu zeigen, wie ich meine, daß der
Antwortende antworten müsse. Nachdem aber ich geantwor-
tet habe wieviel nur er hat fragen gewollt, soll auch er wieder-
um gleichermaßen mir Rede stehen; und zeigt er sich nicht
geneigt auf das gefragte selbst zu antworten, dann wollen ich
und ihr ihn insgemein bitten, wie ihr jetzt mich, uns die Un- e
terhaltung nicht zu zerstören. Und es braucht deshalb nicht
Einer Aufseher zu sein, sondern ihr Alle könnt insgemein die
Aufsicht führen. Alle waren der Meinung, so müßte es gehal-
ten werden. Und Protagoras wollte zwar gar nicht recht, ward
aber doch genötigt zu versprechen, daß er fragen, und wenn er
genug gefragt hätte, auch wiederum Rede stehen und in der
Kürze antworten wollte. Er fing also an zu fragen, ohngefähr
so.

— Ἡγοῦμαι, ἔφη, ὦ Σώκρατες, ἐγὼ ἀνδρὶ παιδείας μέγιστον μέρος εἶναι περὶ ἐπῶν δεινὸν εἶναι· ἔστιν δὲ τοῦτο
τὰ ὑπὸ τῶν ποιητῶν λεγόμενα οἷόν τ' εἶναι συνιέναι ἅ τε 339
ὀρθῶς πεποίηται καὶ ἃ μή, καὶ ἐπίστασθαι διελεῖν τε καὶ ἐρωτώμενον λόγον δοῦναι. Καὶ δὴ καὶ νῦν ἔσται τὸ ἐρώτημα περὶ τοῦ αὐτοῦ μὲν περὶ οὗπερ ἐγώ τε καὶ σὺ νυνδὴ διελεγόμεθα, περὶ ἀρετῆς, μετενηνεγμένον δ' εἰς ποίησιν· τοσοῦτον μόνον διοίσει. Λέγει γάρ που Σιμωνίδης πρὸς Σκόπαν τὸν Κρέοντος ὑὸν τοῦ Θετταλοῦ, ὅτι

ἄνδρ' ἀγαθὸν μὲν ἀλαθέως γενέσθαι b
χαλεπόν, χερσίν τε καὶ ποσὶ καὶ νόῳ
τετράγωνον, ἄνευ ψόγου τετυγμένον.

Τοῦτο ἐπίστασαι τὸ ᾆσμα, ἢ πᾶν σοι διεξέλθω ; — Καὶ ἐγὼ εἶπον ὅτι· Οὐδὲν δεῖ· ἐπίσταμαί τε γάρ, καὶ πάνυ μοι τυγχάνει μεμεληκὸς τοῦ ᾄσματος. — Εὖ, ἔφη, λέγεις. Πότερον οὖν καλῶς σοι δοκεῖ πεποιῆσθαι καὶ ὀρθῶς, ἢ οὔ ; — Πάνυ, ἔφην ἐγώ, ⟨καλῶς⟩ τε καὶ ὀρθῶς. — Δοκεῖ δέ σοι καλῶς πεποιῆσθαι, εἰ ἐναντία λέγει αὐτὸς αὑτῷ ὁ ποιητής ; — Οὐ καλῶς, ἦν δ' ἐγώ. — Ὅρα δή, ἔφη, βέλτιον. — Ἀλλ', ὠγαθέ, ἔσκεμμαι ἱκανῶς. — Οἶσθα c
οὖν, ἔφη, ὅτι προϊόντος τοῦ ᾄσματος λέγει που·

οὐδέ μοι ἐμμελέως τὸ Πιττάκειον
νέμεται καίτοι σοφοῦ παρὰ φωτὸς εἰ-
ρημένον· χαλεπὸν φάτ' ἐσθλὸν ἔμμεναι.

Ἐννοεῖς ὅτι ὁ αὐτὸς οὗτος καὶ τάδε λέγει κἀκεῖνα τὰ ἔμπροσθεν ; — Οἶδα, ἦν δ' ἐγώ. — Δοκεῖ οὖν σοι, ἔφη, ταῦτα ἐκείνοις ὁμολογεῖσθαι ; — Φαίνεταί ἔμοιγε. Καὶ ἅμα μέντοι ἐφοβούμην μή τι λέγοι. Ἀτάρ, ἔφην ἐγώ, σοὶ οὐ φαίνεται ; — Πῶς γὰρ ἂν φαίνοιτο ὁμολογεῖν αὐτὸς ἑαυτῷ ὁ d
ταῦτα ἀμφότερα λέγων, ὅς γε τὸ μὲν πρῶτον αὐτὸς ὑπέθετο χαλεπὸν εἶναι ἄνδρα ἀγαθὸν γενέσθαι ἀληθείᾳ, ὀλίγον δὲ τοῦ ποιήματος εἰς τὸ πρόσθεν προελθὼν ἐπελάθετο, καὶ Πιττακὸν τὸν ταὐτὰ λέγοντα ἑαυτῷ, ὅτι

4. Gesprächsführung durch Protagoras: Diskussion über Tugend anhand eines Gedichts von Simonides

4.1. Protagoras: Das Gedicht enthält einen Widerspruch

Ich glaube, sprach er, o Sokrates, daß es ein wichtiges Stück der Unterweisung ist für einen Mann, in Gedichten stark zu sein. Dies besteht aber darin, daß er im Stande ist, das von den 339a
Dichtern gesagte zu verstehen was gut gedichtet ist und was nicht, auch es erklären und wenn er gefragt wird, Rechenschaft geben zu können. So soll auch jetzt zwischen uns die Frage noch ferner von derselben Sache sein, worüber wir jetzt sprechen ich und du, nämlich von der Tugend, nur zunächst in Beziehung auf ein Gedicht, dies soll der ganze Unterschied sein. Simonides sagt doch irgendwo zum Skopas dem Sohne des Thessalier Kreon: Ein trefflicher Mann zu werden schon b
wahrhaftig ist schwer, ein kernfester von Hand und Fuß und Sinn und tadellos gebildeter. Kennst du das Lied, oder soll ich es dir ganz hersagen? – Ich sagte, es ist nicht nötig, denn ich kenne es, und gar viel habe ich mich gemüht um das Lied. – Schön, sprach er. Glaubst du also, daß dies gut und richtig gedichtet ist oder nicht? – Sehr, sagte ich, gut und auch richtig. – Dünkt dich das denn gut gedichtet, wenn der Dichter sich selbst widerspricht? – Nicht gut, sagte ich. – Überlege es dir noch besser, sprach er. – Aber mein Guter, ich habe es hinläng- c
lich bedacht. – Weißt du also, sprach er, daß er weiterhin im Gedicht irgendwo sagt: Auch ist mir nicht abgemessen genug das Pittakeische Wort obwohl von einem weisen Manne gesprochen: schwer ist es, sagt er, tugendlich sein. Bedenkst du wohl, daß er derselbige Mann dieses sagt, und auch jenes vorige? – Ich weiß wohl, sagte ich. – Dünkt dich denn, sprach er, dieses mit jenem übereinzustimmen? – Mir scheint es, sagte ich. Zugleich aber ward mir bange, was er sagte, möchte doch etwas sein, und ich fragte: Also dir erscheint es nicht so? – Wie sollte auch wohl derjenige mit sich selbst übereinstimmend d
erscheinen, der dieses beides sagt, zuerst selbst annimmt, es sei schwer in Wahrheit ein trefflicher Mann zu werden, nachdem er aber etwas weiter vorgerückt ist im Gedicht, dies wieder vergißt und den Pittakos, der ganz dasselbe sagt wie er, daß es

χαλεπὸν ἐσθλὸν ἔμμεναι, τοῦτον μέμφεταί τε καὶ οὔ φησιν ἀποδέχεσθαι αὐτοῦ τὰ αὐτὰ ἑαυτῷ λέγοντος; Καίτοι ὁπότε τὸν ταὐτὰ λέγοντα αὑτῷ μέμφεται, δῆλον ὅτι καὶ ἑαυτὸν μέμφεται, ὥστε ἤτοι τὸ πρότερον ἢ ὕστερον οὐκ ὀρθῶς λέγει. — Εἰπὼν οὖν ταῦτα πολλοῖς θόρυβον παρέσχεν καὶ ἔπαινον τῶν ἀκουόντων· καὶ ἐγὼ τὸ μὲν πρῶτον, e
ὡσπερεὶ ὑπὸ ἀγαθοῦ πύκτου πληγείς, ἐσκοτώθην τε καὶ εἰλιγγίασα εἰπόντος αὐτοῦ ταῦτα καὶ τῶν ἄλλων ἐπιθορυβησάντων· ἔπειτα, ὥς γε πρὸς σὲ εἰρῆσθαι τἀληθῆ, ἵνα μοι χρόνος ἐγγένηται τῇ σκέψει τί λέγοι ὁ ποιητής, τρέπομαι πρὸς τὸν Πρόδικον, καὶ καλέσας αὐτόν· — Ὦ Πρόδικε, ἔφην ἐγώ, σὸς μέντοι Σιμωνίδης πολίτης· δίκαιος εἶ βοη- 340
θεῖν τῷ ἀνδρί. Δοκῶ οὖν μοι ἐγὼ παρακαλεῖν σέ, ὥσπερ ἔφη Ὅμηρος τὸν Σκάμανδρον πολιορκούμενον ὑπὸ τοῦ Ἀχιλλέως τὸν Σιμόεντα παρακαλεῖν, εἰπόντα·

φίλε κασίγνητε, σθένος ἀνέρος ἀμφότεροί περ
σχῶμεν.

Ἀτὰρ καὶ ἐγὼ σὲ παρακαλῶ, μὴ ἡμῖν ὁ Πρωταγόρας τὸν Σιμωνίδην ἐκπέρσῃ. Καὶ γὰρ οὖν καὶ δεῖται τὸ ὑπὲρ Σιμωνίδου ἐπανόρθωμα τῆς σῆς μουσικῆς, ᾗ τό τε βούλεσθαι καὶ ἐπιθυμεῖν διαιρεῖς ὡς οὐ ταὐτὸν ὄν, καὶ ἃ νυνδὴ b
εἶπες πολλά τε καὶ καλά. Καὶ νῦν σκόπει, εἴ σοι συνδοκεῖ ὅπερ ἐμοί. Οὐ γὰρ φαίνεται ἐναντία λέγειν αὐτὸς αὑτῷ Σιμωνίδης. Σὺ γάρ, ὦ Πρόδικε, προαπόφηναι τὴν σὴν γνώμην· ταὐτόν σοι δοκεῖ εἶναι τὸ γενέσθαι καὶ τὸ εἶναι, ἢ ἄλλο; — Ἄλλο νὴ Δί', ἔφη ὁ Πρόδικος. — Οὐκοῦν, ἔφην ἐγώ, ἐν μὲν τοῖς πρώτοις αὐτὸς ὁ Σιμωνίδης τὴν ἑαυτοῦ γνώμην ἀπεφήνατο, ὅτι ἄνδρα ἀγαθὸν ἀληθείᾳ c
γενέσθαι χαλεπὸν εἴη; — Ἀληθῆ λέγεις, ἔφη ὁ Πρόδικος. — Τὸν δέ γε Πιττακόν, ἦν δ' ἐγώ, μέμφεται, οὐχ ὡς οἴεται Πρωταγόρας, τὸ αὐτὸν ἑαυτῷ λέγοντα, ἀλλ' ἄλλο. Οὐ γὰρ τοῦτο ὁ Πιττακὸς ἔλεγεν χαλεπόν, τὸ γενέσθαι

schwer sei tugendlich sein, darüber tadelt, und ihm nicht beistimmen will, da er doch ganz das nämliche wie er selbst behauptet. Wenn er nun den tadelt, der dasselbe wie er sagt, so ist doch offenbar, daß er sich selbst auch tadelt. So daß entweder das erste oder das andere nicht richtig ist. Als er das gesagt, erregte er wieder Geräusch und Beifall von Vielen der Zuhörer. Mir aber wurde zuerst, wie von einem guten Faustkämpfer e
tüchtig getroffen, ganz dunkel vor den Augen und schwindlich, als er das sagte und die Andern das Geräusch des Beifalls erhoben.

4.2. Sokrates bestreitet den Widerspruch, dabei beraten von Prodikos: Bedeutungsunterschied von „sein" und „werden"; die Bedeutung von „schwer"

Hernach aber wendete ich mich, damit ich doch dir wenigstens die Wahrheit sage, um Zeit zu gewinnen zum Nachdenken, was der Dichter wohl meinte, zum Prodikos, rief ihn auf und sagte: Prodikos, dein Landsmann ist ja Simonides, du bist 340a
schuldig dem Manne beizustehen. Ich werde dich also dünkt mich zu Hülfe rufen, wie Homeros erzählt, daß Skamandros vom Achilleus bedrängt den Simoeis zu Hülfe gerufen und gesagt habe: Bruder wohlan! die Gewalt des Mannes da müssen wir beid' jetzt bändigen. Dergestalt rufe auch ich dich herbei, damit Protagoras uns den Simonides nicht ganz werf in den Staub. Überdies auch bedarf des Simonides Verteidigung deine Kunst, durch welche du das Wollen und Begehren unterscheidest, daß das nicht einerlei ist, und was du nur eben b
wieder Vieles und Schönes gesagt hast. Sieh doch also auch hier zu, ob du derselben Meinung bist wie ich. Mir nämlich scheint es nicht, als ob Simonides sich selbst widerspräche. Du aber, Prodikos, eröffne zuerst deine Meinung. Dünkt dich das Werden und das Sein einerlei oder zweierlei? – Zweierlei beim Zeus, sagte Prodikos. – Hatte nun nicht, sprach ich, in der ersten Stelle Simonides seine eigene Meinung dahin geäußert, daß ein trefflicher Mann in Wahrheit zu werden schwer sei? – c
Du hast ganz recht, sagte Prodikos. – Und Pittakos, fuhr ich fort, den er tadelt, sagt gar nicht wie Protagoras glaubt dasselbe, sondern etwas Anderes. Denn Pittakos erklärt gar nicht

ἐσθλόν, ὥσπερ ὁ Σιμωνίδης, ἀλλὰ τὸ ἔμμεναι· ἔστιν δὲ
οὐ ταὐτόν, ὦ Πρωταγόρα, ὥς φησιν Πρόδικος ὅδε, τὸ
εἶναι καὶ τὸ γενέσθαι· εἰ δὲ μὴ τὸ αὐτό ἐστιν τὸ εἶναι τῷ
γενέσθαι, οὐκ ἐναντία λέγει ὁ Σιμωνίδης αὐτὸς αὑτῷ. Καὶ
ἴσως ἂν φαίη Πρόδικος ὅδε καὶ ἄλλοι πολλοί, καθ' d
Ἡσίοδον, γενέσθαι μὲν ἀγαθὸν χαλεπὸν εἶναι· τῆς γὰρ
ἀρετῆς ἔμπροσθεν τοὺς θεοὺς ἱδρῶτα θεῖναι· ὅταν
δέ τις αὐτῆς εἰς ἄκρον ἵκηται, ῥηϊδίην δήπειτα
πέλειν, χαλεπήν περ ἐοῦσαν, ἐκτῆσθαι.

Ὁ μὲν οὖν Πρόδικος ἀκούσας ταῦτα ἐπῄνεσέν με· ὁ δὲ
Πρωταγόρας· — Τὸ ἐπανόρθωμά σοι, ἔφη, ὦ Σώκρατες,
μεῖζον ἁμάρτημα ἔχει ἢ ὃ ἐπανορθοῖς. — Καὶ ἐγὼ εἶπον·
Κακὸν ἄρα μοι εἴργασται, ὡς ἔοικεν, ὦ Πρωταγόρα, καὶ
εἰμί τις γελοῖος ἰατρός· ἰώμενος μεῖζον τὸ νόσημα ποιῶ. — e
Ἀλλ' οὕτως ἔχει, ἔφη. — Πῶς δή; ἦν δ' ἐγώ. — Πολλὴ
ἄν, ἔφη, ἀμαθία εἴη τοῦ ποιητοῦ, εἰ οὕτω φαῦλόν τί φησιν
εἶναι τὴν ἀρετὴν ἐκτῆσθαι, ὅ ἐστιν πάντων χαλεπώτατον,
ὡς ἅπασιν δοκεῖ ἀνθρώποις.

— Καὶ ἐγὼ εἶπον· Νὴ τὸν Δία, εἰς καιρόν γε παρατετύ-
χηκεν ἡμῖν ἐν τοῖς λόγοις Πρόδικος ὅδε. Κινδυνεύει γάρ
τοι, ὦ Πρωταγόρα, ἡ Προδίκου σοφία θεία τις εἶναι πά- 341
λαι, ἤτοι ἀπὸ Σιμωνίδου ἀρξαμένη, ἢ καὶ ἔτι παλαιοτέρα.
Σὺ δὲ ἄλλων πολλῶν ἔμπειρος ὢν ταύτης ἄπειρος εἶναι
φαίνει, οὐχ ὥσπερ ἐγὼ ἔμπειρος διὰ τὸ μαθητὴς εἶναι
Προδίκου τουτουί· καὶ νῦν μοι δοκεῖς οὐ μανθάνειν ὅτι
καὶ τὸ χαλεπὸν τοῦτο ἴσως οὐχ οὕτως Σιμωνίδης ὑπελάμ-
βανεν ὥσπερ σὺ ὑπολαμβάνεις, ἀλλ' ὥσπερ περὶ τοῦ δει-
νοῦ Πρόδικός με οὑτοσὶ νουθετεῖ ἑκάστοτε, ὅταν ἐπαινῶν
ἐγὼ ἢ σὲ ἢ ἄλλον τινὰ λέγω ὅτι Πρωταγόρας σοφὸς καὶ
δεινός ἐστιν ἀνήρ, ἐρωτᾷ εἰ οὐκ αἰσχύνομαι τἀγαθὰ δεινὰ b
καλῶν. Τὸ γὰρ δεινόν, φησίν, κακόν ἐστιν· οὐδεὶς γοῦν
λέγει ἑκάστοτε δεινοῦ πλούτου οὐδὲ δεινῆς εἰρήνης οὐδὲ
δεινῆς ὑγιείας, ἀλλὰ δεινῆς νόσου καὶ δεινοῦ πολέμου

das für das schwere tugendlich werden, wie Simonides, son-
dern das, Sein. Und wie unser Prodikos sagt, o Protagoras, so
ist Werden und Sein gar nicht das nämliche, ist aber Werden
und Sein nicht dasselbe, so hat auch Simonides nicht sich selbst
widersprochen. Vielleicht würde auch Prodikos und mancher d
Andere sagen, nach dem Hesiodos sei gut zu werden zwar
schwer, denn vor die Tugend hätten die Götter den Schweiß
gestellt, wäre aber einer erst zum Gipfel gelanget, alsdann wer-
de sie leicht, wie schwer sie zuvor auch gewesen zu erlangen. –
Als Prodikos dies hörte, lobte er mich. Protagoras aber sagte:
Deine Verteidigung, Sokrates, hat noch schlimmere Gebre-
chen als was du verteidigst. – Dann, sprach ich, habe ich
schlechte Arbeit gemacht, und bin wohl ein lächerlicher Arzt, e
wenn ich durch meine Behandlung die Krankheit verschlim-
mere. – Aber so verhält es sich, sagte er. – Und wie so? fragte
ich. – Großer Unverstand, sprach er, wäre ja das von dem
Dichter, wenn er es so für etwas geringes hielte die Tugend zu
besitzen, was unter allem das schwierigste ist, wie alle Men-
schen glauben. – Darauf sprach ich: Beim Zeus, recht zur ge-
legenen Zeit ist Prodikos uns zugegen bei der Verhandlung.
Denn es mag wohl, o Protagoras, des Prodikos Weisheit eine 341a
göttliche sein schon seit lange her, habe sie nun vom Simonides
angefangen oder noch weit eher. Du aber wiewohl so vieles
Anderen kundig bist dieser offenbar unkundig, nicht wie ich
kundig weil ich ein Schüler des Prodikos bin. Auch jetzt
dünkst du mich nicht zu merken, daß auch dieses Schwer Si-
monides vielleicht gar nicht so gemeint hat, wie du es meinst,
sondern wie Prodikos mich immer schilt wegen des Furcht-
baren, wenn ich dich oder einen andern lobend sage, Prota-
goras ist doch gar ein weiser und furchtbarer Mann, fragt, ob b
ich mich denn nicht schäme etwas Gutes furchtbar zu nennen,
denn das Furchtbare, sagt er, ist böse, kein Mensch redet ja
jemals von furchtbarem Reichtum oder furchtbarem Frieden
oder furchtbarer Gesundheit, sondern von furchtbarer Krank-
heit, furchtbarem Kriege, furchtbarer Armut, so daß das

καὶ δεινῆς πενίας, ὡς τοῦ δεινοῦ κακοῦ ὄντος. Ἴσως οὖν καὶ τὸ χαλεπὸν αὖ οἱ Κεῖοι καὶ ὁ Σιμωνίδης ἢ κακὸν ὑπολαμβάνουσιν ἢ ἄλλο τι ὃ σὺ οὐ μανθάνεις· ἐρώμεθα οὖν Πρόδικον· δίκαιον γὰρ τὴν Σιμωνίδου φωνὴν τοῦτον ἐρωτᾶν· — Τί ἔλεγεν, ὦ Πρόδικε, τὸ χαλεπὸν Σιμωνίδης; c
— Κακόν, ἔφη. — Διὰ ταῦτ' ἄρα καὶ μέμφεται, ἦν δ' ἐγώ, ὦ Πρόδικε, τὸν Πιττακὸν λέγοντα χαλεπὸν ἐσθλὸν ἔμμεναι, ὥσπερ ἂν εἰ ἤκουεν αὐτοῦ λέγοντος ὅτι ἐστὶν κακὸν ἐσθλὸν ἔμμεναι. — Ἀλλὰ τί οἴει, ἔφη, λέγειν, ὦ Σώκρατες, Σιμωνίδην ἄλλο ἢ τοῦτο, καὶ ὀνειδίζειν τῷ Πιττακῷ ὅτι τὰ ὀνόματα οὐκ ἠπίστατο ὀρθῶς διαιρεῖν ἅτε Λέσβιος ὢν καὶ ἐν φωνῇ βαρβάρῳ τεθραμμένος; — Ἀκούεις δή, ἔφην ἐγώ, ὦ Πρωταγόρα, Προδίκου τοῦδε. Ἔχεις τι d
πρὸς ταῦτα λέγειν;

— Καὶ ὁ Πρωταγόρας· Πολλοῦ γε δεῖ, ἔφη, οὕτως ἔχειν, ὦ Πρόδικε. Ἀλλ' ἐγὼ εὖ οἶδ' ὅτι καὶ Σιμωνίδης τὸ χαλεπὸν ἔλεγεν ὅπερ ἡμεῖς οἱ ἄλλοι, οὐ τὸ κακόν, ἀλλ' ὃ ἂν μὴ ῥᾴδιον ᾖ, ἀλλὰ διὰ πολλῶν πραγμάτων γίγνηται. — Ἀλλὰ καὶ ἐγὼ οἶμαι, ἔφην, ὦ Πρωταγόρα, τοῦτο λέγειν Σιμωνίδην, καὶ Πρόδικόν γε τόνδε εἰδέναι, ἀλλὰ παίζειν καὶ σοῦ δοκεῖν ἀποπειρᾶσθαι εἰ οἷός τ' ἔσει τῷ σαυτοῦ λόγῳ βοηθεῖν· ἐπεὶ ὅτι γε Σιμωνίδης οὐ λέγει τὸ χαλεπὸν κακόν, μέγα τεκμήριόν ἐστιν εὐθὺς τὸ μετὰ τοῦτο ῥῆμα· e
λέγει γὰρ ὅτι

θεὸς ἂν μόνος τοῦτ' ἔχοι γέρας.

οὐ δήπου τοῦτό γε λέγων, κακὸν ἐσθλὸν ἔμμεναι, εἶτα τὸν θεόν φησιν μόνον τοῦτο ἂν ἔχειν καὶ τῷ θεῷ τοῦτο γέρας ἀπένειμε μόνῳ· ἀκόλαστον γὰρ ἄν τινα λέγοι Σιμωνίδην ὁ Πρόδικος καὶ οὐδαμῶς Κεῖον. Ἀλλ' ἅ μοι δοκεῖ διανοεῖσθαι Σιμωνίδης ἐν τούτῳ τῷ ᾄσματι, ἐθέλω σοι εἰπεῖν, εἰ βούλει λαβεῖν μου πεῖραν ὅπως ἔχω, ὃ σὺ λέγεις τοῦτο, 342
περὶ ἐπῶν· ἐὰν δὲ βούλῃ, σοῦ ἀκούσομαι. Ὁ μὲν οὖν Πρωταγόρας ἀκούσας μου ταῦτα λέγοντος· — Εἰ σὺ βούλει,

Furchtbare böses ist. Vielleicht nun verstehen eben so die Keer und mit ihnen Simonides unter Schwer entweder das Böse oder sonst etwas was du nicht weißt. Laß uns also den Prodikos fragen, denn es ist ja billig über des Simonides Sprache ihn zu befragen, was doch, o Prodikos, hat Simonides mit dem c
Schwer gemeint? – Böses, sagte er. – Und deswegen, Prodikos, sprach ich, tadelt er auch wohl den Pittakos, welcher sagt Schwer ist es tugendlich sein, als ob er ihn hätte sagen gehört Böse ist es tugendlich sein. – Was sonst, sagte er, glaubst du denn habe Simonides sagen gewollt als eben dieses, und daß er dem Pittakos vorwerfen will, er wisse die Worte nicht zu unterscheiden, wie denn dieser auch ein Lesbier war, ein in barbarischer Mundart auferzogener. – Du hörst doch, Protagoras, sprach ich, was Prodikos sagt; hast du etwas dagegen zu sagen? d
– Darauf sagte Protagoras: Weit gefehlt, Prodikos, daß es sich so verhalten sollte. Sondern das weiß ich ganz gewiß, daß Simonides unter Schwer eben das verstanden hat, was wir Andern darunter verstehn, nämlich nicht das Böse, sondern das was nicht leicht ist, sondern nur durch viele Mühe zu erlangen. – Auch ich glaube, sprach ich, daß Simonides dieses gemeint hat, und daß auch Prodikos es recht gut weiß, er scherzt aber und scheint dich versuchen zu wollen, ob du im Stande sein wirst deinem Satz beizustehen. Denn daß Simonides unter dem Schweren nicht das Böse versteht, davon ist gleich das folgende e
ein deutlicher Beweis wo er sagt: Gott allein mag diese Ehre besitzen. Denn hätte er gesagt Böse ist es tugendlich sein; so konnte er ja unmöglich hernach sagen dies komme Gott allein zu, und Gott allein dies als Vorzug beilegen. Oder Prodikos müßte einen ganz ruchlosen Simonides meinen und gar nicht einen Keïschen. Aber was mir Simonides zu meinen scheint in diesem Liede, das will ich dir sagen, wenn du doch einen Versuch von mir sehen willst, ob ich was du nennst in Gedichten 342a
stark bin; wenn du aber willst, will ich es von dir hören. –

ἔφη, ὦ Σώκρατες· ὁ δὲ Πρόδικός τε καὶ ὁ Ἱππίας ἐκελευέτην πάνυ, καὶ οἱ ἄλλοι.

— Ἐγὼ τοίνυν, ἦν δ' ἐγώ, ἅ γέ μοι δοκεῖ περὶ τοῦ ᾄσματος τούτου, πειράσομαι ὑμῖν διεξελθεῖν. Φιλοσοφία γάρ ἐστιν παλαιοτάτη τε καὶ πλείστη τῶν Ἑλλήνων ἐν Κρήτῃ τε καὶ ἐν Λακεδαίμονι, καὶ σοφισταὶ πλεῖστοι γῆς ἐκεῖ εἰσιν· b
ἀλλ' ἐξαρνοῦνται καὶ σχηματίζονται ἀμαθεῖς εἶναι, ἵνα μὴ κατάδηλοι ὦσιν ὅτι σοφίᾳ τῶν Ἑλλήνων περίεισιν, ὥσπερ οὓς Πρωταγόρας ἔλεγε τοὺς σοφιστάς, ἀλλὰ δοκῶσιν τῷ μάχεσθαι καὶ ἀνδρείᾳ περιεῖναι, ἡγούμενοι, εἰ γνωσθεῖεν ᾧ περίεισιν, πάντας τοῦτο ἀσκήσειν, τὴν σοφίαν. Νῦν δὲ ἀποκρυψάμενοι ἐκεῖνο ἐξηπατήκασιν τοὺς ἐν ταῖς πόλεσι λακωνίζοντας, καὶ οἱ μὲν ὦτά τε κατάγνυνται μιμούμενοι αὐτούς, καὶ ἱμάντας περιειλίττονται καὶ φιλογυμναστοῦσιν c
καὶ βραχείας ἀναβολὰς φοροῦσιν, ὡς δὴ τούτοις κρατοῦντας τῶν Ἑλλήνων τοὺς Λακεδαιμονίους· οἱ δὲ Λακεδαιμόνιοι ἐπειδὰν βούλωνται ἀνέδην τοῖς παρ' αὐτοῖς συγγενέσθαι σοφισταῖς, καὶ ἤδη ἄχθωνται λάθρᾳ ξυγγιγνόμενοι, ξενηλασίας ποιούμενοι τῶν τε λακωνιζόντων τούτων καὶ ἐάν τις ἄλλος ξένος ὢν ἐπιδημήσῃ, συγγίγνονται τοῖς σοφισταῖς λανθάνοντες τοὺς ξένους, καὶ αὐτοὶ οὐδένα ἐῶσιν τῶν νέων εἰς τὰς ἄλλας πόλεις ἐξιέναι, ὥσπερ οὐδὲ d
Κρῆτες, ἵνα μὴ ἀπομανθάνωσιν ἃ αὐτοὶ διδάσκουσιν. Εἰσὶν δὲ ἐν ταύταις ταῖς πόλεσιν οὐ μόνον ἄνδρες ἐπὶ παιδεύσει μέγα φρονοῦντες, ἀλλὰ καὶ γυναῖκες. Γνοῖτε δ' ἂν ὅτι ἐγὼ ταῦτα ἀληθῆ λέγω καὶ Λακεδαιμόνιοι πρὸς φιλοσοφίαν καὶ λόγους ἄριστα πεπαίδευνται, ὧδε· εἰ γὰρ ἐθέλει τις Λακεδαιμονίων τῷ φαυλοτάτῳ συγγενέσθαι, τὰ μὲν

Protagoras nun, als er mich dies sagen hörte, sagte: Wenn du willst, Sokrates. Prodikos und Hippias aber drangen sehr darauf und die andern auch.

4.3. Die Simonides-Interpretation des Sokrates

4.3.1. Die altspartanische Weisheitsliebe und die Absicht des Simonides, Pittakos zu widerlegen. Nachweis der Absicht am Anfang des Gedichts

– So will ich denn, sprach ich, was mich von diesem Liede dünkt, versuchen euch darzulegen. Nämlich die älteste und meiste Philosophie unter den Hellenen ist in Kreta und Lakedaimon. Auch die meisten Sophisten sind dort zu Lande, aber b
die verleugnen es und stellen sich unwissend, damit sie nicht bekannt dafür werden, daß sie die übrigen Hellenen an Weisheit übertreffen, eben wie jene Sophisten von welchen Protagoras vorher sagte, sondern damit sie das Ansehen haben als überträfen sie sie nur im Fechten und in der Tapferkeit, weil sie glauben, wenn bekannt würde worin ihre Stärke bestehe, würden sich eben darauf Alle befleißigen. Nun aber indem sie das wahre verborgen gehalten, haben sie die in andern Städten Lakonisierenden getäuscht, daß diese um ihnen nachzuahmen sich die Ohren einschlagen, nicht anders als mit Kampfriemen c
gehen, sich ganz den Leibesübungen ergeben und kurze Mäntel tragen, als ob hierdurch die Lakedaimonier die Hellenen beherrschten. Die Lakedaimonier aber, wenn sie einmal in Ruhe ihren Sophisten zuhören wollen, und es schon satt haben sich nur heimlich bei ihnen zu versammeln, veranstalten sie eine Fremdenaustreibung jener Lakonisierenden sowohl als wer sonst noch von Fremden sich bei ihnen aufhält, und besuchen dann ihre Sophisten den Fremden unvermerkt. Sie aber lassen von ihren Jünglingen keinen in andere Städte reisen, wie d
auch die Kreter nicht, damit sie nicht verlernen was sie ihnen lehren. Und in diesen beiden Staaten gibt es nicht nur Männer, welche sich ihrer Kenntnisse rühmen, sondern auch Frauen. Daß ich aber dies Alles mit Wahrheit sage, und die Lakedaimonier auch zur Philosophie und zum Reden am besten unterrichtet sind, das könnt ihr hieraus abnehmen. Wenn sich Jemand auch mit dem schlechtesten Lakedaimonier einläßt, er

πολλὰ ἐν τοῖς λόγοις εὑρήσει αὐτὸν φαῦλόν τινα φαινόμενον, ἔπειτα, ὅπου ἂν τύχῃ τῶν λεγομένων, ἐνέβαλεν ῥῆμα e
ἄξιον λόγου βραχὺ καὶ συνεστραμμένον ὥσπερ δεινὸς ἀκοντιστής, ὥστε φαίνεσθαι τὸν προσδιαλεγόμενον παιδὸς μηδὲν βελτίω. Τοῦτο οὖν αὐτὸ καὶ τῶν νῦν εἰσὶν οἳ κατανενοήκασι καὶ τῶν πάλαι, ὅτι τὸ λακωνίζειν πολὺ μᾶλλόν ἐστιν φιλοσοφεῖν ἢ φιλογυμναστεῖν, εἰδότες ὅτι τοιαῦτα οἷόν τ' εἶναι ῥήματα φθέγγεσθαι τελέως πεπαιδευμένου ἐστὶν ἀνθρώπου. Τούτων ἦν καὶ Θαλῆς ὁ Μιλήσιος καὶ 343
Πιττακὸς ὁ Μυτιληναῖος καὶ Βίας ὁ Πριηνεὺς καὶ Σόλων ὁ ἡμέτερος καὶ Κλεόβουλος ὁ Λίνδιος καὶ Μύσων ὁ Χηνεύς, καὶ ἕβδομος ἐν τούτοις ἐλέγετο Λακεδαιμόνιος Χίλων. Οὗτοι πάντες ζηλωταὶ καὶ ἐρασταὶ καὶ μαθηταὶ ἦσαν τῆς Λακεδαιμονίων παιδείας· καὶ καταμάθοι ἄν τις αὐτῶν τὴν σοφίαν τοιαύτην οὖσαν, ῥήματα βραχέα ἀξιομνημόνευτα ἑκάστῳ εἰρημέν' ἃ οὗτοι καὶ κοινῇ ξυνελθόντες ἀπαρχὴν τῆς σοφίας ἀνέθεσαν τῷ Ἀπόλλωνι εἰς τὸν νεὼν τὸν ἐν b
Δελφοῖς, γράψαντες ταῦτα ἃ δὴ πάντες ὑμνοῦσιν, Γνῶθι σαυτόν καὶ Μηδὲν ἄγαν.

Τοῦ δὴ ἕνεκα ταῦτα λέγω; Ὅτι οὗτος ὁ τρόπος ἦν τῶν παλαιῶν τῆς φιλοσοφίας, βραχυλογία τις Λακωνική· καὶ δὴ καὶ τοῦ Πιττακοῦ ἰδίᾳ περιεφέρετο τοῦτο τὸ ῥῆμα ἐγκωμιαζόμενον ὑπὸ τῶν σοφῶν, τὸ Χαλεπὸν ἐσθλὸν ἔμμεναι. Ὁ οὖν Σιμωνίδης, ἅτε φιλότιμος ὢν ἐπὶ σοφίᾳ, ἔγνω ὅτι, εἰ καθέλοι τοῦτο τὸ ῥῆμα ὥσπερ εὐδοκιμοῦντα c
ἀθλητὴν καὶ περιγένοιτο αὐτοῦ, αὐτὸς εὐδοκιμήσει ἐν τοῖς τότε ἀνθρώποις. Εἰς τοῦτο οὖν τὸ ῥῆμα καὶ τούτου ἕνεκα τούτῳ ἐπιβουλεύων κολοῦσαι αὐτὸ ἅπαν τὸ ᾆσμα πεποίηκεν, ὥς μοι φαίνεται. Ἐπισκεψώμεθα δὴ αὐτὸ κοινῇ ἅπαντες, εἰ ἄρα ἐγὼ ἀληθῆ λέγω.

Εὐθὺς γὰρ τὸ πρῶτον τοῦ ᾄσματος μανικὸν ἂν φανείη, εἰ βουλόμενος λέγειν ὅτι ἄνδρα ἀγαθὸν γενέσθαι χαλεπόν, ἔπειτα ἐνέβαλε τὸ μέν. Τοῦτο γὰρ οὐδὲ πρὸς ἕνα λόγον d

wird finden, daß dieser sich lange Zeit in seinen Reden ganz
schlecht zeigt, hernach aber wo es sich trifft im Gespräch e
schießt er auf ihn ein tüchtiges ganz kurzes zusammengedräng-
tes Wort wie ein gewaltiger Bogenschütze, so daß wer mit ihm
spricht nicht besser als ein Kind gegen ihn erscheint. Eben
dieses nun haben sowohl von den Neueren einige eingesehen
als auch von den Alten, daß das Lakonisieren weit mehr in
Liebe zur Weisheit besteht als in der Liebe zu den Leibesübun-
gen, wohl wissend, daß solche Sprüche reden zu können nur
dem vollkommen Unterrichteten gegeben ist. Unter diesen 343a
nun waren auch Thales von Miletos, Pittakos von Mytilene,
Bias von Priene, unser Solon, Kleobulos von Lindos, Myson
von Chenä, und als der siebente wurde zu diesen gezählt der
Lakedaimonier Chilon. Alle diese waren Nacheiferer, Verehrer
und Lehrlinge der Lakedaimonischen Künste. Denn Jeder
kann ihre Weisheit wissen, daß sie von dieser Art ist, kurze
denkwürdige Sprüche die ein jeder geredet hat. Diese haben
auch gemeinschaftlich Musterstücke ihrer Weisheit dem Apol- b
lon und seinem Delphischen Tempel gewidmet, darauf schrei-
bend was in aller Munde ist, das Kenne dich selbst und Nichts
zu viel. Weshalb sage ich nun dieses? weil das die Weise der
Alten war in der Philosophie, solche lakonische Kurzrednerei.
Und so ging auch dieser Spruch des Pittakos herum von den
Weisen vielgepriesen: Schwer ist es tugendlich sein. Simonides
nun, auch dem Ruhm der Weisheit nachtrachtend, gedachte, c
wenn er diesen Spruch niederwerfen könnte wie einen be-
rühmten Fechter und überwinden, müßte auch er berühmt
werden unter seinen Zeitgenossen. Gegen diesen Spruch also,
und aus dieser Ursach, diesem nachstellend ihn zu unter-
drücken, hat er das ganze Lied gedichtet wie es mir scheint.
Laßt es uns einmal betrachten, ob ich wohl recht habe. Denn
gleich der Anfang des Liedes müßte als unsinnig erscheinen,
wenn er überhaupt nur hätte sagen wollen, daß es schwer wäre
ein trefflicher Mann zu werden und hätte doch dieses Schon
hineingebracht. Denn dies muß ohne den mindesten Grund d

φαίνεται ἐμβεβλῆσθαι, ἐὰν μή τις ὑπολάβῃ πρὸς τὸ τοῦ
Πιττακοῦ ῥῆμα ὥσπερ ἐρίζοντα λέγειν τὸν Σιμωνίδην, λέ-
γοντος τοῦ Πιττακοῦ ὅτι χαλεπὸν ἐσθλὸν ἔμμεναι,
ἀμφισβητοῦντα εἰπεῖν ὅτι· Οὔκ, ἀλλὰ γενέσθαι μὲν χαλε-
πὸν ἄνδρα ἀγαθόν ἐστιν, ὦ Πιττακέ, ὡς ἀληθῶς, οὐκ
ἀληθείᾳ ἀγαθόν, οὐκ ἐπὶ τούτῳ λέγει τὴν ἀλήθειαν, ὡς ἄρα
ὄντων τινῶν τῶν μὲν ὡς ἀληθῶς ἀγαθῶν, τῶν δὲ ἀγαθῶν e
μέν, οὐ μέντοι ἀληθῶς· εὔηθες γὰρ τοῦτό γε φανείη ἂν
καὶ οὐ Σιμωνίδου· ἀλλ' ὑπερβατὸν δεῖ θεῖναι ἐν τῷ ᾄσματι
τὸ ἀλαθέως, οὑτωσί πως ὑπειπόντα τὸ τοῦ Πιττακοῦ,
ὥσπερ ἂν εἰ θεῖμεν αὐτὸν λέγοντα τὸν Πιττακὸν καὶ
Σιμωνίδην ἀποκρινόμενον, εἰπόντα· Ὦ ἄνθρωποι, χαλεπὸν
ἐσθλὸν ἔμμεναι, τὸν δὲ ἀποκρινόμενον ὅτι· Ὦ Πιττακέ, 344
οὐκ ἀληθῆ λέγεις· οὐ γὰρ εἶναι ἀλλὰ γενέσθαι μέν
ἐστιν ἄνδρα ἀγαθὸν χερσί τε καὶ ποσὶ καὶ νόῳ
τετράγωνον, ἄνευ ψόγου τετυγμένον, χαλεπὸν
ἀλαθέως. Οὕτω φαίνεται [τὸ] πρὸς λόγον τὸ μὲν
ἐμβεβλημένον καὶ τὸ ἀλαθέως ὀρθῶς ἐπ' ἐσχάτῳ κεί-
μενον· καὶ τὰ ἐπιόντα πάντα τούτῳ μαρτυρεῖ ὅτι οὕτως
εἴρηται. Πολλὰ μὲν γάρ ἔστι καὶ περὶ ἑκάστου τῶν ἐν τῷ
ᾄσματι εἰρημένων ἀποδεῖξαι ὡς εὖ πεποίηται· πάνυ γὰρ b
χαριέντως καὶ μεμελημένως ἔχει. Ἀλλὰ μακρὸν ἂν εἴη αὐτὸ
οὕτω διελθεῖν· ἀλλὰ τὸν τύπον αὐτοῦ τὸν ὅλον διεξέλθωμεν
καὶ τὴν βούλησιν, ὅτι παντὸς μᾶλλον ἔλεγχός ἐστιν τοῦ
Πιττακείου ῥήματος διὰ παντὸς τοῦ ᾄσματος.

Λέγει γὰρ μετὰ τοῦτο ὀλίγα διελθών, ὡς ἂν εἰ λέγοι
λόγον, ὅτι γενέσθαι μὲν ἄνδρα ἀγαθὸν χαλεπὸν
ἀλαθέως, οἷόν τε μέντοι ἐπί γε χρόνον τινά· γενόμενον
δὲ διαμένειν ἐν ταύτῃ τῇ ἕξει καὶ εἶναι ἄνδρα ἀγαθόν, c
ὡς σὺ λέγεις, ὦ Πιττακέ, ἀδύνατον καὶ οὐκ ἀνθρώπειον,
ἀλλὰ θεὸς ἂν μόνος τοῦτο ἔχοι τὸ γέρας.

ἄνδρα δ' οὐκ ἔστι μὴ οὐ κακὸν ἔμμεναι,
ὃν ἂν ἀμήχανος συμφορὰ καθέλῃ.

hineingeworfen zu sein scheinen, wenn man nicht annimmt
Simonides sage es wie im Streit gegen den Spruch des Pittakos.
Was nämlich Pittakos sagt, Schwer ist es tugendlich sein, dieses
bestreitend sagt er: Nein sondern schon ein trefflicher Mann zu
werden ist schwer, o Pittakos, wahrhaftig. Nicht etwa ein in
Wahrheit trefflicher; denn dieses Wahrhaftig sagt er nicht in der
Beziehung, als ob es Einige gäbe die wahrhaft trefflich sind und e
wieder Andere, die zwar trefflich sind, aber nicht in Wahrheit
trefflich, denn das wäre ja offenbar einfältig und nicht vom
Simonides; sondern man muß annehmen dieses Wahrhaftig sei
eine Wortversetzung in dem Liede, und so ohngefähr der
Spruch des Pittakos hinzuzudenken, als wenn wir den Fall
setzten, Pittakos selbst redete und Simonides antwortete, und
jener sagte: O ihr Leute, schwer ist es tugendlich sein; und
dieser antwortete: O Pittakos, du redest nicht richtig; denn 344a
nicht zu sein, sondern schon zu werden ein trefflicher Mann,
kernfest an Hand und Fuß und Sinn und tadellos gebildet ist
wahrhaftig schwer. Auf diese Art ist das Schon vernünftig
hineingebracht und das schwer steht hinten wie es sich ge-
bührt; und auch alles folgende bestätiget, daß es so gemeint ist.
Denn vielfältig könnte man von jedem Einzelen in diesem
Liede gesagten zeigen, wie schön es gedichtet ist, denn es ist b
alles sehr anmutig und bedeutsam; allein es wäre weitläufig es
so durchzugehen; aber den ganzen Umriß desselben laßt uns
durchgehn und die Absicht, daß sie auf alle Weise eine Wider-
legung dieses Pittakeischen Spruches ist durch das ganze Lied.

4.3.2. Ein trefflicher Mann dauernd zu sein, ist unmöglich

Denn er sagt hierauf, nachdem er noch einiges beigebracht, wie
wenn er den Satz ausführte, daß schon ein trefflicher Mann zu
werden wahrhaftig schwer ist, doch aber möglich auf einige
Zeit wenigstens; wenn man es aber geworden ist, auch in dieser
Verfassung zu bleiben und ein trefflicher Mann fortdauernd zu c
sein, wie du sagst, Pittakos, das ist unmöglich und nicht dem
Menschen angemessen, sondern Gott allein darf diese Ehre
besitzen. Dem Menschen aber ist nicht möglich nicht schlecht
sein, welchen ein ratloses Unglück niederwirft. Wen wirft nun

Τίνα οὖν ἀμήχανος συμφορὰ καθαιρεῖ ἐν πλοίου ἀρχῇ; Δῆλον ὅτι οὐ τὸν ἰδιώτην· ὁ μὲν γὰρ ἰδιώτης ἀεὶ καθῄρηται· ὥσπερ οὖν οὐ τὸν κείμενόν τις ἂν καταβάλοι, ἀλλὰ τὸν μὲν ἑστῶτά ποτε καταβάλοι ἄν τις, ὥστε κείμενον ποιῆσαι, τὸν δὲ κείμενον οὔ, οὕτω καὶ τὸν εὐμήχανον ὄντα d
ποτὲ ἀμήχανος ἂν συμφορὰ καθέλοι, τὸν δὲ ἀεὶ ἀμήχανον ὄντα οὔ· καὶ τὸν κυβερνήτην μέγας χειμὼν ἐπιπεσὼν ἀμήχανον ἂν ποιήσειεν, καὶ γεωργὸν χαλεπὴ ὥρα ἐπελθοῦσα ἀμήχανον ἂν θείη, καὶ ἰατρὸν ταὐτὰ ταῦτα. Τῷ μὲν γὰρ ἐσθλῷ ἐγχωρεῖ κακῷ γενέσθαι, ὥσπερ καὶ παρ' ἄλλου ποιητοῦ μαρτυρεῖται τοῦ εἰπόντος

αὐτὰρ ἀνὴρ ἀγαθὸς τοτὲ μὲν κακός, ἄλλοτε δ' ἐσθλός·

τῷ δὲ κακῷ οὐκ ἐγχωρεῖ γενέσθαι, ἀλλ' ἀεὶ εἶναι ἀνάγκη· e
ὥστε τὸν μὲν εὐμήχανον καὶ σοφὸν καὶ ἀγαθὸν ἐπειδὰν ἀμήχανος συμφορὰ καθέλῃ, οὐκ ἔστι μὴ οὐ κακὸν ἔμμεναι· σὺ δὲ φῄς, ὦ Πιττακέ, χαλεπὸν ἐσθλὸν ἔμμεναι· τὸ δ' ἐστὶν γενέσθαι μὲν χαλεπόν, δυνατὸν δέ [ἐσθλόν], ἔμμεναι δὲ ἀδύνατον·

πράξας μὲν γὰρ εὖ πᾶς ἀνὴρ ἀγαθός,
κακὸς δ' εἰ κακῶς.

Τίς οὖν εἰς γράμματα ἀγαθὴ πρᾶξίς ἐστιν, καὶ τίς ἄνδρα 345
ἀγαθὸν ποιεῖ εἰς γράμματα; Δῆλον ὅτι ἡ τούτων μάθησις. Τίς δὲ εὐπραγία ἀγαθὸν ἰατρὸν ποιεῖ; Δῆλον ὅτι ἡ τῶν καμνόντων τῆς θεραπείας μάθησις. Κακὸς δὲ κακῶς· τίς οὖν ἂν κακὸς ἰατρὸς γένοιτο; Δῆλον ὅτι ᾧ πρῶτον μὲν ὑπάρχει ἰατρῷ εἶναι, ἔπειτα ἀγαθῷ ἰατρῷ· οὗτος γὰρ ἂν καὶ κακὸς γένοιτο· ἡμεῖς δὲ οἱ ἰατρικῆς ἰδιῶται οὐκ ἄν ποτε γενοίμεθα κακῶς πράξαντες οὔτε ἰατροὶ οὔτε τέκτονες οὔτε ἄλλο οὐδὲν τῶν τοιούτων· ὅστις δὲ μὴ ἰατρὸς ἂν b
γένοιτο κακῶς πράξας, δῆλον ὅτι οὐδὲ κακὸς ἰατρός. Οὕτω καὶ ὁ μὲν ἀγαθὸς ἀνὴρ γένοιτ' ἄν ποτε καὶ κακὸς ἢ ὑπὸ χρόνου ἢ ὑπὸ πόνου ἢ ὑπὸ νόσου ἢ ὑπὸ ἄλλου τινὸς περιπτώματος· αὕτη γὰρ μόνη ἐστὶ κακὴ πρᾶξις, ἐπιστήμης

ein ratloses Unglück nieder bei der Regierung eines Schiffes? Offenbar doch nicht den Unkundigen, denn der ist schon immer niedergeworfen. So wie nun niemand den Liegenden niederreißen kann, sondern den Stehenden zwar kann man niederreißen, daß er ein Liegender wird, den Liegenden aber d
nicht: so kann auch nur den, der sich sonst wohl zu raten weiß, ein ratloses Unglück niederwerfen, den immer ratlosen aber nicht. Und den Steuermann kann ein heftiger Sturm der ihn überfällt ratlos machen, den Landmann schlechte Witterung die eintritt, und ähnliches auch den Arzt. Denn dem Vortrefflichen kann es begegnen einmal schlecht geworden zu sein, wie auch ein anderer Dichter bezeugt, welcher sagt: Auch wohl ein Trefflicher ist nun schlecht, dann wieder zu rühmen; dem Schlechten aber begegnet nicht es einmal gewesen zu sein, son- e
dern ihm ist notwendig es immer zu sein, so daß der wohlberatene, weise und treffliche, wenn ihn ratloses Unglück niederwirft, nicht anders kann als schlecht sein; du aber, Pittakos, sagst: Schwer ist es tugendlich sein. Es ist aber tugendlich werden schon schwer, jedoch möglich; sein aber unmöglich. Denn jeglicher Mann wer gut gehandelt ist gut, schlecht aber wenn schlecht. Was ist nun im Lesen das gute Handeln? und was 345a
macht einen Mann gut hierin? Offenbar die Erlernung davon. Und welches Guthandeln macht einen guten Arzt? Offenbar die Erlernung des Behandelns der Kranken. Schlecht aber wer schlecht. Wer kann denn ein schlechter Arzt werden? Offenbar der, von welchem zuerst gesagt werden kann, daß er ein Arzt ist, und dann daß er ein guter Arzt ist. Denn der kann auch ein schlechter werden. Wir aber, die der Arzeneikunst Unkundigen, wir können niemals durch schlecht handeln weder Ärzte werden, noch Zimmerleute, noch irgend etwas anderes, und b
wer kein Arzt werden kann indem er schlecht handelt, der auch offenbar kein schlechter. So auch kann der treffliche Mann wohl auch einmal schlecht werden, es geschehe aus Schuld der Zeit, aus Ermüdung oder durch Krankheit oder irgend einen andern Zufall; denn dies ist ja das einzige Schlechthandeln, der Er-

στερηθῆναι· ὁ δὲ κακὸς ἀνὴρ οὐκ ἄν ποτε γένοιτο κακός·
ἔστιν γὰρ ἀεί· ἀλλ' εἰ μέλλει κακὸς γενέσθαι, δεῖ αὐτὸν
πρότερον ἀγαθὸν γενέσθαι. Ὥστε καὶ τοῦτο τοῦ ᾄσματος
πρὸς τοῦτο τείνει, ὅτι εἶναι μὲν ἄνδρα ἀγαθὸν οὐχ οἷόν c
τε, διατελοῦντα ἀγαθόν, γενέσθαι δὲ ἀγαθὸν οἷόν τε, καὶ
κακόν γε τὸν αὐτὸν τοῦτον· ἐπὶ πλεῖστον δὲ καὶ
ἄριστοί εἰσιν οὓς ἂν οἱ θεοὶ φιλῶσιν.

Ταῦτά τε οὖν πάντα πρὸς τὸν Πιττακὸν εἴρηται, καὶ τὰ ἐπιόντα γε τοῦ ᾄσματος ἔτι μᾶλλον δηλοῖ. Φησὶ γάρ·

τοὔνεκεν οὔ ποτ' ἐγὼ τὸ μὴ γενέσθαι
δυνατὸν διζήμενος κενεὰν ἐς ἄ-
πρακτον ἐλπίδα μοῖραν αἰῶνος βαλέω,
πανάμωμον ἄνθρωπον, εὐρυεδοῦς ὅσοι
καρπὸν αἰνύμεθα χθονός·
ἔπειθ' ὑμῖν εὑρὼν ἀπαγγελέω,

φησίν· οὕτω σφόδρα καὶ δι' ὅλου τοῦ ᾄσματος ἐπεξέρχεται d
τῷ τοῦ Πιττακοῦ ῥήματι·

πάντας δ' ἐπαίνημι καὶ φιλέω
ἑκὼν ὅστις ἔρδῃ
μηδὲν αἰσχρόν· ἀνάγκῃ δ' οὐδὲ θεοὶ μάχονται·

καὶ τοῦτ' ἐστὶ πρὸς τὸ αὐτὸ τοῦτ' εἰρημένον. Οὐ γὰρ οὕ-
τως ἀπαίδευτος ἦν Σιμωνίδης, ὥστε τούτους φάναι ἐπαι-
νεῖν, ὃς ἂν ἑκὼν μηδὲν κακὸν ποιῇ, ὡς ὄντων τινῶν οἳ
ἑκόντες κακὰ ποιοῦσιν. Ἐγὼ γὰρ σχεδόν τι οἶμαι τοῦτο,
ὅτι οὐδεὶς τῶν σοφῶν ἀνδρῶν ἡγεῖται οὐδένα ἀνθρώπων e
ἑκόντα ἐξαμαρτάνειν οὐδὲ αἰσχρά τε καὶ κακὰ ἑκόντα ἐρ-
γάζεσθαι, ἀλλ' εὖ ἴσασιν ὅτι πάντες οἱ τὰ αἰσχρὰ καὶ τὰ
κακὰ ποιοῦντες ἄκοντες ποιοῦσιν· καὶ δὴ καὶ ὁ Σιμωνίδης
οὐχ ὃς ἂν μὴ κακὰ ποιῇ ἑκών, τούτων φησὶν ἐπαινέτης
εἶναι, ἀλλὰ περὶ ἑαυτοῦ λέγει τοῦτο τὸ ἑκών. Ἡγεῖτο γὰρ
ἄνδρα καλὸν κἀγαθὸν πολλάκις αὑτὸν ἐπαναγκάζειν φίλον
τινὶ γίγνεσθαι καὶ ἐπαινέτην [φιλεῖν καὶ ἐπαινεῖν], οἷον 346
ἀνδρὶ πολλάκις συμβῆναι μητέρα ἢ πατέρα ἀλλόκοτον ἢ

kenntnis beraubt sein: der schlechte Mann aber kann nie schlecht werden, denn er ist es immer, sondern wenn er schlecht werden soll, muß er erst gut geworden sein. So daß auch diese Stelle des Liedes darauf abzweckt zu zeigen, ein c
trefflicher Mann zu sein es unausgesetzt immer bleibend sei nicht möglich, trefflich aber werden könne einer und schlecht auch eben derselbe; am weitesten aber gedeihen und die trefflichsten sind, welche die Götter lieben.

4.3.3. Der Grund für den Tadel des Simonides an Pittakos: Niemand tut freiwillig Böses

Dieses alles ist gegen den Pittakos gesagt, und auch das folgende im Liede macht dies noch deutlicher. Er sagt nämlich: Darum will ich auch nie was nicht sein kann suchend, vergeblich unerfüllter Hoffnung ein Teil der Zeit hinwerfen, einen tadellosen Mann unter Allen die wir der weitbewohnten Erde Früchte brechen. Find' ich ihn, dann verkünd' ich es euch. So heftig und durch das ganze Lied fällt er aus gegen den Spruch d
des Pittakos. Alle daher lobe ich und liebe, wer nichts schlechtes vollbringt, aus freier Wahl; der Notwendigkeit jedoch sträuben sich auch Götter nicht. Auch dies ist wieder gegen eben dasselbe gesagt. Denn so ununterrichtet war Simonides nicht, daß er gesagt hätte, er lobe diejenigen, die nichts böses aus freier Wahl tun, als gäbe es welche, die aus freier Wahl böses tun. Ich wenigstens glaube dieses, daß kein weiser Mann der e
Meinung ist, irgend ein Mensch fehle aus freier Wahl, oder vollbringe irgend etwas Böses und Schlechtes aus freier Wahl, sondern sie wissen wohl, daß Alle welche Böses und Schlechtes tun, es unfreiwillig tun. Daher auch Simonides nicht dessen der nicht aus freier Wahl Böses tut Lobredner zu sein behauptet, sondern dieses aus freier Wahl bezieht sich auf ihn selbst. Er glaubte nämlich ein guter und edler Mann zwinge oft sich selbst Jemandes Freund und Lobredner zu werden, wie ja 346a
Manchem begegne einen unliebenswürdigen Vater zu haben oder Mutter oder ein solches Vaterland oder sonst etwas der-

πατρίδα ἢ ἄλλο τι τῶν τοιούτων. Τοὺς μὲν οὖν πονηρούς, ὅταν τοιοῦτόν τι αὐτοῖς συμβῇ, ὥσπερ ἀσμένους ὁρᾶν καὶ ψέγοντας ἐπιδεικνύναι καὶ κατηγορεῖν τὴν πονηρίαν τῶν γονέων ἢ πατρίδος, ἵνα αὐτοῖς ἀμελοῦσιν αὐτῶν μὴ ἐγκαλῶσιν οἱ ἄνθρωποι μηδ᾽ ὀνειδίζωσιν ὅτι ἀμελοῦσιν, ὥστε ἔτι μᾶλλον ψέγειν τε αὐτοὺς καὶ ἔχθρας ἑκουσίους πρὸς ταῖς ἀναγκαίαις προστίθεσθαι· τοὺς δ᾽ ἀγαθοὺς ἐπικρύπ- b
τεσθαί τε καὶ ἐπαινεῖν ἀναγκάζεσθαι, καὶ ἄν τι ὀργισθῶσιν τοῖς γονεῦσιν ἢ πατρίδι ἀδικηθέντες, αὐτοὺς ἑαυτοὺς παραμυθεῖσθαι καὶ διαλλάττεσθαι προσαναγκάζοντας ἑαυτοὺς φιλεῖν τοὺς ἑαυτῶν καὶ ἐπαινεῖν.

Πολλάκις δέ, οἶμαι, καὶ Σιμωνίδης ἡγήσατο καὶ αὐτὸς ἢ τύραννον ἢ ἄλλον τινὰ τῶν τοιούτων ἐπαινέσαι καὶ ἐγκωμιάσαι οὐχ ἑκών, ἀλλ᾽ ἀναγκαζόμενος. Ταῦτα δὴ καὶ τῷ Πιττακῷ λέγει ὅτι Ἐγώ, ὦ Πιττακέ, οὐ διὰ ταῦτά σε ψέγω, ὅτι εἰμὶ φιλόψογος, ἐπεὶ c

ἔμοιγ᾽ ἐξαρκεῖ ὃς ἂν μὴ κακὸς ᾖ
μηδ᾽ ἄγαν ἀπάλαμνος, εἰ-
δώς τ᾽ ὀνησίπολιν δίκαν ὑγιὴς ἀνήρ·
οὔ μιν ἐγὼ μωμήσομαι·
οὐ γὰρ εἰμι φιλόμωμος·
τῶν γὰρ ἠλιθίων ἀπείρων γενέθλα,

ὥστ᾽ εἴ τις χαίρει ψέγων, ἐμπλησθείη ἂν ἐκείνους μεμφόμενος·

πάντα τοι καλά, τοῖσί τ᾽ αἰσχρὰ μὴ μέμικται.

Οὐ τοῦτο λέγει, ὥσπερ ἂν εἰ ἔλεγε πάντα τοι λευκά, οἷς d
μέλανα μὴ μέμικται· γελοῖον γὰρ ἂν εἴη πολλαχῇ· ἀλλ᾽ ὅτι αὐτὸς καὶ τὰ μέσα ἀποδέχεται ὥστε μὴ ψέγειν. Καὶ οὐ ζητῶ, ἔφη, πανάμωμον ἄνθρωπον, εὐρυεδοῦς ὅσοι καρπὸν αἰνύμεθα χθονός, ἔπειθ᾽ ὑμῖν εὑρὼν ἀπαγγελέω· ὥστε τούτου γ᾽ ἕνεκα οὐδένα ἐπαινέσομαι, ἀλλά μοι ἐξαρκεῖ ἂν ᾖ μέσος καὶ μηδὲν κακὸν ποιῇ, ὡς ἐγὼ πάντας φιλέω καὶ ἐπαίνημι — καὶ τῇ

gleichen. Schlechte Menschen nun die so etwas beträfe, sähen
es fast gern und verbreiteten tadelnd und anklagend die
Schlechtigkeit der Eltern oder des Vaterlandes, damit sie selbst
von den Menschen nicht ihrer Vernachlässigung wegen möch-
ten angeklagt, und ihnen dies zur Schande angerechnet wer-
den, daß sie sie vernachlässigen. Weshalb sie sie auch wohl über
die Gebühr tadeln und noch selbstgemachte Mißhelligkeiten
zu allem unvermeidlichen hinzufügen. Gute Menschen aber b
suchten dergleichen zu verbergen, und zwängen sich noch zum
Lobe, und wenn sie erzürnt wären gegen Eltern oder Vater-
land wegen erlittenen Unrechtes, ermahnten sie sich selbst und
versöhnten sich, indem sie sich noch nötigten die Ihrigen zu
lieben und zu loben. Und oft auch meine ich hat Simonides
selbst geglaubt einen Tyrannen oder einen Andern solchen zu
loben und zu preisen nicht aus freier Wahl, sondern gezwun-
gen. Dieses sagt er daher auch dem Pittakos: Ich, o Pittakos,
tadle dich nicht etwa deshalb, weil ich tadelsüchtig wäre. Denn c
mir genügt wer nicht schlecht ist noch gänzlich tatenlos, kun-
dig des Staat fördernden Rechts ein gesunder Mann. Nicht will
ich ihn tadeln, denn nicht bin ich ein Gerntadler; unzählig sind
ja die Geschlechter der Toren, so daß wenn einer liebt zu ta-
deln, er genug haben kann, wenn er jene tadelt. Alles ist schön
dem nichts schlechtes ist beigemischt. Dies meint er nicht so als d
ob er sagte: alles ist weiß dem nichts schwarzes ist beigemischt,
denn das wäre ja lächerlich auf alle Weise, sondern er will sa-
gen, daß er selbst sich auch an dem mittelmäßigen genügen
läßt, so daß er es nicht tadle. Und ich suche nicht, sagt er, einen
tadellosen Mann unter allen die wir der weitbewohnten Erde
Früchte brechen. Find' ich ihn dann verkünd' ich es euch. So
daß ich deshalb keinen loben will, sondern es genügt mir wenn
sich einer in der Mitte hält und nichts schlechtes tut. Daher
werde ich Alle loben und lieben, und hier bedient er sich gar

φωνῇ ἐνταῦθα κέχρηται τῇ τῶν Μυτιληναίων, ὡς πρὸς e
Πιττακὸν λέγων τὸ πάντας δὲ ἐπαίνημι καὶ φιλέω
ἑκών (ἐνταῦθα δεῖ ἐν τῷ ἑκών διαλαβεῖν λέγοντα) ὅστις
ἔρδῃ μηδὲν αἰσχρόν, ἄκων δ' ἔστιν οὓς ἐγὼ ἐπαινῶ
καὶ φιλῶ. Σὲ οὖν, καὶ εἰ μέσως ἔλεγες ἐπιεικῆ καὶ
ἀληθῆ, ὦ Πιττακέ, οὐκ ἄν ποτε ἔψεγον. Νῦν δέ, σφόδρα 347
γὰρ καὶ περὶ τῶν μεγίστων ψευδόμενος δοκεῖς ἀληθῆ
λέγειν, διὰ ταῦτά σε ἐγὼ ψέγω.

Ταῦτά μοι δοκεῖ, ὦ Πρόδικε καὶ Πρωταγόρα, ἦν δ' ἐγώ,
Σιμωνίδης διανοούμενος πεποιηκέναι τοῦτο τὸ ᾆσμα.

— Καὶ ὁ Ἱππίας· Εὖ μέν μοι δοκεῖς, ἔφη, ὦ Σώκρατες,
καὶ σὺ περὶ τοῦ ᾄσματος διεληλυθέναι· ἔστι μέντοι, ἔφη,
καὶ ἐμοὶ λόγος περὶ αὐτοῦ εὖ ἔχων, ὃν ὑμῖν ἐπιδείξω, ἂν b
βούλησθε. — Καὶ ὁ Ἀλκιβιάδης· Ναί, ἔφη, ὦ Ἱππία, εἰσαῦ-
θίς γε· νῦν δὲ δίκαιόν ἐστιν, ἃ ὡμολογησάτην πρὸς ἀλλήλω
Πρωταγόρας καὶ Σωκράτης, Πρωταγόρας μὲν εἰ ἔτι βού-
λεται ἐρωτᾶν, ἀποκρίνεσθαι Σωκράτη, εἰ δὲ δὴ βούλεται
Σωκράτει ἀποκρίνεσθαι, ἐρωτᾶν τὸν ἕτερον. — Καὶ ἐγὼ εἶ-
πον· Ἐπιτρέπω μὲν ἔγωγε Πρωταγόρᾳ ὁπότερον αὐτῷ
ἥδιον· εἰ δὲ βούλεται, περὶ μὲν ᾀσμάτων τε καὶ ἐπῶν
ἐάσωμεν, περὶ δὲ ὧν τὸ πρῶτον ἐγώ σε ἠρώτησα, ὦ Πρω- c
ταγόρα, ἡδέως ἂν ἐπὶ τέλος ἔλθοιμι μετὰ σοῦ σκοπούμε-
νος. Καὶ γὰρ δοκεῖ μοι τὸ περὶ ποιήσεως διαλέγεσθαι
ὁμοιότατον εἶναι τοῖς συμποσίοις τοῖς τῶν φαύλων καὶ
ἀγοραίων ἀνθρώπων. Καὶ γὰρ οὗτοι, διὰ τὸ μὴ δύνασθαι
ἀλλήλοις δι' ἑαυτῶν συνεῖναι ἐν τῷ πότῳ μηδὲ διὰ τῆς
ἑαυτῶν φωνῆς καὶ τῶν λόγων τῶν ἑαυτῶν ὑπὸ ἀπαιδευ-
σίας, τιμίας ποιοῦσι τὰς αὐλητρίδας, πολλοῦ μισθούμενοι
ἀλλοτρίαν φωνὴν τὴν τῶν αὐλῶν, καὶ διὰ τῆς ἐκείνων d
φωνῆς ἀλλήλοις σύνεισιν· ὅπου δὲ καλοὶ κἀγαθοὶ συμπόται
καὶ πεπαιδευμένοι εἰσίν, οὐκ ἂν ἴδοις οὔτ' αὐλητρίδας
οὔτε ὀρχηστρίδας οὔτε ψαλτρίας, ἀλλὰ αὐτοὺς αὑτοῖς ἱκα-
νοὺς ὄντας συνεῖναι ἄνευ τῶν λήρων τε καὶ παιδιῶν τού-

der Mundart der Mytilener, als sagte er ausdrücklich zum Pit- e
takos dieses: Alle daher lobe ich und liebe, wer nichts Schlech-
tes vollbringt, und hier muß man inne halten bei dem voll-
bringt, aus freier Wahl, denn es gibt auch die ich wider Willen
lobe und liebe. Dich nun, wenn du auch nur mittelmäßig wahr
und verständig gesprochen hättest, o Pittakos, hätte ich nim- 347a
mer getadelt, nun aber täuschest du dich zu sehr und über die
wichtigsten Dinge und glaubst doch Wahres gesagt zu haben,
deshalb tadle ich dich.

In dieser Meinung, o Prodikos und Protagoras, sprach ich, dünkt mich Simonides dieses Lied gedichtet zu haben.

4.4. Intermezzo vor der Rückkehr ins dialektische Gespräch; Vorschlag des Sokrates, die Gedichte beiseite zu lassen

– Darauf sagte Hippias: Sehr gut, Sokrates, dünkt mich hast
auch du dieses Lied erklärt; indes habe auch ich darüber eine b
ganz schöne Rede, welche ich euch vortragen will, wenn ihr
wollt. – O ja, sprach Alkibiades, hernach nämlich. Jetzt aber
muß erst noch, wie Protagoras und Sokrates übereingekom-
men sind, entweder wenn Protagoras noch etwas fragen will,
Sokrates antworten, oder wenn jener dem Sokrates antworten
will, dieser fragen. Ich sagte darauf, Für mein Teil überlasse ich
dem Protagoras welches ihm lieber ist; will er indes, so wollen
wir Lieder und Gedichte bei Seite lassen, worüber ich dich aber c
zuerst fragte, Protagoras, das möchte ich gern mit dir unter-
suchend zu Ende bringen. Denn mich dünkt über Gedichte
sprechen habe allzu viel Ähnlichkeit mit den Gastmahlen un-
gebildeter und gemeiner Menschen. Denn auch diese, weil sie
sich nicht selbst mit einander unterhalten können beim Becher
noch durch ihre eigne Stimme und Rede aus Unbildung, ver-
teuern sie die Flötenspielerinnen und mieten für vieles Geld die
fremde Stimme der Flöte und unterhalten sich durch deren d
Stimme. Wo aber gute und edle und unterrichtete Zecher zu-
sammen kommen, da findest du keine Flötenspielerin noch
Tänzerin noch Lautenschlägerin, sondern du findest sie sich
unter einander genug zur Unterhaltung ohne diese Possen und

των διὰ τῆς αὑτῶν φωνῆς, λέγοντάς τε καὶ ἀκούοντας ἐν μέρει ἑαυτῶν κοσμίως, κἂν πάνυ πολὺν οἶνον πίωσιν. Οὕτω δὲ καὶ αἱ τοιαίδε συνουσίαι, ἐὰν μὲν λάβωνται e ἀνδρῶν οἷοίπερ ἡμῶν οἱ πολλοί φασιν εἶναι, οὐδὲν δέονται ἀλλοτρίας φωνῆς οὐδὲ ποιητῶν, οὓς οὔτε ἀνερέσθαι οἷόν τ' ἐστὶν περὶ ὧν λέγουσιν, ἐπαγόμενοί τε αὐτοὺς οἱ πολλοὶ ἐν τοῖς λόγοις οἱ μὲν ταῦτά φασιν τὸν ποιητὴν νοεῖν, οἱ δ' ἕτερα, περὶ πράγματος διαλεγόμενοι ὃ ἀδυνατοῦσιν ἐξελέγξαι· ἀλλὰ τὰς μὲν τοιαύτας συνουσίας ἐῶσιν χαίρειν, αὐτοὶ δ' ἑαυτοῖς σύνεισιν δι' ἑαυτῶν, ἐν τοῖς ἑαυτῶν λόγοις 348 πεῖραν ἀλλήλων λαμβάνοντες καὶ διδόντες. Τοὺς τοιούτους μοι δοκεῖ χρῆναι μᾶλλον μιμεῖσθαι ἐμέ τε καὶ σέ, καταθεμένους τοὺς ποιητὰς αὐτοὺς δι' ἡμῶν αὐτῶν πρὸς ἀλλήλους τοὺς λόγους ποιεῖσθαι, τῆς ἀληθείας καὶ ἡμῶν αὐτῶν πεῖραν λαμβάνοντας· κἂν μὲν βούλῃ ἔτι ἐρωτᾶν, ἑτοῖμός εἰμί σοι παρέχειν ἀποκρινόμενος· ἐὰν δὲ βούλῃ, σὺ ἐμοὶ παράσχες, περὶ ὧν μεταξὺ ἐπαυσάμεθα διεξιόντες, τούτοις τέλος ἐπιθεῖναι.

Λέγοντος οὖν ἐμοῦ ταῦτα καὶ τοιαῦτα ἄλλα οὐδὲν ἀπε- b σάφει ὁ Πρωταγόρας ὁπότερα ποιήσοι. Εἶπεν οὖν ὁ Ἀλκιβιάδης πρὸς τὸν Καλλίαν βλέψας· — Ὦ Καλλία, δοκεῖ σοι, ἔφη, καὶ νῦν καλῶς Πρωταγόρας ποιεῖν, οὐκ ἐθέλων εἴτε δώσει λόγον εἴτε μὴ διασαφεῖν ; Ἐμοὶ γὰρ οὐ δοκεῖ· ἀλλ' ἤτοι διαλεγέσθω ἢ εἰπέτω ὅτι οὐκ ἐθέλει διαλέγεσθαι, ἵνα τούτῳ μὲν ταῦτα συνειδῶμεν, Σωκράτης δὲ ἄλλῳ τῳ διαλέγηται ἢ ἄλλος ὅστις ἂν βούληται ἄλλῳ. — Καὶ ὁ Πρωταγόρας αἰσχυνθείς, ὥς γ' ἐμοὶ ἔδοξεν, τοῦ τε Ἀλκι- c βιάδου ταῦτα λέγοντος καὶ τοῦ Καλλίου δεομένου καὶ τῶν ἄλλων σχεδόν τι τῶν παρόντων, μόγις προὐτράπετο εἰς τὸ διαλέγεσθαι καὶ ἐκέλευεν ἐρωτᾶν αὐτὸν ὡς ἀποκρινούμενος.

— Εἶπον δὴ ἐγώ· Ὦ Πρωταγόρα, μὴ οἴου διαλέγεσθαί μέ σοι ἄλλο τι βουλόμενον ἢ ἃ αὐτὸς ἀπορῶ ἑκάστοτε,

Tändeleien durch ihre eigene Stimme jeden an seinem Teile
bald redend bald hörend ganz sittsam, und sollten sie auch sehr
vielen Wein getrunken haben. So bedürfen auch solche Unter- e
haltungen, wie die gegenwärtige, wenn Männer darin be-
griffen sind, wie die meisten unter uns sich zu sein rühmen,
keiner fremden Stimme und keiner Dichter, welche man nicht
einmal befragen kann über das, was sie sagen, so daß auch die,
welche ihrer in ihren Reden erwähnen, teils sagen, dies habe
der Dichter gemeint, teils wieder etwas anderes, indem sie von
einer Sache reden, welche sie nicht auszumitteln vermögen;
sondern solcher Unterhaltung entschlagen sie sich und unter-
halten sich selbst durch sich selbst, indem sie sich in eignen 348a
Reden einander versuchen und versuchen lassen. Solche dünkt
mich sollten ich und du lieber nachahmen, und die Dichter bei
Seite setzend aus uns selbst mit einander reden, um die Wahr-
heit und uns zu erforschen. Willst du mich also noch weiter
fragen, so bin ich bereit mich dir als Antwortender zu stellen;
willst du aber, so stelle du dich mir, um den Gegenstand dessen
Erörterung wir abgebrochen haben zu Ende zu führen. – Hier-
auf und was ich weiter hinzufügte, erklärte sich Protagoras b
nicht, welches von beiden er tun wollte. Daher sagte Alkibia-
des zum Kallias sich wendend: Wie ist es, Kallias? Dünkt dich
auch nun Protagoras recht zu tun, indem er nicht erklären will
ob er Rede stehen will oder nicht? Mich dünkt nicht, sondern
entweder setze er die Unterredung fort, oder er sage daß er sie
nicht fortsetzen will, damit wir wissen, woran wir mit diesem
sind, und Sokrates sich dann mit einem andern unterreden
könne, oder welcher andere sonst Lust hat mit einem andern.
Hierauf, beschämt wie es mir schien, da Alkibiades so sprach c
und Kallias ihn bat und fast alle Anwesende mit, bequemte sich
Protagoras endlich wieder zum Gespräch, und hieß mich ihn
fragen, indem er antworten wollte.

5. Gesprächsführung durch Sokrates: Wiederaufnahme der Frage nach der Einheit der Tugenden

5.1. Rückkehr zum Stand der Diskussion

Ich fing also an und sagte: Glaube nur nicht, Protagoras, daß
ich irgend etwas anderes wollend mich mit dir unterrede, als

ταῦτα διασκέψασθαι. Ἡγοῦμαι γὰρ πάνυ λέγειν τι τὸν Ὅμηρον τό

σύν τε δύ᾽ ἐρχομένω, καί τε πρὸ ὃ τοῦ ἐνόησεν. d

Εὐπορώτεροι γάρ πως ἅπαντές ἐσμεν οἱ ἄνθρωποι πρὸς ἅπαν ἔργον καὶ λόγον καὶ διανόημα· μοῦνος δ᾽ εἴπερ τε νοήσῃ, αὐτίκα περιιὼν ζητεῖ ὅτῳ ἐπιδείξηται καὶ μεθ᾽ ὅτου βεβαιώσηται, ἕως ἂν ἐντύχῃ. Ὥσπερ καὶ ἐγὼ ἕνεκα τούτου σοὶ ἡδέως διαλέγομαι μᾶλλον ἢ ἄλλῳ τινί, ἡγούμενός σε βέλτιστ᾽ ἂν ἐπισκέψασθαι καὶ περὶ τῶν ἄλλων περὶ ὧν εἰκὸς σκοπεῖσθαι τὸν ἐπιεικῆ, καὶ δὴ καὶ περὶ ἀρετῆς. e
Τίνα γὰρ ἄλλον ἢ σέ; ὅς γε οὐ μόνον αὐτὸς οἴει καλὸς κἀγαθὸς εἶναι, ὥσπερ τινὲς ἄλλοι αὐτοὶ μὲν ἐπιεικεῖς εἰσιν, ἄλλους δὲ οὐ δύνανται ποιεῖν· σὺ δὲ καὶ αὐτὸς ἀγαθὸς εἶ καὶ ἄλλους οἷός τ᾽ εἶ ποιεῖν ἀγαθούς. Καὶ οὕτω πεπίστευκας σαυτῷ, ὥστε καὶ ἄλλων ταύτην τὴν τέχνην ἀποκρυπτομένων σύ γ᾽ ἀναφανδὸν σεαυτὸν ὑποκηρυξάμενος 349
εἰς πάντας τοὺς Ἕλληνας, σοφιστὴν ἐπονομάσας, σεαυτὸν ἀπέφηνας παιδεύσεως καὶ ἀρετῆς διδάσκαλον, πρῶτος τούτου μισθὸν ἀξιώσας ἄρνυσθαι. Πῶς οὖν οὔ σε χρῆν παρακαλεῖν ἐπὶ τὴν τούτων σκέψιν καὶ ἐρωτᾶν καὶ ἀνακοινοῦσθαι; Οὐκ ἔσθ᾽ ὅπως οὔ.

Καὶ νῦν δὴ ἐγὼ ἐκεῖνα, ἅπερ τὸ πρῶτον ἠρώτων περὶ τούτων, πάλιν ἐπιθυμῶ ἐξ ἀρχῆς τὰ μὲν ἀναμνησθῆναι παρὰ σοῦ, τὰ δὲ συνδιασκέψασθαι. Ἦν δέ, ὡς ἐγᾦμαι, τὸ ἐρώτημα τόδε· σοφία καὶ σωφροσύνη καὶ ἀνδρεία καὶ δικαιο- b
σύνη καὶ ὁσιότης, πότερον ταῦτα, πέντε ὄντα ὀνόματα, ἐπὶ ἑνὶ πράγματί ἐστιν, ἢ ἑκάστῳ τῶν ὀνομάτων τούτων ὑπόκειταί τις ἴδιος οὐσία καὶ πρᾶγμα ἔχον ἑαυτοῦ δύναμιν ἕκαστον, οὐκ ὂν οἷον τὸ ἕτερον αὐτῶν τὸ ἕτερον; Ἔφησθα οὖν σὺ οὐκ ὀνόματα ἐπὶ ἑνὶ εἶναι, ἀλλὰ ἕκαστον ἰδίῳ πράγματι τῶν ὀνομάτων τούτων ἐπικεῖσθαι, πάντα δὲ c
ταῦτα μόρια εἶναι ἀρετῆς, οὐχ ὡς τὰ τοῦ χρυσοῦ μόρια ὁμοῖά ἐστιν ἀλλήλοις καὶ τῷ ὅλῳ οὗ μόριά ἐστιν, ἀλλ᾽ ὡς

nur das worüber ich eben Zweifel habe erforschen. Denn ich
glaube, daß Homeros gar Recht hat, wenn er sagt: Wo Zween
wandeln zugleich, da bemerket der Ein' und der Andre; denn d
so sind alle Menschen besser gerüstet zu jeder Handlung und
Rede und Untersuchung. Doch der Einzele, ob er bemerket,
geht er dennoch sogleich umher, und suchet bis er einen findet,
dem er es vorzeige, und mit dem er es sich recht begründe. So
wie auch ich eben deshalb so gern mit dir rede, lieber als mit
einem andern; weil ich glaube daß du am besten sowohl alles
Andere, worüber ein rechtlicher Mann wohl nachdenken mag, e
auseinandersetzen kannst, als auch besonders das, was die Tu-
gend betrifft. Denn wer auch anders als du, der du nicht nur
selbst glaubst gut und edel zu sein, wie Andere die selbst zwar
ganz rechtliche Männer sind, aber keinen Andern dazu machen
können: sondern du bist sowohl selbst ein trefflicher Mann als
auch im Stande Andere zu trefflichen Männern zu machen, und
vertrauest so sehr dir selbst, daß da auch Andere diese Kunst
verbergen, du dich selbst öffentlich dazu ausrufend vor allen 349a
Hellenen unter dem Namen eines Sophisten dich zum Lehrer
in der Tugend und Vollkommenheit anbietest, als der erste, der
dafür Bezahlung zu erhalten begehrt. Wie sollte man also nicht
dich herbeirufen zu solcher Dinge Untersuchung und dich be-
fragen und sich mit dir beraten? Gewiß man kann auf keine
Weise anders. Und so wünsche ich auch jetzt, daß du das, wor-
über ich dich zuerst befragte, teils mir von Anfang wieder in
Erinnerung bringen, teils es weiter mit mir untersuchen wol-
lest. Es war aber, wie ich glaube, die Frage diese, ob Weisheit b
und Besonnenheit und Tapferkeit und Gerechtigkeit und
Frömmigkeit, ob dies nur fünf verschiedene Namen für Eine
Sache sind, oder ob jedem dieser Namen auch ein eigener Be-
griff unterliegt und eine eigne Sache die jede ihre besondere
Verrichtung haben, so daß die eine nicht ist wie die andere. Du
nun hattest gesagt es wären nicht nur verschiedene Namen für
Eines, sondern jeder dieser Namen sei einer besonderen Sache c
untergelegt, und diese alle wären Teile der Tugend, nicht wie
die Teile des Goldes einander und dem Ganzen ähnlich sind,
dessen Teile sie sind, sondern wie die Teile des Gesichtes dem

τὰ τοῦ προσώπου μόρια καὶ τῷ ὅλῳ οὗ μόριά ἐστιν καὶ ἀλλήλοις ἀνόμοια, ἰδίαν ἕκαστα δύναμιν ἔχοντα. Ταῦτα εἰ μέν σοι δοκεῖ ἔτι ὥσπερ τότε, φάθι· εἰ δὲ ἄλλως πως, τοῦτο διόρισαι, ὡς ἔγωγε οὐδέν σοι ὑπόλογον τίθεμαι, ἐάν πῃ ἄλλῃ νῦν φήσῃς· οὐ γὰρ ἂν θαυμάζοιμι εἰ τότε ἀποπειρώμενός μου ταῦτα ἔλεγες. d

— Ἀλλ' ἐγώ σοι, ἔφη, λέγω, ὦ Σώκρατες, ὅτι ταῦτα πάντα μόρια μέν ἐστιν ἀρετῆς, καὶ τὰ μὲν τέτταρα αὐτῶν ἐπιεικῶς παραπλήσια ἀλλήλοις ἐστίν, ἡ δὲ ἀνδρεία πάνυ πολὺ διαφέρον πάντων τούτων. Ὧδε δὲ γνώσει ὅτι ἐγὼ ἀληθῆ λέγω· εὑρήσεις γὰρ πολλοὺς τῶν ἀνθρώπων ἀδικωτάτους μὲν ὄντας καὶ ἀνοσιωτάτους καὶ ἀκολαστοτάτους καὶ ἀμαθεστάτους, ἀνδρειοτάτους δὲ διαφερόντως. — Ἔχε δή, ἔφην ἐγώ· ἄξιον γάρ τοι ἐπισκέψασθαι ὃ λέγεις. Πότερον e
τοὺς ἀνδρείους θαρραλέους λέγεις ἢ ἄλλο τι; — Καὶ ἴτας γ', ἔφη, ἐφ' ἃ οἱ πολλοὶ φοβοῦνται ἰέναι. — Φέρε δή, τὴν ἀρετὴν καλόν τι φῂς εἶναι, καὶ ὡς καλοῦ ὄντος αὐτοῦ σὺ διδάσκαλον σαυτὸν παρέχεις; — Κάλλιστον μὲν οὖν, ἔφη, εἰ μὴ μαίνομαί γε. — Πότερον οὖν, ἦν δ' ἐγώ, τὸ μέν τι αὐτοῦ αἰσχρόν, τὸ δέ τι καλόν, ἢ ὅλον καλόν; — Ὅλον που καλὸν ὡς οἷόν τε μάλιστα. — Οἶσθα οὖν τίνες εἰς τὰ φρέατα κολυμβῶσιν θαρραλέως; — Ἔγωγε, ὅτι οἱ κολυμ- 350
βηταί. — Πότερον διότι ἐπίστανται ἢ δι' ἄλλο τι; — Ὅτι ἐπίστανται. — Τίνες δὲ ἀπὸ τῶν ἵππων πολεμεῖν θαρραλέοι εἰσίν; Πότερον οἱ ἱππικοὶ ἢ οἱ ἄφιπποι; — Οἱ ἱππικοί. — Τίνες δὲ πέλτας ἔχοντες; Οἱ πελταστικοὶ ἢ οἱ μή; — Οἱ πελταστικοί. Καὶ τὰ ἄλλα γε πάντα, εἰ τοῦτο ζητεῖς, ἔφη, οἱ ἐπιστήμονες τῶν μὴ ἐπισταμένων θαρραλεώτεροί εἰσιν, καὶ αὐτοὶ ἑαυτῶν, ἐπειδὰν μάθωσιν, ἢ πρὶν μαθεῖν. — Ἤδη δέ τινας ἑώρακας, ἔφην, πάντων τούτων ἀνε- b
πιστήμονας ὄντας, θαρροῦντας δὲ πρὸς ἕκαστα τούτων; — Ἔγωγε, ἦ δ' ὅς, καὶ λίαν γε θαρροῦντας. — Οὐκοῦν οἱ θαρραλέοι οὗτοι καὶ ἀνδρεῖοί εἰσιν; — Αἰσχρὸν μεντἂν,

Ganzen, dessen Teile sie sind, und auch sich untereinander
unähnlich, und jeder seine besondere Verrichtung habend.
Dünkt dich nun dieses noch eben so wie vorher, so sage es; wo
aber anders, so erkläre dieses. Denn ich will dich nicht verant-
wortlich machen, wenn du jetzt etwas anderes behauptest, in-
dem es mich gar nicht wundern sollte, wenn du damals um
mich zu versuchen jenes gesagt hättest. d

5.2. Das Verhältnis der Tapferkeit zu den anderen Tugenden: Identität mit der Weisheit? Protest des Protagoras

– So sage ich dir denn, Sokrates, sprach er, dies alles sind frei-
lich Teile der Tugend, und die vier anderen sind einander auch
sehr nahe, die Tapferkeit aber ist von ihnen allen gar sehr un-
terschieden. Daß ich aber richtig rede kannst du hieraus erken-
nen. Du wirst nämlich viele Menschen finden, welche sehr un-
gerecht sind und sehr ruchlos, sehr unbändig und sehr unver-
ständig, tapfer aber ganz ausgezeichnet. – Halt doch, sagte ich,
denn was du da sagst ist wohl wert, daß wir es betrachten. e
Nennst du die Tapfern dreist oder etwas anderes? – Und auch
keck zufahrend worauf die Meisten sich fürchten zu gehen. –
So komm denn! sagst du die Tugend sei etwas Schönes? und als
in etwas Schönem erbietest du dich in ihr zum Lehrer? – Und
zwar das Schönste allerdings, sagte er, wenn ich anders nicht
von Sinnen bin. – Ob etwa, sprach ich, einiges an ihr schlecht
ist und anderes schön? oder alles schön? – Alles durchaus schön
so sehr als immer möglich. – Weißt du auch wohl, welche dreist
ins Wasser springen? – O ja die Schwimmer. – Weil sie es ver- 350a
stehen, oder aus einer andern Ursach? – Weil sie es verstehen. –
Und wer ficht im Kriege dreist zu Pferde? die Reiter oder die
Unberittenen? – Die Reiter. – Und wer mit kurzen Schilden?
die Leichtbewaffneten oder Andere? – Jene, sagte er, und
überhaupt sind auch in allen andern Dingen, wenn du darauf
hinaus willst, die Kundigen dreister als die Unkundigen, und
nachdem sie es gelernt haben dreister als sie selbst waren ehe sie
es gelernt hatten. – Hast du auch schon solche gesehen, fragte b
ich, die aller dieser Dinge unkundig waren, und doch zu allem
dreist? – O ja, sagte er, und sehr dreist. – Sind wohl diese

ἔφη, εἴη ἡ ἀνδρεία· ἐπεὶ οὗτοί γε μαινόμενοί εἰσιν. — Πῶς οὖν, ἔφην ἐγώ, λέγεις τοὺς ἀνδρείους; Οὐχὶ τοὺς θαρραλέους εἶναι; — Καὶ νῦν γ', ἔφη. — Οὐκοῦν οὗτοι, ἦν c
δ' ἐγώ, οἱ οὕτω θαρραλέοι ὄντες οὐκ ἀνδρεῖοι ἀλλὰ μαινόμενοι φαίνονται; Καὶ ἐκεῖ αὖ οἱ σοφώτατοι οὗτοι καὶ θαρραλεώτατοί εἰσιν, θαρραλεώτατοι δὲ ὄντες ἀνδρειότατοι; Καὶ κατὰ τοῦτον τὸν λόγον ἡ σοφία ἂν ἀνδρεία εἴη;

— Οὐ καλῶς, ἔφη, μνημονεύεις, ὦ Σώκρατες, ἃ ἔλεγόν τε καὶ ἀπεκρινόμην σοι. Ἔγωγε ἐρωτηθεὶς ὑπὸ σοῦ εἰ οἱ ἀνδρεῖοι θαρραλέοι εἰσίν, ὡμολόγησα· εἰ δὲ καὶ οἱ θαρραλέοι ἀνδρεῖοι, οὐκ ἠρωτήθην· εἰ γάρ με τότ' ἤρου, εἶπον ἂν ὅτι
οὐ πάντες· τοὺς δὲ ἀνδρείους ὡς οὐ θαρραλέοι εἰσίν, τὸ d
ἐμὸν ὁμολόγημα, οὐδαμοῦ ἐπέδειξας ὡς οὐκ ὀρθῶς ὡμολόγησα. Ἔπειτα τοὺς ἐπισταμένους αὐτοὺς ἑαυτῶν θαρραλεωτέρους ὄντας ἀποφαίνεις καὶ μὴ ἐπισταμένων ἄλλων, καὶ ἐν τούτῳ οἴει τὴν ἀνδρείαν καὶ τὴν σοφίαν ταὐτὸν εἶναι· τούτῳ δὲ τῷ τρόπῳ μετιὼν καὶ τὴν ἰσχὺν οἰηθείης ἂν εἶναι σοφίαν. Πρῶτον μὲν γὰρ εἰ οὕτω μετιὼν ἔροιό με
εἰ οἱ ἰσχυροὶ δυνατοί εἰσιν, φαίην ἄν· ἔπειτα, εἰ οἱ ἐπιστά- e
μενοι παλαίειν δυνατώτεροί εἰσιν τῶν μὴ ἐπισταμένων παλαίειν καὶ αὐτοὶ αὑτῶν, ἐπειδὰν μάθωσιν, ἢ πρὶν μαθεῖν, φαίην ἄν· ταῦτα δὲ ἐμοῦ ὁμολογήσαντος ἐξείη ἄν σοι, χρωμένῳ τοῖς αὐτοῖς τεκμηρίοις τούτοις, λέγειν ὡς κατὰ τὴν ἐμὴν ὁμολογίαν ἡ σοφία ἐστὶν ἰσχύς. Ἐγὼ δὲ οὐδαμοῦ οὐδ' ἐνταῦθα ὁμολογῶ τοὺς δυνατοὺς ἰσχυροὺς εἶναι, τοὺς
μέντοι ἰσχυροὺς δυνατούς· οὐ γὰρ ταὐτὸν εἶναι δύναμίν τε 351
καὶ ἰσχύν, ἀλλὰ τὸ μὲν καὶ ἀπὸ ἐπιστήμης γίγνεσθαι, τὴν δύναμιν, καὶ ἀπὸ μανίας τε καὶ ἀπὸ θυμοῦ, ἰσχὺν δὲ ἀπὸ φύσεως καὶ εὐτροφίας τῶν σωμάτων. Οὕτω δὲ κἀκεῖ οὐ ταὐτὸν εἶναι θάρσος τε καὶ ἀνδρείαν· ὥστε συμβαίνει τοὺς μὲν ἀνδρείους θαρραλέους εἶναι, μὴ μέντοι τούς γε θαρραλέους ἀνδρείους πάντας· θάρσος μὲν γὰρ καὶ ἀπὸ τέχνης

Dreisten auch tapfer? – Dann wäre ja, sagte er, die Tapferkeit etwas sehr schlechtes, denn diese sind toll. – Was sagst du denn von den Tapfern? sprach ich, nicht daß sie die Dreisten sind? – Auch jetzt noch, sagte er. – Also diese, sprach ich, die auf c
solche Art dreist sind, scheinen nicht tapfer zu sein, sondern toll? Und vorher dort, waren welche die weisesten auch die Dreistesten, und wenn die Dreistesten, auch die Tapfersten? Und so wäre ja nach dieser Rede die Weisheit die Tapferkeit? – Nicht richtig, sagte er, trägst du vor, o Sokrates, was ich gesagt und dir geantwortet habe. Gefragt von dir, ob die Tapfern dreist wären, habe ich dies bejaht, ob aber die Dreisten auch tapfer sind, das wurde ich gar nicht gefragt. Denn wenn du mich das gefragt hättest, würde ich gesagt haben, nicht Alle. Daß aber die Tapfern nicht dreist wären, und ich diese meine d
Behauptung mit Unrecht behauptet hätte, hast du nirgends erwiesen. Hernach zeigst du von den einer Sache kundigen, daß sie dreister darin sind, als sie selbst vorher waren, und so auch dreister als andere Unkundige, und deshalb meinst du nun sei Weisheit und Tapferkeit dasselbe. Wenn du es so herumholen willst, kannst du auch glauben, Stärke sei Weisheit. Denn zuerst wenn du mich mit einer solchen Wendung fragtest, ob nicht die Starken kraftvoll sind, so würde ich Ja sagen, e
und dann ob nicht die des Fechtens kundigen kraftvoller sind als die unkundigen, und auch nachdem sie es gelernt kraftvoller als sie selbst waren ehe sie es lernten, so würde ich es ebenfalls bejahen. Nachdem ich nun dieses zugegeben, könntest du dann eben diesen Beweis anwendend sagen, daß nach meinem Geständnis Weisheit Stärke wäre. Aber ich gebe ja keinesweges weder in diesem Falle zu, daß die Kraftvollen stark, jedoch daß die Starken kraftvoll sind, nämlich nicht, daß Kraft und Stärke 351a
einerlei ist; denn jene, die Kraft, entsteht auch aus Kenntnis, ja auch aus Wahnsinn oder aus Gemütsbewegung, die Stärke aber aus der guten Natur und der Wohlgenährtheit des Körpers. Noch auch in unserm Falle, daß Dreistigkeit und Tapferkeit einerlei ist, so daß zwar folgt die Tapfern sind dreist, jedoch nicht, daß die Dreisten auch alle tapfer sind. Denn Dreistigkeit entsteht dem Menschen auch aus Kunst oder aus Tollheit oder b

γίγνεται ἀνθρώποις καὶ ἀπὸ θυμοῦ τε καὶ ἀπὸ μανίας, ὥσ- b
περ ἡ δύναμις, ἀνδρεία δὲ ἀπὸ φύσεως καὶ εὐτροφίας τῶν ψυχῶν γίγνεται.

— Λέγεις δέ τινας, ἔφην, ὦ Πρωταγόρα, τῶν ἀνθρώπων εὖ ζῆν, τοὺς δὲ κακῶς; — Ἔφη. — Ἆρ' οὖν δοκεῖ σοι ἄνθρωπος ἂν εὖ ζῆν, εἰ ἀνιώμενός τε καὶ ὀδυνώμενος ζῴη; — Οὐκ ἔφη. — Τί δ' εἰ ἡδέως βιοὺς τὸν βίον τελευτήσειεν, οὐκ εὖ ἄν σοι δοκεῖ οὕτως βεβιωκέναι; — Ἔμοιγ', ἔφη. — Τὸ μὲν ἄρα ἡδέως ζῆν ἀγαθόν, τὸ δ' ἀηδῶς κακόν. c
— Εἴπερ τοῖς καλοῖς γ', ἔφη, ζῴη ἡδόμενος. — Τί δή, ὦ Πρωταγόρα; Μὴ καὶ σύ, ὥσπερ οἱ πολλοί, ἡδέ' ἄττα καλεῖς κακὰ καὶ ἀνιαρὰ ἀγαθά; Ἐγὼ γὰρ λέγω, καθ' ὃ ἡδέα ἐστίν, ἆρα κατὰ τοῦτο οὐκ ἀγαθά, μὴ εἴ τι ἀπ' αὐτῶν ἀποβήσεται ἄλλο; Καὶ αὖθις αὖ τὰ ἀνιαρὰ ὡσαύτως οὕτως οὐ καθ' ὅσον ἀνιαρά, κακά; — Οὐκ οἶδα, ὦ Σώκρατες, ἔφη, ἁπλῶς οὕτως, ὡς σὺ ἐρωτᾷς, εἰ ἐμοὶ ἀποκριτέον ἐστὶν ὡς τὰ ἡδέα τε ἀγαθά ἐστιν ἅπαντα καὶ τὰ ἀνιαρὰ d
κακά· ἀλλά μοι δοκεῖ οὐ μόνον πρὸς τὴν νῦν ἀπόκρισιν ἐμοὶ ἀσφαλέστερον εἶναι ἀποκρίνασθαι, ἀλλὰ καὶ πρὸς πάντα τὸν ἄλλον βίον τὸν ἐμόν, ὅτι ἔστι μὲν ἃ τῶν ἡδέων οὐκ ἔστιν ἀγαθά, ἔστι δ' αὖ καὶ ἃ τῶν ἀνιαρῶν οὐκ ἔστι κακά, ἔστι δ' ἃ ἔστιν, καὶ τρίτον ἃ οὐδέτερα, οὔτε κακὰ οὔτ' ἀγαθά. — Ἡδέα δὲ καλεῖς, ἦν δ' ἐγώ, οὐ τὰ ἡδονῆς μετέχοντα ἢ ποιοῦντα ἡδονήν; — Πάνυ γ', ἔφη. — Τοῦτο e
τοίνυν λέγω, καθ' ὅσον ἡδέα ἐστίν, εἰ οὐκ ἀγαθά, τὴν ἡδονὴν αὐτὴν ἐρωτῶν εἰ οὐκ ἀγαθόν ἐστιν. — Ὥσπερ σὺ λέγεις, ἔφη, ἑκάστοτε, ὦ Σώκρατες, σκοπώμεθα αὐτό, καὶ ἐὰν μὲν πρὸς λόγον δοκῇ εἶναι τὸ σκέμμα καὶ τὸ αὐτὸ φαίνηται ἡδύ τε καὶ ἀγαθόν, συγχωρησόμεθα· εἰ δὲ μή, τότε ἤδη ἀμφισβητήσομεν. — Πότερον οὖν, ἦν δ' ἐγώ, σὺ βούλει ἡγεμονεύειν τῆς σκέψεως, ἢ ἐγὼ ἡγῶμαι; — Δίκαιος, ἔφη, σὺ ἡγεῖσθαι· σὺ γὰρ καὶ κατάρχεις τοῦ λόγου.

aus Gemütsbewegung, wie die Kraft; die Tapferkeit aber entsteht aus der Gutartigkeit und Wohlgenährtheit der Seele.

5.3. Verlagerung der Argumentation auf das Gebiet der Lustethik

5.3.1. Allgemeine Erwägungen über Lust bzw. Vergnügtsein, Gutes und die Macht von Erkenntnis

– Sagst du denn, Protagoras, sprach ich, daß einige Menschen gut leben und Andere schlecht? – Er sagte ja. – Dünkt dich nun wohl ein Mensch gut zu leben, wenn er gequält und gepeinigt lebt? – Nein. – Wie aber wenn er nach einem vergnügten Leben seinen Lauf beschließt, dünkt dich dieser nicht gut gelebt zu haben? – Dann wohl, sagte er. – Also vergnügt leben ist gut, c
unangenehm leben aber böse? – Wenn man nämlich, sagte er, am Schönen Vergnügen findend lebt. – Wie doch, Protagoras? Nennst auch du, wie die meisten, einiges Angenehme böse und Peinliches gut? Ich meine nämlich in wiefern es angenehm ist, ob es in sofern nicht gut ist; nicht wenn etwa anderes daraus entsteht? und auf der andern Seite wiederum das Peinliche ob es nicht in sofern peinlich auch böse ist? – Ich weiß nicht, Sokrates, sagte er, so unbedingt wie du fragst ob ich antworten soll, daß alles Angenehme gut ist und das Peinliche böse. Viel- d
mehr dünkt es mich nicht nur in Beziehung auf die gegenwärtige Antwort sicherer, sondern auch für mein ganzes übriges Leben, wenn ich antworte, daß es einiges gibt unter dem Angenehmen was nicht gut, und wiederum unter dem Unangenehmen einiges was nicht böse ist, anderes was so ist, und drittens noch anderes was keins von beiden ist, weder gut noch böse. – Angenehm aber, sprach ich, nennst du doch womit Lust verbunden ist, oder was Lust macht? – Allerdings, sagte er. – e
Dieses nun meine ich, ob es nicht in wiefern angenehm auch gut ist, nach der Lust selbst fragend, ob die nicht gut ist? – Darauf sagte er: Laß uns zusehn, Sokrates, wie du ja immer sagst, und wenn die Untersuchung zur Sache zu gehören scheint, und sich zeigt, daß das Gute und Angenehme einerlei ist, so wollen wir es einräumen, wo aber nicht, so wollen wir es dann schon bestreiten. – Willst nun, sprach ich, du die Untersuchung führen? oder soll ich sie führen? – Es ist billig, antwortete er, daß du sie führst, denn du leitest ja das Gespräch. –

— Ἆρ' οὖν, ἦν δ' ἐγώ, τῇδέ πῃ καταφανὲς ἂν ἡμῖν 352
γένοιτο ; Ὥσπερ εἴ τις ἄνθρωπον σκοπῶν ἐκ τοῦ εἴδους ἢ πρὸς ὑγίειαν ἢ πρὸς ἄλλο τι τῶν τοῦ σώματος ἔργων, ἰδὼν τὸ πρόσωπον καὶ τὰς χεῖρας ἄκρας εἴποι· Ἴθι δή μοι ἀποκαλύψας καὶ τὰ στήθη καὶ τὸ μετάφρενον ἐπίδειξον, ἵνα ἐπισκέψωμαι σαφέστερον· καὶ ἐγὼ τοιοῦτόν τι ποθῶ πρὸς τὴν σκέψιν· θεασάμενος ὅτι οὕτως ἔχεις πρὸς τὸ ἀγαθὸν καὶ τὸ ἡδὺ ὡς φῄς, δέομαι τοιοῦτόν τι εἰπεῖν· Ἴθι
δή μοι, ὦ Πρωταγόρα, καὶ τόδε τῆς διανοίας ἀποκάλυψον· b
πῶς ἔχεις πρὸς ἐπιστήμην ; Πότερον καὶ τοῦτό σοι δοκεῖ ὥσπερ τοῖς πολλοῖς ἀνθρώποις, ἢ ἄλλως ; Δοκεῖ δὲ τοῖς πολλοῖς περὶ ἐπιστήμης τοιοῦτόν τι, οὐκ ἰσχυρὸν οὐδ' ἡγεμονικὸν οὐδ' ἀρχικὸν εἶναι· οὐδὲ ὡς περὶ τοιούτου αὐτοῦ ὄντος διανοοῦνται, ἀλλ' ἐνούσης πολλάκις ἀνθρώπῳ ἐπιστήμης οὐ τὴν ἐπιστήμην αὐτοῦ ἄρχειν, ἀλλ' ἄλλο τι, τοτὲ μὲν θυμόν, τοτὲ δὲ ἡδονήν, τοτὲ δὲ λύπην, ἐνίοτε δὲ ἔρωτα, πολλάκις δὲ φόβον, ἀτεχνῶς διανοούμενοι περὶ τῆς
ἐπιστήμης ὥσπερ περὶ ἀνδραπόδου, περιελκομένης ὑπὸ c
τῶν ἄλλων ἁπάντων. Ἆρ' οὖν καὶ σοὶ τοιοῦτόν τι περὶ αὐτῆς δοκεῖ, ἢ καλόν τε εἶναι ἡ ἐπιστήμη καὶ οἷον ἄρχειν τοῦ ἀνθρώπου, καὶ ἐάνπερ γιγνώσκῃ τις τἀγαθὰ καὶ τὰ κακά, μὴ ἂν κρατηθῆναι ὑπὸ μηδενὸς ὥστε ἄλλ' ἄττα πράττειν ἢ ἂν ἐπιστήμη κελεύῃ, ἀλλ' ἱκανὴν εἶναι τὴν φρόνησιν βοηθεῖν τῷ ἀνθρώπῳ ;

— Καὶ δοκεῖ, ἔφη, ὥσπερ σὺ λέγεις, ὦ Σώκρατες, καὶ
ἅμα, εἴπερ τῳ ἄλλῳ, αἰσχρόν ἐστι καὶ ἐμοὶ σοφίαν καὶ d
ἐπιστήμην μὴ οὐχὶ πάντων κράτιστον φάναι εἶναι τῶν ἀνθρωπείων πραγμάτων. — Καλῶς γε, ἔφην ἐγώ, σὺ λέγων καὶ ἀληθῆ. Οἶσθα οὖν ὅτι οἱ πολλοὶ τῶν ἀνθρώπων ἐμοί τε καὶ σοὶ οὐ πείθονται, ἀλλὰ πολλούς φασι γιγνώσκοντας τὰ βέλτιστα οὐκ ἐθέλειν πράττειν, ἐξὸν αὐτοῖς, ἀλλὰ ἄλλα πράττειν· καὶ ὅσους δὴ ἐγὼ ἠρόμην ὅ τί ποτε αἴτιόν ἐστι
τούτου, ὑπὸ ἡδονῆς φασιν ἡττωμένους ἢ λύπης ἢ ὧν νυνδὴ e

Vielleicht also, sagte ich, wird es uns auf diese Art offenbar 352a
werden. So wie nämlich Jemand der einen Menschen aus der Gestalt in Absicht auf seine Gesundheit oder sonst eine körperliche Beschaffenheit untersuchen sollte, wenn er nichts von ihm sähe als das Gesicht und die Hände, gewiß zu ihm sagen würde, komm her, entblöße mir auch die Brust und den Rücken, und zeige sie mir, damit ich dich genauer betrachten kann: so ohngefähr vermisse auch ich etwas bei unserer Untersuchung, und möchte, nachdem ich gesehen, wie du über das Angenehme und Gute denkst, dir eben so sagen: Komm her, Protagoras! enthülle mir von deiner Gesinnung auch noch die- b
ses, was du von der Erkenntnis hältst, ob du auch hierüber so denkst wie die meisten Menschen oder anders? Die meisten nämlich denken von der Erkenntnis so ohngefähr, daß sie nichts starkes leitendes und beherrschendes ist, und achten sie auch gar nicht als ein solches, sondern daß gar oft, wenn auch Erkenntnis im Menschen ist, sie ihn doch nicht beherrscht, sondern irgend sonst etwas, bald der Zorn, bald die Lust, bald die Unlust, manchmal die Liebe, oft auch die Furcht, so daß sie offenbar von der Erkenntnis denken wie von einem elenden c
Wicht, daß sie sich von allem andern herumzerren läßt. Dünkt nun dich so etwas von ihr, oder vielmehr sie sei etwas Schönes, das wohl den Menschen regiere? und wenn einer Gutes und Böses erkannt habe, werde er von nichts anderem mehr gezwungen werden, irgend etwas anderes zu tun als was seine Erkenntnis ihm befiehlt, sondern die richtige Einsicht sei stark genug dem Menschen durchzuhelfen? – So dünkt es mich, antwortete er, wie du jetzt sagst, Sokrates, und zudem wäre es, wenn für irgend einen andern, gewiß auch für mich unziemlich d
zu behaupten, daß Weisheit und Erkenntnis nicht das mächtigste wäre unter allem menschlichen. – Wohl gesprochen von dir, sagte ich, und sehr wahr. Du weißt aber doch, daß die meisten Menschen mir und dir nicht glauben, sondern sie sagen, daß Viele, welche das Bessere sehr gut erkennen, es doch nicht tun wollen, obgleich sie könnten, sondern etwas anderes tun. Und so Viele ich gefragt habe, was doch die Ursach wäre hiervorn, haben mir Alle gesagt, von der Lust überwunden oder der e

ἐγὼ ἔλεγον ὑπό τινος τούτων κρατουμένους ταῦτα ποιεῖν τοὺς ποιοῦντας. — Πολλὰ γὰρ οἶμαι, ἔφη, ὦ Σώκρατες, καὶ ἄλλα οὐκ ὀρθῶς λέγουσιν οἱ ἄνθρωποι. — Ἴθι δὴ μετ' ἐμοῦ ἐπιχείρησον πείθειν τοὺς ἀνθρώπους καὶ διδάσκειν ὅ ἐστιν αὐτοῖς τοῦτο τὸ πάθος, ὅ φασιν ὑπὸ τῶν ἡδονῶν ἡττᾶσθαι καὶ οὐ πράττειν διὰ ταῦτα τὰ βέλτιστα, ἐπεὶ 353
γιγνώσκειν γε αὐτά. Ἴσως γὰρ ἂν λεγόντων ἡμῶν ὅτι οὐκ ὀρθῶς λέγετε, ὦ ἄνθρωποι, ἀλλὰ ψεύδεσθε, ἔροιντ' ἂν ἡμᾶς· Ὦ Πρωταγόρα τε καὶ Σώκρατες, εἰ μὴ ἔστιν τοῦτο τὸ πάθημα ἡδονῆς ἡττᾶσθαι, ἀλλὰ τί ποτ' ἐστίν, καὶ τί ὑμεῖς αὐτό φατε εἶναι ; εἴπατον ἡμῖν. — Τί δέ, ὦ Σώκρατες, δεῖ ἡμᾶς σκοπεῖσθαι τὴν τῶν πολλῶν δόξαν ἀνθρώπων, οἳ ὅ τι ἂν τύχωσι τοῦτο λέγουσιν ; — Οἶμαι, ἦν δ' ἐγώ, εἶναί τι ἡμῖν τοῦτο πρὸς τὸ ἐξευρεῖν περὶ ἀνδρείας, πρὸς b
τἆλλα μόρια τὰ τῆς ἀρετῆς πῶς ποτ' ἔχει. Εἰ οὖν σοι δοκεῖ ἐμμένειν οἷς ἄρτι ἔδοξεν ἡμῖν, ἐμὲ ἡγήσασθαι ᾗ οἶμαι ἂν ἔγωγε κάλλιστα φανερὸν γενέσθαι, ἕπου· εἰ δὲ μὴ βούλει, εἴ σοι φίλον, ἐῶ χαίρειν. — Ἀλλ', ἔφη, ὀρθῶς λέγεις· καὶ πέραινε ὥσπερ ἤρξω.

— Πάλιν τοίνυν, ἔφην ἐγώ, εἰ ἔροιντο ἡμᾶς· Τί οὖν φατε c
τοῦτο εἶναι, ὃ ἡμεῖς ἥττω εἶναι τῶν ἡδονῶν ἐλέγομεν ; εἴποιμ' ἂν ἔγωγε πρὸς αὐτοὺς ὡδί· Ἀκούετε δή· πειρασόμεθα γὰρ ὑμῖν ἐγώ τε καὶ Πρωταγόρας φράσαι. Ἄλλο τι γάρ, ὦ ἄνθρωποι, φατὲ ὑμῖν τοῦτο γίγνεσθαι ἐν τοῖσδε, οἷον πολλάκις ὑπὸ σίτων καὶ ποτῶν καὶ ἀφροδισίων κρατούμενοι ἡδέων ὄντων, γιγνώσκοντες ὅτι πονηρά ἐστιν, ὅμως αὐτὰ πράττειν ; — Φαῖεν ἄν. — Οὐκοῦν ἐροίμεθ' ἂν αὐτοὺς ἐγώ τε καὶ σὺ πάλιν· πονηρὰ δὲ αὐτὰ πῇ φατε εἶναι ; Πότερον ὅτι τὴν ἡδονὴν ταύτην ἐν τῷ παραχρῆμα d
παρέχει καὶ ἡδύ ἐστιν ἕκαστον αὐτῶν, ἢ ὅτι εἰς τὸν ὕστερον χρόνον νόσους τε ποιεῖ καὶ πενίας καὶ ἄλλα τοιαῦτα

Unlust, oder von irgend einem unter den Dingen deren ich vorhin erwähnte bezwungen, täten die das, die es tun. – Sagen doch wohl, sprach er, die Leute, o Sokrates, noch viel anderes unrichtiges. – So komm denn, und versuche mit mir die Leute zu überreden, und zu belehren, was für ein Zustand das ist, was
sie nennen von der Lust überwunden werden, und um des- 353a
willen das Bessere nicht tun, denn erkannt habe man es ja. Vielleicht nämlich, wenn wir ihnen nun sagten, Ihr habt Unrecht Leute und ihr irrt euch, möchten sie uns fragen, O Sokrates und Protagoras, wenn dieser Zustand nicht darin besteht von der Lust überwunden zu werden, was ist der denn, und wie erklärt ihr ihn? Sagt es uns doch! – Aber o Sokrates, sagte Protagoras, was sollen wir denn die Meinung der Leute in Betrachtung ziehen, welche sagen was ihnen einfällt? – Ich
glaube nur, sprach ich, daß uns dies etwas helfen wird, um zu b
entdecken, wie sich die Tapferkeit eigentlich zu den übrigen Teilen der Tugend verhalte. Bleibst du also noch bei dem eben beschlossenen, daß ich führen soll, so folge mir auch dahin, wo ich glaube, daß sich uns die Sache am deutlichsten darstellen wird. Willst du aber nicht, so will ich es gut sein lassen, wenn dir das lieber ist. – Nein sagte er, du hast recht, bringe es nur zu Ende, wie du es angefangen hast.

5.3.2. Das Verhältnis von Lust und Unlust, Gutem und Schlechtem nach dem hedonistischen Kalkül

– Noch einmal also, sprach ich, wenn sie uns fragten: Wie er- c
klärt ihr also das was wir nannten zu schwach sein gegen die Lust? so würde ich zu ihnen sagen: Hört denn! Protagoras und ich, wir wollen versuchen es euch zu erklären. Ihr meint doch darunter nichts anderes, als was euch in solchen Dingen begegnet, wie daß ihr oft von Speise und Trank und Wollust als dem Angenehmen bezwungen, wiewohl ihr wißt, daß es schlecht ist, es dennoch tut? – Das würden sie bejahen. – Nicht wahr, dann würden wir sie wieder fragen, ich und du: Aber in wiefern sagt ihr, daß diese Dinge schlecht sind? etwa eben
deshalb, weil sie diese Lust für den Augenblick gewähren, und d
also jedes für sich angenehm sind? oder weil sie in der folgenden Zeit Krankheit und Mangel herbeiführen, und viel anderes

πολλὰ παρασκευάζει; Ἢ κἂν εἴ τι τούτων εἰς τὸ ὕστερον μηδὲν παρασκευάζει, χαίρειν δὲ μόνον ποιεῖ, ὅμως δ' ἂν κακὰ ἦν, ὅ τι παθόντα χαίρειν ποιεῖ καὶ ὁπῃοῦν; Ἆρ' οἰόμεθ' ἂν αὐτούς, ὦ Πρωταγόρα, ἄλλο τι ἀποκρίνασθαι, ἢ ὅτι οὐ κατὰ τὴν αὐτῆς τῆς ἡδονῆς τῆς παραχρῆμα ἐργασίαν κακά ἐστιν, ἀλλὰ διὰ τὰ ὕστερον γιγνόμενα, νόσους e
τε καὶ τἆλλα. — Ἐγὼ μὲν οἶμαι, ἔφη ὁ Πρωταγόρας, τοὺς πολλοὺς ἂν ταῦτα ἀποκρίνασθαι. — Οὐκοῦν νόσους ποιοῦντα ἀνίας ποιεῖ, καὶ πενίας ποιοῦντα ἀνίας ποιεῖ; Ὁμολογοῖεν ἄν, ὡς ἐγῷμαι. — Συνέφη ὁ Πρωταγόρας. — Οὐκοῦν φαίνεται, ὦ ἄνθρωποι, ὑμῖν, ὥς φαμεν ἐγώ τε καὶ Πρωταγόρας, δι' οὐδὲν ἄλλο ταῦτα κακὰ ὄντα, ἢ διότι εἰς ἀνίας τε ἀποτελευτᾷ καὶ ἄλλων ἡδονῶν ἀποστερεῖ; Ὁμολογοῖεν ἄν; — Συνεδόκει ἡμῖν ἀμφοῖν. 354

— Οὐκοῦν πάλιν αὖ αὐτοὺς τὸ ἐναντίον εἰ ἐροίμεθα· Ὦ ἄνθρωποι οἱ λέγοντες αὖ ἀγαθὰ ἀνιαρὰ εἶναι, ἆρα οὐ τὰ τοιάδε λέγετε, οἷον τά τε γυμνάσια καὶ τὰς στρατείας καὶ τὰς ὑπὸ τῶν ἰατρῶν θεραπείας τὰς διὰ καύσεών τε καὶ τομῶν καὶ φαρμακειῶν καὶ λιμοκτονιῶν γιγνομένας, ὅτι ταῦτα ἀγαθὰ μέν ἐστιν, ἀνιαρὰ δέ; Φαῖεν ἄν; — Συνεδόκει. — Πότερον οὖν κατὰ τόδε ἀγαθὰ αὐτὰ καλεῖτε, ὅτι b
ἐν τῷ παραχρῆμα ὀδύνας τὰς ἐσχάτας παρέχει καὶ ἀλγηδόνας, ἢ ὅτι εἰς τὸν ὕστερον χρόνον ὑγίειαί τε ἀπ' αὐτῶν γίγνονται καὶ εὐεξίαι τῶν σωμάτων καὶ τῶν πόλεων σωτηρίαι καὶ ἄλλων ἀρχαὶ καὶ πλοῦτοι; φαῖεν ἄν, ὡς ἐγῷμαι. — Συνεδόκει. — Ταῦτα δὲ ἀγαθά ἐστι δι' ἄλλο τι, ἢ ὅτι εἰς ἡδονὰς ἀποτελευτᾷ καὶ λυπῶν ἀπαλλαγάς τε καὶ ἀποτροπάς; Ἢ ἔχετέ τι ἄλλο τέλος λέγειν, εἰς ὃ ἀποβλέψαντες αὐτὰ ἀγαθὰ καλεῖτε, ἀλλ' ⟨ἢ⟩ ἡδονάς τε καὶ λύπας; c
Οὐκ ἂν φαῖεν, ὡς ἐγῷμαι. — Οὐδ' ἐμοὶ δοκεῖ, ἔφη ὁ Πρωταγόρας. — Οὐκοῦν τὴν μὲν ἡδονὴν διώκετε ὡς ἀγαθὸν ὄν, τὴν δὲ λύπην φεύγετε ὡς κακόν; — Συνεδόκει. — Τοῦτ' ἄρα ἡγεῖσθ' εἶναι κακόν, τὴν λύπην, καὶ ἀγαθὸν τὴν

der Art bewirken? Oder sollten sie auch, wenn sie nichts der-
gleichen in der Folge bewirken, sondern nur Vergnügen ma-
chen, dennoch etwas böses sein, weil sie was einer auch treibe
ihn vergnügt machen und auf welche Art es auch sei? Sollen
wir glauben, Protagoras, daß sie uns etwas anderes antworten
werden, als diese Dinge wären nicht wegen der Lust, welche sie
für den Augenblick gewähren, böse, sondern allerdings wegen e
der hernach entstehenden Krankheiten und des Übrigen? – Ich
glaube, sagte Protagoras, daß die Leute so antworten werden. –
Und was Krankheit bringt, bringt Unlust, was Armut bringt,
bringt Unlust? Das würden sie zugeben denke ich? – Prota-
goras war auch der Meinung. – Also scheinen euch, ihr Leute,
wie ich und Protagoras behaupten, diese Dinge aus keiner an-
dern Ursach böse zu sein, als weil sie selbst in Pein endigen und
euch anderer Lust berauben? Das würden sie doch zugeben? So 354a
schien es uns Beiden. Wenn wir sie nun auch nach dem entge-
gengesetzten fragten: Ihr Leute, die ihr wiederum sagt, daß
manches Peinliche gut ist, meint ihr damit nicht dergleichen
wie die anstrengenden Leibesübungen, die Feldzüge, die Be-
handlungen der Ärzte mit Brennen und Schneiden, Arzneineh-
men und Fasten, daß dergleichen gut ist aber peinlich? so wür-
den sie das bejahen? – So schien es ihm auch. – Ob ihr sie nun b
wohl deshalb gut nennt, weil sie für den Augenblick die hef-
tigsten Qualen und Schmerzen verursachen? oder weil in der
Folge Gesundheit daraus entsteht und Wohlbefinden des Kör-
pers und Rettung der Staaten und sonst Herrschaft und Reich-
tum? Sie würden das letztere bejahen wie ich glaube. – Er
glaubte es ebenfalls. – Sind also diese Dinge aus einer andern
Ursache gut, als weil sie in Lust endigen und in der Unlust
Abwendung und Vertreibung? oder habt ihr ein anderes Ziel
anzugeben in Beziehung auf welches ihr sie gut nennt als nur c
Lust oder Unlust? Ich glaube sie werden kein anderes angeben.
– Auch ich glaube es nicht, sagte Protagoras. – Also jaget ihr
doch der Lust nach als dem Guten, und die Unlust flieht ihr als
das Böse? Das würden sie zugeben? – So dünkte es ihn auch. –
Dies also haltet ihr eigentlich für böse, die Unlust, und die Lust

ἡδονήν, ἐπεὶ καὶ αὐτὸ τὸ χαίρειν τότε λέγετε κακὸν εἶναι, ὅταν μειζόνων ἡδονῶν ἀποστερῇ ἢ ὅσας αὐτὸ ἔχει, ἢ λύπας μείζους παρασκευάζῃ τῶν ἐν αὐτῷ ἡδονῶν· ἐπεὶ εἰ κατ᾽ ἄλλο τι αὐτὸ τὸ χαίρειν κακὸν καλεῖτε καὶ εἰς d ἄλλο τι τέλος ἀποβλέψαντες, ἔχοιτε ἂν καὶ ἡμῖν εἰπεῖν· ἀλλ᾽ οὐχ ἕξετε. — Οὐδ᾽ ἐμοὶ δοκοῦσιν, ἔφη ὁ Πρωταγόρας. — Ἄλλο τι οὖν πάλιν καὶ περὶ αὐτοῦ τοῦ λυπεῖσθαι ὁ αὐτὸς τρόπος; Τότε καλεῖτε αὐτὸ τὸ λυπεῖσθαι ἀγαθόν, ὅταν ἢ μείζους λύπας τῶν ἐν αὐτῷ οὐσῶν ἀπαλλάττῃ ἢ μείζους ἡδονὰς τῶν λυπῶν παρασκευάζῃ; Ἐπεὶ εἰ πρὸς ἄλλο τι τέλος ἀποβλέπετε, ὅταν καλῆτε αὐτὸ τὸ λυπεῖσθαι ἀγαθόν, ἢ πρὸς ὃ ἐγὼ λέγω, ἔχετε ἡμῖν εἰπεῖν· ἀλλ᾽ οὐχ e ἕξετε. — Ἀληθῆ, ἔφη, λέγεις, ὁ Πρωταγόρας. — Πάλιν τοίνυν, ἔφην ἐγώ, εἴ με ἀνέροισθε, ὦ ἄνθρωποι, Τίνος οὖν δήποτε ἕνεκα πολλὰ περὶ τούτου λέγεις καὶ πολλαχῇ; Συγγιγνώσκετέ μοι, φαίην ἂν ἔγωγε. Πρῶτον μὲν γὰρ οὐ ῥᾴδιον ἀποδεῖξαι τί ἐστίν ποτε τοῦτο ὃ ὑμεῖς καλεῖτε τῶν ἡδονῶν ἥττω εἶναι· ἔπειτα ἐν τούτῳ εἰσὶν πᾶσαι αἱ ἀποδείξεις. Ἀλλ᾽ ἔτι καὶ νῦν ἀναθέσθαι ἔξεστιν, εἴ πῃ ἔχετε ἄλλο τι φάναι εἶναι τὸ ἀγαθὸν ἢ τὴν ἡδονήν, ἢ τὸ 355 κακὸν ἄλλο τι ἢ τὴν ἀνίαν, ἢ ἀρκεῖ ὑμῖν τὸ ἡδέως καταβιῶναι τὸν βίον ἄνευ λυπῶν; Εἰ δὲ ἀρκεῖ καὶ μὴ ἔχετε μηδὲν ἄλλο φάναι εἶναι ἀγαθὸν ἢ κακὸν ὃ μὴ εἰς ταῦτα τελευτᾷ, τὸ μετὰ τοῦτο ἀκούετε. Φημὶ γὰρ ὑμῖν τούτου οὕτως ἔχοντος γελοῖον τὸν λόγον γίγνεσθαι, ὅταν λέγητε ὅτι πολλάκις γιγνώσκων τὰ κακὰ ἄνθρωπος ὅτι κακά ἐστιν, ὅμως πράττει αὐτά, ἐξὸν μὴ πράττειν, ὑπὸ τῶν ἡδονῶν ἀγόμενος καὶ ἐκπληττόμενος· καὶ αὖθις αὖ λέγετε ὅτι b γιγνώσκων ὁ ἄνθρωπος τἀγαθὰ πράττειν οὐκ ἐθέλει διὰ τὰς παραχρῆμα ἡδονάς, ὑπὸ τούτων ἡττώμενος. Ὡς δὲ ταῦτα γελοῖά ἐστιν, κατάδηλον ἔσται, ἐὰν μὴ πολλοῖς ὀνόμασι χρώμεθα ἅμα, ἡδεῖ τε καὶ ἀνιαρῷ καὶ ἀγαθῷ καὶ κακῷ, ἀλλ᾽ ἐπειδὴ δύο ἐφάνη ταῦτα, δυοῖν καὶ ὀνόμασιν προσαγο-

für gut; wenn ihr doch behauptet das Wohlbefinden selbst sei in dem Fall böse, wenn es größere Unlust herbeiführt als seine eigene Lust nicht war. Denn wenn ihr in einer andern Hinsicht d das Wohlbefinden für böse hieltet und in Beziehung auf ein anderes Ziel: so würdet ihr uns das auch wohl sagen können, aber ihr werdet es nicht können. – Ich glaube auch nicht daß sie es können, sagte Protagoras. – Ist es nun nicht wiederum mit dem Übelbefinden selbst die nämliche Sache? Alsdann nennt ihr selbst das Übelbefinden gut, wenn es entweder noch größere Unlust als die es selbst in sich hat, entfernt, oder größere Lust als die Unlust war, bereitet? Denn wenn ihr auf etwas anderes sähet, indem ihr das Übelbefinden gut nennt, als was e ich sage: so würdet ihr es uns wohl sagen können, aber ihr werdet es nicht können. – Ganz recht, sagte Protagoras. – Weiter also, sprach ich, wenn ihr mich fragtet ihr Leute: Warum sagst du hierüber so viel und von allen Seiten? so würde ich antworten: Habt schon Nachsicht mit mir; denn erstlich ist es überhaupt nicht leicht zu zeigen, was das eigentlich sei, was ihr nennt von der Lust überwunden werden, und dann beruht grade hierauf der ganze Beweis. Es steht euch aber auch jetzt noch frei zu widerrufen, falls ihr etwa zu sagen wißt, das Gute 355a sei noch etwas anders als die Lust, und das Böse noch etwas anders als die Unlust. Oder ist euch das genug, euer Leben angenehm hinzubringen ohne Unlust? Wenn euch nun das genug ist, und ihr nichts anderes zu sagen wißt, was gut oder böse wäre was sich nicht hierin endigte, so hört nun das weitere. Nämlich ich sage euch wenn sich dies so verhält, wird das nun eine lächerliche Rede, wenn ihr sagt, daß oftmals der Mensch, obgleich das Böse erkennend, daß es böse ist, es dennoch tut, ohnerachtet ihm frei stände es nicht zu tun, weil er von der Lust getrieben wird und betäubt; und ihr dann auch wieder sagt, b daß der Mensch, das Gute erkennend, es dennoch nicht zu tun pflegt der augenblicklichen Lust wegen und von dieser überwunden. Daß dies lächerlich ist, wird euch ganz klar werden, sobald wir uns nur nicht mehr der vielerlei Namen zugleich bedienen wollen des Angenehmen und Peinlichen und des Guten und Bösen, sondern da sich gezeigt hat, daß dieses nur zweierlei ist, es auch nur mit zwei Worten bezeichnen wollen,

ρεύωμεν αὐτά, πρῶτον μὲν ἀγαθῷ καὶ κακῷ, ἔπειτα αὖθις ἡδεῖ τε καὶ ἀνιαρῷ. Θέμενοι δὴ οὕτω λέγωμεν ὅτι γιγ- c
νώσκων ὁ ἄνθρωπος τὰ κακὰ ὅτι κακά ἐστιν, ὅμως αὐτὰ ποιεῖ. Ἐὰν οὖν τις ἡμᾶς ἔρηται, Διὰ τί; Ἡττώμενος, φήσομεν· Ὑπὸ τοῦ; ἐκεῖνος ἐρήσεται ἡμᾶς· ἡμῖν δὲ ὑπὸ μὲν ἡδονῆς οὐκέτι ἔξεστιν εἰπεῖν· ἄλλο γὰρ ὄνομα μετείληφεν ἀντὶ τῆς ἡδονῆς τὸ ἀγαθόν· ἐκείνῳ δὴ ἀποκρινώμεθα καὶ λέγωμεν, ὅτι ἡττώμενος — Ὑπὸ τίνος; φήσει. Τοῦ ἀγαθοῦ, φήσομεν νὴ Δία. Ἂν οὖν τύχῃ ὁ ἐρόμενος ἡμᾶς ὑβριστὴς ὤν, γελάσεται καὶ ἐρεῖ· Ἦ γελοῖον λέγετε πρᾶγμα, εἰ d
πράττει τις κακά, γιγνώσκων ὅτι κακά ἐστιν, οὐ δέον αὐτὸν πράττειν, ἡττώμενος ὑπὸ τῶν ἀγαθῶν. Ἆρα, φήσει, οὐκ ἀξίων ὄντων νικᾶν ἐν ὑμῖν τῶν ἀγαθῶν τὰ κακά, ἢ ἀξίων; Φήσομεν δῆλον ὅτι ἀποκρινόμενοι, ὅτι οὐκ ἀξίων ὄντων· οὐ γὰρ ἂν ἐξημάρτανεν ὃν φαμεν ἥττω εἶναι τῶν ἡδονῶν. Κατὰ τί δέ, φήσει ἴσως, ἀνάξιά ἐστιν τἀγαθὰ τῶν κακῶν ἢ τὰ κακὰ τῶν ἀγαθῶν; Ἢ κατ᾽ ἄλλο τι ἢ ὅταν τὰ μὲν μείζω, τὰ δὲ σμικρότερα ᾖ; Ἢ πλείω, τὰ δὲ ἐλάττω ᾖ; e
Οὐχ ἕξομεν εἰπεῖν ἄλλο ἢ τοῦτο. Δῆλον ἄρα, φήσει, ὅτι τὸ ἡττᾶσθαι τοῦτο λέγετε, ἀντὶ ἐλαττόνων ἀγαθῶν μείζω κακὰ λαμβάνειν. Ταῦτα μὲν οὖν οὕτω.

Μεταλάβωμεν δὴ τὰ ὀνόματα πάλιν τὸ ἡδύ τε καὶ ἀνιαρὸν ἐπὶ τοῖς αὐτοῖς τούτοις, καὶ λέγωμεν ὅτι ἄνθρωπος πράττει, τότε μὲν ἐλέγομεν τὰ κακά, νῦν δὲ λέγωμεν τὰ ἀνιαρά, γιγνώσκων ὅτι ἀνιαρά ἐστιν, ἡττώμενος ὑπὸ τῶν ἡδέων, δῆλον ὅτι ἀναξίων ὄντων νικᾶν. Καὶ τίς ἄλλη ἀξία 356
ἡδονῇ πρὸς λύπην ἐστίν, ἀλλ᾽ ἢ ὑπερβολὴ ἀλλήλων καὶ ἔλλειψις; Ταῦτα δ᾽ ἐστὶ μείζω τε καὶ σμικρότερα γιγνόμενα

zuerst überall durch gut und böse, und dann wieder überall durch angenehm und peinlich.

5.3.3. Die Abwägung von Lust und Unlust ist fehlerträchtig, verlangt eine Meßkunst

Dieses also festgestellt sagen wir, daß der Mensch das Böse c
erkennend, daß es böse ist, es dennoch tut. Wenn uns nun Jemand fragt, Warum denn? so werden wir sagen, weil er überwunden ist. Wovon denn? wird uns jener fragen; wir aber dürfen nicht mehr sagen, Von der Lust, denn die Sache hat nun einen andern Namen bekommen, und statt Lust heißt sie Gutes. Wir antworten also jenem und sagen: Weil er überwunden ist. Wovon denn? fragt er. Von dem Guten werden wir beim Zeus sagen müssen. Ist nun der welcher uns fragt ein Spötter, so wird er lachen und sagen, das ist doch wahrhaftig eine lä- d
cherliche Sache, was ihr da sagt, daß ein Mensch das Böse, indem er erkennt daß es böse ist, und da er es nicht tun muß, dennoch tut, weil er vom Guten überwunden ist! Von welchem Guten, wird er fragen, welches wert oder welches nicht wert war jenes Böse zu überwinden? Offenbar werden wir zur Antwort sagen müssen: Von einem welches dessen nicht wert war; denn sonst hätte der nicht gefehlt von dem wir sagen, daß er zu schwach war gegen die Lust. Und weshalb, wird er vielleicht sprechen, ist denn das Böse des Guten, oder das Gute des Bösen unwert? etwa wegen etwas anderen als weil das eine größer und das andere kleiner ist? oder das eine mehr und das e
andere weniger ist? wir werden nichts anderes angeben können. Offenbar also, wird er sagen, meint ihr unter diesem überwunden werden, daß Jemand für geringeres Gute mehr Böses erhält. So demnach auf diese Art. Nun laß uns für dieselben Dinge wieder jene Namen zurückrufen, das Angenehme und Unangenehme, und laßt uns sagen, Der Mensch tut, vorher sagten wir das Böse, nun aber wollen wir sagen das Unangenehme, erkennend daß es unangenehm ist, überwunden aber von dem Angenehmen; offenbar nämlich von einem solchen, welches nicht wert war zu siegen. Und welche andere 356a
Schätzung gibt es denn für Lust gegen Unlust als den Überschuß oder das Untermaß der einen gegen die andere, das

ἀλλήλων καὶ πλείω καὶ ἐλάττω καὶ μᾶλλον καὶ ἧττον. Εἰ γάρ τις λέγοι ὅτι ἀλλὰ πολὺ διαφέρει, ὦ Σώκρατες, τὸ παραχρῆμα ἡδὺ τοῦ εἰς τὸν ὕστερον χρόνον καὶ ἡδέος καὶ λυπηροῦ, μῶν ἄλλῳ τῳ, φαίην ἂν ἔγωγε, ἢ ἡδονῇ καὶ λύπῃ; Οὐ γὰρ ἔσθ' ὅτῳ ἄλλῳ. Ἀλλ' ὥσπερ ἀγαθὸς ἱστάναι ἄνθρωπος, συνθεὶς τὰ ἡδέα καὶ συνθεὶς τὰ λυπηρά, καὶ τὸ ἐγγὺς b
καὶ τὸ πόρρω στήσας ἐν τῷ ζυγῷ, εἰπὲ πότερα πλείω ἐστίν. Ἐὰν μὲν γὰρ ἡδέα πρὸς ἡδέα ἱστῇς, τὰ μείζω ἀεὶ καὶ πλείω ληπτέα· ἐὰν δὲ λυπηρὰ πρὸς λυπηρά, τὰ ἐλάττω καὶ σμικρότερα· ἐὰν δὲ ἡδέα πρὸς λυπηρά, ἐάν μὲν τὰ ἀνιαρὰ ὑπερβάλληται ὑπὸ τῶν ἡδέων, ἐάν τε τὰ ἐγγὺς ὑπὸ τῶν πόρρω ἐάν τε τὰ πόρρω ὑπὸ τῶν ἐγγύς, ταύτην τὴν πρᾶξιν πρακτέον ἐν ᾗ ἂν ταῦτ' ἐνῇ· ἐάν δὲ τὰ ἡδέα ὑπὸ τῶν ἀνιαρῶν, οὐ πρακτέα· μή πῃ ἄλλῃ ἔχει, φαίην ἄν, c
ταῦτα, ὦ ἄνθρωποι; Οἶδ' ὅτι οὐκ ἂν ἔχοιεν ἄλλως λέγειν. — Συνεδόκει καὶ ἐκείνῳ.

— Ὅτε δὴ τοῦτο οὕτως ἔχει, τόδε μοι ἀποκρίνασθε, φήσω. Φαίνεται ὑμῖν τῇ ὄψει τὰ αὐτὰ μεγέθη ἐγγύθεν μὲν μείζω, πόρρωθεν δὲ ἐλάττω· ἢ οὔ; — Φήσουσι. — Καὶ τὰ παχέα καὶ τὰ πολλὰ ὡσαύτως; καὶ αἱ φωναὶ ⟨αἱ⟩ ἴσαι ἐγγύθεν μὲν μείζους, πόρρωθεν δὲ σμικρότεραι; — Φαῖεν ἄν. — Εἰ οὖν ἐν τούτῳ ἡμῖν ἦν τὸ εὖ πράττειν, ἐν τῷ τὰ μὲν μεγάλα d
μήκη καὶ πράττειν καὶ λαμβάνειν, τὰ δὲ σμικρὰ καὶ φεύγειν καὶ μὴ πράττειν, τίς ἂν ἡμῖν σωτηρία ἐφάνη τοῦ βίου; Ἆρα ἡ μετρητικὴ τέχνη ἢ ἡ τοῦ φαινομένου δύναμις; Ἢ αὕτη μὲν ἡμᾶς ἐπλάνα καὶ ἐποίει ἄνω τε καὶ κάτω πολλάκις μεταλαμβάνειν ταὐτὰ καὶ μεταμέλειν καὶ ἐν ταῖς πράξεσιν καὶ ἐν ταῖς αἱρέσεσιν τῶν μεγάλων τε καὶ σμικρῶν, ἡ δὲ μετρητικὴ ἄκυρον μὲν ἂν ἐποίησε τοῦτο τὸ φάντασμα, δηλώσασα δὲ τὸ ἀληθὲς ἡσυχίαν ἂν ἐποίησεν e
ἔχειν τὴν ψυχὴν μένουσαν ἐπὶ τῷ ἀληθεῖ καὶ ἔσωσεν ἂν τὸν βίον; Ἆρ' ἂν ὁμολογοῖεν οἱ ἄνθρωποι πρὸς ταῦτα ἡμᾶς τὴν μετρητικὴν σῴζειν ἂν τέχνην, ἢ ἄλλην; — Τὴν

heißt, je nachdem eine größer ist oder kleiner als die andere,
mehr oder weniger, stärker oder schwächer? Denn wenn Je-
mand sagen wollte: Aber, Sokrates, ein großer Unterschied ist
doch auch zwischen dem augenblicklich Angenehmen und dem
erst für die künftige Zeit Angenehmen und Unangenehmen, so
werde ich ihn fragen, Liegt er in etwas anderem als in Lust und
Unlust? auf keine Weise ja in etwas anderem. Sondern wie ein
des Abwägens kundiger lege das Angenehme zusammen und b
das Unangenehme zusammen und auf der Waage, das Entfern-
te und das Nahe abschätzend sage dann welches das größere ist.
Denn wenn du Angenehmes gegen Angenehmes wägst, mußt
du immer das mehrere und größere nehmen, wenn Un-
angenehmes gegen Unangenehmes das kleinere und geringere;
wenn aber Angenehmes gegen Unangenehmes mußt du, wenn
das Unangenehme vom Angenehmen übertroffen wird, es sei
nun das nähere von entfernterem oder das entferntere von
näherem, die Handlung verrichten, darin sich dieses Verhältnis
findet; wird aber in einer das Angenehme vom Unangenehmen
übertroffen, die mußt du nicht verrichten. Verhält es sich etwa c
anders hiermit ihr Leute? würde ich sagen; ich weiß, sie wür-
den nichts anderes zu sagen wissen. – So dünkte es ihn auch. –
Wenn sich nun dies so verhält, so beantwortet mir doch fol-
gendes, werde ich sagen. Erscheint eurem Gesicht dieselbe
Größe von nahem größer, von weitem aber kleiner, oder
nicht? – Das werden sie bejahen. – Und die Dicke und die
Menge eben so? Und derselbe Ton von nahem stärker, von
weitem aber schwächer? – Sie werden ja sagen. – Wenn nun
unser Wohlbefinden darauf beruhte, daß wir große Linien zö- d
gen: was würde sich dann zeigen als das Heil unseres Lebens?
die Kunst zu messen oder die Gewalt des Scheins? Oder würde
nicht die letzte uns gewiß irre führen und machen, daß wir oft
das unterste wieder zu oberst kehren müßten in derselben Sa-
che, und wieder andere Entschließungen fassen in unserer Her-
vorbringung und Auswahl des Großen und Kleinen? die Meß-
kunst hingegen dieses Trugbild unwirksam machen, und
durch deutliche Bezeichnung des Wahren der Seele, welche e
dann bei der Wahrheit bliebe, Ruhe verschaffen und auf diese
Art unserm Leben Heil bringen? Würden die Leute bekennen,

μετρητικήν, ὡμολόγει. — Τί δ' εἰ ἐν τῇ τοῦ περιττοῦ καὶ
ἀρτίου αἱρέσει ἡμῖν ἦν ἡ σωτηρία τοῦ βίου, ὁπότε τὸ πλέον
ὀρθῶς ἔδει ἑλέσθαι καὶ ὁπότε τὸ ἔλαττον, ἢ αὐτὸ πρὸς
ἑαυτὸ ἢ τὸ ἕτερον πρὸς τὸ ἕτερον, εἴτ' ἐγγὺς εἴτε πόρρω
εἴη, τί ἂν ἔσῳζεν ἡμῖν τὸν βίον ; Ἆρ' ἂν οὐκ ἐπιστήμη ;
Καὶ ἆρ' ἂν οὐ μετρητική τις, ἐπειδήπερ ὑπερβολῆς τε καὶ 357
ἐνδείας ἐστὶν ἡ τέχνη ; Ἐπειδὴ δὲ περιττοῦ τε καὶ ἀρτίου,
ἆρα ἄλλη τις ἢ ἀριθμητική ; Ὁμολογοῖεν ἂν ἡμῖν οἱ ἄν-
θρωποι, ἢ οὔ ; — Ἐδόκουν ἂν καὶ τῷ Πρωταγόρᾳ ὁμολο-
γεῖν. — Εἶεν, ὦ ἄνθρωποι· ἐπειδὴ δὲ ἡδονῆς τε καὶ λύπης
ἐν ὀρθῇ τῇ αἱρέσει ἐφάνη ἡμῖν ἡ σωτηρία τοῦ βίου οὖσα,
τοῦ τε πλείονος καὶ ἐλάττονος καὶ μείζονος καὶ σμικρο-
τέρου καὶ πορρωτέρω καὶ ἐγγυτέρω, ἆρα πρῶτον μὲν οὐ b
μετρητικὴ φαίνεται, ὑπερβολῆς τε καὶ ἐνδείας οὖσα καὶ
ἰσότητος πρὸς ἀλλήλας σκέψις ; — Ἀλλ' ἀνάγκη. — Ἐπεὶ
δὲ μετρητική, ἀνάγκῃ δήπου τέχνη καὶ ἐπιστήμη. — Συμ-
φήσουσιν. — Ἥτις μὲν τοίνυν τέχνη καὶ ἐπιστήμη ἐστὶν
αὕτη, εἰσαῦθις σκεψόμεθα· ὅτι δὲ ἐπιστήμη ἐστίν, τοσοῦ-
τον ἐξαρκεῖ πρὸς τὴν ἀπόδειξιν ἣν ἐμὲ δεῖ καὶ Πρωτα-
γόραν ἀποδεῖξαι περὶ ὧν ἤρεσθ' ἡμᾶς. c

Ἤρεσθε δέ, εἰ μέμνησθε, ἡνίκα ἡμεῖς ἀλλήλοις ὡμολο-
γοῦμεν ἐπιστήμης μηδὲν εἶναι κρεῖττον, ἀλλὰ τοῦτο ἀεὶ
κρατεῖν, ὅπου ἂν ἐνῇ, καὶ ἡδονῆς καὶ τῶν ἄλλων ἁπάντων·
ὑμεῖς δὲ δὴ ἔφατε τὴν ἡδονὴν πολλάκις κρατεῖν καὶ τοῦ
εἰδότος ἀνθρώπου, ἐπειδὴ δὲ ὑμῖν οὐχ ὡμολογοῦμεν, μετὰ
τοῦτο ἤρεσθε ἡμᾶς· Ὦ Πρωταγόρα τε καὶ Σώκρατες, εἰ
μὴ ἔστι τοῦτο τὸ πάθημα ἡδονῆς ἡττᾶσθαι, ἀλλὰ τί ποτ'
ἐστὶν καὶ τί ὑμεῖς αὐτό φατε εἶναι ; εἴπατε ἡμῖν. Εἰ μὲν
οὖν τότε εὐθὺς ὑμῖν εἴπομεν ὅτι ἀμαθία, κατεγελᾶτε ἂν d
ἡμῶν· νῦν δὲ ἂν ἡμῶν καταγελᾶτε, καὶ ὑμῶν αὐτῶν κατα-

daß in diesem Falle die Meßkunst unser Heil bringen müßte, oder würden sie eine andere nennen? – Die Meßkunst, gestand er. – Wie aber wenn das Heil unseres Lebens auf der Wahl grader und ungrader Zahlen beruhte, von beiden wann es recht wäre das größere zu wählen, und wann das kleinere im Vergleich jeder Art mit sich selbst sowohl als mit der andern, sie möchten nun nahe sein oder fern, was würde dann das Heil unseres Lebens sein? Nicht auch eine Erkenntnis? Und wäre sie 357a
nicht, da sie ja auf Überschuß und Untermaß geht, eine messende Kunst? und da auf Grades oder Ungrades, kann sie wohl eine andere sein als die Rechenkunst? Würden uns das die Leute eingestehen oder nicht? – Auch Protagoras glaubte, sie würden es eingestehen. – Gut, ihr Leute. Da sich nun aber gezeigt hat, daß das Heil unseres Lebens auf der richtigen Auswahl von Lust und Unlust beruht, der mehreren oder wenigeren, größeren oder kleineren sowohl nahen als fernen: zeigt sich b
zuerst nicht auch diese als ein Messen, da sie Überschuß, Untermaß und Gleichheit gegenseitig zu untersuchen hat? – Notwendig ja. – Und wenn sie ein Messen ist, so ist sie notwendig eine Kunst und Erkenntnis? – Dem werden sie beistimmen. – Was für eine Kunst und Erkenntnis sie nun sein wird, wollen wir hernach sehen, daß es aber eine Erkenntnis ist, soviel ist jetzt hinreichend zu dem Beweise, den ich und Protagoras zu führen haben über das, wonach ihr uns gefragt habt. c

5.3.4. Lust als das Ziel allen Handelns beruht auf Erkenntnis; verkehrtes Handeln ist unfreiwillig und beruht auf Unverstand

Ihr fragtet uns nämlich, wenn ihr euch dessen erinnert damals als wir Beide mit einander einverstanden waren, es gebe nichts stärkeres als die Erkenntnis, und wo sie nur wäre, herrschte sie auch überall über die Lust und alles andere, ihr aber behaupten wolltet die Lust herrsche oftmals auch über den erkennenden Menschen, wir aber euch dies nicht zugeben wollten, damals fragtet ihr uns, O Protagoras und Sokrates, wenn dieser Zustand das nicht ist, daß man von der Lust überwunden wird, so sagt uns doch, was er denn ist, und wie ihr ihn erklärt? Wenn wir euch nun damals gleich gesagt hätten, er wäre eben Un- d
verstand, so würdet ihr uns ausgelacht haben; jetzt aber wenn

γελάσεσθε. Καὶ γὰρ ὑμεῖς ὡμολογήκατε ἐπιστήμης ἐνδείᾳ ἐξαμαρτάνειν περὶ τὴν τῶν ἡδονῶν αἵρεσιν καὶ λυπῶν τοὺς ἐξαμαρτάνοντας· ταῦτα δέ ἐστιν ἀγαθά τε καὶ κακά· καὶ οὐ μόνον ἐπιστήμης, ἀλλὰ καὶ εἰς τὸ πρόσθεν ἔτι ὡμολογήκατε ὅτι μετρητικῆς· ἡ δὲ ἐξαμαρτανομένη πρᾶξις ἄνευ ἐπιστήμης ἴστε που καὶ αὐτοὶ ὅτι ἀμαθίᾳ πράττεται. Ὥστε e
τοῦτ' ἐστὶν τὸ ἡδονῆς ἥττω εἶναι, ἀμαθία ἡ μεγίστη· ἧς Πρωταγόρας ὅδε φησὶν ἰατρὸς εἶναι καὶ Πρόδικος καὶ Ἱππίας· ὑμεῖς δὲ διὰ τὸ οἴεσθαι ἄλλο τι ἢ ἀμαθίαν εἶναι οὔτε αὐτοὶ οὔτε τοὺς ὑμετέρους παῖδας παρὰ τοὺς τούτων διδασκάλους τούσδε τοὺς σοφιστὰς πέμπετε, ὡς οὐ διδακτοῦ ὄντος, ἀλλὰ κηδόμενοι τοῦ ἀργυρίου καὶ οὐ διδόντες τούτοις κακῶς πράττετε καὶ ἰδίᾳ καὶ δημοσίᾳ.

Ταῦτα μὲν τοῖς πολλοῖς ἀποκεκριμένοι ἂν ἦμεν· ὑμᾶς 358
δὲ δὴ μετὰ Πρωταγόρου ἐρωτῶ, ⟨ὦ⟩ Ἱππία τε καὶ Πρόδικε — κοινὸς γὰρ δὴ ἔστω ὑμῖν ὁ λόγος — πότερον δοκῶ ὑμῖν ἀληθῆ λέγειν ἢ ψεύδεσθαι. — Ὑπερφυῶς ἐδόκει ἅπασιν ἀληθῆ εἶναι τὰ εἰρημένα. — Ὁμολογεῖτε ἄρα, ἦν δ' ἐγώ, τὸ μὲν ἡδὺ ἀγαθὸν εἶναι, τὸ δὲ ἀνιαρὸν κακόν. Τὴν δὲ Προδίκου τοῦδε διαίρεσιν τῶν ὀνομάτων παραιτοῦμαι· εἴτε γὰρ ἡδὺ εἴτε τερπνὸν λέγεις εἴτε χαρτόν, εἴτε ὁπόθεν καὶ ὅπως χαίρεις τὰ τοιαῦτα ὀνομάζων, ὦ βέλτιστε Πρόδικε, b
τοῦτό μοι πρὸς ὃ βούλομαι ἀπόκριναι. — Γελάσας οὖν ὁ Πρόδικος συνωμολόγησε, καὶ οἱ ἄλλοι. — Τί δὲ δή, ὦ ἄνδρες, ἔφην ἐγώ, τὸ τοιόνδε ; Αἱ ἐπὶ τούτου πράξεις ἅπασαι, ἐπὶ τοῦ ἀλύπως ζῆν καὶ ἡδέως, ἆρ' οὐ καλαί [καὶ ὠφέλιμοι] ; καὶ τὸ καλὸν ἔργον ἀγαθόν τε καὶ ὠφέλιμον ; — Συνεδόκει. — Εἰ ἄρα, ἔφην ἐγώ, τὸ ἡδὺ ἀγαθόν ἐστιν, οὐδεὶς οὔτε εἰδὼς οὔτε οἰόμενος ἄλλα βελτίω εἶναι ἢ ἃ ποιεῖ, καὶ δυνατά, ἔπειτα ποιεῖ ταῦτα, ἐξὸν τὰ βελτίω· c
οὐδὲ τὸ ἥττω εἶναι αὑτοῦ ἄλλο τι τοῦτ' ἐστὶν ἢ ἀμαθία, οὐδὲ κρείττω ἑαυτοῦ ἄλλο τι ἢ σοφία. — Συνεδόκει πᾶσιν. — Τί δὲ δή ; Ἀμαθίαν ἆρα τὸ τοιόνδε λέγετε, τὸ ψευδῆ

ihr uns auslachen wollt, müßt ihr euch selbst mit auslachen, denn ihr habt selbst eingestanden, wer bei der Wahl der Lust und Unlust, das heißt des Guten und Bösen fehle, der fehle aus Mangel an Erkenntnis, und nicht nur an Erkenntnis, sondern noch weiter habt ihr ja zugegeben, daß es eine messende sei. Eine ohne Erkenntnis verfehlte Handlung aber, wißt ihr wohl e
selbst, wird aus Unverstand so verrichtet, so daß also dieses zu schwach sein gegen die Lust der größte Unverstand ist; für welchen eben dieser Protagoras ein Arzt zu sein behauptet, so auch Prodikos und Hippias. Weil ihr aber meint, es sei etwas anderes als Unverstand, so geht ihr weder selbst zu diesen Lehrern hierin, den Sophisten, noch schickt ihr eure Söhne zu ihnen, als ob es nicht lehrbar wäre; sondern euer Geld so hegend, und es diesen nicht gebend, handelt ihr schlecht als Hausväter und als Staatsbürger. Dieses also würden wir den Leuten 358a
geantwortet haben.

Nun aber frage ich nächst dem Protagoras auch euch beide, Hippias und Prodikos, denn gemeinschaftlich soll eure Rede sein, ob ihr glaubt, daß ich wahr rede oder unwahr? – Alle hielten das Gesagte für über die Maßen richtig. – Ihr gebt also zu, sprach ich, daß das Angenehme gut ist und das Peinliche böse. Aber hier des Prodikos Unterscheidung der Worte verbitte ich. Du magst nun das, was ich meine, angenehm nennen oder erfreulich oder vergnügend oder wie und woher du sonst dieses zu benennen vorziehst, bester Prodikos, beantworte mir b
nur dieses in Beziehung auf das was ich will. – Lachend gab es nun Prodikos zu und die andern auch. – Wie aber, ihr Männer, sprach ich, ist es hiemit, die hierauf sich beziehenden Handlungen auf das schmerzlos und angenehm leben, sind die nicht alle auch schön? und ist nicht jede schöne Tat gut und nützlich? – Das schien ihnen eben so. – Wenn nun, sprach ich, das Angenehme gut ist, so wird ja niemand, er wisse nun oder glaube nur, daß es etwas besseres als er tut, und auch ihm mögliches c
gibt, noch jenes tun, da das Bessere in seiner Macht steht; und dieses zu schwach sein gegen sich selbst ist also nichts anders als Unverstand, und das sich selbst beherrschen nichts anderes als Weisheit. – Dem gaben Alle Beifall. – Wie nun? nennt ihr das Unverstand falsche Meinungen zu haben und sich zu täuschen

ἔχειν δόξαν καὶ ἐψεῦσθαι περὶ τῶν πραγμάτων τῶν πολλοῦ ἀξίων ; — Καὶ τοῦτο πᾶσι συνεδόκει. — Ἄλλο τι οὖν, ἔφην ἐγώ, ἐπί γε τὰ κακὰ οὐδεὶς ἑκὼν ἔρχεται οὐδ' ἐπὶ ἃ οἴεται κακὰ εἶναι, οὐδ' ἔστι τοῦτο, ὡς ἔοικεν, ἐν ἀνθρώπου d
φύσει, ἐπὶ ἃ οἴεται κακὰ εἶναι ἐθέλειν ἰέναι ἀντὶ τῶν ἀγαθῶν· ὅταν τε ἀναγκασθῇ δυοῖν κακοῖν τὸ ἕτερον αἱρεῖσθαι, οὐδεὶς τὸ μεῖζον αἱρήσεται ἐξὸν τὸ ἔλαττον. — Ἅπαντα ταῦτα συνεδόκει ἅπασιν ἡμῖν. — Τί οὖν ; ἔφην ἐγώ, καλεῖτέ ⟨τι⟩ δέος καὶ φόβον ; Καὶ ἆρα ὅπερ ἐγώ ; Πρὸς σὲ λέγω, ὦ Πρόδικε. Προσδοκίαν τινὰ λέγω κακοῦ τοῦτο, εἴτε φόβον εἴτε δέος καλεῖτε. — Ἐδόκει Πρωταγόρᾳ μὲν καὶ Ἱππίᾳ δέος τε καὶ φόβος εἶναι τοῦτο, Προδίκῳ δὲ δέος, φόβος δ' οὔ. — Ἀλλ' οὐδέν, ἔφην ἐγώ, ⟨ὦ⟩ e
Πρόδικε, διαφέρει· ἀλλὰ τόδε. Εἰ ἀληθῆ τὰ ἔμπροσθέν ἐστιν, ἆρά τις ἀνθρώπων ἐθελήσει ἐπὶ ταῦτα ἰέναι ἃ δέδοικεν, ἐξὸν ἐπὶ ἃ μή ; Ἢ ἀδύνατον ἐκ τῶν ὡμολογημένων ; Ἃ γὰρ δέδοικεν, ὡμολόγηται ἡγεῖσθαι κακὰ εἶναι· ἃ δὲ ἡγεῖται κακά, οὐδένα οὔτε ἰέναι ἐπὶ ταῦτα οὔτε λαμβάνειν ἑκόντα.
— Ἐδόκει καὶ ταῦτα πᾶσιν. 359

— Οὕτω δὴ τούτων ὑποκειμένων, ἦν δ' ἐγώ, ὦ Πρόδικέ τε καὶ Ἱππία, ἀπολογείσθω ἡμῖν Πρωταγόρας ὅδε, ἃ τὸ πρῶτον ἀπεκρίνατο πῶς ὀρθῶς ἔχει, μὴ ἃ τὸ πρῶτον παντάπασι· τότε μὲν γὰρ δὴ πέντε ὄντων μορίων τῆς ἀρετῆς οὐδὲν ἔφη εἶναι τὸ ἕτερον οἷον τὸ ἕτερον, ἰδίαν δὲ αὐτοῦ ἕκαστον ἔχειν δύναμιν· ἀλλ' οὐ ταῦτα λέγω, ἀλλ' ἃ τὸ ὕστερον εἶπεν. Τὸ γὰρ ὕστερον ἔφη τὰ μὲν τέτταρα ἐπιεικῶς παραπλήσια ἀλλήλοις εἶναι, τὸ δὲ ἓν πάνυ πολὺ διαφέρειν b
τῶν ἄλλων, τὴν ἀνδρείαν, γνώσεσθαι δέ μ' ἔφη τεκμηρίῳ τῷδε· εὑρήσεις γάρ, ὦ Σώκρατες, ἀνθρώπους ἀνοσιωτάτους μὲν ὄντας καὶ ἀδικωτάτους καὶ ἀκολαστοτάτους καὶ ἀμα-

über wichtige Dinge? – Auch dem stimmten Alle bei. – Ist es nicht auch so, daß Niemand aus freier Wahl dem Bösen nachgeht, oder dem was er für böse hält? und daß das, wie es d scheint, gar nicht in der Natur des Menschen liegt, dem nachgehn zu wollen was er für böse hält anstatt des Guten, wenn er aber gezwungen wird von zwei Übeln eins zu wählen, niemand das größere nehmen wird, wenn er das kleinere nehmen darf? – Dieses alles kommt uns Allen einem vor wie dem andern. – Wie nun? sprach ich, nennt ihr etwas Angst und Furcht? und zwar dasselbe was ich? Deinetwegen sage ich das Prodikos, ich verstehe nämlich darunter die Erwartung eines Übels, ihr mögt das nun Angst nennen oder Furcht. – Protagoras und Hippias sagten, das wäre Angst und Furcht; Prodikos hingegen, Angst wäre es, Furcht aber nicht. – Es ist e daran nichts gelegen, Prodikos, sprach ich; sondern nur hieran, wenn das vorhergesagte seine Richtigkeit hat, ob dann irgend ein Mensch dem wird nachgehn wollen, wovor er sich ängstigt, wenn er auch nach etwas Anderem kann; oder ob dies dem eingestandenen zu Folge unmöglich ist. Denn wovor sich Jemand ängstiget, das ist eingestanden halte er für böse, und was er für böse hält, dem will Niemand weder nachgehn noch es auch mit seinem guten Willen hinnehmen. – Auch das bejahe- 359a ten Alle.

5.4. Rückkehr zur Frage nach der Stellung der Tapferkeit: Tapferkeit ist ein Wissen und lehrbar

– Ist nun dieses so festgestellt, sagte ich, o Prodikos und Hippias, so mag sich doch hier unser Protagoras verteidigen über das was er zuerst geantwortet hat, wie es wohl richtig sein kann. Nicht was er ganz zuerst sagte, denn damals behauptete er, von fünf Teilen der Tugend, die es gäbe, sei keiner wie der andere, und jeder habe seine eigene Verrichtung; dies meine ich nicht, sondern was er hernach behauptet hat. Denn hernach sagte er wieder, die viere wären einander zwar sehr nahe, der b eine aber, nämlich die Tapferkeit, unterscheide sich gar sehr von den übrigen. Und erkennen, sprach er, könnte ich dies hieraus. Du wirst nämlich Menschen finden, Sokrates, die sehr ruchlos sind und sehr ungerecht, und sehr unbändig und un-

θεστάτους, ἀνδρειοτάτους δέ· ᾧ γνώσει ὅτι πολὺ διαφέρει ἡ ἀνδρεία τῶν ἄλλων μορίων τῆς ἀρετῆς. Καὶ ἐγὼ εὐθὺς τότε πάνυ ἐθαύμασα τὴν ἀπόκρισιν, καὶ ἔτι μᾶλλον ἐπειδὴ ταῦτα μεθ᾿ ὑμῶν διεξῆλθον. Ἠρόμην δ᾿ οὖν τοῦτον εἰ τοὺς ἀνδρείους λέγοι θαρραλέους· ὁ δέ, καὶ ἴτας γ᾿, ἔφη. Μέμνησαι, ἦν δ᾿ ἐγώ, ὦ Πρωταγόρα, ταῦτα ἀποκρινόμε- c
νος ; — Ὡμολόγει. — Ἴθι δή, ἔφην ἐγώ, εἰπὲ ἡμῖν, ἐπὶ τί λέγεις ἴτας εἶναι τοὺς ἀνδρείους ; Ἢ ἐφ᾿ ἅπερ οἱ δειλοί ; — Οὐκ ἔφη. — Οὐκοῦν ἐφ᾿ ἕτερα. — Ναί, ἦ δ᾿ ὅς. — Πότερον οἱ μὲν δειλοὶ ἐπὶ τὰ θαρραλέα ἔρχονται, οἱ δὲ ἀνδρεῖοι ἐπὶ τὰ δεινά ; — Λέγεται δή, ὦ Σώκρατες, οὕτως ὑπὸ τῶν ἀνθρώπων. — Ἀληθῆ, ἔφην ἐγώ, λέγεις· ἀλλ᾿ οὐ τοῦτο ἐρωτῶ, ἀλλὰ σὺ ἐπὶ τί φῂς ἴτας εἶναι τοὺς ἀν- d
δρείους ; Ἆρ᾿ ἐπὶ τὰ δεινά, ἡγουμένους δεινὰ εἶναι, ἢ ἐπὶ τὰ μή ; — Ἀλλὰ τοῦτό γ᾿, ἔφη, ἐν οἷς σὺ ἔλεγες τοῖς λόγοις ἀπεδείχθη ἄρτι ὅτι ἀδύνατον. — Καὶ τοῦτο, ἔφην ἐγώ, ἀληθὲς λέγεις· ὥστ᾿ εἰ τοῦτο ὀρθῶς ἀπεδείχθη, ἐπὶ μὲν ἃ δεινὰ ἡγεῖται εἶναι οὐδεὶς ἔρχεται, ἐπειδὴ τὸ ἥττω εἶναι ἑαυτοῦ εὑρέθη ἀμαθία οὖσα. — Ὡμολόγει. — Ἀλλὰ μὴν ἐπὶ ἅ γε θαρροῦσιν πάντες αὖ ἔρχονται, καὶ δειλοὶ καὶ ἀνδρεῖοι, καὶ ταύτῃ γε ἐπὶ τὰ αὐτὰ ἔρχονται οἵ δειλοί τε e
καὶ οἱ ἀνδρεῖοι.

— Ἀλλὰ μέντοι, ἔφη, ὦ Σώκρατες, πᾶν γε τοὐναντίον ἐστὶν ἐπὶ ἃ οἵ τε δειλοὶ ἔρχονται καὶ οἱ ἀνδρεῖοι. Αὐτίκα εἰς τὸν πόλεμον οἱ μὲν ἐθέλουσιν ἰέναι, οἱ δὲ οὐκ ἐθέλουσιν. — Πότερον, ἔφην ἐγώ, καλὸν ὂν ἰέναι ἢ αἰσχρόν ; — Καλόν, ἔφη. — Οὐκοῦν εἴπερ καλόν, καὶ ἀγαθὸν ὡμολογήσαμεν ἐν τοῖς ἔμπροσθεν· τὰς γὰρ καλὰς πράξεις ἁπάσας ἀγαθὰς ὡμολογήσαμεν. — Ἀληθῆ λέγεις, καὶ ἀεὶ ἔμοιγε δοκεῖ οὕτως. — Ὀρθῶς γε, ἔφην ἐγώ. Ἀλλὰ ποτέρους φῂς εἰς τὸν πόλεμον οὐκ ἐθέλειν ἰέναι, καλὸν ὂν καὶ ἀγα- 360
θόν ; — Τοὺς δειλούς, ἦ δ᾿ ὅς. — Οὐκοῦν, ἦν δ᾿ ἐγώ, εἴπερ καλὸν καὶ ἀγαθόν, καὶ ἡδύ ; — Ὡμολόγηται γοῦν,

verständig, tapfer aber ganz ausgezeichnet, woraus du denn schließen kannst, daß die Tapferkeit von den übrigen Teilen der Tugend sehr weit unterschieden ist. Und ich verwunderte mich gleich damals höchlich über diese Antwort, noch mehr aber hernach, seitdem ich dieses mit euch abgehandelt habe. Ich fragte ihn also, ob er sagte, die Tapfern wären dreist, und er sagte: Und auch keck zufahrend. Erinnerst du dich, sprach ich, c
Protagoras, daß du dies geantwortet hast? Er gestand es ein. So komm denn, sprach ich, und sage uns, worauf meinst du denn, daß die Tapfern so keck zufahren? etwa auf das nämliche worauf auch die Feigen? – Nein, sagte er. – Also auf etwas anderes? – Ja, sagte er. – Gehen etwa die Feigen auf das Unbedenkliche los, die Tapferen aber auf das Furchtbare? – So sagen die Leute, Sokrates, antwortete er. – Schon recht, sprach ich, aber darnach frage ich nicht, sondern du, worauf du sagst, daß die Tapfern d
keck zufahren, ob sie auf das Furchtbare zufahren, indem sie es selbst für furchtbar halten, oder auf das nicht furchtbare? – Aber dies, sagte er, ist ja in dem, was du gesprochen, so eben als unmöglich erwiesen worden. – Auch darin hast du ganz recht, sagte ich; so daß, wenn dieses richtig erwiesen ist, Niemand dem nachgeht was er für furchtbar hält, da ja das sich selbst nicht beherrschen können als ein Unverstand erfunden wurde. – Das gab er zu. – Aber auf das, wozu man guten Mut hat, geht wieder ein Jeder los, die Feigen wie die Tapferen, und auf diese Art gehen also beide auf dasselbe los, die Feigen und die Tap- e
feren. – Aber dennoch, sagte er, sind das ganz entgegengesetzte Dinge, Sokrates, worauf die Feigen und worauf die Tapferen los gehen. Gleich zum Beispiel in den Krieg wollen die Einen sehr leicht gehn, die Anderen wollen nicht. – Indem es, sagte ich, schön ist hinzugehen oder schlecht? – Schön, sagte er. – Wenn also schön, sprach ich, dann auch gut, haben wir schon vorher eingestanden; denn wir gestanden, daß alle schönen Handlungen auch gut wären. – Das ist richtig, und immer habe auch ich so gedacht. – Sehr wohl, sprach ich. Aber welche von beiden behauptest du wollen nicht zu Felde gehen, wenn es 360a
schön und gut ist? – Die Feigen, sagte er. – Und, sprach ich, wenn es schön und gut ist, wird es auch angenehm sein? – Das

ἔφη. — Ἆρ' οὖν γιγνώσκοντες οἱ δειλοὶ οὐκ ἐθέλουσιν ἰέναι ἐπὶ τὸ κάλλιόν τε καὶ ἄμεινον καὶ ἥδιον; — Ἀλλὰ καὶ τοῦτο ἐὰν ὁμολογῶμεν, ἔφη, διαφθεροῦμεν τὰς ἔμπροσθεν ὁμολογίας. — Τί δ' ὁ ἀνδρεῖος; οὐκ ἐπὶ τὸ κάλλιόν τε καὶ ἄμεινον καὶ ἥδιον ἔρχεται; — Ἀνάγκη, ἔφη, ὁμολογεῖν. — Οὐκοῦν ὅλως οἱ ἀνδρεῖοι οὐκ αἰσχροὺς φόβους φοβοῦνται, b
ὅταν φοβῶνται, οὐδὲ αἰσχρὰ θάρρη θαρροῦσιν; — Ἀληθῆ, ἔφη. — Εἰ δὲ μὴ αἰσχρά, ἆρ' οὐ καλά; — Ὡμολόγει. — Εἰ δὲ καλά, καὶ ἀγαθά; — Ναί. — Οὐκοῦν καὶ οἱ δειλοὶ [καὶ οἱ θαρσεῖς] καὶ οἱ μαινόμενοι τοὐναντίον αἰσχρούς τε φόβους φοβοῦνται καὶ αἰσχρὰ θάρρη θαρροῦσιν; — Ὡμολόγει. — Θαρροῦσιν δὲ τὰ αἰσχρὰ καὶ κακὰ δι' ἄλλο τι ἢ δι' ἄγνοιαν καὶ ἀμαθίαν; — Οὕτως ἔχει, ἔφη. — Τί οὖν; Τοῦτο δι' ὃ δειλοί εἰσιν οἱ δειλοί, δειλίαν ἢ ἀνδρείαν κα- c
λεῖς; — Δειλίαν ἔγωγ', ἔφη. — Δειλοὶ δὲ οὐ διὰ τὴν τῶν δεινῶν ἀμαθίαν ἐφάνησαν ὄντες; — Πάνυ γ', ἔφη. — Διὰ ταύτην ἄρα τὴν ἀμαθίαν δειλοί εἰσιν; — Ὡμολόγει. — Δι' ὃ δὲ δειλοί εἰσιν, δειλία ὁμολογεῖται παρὰ σοῦ; — Συνέφη. — Οὐκοῦν ἡ τῶν δεινῶν καὶ μὴ δεινῶν ἀμαθία δειλία ἂν εἴη; — Ἐπένευσεν. — Ἀλλὰ μήν, ἦν δ' ἐγώ, ἐναντίον ἀνδρεία δειλίᾳ. — Ἔφη. — Οὐκοῦν ἡ τῶν δεινῶν καὶ d
μὴ δεινῶν σοφία ἐναντία τῇ τούτων ἀμαθίᾳ ἐστίν; — Καὶ ἐνταῦθα ἔτι ἐπένευσεν. — Ἡ δὲ τούτων ἀμαθία δειλία; — Πάνυ μόγις ἐνταῦθα ἐπένευσεν. — Ἡ σοφία ἄρα τῶν δεινῶν καὶ μὴ δεινῶν ἀνδρεία ἐστίν, ἐναντία οὖσα τῇ τούτων ἀμαθίᾳ;

Οὐκέτι ἐνταῦθα οὔτ' ἐπινεῦσαι ἠθέλησεν ἐσίγα τε. — Καὶ ἐγὼ εἶπον· Τί δή, ὦ Πρωταγόρα, οὔτε σὺ φῄς ἃ ἐρωτῶ οὔτε ἀπόφῃς; — Αὐτός, ἔφη, πέρανον. — Ἕν γ', ἔφην ἐγώ, μόνον ἐρόμενος ἔτι σέ, εἴ σοι ὥσπερ τὸ πρῶτον e
ἔτι δοκοῦσιν εἶναί τινες ἄνθρωποι ἀμαθέστατοι μέν, ἀνδρειότατοι δέ. — Φιλονικεῖν μοι, ἔφη, δοκεῖς, ὦ Σώ-

ist wenigstens eingeräumt worden, sagte er. – Wissentlich also
wollen die Feigen doch nicht hingehen nach dem Schöneren,
Besseren und Angenehmeren? – Aber auch hiedurch, wenn wir
es eingeständen, sagte er, zerstörten wir unsere vorigen Einge-
ständnisse. – Und wie der Tapfere, fragte ich, geht der nicht
nach dem Schöneren, Besseren und Angenehmeren? – Not-
wendig, sagte er, ist dies anzunehmen. – Also überhaupt, wenn
die Tapfern sich fürchten, ist das keine schlechte Furcht, und b
wenn sie dreist sind, ist das keine schlechte Dreistigkeit? –
Ganz recht, sagte er. – Und wenn nicht schlecht, ist dann beides
nicht schön? – Das gab er zu. – Und wenn schön auch gut? – Ja.
– Werden also nicht im Gegenteil die Feigen und Verwegenen
und Tollkühnen sich mit einer schlechten Furcht fürchten, und
mit einer schlechten Dreistigkeit dreist sein? – Das gab er zu. –
Und können sie wohl zu dem schlechten und bösen aus einer
andern Ursach dreist sein als aus Unkenntnis und Unverstand?
– So muß es sich verhalten, sagte er. – Und wie? dasjenige,
wodurch die Feigen feig sind, nennst du das Feigheit oder c
Tapferkeit? – Feigheit, versteht sich, sagte er. – Und haben wir
nicht gesehen, daß sie eben durch die Unkenntnis dessen, was
furchtbar ist, feige sind? – Allerdings, sprach er. – Also durch
diese Unkenntnis sind sie feige? – Er gab es zu. – Und wodurch
sie feige sind, das räumst du ein ist die Feigheit? – Er sagte ja. –
Also wäre ja wohl die Unkenntnis dessen was furchtbar ist,
und was nicht, die Feigheit? – Er winkte zu. – Aber der Feig-
heit, sagte ich, ist doch die Tapferkeit entgegengesetzt? – Er d
bejahete es. – Ist nun nicht die Kenntnis von dem was furcht-
bar ist und was nicht der Unkenntnis darin entgegengesetzt? –
Auch hier winkte er noch zu. – Und die Unkenntnis davon war
die Feigheit? – Hier winkte er nur mit großer Mühe noch zu. –
So ist demnach die Weisheit in dem was furchtbar ist und was
nicht die Tapferkeit, weil sie der Unkenntnis davon entgegen-
gesetzt ist. – Darauf wollte er mir nun nicht einmal mehr zu-
winken, und schwieg ganz still. – So Protagoras? sprach ich.
Du bejahst weder noch verneinest was ich dich frage? – Bringe
es nur allein zu Ende, sagte er. – Nur Eins, sprach ich, will ich e
dich noch fragen, ob dich auch jetzt noch, wie vorher, einige
Menschen sehr unverständig dünken, zugleich aber ausge-
zeichnet tapfer? – Du scheinst, sagte er, etwas besonderes dar-

κρατες, τὸ ἐμὲ εἶναι τὸν ἀποκρινόμενον· χαριοῦμαι οὖν σοι, καὶ λέγω ὅτι ἐκ τῶν ὡμολογημένων ἀδύνατόν μοι δοκεῖ εἶναι.

— Οὔτοι, ἦν δ' ἐγώ, ἄλλου ἕνεκα ἐρωτῶ πάντα ταῦτα ἢ σκέψασθαι βουλόμενος, πῶς ποτ' ἔχει τὰ περὶ τῆς ἀρετῆς καὶ τί ποτ' ἐστὶν αὐτό, ἡ ἀρετή. Οἶδα γὰρ ὅτι τούτου φανεροῦ γενομένου μάλιστα ἂν κατάδηλον γένοιτο ἐκεῖνο 361 περὶ οὗ ἐγώ τε καὶ σὺ μακρὸν λόγον ἑκάτερος ἀπετείναμεν, ἐγὼ μὲν λέγων ὡς οὐ διδακτὸν ἀρετή, σὺ δ' ὡς διδακτόν. Καί μοι δοκεῖ ἡμῶν ἡ ἄρτι ἔξοδος τῶν λόγων ὥσπερ ἄνθρωπος κατηγορεῖν τε καὶ καταγελᾶν, καὶ εἰ φωνὴν λάβοι, εἰπεῖν ἂν ὅτι ἄτοποί γ' ἐστέ, ὦ Σώκρατές τε καὶ Πρωταγόρα· σὺ μὲν λέγων ὅτι οὐ διδακτόν ἐστιν ἀρετὴ ἐν τοῖς ἔμπροσθεν, νῦν σεαυτῷ τἀναντία σπεύδεις, ἐπιχειρῶν ἀποδεῖξαι ὡς πάντα χρήματά ἐστιν ἐπιστήμη, καὶ ἡ δι- b καιοσύνη καὶ σωφροσύνη καὶ ἡ ἀνδρεία, ᾧ τρόπῳ μάλιστ' ἂν διδακτὸν φανείη ἡ ἀρετή· εἰ μὲν γὰρ ἄλλο τι ἦν ἢ ἐπιστήμη ἡ ἀρετή, ὥσπερ Πρωταγόρας ἐπεχείρει λέγειν, σαφῶς οὐκ ἂν ἦν διδακτόν· νῦν δὲ εἰ φανήσεται ἐπιστήμη ὅλον, ὡς σὺ σπεύδεις, ὦ Σώκρατες, θαυμάσιον ἔσται μὴ διδακτὸν ὄν. Πρωταγόρας δ' αὖ διδακτὸν τότε ὑποθέμενος νῦν τοὐναντίον ἔοικεν σπεύδοντι ὀλίγου πάντα μᾶλλον φανῆναι αὐτὸ ἢ ἐπιστήμην· καὶ οὕτως ἂν ἥκιστα εἴη διδακ- c τόν. Ἐγὼ οὖν, ὦ Πρωταγόρα, πάντα ταῦτα καθορῶν ἄνω κάτω ταραττόμενα δεινῶς, πᾶσαν προθυμίαν ἔχω καταφανῆ αὐτὰ γενέσθαι, καὶ βουλοίμην ἂν ταῦτα διεξελθόντας ἡμᾶς ἐξελθεῖν καὶ ἐπὶ τὴν ἀρετὴν ὅ τι ἔστιν, καὶ πάλιν ἐπισκέψασθαι περὶ αὐτοῦ, εἴτε διδακτὸν εἴτε μὴ διδακτόν, μὴ πολλάκις ἡμᾶς ὁ Ἐπιμηθεὺς ἐκεῖνος καὶ ἐν τῇ σκέψει σφήλῃ ἐξαπατήσας, ὥσπερ καὶ ἐν τῇ διανομῇ ἠμέλησεν d

ein zu setzen, Sokrates, daß ich dir antworten soll. So will ich dir denn gefällig sein, und sagen, daß nach dem, was wir mit einander festgestellt haben, dieses unmöglich zu sein scheint.

5.5. Schluß: Die paradoxe Verkehrung der Standpunkte bezüglich der Lehrbarkeit der Tugend

– Keinesweges, sprach ich, frage ich alles dieses aus irgend einer andern Absicht, als um zu ergründen, wie es sich wohl eigentlich verhält mit der Tugend, und was sie wohl selbst ist die Tugend. Denn soviel weiß ich, wäre dies nur erst ausgemacht, so würde auch jenes bald entschieden sein, worüber ich 361a
und du Jeder eine lange Rede gehalten haben, ich behauptend die Tugend sei nicht lehrbar, du sie sei lehrbar. Und der jetzige Ausgang unseres Gesprächs scheint mir ordentlich wie ein Mensch uns anzuklagen und auszulachen, und wenn er reden könnte sagen zu wollen: Ihr seid wunderliche Leute, Sokrates und Protagoras! du, der du im Vorigen behauptest die Tugend sei nicht lehrbar, dringst jetzt auf das was dir zuwider ist, indem du zu zeigen suchst, daß alles Erkenntnis ist, die Gerech- b
tigkeit, die Besonnenheit und die Tapferkeit, auf welche Weise denn die Tugend am sichersten als lehrbar erscheinen würde. Denn wenn die Tugend etwas anderes wäre als die Erkenntnis, wie Protagoras zu behaupten unternahm, so wäre sie sicherlich nicht lehrbar. Jetzt aber, wenn sie sich als Erkenntnis offenbaren wird, worauf du dringst, Sokrates, wäre es ganz wunderbar, wenn sie nicht sollte lehrbar sein. Protagoras wiederum, der damals annahm sie sei lehrbar, scheint jetzt das Gegenteil zu betreiben, daß sie eher fast alles andere sein soll nur nicht c
Erkenntnis, und so wäre sie doch am wenigsten lehrbar. Ich nun, Protagoras, indem ich zusehe, wie schrecklich uns dieses alles durcheinander geschüttelt wird, das unterste zu oberst, bin voll Eifers die Sache zur Klarheit zu bringen, und ich wünschte, nachdem wir dies durchgegangen, könnten wir auch weiter zurückgehen auf die Tugend selbst, was sie wohl ist, und dann wieder diese Untersuchung aufs neue anfangen ob sie lehrbar ist oder nicht, damit nicht etwa jener Epimetheus, der Hintennachdenker, uns auch in unsern Untersuchungen hinterlistig betrüge, wie er uns schon in der Verteilung schlecht d

ἡμῶν, ὡς φῄς σύ. Ἤρεσεν οὖν μοι καὶ ἐν τῷ μύθῳ ὁ Προμηθεὺς μᾶλλον τοῦ Ἐπιμηθέως· ᾧ χρώμενος ἐγὼ καὶ προμηθούμενος ὑπὲρ τοῦ βίου τοῦ ἐμαυτοῦ παντὸς πάντα ταῦτα πραγματεύομαι, καὶ εἰ σὺ ἐθέλοις, ὅπερ καὶ κατ' ἀρχὰς ἔλεγον, μετὰ σοῦ ἂν ἥδιστα ταῦτα συνδιασκοποίην.

— Καὶ ὁ Πρωταγόρας· Ἐγὼ μέν, ἔφη, ὦ Σώκρατες ἐπαινῶ σου τὴν προθυμίαν καὶ τὴν διέξοδον τῶν λόγων. Καὶ γὰρ οὔτε τἆλλα οἶμαι κακὸς εἶναι ἄνθρωπος, φθονερός τε e
ἥκιστ' ἀνθρώπων, ἐπεὶ καὶ περὶ σοῦ πρὸς πολλοὺς δὴ εἴρηκα ὅτι ὧν ἐντυγχάνω πολὺ μάλιστα ἄγαμαι σέ, τῶν μὲν τηλικούτων καὶ πάνυ· καὶ λέγω γε ὅτι οὐκ ἂν θαυμάζοιμι εἰ τῶν ἐλλογίμων γένοιο ἀνδρῶν ἐπὶ σοφίᾳ. Καὶ περὶ τούτων δὲ εἰσαῦθις, ὅταν βούλῃ, διέξιμεν· νῦν δ' ὥρα ἤδη καὶ ἐπ' ἄλλο τι τρέπεσθαι. — Ἀλλ', ἦν δ' ἐγώ, 362
οὕτω χρὴ ποιεῖν, εἴ σοι δοκεῖ. Καὶ γὰρ ἐμοὶ οἷπερ ἔφην ἰέναι πάλαι ὥρα, ἀλλὰ Καλλίᾳ τῷ καλῷ χαριζόμενος παρέμεινα.

Ταῦτ' εἰπόντες καὶ ἀκούσαντες ἀπῆμεν.

behandelt hat, wie du sagst. Auch in jener Geschichte hat mir Prometheus, der Vorausdenker besser gefallen, und eben weil ich es mit ihm halte, und auf mein ganzes Leben im Voraus Bedacht nehmen möchte, beschäftige ich mich mit diesen Dingen, und wenn du nur wolltest, möchte ich sie, wie ich auch gleich Anfangs sagte, am liebsten mit dir gemeinschaftlich untersuchen. – Darauf sagte Protagoras: Ich meines Teils, Sokrates, lobe gar sehr deinen Eifer sowohl als deine Art das Gespräch durchzuführen; denn auch im übrigen denke ich kein e
übler Mensch zu sein, neidisch aber zumal am wenigsten unter allen Menschen. Wie ich denn auch von dir schon zu Mehreren gesagt, daß unter allen mit denen ich zusammentreffe, ich dich ganz vorzüglich schätze, von allen deines Alters zumal, und ich füge hinzu es wird mich gar nicht wundern, wenn du einst unter die berühmten wegen ihrer Weisheit gehören wirst. Hierüber nun wollen wir, wenn du willst, ein andermal weiter sprechen; jetzt ist es Zeit auch zu etwas Anderem zu schreiten. – Gut, sagte ich, so wollen wir es halten, wenn du meinst. Denn 362a
auch für mich ist es schon lange Zeit dorthin zu gehn, wovon ich schon sagte, und nur um Kallias dem Schönen gefällig zu sein, habe ich bis jetzt hier verweilt. Diese Reden wurden gewechselt, und so gingen wir.

Ἀπολογία Σωκράτους

Apologie

Des Sokrates Verteidigung

GLIEDERUNG

1. Die Rede zur Verteidigung gegen die Anklage (17a1)
1.1. Die Wahrheit – von der Anklage mißachtet, bei der Verteidigung das einzig Wichtige. Unterscheidung zweier Klassen von Anklägern (17a1)
1.2. Verteidigung gegen die alten Verleumdungen (19a8)
1.2.1. Gegen den Vorwurf, ein Weiser oder Erzieher wie die Sophisten zu sein (19a8)
1.2.2. Die wirkliche Weisheit des Sokrates, und wie er das Orakel prüfte (20c4)
1.2.3. Ursprung des Hasses gegen Sokrates und des Anscheins, er sei weise und verderbe die Jugend (22e6)
1.3. Verteidigung gegen die Anklage des Meletos (24b3)
1.3.1. Wortlaut der Anklage. Widerlegung durch Erweis der Inkompetenz des Meletos und seiner Inkonsequenz in der Frage der Jugendverführung (24b3)
1.3.2. Der Vorwurf der Gottlosigkeit; Ungereimtheit dieser Anklage (26a9)
1.4. Die Lebensweise des Sokrates (28a2)
1.4.1. Ihre Art, Gefährlichkeit, Notwendigkeit und ihr Nutzen für die Athener (28a2)
1.4.2. Das Daimonion und die Wahrnehmung der Bürgerpflichten (31c4)
1.4.3. Sokrates und seine Anhänger (33a5)
1.5. Abschließende Erläuterung des ungewöhnlichen Verhaltens vor Gericht und Hinweis auf die Pflicht der Richter (34b6)
2. Nach der Verurteilung: Die Rede zum Strafmaß (35e1)
2.1. Reflexion über das knappe Abstimmungsergebnis (35e1)
2.2. Diskussion verschiedener Möglichkeiten der Bestrafung; Vorschlag einer Geldstrafe (36b2)
3. Die Rede nach dem Todesurteil (38c1)
3.1. Schlußworte an die verurteilenden Richter: Urteil über den Prozeß; Weissagung (38c1)
3.2. Schlußworte an die Freisprechenden: Über das Ausbleiben des Daimonions; das Sein nach dem Tod (39e1)

Ἀπολογία Σωκράτους

I

Ὅ τι μὲν ὑμεῖς, ὦ ἄνδρες Ἀθηναῖοι, πεπόνθατε ὑπὸ τῶν 17
ἐμῶν κατηγόρων οὐκ οἶδα· ἐγὼ δ' οὖν καὶ αὐτὸς ὑπ' αὐτῶν
ὀλίγου ἐμαυτοῦ ἐπελαθόμην· οὕτω πιθανῶς ἔλεγον· καίτοι
ἀληθές γε, ὡς ἔπος εἰπεῖν, οὐδὲν εἰρήκασιν. Μάλιστα δὲ
αὐτῶν ἓν ἐθαύμασα τῶν πολλῶν ὧν ἐψεύσαντο τοῦτο ἐν ᾧ
ἔλεγον ὡς χρὴ ὑμᾶς εὐλαβεῖσθαι μὴ ὑπ' ἐμοῦ ἐξαπατηθῆτε
ὡς δεινοῦ ὄντος λέγειν. Τὸ γὰρ μὴ αἰσχυνθῆναι ὅτι αὐτίκα b
ὑπ' ἐμοῦ ἐξελεγχθήσονται ἔργῳ, ἐπειδὰν μηδ' ὁπωστιοῦν
φαίνωμαι δεινὸς λέγειν, τοῦτό μοι ἔδοξεν αὐτῶν ἀναισχυν-
τότατον εἶναι, εἰ μὴ ἄρα δεινὸν καλοῦσιν οὗτοι λέγειν τὸν
τἀληθῆ λέγοντα· εἰ μὲν γὰρ τοῦτο λέγουσιν, ὁμολογοίην ἂν
ἔγωγε, οὐ κατὰ τούτους, εἶναι ῥήτωρ. Οὗτοι μὲν οὖν, ὥσπερ
ἐγὼ λέγω, ἤ τι ἢ οὐδὲν ἀληθὲς εἰρήκασιν· ὑμεῖς δέ μου
ἀκούσεσθε πᾶσαν τὴν ἀλήθειαν. Οὐ μέντοι μὰ Δία, ὦ ἄνδρες
Ἀθηναῖοι, κεκαλλιεπημένους γε λόγους ὥσπερ οἱ τούτων
ῥήμασί τε καὶ ὀνόμασιν οὐδὲ κεκοσμημένους, ἀλλ' ἀκούσεσθε c
εἰκῇ λεγόμενα τοῖς ἐπιτυχοῦσιν ὀνόμασι· πιστεύω γὰρ δί-
καια εἶναι ἃ λέγω· καὶ μηδεὶς ὑμῶν προσδοκησάτω ἄλλως.
Οὐδὲ γὰρ ἂν δήπου πρέποι, ὦ ἄνδρες, τῇδε τῇ ἡλικίᾳ ὥσ-
περ μειρακίῳ πλάττοντι λόγους εἰς ὑμᾶς εἰσιέναι. Καὶ
μέντοι καὶ πάνυ, ὦ ἄνδρες Ἀθηναῖοι, τοῦτο ὑμῶν δέομαι
καὶ παρίεμαι· ἐὰν διὰ τῶν αὐτῶν λόγων ἀκούητέ μου ἀπο-
λογουμένου δι' ὧνπερ εἴωθα λέγειν καὶ ἐν ἀγορᾷ ἐπὶ τῶν
τραπεζῶν, ἵνα ὑμῶν πολλοὶ ἀκηκόασι, καὶ ἄλλοθι, μήτε θαυ-
μάζειν μήτε θορυβεῖν τούτου ἕνεκα. Ἔχει γὰρ οὑτωσί· νῦν d
ἐγὼ πρῶτον ἐπὶ δικαστήριον ἀναβέβηκα ἔτη γεγονὼς ἑβδο-

Des Sokrates Verteidigung

1. Die Rede zur Verteidigung gegen die Anklage

1.1. Die Wahrheit – von der Anklage mißachtet, bei der Verteidigung das einzig Wichtige. Unterscheidung zweier Klassen von Anklägern

Was wohl Euch, ihr Athener, meine Ankläger angetan ha- 17a
ben, weiß ich nicht: ich meines Teils aber hätte ja selbst beinahe
über sie meiner selbst vergessen; so überredend haben sie ge-
sprochen. Wiewohl Wahres, daß ich das Wort heraussage, ha-
ben sie gar nichts gesagt. Am meisten aber habe ich Eins von
ihnen bewundert unter dem Vielen, was sie gelogen, dieses wo
sie sagten, Ihr müßtet euch wohl hüten, daß ihr nicht von mir
getäuscht würdet, als der ich gar gewaltig wäre im Reden. b
Denn daß sie sich nicht schämen, sogleich von mir widerlegt zu
werden durch die Tat, wenn ich mich nun auch im geringsten
nicht gewaltig zeige im Reden, dieses dünkte mich ihr unver-
schämtestes zu sein; wofern diese nicht etwa den gewaltig im
Reden nennen, der die Wahrheit redet. Denn wenn sie dies
meinen, möchte ich mich wohl dazu bekennen, ein Redner zu
sein, der sich nicht mit ihnen vergleicht. Diese nämlich, wie ich
behaupte, haben gar nichts Wahres geredet; Ihr aber sollt von
mir die ganze Wahrheit hören. Jedoch, ihr Athener, beim
Zeus, Reden aus zierlich erlesenen Worten gefällig zusammen-
geschmückt und aufgeputzt, wie dieser ihre waren, keineswe- c
ges, sondern ganz schlicht werdet ihr mich reden hören in un-
gewählten Worten. Denn ich glaube, was ich sage ist gerecht,
und Niemand unter euch erwarte noch sonst etwas. Auch wür-
de es sich ja schlecht ziemen, ihr Männer, in solchem Alter
gleich einem Knaben der Reden ausarbeitet vor euch hin-
zutreten. Indes bitte ich euch darum auch noch recht sehr, ihr
Athener, und bedinge es mir aus, wenn ihr mich hört mit ähn-
lichen Reden meine Verteidigung führen, wie ich gewohnt bin
auch auf dem Markt zu reden bei den Wechslertischen, wo die
Mehresten unter euch mich gehört haben, und anderwärts, daß
ihr euch nicht verwundert noch mir Getümmel erregt deshalb. d
Denn so verhält sich die Sache. Jetzt zum erstenmal trete ich

μήκοντα· ἀτεχνῶς οὖν ξένως ἔχω τῆς ἐνθάδε λέξεως. Ὥσ-
περ οὖν ἄν, εἰ τῷ ὄντι ξένος ἐτύγχανον ὤν, συνεγιγνώσκετε
δήπου ἄν μοι, εἰ ἐν ἐκείνῃ τῇ φωνῇ τε καὶ τῷ τρόπῳ ἔλεγον
ἐν οἷσπερ ἐτεθράμμην, καὶ δὴ καὶ νῦν τοῦτο ὑμῶν δέομαι 18
δίκαιον, ὥς γέ μοι δοκῶ, τὸν μὲν τρόπον τῆς λέξεως ἐᾶν —
ἴσως μὲν γὰρ χείρων, ἴσως δὲ βελτίων ἂν εἴη — αὐτὸ δὲ τοῦτο
σκοπεῖν καὶ τούτῳ τὸν νοῦν προσέχειν, εἰ δίκαια λέγω ἢ μή·
δικαστοῦ μὲν γὰρ αὕτη ἀρετή, ῥήτορος δὲ τἀληθῆ λέγειν.

Πρῶτον μὲν οὖν δίκαιός εἰμι ἀπολογήσασθαι, ὦ ἄνδρες
Ἀθηναῖοι, πρὸς τὰ πρῶτά μου ψευδῆ κατηγορημένα καὶ b
τοὺς πρώτους κατηγόρους, ἔπειτα δὲ πρὸς τὰ ὕστερα καὶ
τοὺς ὑστέρους. Ἐμοῦ γὰρ πολλοὶ κατήγοροι γεγόνασι πρὸς
ὑμᾶς, καὶ πάλαι πολλὰ ἤδη ἔτη καὶ οὐδὲν ἀληθὲς λέγοντες·
οὓς ἐγὼ μᾶλλον φοβοῦμαι ἢ τοὺς ἀμφὶ Ἄνυτον, καίπερ ὄν-
τας καὶ τούτους δεινούς. Ἀλλ᾿ ἐκεῖνοι δεινότεροι, ὦ ἄνδρες,
οἳ ὑμῶν τοὺς πολλοὺς ἐκ παίδων παραλαμβάνοντες ἔπειθόν
τε καὶ κατηγόρουν ἐμοῦ οὐδὲν ἀληθές, ὡς ἔστιν τις Σωκρά-
της, σοφὸς ἀνήρ, τά τε μετέωρα φροντιστὴς καὶ τὰ ὑπὸ
γῆς ἅπαντα ἀνεζητηκὼς καὶ τὸν ἥττω λόγον κρείττω ποιῶν.
Οὗτοι, ὦ ἄνδρες Ἀθηναῖοι, ταύτην τὴν φήμην κατασκεδά- c
σαντες, οἱ δεινοί εἰσί μου κατήγοροι· οἱ γὰρ ἀκούοντες
ἡγοῦνται τοὺς ταῦτα ζητοῦντας οὐδὲ θεοὺς νομίζειν.
Ἔπειτά εἰσιν οὗτοι οἱ κατήγοροι πολλοὶ καὶ πολὺν χρόνον
ἤδη κατηγορηκότες, ἔτι δὲ καὶ ἐν ταύτῃ τῇ ἡλικίᾳ λέγοντες
πρὸς ὑμᾶς ἐν ᾗ ἂν μάλιστα ἐπιστεύσατε, παῖδες ὄντες ἔνιοι
ὑμῶν καὶ μειράκια, ἀτεχνῶς ἐρήμην κατηγοροῦντες, ἀπολο-
γουμένου οὐδενός. Ὃ δὲ πάντων ἀλογώτατον, ὅτι οὐδὲ τὰ
ὀνόματα οἷόν τε αὐτῶν εἰδέναι καὶ εἰπεῖν, πλὴν εἴ τις κωμῳ- d
δοποιὸς τυγχάνει ὤν. Ὅσοι δὲ φθόνῳ καὶ διαβολῇ χρώμενοι
ὑμᾶς ἀνέπειθον, οἱ δὲ καὶ αὐτοὶ πεπεισμένοι ἄλλους πείθον-
τες, οὗτοι πάντες ἀπορώτατοί εἰσιν· οὐδὲ γὰρ ἀναβιβάσασθαι
οἷόν τ᾿ ἐστὶν αὐτῶν ἐνταυθοῖ οὐδ᾿ ἐλέγξαι οὐδένα, ἀλλ᾿ ἀνάγκη
ἀτεχνῶς ὥσπερ σκιαμαχεῖν ἀπολογούμενόν τε καὶ ἐλέγχειν

vor Gericht, da ich über Siebzig Jahr alt bin; ganz ordentlich also bin ich ein Fremdling in der hier üblichen Art zu reden. So wie ihr nun, wenn ich wirklich ein Fremder wäre, mir es nachsehen würdet, daß ich in jener Mundart und weise redete, wor-
in ich erzogen worden: eben so erbitte ich mir auch nun dieses 18a
billige, wie mich dünkt, von Euch, daß ihr nämlich die Art zu reden übersehet, vielleicht ist sie schlechter vielleicht auch wohl gar besser, und nur dies erwäget und Acht darauf habet, ob das recht ist oder nicht was ich sage. Denn dies ist des Richters Tüchtigkeit, des Redners aber die Wahrheit zu reden.

Zuerst nun, ihr Athener, muß ich mich wohl verteidigen gegen das, dessen ich zuerst fälschlich angeklagt bin und gegen meine ersten Ankläger, und hernach gegen der späteren spä-
teres. Denn viele Ankläger habe ich längst bei euch gehabt und b
schon vor vielen Jahren, und die nichts wahres sagten, welche ich mehr fürchte als den Anytos, obgleich auch der furchtbar ist. Allein jene sind furchtbarer, ihr Männer, welche viele von euch schon als Kinder an sich gelockt und überredet, mich aber beschuldiget haben ohne Grund, als gäbe es einen Sokrates, einen weisen Mann, der den Dingen am Himmel nachgrüble und auch das unterirdische alles erforscht habe, und unrecht zu
recht mache. Diese, ihr Athener, welche solche Gerüchte ver- c
breitet haben, sind meine furchtbaren Ankläger. Denn die Hörer meinen gar leicht, wer solche Dinge untersuche, glaube auch nicht einmal Götter. Ferner sind auch dieser Ankläger viele, und viele Zeit hindurch haben sie mich verklagt, und in dem Alter zu euch geredet wo ihr wohl sehr leicht glauben mußtet, weil ihr Kinder wart, einige von euch wohl auch Knaben, und offenbar an leerer Stätte klagten sie, wo sich keiner verteidigte. Das übelste aber ist, daß man nicht einmal ihre
Namen wissen und angeben kann, außer etwa wenn ein Ko- d
mödienschreiber darunter ist. Die übrigen aber, welche euch gehässig und verleumderisch aufgeredet, und auch die selbst nur überredet Andre Überredenden, in Absicht dieser aller bin ich ganz ratlos. Denn weder hieher zur Stelle bringen noch ausfragen kann ich irgend einen von ihnen: sondern muß ordentlich wie mit Schatten kämpfen in meiner Verteidigung und ausfragen, ohne daß einer antwortet. Nehmet also auch ihr

μηδενὸς ἀποκρινομένου. Ἀξιώσατε οὖν καὶ ὑμεῖς, ὥσπερ
ἐγὼ λέγω, διττούς μου τοὺς κατηγόρους γεγονέναι, ἑτέρους
μὲν τοὺς ἄρτι κατηγορήσαντας, ἑτέρους δὲ τοὺς πάλαι οὓς
ἐγὼ λέγω. Καὶ οἰήθητε δεῖν πρὸς ἐκείνους πρῶτόν με ἀπο- e
λογήσασθαι· καὶ γὰρ ὑμεῖς ἐκείνων πρότερον ἠκούσατε κατ-
ηγορούντων καὶ πολὺ μᾶλλον ἢ τῶνδε τῶν ὕστερον.

Εἶεν· ἀπολογητέον δή, ὦ ἄνδρες Ἀθηναῖοι, καὶ ἐπιχει-
ρητέον ὑμῶν ἐξελέσθαι τὴν διαβολὴν ἣν ὑμεῖς ἐν πολλῷ 19
χρόνῳ ἔσχετε, ταύτην ἐν οὕτως ὀλίγῳ χρόνῳ. Βουλοίμην
μὲν οὖν ἂν τοῦτο οὕτως γενέσθαι, εἴ τι ἄμεινον καὶ ὑμῖν
καὶ ἐμοί, καὶ πλέον τί με ποιῆσαι ἀπολογούμενον· οἶμαι δὲ
αὐτὸ χαλεπὸν εἶναι καὶ οὐ πάνυ με λανθάνει οἷόν ἐστιν.
Ὅμως τοῦτο μὲν ἴτω ὅπῃ τῷ θεῷ φίλον, τῷ δὲ νόμῳ πεισ-
τέον καὶ ἀπολογητέον.

Ἀναλάβωμεν οὖν ἐξ ἀρχῆς τίς ἡ κατηγορία ἐστὶν ἐξ ἧς
ἡ ἐμὴ διαβολὴ γέγονεν, ᾗ δὴ καὶ πιστεύων Μέλητός με b
ἐγράψατο τὴν γραφὴν ταύτην. Εἶεν· τί δὴ λέγοντες δι-
έβαλλον οἱ διαβάλλοντες; ὥσπερ οὖν κατηγόρων τὴν ἀντωμο-
σίαν δεῖ ἀναγνῶναι αὐτῶν· « Σωκράτης ἀδικεῖ καὶ περιεργά-
ζεται ζητῶν τά τε ὑπὸ γῆς καὶ οὐράνια καὶ τὸν ἥττω λόγον
κρείττω ποιῶν, καὶ ἄλλους τὰ αὐτὰ ταῦτα διδάσκων. » Τοιαύτη c
τίς ἐστι· ταῦτα γὰρ ἑωρᾶτε καὶ αὐτοὶ ἐν τῇ Ἀριστοφάνους
κωμῳδίᾳ, Σωκράτη τινὰ ἐκεῖ περιφερόμενον φάσκοντά τε
ἀεροβατεῖν καὶ ἄλλην πολλὴν φλυαρίαν φλυαροῦντα, ὧν ἐγὼ
οὐδὲν οὔτε μέγα οὔτε σμικρὸν πέρι ἐπαΐω. Καὶ οὐχ ὡς ἀτι-
μάζων λέγω τὴν τοιαύτην ἐπιστήμην, εἴ τις περὶ τῶν τοιού-
των σοφός ἐστιν· μή πως ἐγὼ ὑπὸ Μελήτου τοσαύτας δίκας
φύγοιμι· ἀλλὰ γὰρ ἐμοὶ τούτων, ὦ ἄνδρες Ἀθηναῖοι, οὐδὲν
μέτεστιν. Μάρτυρας δὲ αὐτοὺς ὑμῶν τοὺς πολλοὺς παρέχο- d
μαι, καὶ ἀξιῶ ὑμᾶς ἀλλήλους διδάσκειν τε καὶ φράζειν
ὅσοι ἐμοῦ πώποτε ἀκηκόατε διαλεγομένου· πολλοὶ δὲ ὑμῶν
οἱ τοιοῦτοί εἰσιν. Φράζετε οὖν ἀλλήλοις εἰ πώποτε ἢ σμικρὸν

an, wie ich sage, daß ich zweierlei Ankläger gehabt habe, die Einen die mich eben erst verklagt haben, die Andern die von ehedem die ich meine; und glaube, daß ich mich gegen diese e
zuerst verteidigen muß. Denn auch ihr habt jenen als sie klagten zuerst Gehör gegeben, und weit mehr als diesen späteren.

Wohl! Verteidigen muß ich mich also, ihr Athener, und den Versuch machen, eine angeschuldigte Meinung, die ihr seit lan- 19a
ger Zeit hegt, euch in so sehr kurzer Zeit zu benehmen. Ich wünschte nun zwar wohl, daß dieses so erfolgte, wenn es so besser ist für euch sowohl als für mich, und daß ich etwas gewönne durch meine Verteidigung. Ich glaube aber dieses ist schwer, und keineswegs entgeht mir, wie es damit steht. Doch dieses gehe nun, wie es Gotte genehm ist, mir gebührt dem Gesetz zu gehorchen und mich zu verteidigen.

1.2. Verteidigung gegen die alten Verleumdungen

1.2.1. Gegen den Vorwurf, ein Weiser oder Erzieher wie die Sophisten zu sein

Rufen wir uns also zurück von Anfang her, was für eine Anschuldigung es doch ist, aus welcher mein übler Ruf ent- b
standen ist, worauf auch Melitos bauend diese Klage gegen mich eingegeben hat. Wohl! Mit was für Reden also verleumdeten mich meine Verleumder? Als wären sie ordentliche Kläger, so muß ich ihre beschworene Klage ablesen: „Sokrates frevelt und treibt Torheit indem er unterirdische und himmlische Dinge untersucht und Unrecht zu Recht macht, und dies c
auch Andere lehrt.“ Solcherlei ist sie etwa: denn solcherlei habt ihr selbst gesehen in des Aristophanes Komödie, wo ein Sokrates vorgestellt wird, der sich rühmt in der Luft zu gehn, und viele andere Albernheiten vorbringt, wovon ich weder viel noch wenig verstehe. Und nicht sage ich dies um eine solche Wissenschaft zu schmähen, dafern jemand in diesen Dingen weise ist, – möchte ich mich doch nicht solcher Anklagen vom Melitos zu erwehren haben! – sondern nur ihr Athener weil ich eben an diesen Dingen keinen Teil habe. Und zu Zeugen rufe d
ich einen großen Teil von euch selbst, und fodere euch auf, einander zu berichten und zu erzählen, so viele eurer jemals mich reden gehört haben. Deren aber gibt es viele unter euch.

ἢ μέγα ἤκουσέ τις ὑμῶν ἐμοῦ περὶ τῶν τοιούτων διαλεγο-
μένου· καὶ ἐκ τούτων γνώσεσθε ὅτι τοιαῦτ᾽ ἐστὶ καὶ τἆλλα
περὶ ἐμοῦ ἃ οἱ πολλοὶ λέγουσιν.

Ἀλλὰ γὰρ οὔτε τούτων οὐδέν ἐστιν, οὐδέ γ᾽ εἴ τινος
ἀκηκόατε ὡς ἐγὼ παιδεύειν ἐπιχειρῶ ἀνθρώπους καὶ χρή-
ματα πράττομαι, οὐδὲ τοῦτο ἀληθές. Ἐπεὶ καὶ τοῦτό γέ e
μοι δοκεῖ καλὸν εἶναι, εἴ τις οἷός τ᾽ εἴη παιδεύειν ἀνθρώ-
πους, ὥσπερ Γοργίας τε ὁ Λεοντῖνος καὶ Πρόδικος ὁ Κεῖος
καὶ Ἱππίας ὁ Ἠλεῖος. Τούτων γὰρ ἕκαστος, ὦ ἄνδρες,
οἷός τ᾽ ἐστὶν, ἰὼν εἰς ἑκάστην τῶν πόλεων, τοὺς νέους, οἷς
ἔξεστι τῶν ἑαυτῶν πολιτῶν προῖκα συνεῖναι ᾧ ἂν βούλων-
ται, τούτους πείθουσι τὰς ἐκείνων συνουσίας ἀπολιπόντας 20
σφίσιν συνεῖναι χρήματα διδόντας καὶ χάριν προσειδέναι.
Ἐπεὶ καὶ ἄλλος ἀνήρ ἐστι Πάριος ἐνθάδε σοφός· ὃν ἐγὼ
ᾐσθόμην ἐπιδημοῦντα· ἔτυχον γὰρ προσελθὼν ἀνδρὶ ὃς τε-
τέλεκε χρήματα σοφισταῖς πλείω ἢ σύμπαντες οἱ ἄλλοι,
Καλλίᾳ τῷ Ἱππονίκου. Τοῦτον οὖν ἀνηρόμην — ἐστὸν γὰρ
αὐτῷ δύο ὑεῖ· « Ὦ Καλλία, ἦν δ᾽ ἐγώ, εἰ μέν σου τὼ ὑεῖ
πώλω ἢ μόσχω ἐγενέσθην, εἴχομεν ἂν αὐτοῖν ἐπιστάτην λα-
βεῖν καὶ μισθώσασθαι ὃς ἔμελλεν αὐτὼ καλώ τε κἀγαθὼ b
ποιήσειν τὴν προσήκουσαν ἀρετήν· ἦν δ᾽ ἂν οὗτος ἢ τῶν
ἱππικῶν τις ἢ τῶν γεωργικῶν· νῦν δ᾽ ἐπειδὴ ἀνθρώπω ἐστόν,
τίνα αὐτοῖν ἐν νῷ ἔχεις ἐπιστάτην λαβεῖν ; τίς τῆς τοιαύτης
ἀρετῆς, τῆς ἀνθρωπίνης τε καὶ πολιτικῆς, ἐπιστήμων ἐστίν ;
οἶμαι γάρ σε ἐσκέφθαι, διὰ τὴν τῶν ὑέων κτῆσιν. Ἔστιν
τις, ἔφην ἐγώ, ἢ οὔ ; — Πάνυ γε, ἦ δ᾽ ὅς. — Τίς, ἦν δ᾽
ἐγώ, καὶ ποδαπός, καὶ πόσου διδάσκει ; — Εὔηνος, ἔφη, ὦ
Σώκρατες, Πάριος, πέντε μνῶν. » Καὶ ἐγὼ τὸν Εὔηνον
ἐμακάρισα, εἰ ὡς ἀληθῶς ἔχοι ταύτην τὴν τέχνην καὶ οὕ-
τως ἐμμελῶς διδάσκοι. Ἐγὼ γοῦν καὶ αὐτὸς ἐκαλλυνόμην τε c
καὶ ἡβρυνόμην ἄν, εἰ ἠπιστάμην ταῦτα· ἀλλ᾽ οὐ γὰρ ἐπίστα-
μαι, ὦ ἄνδρες Ἀθηναῖοι.

So erzählt euch nun, ob jemals einer unter euch mich viel oder
wenig über dergleichen Dinge hat reden gehört. Und hieraus
könnt ihr ersehen, daß es eben so auch mit allem übrigen steht,
was die Leute von mir sagen. Aber es ist eben weder hieran
etwas, noch auch wenn ihr etwa von einem gehört habt, ich
gäbe mich dafür aus Menschen zu erziehen und verdiente Geld
damit; auch das ist nicht wahr. Denn auch das scheint mir mei- e
nes Teils wohl etwas schönes zu sein, wenn Jemand im Stande
wäre Menschen zu erziehen wie Gorgias der Leontiner und
Prodikos der Keier und auch Hippias von Elis. Denn diese alle,
ihr Männer, verstehen das, in allen Städten umherziehend die
Jünglinge, die dort unter ihren Mitbürgern zu wem sie wollten
sich unentgeldlich halten könnten, diese überreden sie mit 20a
Hintansetzung jenes Umganges sich Geld bezahlend zu ihnen
zu halten und ihnen noch Dank dazu zu wissen. Ja es gibt auch
hier noch einen andern Mann, einen Parier, von dessen Aufent-
halt ich erfuhr. Ich traf nämlich auf einen Mann der den So-
phisten mehr Geld gezahlt hat als alle übrigen zusammen, Kal-
lias den Sohn des Hipponikos. Diesen fragte ich also, denn er
hat zwei Söhne: Wenn deine Söhne, Kallias, sprach ich, Füllen
oder Kälber wären, wüßten wir wohl einen Aufseher für sie zu
finden oder zu dingen, der sie gut und tüchtig machen würde in b
der ihnen angemessenen Tugend, es würde nämlich ein Bereu-
ter sein oder ein Landmann: nun sie aber Menschen sind, was
für einen Aufseher bist du gesonnen ihnen zu geben? wer ist
wohl in dieser menschlichen und bürgerlichen Tugend ein
Sachverständiger? denn ich glaube doch du hast darüber
nachgedacht, da du Söhne hast. Gibt es einen, sprach ich, oder
nicht? O freilich, sagte er. Wer doch, sprach ich, und von wan-
nen? und um welchen Preis lehrt er? Euenos der Parier, ant-
wortete er, für fünf Minen. Da pries ich den Euenos glücklich,
wenn er wirklich diese Kunst besäße und so vortrefflich lehrte. c
Ich also würde gewiß mich recht damit rühmen und groß tun,
wenn ich dies verstände: aber ich verstehe es eben nicht, ihr
Athener.

Ὑπολάβοι ἂν οὖν τις ὑμῶν ἴσως· « Ἀλλ', ὦ Σώκρατες,
τὸ σὸν τί ἐστι πρᾶγμα; πόθεν αἱ διαβολαί σοι αὗται γεγό-
νασιν; οὐ γὰρ δήπου, σοῦ γε οὐδὲν τῶν ἄλλων περιττότερον
πραγματευομένου, ἔπειτα τοσαύτη φήμη τε καὶ λόγος γε-
γονεν, εἰ μή τι ἔπραττες ἀλλοῖον ἢ οἱ πολλοί. Λέγε οὖν
ἡμῖν τί ἐστιν, ἵνα μὴ ἡμεῖς περὶ σοῦ αὐτοσχεδιάζωμεν. »
Ταυτί μοι δοκεῖ δίκαια λέγειν ὁ λέγων, κἀγὼ ὑμῖν πειράσο- d
μαι ἀποδεῖξαι τί ποτ' ἔστιν τοῦτο ὃ ἐμοὶ πεποίηκεν τό τε
ὄνομα καὶ τὴν διαβολήν. Ἀκούετε δή. Καὶ ἴσως μὲν δόξω
τισὶν ὑμῶν παίζειν· εὖ μέντοι ἴστε, πᾶσαν ὑμῖν τὴν ἀλή-
θειαν ἐρῶ. Ἐγὼ γάρ, ὦ ἄνδρες Ἀθηναῖοι, δι' οὐδὲν ἀλλ' ἢ
διὰ σοφίαν τινὰ τοῦτο τὸ ὄνομα ἔσχηκα. Ποίαν δὴ σοφίαν
ταύτην; ἥπερ ἐστὶν ἴσως ἀνθρωπίνη σοφία. Τῷ ὄντι γὰρ
κινδυνεύω ταύτην εἶναι σοφός· οὗτοι δὲ τάχ' ἄν, οὓς ἄρτι
ἔλεγον, μείζω τινὰ ἢ κατ' ἄνθρωπον σοφίαν σοφοὶ εἶεν, ἢ e
οὐκ ἔχω τί λέγω· οὐ γὰρ δὴ ἔγωγε αὐτὴν ἐπίσταμαι, ἀλλ'
ὅστις φησὶ ψεύδεταί τε καὶ ἐπὶ διαβολῇ τῇ ἐμῇ λέγει. Καί
μοι, ὦ ἄνδρες Ἀθηναῖοι, μὴ θορυβήσητε, μηδὲ ἂν δόξω τι
ὑμῖν μέγα λέγειν· οὐ γὰρ ἐμὸν ἐρῶ τὸν λόγον ὃν ἂν λέγω,
ἀλλ' εἰς ἀξιόχρεων ὑμῖν τὸν λέγοντα ἀνοίσω. Τῆς γὰρ ἐμῆς,
εἰ δή τίς ἐστιν σοφία, καὶ οἵα, μάρτυρα ὑμῖν παρέξομαι τὸν
θεὸν τὸν ἐν Δελφοῖς. Χαιρεφῶντα γὰρ ἴστε που· οὗτος ἐμός
τε ἑταῖρος ἦν ἐκ νέου καὶ ὑμῶν τῷ πλήθει ἑταῖρός τε καὶ 21
συνέφυγε τὴν φυγὴν ταύτην καὶ μεθ' ὑμῶν κατῆλθε. Καὶ
ἴστε δὴ οἷος ἦν Χαιρεφῶν, ὡς σφοδρὸς ἐφ' ὅ τι ὁρμήσειεν.
καὶ δή ποτε καὶ εἰς Δελφοὺς ἐλθὼν ἐτόλμησε τοῦτο μαν-
τεύσασθαι· — καὶ ὅπερ λέγω, μὴ θορυβεῖτε, ὦ ἄνδρες —
ἤρετο γὰρ δὴ εἴ τις ἐμοῦ εἴη σοφώτερος· ἀνεῖλεν οὖν ἡ
Πυθία μηδένα σοφώτερον εἶναι. Καὶ τούτων πέρι ὁ ἀδελφὸς
ὑμῖν αὐτοῦ οὑτοσὶ μαρτυρήσει, ἐπειδὴ ἐκεῖνος τετελεύ-
τηκεν.

1.2.2. Die wirkliche Weisheit des Sokrates, und wie er das Orakel prüfte

Vielleicht nun möchte jemand von euch einwenden: Aber
Sokrates, was ist denn also dein Geschäft? woher sind diese
Verleumdungen dir entstanden? Denn gewiß, wenn du nichts
besonders betriebest vor Andern, es würde nicht solcher Ruf
und Gerede entstanden sein, wenn du nicht ganz etwas anders
tätest als andere Leute. So sage uns doch, was es ist, damit wir
uns nicht auf Geratewohl unsere eignen Gedanken machen
über dich. Dies dünkt mich mit Recht zu sagen wer es sagt, und d
ich will versuchen euch zu zeigen was dasjenige ist, was mir den
Namen und den üblen Ruf gemacht hat. Höret also, und viel-
leicht wird manchen von euch bedünken ich scherzte: glaubet
indes sicher, daß ich die reine Wahrheit rede. Ich habe nämlich,
ihr Athener, durch nichts anders als durch eine gewisse Weis-
heit diesen Namen erlangt. Durch was für eine Weisheit aber?
Die eben vielleicht die menschliche Weisheit ist. Denn ich mag
in der Tat wohl in dieser weise sein; jene aber deren ich eben
erwähnt sind vielleicht weise in einer Weisheit, die nicht dem e
Menschen angemessen ist; oder ich weiß nicht was ich sagen
soll, denn ich verstehe sie nicht, sondern wer das sagt, der lügt
es und sagt es mir zur Verleumdung. Und ich bitte euch, ihr
Athener, erregt mir kein Getümmel, selbst wenn ich euch et-
was vorlaut zu reden dünken sollte. Denn nicht meine Rede ist
es, die ich vorbringe; sondern auf einen ganz glaubwürdigen
Urheber will ich sie euch zurückführen. Über meine Weisheit
nämlich, ob sie wohl eine ist und was für eine, will ich euch zum
Zeugen stellen den Gott in Delphoi. Den Chairephon kennt
ihr doch, dieser war mein Freund von Jugend auf, und auch 21a
euer des Volkes Freund war er, und ist bei dieser letzten Flucht
mit geflohen, und mit euch auch zurückgekehrt. Und ihr wißt
doch, wie Chairephon war, wie heftig in allem, was er auch
beginnen mochte. So auch als er einst nach Delphoi gegangen
war, erkühnte er sich hierüber ein Orakel zu begehren; nur,
wie ich sage, kein Getümmel ihr Männer. Er fragte also, ob
wohl Jemand weiser wäre als ich. Da leugnete nun die Pythia,
daß Jemand weiser wäre. Und hierüber kann euch dieser sein
Bruder hier Zeugnis ablegen, da jener bereits verstorben ist.

Σκέψασθε δὴ ὧν ἕνεκα ταῦτα λέγω· μέλλω γὰρ ὑμᾶς δι- b
δάξειν ὅθεν μοι ἡ διαβολὴ γέγονεν. Ταῦτα γὰρ ἐγὼ ἀκούσας
ἐνεθυμούμην οὑτωσί· « Τί ποτε λέγει ὁ θεὸς καὶ τί ποτε
αἰνίττεται; ἐγὼ γὰρ δὴ οὔτε μέγα οὔτε σμικρὸν σύνοιδα
ἐμαυτῷ σοφὸς ὤν· τί οὖν ποτε λέγει, φάσκων ἐμὲ σοφώτατον
εἶναι; οὐ γὰρ δήπου ψεύδεταί γε· οὐ γὰρ θέμις αὐτῷ. »
Καὶ πολὺν μὲν χρόνον ἠπόρουν τί ποτε λέγει· ἔπειτα μόγις
πάνυ ἐπὶ ζήτησιν αὐτοῦ τοιαύτην τινὰ ἐτραπόμην. Ἦλθον
ἐπί τινα τῶν δοκούντων σοφῶν εἶναι, ὡς ἐνταῦθα, εἴπερ c
που, ἐλέγξων τὸ μαντεῖον καὶ ἀποφανῶν τῷ χρησμῷ ὅτι·
« Οὑτοσὶ ἐμοῦ σοφώτερός ἐστι, σὺ δ' ἐμὲ ἔφησθα ». Διασκο-
πῶν οὖν τοῦτον — ὀνόματι γὰρ οὐδὲν δέομαι λέγειν· ἦν δέ τις
τῶν πολιτικῶν — πρὸς ὃν ἐγὼ σκοπῶν τοιοῦτόν τι ἔπαθον,
ὦ ἄνδρες Ἀθηναῖοι, καὶ διαλεγόμενος αὐτῷ· ἔδοξέ μοι οὗτος
ὁ ἀνὴρ δοκεῖν μὲν εἶναι σοφὸς ἄλλοις τε πολλοῖς ἀνθρώ-
ποις καὶ μάλιστα ἑαυτῷ, εἶναι δ' οὔ. Κἄπειτα ἐπειρώμην
αὐτῷ δεικνύναι ὅτι οἴοιτο μὲν εἶναι σοφός, εἴη δ' οὔ. Ἐν-
τεῦθεν οὖν τούτῳ τε ἀπηχθόμην καὶ πολλοῖς τῶν παρόντων. d

Πρὸς ἐμαυτὸν δ' οὖν ἀπιὼν ἐλογιζόμην ὅτι· « Τούτου μὲν
τοῦ ἀνθρώπου ἐγὼ σοφώτερός εἰμι· κινδυνεύει μὲν γὰρ ἡμῶν
οὐδέτερος οὐδὲν καλὸν κἀγαθὸν εἰδέναι· ἀλλ' οὗτος μὲν
οἴεταί τι εἰδέναι οὐκ εἰδώς· ἐγὼ δέ, ὥσπερ οὖν οὐκ οἶδα,
οὐδὲ οἴομαι. Ἔοικα γοῦν τούτου γε σμικρῷ τινι, αὐτῷ τούτῳ
σοφώτερος εἶναι, ὅτι ἃ μὴ οἶδα οὐδὲ οἴομαι εἰδέναι. » Ἐντεῦ-
θεν ἐπ' ἄλλον ᾖα τῶν ἐκείνου δοκούντων σοφωτέρων εἶναι,
καί μοι ταὐτὰ ταῦτα ἔδοξε· καὶ ἐνταῦθα κἀκείνῳ καὶ ἄλλοις e
πολλοῖς ἀπηχθόμην.

Μετὰ ταῦτ' οὖν ἤδη ἐφεξῆς ᾖα, αἰσθανόμενος μέν —
καὶ λυπούμενος καὶ δεδιώς — ὅτι ἀπηχθανόμην, ὅμως δὲ
ἀναγκαῖον ἐδόκει εἶναι τὸ τοῦ θεοῦ περὶ πλείστου ποιεῖσθαι·
ἰτέον οὖν, σκοποῦντι τὸν χρησμὸν τί λέγει, ἐπὶ ἅπαντας
τούς τι δοκοῦντας εἰδέναι. Καὶ νὴ τὸν κύνα, ὦ ἄνδρες 22
Ἀθηναῖοι, — δεῖ γὰρ πρὸς ὑμᾶς τἀληθῆ λέγειν — ἦ μὴν ἐγὼ

Bedenket nun, weshalb ich dieses sage; ich will euch nämlich b
erklären, woher doch die Verleumdung gegen mich entstanden
ist. Denn nachdem ich dieses gehört, gedachte ich bei mir also:
Was meint doch wohl der Gott? und was will er etwa andeuten?
Denn das bin ich mir doch bewußt, daß ich weder viel noch
wenig weise bin. Was meint er also mit der Behauptung ich sei
der weiseste? Denn lügen wird er doch wohl nicht; das ist ihm
ja nicht verstattet. Und lange Zeit konnte ich nicht begreifen
was er meinte; endlich wendete ich mich gar ungern zur Un-
tersuchung der Sache auf folgende Art. Ich ging zu einem von
den für weise gehaltenen, um dort, wenn irgendwo, das Orakel c
zu überführen und dem Spruch zu zeigen: Dieser ist doch wohl
weiser als ich, du aber hast auf mich ausgesagt. Indem ich nun
diesen beschaute, denn ihn mit Namen zu nennen ist nicht
nötig, es war, aber einer von den Staatsmännern, auf welchen
schauend es mir folgendergestalt erging, ihr Athener. Im Ge-
spräch mit ihm schien mir dieser Mann zwar vielen andern
Menschen auch am meisten aber sich selbst sehr weise vorzu-
kommen, es zu sein aber gar nicht. Darauf nun versuchte ich
ihm zu zeigen, er glaubte zwar weise zu sein, wäre es aber
nicht; wodurch ich dann ihm selbst verhaßt ward und vielen d
der Anwesenden. Indem ich also fortging, gedachte ich bei mir
selbst, als dieser Mann bin ich nun freilich weiser. Denn es mag
wohl eben keiner von uns beiden etwas tüchtiges oder sonder-
liches wissen; allein dieser doch meint zu wissen, da er nicht
weiß, ich aber wie ich eben nicht weiß, so meine ich es auch
nicht. Ich scheine also um dieses wenige doch weiser zu sein als
er, daß ich, was ich nicht weiß, auch nicht glaube zu wissen.
Hierauf ging ich dann zu einem Andern von den für noch
weiser als jener geltenden, und es dünkte mich eben dasselbe, e
und ich wurde dadurch ihm selbst sowohl als vielen Andern
verhaßt. Nach diesem nun ging ich schon nach der Reihe, be-
merkend freilich und bedauernd, und auch in Furcht darüber,
daß ich mich verhaßt machte; doch aber dünkte er mich not-
wendig des Gottes Sache über alles andere zu setzen; und so
mußte ich denn gehen immer dem Orakel nachdenkend, was es
wohl meine, zu Allen welche dafür galten etwas zu wissen. 22a
Und beim Hunde, ihr Athener, denn ich muß die Wahrheit zu

ἔπαθόν τι τοιοῦτον· οἱ μὲν μάλιστα εὐδοκιμοῦντες ἔδοξάν μοι ὀλίγου δεῖν τοῦ πλείστου ἐνδεεῖς εἶναι ζητοῦντι κατὰ τὸν θεόν, ἄλλοι δέ, δοκοῦντες φαυλότεροι, ἐπιεικέστεροι εἶναι ἄνδρες πρὸς τὸ φρονίμως ἔχειν. Δεῖ δὴ ὑμῖν τὴν ἐμὴν πλάνην ἐπιδεῖξαι ὥσπερ πόνους τινὰς πονοῦντος, ἵνα μοι καὶ ἀνέλεγκτος ἡ μαντεία γένοιτο.

Μετὰ γὰρ τοὺς πολιτικοὺς ᾖα ἐπὶ τοὺς ποιητὰς τούς τε τῶν τραγῳδιῶν καὶ τοὺς τῶν διθυράμβων καὶ τοὺς ἄλλους, b
ὡς ἐνταῦθα ἐπ' αὐτοφώρῳ καταληψόμενος ἐμαυτὸν ἀμαθέστερον ἐκείνων ὄντα. Ἀναλαμβάνων οὖν αὐτῶν τὰ ποιήματα ἅ μοι ἐδόκει μάλιστα πεπραγματεῦσθαι αὐτοῖς, διηρώτων ἂν αὐτοὺς τί λέγοιεν, ἵν' ἅμα τι καὶ μανθάνοιμι παρ' αὐτῶν. Αἰσχύνομαι οὖν ὑμῖν εἰπεῖν, ὦ ἄνδρες, τἀληθῆ· ὅμως δὲ ῥητέον. Ὡς ἔπος γὰρ εἰπεῖν, ὀλίγου αὐτῶν ἅπαντες οἱ παρόντες ἂν βέλτιον ἔλεγον περὶ ὧν αὐτοὶ ἐπεποιήκεσαν. Ἔγνων οὖν αὖ καὶ περὶ τῶν ποιητῶν ἐν ὀλίγῳ τοῦτο, ὅτι οὐ σοφίᾳ ποιοῖεν ἃ ποιοῖεν, ἀλλὰ φύσει τινὶ καὶ ἐνθουσιάζον- c
τες ὥσπερ οἱ θεομάντεις καὶ οἱ χρησμῳδοί· καὶ γὰρ οὗτοι λέγουσι μὲν πολλὰ καὶ καλά, ἴσασιν δὲ οὐδὲν ὧν λέγουσι. Τοιοῦτόν τί μοι ἐφάνησαν πάθος καὶ οἱ ποιηταὶ πεπονθότες· καὶ ἅμα ᾐσθόμην αὐτῶν διὰ τὴν ποίησιν οἰομένων καὶ τἆλλα σοφωτάτων εἶναι ἀνθρώπων ἃ οὐκ ἦσαν. Ἀπῇα οὖν καὶ ἐντεῦθεν τῷ αὐτῷ οἰόμενος περιγεγονέναι ᾧπερ καὶ τῶν πολιτικῶν.

Τελευτῶν οὖν ἐπὶ τοὺς χειροτέχνας ᾖα· ἐμαυτῷ γὰρ συνῄδη οὐδὲν ἐπισταμένῳ, ὡς ἔπος εἰπεῖν, τούτους δέ γ' ᾔδη d
ὅτι εὑρήσοιμι πολλὰ καὶ καλὰ ἐπισταμένους. Καὶ τούτου μὲν οὐκ ἐψεύσθην, ἀλλ' ἠπίσταντο ἃ ἐγὼ οὐκ ἠπιστάμην καί μου ταύτῃ σοφώτεροι ἦσαν. Ἀλλ', ὦ ἄνδρες Ἀθηναῖοι, ταὐτόν μοι ἔδοξαν ἔχειν ἁμάρτημα ὅπερ καὶ οἱ ποιηταὶ καὶ οἱ ἀγαθοὶ δημιουργοί· διὰ τὸ τὴν τέχνην καλῶς ἐξεργάζεσθαι, ἕκαστος ἠξίου καὶ τἆλλα τὰ μέγιστα σοφώτατος εἶναι, καὶ αὐτῶν αὕτη ἡ πλημμέλεια ἐκείνην τὴν σοφίαν

euch reden, wahrlich es erging mir so. Die berühmtesten dünkten mich beinahe die armseligsten zu sein, wenn ich es dem Gott zufolge untersuchte, Andere minder geachtete aber noch eher für vernünftig gelten zu können. Ich muß euch wohl mein ganzes Abenteuer berichten mit was für Arbeiten gleichsam ich mich gequält habe, damit das Orakel mir ja ungetadelt bliebe. Nach den Staatsmännern nämlich ging ich zu den Dichtern,
den tragischen sowohl als den dithyrambischen und den übri- b
gen, um dort mich selbst auf der Tat zu ergreifen als unwissender denn sie. Von ihren Gedichten also diejenigen vornehmend, welche sie mir am vorzüglichsten schienen ausgearbeitet zu haben, fragte ich sie aus, was sie wohl damit meinten, auf daß ich auch zugleich etwas lernte von ihnen. Schämen muß ich mich nun freilich, ihr Männer, euch die Wahrheit zu sagen: dennoch soll sie gesagt werden. Um es nämlich gerade heraus zu sagen, fast sprachen alle Anwesenden besser als sie selbst über das was sie gedichtet hatten. Ich erfuhr also auch von den Dichtern in kurzem dieses, daß sie nicht durch Weisheit dich-
teten, was sie dichten, sondern durch eine Naturgabe und in c
der Begeisterung, eben wie die Wahrsager und Orakelsänger. Denn auch diese sagen viel schönes, wissen aber nichts von dem, was sie sagen; eben so nun ward mir deutlich daß es auch den Dichtern erginge. Und zugleich merkte ich, daß sie glaubten um ihrer Dichtung willen auch in allem übrigen sehr weise Männer zu sein, worin sie es nicht waren. Fort ging ich also auch von ihnen mit dem Glauben, sie um das nämliche zu übertreffen wie auch die Staatsmänner. Zum Schluß nun ging ich auch zu den Handarbeitern. Denn von mir selbst wußte ich,
daß ich gar nichts weiß um es gerade heraus zu sagen, von d
diesen aber wußte ich doch, daß ich sie vielerlei schönes wissend finden würde. Und darin betrog ich mich nun auch nicht; sondern sie wußten wirklich was ich nicht wußte, und waren in sofern weiser. Aber, ihr Athener, denselben Fehler wie die Dichter, dünkte mich, hatten auch diese trefflichen Meister. Weil er seine Kunst gründlich erlernt hatte, wollte jeder auch in den andern wichtigsten Dingen sehr weise sein; und diese ihre
Torheit verdeckte jene ihre Weisheit. So daß ich mich selbst e
auch befragte im Namen des Orakels, welches ich wohl lieber

ἀπέκρυπτεν· ὥστε με ἐμαυτὸν ἀνερωτᾶν ὑπὲρ τοῦ χρησμοῦ c
πότερα δεξαίμην ἂν οὕτως ὥσπερ ἔχω ἔχειν, μήτε τι σοφὸς
ὢν τὴν ἐκείνων σοφίαν μήτε ἀμαθὴς τὴν ἀμαθίαν, ἢ ἀμφό-
τερα ἃ ἐκεῖνοι ἔχουσιν ἔχειν. Ἀπεκρινάμην οὖν ἐμαυτῷ καὶ
τῷ χρησμῷ ὅτι μοι λυσιτελοῖ ὥσπερ ἔχω ἔχειν.

Ἐκ ταυτησὶ δὴ τῆς ἐξετάσεως, ὦ ἄνδρες Ἀθηναῖοι, πολ-
λαὶ μὲν ἀπέχθειαί μοι γεγόνασι καὶ οἷαι χαλεπώταται καὶ 23
βαρύταται, ὥστε πολλὰς διαβολὰς ἀπ᾽ αὐτῶν γεγονέναι,
ὄνομα δὲ τοῦτο λέγεσθαι, σοφὸς εἶναι. Οἴονται γάρ με
ἑκάστοτε οἱ παρόντες ταῦτα αὐτὸν εἶναι σοφὸν ἃ ἂν ἄλλον
ἐξελέγξω· τὸ δὲ κινδυνεύει, ὦ ἄνδρες, τῷ ὄντι ὁ θεὸς σοφὸς
εἶναι καὶ ἐν τῷ χρησμῷ τούτῳ τοῦτο λέγειν ὅτι ἡ ἀνθρω-
πίνη σοφία ὀλίγου τινὸς ἀξία ἐστὶν καὶ οὐδενός· καὶ φαίνεται
τοῦτον λέγειν τὸν Σωκράτη, προσκεχρῆσθαι δὲ τῷ ἐμῷ ὀνόματι
ἐμὲ παράδειγμα ποιούμενος, ὥσπερ ἂν <εἰ> εἴποι ὅτι· b
« Οὗτος ὑμῶν, ὦ ἄνθρωποι, σοφώτατός ἐστιν ὅστις ὥσπερ
Σωκράτης ἔγνωκεν ὅτι οὐδενὸς ἄξιός ἐστι τῇ ἀληθείᾳ πρὸς
σοφίαν ». Ταῦτ᾽ οὖν ἐγὼ μὲν ἔτι καὶ νῦν περιιὼν ζητῶ
καὶ ἐρευνῶ κατὰ τὸν θεὸν καὶ τῶν ἀστῶν καὶ τῶν ξένων ἄν
τινα οἴωμαι σοφὸν εἶναι· καὶ ἐπειδάν μοι μὴ δοκῇ, τῷ θεῷ
βοηθῶν ἐνδείκνυμαι ὅτι οὐκ ἔστι σοφός. Καὶ ὑπὸ ταύτης
τῆς ἀσχολίας οὔτε τι τῶν τῆς πόλεως πρᾶξαί μοι σχολὴ
γέγονεν ἄξιον λόγου οὔτε τῶν οἰκείων, ἀλλ᾽ ἐν πενίᾳ μυρίᾳ
εἰμὶ διὰ τὴν τοῦ θεοῦ λατρείαν. c

Πρὸς δὲ τούτοις οἱ νέοι μοι ἐπακολουθοῦντες, οἷς μάλιστα
σχολή ἐστιν, οἱ τῶν πλουσιωτάτων, αὐτόματοι, χαίρουσιν
ἀκούοντες ἐξεταζομένων τῶν ἀνθρώπων καὶ αὐτοὶ πολλάκις
ἐμὲ μιμοῦνται· εἶτα ἐπιχειροῦσιν ἄλλους ἐξετάζειν· κἄ-
πειτα, οἶμαι, εὑρίσκουσι πολλὴν ἀφθονίαν οἰομένων μὲν
εἰδέναι τι ἀνθρώπων, εἰδότων δὲ ὀλίγα ἢ οὐδέν. Ἐντεῦθεν
οὖν οἱ ὑπ᾽ αὐτῶν ἐξεταζόμενοι ἐμοὶ ὀργίζονται, ἀλλ᾽ οὐχ
αὑτοῖς, καὶ λέγουσιν ὡς Σωκράτης τίς ἐστι μιαρώτατος καὶ

möchte, so sein wie ich war, gar nichts verstehend von ihrer Weisheit aber auch nicht behaftet mit ihrem Unverstande, oder aber in beiden Stücken so sein wie sie. Da antwortete ich denn mir selbst und dem Orakel, es wäre mir besser so zu sein wie ich war.

1.2.3. Ursprung des Hasses gegen Sokrates und des Anscheins, er sei weise und verderbe die Jugend

Aus dieser Nachforschung also, ihr Athener, sind mir viele
Feindschaften entstanden, und zwar die beschwerlichsten und 23a
lästigsten, so daß viel Verleumdung daraus entstand, und auch der Name, daß es hieß ich wäre ein Weiser. Es glauben nämlich jedesmal die Anwesenden, ich verstände mich selbst darauf, worin ich einen Andern zu Schanden mache. Es scheint aber, ihr Athener, in der Tat der Gott weise zu sein, und mit diesem Orakel dies zu sagen, daß die menschliche Weisheit sehr weniges nur wert ist oder gar nichts, und offenbar nicht dies vom Sokrates zu sagen, sondern nur mich zum Beispiel erwählend
sich meines Namens zu bedienen, wie wenn er sagte: Unter b
euch ihr Menschen ist der der weiseste, der wie Sokrates einsieht, daß er in der Tat nichts wert ist was die Weisheit anbelangt. Dieses nun gehe ich auch jetzt noch umher nach des Gottes Anweisung zu untersuchen und zu erforschen, wo ich nur einen für weise halte von Bürgern und Fremden; und wenn er es mir nicht zu sein scheint, so helfe ich dem Gotte und zeige ihm, daß er nicht weise ist. Und über diesem Geschäft habe ich nicht Muße gehabt weder in den Angelegenheiten der Stadt etwas der Rede wertes zu leisten, noch auch in meinen häusli-
chen; sondern in tausendfältiger Armut lebe ich wegen dieses c
dem Gotte geleisteten Dienstes. Über dieses aber folgen mir die Jünglinge, welche die meiste Muße haben, der reichsten Bürger Söhne also, freiwillig, und freuen sich zu hören wie die Menschen untersucht werden; oft auch tun sie es mir nach und versuchen selbst Andere zu untersuchen, und finden dann, glaube ich, eine große Menge solcher Menschen, welche zwar glauben etwas zu wissen, wissen aber wenig oder nichts. Deshalb nun zürnen die von ihnen untersuchten mir und nicht ihnen und sagen, Sokrates ist doch ein ganz ruchloser Mensch

διαφθείρει τοὺς νέους. Καὶ ἐπειδάν τις αὐτοὺς ἐρωτᾷ ὅ τι d ποιῶν καὶ ὅ τι διδάσκων, ἔχουσι μὲν οὐδὲν εἰπεῖν, ἀλλ' ἀγνοοῦσιν· ἵνα δὲ μὴ δοκῶσιν ἀπορεῖν, τὰ κατὰ πάντων τῶν φιλοσοφούντων πρόχειρα ταῦτα λέγουσιν, ὅτι « τὰ μετέωρα καὶ τὰ ὑπὸ γῆς » καὶ « θεοὺς μὴ νομίζειν » καὶ « τὸν ἥττω λόγον κρείττω ποιεῖν ». Τὰ γὰρ ἀληθῆ, οἴομαι, οὐκ ἂν ἐθέλοιεν λέγειν, ὅτι κατάδηλοι γίγνονται προσποιούμενοι μὲν εἰδέναι, εἰδότες δὲ οὐδέν. Ἅτε οὖν, οἶμαι, φιλότιμοι ὄντες, καὶ e σφοδροί, καὶ πολλοί, καὶ συντεταγμένως καὶ πιθανῶς λέγοντες περὶ ἐμοῦ, ἐμπεπλήκασιν ὑμῶν τὰ ὦτα καὶ πάλαι καὶ νῦν σφοδρῶς διαβάλλοντες. Ἐκ τούτων καὶ Μέλητός μοι ἐπέθετο καὶ Ἄνυτος καὶ Λύκων, Μέλητος μὲν ὑπὲρ τῶν ποιητῶν ἀχθόμενος, Ἄνυτος δὲ ὑπὲρ τῶν δημιουργῶν καὶ τῶν πολιτικῶν, Λύκων δὲ ὑπὲρ τῶν ῥητόρων. Ὥστε, 24 ὅπερ ἀρχόμενος ἐγὼ ἔλεγον, θαυμάζοιμ' ἂν εἰ οἷός τ' εἴην ἐγὼ ὑμῶν ταύτην τὴν διαβολὴν ἐξελέσθαι ἐν οὕτως ὀλίγῳ χρόνῳ οὕτω πολλὴν γεγονυῖαν. Ταῦτ' ἔστιν ὑμῖν, ὦ ἄνδρες Ἀθηναῖοι, τἀληθῆ, καὶ ὑμᾶς οὔτε μέγα οὔτε μικρὸν ἀποκρυψάμενος ἐγὼ λέγω οὐδ' ὑποστειλάμενος. Καίτοι οἶδα σχεδὸν ὅτι τοῖς αὐτοῖς ἀπεχθάνομαι· ὃ καὶ τεκμήριον ὅτι ἀληθῆ λέγω, καὶ ὅτι αὕτη ἐστὶν ἡ διαβολὴ ἡ ἐμή, καὶ τὰ αἴτια ταῦτά ἐστιν. Καὶ ἐάν τε νῦν, ἐάν τε αὖθις ζητήσητε ταῦτα, b οὕτως εὑρήσετε.

Περὶ μὲν οὖν ὧν οἱ πρῶτοί μου κατήγοροι κατηγόρουν, αὕτη ἔστω ἱκανὴ ἀπολογία πρὸς ὑμᾶς. Πρὸς δὲ Μέλητον, τὸν ἀγαθόν τε καὶ φιλόπολιν, ὥς φησι, καὶ τοὺς ὑστέρους μετὰ ταῦτα πειράσομαι ἀπολογεῖσθαι. Αὖθις γὰρ δή, ὥσπερ ἑτέρων τούτων ὄντων κατηγόρων, λάβωμεν αὖ τὴν τούτων ἀντωμοσίαν. Ἔχει δέ πως ὧδε· Σωκράτη φησὶν ἀδικεῖν τούς τε νέους διαφθείροντα καὶ θεοὺς οὓς ἡ πόλις νομίζει οὐ νομίζοντα, ἕτερα δὲ δαιμόνια καινά. Τὸ μὲν δὴ ἔγκλημα c τοιοῦτόν ἐστι· τούτου δὲ τοῦ ἐγκλήματος ἓν ἕκαστον ἐξετάσωμεν.

und verderbt die Jünglinge. Und wenn sie Jemand fragt was d
doch treibt er und was lehrt er sie: so haben sie freilich nichts zu sagen weil sie nichts wissen; um aber nicht verlegen zu erscheinen, sagen sie dies, was gegen alle Freunde der Wissenschaft bei der Hand ist, die Dinge am Himmel und unter der Erde, und keine Götter glauben und Unrecht zu Recht machen. Denn die Wahrheit denke ich möchten sie nicht sagen wollen, daß sie nämlich offenbar werden als solche, die zwar vorgeben etwas zu wissen, wissen aber nichts. Weil sie nun
denke ich ehrgeizig sind und heftig, und ihrer Viele, welche e
einverstanden mit einander und sehr scheinbar von mir reden: so haben sie schon lange und gewaltig mit Verleumdungen euch die Ohren angefüllt. Aus diesen sind Melitos gegen mich aufgestanden, und Anytos und Lykon; Melitos der Dichter wegen mir aufsässig, Anytos wegen der Handarbeiter und
Staatsmänner, Lykon aber wegen der Redner. So daß, wie ich 24a
auch gleich anfangs sagte, ich mich wundern müßte, wenn ich im Stande wäre, in so kurzer Zeit diese so sehr oft wiederholte Verleumdung euch auszureden. Dieses, ihr Athener, ist euch die Wahrheit, ohne weder kleines noch großes verhehlt oder entrückt zu haben sage ich sie euch. Wiewohl ich fast weiß, daß ich eben deshalb verhaßt bin. Welches eben ein Beweis ist, daß ich die Wahrheit rede, und daß dieses mein übler Ruf ist und
dies die Ursachen davon sind. Und wenn ihr, sei es nun itzt b
oder in der Folge, die Sache untersucht werdet ihr es so finden.

1.3. Verteidigung gegen die Anklage des Meletos

1.3.1. Wortlaut der Anklage. Widerlegung durch Erweis der Inkompetenz des Meletos und seiner Inkonsequenz in der Frage der Jugendverführung

Gegen das nun, was meine ersten Ankläger geklagt haben, sei diese Verteidung hinlänglich vor euch. Gegen Melitos aber, den guten und vaterlandsliebenden, wie er ja sagt, und gegen die späteren will ich hiernächst versuchen mich zu verteidigen. Wiederum also laßt uns, wie sie denn andere Ankläger sind, nun auch ihre beschworene Klage vornehmen. Sie lautet aber etwa so: Sokrates, sagt er, frevele indem er die Jugend verder-
be und die Götter welche der Staat annimmt nicht annehme, c

Φησὶ γὰρ δὴ τοὺς νέους ἀδικεῖν με διαφθείροντα. Ἐγὼ
δέ γε, ὦ ἄνδρες Ἀθηναῖοι, ἀδικεῖν φημι Μέλητον, ὅτι
σπουδῇ χαριεντίζεται, ῥᾳδίως εἰς ἀγῶνα καθιστὰς ἀνθρώ-
πους, περὶ πραγμάτων προσποιούμενος σπουδάζειν καὶ κή-
δεσθαι ὧν οὐδὲν τούτῳ πώποτε ἐμέλησεν. Ὡς δὲ τοῦτο
οὕτως ἔχει, πειράσομαι καὶ ὑμῖν ἐπιδεῖξαι.

Καί μοι δεῦρο, ὦ Μέλητε, εἰπέ· ἄλλο τι ἢ περὶ πολλοῦ
ποιῇ ὅπως ὡς βέλτιστοι οἱ νεώτεροι ἔσονται; — Ἔγωγε. d
— Ἴθι δὴ νῦν εἰπὲ τουτοισὶ τίς αὐτοὺς βελτίους ποιεῖ;
δῆλον γὰρ ὅτι οἶσθα, μέλον γέ σοι. Τὸν μὲν γὰρ διαφθεί-
ροντα ἐξευρών, ὡς φῄς, ἐμὲ εἰσάγεις τουτοισὶ καὶ κατηγο-
ρεῖς· τὸν δὲ δὴ βελτίους ποιοῦντα ἴθι εἰπὲ καὶ μήνυσον
αὐτοῖς τίς ἐστιν.

Ὁρᾷς, ὦ Μέλητε, ὅτι σιγᾷς καὶ οὐκ ἔχεις εἰπεῖν; Καίτοι
οὐκ αἰσχρόν σοι δοκεῖ εἶναι καὶ ἱκανὸν τεκμήριον οὗ δὴ ἐγὼ
λέγω, ὅτι σοι οὐδὲν μεμέληκεν; Ἀλλ' εἰπέ, ὦ 'γαθέ, τίς
αὐτοὺς ἀμείνους ποιεῖ; — Οἱ νόμοι. — Ἀλλ' οὐ τοῦτο e
ἐρωτῶ, ὦ βέλτιστε, ἀλλὰ τίς ἄνθρωπος, ὅστις πρῶτον καὶ
αὐτὸ τοῦτο οἶδε, τοὺς νόμους. — Οὗτοι, ὦ Σώκρατες, οἱ
δικασταί. — Πῶς λέγεις, ὦ Μέλητε; οἵδε τοὺς νέους
παιδεύειν οἷοί τέ εἰσι καὶ βελτίους ποιοῦσιν; — Μάλιστα.
— Πότερον ἅπαντες, ἢ οἱ μὲν αὐτῶν, οἱ δ' οὔ; —
Ἅπαντες. — Εὖ γε, νὴ τὴν Ἥραν, λέγεις, καὶ πολλὴν
ἀφθονίαν τῶν ὠφελούντων. Τί δαὶ δή; οἵδε οἱ ἀκροαταὶ
βελτίους ποιοῦσιν ἢ οὔ; — Καὶ οὗτοι. — Τί δαὶ οἱ βου- 25
λευταί; — Καὶ οἱ βουλευταί. — Ἀλλ' ἄρα, ὦ Μέλητε, μὴ
οἱ ἐν τῇ ἐκκλησίᾳ, οἱ ἐκκλησιασταί, διαφθείρουσι τοὺς
νεωτέρους; ἢ κἀκεῖνοι βελτίους ποιοῦσιν ἅπαντες; —
Κἀκεῖνοι. — Πάντες ἄρα, ὡς ἔοικεν, Ἀθηναῖοι καλοὺς
κἀγαθοὺς ποιοῦσι πλὴν ἐμοῦ, ἐγὼ δὲ μόνος διαφθείρω· οὕτω
λέγεις; — Πάνυ σφόδρα ταῦτα λέγω.

— Πολλήν γ' ἐμοῦ κατέγνωκας δυστυχίαν. Καί μοι
ἀπόκριναι· ἦ καὶ περὶ ἵππους οὕτω σοι δοκεῖ ἔχειν; οἱ

sondern anderes neues daimonisches. Das ist die Beschuldigung, und von dieser Beschuldigung wollen wir nun jedes einzelne untersuchen. Er sagt also ich frevele durch Verderb der Jugend. Ich aber, ihr Athener, sage Melitos frevelt, indem er mit ernsthaften Dingen Scherz treibt, und leichtsinnig Menschen aufs Leben anklagt, und sich eifrig und besorgt anstellt für Gegenstände um die doch dieser Mann sich nie im geringsten bekümmert hat. Daß sich aber dies so verhalte, will ich versuchen auch euch zu zeigen. Her also zu mir Melitos und
sprich! Nicht wahr dir ist das sehr wichtig, daß die Jugend aufs d
beste gedeihe? – Mir freilich. – So komm also und sage diesen, wer sie denn besser macht? Denn offenbar weißt du es doch, da es dir so angelegen ist. Denn den Verderber hast du wohl aufgefunden, mich wie du behauptest, und vor diese hergeführt und verklagt: so komm denn und nenne ihnen auch den Besserer, und zeige an wer es ist! Siehst du, o Melitos, wie du schweigst und nichts zu sagen weißt? Dünkt dich denn das nicht schändlich zu sein, und Beweis genug für das, was ich sage, daß du dich hierum nie bekümmert hast? So sage doch,
du Guter, wer macht sie besser? – Die Gesetze. – Aber danach e
frage ich nicht, Bester, sondern welcher Mensch, der freilich diese zuvor auch kennt, die Gesetze. – Diese hier, o Sokrates, die Richter. – Was sagst du, o Melitos? diese hier sind im Stande die Jugend zu bilden und besser zu machen? – Ganz gewiß. – Etwa alle? oder einige nur von ihnen, andere aber nicht? – Alle. – Herrlich, bei der Hera gesprochen! und ein großer Reichtum von solchen die uns im Guten fördern! Wie aber, machen auch
diese Zuhörer sie besser oder nicht? – Auch diese. – Und wie 25a
die Ratmänner? – Auch die Ratmänner. – Aber, o Melitos, verderben nicht etwa die in der Gemeinde die Gemeindemänner die Jugend? oder machen auch diese alle sie besser? – Auch diese. – Alle Athener also machen sie, wie es scheint, gut und edel, mich ausgenommen; ich aber allein verderbe sie. Meinst du es so? – Allerdings gar sehr meine ich es so. – In eine große Unseligkeit verdammst du mich also! Antworte mir aber, dünkt es dich mit den Pferden auch so zu stehen, daß alle
Menschen sie bessern und nur einer sie verderbt? Oder ist nicht b
ganz im Gegenteil nur Einer geschickt sie zu bessern, oder

μὲν βελτίους ποιοῦντες αὐτοὺς πάντες ἄνθρωποι εἶναι, b
εἷς δέ τις ὁ διαφθείρων; ἢ τοὐναντίον τούτου πᾶν, εἷς
μέν τις ὁ βελτίους οἷός τ' ὢν ποιεῖν, ἢ πάνυ ὀλίγοι, οἱ
ἱππικοί· οἱ δὲ πολλοί, ἐάνπερ συνῶσι καὶ χρῶνται ἵπποις,
διαφθείρουσιν; οὐχ οὕτως ἔχει, ὦ Μέλητε, καὶ περὶ ἵππων
καὶ τῶν ἄλλων ἁπάντων ζῴων; πάντως δήπου, ἐάν τε σὺ
καὶ Ἄνυτος οὐ φῆτε, ἐάν τε φῆτε· πολλὴ γὰρ ἄν τις εὐδαι-
μονία εἴη περὶ τοὺς νέους, εἰ εἷς μὲν μόνος αὐτοὺς
διαφθείρει, οἱ δ' ἄλλοι ὠφελοῦσιν. Ἀλλὰ γάρ, ὦ Μέλητε, c
ἱκανῶς ἐπιδείκνυσαι ὅτι οὐδεπώποτε ἐφρόντισας τῶν νέων
καὶ σαφῶς ἀποφαίνεις τὴν σαυτοῦ ἀμέλειαν, ὅτι οὐδέν σοι
μεμέληκεν περὶ ὧν ἐμὲ εἰσάγεις.

Ἔτι δὲ ἡμῖν εἰπέ, ὦ πρὸς Διός, Μέλητε, πότερόν ἐστιν
οἰκεῖν ἄμεινον ἐν πολίταις χρηστοῖς ἢ πονηροῖς; Ὦ τάν,
ἀπόκριναι· οὐδὲν γάρ τοι χαλεπὸν ἐρωτῶ. Οὐχ οἱ μὲν
πονηροὶ κακόν τι ἐργάζονται τοὺς ἀεὶ ἐγγυτάτω αὐτῶν
ὄντας, οἱ δ' ἀγαθοὶ ἀγαθόν τι; — Πάνυ γε. — Ἔστιν οὖν
ὅστις βούλεται ὑπὸ τῶν συνόντων βλάπτεσθαι μᾶλλον ἢ d
ὠφελεῖσθαι; Ἀποκρίνου, ὦ ἀγαθέ· καὶ γὰρ ὁ νόμος κελεύει
ἀποκρίνεσθαι. Ἔσθ' ὅστις βούλεται βλάπτεσθαι; — Οὐ
δῆτα. — Φέρε δή, πότερον ἐμὲ εἰσάγεις δεῦρο, ὡς διαφθεί-
ροντα τοὺς νεωτέρους καὶ πονηροτέρους ποιοῦντα ἑκόντα
ἢ ἄκοντα; — Ἑκόντα ἔγωγε. — Τί δῆτα, ὦ Μέλητε;
τοσοῦτον σὺ ἐμοῦ σοφώτερος εἶ τηλικούτου ὄντος τηλι-
κόσδε ὤν, ὥστε σὺ μὲν ἔγνωκας ὅτι οἱ μὲν κακοὶ κακόν τι
ἐργάζονται ἀεὶ τοὺς μάλιστα πλησίον ἑαυτῶν, οἱ δὲ ἀγαθοὶ
ἀγαθόν, ἐγὼ δὲ δὴ εἰς τοσοῦτον ἀμαθίας ἥκω, ὥστε καὶ e
τοῦτ' ἀγνοῶ, ὅτι, ἐάν τινα μοχθηρὸν ποιήσω τῶν συνόντων,
κινδυνεύσω κακόν τι λαβεῖν ἀπ' αὐτοῦ; ὥστε τοῦτο < τὸ >
τοσοῦτον κακὸν ἑκὼν ποιῶ, ὡς φῂς σύ; Ταῦτα ἐγώ σοι οὐ
πείθομαι, ὦ Μέλητε, οἶμαι δὲ οὐδὲ ἄλλον ἀνθρώπων οὐδένα·
ἀλλ' ἢ οὐ διαφθείρω ἤ, εἰ διαφθείρω, ἄκων· ὥστε σύ γε κατ' 26
ἀμφότερα ψεύδῃ. Εἰ δὲ ἄκων διαφθείρω, τῶν τοιούτων καὶ

Wenige, die Bereuter, die meisten aber wenn sie mit Pferden
umgehn und sie gebrauchen verderben sie? Verhält es sich
nicht so, Melitos, bei Pferden und allen andern Tieren? Allerdings so, du und Anytos mögen es nun leugnen oder zugeben.
Gar glückselig stände es freilich um die Jugend, wenn Einer
allein sie verderbte, die andern aber alle sie zum Guten förder- c
ten. Aber, Melitos, du zeigst eben hinlänglich, daß du niemals
an die Jugend gedacht hast, und offenbarst deutlich deine
Gleichgültigkeit, daß du dich nie um das bekümmert hast, weshalb du mich hieher foderst. Weiter, sage uns doch beim Zeus
Melitos, ob es besser ist unter guten Bürgern wohnen oder
unter schlechten? Freund, lieber, antworte doch! ich frage dich
ja nichts schweres. Tun die schlechten nicht allemal, denen etwas Übles, die ihnen jedesmal am nächsten sind, die Guten
aber etwas Gutes? – Allerdings. – Ist also wohl Jemand, der d
von denen mit welchen er umgeht lieber will beschädigt sein
als geholfen? Antworte mir du Guter. Denn das Gesetz befiehlt dir zu antworten. Will wohl Jemand beschädigt werden?
– Wohl nicht. – Wohlan denn, foderst du mich hieher als Verderber und Verschlimmerer der Jugend so daß ich es vorsätzlich sein soll oder unvorsätzlich? – Vorsätzlich, meine ich. –
Wie doch, o Melitos, soviel bist du weiser in deinem Alter als
ich in dem meinigen, daß du zwar einsiehst wie die schlechten
allemal denen übles zufügen die ihnen am nächsten sind, die
Guten aber Gutes; ich aber es so weit gebracht habe im Un- e
verstande, daß ich auch das nicht einmal weiß, wie ich wenn ich
einen von meinen Nächsten schlecht mache, selbst Gefahr laufe
Übles von ihm zu erdulden? so daß ich mir dieses große Übel
vorsätzlich anrichte, wie du sagst? Das glaube ich dir nicht,
Melitos, ich meine aber auch kein anderer Mensch glaubt es dir;
sondern entweder ich verderbe sie gar nicht, oder ich verderbe
sie unvorsätzlich, so daß du doch in beiden Fällen lügst. Ver- 26a
derbe ich sie aber unvorsätzlich, so ist solcher und zwar unvorsätzlicher Vergehungen wegen nicht gesetzlich, Jemand
hieher zu fodern, sondern ihn für sich allein zu nehmen und so
zu belehren und zu ermahnen. Denn offenbar ist, daß wenn ich
belehrt bin, ich aufhören werde mit dem was ich unvorsätzlich
tue. Dich aber mit mir einzulassen und mich zu belehren, das

ἀκουσίων ἁμαρτημάτων οὐ δεῦρο νόμος εἰσάγειν ἐστίν, ἀλλ' ἰδίᾳ λαβόντα διδάσκειν καὶ νουθετεῖν· δῆλον γὰρ ὅτι, ἐὰν μάθω, παύσομαι ὅ γε ἄκων ποιῶ. Σὺ δὲ συγγενέσθαι μέν μοι καὶ διδάξαι ἔφυγες καὶ οὐκ ἠθέλησας· δεῦρο δὲ εἰσάγεις, οἷ νόμος ἐστὶν εἰσάγειν τοὺς κολάσεως δεομένους, ἀλλ' οὐ μαθήσεως.

'Αλλὰ γάρ, ὦ ἄνδρες 'Αθηναῖοι, τοῦτο μὲν δῆλον ἤδη ἐστὶν ὃ ἐγὼ ἔλεγον, ὅτι Μελήτῳ τούτων οὔτε μέγα οὔτε b
μικρὸν πώποτε ἐμέλησεν. Ὅμως δὲ δὴ λέγε ἡμῖν· πῶς με φῄς διαφθείρειν, ὦ Μέλητε, τοὺς νεωτέρους; ἢ δῆλον δὴ ὅτι, κατὰ τὴν γραφὴν ἣν ἐγράψω, θεοὺς διδάσκοντα μὴ νομίζειν οὓς ἡ πόλις νομίζει, ἕτερα δὲ δαιμόνια καινά; Οὐ ταῦτα λέγεις ὅτι διδάσκων διαφθείρω; — Πάνυ μὲν οὖν σφόδρα ταῦτα λέγω. — Πρὸς αὐτῶν τοίνυν, ὦ Μέλητε, τούτων τῶν θεῶν ὧν νῦν ὁ λόγος ἐστίν, εἰπὲ ἔτι σαφέστερον καὶ ἐμοὶ καὶ τοῖς ἀνδράσιν τουτοισί· ἐγὼ γὰρ οὐ δύναμαι c
μαθεῖν πότερον λέγεις διδάσκειν με νομίζειν εἶναί τινας θεοὺς καὶ αὐτὸς ἄρα νομίζω εἶναι θεούς, καὶ οὐκ εἰμὶ τὸ παράπαν ἄθεος, οὐδὲ ταύτῃ ἀδικῶ, οὐ μέντοι οὕσπερ γε ἡ πόλις, ἀλλὰ ἑτέρους, καὶ τοῦτ' ἔστιν ὅ μοι ἐγκαλεῖς ὅτι ἑτέρους· ἢ παντάπασί με φῄς οὔτε αὐτὸν νομίζειν θεοὺς τούς τε ἄλλους ταῦτα διδάσκειν. — Ταῦτα λέγω, ὡς τὸ παράπαν οὐ νομίζεις θεούς. — Ὦ θαυμάσιε Μέλητε, ἵνα d
τί ταῦτα λέγεις; οὐδὲ ἥλιον, οὐδὲ σελήνην ἄρα νομίζω θεοὺς εἶναι, ὥσπερ οἱ ἄλλοι ἄνθρωποι; — Μὰ Δί', ὦ ἄνδρες δικασταί, ἐπεὶ τὸν μὲν ἥλιον λίθον φησὶν εἶναι, τὴν δὲ σελήνην γῆν. — 'Αναξαγόρου οἴει κατηγορεῖν, ὦ φίλε Μέλητε· καὶ οὕτω καταφρονεῖς τῶνδε καὶ οἴει αὐτοὺς ἀπείρους γραμμάτων εἶναι ὥστε οὐκ εἰδέναι ὅτι τὰ 'Αναξαγόρου βιβλία τοῦ Κλαζομενίου γέμει τούτων τῶν λόγων· καὶ δὴ καὶ οἱ νέοι ταῦτα παρ' ἐμοῦ μανθάνουσιν ἃ ἔξεστιν ἐνίοτε, εἰ πάνυ πολλοῦ, δραχμῆς ἐκ τῆς ὀρχήστρας πριαμένοις, Σωκράτους καταγελᾶν, ἐὰν e

hast du vermieden und nicht gewollt, sondern hieher foderst du mich, wohin gesetzlich ist nur die zu fodern, welche der Züchtigung bedürfen und nicht der Belehrung.

1.3.2. Der Vorwurf der Gottlosigkeit; Ungereimtheit dieser Anklage

Doch, ihr Athener, das ist wohl schon offenbar, was ich sagte, b
daß sich Melitos um diese Sache nie weder viel noch wenig bekümmert hat! Indes aber sage uns Melitos, auf welche Art du denn behauptest daß ich die Jugend verderbe? Oder offenbar nach deiner Klage die du eingegeben, indem ich lehre die Götter nicht zu glauben, welche der Staat glaubt, sondern allerlei neues daimonisches. Ist das nicht deine Meinung, daß ich sie durch solche Lehre verderbe? – Freilich, gar sehr ist das meine Meinung. – Nun dann, bei eben diesen Göttern, o Melitos, von denen itzt die Rede ist, sprich noch deutlicher mit mir und mit diesen Männern hier. Denn ich kann nicht verstehen ob du c
meinst ich lehre zu glauben daß es gewisse Götter gäbe, so daß ich also doch selbst Götter glaube und nicht ganz und gar gottlos bin, noch also hiedurch frevele, nur jedoch die nicht, welche der Staat, und ob du mich deshalb verklagst, daß ich Andere glaube; oder ob du meinst, ich selbst glaube überall gar keine Götter, und lehre dies auch Andere? – Dieses meine ich, daß du überall gar keine Götter glaubst. – O wunderlicher d
Melitos! wie kömmst du doch darauf dies zu meinen? halte ich also auch weder Sonne noch Mond für Götter, wie die übrigen Menschen? – Nein, beim Zeus, ihr Richter! denn die Sonne, behauptet er, sei ein Stein, und der Mond sei Erde. – Du glaubst wohl den Anaxagoras anzuklagen, lieber Melitos? und denkst so geringe von diesem, und hältst sie für so unerfahren in Schriften, daß sie nicht wüßten, wie des Klazomenier Anaxagoras Schriften voll sind von dergleichen Sätzen? Und also auch die jungen Leute lernen wohl das von mir, was sie sich manchmal für höchstens eine Drachme in der Orchestre kau- e
fen, und dann den Sokrates auslachen können, wenn er für sein ausgibt, was überdies noch so sehr ungereimt ist? Also, beim Zeus, so ganz dünke ich dich gar keinen Gott zu glauben? – Nein eben, beim Zeus, auch nicht im mindesten. – Du glaubst wenig genug, o Melitos, jedoch, wie mich dünkt, auch dir

προσποιῆται ἑαυτοῦ εἶναι, ἄλλως τε καὶ οὕτως ἄτοπα ὄντα.
Ἀλλ', ὦ πρὸς Διός, οὑτωσί σοι δοκῶ; οὐδένα νομίζω θεὸν
εἶναι; — Οὐ μέντοι, μὰ Δία, οὐδ' ὁπωστιοῦν. — Ἄπιστός
γ' εἶ, ὦ Μέλητε, καὶ ταῦτα μέντοι, ὡς ἐμοὶ δοκεῖς, σαυτῷ.
Ἐμοὶ γὰρ δοκεῖ οὑτοσί, ὦ ἄνδρες Ἀθηναῖοι, πάνυ εἶναι
ὑβριστὴς καὶ ἀκόλαστος, καὶ ἀτεχνῶς τὴν γραφὴν ταύτην
ὕβρει τινὶ καὶ ἀκολασίᾳ καὶ νεότητι γράψασθαι. Ἔοικεν γὰρ
ὥσπερ αἴνιγμα συντιθέντι διαπειρωμένῳ· « Ἆρα γνώσεται 27
Σωκράτης ὁ σοφὸς δὴ ἐμοῦ χαριεντιζομένου καὶ ἐναντί'
ἐμαυτῷ λέγοντος ἢ ἐξαπατήσω αὐτὸν καὶ τοὺς ἄλλους τοὺς
ἀκούοντας; » Οὗτος γὰρ ἐμοὶ φαίνεται τὰ ἐναντία λέγειν
αὐτὸς ἑαυτῷ ἐν τῇ γραφῇ, ὥσπερ ἂν εἰ εἴποι· « Ἀδικεῖ
Σώκράτης θεοὺς οὐ νομίζων, ἀλλὰ θεοὺς νομίζων. » Καί-
τοι τοῦτό ἐστι παίζοντος.

Συνεπισκέψασθε δή, ὦ ἄνδρες, ᾗ μοι φαίνεται ταῦτα
λέγειν· σὺ δὲ ἡμῖν ἀπόκριναι, ὦ Μέλητε. Ὑμεῖς δέ, ὅπερ
κατ' ἀρχὰς ὑμᾶς παρῃτησάμην, μέμνησθέ μοι μὴ θορυβεῖν b
ἐὰν ἐν τῷ εἰωθότι τρόπῳ τοὺς λόγους ποιῶμαι.

Ἔστιν ὅστις ἀνθρώπων, ὦ Μέλητε, ἀνθρώπεια μὲν
νομίζει πράγματ' εἶναι, ἀνθρώπους δὲ οὐ νομίζει; Ἀποκρι-
νέσθω, ὦ ἄνδρες, καὶ μὴ ἄλλα καὶ ἄλλα θορυβείτω. Ἔσθ'
ὅστις ἵππους μὲν οὐ νομίζει, ἱππικὰ δὲ πράγματα; ἢ
αὐλητὰς μὲν οὐ νομίζει εἶναι, αὐλητικὰ δὲ πράγματα; Οὐκ
ἔστιν, ὦ ἄριστε ἀνδρῶν· εἰ μὴ σὺ βούλει ἀποκρίνεσθαι, ἐγώ
σοι λέγω καὶ τοῖς ἄλλοις τουτοισί. Ἀλλὰ τὸ ἐπὶ τούτῳ γε
ἀπόκριναι· ἔσθ' ὅστις δαιμόνια μὲν νομίζει πράγματ' εἶναι,
δαίμονας δὲ οὐ νομίζει; — Οὐκ ἔστιν. — Ὡς ὤνησας ὅτι c
μόγις ἀπεκρίνω ὑπὸ τουτωνὶ ἀναγκαζόμενος. Οὐκοῦν δαι-
μόνια μὲν φῄς με καὶ νομίζειν καὶ διδάσκειν, εἴτ' οὖν καινὰ
εἴτε παλαιά, ἀλλ' οὖν δαιμόνιά γε νομίζω κατὰ τὸν σὸν
λόγον, καὶ ταῦτα καὶ διωμόσω ἐν τῇ ἀντιγραφῇ. Εἰ δὲ δαι-
μόνια νομίζω, καὶ δαίμονας δήπου πολλὴ ἀνάγκη νομίζειν
μέ ἐστιν. Οὐχ οὕτως ἔχει; Ἔχε δή· τίθημι γάρ σε ὁμο-

selbst. Denn mich dünkt dieser Mann, ihr Athener, ungemein
übermütig und ausgelassen, und ordentlich aus Übermut und
Ausgelassenheit diese Klage wie einen Jugendstreich ange-
stellt zu haben. Denn es sieht aus, als habe er ein Rätsel ausge- 27a
sonnen, und wollte nun versuchen, ob wohl der weise Sokrates
nicht merken wird, wie ich Scherz treibe und mir selbst wider-
spreche in meinen Reden, oder ob ich ihn, und die Andern
welche zuhören, hintergehen werde. Denn dieser scheint mir
ganz offenbar sich selbst zu widersprechen in seiner Anklage,
als ob er sagte, Sokrates frevelt indem er keine Götter glaubt,
sondern Götter glaubt, wiewohl einer das doch nur im Scherz
sagen kann! Erwägt aber mit mir, ihr Männer, warum ich fin-
de, daß er dies sagt. Du aber antworte uns, o Melitos. Ihr aber,
was ich euch von Anfang an gebeten habe, denkt wohl daran, b
mir kein Getümmel zu erregen, wenn ich auf meine gewohnte
Weise die Sache führe. Gibt es wohl einen Menschen, o Meli-
tos, welcher, daß es menschliche Dinge gebe, zwar glaubt,
Menschen aber nicht glaubt? Er soll antworten, ihr Männer,
und nicht anderes und anderes Getümmel treiben! Gibt es ei-
nen, der zwar keine Pferde glaubt, aber doch Dinge von Pfer-
den? oder zwar keine Flötenspieler glaubt, aber doch Dinge
von Flötenspielern? Nein es gibt keinen, bester Mann; wenn
du doch nicht antworten willst, will ich es dir und den übrigen
hier sagen. Aber das nächste beantworte: Gibt es einen, wel-
cher zwar, daß es daimonische Dinge gebe glaubt, Daimonen c
aber nicht glaubt? – Es gibt keinen. – Wie bin ich dir verbun-
den, daß du endlich, von diesen gezwungen, geantwortet hast.
Daimonisches nun behauptest du, daß ich glaube und lehre, sei
es nun neues oder altes, also Daimonisches glaube ich doch
immer nach deiner Rede? Und das hast du ja selbst beschworen
in der Anklageschrift. Wenn ich aber Daimonisches glaube, so
muß ich doch ganz notwendig auch Daimonen glauben. Ist es
nicht so? Wohl ist es so! Denn ich nehme an, daß du einstimmst,
da du ja nicht antwortest. Und die Daimonen halten wir die d
nicht für Götter entweder, oder doch für Söhne von Göttern? –
Sagst du ja oder nein? – Ja, freilich. – Wenn ich also Daimonen
glaube, wie du sagst, und die Daimonen sind selbst Götter, das
wäre ja ganz das, was ich sage, daß du Rätsel vorbringst und

λογοῦντα, ἐπειδὴ οὐκ ἀποκρίνῃ. Τοὺς δὲ δαίμονας οὐχὶ ἤτοι d
θεούς γε ἡγούμεθα ἢ θεῶν παῖδας; φῂς ἢ οὔ; — Πάνυ γε. — Οὐκοῦν, εἴπερ δαίμονας ἡγοῦμαι, ὡς σὺ φῄς, εἰ μὲν θεοί τινές εἰσιν οἱ δαίμονες, τοῦτ᾽ ἂν εἴη ὃ ἐγώ φημί σε αἰνίττεσθαι καὶ χαριεντίζεσθαι, θεοὺς οὐχ ἡγούμενον φάναι ἐμὲ θεοὺς αὖ ἡγεῖσθαι πάλιν, ἐπειδήπερ γε δαίμονας ἡγοῦμαι. Εἰ δ᾽ αὖ οἱ δαίμονες θεῶν παῖδές εἰσιν νόθοι τινὲς ἢ ἐκ νυμφῶν ἢ ἔκ τινων ἄλλων ὧν δὴ καὶ λέγονται, τίς ἂν ἀνθρώπων θεῶν μὲν παῖδας ἡγοῖτο εἶναι, θεοὺς δὲ μή;
Ὁμοίως γὰρ ἂν ἄτοπον εἴη ὥσπερ ἂν εἴ τις ἵππων μὲν e
παῖδας ἡγοῖτο [ἢ] καὶ ὄνων τοὺς ἡμιόνους, ἵππους δὲ καὶ ὄνους μὴ ἡγοῖτο εἶναι. Ἀλλ᾽, ὦ Μέλητε, οὐκ ἔστιν ὅπως σὺ ταῦτα οὐχὶ ἀποπειρώμενος ἡμῶν ἐγράψω τὴν γραφὴν ταύτην ἢ ἀπορῶν ὅ τι ἐγκαλοῖς ἐμοὶ ἀληθὲς ἀδίκημα· ὅπως δὲ σύ τινα πείθοις ἂν καὶ σμικρὸν νοῦν ἔχοντα ἀνθρώπων, ὡς οὐ τοῦ αὐτοῦ ἔστιν καὶ δαιμόνια καὶ θεῖα ἡγεῖσθαι, καὶ
αὖ τοῦ αὐτοῦ μήτε δαίμονας μήτε θεοὺς μήτε ἥρωας, 28
οὐδεμία μηχανή ἐστιν. Ἀλλὰ γάρ, ὦ ἄνδρες Ἀθηναῖοι, ὡς μὲν ἐγὼ οὐκ ἀδικῶ κατὰ τὴν Μελήτου γραφήν, οὐ πολλῆς μοι δοκεῖ εἶναι ἀπολογίας, ἀλλὰ ἱκανὰ καὶ ταῦτα.

Ὃ δὲ καὶ ἐν τοῖς ἔμπροσθεν ἔλεγον, ὅτι πολλή μοι ἀπέχθεια γέγονε καὶ πρὸς πολλούς, εὖ ἴστε ὅτι ἀληθές ἐστιν. Καὶ τοῦτ᾽ ἔστιν ὃ ἐμὲ αἱρήσει, ἐάνπερ αἱρῇ, οὐ Μέλητος οὐδὲ Ἄνυτος, ἀλλ᾽ ἡ τῶν πολλῶν διαβολή τε καὶ φθόνος· ἃ δὴ πολλοὺς καὶ ἄλλους καὶ ἀγαθοὺς ἄνδρας ᾕρηκεν, οἶμαι
δὲ καὶ αἱρήσειν· οὐδὲν δὲ δεινὸν μὴ ἐν ἐμοὶ στῇ. b

Ἴσως δ᾽ ἂν οὖν εἴποι τις· « Εἶτ᾽ οὐκ αἰσχύνῃ, ὦ Σώκρατες, τοιοῦτον ἐπιτήδευμα ἐπιτηδεύσας ἐξ οὗ κινδυνεύεις νυνὶ ἀποθανεῖν; » Ἐγὼ δὲ τούτῳ ἂν δίκαιον λόγον ἀντείποιμι, ὅτι· « Οὐ καλῶς λέγεις, ὦ ἄνθρωπε, εἰ οἴει δεῖν κίνδυνον ὑπολογίζεσθαι τοῦ ζῆν ἢ τεθνάναι ἄνδρα ὅτου τι καὶ σμικρὸν ὄφελός ἐστιν, ἀλλ᾽ οὐκ ἐκεῖνο μόνον σκοπεῖν, ὅταν πράττῃ, πότερον δίκαια ἢ ἄδικα πράττει καὶ ἀνδρὸς

scherzest, wenn du mich, der ich keine Götter glauben soll,
hernach doch wieder Götter glauben läßt, da ich ja Daimonen
glaube. Wenn aber wiederum die Daimonen Kinder der Götter
sind, unechte von Nymphen oder andern denen sie ja auch
zugeschrieben werden: welcher Mensch könnte dann wohl
glauben daß es Kinder der Götter gäbe, Götter aber nicht?
Eben so ungereimt wäre das ja, als wenn Jemand glauben woll- e
te, Kinder gebe es wohl von Pferden und Eseln, Maulesel näm-
lich, Esel aber und Pferde wollte er nicht glauben, daß es gäbe.
Also Melitos, es kann nicht anders sein, als daß du entweder
um uns zu versuchen diese Klage angestellt hast, oder in gänz-
licher Verlegenheit was für ein wahres Verbrechen du mir wohl
anschuldigen könntest. Wie du aber irgend einen Menschen,
der auch nur ganz wenig Verstand hat, überreden willst, daß
ein und derselbe Mensch Daimonisches und Göttliches glaubt,
und wiederum derselbe doch auch weder Daimonen noch Göt- 28a
ter noch Heroen, das ist doch auf keine Weise zu ersinnen.

1.4. Die Lebensweise des Sokrates

1.4.1. Ihre Art, Gefährlichkeit, Notwendigkeit und ihr Nutzen für die Athener

Jedoch, ihr Athener, daß ich nicht strafbar bin in Beziehung
auf die Anklage des Melitos, darüber scheint mir keine große
Verteidigung nötig zu sein, sondern schon dieses ist genug.
Was ich aber bereits im vorigen sagte, daß ich bei Vielen gar
viel verhaßt bin, wißt nur, das ist wahr. Und das ist es auch,
dem ich unterliegen werde, wenn ich unterliege, nicht dem
Melitos, nicht dem Anytos, sondern dem üblen Ruf und dem
Haß der Menge, dem auch schon viele andere treffliche Männer
unterliegen mußten und glaube ich noch ferner unterliegen b
werden, und ist wohl nicht zu besorgen daß er bei mir sollte
stehen bleiben. Vielleicht aber möchte einer sagen: Aber
schämst du dich denn nicht, Sokrates, daß du dich mit solchen
Dingen befaßt hast, die dich nun in Gefahr bringen zu sterben?
Ich nun würde diesem die billige Rede entgegnen, Nicht gut
sprichst du, lieber Mensch, wenn du glaubst Gefahr um Leben
und Tod müsse in Anschlag bringen, wer auch nur ein weniges
nutz ist, und müsse nicht vielmehr allein darauf sehn, wenn er

ἀγαθοῦ ἔργα ἢ κακοῦ. Φαῦλοι γὰρ ἂν τῷ γε σῷ λόγῳ εἶεν τῶν
ἡμιθέων ὅσοι ἐν Τροίᾳ τετελευτήκασιν, οἵ τε ἄλλοι καὶ ὁ c
τῆς Θέτιδος ὑός, ὃς τοσοῦτον τοῦ κινδύνου κατεφρόνησεν
παρὰ τὸ αἰσχρόν τι ὑπομεῖναι, ὥστε, ἐπειδὴ εἶπεν ἡ μήτηρ
αὐτῷ προθυμουμένῳ Ἕκτορα ἀποκτεῖναι, θεὸς οὖσα, οὑτωσί
πως, ὡς ἐγὼ οἶμαι· « Ὦ παῖ, εἰ τιμωρήσεις Πατρόκλῳ τῷ
« ἑταίρῳ τὸν φόνον καὶ Ἕκτορα ἀποκτενεῖς, αὐτὸς ἀποθανῇ·
« αὐτίκα γάρ τοι, φησί, μεθ' Ἕκτορα πότμος ἑτοῖμος· » ὁ
δὲ ταῦτα ἀκούσας τοῦ μὲν θανάτου καὶ τοῦ κινδύνου ὠλι-
γώρησε, πολὺ δὲ μᾶλλον δείσας τὸ ζῆν κακὸς ὢν καὶ τοῖς d
φίλοις μὴ τιμωρεῖν· « Αὐτίκα, φησί, τεθναίην δίκην ἐπιθεὶς
« τῷ ἀδικοῦντι, ἵνα μὴ ἐνθάδε μένω καταγέλαστος παρὰ
« νηυσὶ κορωνίσιν, ἄχθος ἀρούρης. » Μὴ αὐτὸν οἴει φρον-
τίσαι θανάτου καὶ κινδύνου; » Οὕτω γὰρ ἔχει, ὦ ἄνδρες
Ἀθηναῖοι, τῇ ἀληθείᾳ· οὗ ἄν τις ἑαυτὸν τάξῃ ἡγησάμενος
βέλτιστον εἶναι ἢ ὑπ' ἄρχοντος ταχθῇ, ἐνταῦθα δεῖ, ὡς
ἐμοὶ δοκεῖ, μένοντα κινδυνεύειν μηδὲν ὑπολογιζόμενον
μήτε θάνατον μήτε ἄλλο μηδὲν πρὸ τοῦ αἰσχροῦ.

Ἐγὼ οὖν δεινὰ ἂν εἴην εἰργασμένος, ὦ ἄνδρες Ἀθηναῖοι,
εἰ, ὅτε μέν με οἱ ἄρχοντες ἔταττον οὓς ὑμεῖς εἵλεσθε e
ἄρχειν μου καὶ ἐν Ποτειδαίᾳ καὶ ἐν Ἀμφιπόλει καὶ ἐπὶ
Δηλίῳ, τότε μὲν οὗ ἐκεῖνοι ἔταττον ἔμενον ὥσπερ καὶ ἄλλος
τις καὶ ἐκινδύνευον ἀποθανεῖν, τοῦ δὲ θεοῦ τάττοντος, ὡς
ἐγὼ ᾠήθην τε καὶ ὑπέλαβον, φιλοσοφοῦντά με δεῖν ζῆν καὶ
ἐξετάζοντα ἐμαυτὸν καὶ τοὺς ἄλλους, ἐνταῦθα δὲ φοβηθεὶς
ἢ θάνατον ἢ ἄλλο ὁτιοῦν πρᾶγμα, λίποιμι τὴν τάξιν. Δεινὸν 29
τἂν εἴη, καὶ ὡς ἀληθῶς τότ' ἄν με δικαίως εἰσάγοι τις
εἰς δικαστήριον ὅτι οὐ νομίζω θεοὺς εἶναι, ἀπειθῶν τῇ
μαντείᾳ καὶ δεδιὼς θάνατον καὶ οἰόμενος σοφὸς εἶναι οὐκ
ὤν.

Τὸ γάρ τοι θάνατον δεδιέναι, ὦ ἄνδρες, οὐδὲν ἄλλο ἐστὶν
ἢ δοκεῖν σοφὸν εἶναι μὴ ὄντα· δοκεῖν γὰρ εἰδέναι ἐστὶν ἃ
οὐκ οἶδεν. Οἶδε μὲν γὰρ οὐδεὶς τὸν θάνατον, οὐδ' εἰ

etwas tut, ob es recht getan ist oder unrecht, ob eines recht-
schaffenen Mannes Tat oder eines schlechten. Denn elende wä-
ren ja nach deiner Rede die Halbgötter gewesen, welche vor c
Troja geendet haben, und vorzüglich vor andern der Sohn der
Thetis, welcher ehe er etwas schändliches ertragen wollte, die
Gefahr so verachtete, daß obgleich seine Mutter, die Göttin, als
er sich aufmachte den Hektor zu töten, ihm so ohngefähr wie
ich glaube zuredete, Wenn du, Sohn, den Tod deines Freundes
Patroklos rächest und den Hektor tötest, so mußt du selbst
sterben; denn, sagt sie, alsbald nach Hektor ist dir dein Ende
geordnet, er dennoch dieses hörend den Tod und die Gefahr
gering achtete, und weit mehr das fürchtend, als ein schlechter d
Mann zu leben und die Freunde nicht zu rächen, ihr ant-
wortete, Möcht' ich sogleich hinsterben nachdem ich den Be-
leidiger gestraft, und nicht verlacht hier sitzen an den Schiffen,
umsonst die Erde belastend. Meinst du etwa der habe sich um
Tod und Gefahr bekümmert? Denn so, ihr Athener, verhält es
sich in der Tat. Wohin Jemand sich selbst stellt in der Meinung
es sei da am besten, oder wohin einer von seinen Obern gestellt
wird, da muß er wie mich dünkt jede Gefahr aushalten, und
weder den Tod noch sonst irgend etwas in Anschlag bringen
gegen die Schande. Ich also hätte Arges getan, ihr Athener,
wenn ich, als die Befehlshaber mir einen Platz anwiesen, die ihr e
gewählt hattet um über mich zu befehlen bei Potidaia, bei
Amphipolis und Delion, damals also, wo jene mich hinstellten
gestanden hätte wie irgend ein anderer und es auf den Tod
gewagt; wo aber der Gott mich hinstellte, wie ich es doch
glaubte und annahm, damit ich in Aufsuchung der Weisheit
mein Leben hinbrächte, und in Prüfung meiner selbst und An-
derer, wenn ich da den Tod oder irgend etwas fürchtend aus 29a
der Ordnung gewichen wäre. Arg wäre das, und dann in
Wahrheit könnte mich einer mit Recht hieher führen vor Ge-
richt, weil ich nicht an die Götter glaubte, wenn ich dem Orakel
unfolgsam wäre und den Tod fürchtete, und mich weise dünkte
ohne es zu sein. Denn den Tod fürchten, ihr Männer, das ist
nichts anderes, als sich dünken man wäre weise und es doch
nicht sein. Denn es ist ein Dünkel etwas zu wissen was man
nicht weiß. Denn Niemand weiß was der Tod ist, nicht einmal

τυγχάνει τῷ ἀνθρώπῳ πάντων μέγιστον ὂν τῶν ἀγαθῶν, δεδίασι δ' ὡς εὖ εἰδότες ὅτι μέγιστον τῶν κακῶν ἐστι. Καὶ b
τοῦτο πῶς οὐκ ἀμαθία ἐστὶν αὕτη ἡ ἐπονείδιστος ἡ τοῦ οἴεσθαι εἰδέναι ἃ οὐκ οἶδεν; Ἐγὼ δέ, ὦ ἄνδρες, τούτῳ καὶ ἐνταῦθα ἴσως διαφέρω τῶν πολλῶν ἀνθρώπων, καὶ εἰ δή τῳ σοφώτερός του φαίην εἶναι, τούτῳ ἄν, ὅτι οὐκ εἰδὼς ἱκανῶς περὶ τῶν ἐν Ἅιδου, οὕτω καὶ οἴομαι οὐκ εἰδέναι. Τὸ δὲ ἀδικεῖν καὶ ἀπειθεῖν τῷ βελτίονι καὶ θεῷ καὶ ἀνθρώπῳ ὅτι κακὸν καὶ αἰσχρόν ἐστιν οἶδα. Πρὸ οὖν τῶν κακῶν ὧν οἶδα ὅτι κακά ἐστιν, ἃ μὴ οἶδα εἰ ἀγαθὰ ὄντα τυγχάνει οὐδέποτε φοβήσομαι οὐδὲ φεύξομαι.

Ὥστε οὐδ' εἴ με νῦν ὑμεῖς ἀφίετε Ἀνύτῳ ἀπιστήσαντες, c
ὃς ἔφη ἢ τὴν ἀρχὴν οὐ δεῖν ἐμὲ δεῦρο εἰσελθεῖν ἤ, ἐπειδὴ εἰσῆλθον, οὐχ οἷόν τ' εἶναι τὸ μὴ ἀποκτεῖναί με, λέγων πρὸς ὑμᾶς ὡς, εἰ διαφευξοίμην, ἤδη ἂν ὑμῶν οἱ ὑεῖς ἐπιτηδεύοντες ἃ Σωκράτης διδάσκει πάντες παντάπασι διαφθαρήσονται· εἴ μοι πρὸς ταῦτα εἴποιτε· « Ὦ Σώκρατες, νῦν μὲν Ἀνύτῳ οὐ πεισόμεθα, ἀλλ' ἀφίεμέν σε, ἐπὶ τούτῳ μέντοι ἐφ' ᾧ τε μηκέτι ἐν ταύτῃ τῇ ζητήσει διατρίβειν μηδὲ φιλοσοφεῖν· ἐὰν δὲ ἁλῷς ἔτι τοῦτο πράττων, ἀποθανῇ· »
εἰ οὖν με, ὅπερ εἶπον, ἐπὶ τούτοις ἀφίοιτε, εἴποιμ' ἂν d
ὑμῖν ὅτι· « Ἐγὼ ὑμᾶς, ὦ ἄνδρες Ἀθηναῖοι, ἀσπάζομαι μὲν καὶ φιλῶ, πείσομαι δὲ μᾶλλον τῷ θεῷ ἢ ὑμῖν, καὶ ἕωσπερ ἂν ἐμπνέω καὶ οἷός τε ὦ, οὐ μὴ παύσωμαι φιλοσοφῶν καὶ ὑμῖν παρακελευόμενός τε καὶ ἐνδεικνύμενος ὅτῳ ἂν ἀεὶ ἐντυγχάνω ὑμῶν, λέγων οἷάπερ εἴωθα ὅτι· « Ὦ ἄριστε ἀνδρῶν, « Ἀθηναῖος ὤν, πόλεως τῆς μεγίστης καὶ εὐδοκιμωτάτης « εἰς σοφίαν καὶ ἰσχύν, χρημάτων μὲν οὐκ αἰσχύνῃ ἐπιμελούμενος ὅπως σοι ἔσται ὡς πλεῖστα, καὶ δόξης καὶ τιμῆς,
« φρονήσεως δὲ καὶ ἀληθείας καὶ τῆς ψυχῆς ὅπως ὡς e
« βελτίστη ἔσται οὐκ ἐπιμελῇ οὐδὲ φροντίζεις; » Καὶ ἐάν τις ὑμῶν ἀμφισβητήσῃ καὶ φῇ ἐπιμελεῖσθαι, οὐκ εὐθὺς

ob er nicht für den Menschen das größte ist unter allen Gütern. Sie fürchten ihn aber, als wüßten sie gewiß, daß er das größte b Übel ist. Und wie wäre dies nicht eben derselbe verrufene Unverstand, die Einbildung etwas zu wissen, was man nicht weiß. Ich nun, ihr Athener, übertreffe vielleicht um dasselbe auch hierin die meisten Menschen. Und wollte ich behaupten, daß ich um irgend etwas weiser wäre: So wäre es um dieses, daß da ich nichts ordentlich weiß von den Dingen in der Unterwelt ich es auch nicht glaube zu wissen; gesetzwidrig handeln aber und dem besseren, Gott oder Mensch, ungehorsam sein, davon weiß ich, daß es übel und schändlich ist. Im Vergleich also mit den Übeln, die ich als Übel kenne, werde ich niemals das wovon ich nicht weiß, ob es nicht ein Gut ist fürchten oder fliehen. So daß, wenn ihr mich itzt lossprechet ohne dem Anytos zu c folgen, welcher sagt, entweder sollte ich gar nicht hieher gekommen sein, oder nachdem ich einmal hier wäre, sei es ganz unmöglich mich nicht hinzurichten, indem er euch vorstellt, wenn ich nun durchkäme, dann erst würden eure Söhne sich dessen recht befleißigen was Sokrates lehrt und alle ganz und gar verderbt werden; wenn ihr mir hierauf sagtet, Jetzt, Sokrates wollen wir zwar dem Anytos nicht folgen, sondern lassen dich los unter der Bedingung jedoch, daß du diese Nachforschung nicht mehr betreibst und nicht mehr nach Weisheit suchst; wirst du aber noch einmal darauf betroffen, daß du dies tust, so mußt du sterben; wenn ihr mich also wie gesagt auf d diese Bedingung losgeben wolltet, so würde ich zu euch sprechen, Ich bin euch, ihr Athener, zwar zugetan und Freund, gehorchen aber werde ich dem Gotte mehr als euch, und so lange ich noch atme und es vermag, werde ich nicht aufhören nach Weisheit zu suchen und euch zu ermahnen und zu beweisen, wen von euch ich antreffe, mit meinen gewohnten Reden, wie, Bester Mann, als ein Athener aus der größten und für Weisheit und Macht berühmtesten Stadt, schämst du dich nicht für Geld zwar zu sorgen wie du dessen aufs meiste erlangest, und für Ruhm und Ehre, für Einsicht aber und Wahrheit und e für deine Seele, daß sie sich aufs beste befinde sorgst du nicht und hierauf willst du nicht denken? Und wenn Jemand unter euch dies leugnet, und behauptet er denke wohl darauf, werde

ἀφήσω αὐτὸν οὐδ' ἄπειμι, ἀλλ' ἐρήσομαι αὐτὸν καὶ ἐξετάσω
καὶ ἐλέγξω, καὶ ἐάν μοι μὴ δοκῇ κεκτῆσθαι ἀρετήν, φάναι
δέ, ὀνειδιῶ ὅτι τὰ πλείστου ἄξια περὶ ἐλαχίστου ποιεῖται, 30
τὰ δὲ φαυλότερα περὶ πλείονος. Ταῦτα καὶ νεωτέρῳ καὶ
πρεσβυτέρῳ ὅτῳ ἂν ἐντυγχάνω ποιήσω, καὶ ξένῳ καὶ ἀστῷ,
μᾶλλον δὲ τοῖς ἀστοῖς, ὅσῳ μου ἐγγυτέρω ἐστὲ γένει. Ταῦτα
γὰρ κελεύει ὁ θεός, εὖ ἴστε. Καὶ ἐγὼ οἴομαι οὐδέν πω ὑμῖν
μεῖζον ἀγαθὸν γενέσθαι ἐν τῇ πόλει ἢ τὴν ἐμὴν τῷ θεῷ
ὑπηρεσίαν.

Οὐδὲν γὰρ ἄλλο πράττων ἐγὼ περιέρχομαι ἢ πείθων
ὑμῶν καὶ νεωτέρους καὶ πρεσβυτέρους μήτε σωμάτων
ἐπιμελεῖσθαι μήτε χρημάτων πρότερον μηδὲ οὕτω σφόδρα b
ὡς τῆς ψυχῆς ὅπως ὡς ἀρίστη ἔσται, λέγων ὅτι οὐκ ἐκ
χρημάτων ἀρετὴ γίγνεται, ἀλλ' ἐξ ἀρετῆς χρήματα καὶ τὰ
ἄλλα ἀγαθὰ τοῖς ἀνθρώποις ἅπαντα καὶ ἰδίᾳ καὶ δημοσίᾳ. Εἰ
μὲν οὖν ταῦτα λέγων διαφθείρω τοὺς νέους, ταῦτ' ἂν εἴη
βλαβερά· εἰ δέ τις μέ φησιν ἄλλα λέγειν ἢ ταῦτα, οὐδὲν λέγει.
Πρὸς ταῦτα, φαίην ἄν, ὦ ἄνδρες Ἀθηναῖοι, ἢ πείθεσθε
Ἀνύτῳ ἢ μή, καὶ ἢ ἀφίετέ με ἢ μὴ ἀφίετε, ὡς ἐμοῦ οὐκ ἂν
ποιήσοντος ἄλλα, οὐδ' εἰ μέλλω πολλάκις τεθνάναι.» c

Μὴ θορυβεῖτε, ὦ ἄνδρες Ἀθηναῖοι, ἀλλ' ἐμμείνατέ μοι
οἷς ἐδεήθην ὑμῶν, μὴ θορυβεῖν ἐφ' οἷς ἂν λέγω, ἀλλ'
ἀκούειν· καὶ γάρ, ὡς ἐγὼ οἶμαι, ὀνήσεσθε ἀκούοντες. Μέλλω
γὰρ οὖν ἄττα ὑμῖν ἐρεῖν καὶ ἄλλα ἐφ' οἷς ἴσως βοήσεσθε·
ἀλλὰ μηδαμῶς ποιεῖτε τοῦτο. Εὖ γὰρ ἴστε, ἐὰν ἐμὲ
ἀποκτείνητε τοιοῦτον ὄντα οἷον ἐγὼ λέγω, οὐκ ἐμὲ μείζω
βλάψετε ἢ ὑμᾶς αὐτούς. Ἐμὲ μὲν γὰρ οὐδὲν ἂν βλάψειεν
οὔτε Μέλητος οὔτε Ἄνυτος. Οὐδὲ γὰρ ἂν δύναιτο· οὐ γὰρ
οἶμαι θεμιτὸν εἶναι ἀμείνονι ἀνδρὶ ὑπὸ χείρονος βλάπτεσθαι. d
Ἀποκτείνειε μεντἂν ἴσως ἢ ἐξελάσειεν ἢ ἀτιμώσειεν.
Ἀλλὰ ταῦτα οὗτος μὲν ἴσως οἴεται καὶ ἄλλος τίς που
μεγάλα κακά· ἐγὼ δ' οὐκ οἴομαι, ἀλλὰ πολὺ μᾶλλον ποιεῖν
ἃ οὗτος νυνὶ ποιεῖ, ἄνδρα ἀδίκως ἐπιχειρεῖν ἀποκτιννύναι.

ich ihn nicht gleich loslassen und fortgehn; sondern ihn fragen
und prüfen und ausforschen. Und wenn mich dünkt er besitze
keine Tugend, behaupte es aber: so werde ich es ihm verwei- 30a
sen, daß er das wichtigste geringer achtet und das schlechtere
höher. So werde ich mit Jungen und Alten, wie ich sie eben
treffe verfahren und mit Fremden und Bürgern, um soviel
mehr aber mit euch Bürgern, als ihr mir näher verwandt seid.
Denn so, wißt nur, befiehlt es der Gott. Und ich meines Teils
glaube, daß noch nie größeres Gut dem Staate widerfahren ist
als dieser Dienst, den ich dem Gott leiste. Denn nichts anders
tue ich, als daß ich unhergehe um Jung und Alt unter euch zu
überreden, ja nicht für den Leib und für das Vermögen zuvor b
noch überall so sehr zu sorgen als für die Seele, daß diese aufs
beste gedeihe, zeigend wie nicht aus dem Reichtum die Tugend
entsteht, sondern aus der Tugend der Reichtum, und alle an-
dern menschlichen Güter insgesamt, eigentümliche und ge-
meinschaftliche. Wenn ich nun durch solche Reden die Jugend
verderbe, so müßten sie ja schädlich sein; wenn aber Jemand
sagt, ich rede etwas anderes als dies, der sagt nichts. Dem ge-
mäß nun, würde ich sagen, ihr athenischen Männer, gehorcht
nun dem Anytos oder nicht, sprecht mich los oder nicht, daß
ich auf keinen Fall anders handeln werde, und müßte ich noch c
so oft sterben. Kein Getümmel, ihr Athener, sondern harret
mir aus bei dem was ich euch gebeten, mir nicht zu toben über
das was ich sage, sondern zu hören. Auch wird es euch, glaube
ich, heilsam sein wenn ihr es hört. Denn ich bin im Begriff euch
noch manches andere zu sagen, worüber ihr vielleicht schreien
möchtet; aber keinesweges tut das. Denn wißt nur, wenn ihr
mich tötet, einen solchen Mann wie ich sage, so werdet ihr mir
nicht größeres Leid zufügen als euch selbst. Denn Leid zufü-
gen wird mir weder Melitos noch Anytos im mindesten. Sie
könnten es auch nicht; denn es ist, glaube ich, nicht in der
Ordnung daß dem besseren Manne von dem schlechteren Lei- d
des geschehe. Töten freilich kann mich einer, oder vertreiben
oder des Bürgerrechtes berauben. Allein dies hält dieser viel-
leicht und sonst mancher für große Übel, ich aber gar nicht;
sondern weit mehr dergleichen tun, wie dieser jetzt tut, einen
Andern widerrechtlich suchen hinzurichten. Daher auch jetzt,

Νῦν οὖν, ὦ ἄνδρες Ἀθηναῖοι, πολλοῦ δέω ἐγὼ ὑπὲρ ἐμαυτοῦ
ἀπολογεῖσθαι, ὥς τις ἂν οἴοιτο, ἀλλὰ ὑπὲρ ὑμῶν, μή τι
ἐξαμάρτητε περὶ τὴν τοῦ θεοῦ δόσιν ὑμῖν, ἐμοῦ καταψηφι- e
σάμενοι. Ἐὰν γὰρ ἐμὲ ἀποκτείνητε, οὐ ῥᾳδίως ἄλλον
τοιοῦτον εὑρήσετε, ἀτεχνῶς, εἰ καὶ γελοιότερον εἰπεῖν,
προσκείμενον τῇ πόλει ὑπὸ τοῦ θεοῦ, ὥσπερ ἵππῳ μεγάλῳ
μὲν καὶ γενναίῳ, ὑπὸ μεγέθους δὲ νωθεστέρῳ καὶ δεομένῳ
ἐγείρεσθαι ὑπὸ μύωπός τινος· οἷον δή μοι δοκεῖ ὁ θεὸς ἐμὲ
τῇ πόλει προστεθηκέναι τοιοῦτόν τινα, ὃς ὑμᾶς ἐγείρων
καὶ πείθων καὶ ὀνειδίζων ἕνα ἕκαστον οὐδὲν παύομαι τὴν
ἡμέραν ὅλην, πανταχοῦ προσκαθίζων. Τοιοῦτος οὖν ἄλλος 31
οὐ ῥᾳδίως ὑμῖν γενήσεται, ὦ ἄνδρες, ἀλλ' ἐὰν ἐμοὶ πεί-
θησθε, φείσεσθέ μου. Ὑμεῖς δ' ἴσως τάχ' ἂν ἀχθόμενοι,
ὥσπερ οἱ νυστάζοντες ἐγειρόμενοι, κρούσαντες ἄν με πει-
θόμενοι Ἀνύτῳ ῥᾳδίως ἂν ἀποκτείναιτε· εἶτα τὸν λοιπὸν
βίον καθεύδοντες διατελοῖτε ἄν, εἰ μή τινα ἄλλον ὁ θεὸς
ὑμῖν ἐπιπέμψειε κηδόμενος ὑμῶν. Ὅτι δ' ἐγὼ τυγχάνω ὢν
τοιοῦτος οἷος ὑπὸ τοῦ θεοῦ τῇ πόλει δεδόσθαι, ἐνθένδε ἂν
κατανοήσαιτε· οὐ γὰρ ἀνθρωπίνῳ ἔοικε τὸ ἐμὲ τῶν μὲν b
ἐμαυτοῦ ἁπάντων ἠμεληκέναι καὶ ἀνέχεσθαι τῶν οἰκείων
ἀμελουμένων τοσαῦτα ἤδη ἔτη, τὸ δὲ ὑμέτερον πράττειν
ἀεὶ ἰδίᾳ ἑκάστῳ προσιόντα, ὥσπερ πατέρα ἢ ἀδελφὸν
πρεσβύτερον, πείθοντα ἐπιμελεῖσθαι ἀρετῆς. Καὶ εἰ μέντοι
τι ἀπὸ τούτων ἀπέλαυον καὶ μισθὸν λαμβάνων ταῦτα παρεκε-
λευόμην, εἶχον ἄν τινα λόγον· νῦν δὲ ὁρᾶτε δὴ καὶ αὐτοὶ
ὅτι οἱ κατήγοροι, τἆλλα πάντα ἀναισχύντως οὕτω κατηγο-
ροῦντες, τοῦτό γε οὐχ οἷοί τε ἐγένοντο ἀπαναισχυντῆσαι,
παρασχόμενοι μάρτυρα, ὡς ἐγώ ποτέ τινα ἢ ἐπραξάμην c
μισθὸν ἢ ᾔτησα. Ἱκανὸν γάρ, οἶμαι, ἐγὼ παρέχομαι τὸν
μάρτυρα ὡς ἀληθῆ λέγω, τὴν πενίαν.

ihr Athener, ich weit entfernt bin um mein selbst willen mich
zu verteidigen, wie einer wohl denken könnte, sondern um
euretwillen, damit ihr nicht gegen des Gottes Gabe an euch e
etwas sündiget durch meine Verurteilung. Denn wenn ihr mich
hinrichtet werdet ihr nicht leicht einen andern solchen finden,
der ordentlich, sollte es auch lächerlich gesagt scheinen, von
dem Gotte der Stadt beigegeben ist, wie einem großen und
edlen Rosse, das aber eben seiner Größe wegen sich zur Träg-
heit neigt, und der Anreizung durch den Sporn bedarf, wie
mich scheint der Gott dem Staate als einen solchen zugelegt zu
haben, der ich auch euch einzeln anzuregen zu überreden und
zu verweisen den ganzen Tag nicht aufhöre, überall euch an- 31a
liegend. Ein anderer solcher nun wird euch nicht leicht wieder
werden ihr Männer. Wenn ihr also mir folgen wollt, werdet ihr
meiner schonen. Ihr aber werdet vielleicht verdrießlich, wie die
Schlummernden wenn man sie aufweckt, um euch stoßen, und
mich dem Anytos folgend leichtsinnig hinrichten, dann aber
des übrige Leben weiter fort schlafen, wenn euch nicht der
Gott wieder einen Andern zuschickt aus Erbarmen. Daß ich
aber ein solcher bin, der wohl von dem Gotte der Stadt mag
geschenkt sein, das könnt ihr hieraus abnehmen. Denn nicht b
wie etwas menschliches sieht es aus, daß ich das meinige samt
und sonders versäumt habe, und so viele Jahre schon ertrage
daß meine Angelegenheiten zurückstehen, immer aber die eu-
rigen betreibe an jeden einzeln mich wendend, und wie ein
Vater oder älterer Bruder ihm zuredend, sich doch die Tugend
angelegen sein zu lassen. Und wenn ich hievon noch einen
Genuß hätte und um Lohn Andere so ermahnte, so hätte ich
noch einen Grund. Nun aber seht ihr ja selbst, daß meine An-
kläger, so schamlos sie mich auch alles Andern beschuldigen,
dieses doch nicht erreichen konnten mit ihrer Schamlosigkeit,
einen Zeugen aufzustellen, daß ich jemals einen Lohn mir c
ausgemacht oder gefodert hätte. Ich aber stelle, meine ich, ei-
nen hinreichenden Zeugen für die Wahrheit meiner Aussage,
meine Armut.

Ἴσως ἂν οὖν δόξειεν ἄτοπον εἶναι ὅτι δὴ ἐγὼ ἰδίᾳ μὲν
ταῦτα συμβουλεύω περιιὼν καὶ πολυπραγμονῶ, δημοσίᾳ δὲ
οὐ τολμῶ ἀναβαίνων εἰς τὸ πλῆθος τὸ ὑμέτερον συμβουλεύειν
τῇ πόλει. Τούτου δὲ αἴτιόν ἐστιν ὃ ὑμεῖς ἐμοῦ πολλάκις
ἀκηκόατε πολλαχοῦ λέγοντος, ὅτι μοι θεῖόν τι καὶ δαιμόνιον d
γίγνεται, [φωνή,] ὃ δὴ καὶ ἐν τῇ γραφῇ ἐπικωμῳδῶν Μέλητος
ἐγράψατο. Ἐμοὶ δὲ τοῦτ' ἔστιν ἐκ παιδὸς ἀρξάμενον, φωνή
τις γιγνομένη, ἥ, ὅταν γένηται, ἀεὶ ἀποτρέπει με τούτου
ὃ ἂν μέλλω πράττειν, προτρέπει δὲ οὔποτε. Τοῦτ' ἔστιν ὅ
μοι ἐναντιοῦται τὰ πολιτικὰ πράττειν. Καὶ παγκάλως γέ
μοι δοκεῖ ἐναντιοῦσθαι· εὖ γὰρ ἴστε, ὦ ἄνδρες Ἀθηναῖοι· εἰ
ἐγὼ πάλαι ἐπεχείρησα πράττειν τὰ πολιτικὰ πράγματα,
πάλαι ἂν ἀπολώλη καὶ οὔτ' ἂν ὑμᾶς ὠφελήκη οὐδὲν οὔτ' ἂν e
ἐμαυτόν. Καί μοι μὴ ἄχθεσθε λέγοντι τἀληθῆ· οὐ γάρ ἐστιν
ὅστις ἀνθρώπων σωθήσεται οὔτε ὑμῖν οὔτε ἄλλῳ πλήθει οὐδ-
ενὶ γνησίως ἐναντιούμενος καὶ διακωλύων πολλὰ ἄδικα καὶ
παράνομα ἐν τῇ πόλει γίγνεσθαι, ἀλλ' ἀναγκαῖόν ἐστι τὸν 32
τῷ ὄντι μαχούμενον ὑπὲρ τοῦ δικαίου, καὶ εἰ μέλλει ὀλίγον
χρόνον σωθήσεσθαι, ἰδιωτεύειν, ἀλλὰ μὴ δημοσιεύειν.

Μεγάλα δ' ἔγωγε ὑμῖν τεκμήρια παρέξομαι τούτων, οὐ
λόγους, ἀλλ' ὃ ὑμεῖς τιμᾶτε, ἔργα. Ἀκούσατε δή μου τὰ ἐμοὶ
συμβεβηκότα, ἵνα εἰδῆτε ὅτι οὐδ' ἂν ἑνὶ ὑπεικάθοιμι παρὰ
τὸ δίκαιον δείσας θάνατον, μὴ ὑπείκων δὲ ἅμα κἂν ἀπολοί-
μην. Ἐρῶ δὲ ὑμῖν φορτικὰ μὲν καὶ δικανικά, ἀληθῆ δέ.

Ἐγὼ γάρ, ὦ ἄνδρες Ἀθηναῖοι, ἄλλην μὲν ἀρχὴν οὐδεμίαν b
πώποτε ἦρξα ἐν τῇ πόλει, ἐβούλευσα δέ· καὶ ἔτυχεν ἡμῶν
ἡ φυλὴ Ἀντιοχὶς πρυτανεύουσα ὅτε ὑμεῖς τοὺς δέκα στρα-
τηγοὺς τοὺς οὐκ ἀνελομένους τοὺς ἐκ τῆς ναυμαχίας ἐβού-
λεσθε ἀθρόους κρίνειν παρανόμως, ὡς ἐν τῷ ὑστέρῳ χρόνῳ
πᾶσιν ὑμῖν ἔδοξεν. Τότ' ἐγὼ μόνος τῶν πρυτάνεων ἠναντιώ-
θην ὑμῖν μηδὲν ποιεῖν παρὰ τοὺς νόμους καὶ ἐναντία ἐψη-
φισάμην· καὶ ἑτοίμων ὄντων ἐνδεικνύναι με καὶ ἀπάγειν τῶν

1.4.2. Das Daimonion und die Wahrnehmung der Bürgerpflichten

Vielleicht könnte auch dies Jemanden ungereimt dünken,
daß ich um Einzelnen zu raten umhergehe und mir viel zu
schaffen mache, öffentlich aber mich nicht erdreiste in eurer
Versammlung auftretend dem Staate zu raten. Hievon nun ist
die Ursach, was ihr mich oft und vielfältig sagen gehört habt, d
daß mir etwas Göttliches und Daimonisches widerfährt, was
auch Melitos in seiner Anklage auf Spott gezogen hat. Mir aber
ist dieses von meiner Kindheit an geschehen, eine Stimme
nämlich, welche jedesmal, wenn sie sich hören läßt, mir von
etwas abredet, was ich tun will, zugeredet aber hat sie mir nie.
Das ist es, was sich mir widersetzt daß ich nicht soll Staatsge-
schäfte betreiben. Und sehr mit Recht, scheint es mir sich dem
zu widersetzen. Denn wißt nur, ihr Athener, wenn ich schon
vor langer Zeit unternommen hätte Staatsgeschäfte zu betrei-
ben: so wäre ich auch schon längst umgekommen, und hätte
weder euch etwas genutzt noch auch mir selbst. Werdet mir nur e
nicht böse, wenn ich die Wahrheit rede. Denn kein Mensch
kann sich erhalten, der sich sei es nun euch oder einer andern
Volksmenge tapfer widersetzt, und viel ungerechtes und ge-
setzwidriges im Staate zu verhindern sucht: sondern notwen- 32a
dig muß, wer in der Tat für die Gerechtigkeit streiten will, auch
wenn er sich nur kurze Zeit erhalten soll, ein zurückgezogenes
Leben führen, nicht ein öffentliches. Tüchtige Beweise will ich
euch hievon anführen, nicht Worte, sondern was ihr höher
achtet, Tatsachen. Hört also von mir was mir selbst begegnet
ist, damit ihr seht, daß ich auch nicht Einem nachgeben würde
gegen das Recht aus Todesfurcht, und zugleich daß, wenn ich
das nicht täte, ich umkommen müßte. Ich werde euch freilich
unangenehme und langweilige Geschichten erzählen, aber
doch wahre. Ich nämlich, ihr Athener, habe niemals irgend ein b
anderes Amt im Staate bekleidet, als nur zu Rate bin ich geses-
sen. Und eben hatte unser Stamm der Antiochische den Vor-
trag, als ihr den Anschlag faßtet die zehn Heerführer, welche
die in der Seeschlacht Gebliebenen nicht begraben hatten,
sämtlich zu verurteilen, ganz gesetzwidrig, wie es späterhin
euch allen dünkte. Da war ich unter allen Prytanen der einzige,
der sich euch widersetzte, damit ihr nichts gegen die Gesetze

ῥητόρων καὶ ὑμῶν κελευόντων καὶ βοώντων, μετὰ τοῦ νόμου
καὶ τοῦ δικαίου ᾤμην μᾶλλόν με δεῖν διακινδυνεύειν ἢ μεθ' c
ὑμῶν γενέσθαι μὴ δίκαια βουλευομένων φοβηθέντα δεσμὸν
ἢ θάνατον.

Καὶ ταῦτα μὲν ἦν ἔτι δημοκρατουμένης τῆς πόλεως.
Ἐπειδὴ δὲ ὀλιγαρχία ἐγένετο, οἱ τριάκοντα αὖ μεταπεμψά-
μενοί με πέμπτον αὐτὸν εἰς τὴν Θόλον προσέταξαν ἀγαγεῖν
ἐκ Σαλαμῖνος Λέοντα τὸν Σαλαμίνιον, ἵνα ἀποθάνοι· οἷα δὴ
καὶ ἄλλοις ἐκεῖνοι πολλοῖς πολλὰ προσέταττον βουλόμενοι
ὡς πλείστους ἀναπλῆσαι αἰτιῶν. Τότε μέντοι ἐγὼ οὐ λόγῳ,
ἀλλ' ἔργῳ αὖ ἐνεδειξάμην ὅτι ἐμοὶ θανάτου μὲν μέλει, εἰ μὴ d
ἀγροικότερον ἦν εἰπεῖν, οὐδ' ὁτιοῦν, τοῦ δὲ μηδὲν ἄδικον
μηδ' ἀνόσιον ἐργάζεσθαι, τούτου δὲ τὸ πᾶν μέλει. Ἐμὲ γὰρ
ἐκείνη ἡ ἀρχὴ οὐκ ἐξέπληξεν, οὕτως ἰσχυρὰ οὖσα, ὥστε ἄδι-
κόν τι ἐργάσασθαι· ἀλλ' ἐπειδὴ ἐκ τῆς Θόλου ἐξήλθομεν, οἱ
μὲν τέτταρες ᾤχοντο εἰς Σαλαμῖνα καὶ ἤγαγον Λέοντα, ἐγὼ
δὲ ᾠχόμην ἀπιὼν οἴκαδε. Καὶ ἴσως ἂν διὰ ταῦτα ἀπέθανον,
εἰ μὴ ἡ ἀρχὴ διὰ ταχέων κατελύθη. Καὶ τούτων ὑμῖν ἔσονται
πολλοὶ μάρτυρες. Ἆρ' οὖν ἄν με οἴεσθε τοσάδε ἔτη διαγενέσ- e
θαι, εἰ ἔπραττον τὰ δημόσια καὶ πράττων ἀξίως ἀνδρὸς
ἀγαθοῦ ἐβοήθουν τοῖς δικαίοις καί, ὥσπερ χρή, τοῦτο περὶ
πλείστου ἐποιούμην; Πολλοῦ γε δεῖ, ὦ ἄνδρες Ἀθηναῖοι·
οὐδὲ γὰρ ἂν ἄλλος ἀνθρώπων οὐδείς. Ἀλλ' ἐγὼ διὰ παντὸς
τοῦ βίου δημοσίᾳ τε εἴ πού τι ἔπραξα τοιοῦτος φανοῦμαι 33
καὶ ἰδίᾳ ὁ αὐτὸς οὗτός, οὐδενὶ πώποτε συγχωρήσας οὐδὲν
παρὰ τὸ δίκαιον οὔτε ἄλλῳ οὔτε τούτων οὐδενὶ οὓς οἱ
διαβάλλοντες ἐμέ φασιν ἐμοὺς μαθητὰς εἶναι.

Ἐγὼ δὲ διδάσκαλος μὲν οὐδενὸς πώποτ' ἐγενόμην· εἰ
δέ τίς μου λέγοντος καὶ τὰ ἐμαυτοῦ πράττοντος ἐπιθυμοῖ
ἀκούειν εἴτε νεώτερος εἴτε πρεσβύτερος, οὐδενὶ πώποτε
ἐφθόνησα. Οὐδὲ χρήματα μὲν λαμβάνων διαλέγομαι, μὴ b
λαμβάνων δὲ οὔ, ἀλλ' ὁμοίως καὶ πλουσίῳ καὶ πένητι

tun möchtet, und euch entgegenstimmte. Und obgleich die Redner bereit waren mich anzugeben und gefangen zu setzen, und ihr es fordertet und schriet: so glaubte ich doch ich müßte lieber mit dem Recht und dem Gesetz die Gefahr bestehen, als c
mich zu euch gesellen in einem so ungerechten Vorhaben aus Furcht des Gefängnisses oder des Todes. Und dies geschah, als im Staat noch das Volk herrschte. Nachdem aber die Regierung an einige wenige gekommen, so ließen einst die Dreißig mich mit noch Vier Anderen auf die Tholos holen, und trugen uns auf den Salaminier Leon aus Salamin herzubringen um ihn hinzurichten, wie sie denn dergleichen vieles Vielen Andern auch auftrugen, um so viele als irgend möglich in Verschuldungen zu verstricken. Auch da nun zeigte ich wiederum nicht durch Worte, sondern durch die Tat, daß der Tod, wenn euch d
das nicht zu bäurisch klingt, mich auch nicht das mindeste kümmerte, nichts ruchloses aber und nichts ungerechtes zu begehn mich mehr als alles kümmert. Denn mich konnte jene Regierung, so gewaltig sie auch war, nicht so einschrecken, daß ich etwas unrechtes getan hatte. Sondern als wir von der Tholos herunterkamen gingen die Viere nach Salamin und brachten den Leon; ich aber ging meines Weges nach Hause. Und vielleicht hätte ich deshalb sterben gemußt, wenn nicht jene Regierung kurz darauf wäre aufgelöset worden. Dies werden auch sehr Viele bezeugen können. Glaubt ihr wohl, daß ich so e
viele Jahre würde durchgekommen sein, wenn ich die öffentlichen Angelegenheiten verwaltet, und als ein redlicher Mann sie verwaltend überall dem Recht geholfen, und dies wie es sich gebührt über alles gesetzt hätte? Weit gefehlt, ihr Athener; und eben so wenig irgend ein anderer Mensch. Ich also werde mein ganzes Leben hindurch öffentlich wo ich etwas verrichtet und 33a
ebenso auch für mich, als ein solcher erscheinen, daß ich nie einem jemals irgend etwas eingeräumt habe wider das Recht, weder sonst jemand noch auch von diesen einem, die meine Verleumder meine Schüler nennen.

1.4.3. Sokrates und seine Anhänger

Eigentlich aber bin ich nie irgend jemandes Lehrer gewesen; wenn aber Jemand, wie ich rede und mein Geschäft verrichte,

παρέχω ἐμαυτὸν ἐρωτᾶν, καὶ ἐάν τις βούληται ἀποκρινόμενος ἀκούειν ὧν ἂν λέγω. Καὶ τούτων ἐγώ, εἴτε τις χρηστὸς γίγνεται εἴτε μή, οὐκ ἂν δικαίως τὴν αἰτίαν ὑπέχοιμι ὧν μήτε ὑπεσχόμην μηδενὶ μηδὲν πώποτε μάθημα μήτε ἐδίδαξα. Εἰ δέ τίς φησι παρ᾽ ἐμοῦ πώποτέ τι μαθεῖν ἢ ἀκοῦσαι ἰδίᾳ ὅ τι μὴ καὶ οἱ ἄλλοι πάντες, εὖ ἴστε ὅτι οὐκ ἀληθῆ λέγει.

᾽Αλλὰ διὰ τί δή ποτε μετ᾽ ἐμοῦ χαίρουσί τινες πολὺν χρόνον διατρίβοντες; ᾽Ακηκόατε, ὦ ἄνδρες ᾽Αθηναῖοι· πᾶσαν ὑμῖν c
τὴν ἀλήθειαν ἐγὼ εἶπον, ὅτι ἀκούοντες χαίρουσιν ἐξεταζομένοις τοῖς οἰομένοις μὲν εἶναι σοφοῖς, οὖσι δ᾽ οὔ· ἔστι γὰρ οὐκ ἀηδές. ᾽Εμοὶ δὲ τοῦτο, ὡς ἐγώ φημι, προστέτακται ὑπὸ τοῦ θεοῦ πράττειν καὶ ἐκ μαντείων καὶ ἐξ ἐνυπνίων καὶ παντὶ τρόπῳ ᾧπέρ τίς ποτε καὶ ἄλλη θεία μοῖρα ἀνθρώπῳ καὶ ὁτιοῦν προσέταξε πράττειν. Ταῦτα, ὦ ἄνδρες ᾽Αθηναῖοι, καὶ ἀληθῆ ἐστιν καὶ εὐέλεγκτα. Εἰ γὰρ δὴ ἔγωγε τῶν νέων τοὺς μὲν διαφθείρω, τοὺς δὲ διέφθαρκα, χρῆν δήπου εἴτε d
τινὲς αὐτῶν πρεσβύτεροι γενόμενοι ἔγνωσαν ὅτι νέοις οὖσιν αὐτοῖς ἐγὼ κακὸν πώποτέ τι συνεβούλευσα, νυνὶ αὐτοὺς ἀναβαίνοντας ἐμοῦ κατηγορεῖν καὶ τιμωρεῖσθαι· εἰ δὲ μὴ αὐτοὶ ἤθελον, τῶν οἰκείων τινὰς τῶν ἐκείνων, πατέρας καὶ ἀδελφοὺς καὶ ἄλλους τοὺς προσήκοντας, εἴπερ ὑπ᾽ ἐμοῦ τι κακὸν ἐπεπόνθεσαν αὐτῶν οἱ οἰκεῖοι, νῦν μεμνῆσθαι καὶ τιμωρεῖσθαι. Πάντως δὲ πάρεισιν αὐτῶν πολλοὶ ἐνταυθοῖ οὓς ἐγὼ ὁρῶ, πρῶτον μὲν Κρίτων οὑτοσί, ἐμὸς ἡλικιώτης καὶ e
δημότης, Κριτοβούλου τοῦδε πατήρ· ἔπειτα Λυσανίας ὁ Σφήττιος, Αἰσχίνου τοῦδε πατήρ· ἔτι δ᾽ ᾽Αντιφῶν ὁ Κηφισιεὺς οὑτοσί, ᾽Επιγένους πατήρ· ἄλλοι τοίνυν οὗτοι, ὧν οἱ ἀδελφοὶ ἐν ταύτῃ τῇ διατριβῇ γεγόνασιν, Νικόστρατος Θεοζοτίδου, ἀδελφὸς Θεοδότου — καὶ ὁ μὲν Θεόδοτος τετελεύτηκεν, ὥστε οὐκ ἂν ἐκεῖνός γε αὐτοῦ καταδεηθείη — καὶ Πάραλος ὅδε ὁ Δημοδόκου, οὗ ἦν Θεάγης ἀδελφός· ὅδε δὲ ᾽Αδείμαντος ὁ ᾽Αρίστωνος, οὗ ἀδελφὸς οὑτοσὶ Πλάτων, καὶ 34

Lust hat zu hören, Jung oder Alt, das habe ich nie Jemanden
mißgönnt. Auch nicht etwa nur wenn ich Geld bekomme un- b
terrede ich mich, wenn aber keines, dann nicht; sondern auf
gleiche Weise stehe ich dem Armen wie dem Reichen bereit zu
fragen, und wer da will kann antworten und hören was ich
sage. Und ob nun Jemand von diesen besser wird oder nicht,
davon bin ich nicht schuldig die Verantwortung zu tragen, da
ich Unterweisung hierin weder jemals Jemanden versprochen
noch auch erteilt habe. Wenn aber einer behauptet jemals von
mir etwas gelernt oder gehört zu haben insbesondere, was
nicht auch alle andere, so wißt, daß er nicht die Wahrheit redet.
Aber weshalb halten sich wohl einige so gern seit langer Zeit
zu mir? Das habt ihr gehört, Athener, ich habe euch die ganze c
Wahrheit gesagt, daß sie nämlich diejenigen gern mögen aus-
forschen hören, welche sich dünken weise zu sein, und es nicht
sind. Denn es ist nicht unerfreulich. Mir aber ist dieses, wie ich
behaupte, von dem Gotte auferlegt zu tun durch Orakel und
Träume, und auf jede Weise wie nur je göttliche Schickung
einem Menschen etwas auferlegt hat zu tun.

Dies, ihr Athener, ist eben so wahr als leicht zu erweisen.
Denn wenn ich von unsern Jünglingen einige verderbe, andere d
verderbt habe: so würden doch, wenn einige unter ihnen bei
reiferem Alter eingesehen hätten, daß ich ihnen je in ihrer Ju-
gend zum Bösen geraten, diese selbst jetzt aufstehn um mich zu
verklagen und zur Strafe zu ziehen; wollten sie aber selbst
nicht, so würden irgend welche von ihren Verwandten, Eltern,
Brüder oder andere Angehörige, wenn ich ihren Verwandten
irgend böses zugefügt, es mir jetzt gedenken. Auf jeden Fall
sind ja viele von ihnen hier zugegen, die ich sehe, zuerst hier
Kriton mein Alters- und Zunftgenosse, der Vater dieses Kri- e
tobulos; dann Lysanias der Sphettier, dieses Aischines Vater;
auch Antiphon der Kephesier, des Epigenes Vater. Und andere
sind diese, deren Brüder meines Umganges gepflogen, Niko-
stratos des Theosdotides Sohn, der Bruder des Theodotos,
und zwar ist Theodotos tot, der ihn also nicht kann beschwich-
tiget haben; und Paralos des Demodokos Sohn, dessen Bruder
Theages war; und Adeimantos des Ariston Sohn, der Bruder 34a
dieses Platon; und Aiantodoros, dessen Bruder dieser Apol-

Αἰαντόδωρος, οὗ Ἀπολλόδωρος ὅδε ἀδελφός. Καὶ ἄλλους πολλοὺς ἐγὼ ἔχω ὑμῖν εἰπεῖν, ὧν τινα ἐχρῆν μάλιστα μὲν ἐν τῷ ἑαυτοῦ λόγῳ παρασχέσθαι Μέλητον μάρτυρα· εἰ δὲ τότε ἐπελάθετο, νῦν παρασχέσθω, ἐγὼ παραχωρῶ, καὶ λεγέτω εἴ τι ἔχει τοιοῦτον. Ἀλλὰ τούτου πᾶν τοὐναντίον εὑρήσετε, ὦ ἄνδρες, πάντας ἐμοὶ βοηθεῖν ἑτοίμους τῷ διαφθείροντι, τῷ κακὰ ἐργαζομένῳ τοὺς οἰκείους αὐτῶν, ὥς φασι Μέλητος καὶ Ἄνυτος. Αὐτοὶ μὲν γὰρ οἱ διεφθαρμένοι τάχ' b
ἂν λόγον ἔχοιεν βοηθοῦντες· οἱ δὲ ἀδιάφθαρτοι, πρεσβύτεροι ἤδη ἄνδρες, οἱ τούτων προσήκοντες, τίνα ἄλλον ἔχουσι λόγον βοηθοῦντες ἐμοὶ ἀλλ' ἢ τὸν ὀρθόν τε καὶ δίκαιον, ὅτι συνίσασι Μελήτῳ μὲν ψευδομένῳ, ἐμοὶ δὲ ἀληθεύοντι;

Εἶεν δή, ὦ ἄνδρες· ἃ μὲν ἐγὼ ἔχοιμ' ἂν ἀπολογεῖσθαι, σχεδόν ἐστι ταῦτα καὶ ἄλλα ἴσως τοιαῦτα. Τάχα δ' ἄν τις ὑμῶν ἀγανακτήσειεν ἀναμνησθεὶς ἑαυτοῦ, εἰ ὁ μὲν καὶ c
ἐλάττω τουτουὶ τοῦ ἀγῶνος ἀγῶνα ἀγωνιζόμενος ἐδεήθη τε καὶ ἱκέτευσε τοὺς δικαστὰς μετὰ πολλῶν δακρύων παιδία τε αὑτοῦ ἀναβιβασάμενος, ἵνα ὅ τι μάλιστα ἐλεηθείη, καὶ ἄλλους τῶν οἰκείων καὶ φίλων πολλούς, ἐγὼ δὲ οὐδὲν ἄρα τούτων ποιήσω, καὶ ταῦτα κινδυνεύων, ὡς ἂν δόξαιμι, τὸν ἔσχατον κίνδυνον. Τάχ' οὖν τις ταῦτα ἐννοήσας αὐθαδέστερον ἂν πρός με σχοίη καὶ ὀργισθεὶς αὐτοῖς τούτοις θεῖτο ἂν μετ' ὀργῆς τὴν ψῆφον. Εἰ δή τις ὑμῶν οὕτως ἔχε — οὐκ ἀξιῶ d
μὲν γὰρ ἔγωγε — εἰ δ' οὖν, ἐπιεικῆ ἄν μοι δοκῶ πρὸς τοῦτον λέγειν λέγων ὅτι· «Ἐμοί, ὦ ἄριστε, εἰσὶν μέν πού τινες καὶ οἰκεῖοι. Καὶ γὰρ τοῦτο αὐτὸ τὸ τοῦ Ὁμήρου, οὐδ' ἐγὼ ἀπὸ δρυὸς οὐδ' ἀπὸ πέτρης πέφυκα, ἀλλ' ἐξ ἀνθρώπων, ὥστε καὶ οἰκεῖοί μοί εἰσι καὶ ὑεῖς, ὦ ἄνδρες Ἀθηναῖοι, τρεῖς, εἷς μὲν μειράκιον ἤδη, δύο δὲ παιδία.» Ἀλλ' ὅμως οὐδένα αὐτῶν δεῦρο ἀναβιβασάμενος δεήσομαι ὑμῶν ἀποψηφίσασθαι. Τί δὴ οὖν οὐδὲν τούτων ποιήσω; οὐκ αὐθαδιζόμενος, ὦ ἄνδρες Ἀθηναῖοι, οὐδ' ὑμᾶς ἀτιμάζων· ἀλλ' εἰ μὲν θαρ- e
ραλέως ἐγὼ ἔχω πρὸς θάνατον ἢ μή, ἄλλος λόγος· πρὸς δ'

lodoros ist. Und noch viele Andere kann ich euch nennen, von
denen doch vor allen Dingen Melitos in seiner Rede irgend
einen zum Zeugen sollte aufgerufen haben. Hat er es aber da-
mals vergessen; so rufe er noch einen auf, ich gebe es nach, und
er sage es wenn er so etwas hat. Allein hievon werdet ihr ganz
das Gegenteil finden, ihr Männer, alle willig mir beizustehn,
mir dem Verderber, dem Unheilstifter ihrer Verwandten, wie
Melitos und Anytos sagen. Denn die Verführten selbst könn- b
ten vielleicht Grund haben mir beizustehen; aber die unver-
derbten schon reiferen Männer, die ihnen verwandt sind, wel-
chen andern Grund hätten diese, mir beizustehen, als den ge-
rechten und billigen, daß sie wissen Melitos lügt, ich aber rede
die Wahrheit.

1.5. Abschließende Erläuterung des ungewöhnlichen Verhaltens vor Gericht und Hinweis auf die Pflicht der Richter

Wohl, ihr Männer! Was ich zu meiner Verteidigung zu sagen
wüßte, das ist etwa dieses, und vielleicht mehr dergleichen.
Vielleicht aber wird Mancher unter euch unwillig gegen mich c
wenn er an sich selbst denkt, wenn er etwa bei Durchfechtung
eines vielleicht weit leichteren Kampfes als dieser, die Richter
gebeten und gefleht hat unter vielen Tränen, und seine Kinder
mit sich heraufgebracht um nur möglichst viel Erbarmen zu
erregen, und viele andere von seinen Verwandten und Freun-
den, ich aber von dem allen nichts tun will, und das, da ich, wie
es scheinen kann, in der äußersten Gefahr schwebe. Vielleicht
wird Mancher dies bedenkend seine Eitelkeit von mir gekränkt
fühlen, und eben hierüber erzürnt im Zorn seine Stimme abge- d
ben. Wenn Jemand unter euch so gesinnt ist, ich glaube es zwar
nicht, aber wenn doch: so denke ich meine Rede wird zu billi-
gen sein, wenn ich ihm sage: Auch ich, o Bester, habe so einige
Verwandte. Denn auch ich, wie Homeros sagt, nicht der Eiche
entstammte ich oder dem Felsen, sondern Menschen. Daher
ich denn Verwandte habe, und auch Söhne, ihr Athener, Dreie,
einer schon herangewachsen, zweie noch Kinder. Dennoch
aber werde ich keinen hieher bringen um euch zu erbitten, daß
ihr günstig abstimmen möget. Warum doch werde ich nichts
dergleichen tun? Nicht aus Eigendünkel, ihr Athener, noch e

οὖν δόξαν καὶ ἐμοὶ καὶ ὑμῖν καὶ ὅλῃ τῇ πόλει οὔ μοι δοκεῖ καλὸν εἶναι ἐμὲ τούτων οὐδὲν ποιεῖν καὶ τηλικόνδε ὄντα καὶ τοῦτο τοὔνομα ἔχοντα, εἴτ' οὖν ἀληθὲς εἴτ' οὖν ψεῦδος, ἀλλ' οὖν δεδογμένον γέ ἐστι τὸν Σωκράτη διαφέρειν τινὶ τῶν 35
πολλῶν ἀνθρώπων. Εἰ οὖν ὑμῶν οἱ δοκοῦντες διαφέρειν εἴτε σοφίᾳ εἴτε ἀνδρείᾳ εἴτε ἄλλῃ ᾑτινιοῦν ἀρετῇ τοιοῦτοι ἔσονται, αἰσχρὸν ἂν εἴη· οἵουσπερ ἐγὼ πολλάκις ἑώρακά τινας, ὅταν κρίνωνται, δοκοῦντας μέν τι εἶναι, θαυμάσια δὲ ἐργαζομένους, ὡς δεινόν τι οἰομένους πείσεσθαι εἰ ἀποθανοῦνται, ὥσπερ ἀθανάτων ἐσομένων ἂν ὑμεῖς αὐτοὺς μὴ ἀποκτείνητε· οἳ ἐμοὶ δοκοῦσιν αἰσχύνην τῇ πόλει περιάπτειν, ὥστ' ἄν τινα καὶ τῶν ξένων ὑπολαβεῖν ὅτι οἱ διαφέροντες b
Ἀθηναίων εἰς ἀρετήν, οὓς αὐτοὶ ἑαυτῶν ἔν τε ταῖς ἀρχαῖς καὶ ταῖς ἄλλαις τιμαῖς προκρίνουσιν, οὗτοι γυναικῶν οὐδὲν διαφέρουσιν. Ταῦτα γάρ, ὦ ἄνδρες Ἀθηναῖοι, οὔτε ἡμᾶς χρὴ ποιεῖν τοὺς δοκοῦντας καὶ ὁπῃτιοῦν τι εἶναι, οὔτ', ἂν ἡμεῖς ποιῶμεν, ὑμᾶς ἐπιτρέπειν, ἀλλὰ τοῦτο αὐτὸ ἐνδείκνυσθαι ὅτι πολὺ μᾶλλον καταψηφιεῖσθε τοῦ τὰ ἐλεεινὰ ταῦτα δράματα εἰσάγοντος καὶ καταγέλαστον τὴν πόλιν ποιοῦντος ἢ τοῦ ἡσυχίαν ἄγοντος.

Χωρὶς δὲ τῆς δόξης, ὦ ἄνδρες, οὐδὲ δίκαιόν μοι δοκεῖ εἶναι δεῖσθαι τοῦ δικαστοῦ οὐδὲ δεόμενον ἀποφεύγειν, ἀλλὰ c
διδάσκειν καὶ πείθειν. Οὐ γὰρ ἐπὶ τούτῳ κάθηται ὁ δικαστής, ἐπὶ τῷ καταχαρίζεσθαι τὰ δίκαια, ἀλλ' ἐπὶ τῷ κρίνειν ταῦτα· καὶ ὀμώμοκεν οὐ χαριεῖσθαι οἷς ἂν δοκῇ αὐτῷ, ἀλλὰ δικάσειν κατὰ τοὺς νόμους. Οὔκουν χρὴ οὔτε ἡμᾶς ἐθίζειν ὑμᾶς ἐπιορκεῖν οὔθ' ὑμᾶς ἐθίζεσθαι· οὐδέτεροι γὰρ ἂν ἡμῶν εὐσεβοῖεν. Μὴ οὖν ἀξιοῦτέ με, ὦ ἄνδρες Ἀθηναῖοι, τοιαῦτα δεῖν πρὸς ὑμᾶς πράττειν ἃ μήτε ἡγοῦμαι καλὰ εἶναι μήτε δίκαια μήτε ὅσια, ἄλλως τε μέντοι νὴ Δία πάντως καὶ d
ἀσεβείας φεύγοντα ὑπὸ Μελήτου τουτουί. Σαφῶς γὰρ ἄν, εἰ πείθοιμι ὑμᾶς καὶ τῷ δεῖσθαι βιαζοίμην ὀμωμοκότας,

daß ich euch geringschätzte; sondern ob ich etwa besonders
furchtlos bin gegen den Tod oder nicht das ist eine andere
Sache, aber in Beziehung auf das was rühmlich ist für mich und
euch und für die ganze Stadt, dünkt es mich anständig, daß ich
nichts dergleichen tue, zumal in solchem Alter und im Besitz
dieses Rufes, sei er nun gegründet oder nicht, angenommen ist
doch einmal, daß Sokrates sich in etwas auszeichnet vor andern 35a
Menschen. Wenn nun, die unter euch dafür gelten, sich aus-
zuzeichnen durch Weisheit oder Tapferkeit oder welche andere
Tugend es sei, sich so betragen wollten, das wäre schändlich,
wie ich doch öfters gesehen habe, daß manche die sich etwas
dünken, doch wenn sie vor Gericht standen ganz wunderliche
Dinge anstellten, meinend was ihnen arges begegnete, wenn
sie etwa sterben müßten, gleich als würden sie unsterblich sein,
wenn ihr sie nur nicht hinrichtetet. – Solche dünkt mich ma-
chen der Stadt Schande; so daß wohl mancher Fremde denken b
mag, diese ausgezeichneten Männer unter den Athenern, de-
nen sie selbst unter sich bei der Wahl der Obrigkeiten und
allem was sonst ehrenvoll ist den Vorzug einräumen, betragen
sich ja nichts besser als die Weiber. Dergleichen also, ihr Athe-
ner, dürfen weder wir tun, die wir dafür gelten auch nur irgend
etwas zu sein, noch auch wenn wir es täten dürft ihr es dulden,
sondern eben dies zeigen, daß ihr weit eher den veruteilt, der
euch solche Trauerspiele vorführt und die Stadt lächerlich
macht, als den der sich ruhig verhält. Abgesehen aber von dem
rühmlichen dünkt es mich auch nicht einmal recht den Richter c
zu bitten, und sich durch Bitten loszuhelfen, sondern belehren
muß man ihn und überzeugen. Denn nicht dazu ist der Richter
gesetzt das Recht zu verschenken, sondern es zu beurteilen;
und er hat geschworen, nicht sich gefällig zu erweisen gegen
wen es ihm beliebt, sondern Recht zu sprechen nach den Ge-
setzen. Also dürfen weder wir euch gewöhnen an den Meineid,
noch ihr euch gewöhnen lassen, sonst würden wir von keiner
Seite fromm handeln. Mutet mir also nicht zu, ihr Athener,
dergleichen etwas gegen euch zu tun, was ich weder für an-
ständig halte noch für recht, noch für fromm, zumal ich ja, d
beim Zeus, eben auch der Gottlosigkeit angeklagt bin von
diesem Melitos. Denn offenbar wenn ich euch durch Bitten zu

θεοὺς ἂν διδάσκοιμι μὴ ἡγεῖσθαι ὑμᾶς εἶναι καὶ ἀτεχνῶς ἀπολογούμενος κατηγοροίην ἂν ἐμαυτοῦ ὡς θεοὺς οὐ νομίζω. Ἀλλὰ πολλοῦ δεῖ οὕτως ἔχειν· νομίζω τε γάρ, ὦ ἄνδρες Ἀθηναῖοι, ὡς οὐδεὶς τῶν ἐμῶν κατηγόρων, καὶ ὑμῖν ἐπιτρέπω καὶ τῷ θεῷ κρῖναι περὶ ἐμοῦ ὅπῃ μέλλει ἐμοί τε ἄριστα εἶναι καὶ ὑμῖν.

II

Τὸ μὲν μὴ ἀγανακτεῖν, ὦ ἄνδρες Ἀθηναῖοι, ἐπὶ τούτῳ e
τῷ γεγονότι ὅτι μου κατεψηφίσασθε, ἄλλα τέ μοι πολλὰ 36
συμβάλλεται καὶ οὐκ ἀνέλπιστόν μοι γέγονεν τὸ γεγονὸς τοῦτο, ἀλλὰ πολὺ μᾶλλον θαυμάζω ἑκατέρων τῶν ψήφων τὸν γεγονότα ἀριθμόν· οὐ γὰρ ᾤμην ἔγωγε οὕτω παρ' ὀλίγον ἔσεσθαι, ἀλλὰ παρὰ πολύ· νῦν δέ, ὡς ἔοικεν, εἰ τριάκοντα μόναι μετέπεσον τῶν ψήφων, ἀπεπεφεύγη ἄν. Μέλητον μὲν οὖν, ὡς ἐμοὶ δοκῶ, καὶ νῦν ἀποπέφευγα, καὶ οὐ μόνον ἀποπέφευγα, ἀλλὰ παντὶ δῆλον τοῦτό γε ὅτι, εἰ μὴ ἀνέβη Ἄνυτος καὶ Λύκων κατηγορήσοντες ἐμοῦ, κἂν ὦφλε χιλίας
δραχμὰς οὐ μεταλαβὼν τὸ πέμπτον μέρος τῶν ψήφων. b

Τιμᾶται δ' οὖν μοι ὁ ἀνὴρ θανάτου. Εἶεν· ἐγὼ δὲ δὴ τίνος ὑμῖν ἀντιτιμήσομαι, ὦ ἄνδρες Ἀθηναῖοι; ἢ δῆλον ὅτι τῆς ἀξίας; Τί οὖν; τί ἄξιός εἰμι παθεῖν ἢ ἀποτεῖσαι ὅ τι μαθὼν ἐν τῷ βίῳ οὐχ ἡσυχίαν ἦγον, ἀλλ' ἀμελήσας ὧνπερ οἱ πολλοί, χρηματισμοῦ τε καὶ οἰκονομίας καὶ στρατηγιῶν καὶ δημηγοριῶν καὶ τῶν ἄλλων ἀρχῶν καὶ συνωμοσιῶν καὶ στάσεων τῶν ἐν τῇ πόλει γιγνομένων, ἡγησάμενος ἐμαυτὸν τῷ
ὄντι ἐπιεικέστερον εἶναι ἢ ὥστε εἰς ταῦτ' ἰόντα σῴζεσθαι, c
ἐνταῦθα μὲν οὐκ ᾖα οἷ ἐλθὼν μήτε ὑμῖν μήτε ἐμαυτῷ ἔμελλον μηδὲν ὄφελος εἶναι, ἐπὶ δὲ τὸ ἰδίᾳ ἕκαστον ἰὼν εὐεργε-

etwas überredete oder nötigte gegen euren Schwur, dann lehrte ich euch, nicht zu glauben daß es Götter gebe, und recht durch die Verteidigung klagte ich mich selbst an, daß ich keine Götter glaubte. Aber weit gefehlt daß es so wäre! wohl glaube ich an sie, ihr Athener, wie keiner von meinen Anklägern, und überlasse euch und dem Gotte über mich zu entscheiden, wie es für mich das Beste sein wird und für euch.

---

2. Nach der Verurteilung: Die Rede zum Strafmaß

2.1. Reflexion über das knappe Abstimmungsergebnis

Daß ich nicht unwillig bin, ihr Athener, über dieses Ereig- e
nis, daß ihr mich verurteilt habt, dazu trägt noch sonst vieles 36a
bei, aber auch nicht unverhofft ist mir das Geschehene geschehen; sondern vielmehr wundere ich mich über die sich ergebende Zahl der beiderseitigen Stimmen. Denn ich glaubte nicht, daß es nur auf so weniges ankommen würde, sondern auf sehr viel. Nun aber, wie man sieht, wenn nur drei Stimmen anders gefallen wären, so wäre ich entkommen. Dem Melitos zwar bin ich auch itzt entkommen, wie mich dünkt; und nicht nur entkommen, sondern es liegt auch jedem vor Augen, daß wenn nicht Anytos und Lykon aufgetreten wären mich an-
zuklagen, er tausend Drachmen erlegen müßte, weil er den b
fünften Teil der Stimmen nicht erlangt hätte.

2.2. Diskussion verschiedener Möglichkeiten der Bestrafung; Vorschlag einer Geldstrafe

Zuerkennen also will mir der Mann den Tod: Wohl! Was soll ich mir nun dagegen zuerkennen, ihr Athener? Doch gewiß was ich verdiene! Wie also? was verdiene ich zu erleiden oder zu erlegen, weshalb auch immer ich in meinem Leben nie Ruhe gehalten, sondern unbekümmert um das was den Mehresten wichtig ist, um das Reichwerden und den Hausstand um Kriegswesen und Volksrednerei und sonst um Ämter um Verschwörungen und Parteien die sich in der Stadt hervorgetan,
weil ich mich in der Tat für zu gut hielt, um mich durch Teil- c
nahme an solchen Dingen zu erhalten, mich mit nichts eingelassen, wo ich weder euch noch mir etwas nutz gewesen wäre;

τεῖν τὴν μεγίστην εὐεργεσίαν, ὡς ἐγώ φημι, ἐνταῦθα ᾖα,
ἐπιχειρῶν ἕκαστον ὑμῶν πείθειν μὴ πρότερον μήτε τῶν
ἑαυτοῦ μηδενὸς ἐπιμελεῖσθαι πρὶν ἑαυτοῦ ἐπιμεληθείη ὅπως
ὡς βέλτιστος καὶ φρονιμώτατος ἔσοιτο, μήτε τῶν τῆς πό-
λεως πρὶν αὐτῆς τῆς πόλεως, τῶν τε ἄλλων οὕτω κατὰ τὸν
αὐτὸν τρόπον ἐπιμελεῖσθαι; Τί οὖν εἰμι ἄξιος παθεῖν τοιοῦ- d
τος ὤν; Ἀγαθόν τι, ὦ ἄνδρες Ἀθηναῖοι, εἰ δεῖ γε κατὰ τὴν
ἀξίαν τῇ ἀληθείᾳ τιμᾶσθαι· καὶ ταῦτά γε ἀγαθὸν τοιοῦτον
ὅ τι ἂν πρέποι ἐμοί. Τί οὖν πρέπει ἀνδρὶ πένητι εὐεργέτῃ
δεομένῳ ἄγειν σχολὴν ἐπὶ τῇ ὑμετέρᾳ παρακελεύσει; Οὐκ
ἔσθ' ὅ τι [μᾶλλον], ὦ ἄνδρες Ἀθηναῖοι, πρέπει οὕτως ὡς τὸν
τοιοῦτον ἄνδρα ἐν Πρυτανείῳ σιτεῖσθαι, πολύ γε μᾶλλον ἢ
εἴ τις ὑμῶν ἵππῳ ἢ συνωρίδι ἢ ζεύγει νενίκηκεν Ὀλυμπία-
σιν. Ὁ μὲν γὰρ ὑμᾶς ποιεῖ εὐδαίμονας δοκεῖν εἶναι, ἐγὼ δὲ
εἶναι· καὶ ὁ μὲν τροφῆς οὐδὲν δεῖται, ἐγὼ δὲ δέομαι. Εἰ οὖν e
δεῖ με κατὰ τὸ δίκαιον τῆς ἀξίας τιμᾶσθαι, τούτου τιμῶ-
μαι, ἐν Πρυτανείῳ σιτήσεως. 37

Ἴσως οὖν ὑμῖν καὶ ταυτὶ λέγων παραπλησίως δοκῶ λέγειν
ὥσπερ περὶ τοῦ οἴκτου καὶ τῆς ἀντιβολήσεως ἀπαυθαδιζό-
μενος· τὸ δὲ οὐκ ἔστιν, ὦ ἄνδρες Ἀθηναῖοι, τοιοῦτον, ἀλλὰ
τοιόνδε μᾶλλον. Πέπεισμαι ἐγὼ ἑκὼν εἶναι μηδένα ἀδικεῖν
ἀνθρώπων, ἀλλὰ ὑμᾶς τοῦτο οὐ πείθω· ὀλίγον γὰρ χρόνον
ἀλλήλοις διειλέγμεθα· ἐπεί, ὡς ἐγᾦμαι, εἰ ἦν ὑμῖν νόμος
ὥσπερ καὶ ἄλλοις ἀνθρώποις περὶ θανάτου μὴ μίαν ἡμέραν b
μόνον κρίνειν, ἀλλὰ πολλάς, ἐπείσθητε ἄν· νῦν δ' οὐ ῥᾴδιον
ἐν χρόνῳ ὀλίγῳ μεγάλας διαβολὰς ἀπολύεσθαι. Πεπεισμένος
δὴ ἐγὼ μηδένα ἀδικεῖν πολλοῦ δέω ἐμαυτόν γε ἀδικήσειν
καὶ κατ' ἐμαυτοῦ ἐρεῖν αὐτὸς ὡς ἄξιός εἰμί του κακοῦ καὶ
τιμήσεσθαι τοιούτου τινὸς ἐμαυτῷ. Τί δείσας; ἢ μὴ πάθω
τοῦτο οὗ Μέλητός μοι τιμᾶται, ὅ φημι οὐκ εἰδέναι οὔτ' εἰ

vielmehr nur darauf bedacht, wie ich jedem einzeln die meines
Dafürhaltens größte Wohltat erweisen könnte, mich dessen
allein, wie ich behaupte befleißiget, bemüht jeden von euch zu
bewegen, daß er weder für irgend etwas von dem seinigen eher
sorge bis er für sich selbst gesorgt habe wie er immer besser
und vernünftiger wo möglich werden konnte, noch auch für
die Angelegenheiten des Staates eher als für den Staat selbst,
und nach derselben Weise auch nur für alles Andere sorgen d
möchte. Was also verdiene ich dafür zu leiden, daß ich ein
solcher bin? Etwas gutes, ihr Athener, wenn ich der Wahrheit
gemäß nach Verdienst mir etwas zuerkennen soll, und zwar
etwas Gutes von der Art, wie es mir angemessen ist. Was ist
also einem unvermögenden Wohltäter angemessen, welcher
der freien Muße bedarf um euch zu ermahnen? Es gibt nichts,
was so angemessen ist, ihr Athener, als daß ein solcher Mann
im Prytaneion gespeiset werde, weit mehr als wenn einer von
euch mit dem Rosse oder dem Zwiegespann oder dem Vier-
gespann in den olympischen Spielen gesiegt hat. Denn ein sol-
cher bewirkt nur, daß ihr glückselig scheint, ich aber daß ihr es
seid; und jener bedarf der Speisung nicht, ich aber bedarf ihrer. e
Soll ich mir also was ich mit Recht verdiene zuerkennen: so
erkenne ich mir dieses zu, Speisung im Prytaneion. Vielleicht 37a
wird euch nun, daß ich dieses sage, ebenso bedünken als was
ich von dem Flehen und der Mitleidserregung sagte, als hart-
näckiger Eigendünkel. Das ist aber nicht so, ihr Athener, son-
dern so vielmehr. Ich bin überzeugt daß ich nie jemanden vor-
sätzlich beleidige. Euch freilich überzeuge ich davon nicht, weil
wir gar zu kurze Zeit mit einander geredet haben. Denn ich
glaube wohl, wenn ihr ein Gesetz hättet, wie man es ander-
wärts hat, über Leben und Tod nicht an einem Tage zu ent- b
scheiden, sondern nach mehreren: so wäret ihr wohl überzeugt
worden; nun aber ist es nicht leicht in kurzer Zeit sich von so
schweren Verleumdungen zu reinigen. Überzeugt also wie ich
bin, daß ich Niemand Unrecht zufüge, werde ich doch wahrlich
nicht mir selbst Unrecht tun, und selbst gegen mich reden als
ob ich etwas übles verdiente, und mir dergleichen etwas zu-
erkennen. Was doch befürchtend? doch daß ich das erleiden
müßte, was Melitos mir zuerkennt, und wovon ich nicht zu

ἀγαθὸν οὔτ᾽ εἰ κακόν ἐστιν; ἀντὶ τούτου δὴ ἕλωμαι ὧν εὖ
οἶδ᾽ ὅτι κακῶν ὄντων τούτου τιμησάμενος; Πότερον δεσμοῦ;
καὶ τί με δεῖ ζῆν ἐν δεσμωτηρίῳ δουλεύοντα τῇ ἀεὶ καθιστα- c
μένῃ ἀρχῇ, τοῖς Ἕνδεκα; Ἀλλὰ χρημάτων καὶ δεδέσθαι
ἕως ἂν ἐκτείσω; ἀλλὰ ταὐτόν μοί ἐστιν ὅπερ νυνδὴ ἔλεγον·
οὐ γὰρ ἔστι μοι χρήματα ὁπόθεν ἐκτείσω. Ἀλλὰ δὴ φυγῆς
τιμήσωμαι; ἴσως γὰρ ἄν μοι τούτου τιμήσαιτε. Πολλὴ μεντ-
ἄν με φιλοψυχία ἔχοι, εἰ οὕτως ἀλόγιστός εἰμι ὥστε μὴ
δύνασθαι λογίζεσθαι ὅτι ὑμεῖς μὲν ὄντες πολῖταί μου οὐχ
οἷοί τε ἐγένεσθε ἐνεγκεῖν τὰς ἐμὰς διατριβὰς καὶ τοὺς
λόγους, ἀλλ᾽ ὑμῖν βαρύτεραι γεγόνασιν καὶ ἐπιφθονώτεραι, d
ὥστε ζητεῖτε αὐτῶν νυνὶ ἀπαλλαγῆναι, ἄλλοι δὲ ἄρα αὐτὰς
οἴσουσι ῥᾳδίως; Πολλοῦ γε δεῖ, ὦ ἄνδρες Ἀθηναῖοι.

Καλὸς οὖν ἄν μοι ὁ βίος εἴη ἐξελθόντι τηλικῷδε ἀνθρώπῳ
ἄλλην ἐξ ἄλλης πόλεως ἀμειβομένῳ καὶ ἐξελαυνομένῳ ζῆν.
Εὖ γὰρ οἶδ᾽ ὅτι, ὅποι ἂν ἔλθω, λέγοντος ἐμοῦ ἀκροάσονται οἱ
νέοι ὥσπερ ἐνθάδε. Κἂν μὲν τούτους ἀπελαύνω, οὗτοι ἐμὲ
αὐτοὶ ἐξελῶσι πείθοντες τοὺς πρεσβυτέρους· ἐὰν δὲ μὴ
ἀπελαύνω, οἱ τούτων πατέρες τε καὶ οἰκεῖοι δι᾽ αὐτοὺς e
τούτους.

Ἴσως οὖν ἄν τις εἴποι· « Σιγῶν δὲ καὶ ἡσυχίαν ἄγων, ὦ
Σώκρατες, οὐχ οἷός τ᾽ ἔσῃ ἡμῖν ἐξελθὼν ζῆν; » Τουτὶ δή
ἐστι πάντων χαλεπώτατον πεῖσαί τινας ὑμῶν. Ἐάν τε γὰρ
λέγω ὅτι τῷ θεῷ ἀπειθεῖν τοῦτ᾽ ἐστὶν καὶ διὰ τοῦτ᾽ ἀδύνατον
ἡσυχίαν ἄγειν, οὐ πείσεσθέ μοι ὡς εἰρωνευομένῳ· ἐάν τ᾽ αὖ 38
λέγω ὅτι καὶ τυγχάνει μέγιστον ἀγαθὸν ὂν ἀνθρώπῳ τοῦτο,
ἑκάστης ἡμέρας περὶ ἀρετῆς τοὺς λόγους ποιεῖσθαι καὶ τῶν
ἄλλων περὶ ὧν ὑμεῖς ἐμοῦ ἀκούετε διαλεγομένου καὶ ἐμαυτὸν
καὶ ἄλλους ἐξετάζοντος, ὁ δὲ ἀνεξέταστος βίος οὐ βιωτὸς
ἀνθρώπῳ, ταῦτα δ᾽ ἔτι ἧττον πείσεσθέ μοι λέγοντι. Τὰ δὲ
ἔχει μὲν οὕτως ὡς ἐγώ φημι, ὦ ἄνδρες, πείθειν δὲ οὐ
ῥᾴδιον. Καὶ ἐγὼ ἅμα οὐκ εἴθισμαι ἐμαυτὸν ἀξιοῦν κακοῦ

wissen gestehe, ob es ein Gut oder ein Übel ist? Anstatt dessen also sollte ich von denen Dingen eines wählen und mir zuerkennen, von welchen ich gar wohl weiß, daß sie Übel sind?
Etwa Gefängnisstrafe? Und wozu sollte ich doch leben im Ker- c
ker, unter dem Befehl der jedesmaligen Obrigkeit? Oder Geldstrafe? und gefangen zu sein bis ich sie entrichtet habe? Das wäre aber für mich ganz dasselbe wie das Vorige. Denn ich habe kein Geld, wovon ich sie entrichten könnte. Aber die Verweisung soll ich mir wohl zuerkennen? Die möchtet ihr mir vielleicht wohl zugestehen. Aber von großer Lebenslust müßte ich wohl besessen sein, ihr Athener, wenn ich so unvernüftig wäre, daß ich nicht berechnen könnte, da ihr meine Mitbürger nicht im Stande gewesen seid, meine Lebensweise und meine
Reden zu ertragen, sondern sie euch zu beschwerlich und ver- d
haßt geworden sind, so daß ihr euch nun davon loszumachen sucht, ob also wohl Andere sie leichter ertragen werden? Weit gefehlt, ihr Athener! Ein schönes Leben wäre mir das also, in solchem Alter auszuwandern und immer umhergetrieben eine Stadt mit der andern zu vertauschen. Denn das weiß ich wohl, wohin ich auch komme, werden die Jünglinge meinen Reden zuhören, eben wie hier. Und wenn ich diese von mir weise, so werden sie selbst bei den Alten meine Verweisung bewirken;
weise ich sie nicht von mir, so werden dasselbe doch ihre Väter e
und Verwandten um jener willen tun. Vielleicht aber wird einer sagen: Also still und ruhig, Sokrates, wirst du nicht im Stande sein nach deiner Verweisung zu leben? Das nun ist wohl am allerschwersten Manchem von euch begreiflich zu machen. Denn wenn ich sage, das hieße dem Gotte ungehorsam sein,
und deshalb wäre es mir unmöglich mich ruhig zu verhalten: so 38a
werdet ihr mir nicht glauben als meinte ich etwas anderes als ich sage. Und wenn ich wiederum sage, daß ja eben dies das größte Gut für den Menschen ist, täglich über die Tugend sich zu unterhalten, und über die andern Gegenstände, über welche ihr mich reden und mich selbst und Andere prüfen hört, ein Leben ohne Selbsterforschung aber gar nicht verdient gelebt zu werden, das werdet ihr mir noch weniger glauben wenn ich es sage. Aber gewiß verhält sich dies so, wie ich es vortrage, ihr Männer, nur euch davon zu überzeugen ist nicht leicht. Auch

οὐδενός. Εἰ μὲν γὰρ ἦν μοι χρήματα, ἐτιμησάμην ἂν b
χρημάτων ὅσα ἔμελλον ἐκτείσειν· οὐδὲν γὰρ ἂν ἐβλάβην· νῦν δέ — οὐ γὰρ ἔστιν, εἰ μὴ ἄρα ὅσον ἂν ἐγὼ δυναίμην ἐκτεῖσαι τοσούτου βούλεσθέ μοι τιμῆσαι. Ἴσως δ' ἂν δυναίμην ἐκτεῖσαι ὑμῖν μνᾶν ἀργυρίου· τοσούτου οὖν τιμῶμαι. Πλάτων δὲ ὅδε, ὦ ἄνδρες Ἀθηναῖοι, καὶ Κρίτων καὶ Κριτόβουλος καὶ Ἀπολλόδωρος κελεύουσί με τριάκοντα μνῶν τιμήσασθαι, αὐτοὶ δ' ἐγγυᾶσθαι· τιμῶμαι οὖν τοσούτου· ἐγγυηταὶ δὲ ὑμῖν ἔσονται τοῦ ἀργυρίου οὗτοι ἀξιόχρεῳ.

III

Οὐ πολλοῦ γε ἕνεκα χρόνου, ὦ ἄνδρες Ἀθηναῖοι, ὄνομα c
ἕξετε καὶ αἰτίαν ὑπὸ τῶν βουλομένων τὴν πόλιν λοιδορεῖν ὡς Σωκράτη ἀπεκτόνατε ἄνδρα σοφόν· φήσουσι γὰρ δὴ σοφὸν εἶναι, εἰ καὶ μή εἰμι, οἱ βουλόμενοι ὑμῖν ὀνειδίζειν. Εἰ οὖν περιεμείνατε ὀλίγον χρόνον, ἀπὸ τοῦ αὐτομάτου ἂν ὑμῖν τοῦτο ἐγένετο· ὁρᾶτε γὰρ δὴ τὴν ἡλικίαν ὅτι πόρρω ἤδη ἐστὶ τοῦ βίου, θανάτου δὲ ἐγγύς. Λέγω δὲ τοῦτο οὐ πρὸς d
πάντας ὑμᾶς, ἀλλὰ πρὸς τοὺς ἐμοῦ καταψηφισαμένους θάνατον.

Λέγω δὲ καὶ τόδε πρὸς τοὺς αὐτοὺς τούτους. Ἴσως με οἴεσθε, ὦ ἄνδρες, ἀπορίᾳ λόγων ἑαλωκέναι τοιούτων οἷς ἂν ὑμᾶς ἔπεισα, εἰ ᾤμην δεῖν ἅπαντα ποιεῖν καὶ λέγειν ὥστε ἀποφυγεῖν τὴν δίκην. Πολλοῦ γε δεῖ. Ἀλλ' ἀπορίᾳ μὲν ἑάλωκα, οὐ μέντοι λόγων, ἀλλὰ τόλμης καὶ ἀναισχυντίας καὶ τοῦ μὴ ἐθέλειν λέγειν πρὸς ὑμᾶς τοιαῦτα οἷ' ἂν ὑμῖν μὲν ἥδιστα ἦν ἀκούειν, θρηνοῦντός τέ μου καὶ ὀδυρομένου καὶ ἄλλα ποιοῦντος καὶ λέγοντος πολλὰ καὶ ἀνάξια ἐμοῦ, ὡς ἐγώ e
φημι, οἷα δὴ καὶ εἴθισθε ὑμεῖς τῶν ἄλλων ἀκούειν. Ἀλλ'

bin ich nicht gewohnt mich selbst etwas übles wert zu achten. b Hätte ich nun Geld, so würde ich mir soviel Geldstrafe zuerkennen als ich entrichten könnte: denn davon hätte ich weiter keinen Schaden. Nun aber, ich habe eben keins; wenn ihr nicht etwa soviel als ich zu entrichten vermag mir zuerkennen wollt. Ich vermöchte euch aber vielleicht etwa eine Mine zu entrichten. Die will ich mir also zuerkennen. Platon aber hier und Kriton und Kritobulos und Apollodoros reden mir zu mir Dreißig Minen zuzuerkennen und sie wollten Bürgschaft leisten. Soviel also erkenne ich mir zu, und diese werden euch für dies Geld zuverlässige Bürgen sein.

---

3. Die Rede nach dem Todesurteil
3.1. Schlußworte an die verurteilenden Richter: Urteil über den Prozeß; Weissagung

Nur um einer gar kurzen Zeit willen, ihr Athener, werdet c ihr nun den Namen behalten und den Vorwurf von denen, welche die Stadt gern lästern mögen, daß ihr den Sokrates hingerichtet habt, diesen weisen Mann. Denn behaupten werden die nun freilich daß ich weise bin, wenn ich es auch nicht bin, die euch lästern wollen. Hättet ihr nun eine kleine Weile gewartet: so wäre euch ja dies von selbst erfolgt. Denn ihr seht ja mein Alter, daß es schon weit fortgerückt ist im Leben, und nahe am Tode. Ich sage dies aber nicht zu euch allen, sondern d nur zu denen, die für meinen Tod gestimmt haben. Und zu eben diesen sage ich auch noch dies. Vielleicht glaubt ihr, Athener, ich unterläge jetzt aus Unvermögen in solchen Reden, durch welche ich euch wohl möchte überredet habe, wenn ich geglaubt hätte alles reden und tun zu dürfen um nur dieser Klage zu entkommen. Weit gefehlt! Sondern aus Unvermögen unterliege ich freilich, aber nicht an Worten; sondern an Frechheit und Schamlosigkeit, und an dem Willen dergleichen zu euch zu reden, als ihr freilich am liebsten gehört hättet, wenn ich gejammert hätte und gewehklagt, und viel Anderes getan e und geredet meiner unwürdiges, wie ich behaupte, dergleichen ihr freilich gewohnt seid von den Andern zu hören. Allein weder vorher glaubte ich der Gefahr wegen etwas unedles tun

οὔτε τότε ᾠήθην δεῖν ἕνεκα τοῦ κινδύνου πρᾶξαι οὐδὲν
ἀνελεύθερον, οὔτε νῦν μοι μεταμέλει οὕτως ἀπολογησα-
μένῳ, ἀλλὰ πολὺ μᾶλλον αἱροῦμαι ὧδε ἀπολογησάμενος τε-
θνάναι ἢ ἐκείνως ζῆν· οὔτε γὰρ ἐν δίκῃ οὔτ' ἐν πολέμῳ οὔτ'
ἐμὲ οὔτ' ἄλλον οὐδένα δεῖ τοῦτο μηχανᾶσθαι ὅπως ἀποφεύ- 39
ξεται, πᾶν ποιῶν, θάνατον. Καὶ γὰρ ἐν ταῖς μάχαις πολλάκις
δῆλον γίγνεται ὅτι τό γε ἀποθανεῖν ἄν τις ἐκφύγοι καὶ ὅπλα
ἀφεὶς καὶ ἐφ' ἱκετείαν τραπόμενος τῶν διωκόντων· καὶ
ἄλλαι μηχαναὶ πολλαί εἰσιν ἐν ἑκάστοις τοῖς κινδύνοις ὥστε
διαφεύγειν θάνατον, ἐάν τις τολμᾷ πᾶν ποιεῖν καὶ λέγειν.
Ἀλλὰ μὴ οὐ τοῦτ' ᾖ χαλεπόν, ὦ ἄνδρες, θάνατον ἐκφυγεῖν,
ἀλλὰ πολὺ χαλεπώτερον πονηρίαν· θᾶττον γὰρ θανάτου θεῖ. b
Καὶ νῦν ἐγὼ μὲν ἅτε βραδὺς ὢν καὶ πρεσβύτης ὑπὸ τοῦ
βραδυτέρου ἑάλων· οἱ δ' ἐμοὶ κατήγοροι ἅτε δεινοὶ καὶ ὀξεῖς
ὄντες ὑπὸ τοῦ θάττονος, τῆς κακίας. Καὶ νῦν ἐγὼ μὲν
ἄπειμι ὑφ' ὑμῶν θανάτου δίκην ὀφλών, οὗτοι δ' ὑπὸ τῆς
ἀληθείας ὠφληκότες μοχθηρίαν καὶ ἀδικίαν· καὶ ἔγωγε τῷ
τιμήματι ἐμμένω καὶ οὗτοι. Ταῦτα μέν που ἴσως οὕτως καὶ
ἔδει σχεῖν καὶ οἶμαι αὐτὰ μετρίως ἔχειν.

Τὸ δὲ δὴ μετὰ τοῦτο ἐπιθυμῶ ὑμῖν χρησμῳδῆσαι, ὦ c
καταψηφισάμενοί μου· καὶ γάρ εἰμι ἤδη ἐνταῦθα ἐν ᾧ
μάλιστα ἄνθρωποι χρησμῳδοῦσιν, ὅταν μέλλωσιν ἀποθα-
νεῖσθαι. Φημὶ γάρ, ὦ ἄνδρες οἳ ἐμὲ ἀπεκτόνατε, τιμωρίαν
ὑμῖν ἥξειν εὐθὺς μετὰ τὸν ἐμὸν θάνατον πολὺ χαλεπωτέραν
νὴ Δία ἢ οἵαν ἐμὲ ἀπεκτόνατε. Νῦν γὰρ τοῦτο εἰργάσασθε
οἰόμενοι ἀπαλλάξεσθαι τοῦ διδόναι ἔλεγχον τοῦ βίου· τὸ δὲ
ὑμῖν πολὺ ἐναντίον ἀποβήσεται, ὡς ἐγώ φημι. Πλείους
ἔσονται ὑμᾶς οἱ ἐλέγχοντες, οὓς νῦν ἐγὼ κατεῖχον, ὑμεῖς d
δὲ οὐκ ᾐσθάνεσθε· καὶ χαλεπώτεροι ἔσονται ὅσῳ νεώτεροί
εἰσι, καὶ ὑμεῖς μᾶλλον ἀγανακτήσετε. Εἰ γὰρ οἴεσθε ἀποκτεί-
νοντες ἀνθρώπους ἐπισχήσειν τοῦ ὀνειδίζειν τινὰ ὑμῖν ὅτι
οὐκ ὀρθῶς ζῆτε, οὐ καλῶς διανοεῖσθε· οὐ γάρ ἐσθ' αὕτη ἡ
ἀπαλλαγὴ οὔτε πάνυ δυνατὴ οὔτε καλή, ἀλλ' ἐκείνη καὶ

zu dürfen, noch auch gereuet es mich jetzt mich so verteidigt zu haben; sondern weit lieber will ich auf diese Art mich verteidiget haben und sterben als auf jene und leben. Denn weder vor Gericht noch im Kriege ziemt es weder mir noch irgend Jemanden darauf zu sinnen, wie man nur auf jede Art dem 39a
Tode entgehen möge. Auch ist ja das bei Gefechten oft sehr offenbar, daß dem Tode einer wohl entfliehen könnte, würfe er nur die Waffen weg und wendete sich flehend an die Verfolgenden, und viele andere Rettungsmittel gibt es in jeglicher Gefahr um dem Tode zu entgehen, wenn einer nicht scheut Alles zu tun und zu reden. Allein, daß nur nicht dies gar nicht schwer ist, ihr Athener, dem Tode zu entgehen, aber weit schwerer der Schlechtigkeit; denn sie läuft schneller als der b
Tod. Auch itzt daher bin ich als ein langsamer Greis von dem langsameren gefangen worden; meine Ankläger aber, gewaltig und heftig wie sie sind von dem schnelleren der Bosheit. Jetzt also gehe ich hin und bin von euch der Strafe des Todes schuldig erklärt; diese aber sind von der Wahrheit schuldig erklärt der Unwürdigkeit und Ungerechtigkeit. Und sowohl ich beruhige mich bei dem Erkenntnis, als auch diese.

Dieses nun mußte vielleicht so kommen, und ich glaube, daß es ganz gut so ist. Was aber nun hierauf folgen wird, ge- c
lüstet mich euch zu weissagen, ihr meine Verurteiler! Denn ich stehe ja auch schon da, wo vorzüglich die Menschen weissagen, wenn sie nämlich im Begriff sind zu sterben. Ich behaupte also, ihr Männer die ihr mich hinrichtet, es wird sogleich nach meinem Tode eine weit schwerere Strafe über euch kommen, als die mit welcher ihr mich getötet habt. Denn itzt habt ihr dies getan in der Meinung nun entlediget zu sein von der Rechenschaft über euer Leben. Es wird aber ganz entgegengesetzt für euch ablaufen, wie ich behaupte. Mehrere werden sein, die euch zur Untersuchung ziehen, welche ich nur bisher zurück- d
gehalten, ihr aber gar nicht bemerkt habt. Und um desto beschwerlicher werden sie euch werden, je jünger sie sind, und ihr um desto unwilliger. Denn wenn ihr meint durch Hinrichtungen dem Einhalt zu tun, daß euch Niemand schelten soll wenn ihr nicht recht lebt, so bedenkt ihr das sehr schlecht. Denn diese Entledigung ist weder recht ausführbar noch ist sie

καλλίστη καὶ ῥᾴστη, μὴ τοὺς ἄλλους κολούειν, ἀλλ' ἑαυτὸν
παρασκευάζειν ὅπως ἔσται ὡς βέλτιστος. Ταῦτα μὲν οὖν
ὑμῖν τοῖς καταψηφισαμένοις μαντευσάμενος ἀπαλλάττο-
μαι.

Τοῖς δὲ ἀποψηφισαμένοις ἡδέως ἂν διαλεχθείην ὑπὲρ e
τοῦ γεγονότος τουτουῒ πράγματος, ἐν ᾧ οἱ ἄρχοντες
ἀσχολίαν ἄγουσι καὶ οὔπω ἔρχομαι οἷ ἐλθόντα με δεῖ
τεθνάναι. Ἀλλά μοι, ὦ ἄνδρες, παραμείνατε τοσοῦτον
χρόνον· οὐδὲν γὰρ κωλύει διαμυθολογῆσαι πρὸς ἀλλήλους
ἕως ἔξεστιν. Ὑμῖν γὰρ ὡς φίλοις οὖσιν ἐπιδεῖξαι ἐθέλω τὸ 40
νυνί μοι συμβεβηκὸς τί ποτε νοεῖ.

Ἐμοὶ γάρ, ὦ ἄνδρες δικασταί — ὑμᾶς γὰρ δικαστὰς κα-
λῶν ὀρθῶς ἂν καλοίην — θαυμάσιόν τι γέγονεν. Ἡ γὰρ
εἰωθυῖά μοι μαντικὴ ἡ τοῦ δαιμονίου ἐν μὲν τῷ πρόσθεν
χρόνῳ παντὶ πάνυ πυκνὴ ἀεὶ ἦν καὶ πάνυ ἐπὶ σμικροῖς
ἐναντιουμένη, εἴ τι μέλλοιμι μὴ ὀρθῶς πράξειν· νυνὶ δὲ
συμβέβηκέ μοι ἅπερ ὁρᾶτε καὶ αὐτοὶ ταυτί, ἅ γε δὴ οἰηθείη
ἄν τις καὶ νομίζεται ἔσχατα κακῶν εἶναι· ἐμοὶ δὲ οὔτε
ἐξιόντι ἕωθεν οἴκοθεν ἠναντιώθη τὸ τοῦ θεοῦ σημεῖον οὔτε b
ἡνίκα ἀνέβαινον ἐνταυθοῖ ἐπὶ τὸ δικαστήριον οὔτ' ἐν τῷ
λόγῳ οὐδαμοῦ μέλλοντί τι ἐρεῖν· καίτοι ἐν ἄλλοις λόγοις
πολλαχοῦ δή με ἐπέσχε λέγοντα μεταξύ· νῦν δὲ οὐδαμοῦ
περὶ αὐτὴν τὴν πρᾶξιν οὔτ' ἐν ἔργῳ οὐδενὶ οὔτ' ἐν λόγῳ
ἠναντίωταί μοι. Τί οὖν αἴτιον εἶναι ὑπολαμβάνω; ἐγὼ
ὑμῖν ἐρῶ· κινδυνεύει γάρ μοι τὸ συμβεβηκὸς τοῦτο ἀγαθὸν
γεγονέναι καὶ οὐκ ἔσθ' ὅπως ἡμεῖς ὀρθῶς ὑπολαμβάνομεν
ὅσοι οἰόμεθα κακὸν εἶναι τὸ τεθνάναι. Μέγα μοι τεκμήριον c
τούτου γέγονεν· οὐ γὰρ ἔσθ' ὅπως οὐκ ἠναντιώθη ἄν μοι τὸ
εἰωθὸς σημεῖον, εἰ μή τι ἔμελλον ἐγὼ ἀγαθὸν πράξειν.

Ἐννοήσωμεν δὲ καὶ τῇδε ὡς πολλὴ ἐλπίς ἐστιν ἀγαθὸν
αὐτὸ εἶναι. Δυοῖν γὰρ θάτερόν ἐστιν τὸ τεθνάναι· ἢ γὰρ οἷον
μηδὲν εἶναι μηδὲ αἴσθησιν μηδεμίαν μηδενὸς ἔχειν τὸν
τεθνεῶτα, ἢ κατὰ τὰ λεγόμενα μεταβολή τις τυγχάνει οὖσα

edel. Sondern jene ist die edelste und leichteste, nicht Anderen wehren, sondern sich selbst so einrichten daß man möglichst gut sei. Dieses will ich euch, die ihr gegen mich gestimmt habt geweissagt haben, und nun von euch scheiden.

3.2. Schlußworte an die Freisprechenden: Über das Ausbleiben des Daimonions; das Sein nach dem Tod

Mit denen aber welche für mich gestimmt möchte ich gern e
noch reden über dies Ereignis welches sich zugetragen, so lange die Gewalthaber noch Abhaltung haben, und ich noch nicht dahin gehen muß, wo ich sterben soll. Also, ihr Männer, so lange haltet mir noch aus. Nichts hindert ja uns vertraulich zu unterhalten mit einander so lange es noch vergönnt ist. Denn euch als meinen Freunden will ich gern das erklären, was mir 40a
soeben begegnet ist, was es eigentlich bedeutet. Mir ist nämlich, ihr Richter, denn euch benenne ich recht, wenn ich euch Richter nenne, etwas wunderbares vorgekommen. Meine gewohnte Vorbedeutung nämlich war in der vorigen Zeit wohl gar sehr häufig, und oft in großen Kleinigkeiten widerstand sie mir, wenn ich im Begriff war etwas nicht auf die rechte Art zu tun. Jetzt aber ist mir doch, wie ihr ja selbst seht, dieses begegnet, was wohl mancher für das größte Übel halten könnte, und was auch dafür angesehen wird; dennoch aber hat mir weder als ich des Morgens von Hause ging das Zeichen des b
Gottes widerstanden, noch auch als ich hier die Gerichtsstätte betrat, noch auch irgendwo in der Rede, wenn ich etwas sagen wollte. Wiewohl bei andern Reden es mich oft mitten im Reden aufhielt. Jetzt aber hat es mir nirgends bei dieser Verhandlung, wenn ich etwas tat, oder sprach nicht im mindesten widerstanden. Was für eine Ursach nun soll ich mir hievon denken? Das will ich euch sagen. Es mag wohl was mir begegnet ist etwas gutes sein, und unmöglich können wir recht haben, die wir c
annehmen der Tod sei ein Übel. Davon ist mir dies ein großer Beweis. Denn unmöglich würde mir das gewohnte Zeichen nicht widerstanden haben, wenn ich nicht begriffen gewesen wäre etwas gutes auszurichten. Laßt uns aber auch so erwägen, wieviel Ursach wir haben zu hoffen, es sei etwas gutes. Denn eins von beiden ist das Totsein, entweder soviel als nichts sein,

καὶ μετοίκησις τῇ ψυχῇ τοῦ τόπου τοῦ ἐνθένδε εἰς ἄλλον
τόπον. Καὶ εἴτε μηδεμία αἴσθησίς ἐστιν, ἀλλ' οἷον ὕπνος,
ἐπειδάν τις καθεύδων μηδ' ὄναρ μηδὲν ὁρᾷ, θαυμάσιον d
κέρδος ἂν εἴη ὁ θάνατος. Ἐγὼ γὰρ ἂν οἶμαι, εἴ τινα ἐκλε-
ξάμενον δέοι ταύτην τὴν νύκτα ἐν ᾗ οὕτω κατέδαρθεν ὥστε
μηδὲ ὄναρ ἰδεῖν, καὶ τὰς ἄλλας νύκτας τε καὶ ἡμέρας τὰς
τοῦ βίου τοῦ ἑαυτοῦ ἀντιπαραθέντα ταύτῃ τῇ νυκτὶ δέοι
σκεψάμενον εἰπεῖν πόσας ἄμεινον καὶ ἥδιον ἡμέρας καὶ
νύκτας ταύτης τῆς νυκτὸς βεβίωκεν ἐν τῷ ἑαυτοῦ βίῳ,
οἶμαι ἂν μὴ ὅτι ἰδιώτην τινά, ἀλλὰ τὸν μέγαν βασιλέα
εὐαριθμήτους ἂν εὑρεῖν αὐτὸν ταύτας πρὸς τὰς ἄλλας e
ἡμέρας καὶ νύκτας. Εἰ οὖν τοιοῦτον ὁ θάνατός ἐστιν, κέρδος
ἔγωγε λέγω· καὶ γὰρ οὐδὲν πλείων ὁ πᾶς χρόνος φαίνεται
οὕτω δὴ εἶναι ἢ μία νύξ. Εἰ δ' αὖ οἷον ἀποδημῆσαί ἐστιν ὁ
θάνατος ἐνθένδε εἰς ἄλλον τόπον καὶ ἀληθῆ ἐστιν τὰ λεγό-
μενα ὡς ἄρα ἐκεῖ εἰσιν ἅπαντες οἱ τεθνεῶτες, τί μεῖζον
ἀγαθὸν τούτου εἴη ἄν, ὦ ἄνδρες δικασταί ; Εἰ γάρ τις
ἀφικόμενος εἰς Ἅιδου, ἀπαλλαγεὶς τουτωνὶ τῶν φασκόν- 41
των δικαστῶν εἶναι, εὑρήσει τοὺς ἀληθῶς δικαστὰς οἵπερ
καὶ λέγονται ἐκεῖ δικάζειν, Μίνως τε καὶ Ῥαδάμανθυς
καὶ Αἰακὸς καὶ Τριπτόλεμος καὶ ἄλλοι ὅσοι τῶν ἡμιθέων
δίκαιοι ἐγένοντο ἐν τῷ ἑαυτῶν βίῳ, ἆρα φαύλη ἂν εἴη ἡ
ἀποδημία ; ἢ αὖ Ὀρφεῖ συγγενέσθαι καὶ Μουσαίῳ καὶ
Ἡσιόδῳ καὶ Ὁμήρῳ ἐπὶ πόσῳ ἄν τις δέξαιτ' ἂν ὑμῶν ;
Ἐγὼ μὲν γὰρ πολλάκις ἐθέλω τεθνάναι εἰ ταῦτ' ἔστιν ἀληθῆ,
ἐπεὶ ἔμοιγε καὶ αὐτῷ θαυμαστὴ ἂν εἴη ἡ διατριβὴ αὐτόθι, b
ὁπότε ἐντύχοιμι Παλαμήδει καὶ Αἴαντι τῷ Τελαμῶνος καὶ
εἴ τις ἄλλος τῶν παλαιῶν διὰ κρίσιν ἄδικον τέθνηκεν, ἀντι-
παραβάλλοντι τὰ ἐμαυτοῦ πάθη πρὸς τὰ ἐκείνων, ὡς
ἐγὼ οἶμαι, οὐκ ἂν ἀηδὲς εἴη· καὶ δὴ τὸ μέγιστον, τοὺς ἐκεῖ
ἐξετάζοντα καὶ ἐρευνῶντα ὥσπερ τοὺς ἐνταῦθα διάγειν τίς
αὐτῶν σοφός ἐστιν καὶ τίς οἴεται μέν, ἔστιν δ' οὔ. Ἐπὶ
πόσῳ δ' ἄν τις, ὦ ἄνδρες δικασταί, δέξαιτο ἐξετάσαι τὸν ἐπὶ
Τροίαν ἀγαγόντα τὴν πολλὴν στρατιὰν ἢ Ὀδυσσέα ἢ Σίσυφον c

noch irgend eine Empfindung von irgend etwas haben wenn man tot ist; oder, wie auch gesagt wird, es ist eine Versetzung und Umzug der Seele von hinnen an einen andern Ort. Und ist es nun gar keine Empfindung, sondern wie ein Schlaf, in welchem der Schlafende auch nicht einmal einen Traum hat, so d
wäre der Tod ein wunderbarer Gewinn. Denn ich glaube, wenn jemand einer solchen Nacht, in welcher er so fest geschlafen, daß er nicht einmal einen Traum gehabt, alle übrigen Tage und Nächte seines Lebens gegenüberstellen, und nach reiflicher Überlegung sagen sollte, wieviel er wohl angenehmere und bessere Tage und Nächte als jene Nacht in seinem Leben gelebt hat: so glaube ich würde nicht nur ein gewöhnlicher Mensch, sondern der große König selbst finden, daß e
diese sehr leicht zu zählen sind gegen die übrigen Tage und Nächte. Wenn also der Tod etwas solches ist, so nenne ich ihn einen Gewinn, denn die ganze Zeit scheint ja auch nicht länger auf dies Art als Eine Nacht. Ist aber der Tod wiederum wie eine Auswanderung von hinnen an einen andern Ort, und ist das wahr was gesagt wird, daß dort alle Verstorbene sind, was für ein größeres Gut könnte es wohl geben als dieses, ihr Richter? Denn wenn einer in der Unterwelt angelangt nun dieser sich so 41a
nennenden Richter entlediget dort die wahren Richter antrifft, von denen auch gesagt wird, daß sie dort Recht sprechen, den Minos und Rhadamanthys und Aiakos und Triptolemos, und welche Halbgötter sonst gerecht gewesen sind in ihrem Leben, wäre das wohl eine schlechte Umwanderung? Oder auch mit dem Orpheus umzugehn und Musaios und Hesiodos und Homeros, wie teuer möchtet ihr das wohl erkaufen? Ich wenigstens will gern oftmals sterben, wenn dies wahr ist. Ja mir b
zumal wäre es ein herrliches Leben, wenn ich dort den Palamedes und Aias des Telamon Sohn anträfe, und wer sonst noch unter den Alten eines ungerechten Gerichtes wegen gestorben ist, mit dessen Geschick das meinige zu vergleichen, das müßte glaube ich gar nicht unerfreulich sein. Ja was das größte ist, die dort ebenso ausfragend und ausforschend zu leben, wer unter ihnen weise ist, und wer es zwar glaubt es aber nicht ist. Für wieviel, ihr Richter, möchte das einer wohl annehmen, den welcher das große Heer nach Troja führte auszufragen oder c

— ἢ ἄλλους μυρίους ἄν τις εἴποι καὶ ἄνδρας καὶ γυναῖκας — οἷς ἐκεῖ διαλέγεσθαι καὶ συνεῖναι καὶ ἐξετάζειν ἀμήχανον ἂν εἴη εὐδαιμονίας; Πάντως οὐ δήπου τούτου γε ἕνεκα οἱ ἐκεῖ ἀποκτείνουσι· τά τε γὰρ ἄλλα εὐδαιμονέστεροί εἰσιν οἱ ἐκεῖ τῶν ἐνθάδε καὶ ἤδη τὸν λοιπὸν χρόνον ἀθάνατοί εἰσιν, εἴπερ γε τὰ λεγόμενα ἀληθῆ ἐστιν.

Ἀλλὰ καὶ ὑμᾶς χρή, ὦ ἄνδρες δικασταί, εὐέλπιδας εἶναι πρὸς τὸν θάνατον καὶ ἕν τι τοῦτο διανοεῖσθαι ἀληθὲς ὅτι οὐκ ἔστιν ἀνδρὶ ἀγαθῷ κακὸν οὐδὲν οὔτε ζῶντι οὔτε τελευ- d
τήσαντι, οὐδὲ ἀμελεῖται ὑπὸ θεῶν τὰ τούτου πράγματα· οὐδὲ τὰ ἐμὰ νῦν ἀπὸ τοῦ αὐτομάτου γέγονεν, ἀλλά μοι δῆλόν ἐστι τοῦτο ὅτι ἤδη τεθνάναι καὶ ἀπηλλάχθαι πραγμάτων βέλτιον ἦν μοι. Διὰ τοῦτο καὶ ἐμὲ οὐδαμοῦ ἀπέτρεψεν τὸ σημεῖον καὶ ἔγωγε τοῖς καταψηφισαμένοις μου καὶ τοῖς κατηγόροις οὐ πάνυ χαλεπαίνω. Καίτοι οὐ ταύτῃ τῇ διανοίᾳ κατεψηφίζοντό μου καὶ κατηγόρουν, ἀλλ' οἰόμενοι βλάπτειν· τοῦτο αὐτοῖς ἄξιον μέμφεσθαι.

Τοσόνδε μέντοι αὐτῶν δέομαι· τοὺς ὑεῖς μου, ἐπειδὰν e
ἡβήσωσι, τιμωρήσασθε, ὦ ἄνδρες, ταὐτὰ ταῦτα λυποῦντες ἅπερ ἐγὼ ὑμᾶς ἐλύπουν, ἐὰν ὑμῖν δοκῶσιν ἢ χρημάτων ἢ ἄλλου του πρότερον ἐπιμελεῖσθαι ἢ ἀρετῆς, καὶ ἐὰν δοκῶσί τι εἶναι μηδὲν ὄντες, ὀνειδίζετε αὐτοῖς, ὥσπερ ἐγὼ ὑμῖν, ὅτι οὐκ ἐπιμελοῦνται ὧν δεῖ καὶ οἴονταί τι εἶναι ὄντες οὐδενὸς ἄξιοι. Καὶ ἐὰν ταῦτα ποιῆτε, δίκαια πεπονθὼς ἐγὼ
ἔσομαι ὑφ' ὑμῶν αὐτός τε καὶ οἱ ὑεῖς. 42

Ἀλλὰ γὰρ ἤδη ὥρα ἀπιέναι, ἐμοὶ μὲν ἀποθανουμένῳ, ὑμῖν δὲ βιωσομένοις. Ὁπότεροι δὲ ἡμῶν ἔρχονται ἐπὶ ἄμεινον πρᾶγμα, ἄδηλον παντὶ πλὴν εἰ τῷ θεῷ.

den Odysseus oder Sisyphos, und viele andere könnte einer
nennen, Männer und Frauen; mit welchen dort zu sprechen
und umzugehn und sie auszuforschen auf alle Weise eine un-
beschreibliche Glückseligkeit wäre. Gewiß werden sie einen
dort um deswillen doch wohl nicht hinrichten. Denn nicht nur
sonst ist man dort glückseliger als hier, sondern auch die übri-
ge Zeit unsterblich, wenn das wahr ist, was gesagt wird. Also
müßt auch ihr, Richter, gute Hoffnung haben in Absicht des
Todes, und dies Eine richtige im Gemüt halten, daß es für den
guten Mann kein Übel gibt weder im Leben noch im Tode, d
noch daß je von den Göttern seine Angelegenheiten vernach-
lässigt werden. Auch die meinigen haben itzt nicht von ohn-
gefähr diesen Ausgang genommen: sondern mir ist deutlich,
daß sterben und aller Mühen entlediget werden schon das beste
für mich war. Daher auch hat weder mich irgendwo das Zei-
chen gewarnt, noch auch bin ich gegen meine Verurteiler und
gegen meine Ankläger irgend aufgebracht. Obgleich nicht in
dieser Absicht sie mich verurteilt und angeklagt haben, son-
dern in der Meinung mir übles zuzufügen. Das verdient an
ihnen getadelt zu werden. Soviel jedoch bitte ich von ihnen. e
An meinen Söhnen wenn sie erwachsen sind nehmt eure Ra-
che, ihr Männer, und quält sie eben so wie ich euch gequält
habe, wenn euch dünkt, daß sie sich um Reichtum oder um
sonst irgend etwas eher bemühen als um die Tugend; und
wenn sie sich dünken etwas zu sein, sind aber nichts: so ver-
weiset es ihnen wie ich euch, daß sie nicht sorgen wofür sie
sollten, und sich einbilden etwas zu sein, da sie doch nichts wert
sind. Und wenn ihr das tut, werde ich Billiges von euch erfah- 42a
ren haben, ich selbst und meine Söhne. Jedoch, es ist Zeit daß
wir gehn, ich um zu sterben, und ihr um zu leben. Wer aber von
uns beiden zu dem besseren Geschäft hingehe, das ist Allen
verborgen außer nur Gott.

Κρίτων
Kriton

GLIEDERUNG

1. Die Todessituation des Sokrates, festgelegt durch die Rückkehr des Schiffes aus Delos und einen Traum des Sokrates (43a1)
2. Der Fluchtvorschlag Kritons und seine Begründung (44b5)
3. Widerlegung der für den Fluchtvorschlag maßgeblichen Grundsätze durch Sokrates (46b1)
3.1. Sokrates' Maxime: Dem besten Satz folgen (46b1)
3.2. Nicht jede Meinung zählt, nur die des Sachkundigen, dies auch bezüglich des Gerechten und Ungerechten (46c6)
3.3. Die entscheidende Frage: Wäre die Flucht gerecht? Verbot, Unrecht mit Unrecht zu vergelten (48c11)
3.4. Persönliche Ermahnung der Gesetze, die ihnen früher zugestandene Verbindlichkeit weiterhin zu achten. Flucht wäre Unrecht (49e5)
3.5. Sokrates' besondere Verpflichtung gegen die Gesetze (52a7)
3.6. Eine Flucht des Sokrates widerspräche dem, was ihm als gutes Leben galt (53a9)
3.7. Die unerschütterliche Überzeugung, bleiben zu müssen (54d2)

Κρίτων

ΣΩΚΡΑΤΗΣ ΚΡΙΤΩΝ

ΣΩΚΡΑΤΗΣ. Τί τηνικάδε ἀφῖξαι, ὦ Κρίτων; ἢ οὐ πρῲ 43
ἔτι ἐστίν;

ΚΡΙΤΩΝ. Πάνυ μὲν οὖν.

ΣΩ. Πηνίκα μάλιστα;

ΚΡ. Ὄρθρος βαθύς.

ΣΩ. Θαυμάζω ὅπως ἠθέλησέ σοι ὁ τοῦ δεσμωτηρίου φύλαξ ὑπακοῦσαι.

ΚΡ. Συνήθης ἤδη μοί ἐστιν, ὦ Σώκρατες, διὰ τὸ πολλάκις δεῦρο φοιτᾶν, καί τι καὶ εὐεργέτηται ὑπ' ἐμοῦ.

ΣΩ. Ἄρτι δὲ ἥκεις ἢ πάλαι;

ΚΡ. Ἐπιεικῶς πάλαι.

ΣΩ. Εἶτα πῶς οὐκ εὐθὺς ἐπήγειράς με, ἀλλὰ σιγῇ παρα- b
κάθησαι;

ΚΡ. Οὐ μὰ τὸν Δία, ὦ Σώκρατες, οὐδ' ἂν αὐτὸς ἤθελον ἐν τοσαύτῃ τε ἀγρυπνίᾳ καὶ λύπῃ εἶναι, ἀλλὰ καὶ σοῦ πάλαι θαυμάζω αἰσθανόμενος ὡς ἡδέως καθεύδεις· καὶ ἐπίτηδές σε οὐκ ἤγειρον ἵνα ὡς ἥδιστα διάγῃς. Καὶ πολλάκις μὲν δή σε καὶ πρότερον ἐν παντὶ τῷ βίῳ ηὐδαιμόνισα τοῦ τρόπου, πολὺ δὲ μάλιστα ἐν τῇ νῦν παρεστώσῃ συμφορᾷ ὡς ῥᾳδίως αὐτὴν καὶ πρᾴως φέρεις.

ΣΩ. Καὶ γὰρ ἄν, ὦ Κρίτων, πλημμελὲς εἴη ἀγανακτεῖν τηλικοῦτον ὄντα εἰ δεῖ ἤδη τελευτᾶν.

ΚΡ. Καὶ ἄλλοι, ὦ Σώκρατες, τηλικοῦτοι ἐν τοιαύταις c
συμφοραῖς ἁλίσκονται, ἀλλ' οὐδὲν αὐτοὺς ἐπιλύεται ἡ ἡλικία τὸ μὴ οὐχὶ ἀγανακτεῖν τῇ παρούσῃ τύχῃ·

Kriton

SOKRATES KRITON

1. Die Todessituation des Sokrates, festgelegt durch die Rückkehr des Schiffes aus Delos und einen Traum des Sokrates

SOKRATES: Wie bist du schon um diese Zeit gekommen, Kriton? Oder ist es nicht noch früh? 43a

KRITON: Noch gar sehr.

SOKRATES: Welche Zeit wohl?

KRITON: Die erste Morgendämmerung.

SOKRATES: Da wundere ich mich, daß der Schließer des Gefängnisses dir aufmachen gewollt hat.

KRITON: Er ist schon gut bekannt mit mir, Sokrates, weil ich oft hieher komme. Auch hat er wohl eher etwas von mir erhalten.

SOKRATES: Bist du eben erst gekommen oder schon lange?

KRITON: Schon ziemlich lange.

SOKRATES: Warum also hast du mich nicht gleich geweckt, b
sondern dich so still hingesetzt?

KRITON: Nein, beim Zeus, Sokrates, wollte ich doch selbst lieber nicht so lange gewacht haben in solcher Betrübnis. Aber sogar dir habe ich schon lange verwundert zugesehen, wie sanft du schliefst und recht wohlbedächtig habe ich dich nicht geweckt, damit dir die Zeit noch recht sanft hingehe. Denn oft schon freilich auch sonst im ganzen Leben habe ich dich glücklich gepriesen deiner Gemütsart wegen, bei weitem aber am meisten bei dem jetzigen Unglück wie leicht und gelassen du es erträgst.

SOKRATES: Es wäre ja auch frevelhaft, o Kriton, mich in solchem Alter unwillig darüber zu gebärden, wenn ich endlich sterben muß.

KRITON: Werden doch auch Andere, Sokrates, eben so be- c
jahrte von solchem Unglück bestrickt; aber ihr Alter schützt sie nicht davor, sich nicht unwillig zu gebärden gegen das eintretende Geschick.

ΣΩ. Ἔστι ταῦτα. Ἀλλὰ τί δὴ οὕτω πρῴ ἀφῖξαι;

ΚΡ. Ἀγγελίαν, ὦ Σώκρατες, φέρων χαλεπὴν καὶ βαρεῖαν, οὐ σοί, ὡς ἐμοὶ φαίνεται, ἀλλ' ἐμοὶ καὶ τοῖς σοῖς ἐπιτηδείοις πᾶσιν καὶ χαλεπὴν καὶ βαρεῖαν, ἣν ἐγώ, ὡς ἐμοὶ δοκῶ, ἐν τοῖς βαρύτατ' ἂν ἐνέγκαιμι.

ΣΩ. Τίνα ταύτην; ἢ τὸ πλοῖον ἀφῖκται ἐκ Δήλου οὗ δεῖ ἀφικομένου τεθνάναι με; d

ΚΡ. Οὔ τοι δὴ ἀφῖκται, ἀλλὰ δοκεῖ μέν μοι ἥξειν τήμερον ἐξ ὧν ἀπαγγέλλουσιν ἥκοντές τινες ἀπὸ Σουνίου καὶ καταλιπόντες ἐκεῖ αὐτό. Δῆλον οὖν ἐκ τούτων τῶν ἀγγέλων ὅτι ἥξει τήμερον, καὶ ἀνάγκη δὴ εἰς αὔριον ἔσται, ὦ Σώκρατες, τὸν βίον σε τελευτᾶν.

ΣΩ. Ἀλλ', ὦ Κρίτων, τύχῃ ἀγαθῇ· εἰ ταύτῃ τοῖς θεοῖς φίλον, ταύτῃ ἔστω. Οὐ μέντοι οἶμαι ἥξειν αὐτὸ τήμερον.

ΚΡ. Πόθεν τοῦτο τεκμαίρῃ; 44

ΣΩ. Ἐγώ σοι ἐρῶ· τῇ γάρ που ὑστεραίᾳ δεῖ με ἀποθνήσκειν ἢ ᾗ ἂν ἔλθῃ τὸ πλοῖον.

ΚΡ. Φασί γέ τοι δὴ οἱ τούτων κύριοι.

ΣΩ. Οὐ τοίνυν τῆς ἐπιούσης ἡμέρας οἶμαι αὐτὸ ἥξειν, ἀλλὰ τῆς ἑτέρας. Τεκμαίρομαι δὲ ἔκ τινος ἐνυπνίου ὃ ἑώρακα ὀλίγον πρότερον ταύτης τῆς νυκτός· καὶ κινδυνεύεις ἐν καιρῷ τινι οὐκ ἐγεῖραί με.

ΚΡ. Ἦν δὲ δὴ τί τὸ ἐνύπνιον;

ΣΩ, Ἐδόκει τις μοι γυνὴ προσελθοῦσα καλὴ καὶ εὐειδής, λευκὰ ἱμάτια ἔχουσα, καλέσαι με καὶ εἰπεῖν· «Ὦ Σώκρατες, b
Ἤματί κεν τριτάτῳ Φθίην ἐρίβωλον ἵκοιο.»

ΚΡ. Ἄτοπον τὸ ἐνύπνιον, ὦ Σώκρατες.

ΣΩ. Ἐναργὲς μὲν οὖν, ὥς γέ μοι δοκεῖ, ὦ Κρίτων.

ΚΡ. Λίαν γε, ὡς ἔοικεν. Ἀλλ', ὦ δαιμόνιε Σώκρατες, ἔτι καὶ νῦν ἐμοὶ πείθου καὶ σώθητι· ὡς ἐμοί, ἐὰν σὺ ἀποθάνῃς,

SOKRATES: Wohl wahr! Aber warum doch bist du so früh gekommen?

KRITON: Um dir eine traurige Botschaft zu bringen, Sokrates. Nicht dir, wie ich wohl sehe, aber mir und allen deinen Freunden traurig und schwer, und die ich wie mich dünkt ganz besonders am schwersten ertragen werde.

SOKRATES: Was doch für eine? Ist etwa das Schiff aus Delos zurückgekommen, nach dessen Ankunft ich sterben soll? d

KRITON: Noch ist es zwar nicht hier, aber ich glaube doch es wird heute kommen, nach dem was Einige von Sunion gekommene berichten, die es dort verlassen haben. Aus dieser Nachricht nun ergibt sich, daß es heute kommt, und daß du also Morgen dein Leben wirst beschließen müssen.

SOKRATES: Also, o Kriton, Glück auf! Wenn es den Göttern so genehm ist, sei es so. Jedoch glaube ich nicht, daß es heute kommt.

KRITON: Woher vermutest du das? 44a

SOKRATES: Das will ich dir sagen. Ich soll doch an dem folgenden Tage sterben, nachdem das Schiff gekommen ist.

KRITON: So sagen wenigsten die darüber zu gebieten haben.

SOKRATES: Daher glaube ich nun nicht, daß es an dem jetzt anbrechenden Tage kommen wird, sondern erst an dem nächsten. Ich schließe das aber aus einem Traume, den ich vor einer kleinen Weile in dieser Nacht gesehen habe, und beinahe mag es sich recht gelegen gefügt haben, daß du mich nicht aufgeweckt hast.

KRITON: Und was träumte dir?

SOKRATES: Es kam mir vor, als ob eine schöne wohlgestaltete Frau mit weißen Kleidern angetan auf mich zukam, b mich anrief und mir sagte: O Sokrates, möchtest du am dritten Tag in die schollige Phthia gelangen.

KRITON: Welch ein sonderbarer Traum, o Sokrates!

SOKRATES: Deutlich gewiß, wie mich dünkt, o Kriton!

2. *Der Fluchtvorschlag Kritons und seine Begründung*

KRITON: Gar sehr, wie es scheint. Aber du wunderlicher Sokrates, auch jetzt noch folge mir und rette dich. Denn für

οὐ μία συμφορά ἐστιν, ἀλλὰ χωρὶς μὲν τοῦ ἐστερῆσθαι τοιούτου ἐπιτηδείου οἷον ἐγὼ οὐδένα μή ποτε εὑρήσω, ἔτι δὲ καὶ πολλοῖς δόξω, οἳ ἐμὲ καὶ σὲ μὴ σαφῶς ἴσασιν, ὡς οἷός τ' ὤν σε σῴζειν εἰ ἤθελον ἀναλίσκειν χρήματα ἀμε- c
λῆσαι. Καίτοι τίς ἂν αἰσχίων εἴη ταύτης δόξα ἢ δοκεῖν χρήματα περὶ πλείονος ποιεῖσθαι ἢ φίλους; οὐ γὰρ πείσονται οἱ πολλοὶ ὡς σὺ αὐτὸς οὐκ ἠθέλησας ἀπιέναι ἐνθένδε ἡμῶν προθυμουμένων.

ΣΩ. Ἀλλὰ τί ἡμῖν, ὦ μακάριε Κρίτων, οὕτω τῆς τῶν πολλῶν δόξης μέλει; οἱ γὰρ ἐπιεικέστατοι, ὧν μᾶλλον ἄξιον φροντίζειν, ἡγήσονται αὐτὰ οὕτω πεπρᾶχθαι ὥσπερ ἂν πραχθῇ.

ΚΡ. Ἀλλ' ὁρᾷς δὴ ὅτι ἀνάγκη, ὦ Σώκρατες, καὶ τῆς τῶν d
πολλῶν δόξης μέλειν. Αὐτὰ δὲ δῆλα τὰ παρόντα νυνὶ ὅτι οἷοί τ' εἰσὶν οἱ πολλοὶ οὐ τὰ σμικρότατα τῶν κακῶν ἐξεργάζεσθαι, ἀλλὰ τὰ μέγιστα σχεδόν, ἐάν τις ἐν αὐτοῖς διαβεβλημένος ᾖ.

ΣΩ. Εἰ γὰρ ὤφελον, ὦ Κρίτων, οἷοί τ' εἶναι οἱ πολλοὶ τὰ μέγιστα κακὰ ἐργάζεσθαι ἵνα οἷοί τ' ἦσαν καὶ ἀγαθὰ τὰ μέγιστα, καὶ καλῶς ἂν εἶχε. Νῦν δὲ οὐδέτερα οἷοί τε· οὔτε γὰρ φρόνιμον οὔτε ἄφρονα δυνατοὶ ποιῆσαι, ποιοῦσι δὲ τοῦτο ὅ τι ἂν τύχωσι.

ΚΡ. Ταῦτα μὲν δὴ οὕτως ἐχέτω· τάδε δέ, ὦ Σώκρατες, e
εἰπέ μοι· ἆρά γε μὴ ἐμοῦ προμηθῇ καὶ τῶν ἄλλων ἐπιτηδείων, μή, ἐὰν σὺ ἐνθένδε ἐξέλθῃς, οἱ συκοφάνται ἡμῖν πράγματα παρέχωσιν ὡς σὲ ἐνθένδε ἐκκλέψασιν, καὶ ἀναγκασθῶμεν ἢ καὶ πᾶσαν τὴν οὐσίαν ἀποβαλεῖν ἢ συχνὰ χρήματα ἢ καὶ ἄλλο τι πρὸς τούτοις παθεῖν; Εἰ γάρ τι τοιοῦτον
φοβῇ, ἔασον αὐτὸ χαίρειν· ἡμεῖς γάρ που δίκαιοί ἐσμεν 45
σώσαντές σε κινδυνεύειν τοῦτον τὸν κίνδυνον καὶ ἐὰν δέῃ ἔτι τούτου μείζω. Ἀλλ' ἐμοὶ πείθου καὶ μὴ ἄλλως ποίει.

ΣΩ. Καὶ ταῦτα προμηθοῦμαι, ὦ Κρίτων, καὶ ἄλλα πολλά.

mich ist es nicht Ein Unglück etwa wenn du stirbst: sondern
außerdem, daß ich eines solchen Freundes beraubt werde, wie
ich nie wieder einen finden kann, werden auch Viele glauben,
die mich und dich nicht genau kennen, daß ob ich schon im
Stande gewesen wäre dich zu retten, wenn ich einiges Geld c
aufwenden gewollt, ich es doch verabsäumt hätte. Und was für
einen schlechteren Ruf könnte es wohl geben, als dafür ange-
sehen sein, daß man das Geld höher achte als die Freunde.
Denn das werden die Leute nicht glauben, daß du selbst nicht
weggehn gewollt habest, wiewohl wir Alles dazu getan.

SOKRATES: Aber du guter Kriton, was soll uns doch die
Meinung der Leute so sehr kümmern? Denn die Besseren auf
welche es eher lohnt Bedacht zu nehmen werden schon glau-
ben, es sei so gegangen wie es gegangen ist.

KRITON: Aber du siehst doch nun, Sokrates, daß es nötig d
ist auch um der Leute Meinung sich zu kümmern. Eben das
gegenwärtige zeigt ja genug, daß die Leute wohl vermögen
nicht das kleinste Übel nur zuzufügen, sondern wohl das größ-
te, wenn Jemand bei ihnen verleumdet ist.

SOKRATES: Möchten sie nur, o Kriton, das größte Übel
zuzufügen vermögen, damit sie auch das größte Gut vermöch-
ten. Das wäre ja vortrefflich! Nun aber vermögen sie keines
von beiden. Denn weder vernünftig noch unvernünftig kön-
nen sie machen; sondern sie machen nur was sich eben trifft.

KRITON: Das mag immer so sein. Dies aber, Sokrates, sage e
mir, ob du auch nicht etwa um mich besorgt bist, und um die
anderen Freunde, daß nicht wenn du von hier weggingest, die
Angeber uns Händel anrichten, weil wir dir heimlich fortge-
holfen hätten, und wir dann entweder unser ganzes Vermögen
dran geben müßten, oder doch vieles Geld, und vielleicht noch
sonst etwas dazu erleiden. Denn wenn du dergleichen etwas
fürchtest, das laß gut sein. Uns gebührt es ja wohl, über deiner 45a
Rettung diese Gefahr auf uns zu nehmen, und wenn es sein
müßte, eine noch größere. Also gehorche mir, und tue ja nicht
anders.

SOKRATES: Auch darum bin ich besorgt; auch noch um vie-
les andere.

KRITON: Also weder dieses befürchte. Denn zuerst ist es

ΚΡ. Μήτε τοίνυν ταῦτα φοβοῦ· καὶ γὰρ οὐδὲ πολύ τἀρ-
γύριόν ἐστιν ὃ θέλουσι λαβόντες τινὲς σῶσαί σε καὶ ἐξαγα-
γεῖν ἐνθένδε. Ἔπειτα οὐχ ὁρᾷς τούτους τοὺς συκοφάντας
ὡς εὐτελεῖς καὶ οὐδὲν ἂν δέοι ἐπ' αὐτοὺς πολλοῦ ἀργυρίου;
Σοὶ δὲ ὑπάρχει μὲν τὰ ἐμὰ χρήματα, ὡς ἐγὼ οἶμαι ἱκανά· b
ἔπειτα καὶ εἴ τι ἐμοῦ κηδόμενος οὐκ οἴει δεῖν ἀναλίσκειν
τἀμά, ξένοι οὗτοι ἐνθάδε ἕτοιμοι ἀναλίσκειν· εἷς δὲ καὶ κε-
κόμικεν ἐπ' αὐτὸ τοῦτο ἀργύριον ἱκανόν, Σιμμίας ὁ Θηβαῖος·
ἕτοιμος δὲ καὶ Κέβης καὶ ἄλλοι πολλοὶ πάνυ. Ὥστε, ὅπερ
λέγω, μήτε ταῦτα φοβούμενος ἀποκάμῃς σαυτὸν σῶσαι, μήτε,
ὃ ἔλεγες ἐν τῷ δικαστηρίῳ, δυσχερές σοι γενέσθω ὅτι οὐκ ἂν
ἔχοις ἐξελθὼν ὅ τι χρῷο σαυτῷ. Πολλαχοῦ μὲν γὰρ καὶ c
ἄλλοσε ὅποι ἂν ἀφίκῃ ἀγαπήσουσί σε· ἐὰν δὲ βούλῃ εἰς
Θετταλίαν ἰέναι, εἰσὶν ἐμοὶ ἐκεῖ ξένοι οἵ σε περὶ πολλοῦ
ποιήσονται καὶ ἀσφάλειάν σοι παρέξονται ὥστε σε μηδένα
λυπεῖν τῶν κατὰ Θετταλίαν.

Ἔτι δέ, ὦ Σώκρατες, οὐδὲ δίκαιόν μοι δοκεῖς ἐπιχειρεῖν
πρᾶγμα σαυτὸν προδοῦναι, ἐξὸν σωθῆναι· καὶ τοιαῦτα σπεύ-
δεις περὶ σαυτὸν γενέσθαι ἅπερ ἂν καὶ οἱ ἐχθροί σου σπεύ-
σαιέν τε καὶ ἔσπευσαν σὲ διαφθεῖραι βουλόμενοι. Πρὸς δὲ
τούτοις καὶ τοὺς ὑεῖς τοὺς σαυτοῦ ἔμοιγε δοκεῖς προδιδό-
ναι, οὓς σοι ἐξὸν καὶ ἐκθρέψαι καὶ ἐκπαιδεῦσαι οἰχήσῃ κα- d
ταλιπών, καὶ τὸ σὸν μέρος ὅ τι ἂν τύχωσι τοῦτο πράξουσιν·
τεύξονται δέ, ὡς τὸ εἰκός, τοιούτων οἷάπερ εἴωθε γίγνεσθαι
ἐν ταῖς ὀρφανίαις περὶ τοὺς ὀρφανούς. Ἢ γὰρ οὐ χρὴ ποιεῖ-
σθαι παῖδας ἢ συνδιαταλαιπωρεῖν καὶ τρέφοντα καὶ παι-
δεύοντα· σὺ δέ μοι δοκεῖς τὰ ῥᾳθυμότατα αἱρεῖσθαι. Χρὴ
δὲ ἅπερ ἂν ἀνὴρ ἀγαθὸς καὶ ἀνδρεῖος ἕλοιτο, ταῦτα αἱρεῖσθαι,
φάσκοντά γε δὴ ἀρετῆς διὰ παντὸς τοῦ βίου ἐπιμελεῖσθαι.
Ὡς ἔγωγε καὶ ὑπὲρ σοῦ καὶ ὑπὲρ ἡμῶν τῶν σῶν ἐπιτηδείων e
αἰσχύνομαι μὴ δόξῃ ἅπαν τὸ πρᾶγμα τὸ περὶ σὲ ἀνανδρίᾳ
τινὶ τῇ ἡμετέρᾳ πεπρᾶχθαι καὶ ἡ εἴσοδος τῆς δίκης εἰς τὸ

nicht einmal viel Geld, wofür Einige dich retten und von hier
wegführen wollen. Und dann, siehst du nicht diese Angeber,
wie wohlfeil sie sind, und wie gar nicht viel Geld für sie nötig
sein würde? Für dich also, glaube ich, würde auch mein Geld- b
vorrat hinreichend sein. Wenn du aber etwa aus Vorsorge für
mich nicht leiden wolltest, daß ich von dem meinigen auf-
wendete: so sind hier die Fremden bereit es auszulegen. Ja
einer hat ausdrücklich hiezu eine hinreichende Summe zur Stel-
le gebracht, Simmias von Thebai. Auch Kebes ist bereit und
gar viele Andere. So daß, wie gesagt, weder aus dieser Besorg-
nis du es aufgeben darfst dich zu retten, noch auch, was du vor
Gericht sagtest, dir hinderlich sein muß, daß du nämlich nach
deiner Auswanderung von hier nicht wissen würdest, was du
anfangen solltest mit dir selbst. Denn an gar vielen Orten auch c
anderwärts wohin du nur kämest, würde man dich gern sehen;
wolltest du aber nach Thessalien gehen, so habe ich dort Gast-
freunde, die dich sehr wert achten und dir solche Sicherheit
genug gewähren würden, daß dir Niemand etwas anhaben
dürfte in Thessalien. Ferner Sokrates dünkt mich auch nicht
einmal recht zu sein, daß du darauf beharrest dich selbst Preis
zu geben, da du dich retten kannst, und selbst betreibst, daß es
so mit dir werde, wie nur deine Feinde es betreiben könnten
und betrieben haben, welche dich verderben wollen. Überdies
dünkst du mich deinen eignen Söhnen untreu zu sein, die du ja
auferziehen und ausbilden könntest, nun aber sie verläßt und d
davon gehst, so daß es ihnen, was dich anlangt ergehen wird
wie es sich trifft. Es wird sie aber wahrscheinlich so treffen, wie
es Waisen zu ergehen pflegt im Waisenstande. Denn entweder
solltest du keine Kinder erzeugt haben, oder auch treulich aus-
halten bei ihrer Erziehung und Ausbildung. Du aber scheinst
nur das Bequemste zu erwählen; und solltest doch was ein
tüchtiger und tapferer Mann wählen würde nur das wählen, da
du ja behauptest dein ganzes Leben hindurch dich der Tugend
befleißiget zu haben. Wie denn auch ich für dich und für uns e
deine Freunde mich schäme, daß es fast das Ansehn hat, als ob
diese ganze Geschichte mit dir nur durch eine Unmännlichkeit
von unserer Seite so geschehen sei, sowohl die Einlassung der
Klage, daß du dich vor Gericht gestellt hast, da es dir frei stand

δικαστήριον ὡς εἰσῆλθεν, ἐξὸν μὴ εἰσελθεῖν, καὶ αὐτὸς ὁ ἀγὼν τῆς δίκης ὡς ἐγένετο, καὶ τὸ τελευταῖον δήπου τουτί, ὥσπερ κατάγελως τῆς πράξεως, κακίᾳ τινὶ καὶ ἀνανδρίᾳ τῇ ἡμετέρᾳ διαπεφευγέναι ἡμᾶς δοκεῖν, οἵτινές σε οὐχὶ ἐσώσα- 46
μεν οὐδὲ σὺ σαυτόν, οἷόν τε ὂν καὶ δυνατὸν εἴ τι καὶ σμικρὸν ἡμῶν ὄφελος ἦν. Ταῦτα οὖν, ὦ Σώκρατες, ὅρα μὴ ἅμα τῷ κακῷ καὶ αἰσχρὰ ᾖ σοί τε καὶ ἡμῖν. Ἀλλὰ βουλεύου, μᾶλλον δὲ οὐδὲ βουλεύεσθαι ἔτι ὥρα, ἀλλὰ βεβουλεῦσθαι. Μία δὲ βουλή· τῆς γὰρ ἐπιούσης νυκτὸς πάντα ταῦτα δεῖ πεπρᾶχθαι. Εἰ δ' ἔτι περιμενοῦμεν, ἀδύνατον καὶ οὐκέτι οἷόν τε. Ἀλλὰ παντὶ τρόπῳ, ὦ Σώκρατες, πείθου μοι καὶ μηδαμῶς ἄλλως ποίει.

ΣΩ. Ὦ φίλε Κρίτων, ἡ προθυμία σου πολλοῦ ἀξία, εἰ b
μετά τινος ὀρθότητος εἴη· εἰ δὲ μή, ὅσῳ μείζων, τοσούτῳ χαλεπωτέρα. Σκοπεῖσθαι οὖν χρὴ ἡμᾶς εἴτε ταῦτα πρακτέον εἴτε μή· ὡς ἐγώ, οὐ μόνον νῦν, ἀλλὰ καὶ ἀεί, τοιοῦτος οἷος τῶν ἐμῶν μηδενὶ ἄλλῳ πείθεσθαι ἢ τῷ λόγῳ ὃς ἄν μοι λογιζομένῳ βέλτιστος φαίνηται. Τοὺς δὲ λόγους οὓς ἐν τῷ ἔμπροσθεν ἔλεγον οὐ δύναμαι νῦν ἐκβαλεῖν, ἐπειδή μοι ἥδε ἡ τύχη γέγονεν, ἀλλὰ σχεδόν τι ὅμοιοι φαίνονταί μοι, καὶ τοὺς αὐτοὺς πρεσβεύω καὶ τιμῶ οὕσπερ καὶ πρότερον· ὧν c
ἐὰν μὴ βελτίω ἔχωμεν λέγειν ἐν τῷ παρόντι, εὖ ἴσθι ὅτι οὐ μή σοι συγχωρήσω οὐδ' ἂν πλείω τῶν νῦν παρόντων ἡ τῶν πολλῶν δύναμις ὥσπερ παῖδας ἡμᾶς μορμολύττηται δεσμοὺς καὶ θανάτους ἐπιπέμπουσα καὶ χρημάτων ἀφαιρέσεις. Πῶς οὖν ἂν μετριώτατα σκοποίμεθα αὐτά; εἰ πρῶτον μὲν τοῦτον

dich nicht zu stellen, als auch der ganze Rechtshandel selbst wie er ist geführt worden; und nun gar dieses Ende, recht das lächerliche von der Geschichte, wird uns nur aus Feigheit und Unmännlichkeit entgangen zu sein scheinen, die wir dich nicht 46a
gerettet haben noch du dich selbst, da es gar wohl möglich gewesen wäre, und auch ausführbar, wenn wir nur irgend etwas nutz waren. Dies also, o Sokrates, sieh wohl zu, daß es nicht außer dem Unglück auch zur Schande gereiche dir wie uns. Also berate dich! Oder es ist vielmehr nicht einmal mehr Zeit sich zu beraten, sondern sich beraten zu haben. Und es gibt nur Einen Rat. Denn in der nächsten Nacht muß dies alles geschehen sein, oder wenn wir zaudern ist es unausführbar und nicht mehr möglich. Also auf alle Weise, Sokrates, gehorche mir, und tue ja nicht anders.

3. Widerlegung der für den Fluchtvorschlag maßgeblichen Grundsätze durch Sokrates

3.1. Sokrates' Maxime: Dem besten Satz folgen

SOKRATES: Deine Sorge um mich, du lieber Kriton, ist viel b
wert, wenn sie nur irgend mit dem Richtigen bestehen könnte; wo aber nicht, so ist sie je dringender um desto peinlicher. Wir müssen also erwägen ob dies wirklich tunlich ist oder nicht. Denn nicht jetzt nur, sondern schon immer habe ich ja das an mir, daß ich nichts anderem von mir gehorche, als dem Satze, der sich mir bei der Untersuchung als der beste zeigt. Das aber was ich schon ehedem in meinen Reden festgesetzt habe, kann ich ja nun nicht verwerfen, weil mir dieses Schicksal geworden ist; sondern jene Reden erscheinen mir noch ganz als dieselben, und ich schätze und ehre sie noch eben so wie vorher. Wenn wir c
also nicht bessere als sie jetzt vorzutragen haben: so wisse nur, daß ich dir nicht nachgeben werde, und wenn auch die Macht der Menge noch mehr als schon geschieht, um uns wie Kinder einzuschrecken, Gefangenschaft und Tod auf uns los ließe und Verlust des Vermögens. Wie können wir also dies recht zu unserer Befriedigung untersuchen?

τὸν λόγον ἀναλάβοιμεν ὃν σὺ λέγεις περὶ τῶν δοξῶν πότερον
καλῶς ἐλέγετο ἑκάστοτε ἢ οὔ, ὅτι ταῖς μὲν δεῖ τῶν δοξῶν d
προσέχειν τὸν νοῦν, ταῖς δὲ οὔ· ἢ πρὶν μὲν ἐμὲ δεῖν ἀποθνή-
σκειν καλῶς ἐλέγετο, νῦν δὲ κατάδηλος ἄρα ἐγένετο ὅτι
ἄλλως ἕνεκα λόγου ἐλέγετο, ἦν δὲ παιδιὰ καὶ φλυαρία ὡς
ἀληθῶς; Ἐπιθυμῶ δ' ἔγωγε ἐπισκέψασθαι, ὦ Κρίτων, κοινῇ
μετὰ σοῦ εἴ τί μοι ἀλλοιότερος φανεῖται, ἐπειδὴ ὧδε ἔχω ἢ
ὁ αὐτός, καὶ ἐάσομεν χαίρειν ἢ πεισόμεθα αὐτῷ. Ἐλέγετο
δέ πως, ὡς ἐγᾦμαι, ἑκάστοτε ὧδε ὑπὸ τῶν οἰομένων τι λέ-
γειν, ὥσπερ νυνδὴ ἐγὼ ἔλεγον, ὅτι τῶν δοξῶν ἃς οἱ ἄνθρω-
ποι δοξάζουσιν δέοι τὰς μὲν περὶ πολλοῦ ποιεῖσθαι, τὰς δὲ e
μή. Τοῦτο πρὸς θεῶν, ὦ Κρίτων, οὐ δοκεῖ καλῶς σοι λέ-
γεσθαι; Σὺ γάρ, ὅσα γε τἀνθρώπεια, ἐκτὸς εἶ τοῦ μέλλειν
ἀποθνῄσκειν αὔριον καὶ οὐκ ἂν σε παρακρούοι ἡ παροῦσα 47
συμφορά. Σκόπει δή· οὐχ ἱκανῶς δοκεῖ σοι λέγεσθαι ὅτι οὐ
πάσας χρὴ τὰς δόξας τῶν ἀνθρώπων τιμᾶν, ἀλλὰ τὰς μέν,
τὰς δ' οὔ, οὐδὲ πάντων, ἀλλὰ τῶν μέν, τῶν δ' οὔ; Τί φῄς;
Ταῦτα οὐχὶ καλῶς λέγεται;

ΚΡ. Καλῶς.

ΣΩ. Οὐκοῦν τὰς μὲν χρηστὰς τιμᾶν, τὰς δὲ πονηρὰς μή;

ΚΡ. Ναί.

ΣΩ. Χρησταὶ δὲ οὐχ αἱ τῶν φρονίμων, πονηραὶ δὲ αἱ τῶν ἀφρόνων;

ΚΡ. Πῶς δ' οὔ;

ΣΩ. Φέρε δή, πῶς αὖ τὰ τοιαῦτα ἐλέγετο; Γυμναζόμε- b
νος ἀνὴρ καὶ τοῦτο πράττων πότερον παντὸς ἀνδρὸς ἐπαίνῳ
καὶ ψόγῳ καὶ δόξῃ τὸν νοῦν προσέχει, ἢ ἑνὸς μόνου ἐκείνου
ὃς ἂν τυγχάνῃ ἰατρὸς ἢ παιδοτρίβης ὤν;

ΚΡ. Ἑνὸς μόνου.

ΣΩ. Οὐκοῦν φοβεῖσθαι χρὴ τοὺς ψόγους καὶ ἀσπάζεσθαι

3.2. Nicht jede Meinung zählt, nur die des Sachkundigen, dies auch bezüglich des Gerechten und Ungerechten

Wenn wir zuerst den Satz aufnehmen wegen der Meinung von dem du sprichst, ob wohl für jeden Fall gut gesagt war oder nicht, daß man auf einige Meinungen zwar achten müsse, auf d
andere aber nicht? Oder ob es zwar ehe ich sterben sollte gut gesagt war, nun aber offenbar geworden ist, daß es nur obenhin des Redens wegen gesagt, in der Tat aber nichts war als Scherz und Geschwätz? Ich meines Teils habe Lust, Kriton, dies mit dir gemeinschaftlich zu untersuchen: ob diese Rede mir jetzt etwa wunderlicher erscheinen wird, nun es so mit mir steht, oder noch eben so; und dem gemäß wollen wir sie entweder gehen lassen oder ihr gehorchen. So aber, glaube ich, wurde sonst immer von denen behauptet, die etwas zu sagen meinten, wie ich jetzt eben sagte, daß von den Meinungen, welche die Menschen hegen, man einige zwar sehr hoch achten e
müsse, Andere aber nicht. Sprich nun, Kriton, bei den Göttern dünkt dich dies nicht gut gesagt zu sein? Denn du bist doch menschlichem Ansehen nach fern davon Morgen sterben zu müssen, und das bevorstehende Schicksal könnte dich nicht 47a
berücken. Erwäge also: scheint dir das nicht gut gesagt daß man nicht alle Meinungen der Menschen ehren muß, sondern einige wohl, andere aber nicht? und auch nicht aller Menschen, sondern einiger ihre wohl, Anderer aber nicht? Was meinst du? ist das nicht gut gesagt?

KRITON: Gut.

SOKRATES: Nämlich doch die guten Meinungen soll man ehren, die schlechten nicht?

KRITON: Ja.

SOKRATES: Und die guten, sind das nicht die der Vernünftigen, die schlechten aber die der Unvernünftigen?

KRITON: Wie anders?

SOKRATES: Wohlan, wie wurde wiederum hierüber ge- b
sprochen? Ein Mann der Leibesübungen treibt und sich dies zum eigentlichen Geschäfte macht, wird der wohl auf Jedermanns Lob und Tadel und Meinung achten, oder nur auf jenes allein, auf des Arztes oder des Turnmeisters?

KRITON: Auf jenes allein.

τοὺς ἐπαίνους τοὺς τοῦ ἑνὸς ἐκείνου, ἀλλὰ μὴ τοὺς τῶν πολλῶν.

ΚΡ. Δῆλα δή.

ΣΩ. Ταύτῃ ἄρα αὐτῷ πρακτέον καὶ γυμναστέον καὶ ἐδεστέον γε καὶ ποτέον ᾗ ἂν τῷ ἑνὶ δοκῇ τῷ ἐπιστάτῃ καὶ ἐπαΐοντι, μᾶλλον ἢ ᾗ σύμπασι τοῖς ἄλλοις.

ΚΡ. Ἔστι ταῦτα.

ΣΩ. Εἶεν. Ἀπειθήσας δὲ τῷ ἑνὶ καὶ ἀτιμάσας αὐτοῦ τὴν c
δόξαν καὶ τοὺς ἐπαίνους, τιμήσας δὲ τοὺς τῶν πολλῶν λόγους καὶ μηδὲν ἐπαϊόντων, ἆρα οὐδὲν κακὸν πείσεται;

ΚΡ. Πῶς γὰρ οὔ;

ΣΩ. Τί δ᾽ ἐστὶ τὸ κακὸν τοῦτο: καὶ ποῖ τείνει καὶ εἰς τί τῶν τοῦ ἀπειθοῦντος;

ΚΡ. Δῆλον ὅτι εἰς τὸ σῶμα· τοῦτο γὰρ διόλλυσι.

ΣΩ. Καλῶς λέγεις. Οὐκοῦν καὶ τἆλλα, ὦ Κρίτων, οὕτως, ἵνα μὴ πάντα διΐωμεν· καὶ δὴ καὶ περὶ τῶν δικαίων καὶ ἀδίκων καὶ αἰσχρῶν καὶ καλῶν καὶ ἀγαθῶν καὶ κακῶν, περὶ ὧν νῦν ἡ βουλὴ ἡμῖν ἐστιν, πότερον τῇ τῶν πολλῶν δόξῃ δεῖ ἡμᾶς ἕπεσθαι καὶ φοβεῖσθαι αὐτὴν ἢ τῇ τοῦ ἑνός, εἴ τίς d
ἐστιν ἐπαΐων, ὃν δεῖ καὶ αἰσχύνεσθαι καὶ φοβεῖσθαι μᾶλλον ἢ σύμπαντας τοὺς ἄλλους; Ὧι εἰ μὴ ἀκολουθήσομεν, διαφθεροῦμεν ἐκεῖνο καὶ λωβησόμεθα ὃ τῷ μὲν δικαίῳ βέλτιον ἐγίγνετο, τῷ δὲ ἀδίκῳ ἀπώλλυτο. Ἢ οὐδέν ἐστι τοῦτο;

ΚΡ. Οἶμαι ἔγωγε, ὦ Σώκρατες.

ΣΩ. Φέρε δή, ἐὰν τὸ ὑπὸ τοῦ ὑγιεινοῦ μὲν βέλτιον γιγνόμενον, ὑπὸ τοῦ νοσώδους δὲ διαφθειρόμενον διολέσωμεν πειθόμενοι μὴ τῇ τῶν ἐπαϊόντων δόξῃ, ἆρα βιωτὸν ἡμῖν ἐστι διεφθαρμένου αὐτοῦ; Ἔστι δέ που τοῦτο τὸ σῶμα, ἢ e
οὐχί;

ΚΡ. Ναί.

ΣΩ. Ἆρ᾽ οὖν βιωτὸν ἡμῖν ἐστιν μετὰ μοχθηροῦ καὶ διεφθαρμένου σώματος;

ΚΡ. Οὐδαμῶς.

SOKRATES: Also fürchten muß er auch nur den Tadel, und Freude haben nur an dem Lobe jenes Einen, und nicht der Menge?

KRITON: Offenbar.

SOKRATES: Auf die Art also muß er zu Werke gehn und sich üben und essen und trinken wie dieser Eine es gut findet, der Meister und Sachverständige, vielmehr als wie alle Andere insgesamt.

KRITON: So ist es.

SOKRATES: Wohl! Ist er aber diesem Einen unfolgsam, und c
achtet seine Meinung und sein Lob gering, höher aber das der andern unkundigen Leute; wird ihm dann nichts übles begegnen?

KRITON: Wie sollte es ihm nicht?

SOKRATES: Was ist nun wohl dieses Übel? worauf zielt es, und was trifft es von dem Unfolgsamen?

KRITON: Seinen Leib offenbar: denn diesen zerrüttet er.

SOKRATES: Wohl gesprochen. Ist es nun nicht eben so mit allem Andern, Kriton, damit wir nicht alles durchgehn; also auch mit dem gerechten und ungerechten, dem schändlichen und schönen, dem guten und bösen, worüber wir eben jetzt beratschlagen, ob wir hierin der Meinung der Mehresten fol-
gen und sie fürchten müssen, oder nur des Einen seiner, wenn d
es einen Sachverständigen hierin gibt, den man mehr scheuen und fürchten muß als alle Anderen, welchem dann nicht folgend wir uns das verderben werden und verstümmeln, was eben durch das Recht besser wird, durch das Unrecht aber untergeht. Oder gibt es dergleichen nichts?

KRITON: Ja wohl, denke ich wenigstens, Sokrates.

SOKRATES: Wohlan denn! wenn wir nun das, was durch das Ungesunde zerrüttet, durch das Gesunde aber gebessert wird, indem wir nicht der Sachkundigen Meinung gehorchen, zerrüttet haben, lohnt es wohl noch zu leben nach dessen Zer-
rüttung? Dies ist aber doch der Leib? oder nicht? e

KRITON: Ja.

SOKRATES: Lohnt es nun wohl zu leben mit einem abgeschwächten und zerrütteten Leibe?

KRITON: Keinesweges.

ΣΩ. Ἀλλὰ μετ᾽ ἐκείνου ἄρ᾽ ἡμῖν βιωτὸν διεφθαρμένου ᾧ τὸ ἄδικον μὲν λωβᾶται, τὸ δὲ δίκαιον ὀνίνησιν; ἢ φαυλότερον ἡγούμεθα εἶναι τοῦ σώματος ἐκεῖνο ὅ τί ποτ᾽ ἐστὶ τῶν ἡμετέρων περὶ ὃ ἥ τε ἀδικία καὶ ἡ δικαιοσύνη ἐστίν; 48

ΣΡ. Οὐδαμῶς.

ΣΩ. Ἀλλὰ τιμιώτερον;

ΚΡ. Πολύ γε.

ΣΩ. Οὐκ ἄρα, ὦ βέλτιστε, πάνυ ἡμῖν οὕτω φροντιστέον τί ἐροῦσιν οἱ πολλοὶ ἡμᾶς, ἀλλ᾽ ὅ τι ὁ ἐπαΐων περὶ τῶν δικαίων καὶ ἀδίκων ὁ εἷς καὶ αὐτὴ ἡ ἀλήθεια. Ὥστε πρῶτον μὲν ταύτῃ οὐκ ὀρθῶς εἰσηγῇ εἰσηγούμενος τῆς τῶν πολλῶν δόξης δεῖν ἡμᾶς φροντίζειν περὶ τῶν δικαίων καὶ καλῶν καὶ ἀγαθῶν καὶ τῶν ἐναντίων. — Ἀλλὰ μὲν δή, φαίη γ᾽ ἄν τις, οἷοί τέ εἰσιν ἡμᾶς οἱ πολλοὶ ἀποκτιννύναι. b

ΚΡ. Δῆλα δὴ καὶ ταῦτα, φαίη γὰρ ἄν, ὦ Σώκρατες.

ΣΩ. Ἀληθῆ λέγεις. Ἀλλ᾽, ὦ θαυμάσιε, οὗτός τε ὁ λόγος ὃν διεληλύθαμεν ἔμοιγε δοκεῖ ἔτι ὅμοιος εἶναι τῷ καὶ πρότερον· καὶ τόνδε αὖ σκόπει εἰ ἔτι μένει ἡμῖν ἢ οὔ, ὅτι οὐ τὸ ζῆν περὶ πλείστου ποιητέον, ἀλλὰ τὸ εὖ ζῆν.

ΚΡ. Ἀλλὰ μένει.

ΣΩ. Τὸ δὲ εὖ καὶ καλῶς καὶ δικαίως ὅτι ταὐτόν ἐστιν μένει ἢ οὐ μένει;

ΚΡ. Μένει.

ΣΩ. Οὐκοῦν ἐκ τῶν ὁμολογουμένων τοῦτο σκεπτέον, πότερον δίκαιον ἐμὲ ἐνθένδε πειρᾶσθαι ἐξιέναι μὴ ἀφιέντων c Ἀθηναίων ἢ οὐ δίκαιον· καὶ ἐὰν μὲν φαίνηται δίκαιον, πειρώμεθα, εἰ δὲ μή, ἐῶμεν. Ἃς δὲ σὺ λέγεις τὰς σκέψεις περί τε ἀναλώσεως χρημάτων καὶ δόξης καὶ παίδων τροφῆς, μὴ ὡς ἀληθῶς ταῦτα, ὦ Κρίτων, σκέμματα ᾖ τῶν ῥᾳδίως ἀπο-

SOKRATES: Allein wenn jenes zerrüttet ist, soll es doch noch lohnen zu leben, was eben durch Unrechthandeln beschädiget wird durch Rechthandeln aber gewinnt? Oder halten wir das etwa für schlechter als den Leib, was es auch sei von dem unsrigen, worauf Gerechtigkeit und Ungerechtigkeit sich 48a beziehen?

KRITON: Keinesweges.

SOKRATES: Sondern für edler?

KRITON: Bei weitem.

SOKRATES: Also keinesweges, o Bester, haben wir das so sehr zu bedenken, was die Leute sagen werden von uns, sondern was der Eine, der sich auf gerechtes und ungerechtes versteht, und die Wahrheit selbst. So daß du schon hierin die Sache nicht richtig einleitest, wenn du vorträgst, wir müßten auf die Meinung der Leute vom Gerechten, Schönen und Guten und dem Gegenteil Bedacht nehmen. Aber doch, könnte wohl jemand sagen, haben die Leute es ja in ihrer Gewalt uns zu töten.

KRITON: Offenbar freilich auch dieses; und so könnte es b leicht Jemand sagen, o Sokrates.

SOKRATES: Ganz wahr. Allein, du Wunderlicher, nicht nur dieser Satz selbst, den wir durchgenommen, erscheint mir wenigstens noch immer eben so wie vorher; sondern betrachte nun auch diesen, ob er uns noch fest steht oder nicht, daß man nämlich nicht das Leben am höchsten achten muß, sondern das gut leben.

KRITON: Freilich besteht der.

SOKRATES: Und daß das gute mit dem gerecht und sittlich leben einerlei ist, besteht der oder besteht der nicht?

KRITON: Er besteht.

3.3. Die entscheidende Frage: Wäre die Flucht gerecht? Verbot, Unrecht mit Unrecht zu vergelten

SOKRATES: Also von dem Eingestandenen aus müssen wir dieses erwägen, ob es gerecht ist daß ich versuche von hier c fortzugehen ohne daß die Athener mich fortlassen, oder nicht gerecht. Und wenn es sich als gerecht zeigt, wollen wir es versuchen: wo nicht, es unterlassen. Die du aber vorbringst, o Kriton, die Überlegungen wegen Verlust des Geldes und des

κτιννύντων καὶ ἀναβιωσκομένων γ' ἂν εἰ οἷοί τ' ἦσαν οὐδενὶ
ξὺν νῷ, τούτων τῶν πολλῶν. Ἡμῖν δ', ἐπειδὴ ὁ λόγος οὕτως
αἱρεῖ, μὴ οὐδὲν ἄλλο σκεπτέον ᾖ ἢ ὅπερ νυνδὴ ἐλέγομεν,
πότερον δίκαια πράξομεν καὶ χρήματα τελοῦντες τούτοις
τοῖς ἐμὲ ἐνθένδε ἐξάξουσιν καὶ χάριτας, καὶ αὐτοὶ ἐξάγοντές d
τε καὶ ἐξαγόμενοι, ἢ τῇ ἀληθείᾳ ἀδικήσομεν πάντα ταῦτα
ποιοῦντες· κἂν φαινώμεθα ἄδικα αὐτὰ ἐργαζόμενοι, μὴ οὐ
δέῃ ὑπολογίζεσθαι οὔτ' εἰ ἀποθνῄσκειν δεῖ παραμένοντας καὶ
ἡσυχίαν ἄγοντας οὔτε ἄλλο ὁτιοῦν πάσχειν πρὸ τοῦ ἀδικεῖν.

ΚΡ. Καλῶς μέν μοι δοκεῖς λέγειν, ὦ Σώκρατες· ὅρα δὲ
τί δρῶμεν.

ΣΩ. Σκοπῶμεν, ὦ ἀγαθέ, κοινῇ, καὶ εἴ πῃ ἔχεις ἀντι-
λέγειν ἐμοῦ λέγοντος, ἀντίλεγε καί σοι πείσομαι· εἰ δὲ μή, e
παῦσαι ἤδη, ὦ μακάριε, πολλάκις μοι λέγων τὸν αὐτὸν
λόγον ὡς χρὴ ἐνθένδε ἀκόντων Ἀθηναίων ἐμὲ ἀπιέναι· ὡς
ἐγὼ περὶ πολλοῦ ποιοῦμαι πείσας σε ταῦτα πράττειν, ἀλλὰ
μὴ ἄκοντος. Ὅρα δὲ δὴ τῆς σκέψεως τὴν ἀρχὴν ἐάν σοι
ἱκανῶς λέγηται, καὶ πειρῶ ἀποκρίνεσθαι τὸ ἐρωτώμενον ᾗ 49
ἂν μάλιστα οἴῃ.

ΚΡ. Ἀλλὰ πειράσομαι.

ΣΩ. Οὐδενὶ τρόπῳ φαμὲν ἑκόντας ἀδικητέον εἶναι, ἢ
τινὶ μὲν ἀδικητέον τρόπῳ, τινὶ δὲ οὔ; ἢ οὐδαμῶς τό γε
ἀδικεῖν οὔτε ἀγαθὸν οὔτε καλόν, ὡς πολλάκις ἡμῖν καὶ ἐν
τῷ ἔμπροσθεν χρόνῳ ὡμολογήθη; ὅπερ καὶ ἄρτι ἐλέγετο. Ἦ
πᾶσαι ἡμῖν ἐκεῖναι αἱ πρόσθεν ὁμολογίαι ἐν ταῖσδε ταῖς
ὀλίγαις ἡμέραις ἐκκεχυμέναι εἰσίν, καὶ πάλαι, ὦ Κρίτων,
ἄρα τηλικοίδε γέροντες ἄνδρες πρὸς ἀλλήλους σπουδῇ δια- b
λεγόμενοι ἐλάθομεν ἡμᾶς αὐτοὺς παίδων οὐδὲν διαφέροντες;
Ἦ παντὸς μᾶλλον οὕτως ἔχει ὥσπερ τότε ἐλέγετο ἡμῖν,
εἴτε φασὶν οἱ πολλοὶ εἴτε μή· καὶ εἴτε δεῖ ἡμᾶς ἔτι τῶνδε
χαλεπώτερα πάσχειν εἴτε καὶ πρᾳότερα, ὅμως τό γε ἀδικεῖν

Rufs und Erziehung der Kinder, daß das nur nicht recht eigentlich Betrachtungen dieser Leute sind, die leichtsinnig töten und eben so auch hernach gern wieder lebendig machten wenn sie könnten, alles ohne Vernunft; und daß nur nicht im Gegenteil für uns, da ja unsere Rede es so festsetzt, gar nichts anderes zu überlegen ist, als wie wir eben sagten, ob wir gerecht handeln werden, wenn wir denen, welche mich von hier fortbringen wollen, Geld zahlen und Dank dazu, und wenn wir selbst, d
ihr mich fortbringt, und ich mich fortbringen lasse, oder ob wir nicht in Wahrheit unrecht handeln werden indem wir dies alles tun! Und wenn sich zeigt, wir können dies nur ungerechterweise ausführen, daß wir dann nur nicht jenes, ob wir sterben müssen, wenn ich hier bleibe und mich ruhig verhalte, oder was sonst erleiden, gar nicht in Anschlag bringen dürfen gegen das Unrecht handeln.

KRITON: Schön dünkt mich das gesagt, Sokrates. Sieh aber, was wir tun wollen.

SOKRATES: Gemeinschaftlich, du Guter, wollen wir das überlegen; und hast du etwas einzureden, wenn ich rede, so e
rede ein, und ich will dir folgen. Wo aber nicht, so höre auf mir immer dieselbe Rede zu wiederholen, ich solle wider der Athener Willen von hier fortgehn. Denn es ist mir ja wohl viel wert wenn du mich überredest dieses zu tun, nur nicht wider meinen Willen. Betrachte also den Anfang der Untersuchung ob er dir genützt, und suche das Gefragte zu beantworten nach deiner 49a
besten Meinung.

KRITON: Das will ich versuchen.

SOKRATES: Sagen wir, man müsse auf gar keine Weise vorsätzlich unrecht tun? oder auf einige zwar nur auf andere nicht? oder ist auf keine Weise das Unrechthandeln weder gut noch schön, wie wir oft ehedem übereingekommen sind, und auch jetzt eben gesagt worden? oder sind uns alle jene Behauptungen von ehedem seit diesen wenigen Tagen verschüttet? Und so lange, o Kriton, haben wir, so bejahrte Männer, nicht ge- b
merkt, daß wir im ernsthaftesten Gespräch mit einander, doch nichts besser waren als die Kinder? Oder verhält es sich ja auf alle Weise so, wie wir damals sagten, die Leute mögen es nun annehmen oder nicht, und es mag uns nun deshalb noch härter

τῷ ἀδικοῦντι καὶ κακὸν καὶ αἰσχρὸν τυγχάνει ὂν παντὶ τρόπῳ; Φαμέν, ἢ οὔ;

ΚΡ. Φαμέν.

ΣΩ. Οὐδαμῶς ἄρα δεῖ ἀδικεῖν.

ΚΡ. Οὐ δῆτα.

ΣΩ. Οὐδὲ ἀδικούμενον ἄρα ἀνταδικεῖν, ὡς οἱ πολλοὶ οἴονται, ἐπειδή γε οὐδαμῶς δεῖ ἀδικεῖν.

ΚΡ. Οὐ φαίνεται. c

ΣΩ. Τί δὲ δή; κακουργεῖν δεῖ, ὦ Κρίτων, ἢ οὔ;

ΚΡ. Οὐ δεῖ δήπου, ὦ Σώκρατες.

ΣΩ. Τί δαί; ἀντικακουργεῖν κακῶς πάσχοντα, ὡς οἱ πολλοί φασιν, δίκαιον, ἢ οὐ δίκαιον;

ΚΡ. Οὐδαμῶς.

ΣΩ. Τὸ γάρ που κακῶς ποιεῖν ἀνθρώπους τοῦ ἀδικεῖν οὐδὲν διαφέρει.

ΚΡ. Ἀληθῆ λέγεις.

ΣΩ. Οὔτε ἄρα ἀνταδικεῖν δεῖ οὔτε κακῶς ποιεῖν οὐδένα ἀνθρώπων οὐδ' ἂν ὁτιοῦν πάσχῃ ὑπ' αὐτῶν. Καὶ ὅρα, ὦ Κρίτων, ταῦτα καθομολογῶν ὅπως μὴ παρὰ δόξαν ὁμολογῇς· d οἶδα γὰρ ὅτι ὀλίγοις τισὶ ταῦτα καὶ δοκεῖ καὶ δόξει. Οἷς οὖν οὕτω δέδοκται καὶ οἷς μή, τούτοις οὐκ ἔστι κοινὴ βουλή, ἀλλ' ἀνάγκη τούτους ἀλλήλων καταφρονεῖν ὁρῶντας τὰ ἀλλήλων βουλεύματα. Σκόπει δὴ οὖν καὶ σὺ εὖ μάλα πότερον κοινωνεῖς καὶ συνδοκεῖ σοι καὶ ἀρχώμεθα ἐντεῦθεν βουλευόμενοι, ὡς οὐδέποτε ὀρθῶς ἔχοντος οὔτε τοῦ ἀδικεῖν οὔτε τοῦ ἀνταδικεῖν οὔτε κακῶς πάσχοντα ἀμύνεσθαι ἀντιδρῶντα κακῶς, ἢ ἀφίστασαι καὶ οὐ κοινωνεῖς τῆς ἀρχῆς; Ἐμοὶ μὲν γὰρ καὶ πάλαι οὕτω καὶ νῦν ἔτι δοκεῖ· σοὶ δὲ εἴ e πῃ ἄλλῃ δέδοκται, λέγε καὶ δίδασκε. Εἰ δ' ἐμμένεις τοῖς πρόσθεν, τὸ μετὰ τοῦτο ἄκουε.

ergehen als itzt, oder auch besser, das Unrechttun ist doch dem der es tut schädlich und schändlich auf alle Weise? Wollen wir dies sagen oder nicht?

KRITON: Das wollen wir.

SOKRATES: Auf keine Weise also soll man unrecht tun?

KRITON: Nein freilich.

SOKRATES: Also auch nicht der, dem unrecht geschehen ist, darf wieder unrecht tun, wie die meisten glauben, wenn man doch auf keine Weise unrecht tun darf?

KRITON: Es scheint nicht. c

SOKRATES: Und wie doch? darf man mißhandeln, oder nicht?

KRITON: Man darf es wohl nicht, Sokrates.

SOKRATES: Aber wie, wieder mißhandeln, nachdem man schlecht behandelt worden, ist das wie die meisten sagen, gerecht oder nicht?

KRITON: Auf keine Weise.

SOKRATES: Denn Jemanden schlecht behandeln ist nicht unterschieden vom unrecht tun.

KRITON: Wahr gesprochen.

SOKRATES: Also weder wiederbeleidigen darf man, noch irgend einen Menschen mißhandeln, und wenn man auch was es immer sei von ihm erleidet. Und siehe wohl zu, Kriton, wenn du dies eingestehest, daß du es nicht gegen deine Mei- d nung eingestehest. Denn ich weiß wohl, daß nur Wenige dieses glauben und glauben werden. Welche also dies annehmen, und welche nicht, für die gibt es keine gemeinschaftliche Beratschlagung; sondern sie müssen notwendig einander gering achten, wenn Einer des Andern Entschließungen sieht. Überlege also auch du recht wohl, ob du Gemeinschaft mit mir machst, und dies auch annimmst, und wir hievon unsere Beratung anfangen wollen, daß niemals weder beleidigen noch wiederbeleidigen recht ist, noch auch wenn einem übles geschieht sich dadurch helfen, daß man wieder übles zufügt; oder ob du abstehst und du keinen Teil haben willst an diesem Anfang. Ich meines Teils habe schon immer dieses angenommen e und auch jetzt noch. Du aber, nimmst du irgend etwas anderes an, so sprich und trage es vor; bleibst du aber bei dem ehemaligen, so höre nun das Weitere.

ΚΡ. Ἀλλ' ἐμμένω τε καὶ συνδοκεῖ μοι· ἀλλὰ λέγε.

ΣΩ. Λέγω δὴ αὖ τὸ μετὰ τοῦτο, μᾶλλον δ' ἐρωτῶ πότερον ἃ ἄν τις ὁμολογήσῃ τῳ δίκαια ὄντα ποιητέον ἢ ἐξαπατητέον ;

ΚΡ. Ποιητέον.

ΣΩ. Ἐκ τούτων δὴ ἄθρει. Ἀπιόντες ἐνθένδε ἡμεῖς μὴ
πείσαντες τὴν πόλιν πότερον κακῶς τινας ποιοῦμεν καὶ 50
ταῦτα οὓς ἥκιστα δεῖ, ἢ οὔ ; καὶ ἐμμένομεν οἷς ὡμολογήσαμεν δικαίοις οὖσιν, ἢ οὔ ;

ΚΡ. Οὐκ ἔχω, ὦ Σώκρατες, ἀποκρίνασθαι πρὸς ὃ ἐρωτᾷς· οὐ γὰρ ἐννοῶ.

ΣΩ. Ἀλλ' ὧδε σκόπει. Εἰ μέλλουσιν ἡμῖν ἐνθένδε εἴτε
ἀποδιδράσκειν, εἴθ' ὅπως δεῖ ὀνομάσαι τοῦτο, ἐλθόντες
οἱ νόμοι καὶ τὸ κοινὸν τῆς πόλεως ἐπιστάντες ἔροιντο·
« Εἰπέ μοι, ὦ Σώκρατες, τί ἐν νῷ ἔχεις ποιεῖν ; ἄλλο τι ἢ
τούτῳ τῷ ἔργῳ ᾧ ἐπιχειρεῖς διανοῇ τούς τε νόμους ἡμᾶς b
ἀπολέσαι καὶ σύμπασαν τὴν πόλιν τὸ σὸν μέρος ; Ἢ δοκεῖ
σοι οἷόν τε ἔτι ἐκείνην τὴν πόλιν εἶναι καὶ μὴ ἀνατετράφθαι ἐν ᾗ ἂν αἱ γενόμεναι δίκαι μηδὲν ἰσχύωσιν, ἀλλὰ ὑπὸ ἰδιωτῶν ἄκυροί τε γίγνωνται καὶ διαφθείρωνται ; » Τί ἐροῦμεν, ὦ Κρίτων, πρὸς ταῦτα καὶ ἄλλα τοιαῦτα ; Πολλὰ γὰρ ἄν τις ἔχοι ἄλλως τε καὶ ῥήτωρ εἰπεῖν ὑπὲρ τούτου τοῦ νόμου ἀπολλυμένου, ὃς τὰς δίκας τὰς δικασθείσας προστάττει
κυρίας εἶναι. Ἢ ἐροῦμεν πρὸς αὐτοὺς ὅτι « Ἠδίκει γὰρ c
ἡμᾶς ἡ πόλις καὶ οὐκ ὀρθῶς τὴν δίκην ἔκρινεν ; » ταῦτα ἢ τί ἐροῦμεν ;

ΚΡ. Ταῦτα νὴ Δία, ὦ Σώκρατες.

ΣΩ. Τί οὖν, ἂν εἴπωσιν οἱ νόμοι· « Ὦ Σώκρατες, ἦ καὶ ταῦτα ὡμολόγητο ἡμῖν τε καὶ σοί, ἢ ἐμμένειν ταῖς δίκαις αἷς ἂν ἡ πόλις δικάζῃ ; » — Εἰ οὖν αὐτῶν θαυμάζοιμεν

KRITON: Allerdings bleibe ich dabei, und nehme es mit dir an. Also sage.

3.4. Persönliche Ermahnung der Gesetze, die ihnen früher zugestandene Verbindlichkeit weiterhin zu achten. Flucht wäre Unrecht

SOKRATES: Ich sage also hierauf weiter, oder vielmehr ich frage, ob, was Jemand Jemanden billiges versprochen hat, er auch leisten müsse, oder ob er betrügen dürfe?

KRITON: Leisten muß er es.

SOKRATES: Von hier aus nun schaue um. Wenn wir ohne
die Stadt zu überreden von hier weggehn, ob wir dann Jeman- 50a
den schlecht behandeln, und zwar die, welchen es am wenigsten geschehen sollte, oder ob nicht? und ob wir an dem halten, was wir billiges versprochen haben, oder ob nicht?

KRITON: Darauf weiß ich nicht zu antworten, Sokrates, was du fragest: denn ich verstehe es nicht.

SOKRATES: Erwäge es denn so. Wenn indem wir von hier davon laufen wollten, oder wie man dies sonst nennen soll, die Gesetze kämen und das gemeine Wesen dieser Stadt, und uns in den Weg tretend fragten: Sage nur, Sokrates, was hast du im Sinne zu tun? Ist es nicht so, daß du durch diese Tat welche du
unternimmst, uns den Gesetzen und also dem ganzen Staat den b
Untergang zu bereiten gedenkst, soviel an dir ist? Oder dünkt es dich möglich, daß jener Staat noch bestehe und nicht in gänzliche Zerrüttung gerate, in welchem die abgetanen Rechtssachen keine Kraft haben, sondern von Einzelmännern können ungültig gemacht und umgestoßen werden? Was sollen wir hierauf und auf mehr dergleichen sagen, Kriton? Denn noch gar vieles könnte einer, und zumal ein Redner vorbringen zum Besten dieses gefährdeten Gesetzes, welches befiehlt daß die geschlichteten Rechtssachen sollen gültig bleiben. Oder
sollen wir zu ihnen sagen: ja die Stadt hat uns unrecht getan c
und die Klage nicht recht gerichtet? Dies, oder was wollen wir sagen?

KRITON: Dies beim Zeus.

SOKRATES: Wie nun? wenn die Gesetze sagten: O Sokrates, war denn auch das unser Abkommen, oder vielmehr du wollest dich dabei beruhigen, wie die Stadt die Rechtssachen schlich-

λεγόντων, ἴσως ἂν εἴποιεν ὅτι· « Ὦ Σώκρατες, μὴ θαύμαζε τὰ λεγόμενα, ἀλλ' ἀποκρίνου, ἐπειδὴ καὶ εἴωθας χρῆσθαι τῷ ἐρωτᾶν τε καὶ ἀποκρίνεσθαι. Φέρε γάρ, τί ἐγκαλῶν ἡμῖν d
καὶ τῇ πόλει ἐπιχειρεῖς ἡμᾶς ἀπολλύναι; Οὐ πρῶτον μέν σε ἐγεννήσαμεν ἡμεῖς καὶ δι' ἡμῶν ἐλάμβανεν τὴν μητέρα σου ὁ πατὴρ καὶ ἐφύτευσέν σε; Φράσον οὖν, τούτοις ἡμῶν τοῖς νόμοις τοῖς περὶ τοὺς γάμους μέμφῃ τι ὡς οὐ καλῶς ἔχουσιν; » — « Οὐ μέμφομαι, » φαίην ἄν. — « Ἀλλὰ τοῖς περὶ τὴν τοῦ γενομένου τροφήν τε καὶ παιδείαν ἐν ᾗ καὶ σὺ ἐπαιδεύθης; ἢ οὐ καλῶς προσέταττον ἡμῶν οἱ ἐπὶ τούτοις τεταγμένοι νόμοι παραγγέλλοντες τῷ πατρὶ τῷ σῷ σε ἐν μουσικῇ καὶ γυμναστικῇ παιδεύειν; » — « Καλῶς, » φαίην ἄν. — e
« Εἶεν· ἐπειδὴ δὲ ἐγένου τε καὶ ἐξετράφης καὶ ἐπαιδεύθης, ἔχοις ἂν εἰπεῖν πρῶτον μὲν ὡς οὐχὶ ἡμέτερος ἦσθα καὶ ἔκγονος καὶ δοῦλος αὐτός τε καὶ οἱ σοὶ πρόγονοι; καὶ εἰ τοῦθ' οὕτως ἔχει, ἆρ' ἐξ ἴσου οἴει εἶναι σοὶ τὸ δίκαιον καὶ ἡμῖν, καὶ ἅττ' ἂν ἡμεῖς σε ἐπιχειρῶμεν ποιεῖν, καὶ σοὶ ταῦτα ἀντιποιεῖν οἴει δίκαιον εἶναι; Ἢ πρὸς μὲν ἄρα σοι τὸν πατέρα οὐκ ἐξ ἴσου ἦν τὸ δίκαιον καὶ πρὸς τὸν δεσπότην εἴ σοι ὢν ἐτύγχανεν, ὥστε ἅπερ πάσχοις ταῦτα καὶ ἀντιποιεῖν, οὔτε κακῶς ἀκούοντα ἀντιλέγειν οὔτε τυπτόμενον 51
ἀντιτύπτειν οὔτε ἄλλα τοιαῦτα πολλά· πρὸς δὲ τὴν πατρίδα ἄρα καὶ τοὺς νόμους ἐξέσται σοι, ὥστε, ἐάν σε ἐπιχειρῶμεν ἡμεῖς ἀπολλύναι δίκαιον ἡγούμενοι εἶναι, καὶ σὺ δὲ ἡμᾶς τοὺς νόμους καὶ τὴν πατρίδα καθ' ὅσον δύνασαι ἐπιχειρήσεις ἀνταπολλύναι, καὶ φήσεις ταῦτα ποιῶν δίκαια πράττειν ὁ τῇ ἀληθείᾳ τῆς ἀρετῆς ἐπιμελόμενος; Ἢ οὕτως εἶ σοφὸς ὥστε λέληθέν σε ὅτι μητρός τε καὶ πατρὸς καὶ τῶν ἄλλων προγόνων ἁπάντων τιμιώτερόν ἐστιν ἡ πατρὶς καὶ σεμνότερον καὶ ἁγιώτερον καὶ ἐν μείζονι μοίρᾳ καὶ παρὰ θεοῖς καὶ παρ' ἀνθρώποις τοῖς νοῦν ἔχουσι, καὶ b
σέβεσθαι δεῖ καὶ μᾶλλον ὑπείκειν καὶ θωπεύειν πατρίδα χαλεπαίνουσαν ἢ πατέρα, καὶ ἢ πείθειν ἢ ποιεῖν ἃ ἂν

tet? wenn wir uns nun über ihre Rede wunderten, würden sie
vielleicht sagen: Wundere dich nicht, Sokrates, über das Ge-
sagte, sondern antworte, da du ja gewohnt bist in Fragen und
Antworten zu reden. Denn sprich, welche Beschwerden hast d
du gegen uns und die Stadt, daß du suchst uns zu Grunde zu
richten? Sind wir es nicht zuerst, die dich zur Welt gebracht
haben; und durch welche dein Vater deine Mutter bekommen
und dich gezeugt hat? Erkläre also, tadelst du etwas an denen
unter uns Gesetzen, die sich auf die Ehe beziehen, was nicht
gut wäre? Nichts tadle ich, würde ich dann sagen. Aber an den
Gesetzen über des Geborenen Auferziehung und Unterricht,
nach denen auch du bist unterrichtet worden? Ist es etwa nicht
gut, was die unter uns hierüber gesetzt sind gebieten, indem sie
deinem Vater auflegten dich in den Geistesübungen und Lei-
beskünsten zu unterrichten? Sehr gut, würde ich sagen. Wohl. e
Nachdem du nun geboren, auferzogen und unterrichtet wor-
den, kannst du zuerst wohl leugnen, daß du nicht unser warst
als Abkömmling und Knecht, du und deine Vorfahren? Und
wenn sich dies so verhält, glaubst du, daß du gleiches Recht
hast mit uns, und daß, was immer wir uns beigehen lassen dir
anzutun, auch du das Recht habest uns wieder zu tun? Oder
hattest du gegen deinen Vater zwar nicht gleiches Recht, oder
gegen deinen Herrn, wenn du einen gehabt hättest, so daß du,
was dir geschähe, ihm wieder antun dürfest, noch auch wenn er
dich verunglimpfte widersprechen, noch wenn er dich schlug 51a
wiederschlagen und mehreres dergleichen: gegen das Vater-
land aber und gegen die Gesetze soll es dir erlaubt sein, so daß
wenn wir darauf ausgingen dich zu Grunde zu richten, indem
wir es für gerecht hielten, auch du wieder auf unsern der Ge-
setze und des Vaterlandes Untergang so viel an dir ist ausgehen
und dann sagen dürftest, du handeltest hierin recht, du der sich
in Wahrheit der Tugend befleißigt? Oder bist du so weise, daß
du nicht weißt, wie viel höher als Vater und Mutter und alle
andere Vorfahren das Vaterland geachtet ist, und wieviel ehr-
würdiger und heiliger bei den Göttern und bei allen Menschen, b
welche Vernunft haben? und wie man ein aufgebrachtes Vater-
land noch mehr ehren und ihm nachgeben und es besänftigen
muß als einen Vater, und entweder es überzeugen oder tun was

κελεύῃ καὶ πάσχειν ἐάν τι προστάττῃ παθεῖν ἡσυχίαν
ἄγοντα, ἐάν τε τύπτεσθαι, ἐάν τε δεῖσθαι, ἐάν τε εἰς
πόλεμον ἄγῃ τρωθησόμενον ἢ ἀποθανούμενον, ποιητέον
ταῦτα καὶ τὸ δίκαιον οὕτως ἔχει, καὶ οὐχὶ ὑπεικτέον οὐδὲ
ἀναχωρητέον οὐδὲ λειπτέον τὴν τάξιν, ἀλλὰ καὶ ἐν πολέμῳ
καὶ ἐν δικαστηρίῳ καὶ πανταχοῦ ποιητέον ἃ ἂν κελεύῃ ἡ
πόλις καὶ ἡ πατρὶς ἢ πείθειν αὐτὴν ᾗ τὸ δίκαιον πέφυκε, c
βιάζεσθαι δὲ οὐχ ὅσιον οὔτε μητέρα οὔτε πατέρα, πολὺ δὲ
τούτων ἔτι ἧττον τὴν πατρίδα ;» — Τί φήσομεν πρὸς ταῦτα,
ὦ Κρίτων ; ἀληθῆ λέγειν τοὺς νόμους ἢ οὔ ;

ΚΡ. Ἔμοιγε δοκεῖ.

ΣΩ. « Σκόπει τοίνυν, ὦ Σώκρατες, » φαῖεν ἂν ἴσως οἱ
νόμοι, « εἰ ἡμεῖς ταῦτα ἀληθῆ λέγομεν ὅτι οὐ δίκαια ἡμᾶς
ἐπιχειρεῖς δρᾶν ἃ νῦν ἐπιχειρεῖς. Ἡμεῖς γάρ σε γεννήσαν-
τες, ἐκθρέψαντες, παιδεύσαντες, μεταδόντες ἁπάντων ὧν
οἷοί τ' ἦμεν καλῶν σοὶ καὶ τοῖς ἄλλοις πᾶσιν πολίταις, d
ὅμως προαγορεύομεν τῷ ἐξουσίαν πεποιηκέναι Ἀθηναίων
τῷ βουλομένῳ, ἐπειδὰν δοκιμασθῇ καὶ ἴδῃ τὰ ἐν τῇ πόλει
πράγματα καὶ ἡμᾶς τοὺς νόμους, ᾧ ἂν μὴ ἀρέσκωμεν ἡμεῖς
ἐξεῖναι λαβόντα τὰ αὑτοῦ ἀπιέναι ὅποι ἂν βούληται. Καὶ
οὐδεὶς ἡμῶν τῶν νόμων ἐμποδών ἐστιν οὐδ' ἀπαγορεύει,
ἐάν τέ τις βούληται ὑμῶν εἰς ἀποικίαν ἰέναι εἰ μὴ ἀρέσκοι-
μεν ἡμεῖς τε καὶ ἡ πόλις, ἐάν τε μετοικεῖν ἄλλοσέ ποι
ἐλθών, ἰέναι ἐκεῖσε ὅποι ἂν βούληται ἔχοντα τὰ αὑτοῦ. » e

« Ὃς δ' ἂν ὑμῶν παραμείνῃ ὁρῶν ὃν τρόπον ἡμεῖς τάς τε
δίκας δικάζομεν καὶ τἆλλα τὴν πόλιν διοικοῦμεν, ἤδη φαμὲν
τοῦτον ὡμολογηκέναι ἔργῳ ἡμῖν ἃ ἂν ἡμεῖς κελεύωμεν
ποιήσειν ταῦτα, καὶ τὸν μὴ πειθόμενον τριχῇ φαμεν ἀδικεῖν,
ὅτι τε γεννηταῖς οὖσιν ἡμῖν οὐ πείθεται καὶ ὅτι τροφεῦσι
καὶ ὅτι ὁμολογήσας ἡμῖν πείθεσθαι οὔτε πείθεται οὔτε
πείθει ἡμᾶς εἰ μὴ καλῶς τι ποιοῦμεν, προτιθέντων ἡμῶν 52
καὶ οὐκ ἀγρίως ἐπιταττόντων ποιεῖν ἃ ἂν κελεύωμεν, ἀλλὰ

es befiehlt, und was es zu leiden auflegt ganz ruhig leiden, wenn es auch wäre dich schlagen zu lassen oder dich fesseln zu lassen, oder wenn es dich in den Krieg schickt, wo du verwundet und getötet werden kannst, du dies alles tun mußt und es so allein recht ist? und daß du nicht weichen und nicht weggehn und nicht deine Stelle verlassen mußt, sondern im Kriege und vor Gericht und überall tun was der Staat gebietet und das Vaterland, oder es überzeugen was eigentlich Recht sei? Ge- c
walt aber nicht ohne Frevel gebraucht werden kann gegen Vater oder Mutter und noch viel weniger als gegen sie gegen das Vaterland? Was sollen wir hierauf sagen, o Kriton? Daß es wahr ist, was die Gesetze sagen oder nicht?

KRITON: Mich dünkt, ja.

SOKRATES: Überlege also, o Sokrates, würden die Gesetze vielleicht weiter sagen, wenn wir hievon mehr gesprochen haben, daß du alsdann nicht mit Recht uns das antun willst, was du jetzt willst. Denn wir, die wir dich zur Welt gebracht, auferzogen, unterrichtet und alles Gute was nur in unserm Vermögen stand, dir und jedem Bürger mitgeteilt haben, wir ver- d
künden dennoch, indem wir Freiheit gestatten jedem Athener der es nur will, daß wenn Jemand Bürger geworden ist, und den Zustand der Stadt und uns, die Gesetze, kennen gelernt hat und wir ihm dann nicht gefallen, er das seinige nehmen und fortgehn dürfe, wohin er nur will. Und keins von uns Gesetzen steht im Wege oder verbietet, wenn Jemand von euch dem wir und die Stadt nicht gefallen, in eine Pflanzstadt ziehen will oder auch anderswohin sich begeben und sich als Schutzverwandter ansiedeln wo er nur will mit Beibehaltung alles des Seinigen. e
Wer von euch aber geblieben ist nachdem er gesehen wie wir die Rechtssachen schlichten und sonst die Stadt verwalten, von dem behaupten wir dann, daß er uns durch die Tat angelobt habe, was wir nur immer befehlen möchten, wolle er tun. Und wer nicht gehorcht, sagen wir, der tue dreifach Unrecht, weil er uns als seinen Erzeugern nicht gehorcht, und nicht als seinen Erziehern, und weil er, ohnerachtet er uns angelobt, er wolle gewiß gehorchen, doch weder gehorcht noch uns überzeugt wo wir etwas nicht recht tun; und da wir ihm doch vortragen 52a
und nicht auf rauhe Art gebieten was wir anordnen, sondern

ἐφιέντων δυοῖν θάτερα ἢ πείθειν ἡμᾶς ἢ ποιεῖν, τούτων οὐδέτερα ποιεῖ. Ταύταις δή φαμεν καὶ σέ, ὦ Σώκρατες, ταῖς αἰτίαις ἐνέξεσθαι εἴπερ ποιήσεις ἃ ἐπινοεῖς, καὶ οὐχ ἥκιστα Ἀθηναίων σέ, ἀλλ' ἐν τοῖς μάλιστα. »

Εἰ οὖν ἐγὼ εἴποιμι· « Διὰ τί δή ; » ἴσως ἄν μου δικαίως καθάπτοιντο λέγοντες ὅτι ἐν τοῖς μάλιστα Ἀθηναίων ἐγὼ αὐτοῖς ὡμολογηκὼς τυγχάνω ταύτην τὴν ὁμολογίαν. Φαῖεν γὰρ ἂν ὅτι· « Ὦ Σώκρατες, μεγάλα ἡμῖν τούτων τεκμήριά b
ἐστιν ὅτι σοι καὶ ἡμεῖς ἠρέσκομεν καὶ ἡ πόλις. Οὐ γὰρ ἄν ποτε τῶν ἄλλων Ἀθηναίων ἁπάντων διαφερόντως ἐν αὐτῇ ἐπεδήμεις εἰ μή σοι διαφερόντως ἤρεσκεν, καὶ οὔτ' ἐπὶ θεωρίαν πώποτ' ἐκ τῆς πόλεως ἐξῆλθες, ὅτι μὴ ἅπαξ εἰς Ἰσθμόν, οὔτε ἄλλοσε οὐδαμόσε εἰ μή ποι στρατευσόμενος, οὔτε ἄλλην ἀποδημίαν ἐποιήσω πώποτε ὥσπερ οἱ ἄλλοι ἄνθρωποι, οὐδ' ἐπιθυμία σε ἄλλης πόλεως οὐδὲ ἄλλων νόμων ἔλαβεν εἰδέναι, ἀλλὰ ἡμεῖς σοι ἱκανοὶ ἦμεν καὶ ἡ ἡμετέρα πόλις· οὕτω σφόδρα ἡμᾶς ᾑροῦ καὶ ὡμολόγεις καθ' ἡμᾶς c
πολιτεύσεσθαι τά τε ἄλλα καὶ παῖδας ἐν αὐτῇ ἐποιήσω, ὡς ἀρεσκούσης σοι τῆς πόλεως. Ἔτι τοίνυν ἐν αὐτῇ τῇ δίκῃ ἐξῆν σοι φυγῆς τιμήσασθαι εἰ ἐβούλου, καὶ ὅπερ νῦν ἀκούσης τῆς πόλεως ἐπιχειρεῖς, τότε ἑκούσης ποιῆσαι. Σὺ δὲ τότε μὲν ἐκαλλωπίζου ὡς οὐκ ἀγανακτῶν εἰ δέοι τεθνάναι σε, ἀλλὰ ᾑροῦ, ὡς ἔφησθα, πρὸ τῆς φυγῆς θάνατον· νῦν δὲ οὔτ' ἐκείνους τοὺς λόγους αἰσχύνῃ οὔτε ἡμῶν τῶν νόμων ἐντρέπῃ ἐπιχειρῶν διαφθεῖραι, πράττεις τε ἅπερ ἂν δοῦλος φαυλότατος πράξειεν, ἀποδιδράσκειν d
ἐπιχειρῶν παρὰ τὰς συνθήκας τε καὶ τὰς ὁμολογίας καθ' ἃς ἡμῖν συνέθου πολιτεύεσθαι. Πρῶτον μὲν οὖν ἡμῖν τοῦτ' αὐτὸ ἀπόκριναι, εἰ ἀληθῆ λέγομεν φάσκοντές σε ὡμολογηκέναι πολιτεύσεσθαι καθ' ἡμᾶς ἔργῳ, ἀλλ' οὐ λόγῳ, ἢ οὐκ

freistellen eins von beiden entweder uns zu überzeugen oder zu folgen, er doch hievon keines tut. Und diese Verschuldungen nun, behaupten wir, werden auch auf dir, Sokrates, haften, wenn du ausführst was du im Sinne hast, und zwar auf dir nicht am wenigsten unter den andern Athenern, sondern wohl ganz vorzüglich.

3.5. Sokrates' besondere Verpflichtung gegen die Gesetze

Wenn ich nun fragte: Weshalb denn das? so würden sie mich wohl ganz recht angreifen, wenn sie sprächen, daß ich ganz vorzüglich vor andern Athenern ihnen das Versprechen geleistet hätte. Denn würden sie sagen, hievon haben wir große b
Beweise, daß wir sowohl als die Stadt dir wohlgefallen haben. Sonst würdest du ja wohl nicht so vorzüglich vor allen Athenern immer einheimisch darin geblieben sein, wenn sie dir nicht vorzüglich gefiele. Denn weder bist du je zur Schau der großen Feste aus der Stadt herausgegangen, außer einmal auf den Isthmos, noch sonst irgend wohin anders als nur mit dem Heere ziehend, oder hast sonst eine Reise gemacht, wie andere Menschen, noch auch hat dich jemals Lust angewandelt andere Städte und andere Gesetze zu sehen, sondern wir genügten dir und unsere Stadt; so sehr zogst du uns vor, und gelobtest uns c
gemäß dein Bürgerleben zu führen, hast auch überdies Kinder in der Stadt erzeugt, weil sie dir gefiel. Ja auch noch währendes Rechtshandels konntest du dir ja die Verweisung zuerkannt haben, wenn du gewollt hättest, und so, was du jetzt gegen den Willen der Stadt unternimmst, damals mit ihrem Willen tun. Du aber tatest damals zwar gar schön, als wärest du gar nicht unwillig wenn du sterben müßtest, sondern wähltest wie du sagtest lieber als die Verweisung den Tod: nun hingegen schämst du dich weder vor jenen deinen Reden, noch scheust du uns die Gesetze, sondern versuchst uns zu zerstören und handelst, wie nur der schlechteste Knecht handeln könnte, in- d
dem du zu entlaufen versuchst gegen alle Verträge und Versprechungen, nach denen du uns versprochen hast als Bürger zu leben. Zuerst also beantworte uns nur dieses, ob wir die Wahrheit reden indem wir behaupten du habest nach unserer Anordnung dein Bürgerleben zu führen uns durch die Tat ver-

ἀληθῆ.» — Τί φῶμεν πρὸς ταῦτα, ὦ Κρίτων; ἄλλο τι ἢ ὁμολογῶμεν;

ΚΡ. Ἀνάγκη, ὦ Σώκρατες.

ΣΩ. «Ἄλλο τι οὖν,» ἂν φαῖεν, «ἢ συνθήκας τὰς πρὸς
ἡμᾶς αὐτοὺς καὶ ὁμολογίας παραβαίνεις, οὐχ ὑπὸ ἀνάγκης e
ὁμολογήσας οὐδὲ ἀπατηθεὶς οὐδὲ ἐν ὀλίγῳ χρόνῳ ἀναγκασθεὶς
βουλεύσασθαι, ἀλλ' ἐν ἔτεσιν ἑβδομήκοντα, ἐν οἷς ἐξῆν σοι
ἀπιέναι εἰ μὴ ἠρέσκομεν ἡμεῖς μηδὲ δίκαιαι ἐφαίνοντό σοι
αἱ ὁμολογίαι εἶναι. Σὺ δὲ οὔτε Λακεδαίμονα προῃροῦ οὔτε
Κρήτην, ἃς δὴ ἑκάστοτε φῄς εὐνομεῖσθαι, οὔτε ἄλλην οὐδε-
μίαν τῶν Ἑλληνίδων πόλεων οὐδὲ τῶν βαρβαρικῶν, ἀλλὰ 53
ἐλάττω ἐξ αὐτῆς ἀπεδήμησας ἢ οἱ χωλοί τε καὶ τυφλοὶ καὶ
οἱ ἄλλοι ἀνάπηροι· οὕτω σοι διαφερόντως τῶν ἄλλων
Ἀθηναίων ἤρεσκεν ἡ πόλις τε καὶ ἡμεῖς οἱ νόμοι δῆλον ὅτι·
τίνι γὰρ ἂν πόλις ἀρέσκοι ἄνευ νόμων; Νῦν δὲ δὴ οὐκ
ἐμμένεις τοῖς ὡμολογημένοις; ἐὰν ἡμῖν γε πείθῃ, ὦ Σώ-
κρατες· καὶ οὐ καταγέλαστός γε ἔσῃ ἐκ τῆς πόλεως
ἐξελθών.»

«Σκόπει γὰρ δή, ταῦτα παραβὰς καὶ ἐξαμαρτάνων τι
τούτων τί ἀγαθὸν ἐργάσῃ σαυτὸν ἢ τοὺς ἐπιτηδείους τοὺς
σαυτοῦ. Ὅτι μὲν γὰρ κινδυνεύσουσί γέ σου οἱ ἐπιτήδειοι b
καὶ αὐτοὶ φεύγειν καὶ στερηθῆναι τῆς πόλεως ἢ τὴν οὐσίαν
ἀπολέσαι σχεδόν τι δῆλον· αὐτὸς δὲ πρῶτον μὲν ἐὰν εἰς τῶν
ἐγγύτατά τινα πόλεων ἔλθῃς ἢ Θήβαζε ἢ Μέγαράδε — εὐνο-
μοῦνται γὰρ ἀμφότεραι — πολέμιος ἥξεις, ὦ Σώκρατες, τῇ
τούτων πολιτείᾳ, καὶ ὅσοιπερ κήδονται τῶν αὐτῶν πόλεων
ὑποβλέψονταί σε διαφθορέα ἡγούμενοι τῶν νόμων, καὶ
βεβαιώσεις τοῖς δικασταῖς τὴν δόξαν ὥστε δοκεῖν ὀρθῶς
τὴν δίκην δικάσαι· ὅστις γὰρ νόμων διαφθορεύς ἐστιν c
σφόδρα που δόξειεν ἂν νέων γε καὶ ἀνοήτων ἀνθρώπων δια-

sprochen nicht bloß durch Worte, oder nicht die Wahrheit? Was sollen wir hierauf sagen, Kriton? Sollen wir es nicht einräumen?

KRITON: Wir müssen wohl, Sokrates.

SOKRATES: Ist es also nicht so, würden sie sagen, daß du
deine Verträge mit uns und deine Versprechungen übertrittst? e
die du doch nicht gezwungen abgelegt hast noch überlistet noch in der Notwendigkeit etwa dich in kurzer Zeit zu beraten, sondern Siebzig Jahre lang, während deren du hättest fortgehn können wenn wir dir nicht gefielen und du die Bedingungen nicht für billig hieltest. Du aber hast weder Lakedaimon vorgezogen noch Krete die du doch immer rühmst als wohlgeord-
nete Staaten, noch irgend einen andern von den hellenischen 53a
Staaten oder von den unhellenischen, sondern weniger hast du dich von hier entfernt, als die Lahmen, Blinden und andere Verstümmelte. So vorzüglich vor allen Athenern hat dir die Stadt gefallen, und wir die Gesetze also auch. Denn wem würde eine Stadt wohl gefallen ohne die Gesetze! Und nun also willst du doch dem Versprochenen nicht treu bleiben? Wohl, wenn du uns folgst, o Sokrates, und wirst dich nicht lächerlich machen durch deinen Auszug aus der Stadt.

3.6. Eine Flucht des Sokrates widerspräche dem, was ihm als gutes Leben galt

Denn erwäge nur, wenn du es übertrittst und etwas davon verletzest, was du gutes dir selbst bereiten wirst und deinen
Freunden. Denn daß deine Freunde ja freilich in Gefahr gera- b
ten werden auch selbst flüchtig zu werden und sich der Stadt entsagen zu müssen, oder ihr Vermögen einzubüßen, das ist wohl offenbar. Du selbst aber, wenn du zuerst in eine der nächstgelegenen Städte gehest, sei es nach Theben oder nach Megara, denn wohleingerichtet sind beide: so kommst du als ein Feind ihrer Verfassung; und wer nur seiner eignen Stadt zugetan ist, wird dich scheel ansehn als einen Verderber der Gesetze, und so wirst du nur das Ansehn deiner Richter befestigen, daß sie dafür gelten werden in deiner Sache recht ge-
richtet zu haben: denn wer der Gesetze Verderber ist, muß c
wohl gar sehr dafür gehalten werden, auch der jüngeren und

φθορεὺς εἶναι. Πότερον οὖν φεύξῃ τάς τε εὐνομουμένας πόλεις καὶ τῶν ἀνδρῶν τοὺς κοσμιωτάτους; Καὶ τοῦτο ποιοῦντι ἆρα ἄξιόν σοι ζῆν ἔσται; Ἢ πλησιάσεις τούτοις καὶ ἀναισχυντήσεις διαλεγόμενος.... τίνας λόγους, ὦ Σώκρατες; ἢ οὕσπερ ἐνθάδε, ὡς ἡ ἀρετὴ καὶ ἡ δικαιοσύνη πλείστου ἄξιον τοῖς ἀνθρώποις καὶ τὰ νόμιμα καὶ οἱ νόμοι; Καὶ οὐκ οἴει ἄσχημον ἂν φανεῖσθαι τὸ τοῦ Σωκράτους d
πρᾶγμα; οἴεσθαί γε χρή. Ἀλλ' ἐκ μὲν τούτων τῶν τόπων ἀπαρεῖς, ἥξεις δὲ εἰς Θετταλίαν παρὰ τοὺς ξένους τοὺς Κρίτωνος· ἐκεῖ γὰρ δὴ πλείστη ἀταξία καὶ ἀκολασία καὶ ἴσως ἂν ἡδέως σου ἀκούοιεν ὡς γελοίως ἐκ τοῦ δεσμωτηρίου ἀπεδίδρασκες σκευήν τέ τινα περιθέμενος ἢ διφθέραν λαβὼν ἢ ἄλλα οἷα δὴ εἰώθασιν ἐνσκευάζεσθαι οἱ ἀποδιδράσκοντες καὶ τὸ σχῆμα τὸ σαυτοῦ καταλλάξας. Ὅτι δὲ γέρων ἀνήρ, σμικροῦ χρόνου τῷ βίῳ λοιποῦ ὄντος ὡς τὸ εἰκός, ἐτόλμη- e
σας οὕτω γλισχρῶς ἐπιθυμεῖν ζῆν, νόμους τοὺς μεγίστους παραβάς, οὐδεὶς ὃς ἐρεῖ; Ἴσως, ἂν μή τινα λυπῇς· εἰ δὲ μή, ἀκούσῃ, ὦ Σώκρατες, πολλὰ καὶ ἀνάξια σαυτοῦ. Ὑπερχόμενος δὴ βιώσῃ πάντας ἀνθρώπους καὶ δουλεύων, τί ποιῶν ἢ εὐωχούμενος ἐν Θετταλίᾳ, ὥσπερ ἐπὶ δεῖπνον ἀποδεδημηκὼς εἰς Θετταλίαν; Λόγοι δὲ ἐκεῖνοι οἱ περὶ δικαιοσύνης τε καὶ τῆς ἄλλης ἀρετῆς ποῦ ἡμῖν ἔσονται; 54
Ἀλλὰ δὴ τῶν παίδων ἕνεκα βούλει ζῆν, ἵνα αὐτοὺς ἐκθρέψῃς καὶ παιδεύσῃς; Τί δέ; εἰς Θετταλίαν αὐτοὺς ἀγαγὼν θρέψεις τε καὶ παιδεύσεις ξένους ποιήσας, ἵνα καὶ τοῦτό σου ἀπολαύσωσιν; Ἢ τοῦτο μὲν οὔ, αὐτοῦ δὲ τρεφόμενοι σοῦ ζῶντος βέλτιον θρέψονται καὶ παιδεύσονται μὴ συνόντος σοῦ αὐτοῖς; Οἱ γὰρ ἐπιτήδειοι οἱ σοὶ ἐπιμελήσονται αὐτῶν. Πότερον ἐὰν εἰς Θετταλίαν ἀποδημήσῃς ἐπιμελήσονται, ἐὰν δὲ εἰς Ἅιδου ἀποδημήσῃς οὐχὶ ἐπιμελήσονται, εἴπερ γέ τι ὄφελος αὐτῶν ἐστιν τῶν σοι φασκόντων ἐπιτηδείων εἶναι; b
οἴεσθαί γε χρή.»

noch unvernünftigen Menschen Verderber zu sein. Willst du
also etwa die wohleingerichtetsten Staaten und die ehren-
wertesten Menschen meiden? und wenn du dieses tust wird es
dir noch lohnen zu leben? Oder willst du dich zu ihnen halten
und unverschämt genug sein was doch für Reden vorzubrin-
gen o Sokrates? oder dieselben wie hier, daß über Tugend und
Gerechtigkeit nichts gehe für den Menschen und über Ord-
nungen und Gesetze? und glaubst nicht des Sokrates Sache d
werde dann ganz unanständig erscheinen? Wohl muß man das
glauben! Aber aus diesen Gegenden wirst du dich wohl fort-
machen, und dich nach Thessalien begeben zu den Gastfreun-
den des Kriton! Denn dort sind ja Unordnung und Un-
gebundenheit am größten, und die möchten dir wohl mit Ver-
gnügen zuhören, wie lächerlich du aus dem Gefängnis entlau-
fen bist in irgend ein Stück Zeug eingehüllt, oder mit einem
gemeinen Kittel umgetan, oder wie sich sonst die Entfliehen-
den zu verkleiden pflegen, und nachdem du dich ganz unkennt-
lich gemacht. Daß du aber als ein alter Mann, dem wahrschein-
lich nur noch wenig Lebenszeit übrig ist, dich nicht gescheut e
hast, mit solcher Gier nach dem Leben zu gelüsten mit Über-
tretung jedes heiligsten Gesetzes, wird das Niemand sagen?
Vielleicht nicht, wenn du Niemanden beleidigst: wenn aber, o
Sokrates, dann wirst du auch viel deiner unwürdiges hören
müssen. Kriechend also vor allen Menschen wirst du leben;
und was denn tun als schmausen in Thessalien? so daß du wie
zum Gastgebot wirst hingereist scheinen nach Thessalien! Und
jene Reden von der Gerechtigkeit und von den übrigen Tu- 54a
genden, wo werden uns die bleiben? Doch deiner Kinder we-
gen willst du leben, um sie selbst aufzuziehen und zu unterrich-
ten! Wie also? Nach Thessalien willst du sie mitnehmen und
dort aufziehn und unterrichten? und sie zu Fremdlingen ma-
chen, damit sie dir auch das noch zu verdanken haben? Oder
das wohl nicht; aber hier sollten sie, wenn du nur lebst, besser
aufgezogen und unterrichtet werden, obgleich du nicht bei ih-
nen bist? Deine Freunde nämlich werden sich ihrer annehmen.
Ob nun wohl wenn du nach Thessalien wanderst, sie sich ihrer
annehmen werden, wenn du aber in die Unterwelt wanderst,
dann nicht? Wenn sie anders etwas wert sind, die deine Freunde b

« Ἀλλ', ὦ Σώκρατες, πειθόμενος ἡμῖν τοῖς σοῖς τροφεῦσι, μήτε παῖδας περὶ πλείονος ποιοῦ μήτε τὸ ζῆν μήτε ἄλλο μηδὲν πρὸ τοῦ δικαίου, ἵνα εἰς Ἅιδου ἐλθὼν ἔχῃς πάντα ταῦτα ἀπολογήσασθαι τοῖς ἐκεῖ ἄρχουσιν· οὔτε γὰρ ἐνθάδε σοι φαίνεται ταῦτα πράττοντι ἄμεινον εἶναι οὐδὲ δικαιότερον οὔτε ὁσιώτερον οὐδὲ ἄλλῳ τῶν σῶν οὐδενί, οὔτε ἐκεῖσε ἀφικομένῳ ἄμεινον ἔσται. Ἀλλὰ νῦν μὲν ἠδικημένος ἄπει, ἐὰν ἀπίῃς, οὐχ ὑφ' ἡμῶν τῶν νόμων, ἀλλὰ ὑπ' ἀνθρώπων· c
ἐὰν δὲ ἐξέλθῃς οὕτως αἰσχρῶς ἀνταδικήσας τε καὶ ἀντικακουργήσας, τὰς σαυτοῦ ὁμολογίας τε καὶ συνθήκας τὰς πρὸς ἡμᾶς παραβὰς καὶ κακὰ ἐργασάμενος τούτους οὓς ἥκιστα ἔδει, σαυτόν τε καὶ φίλους καὶ πατρίδα καὶ ἡμᾶς, ἡμεῖς τέ σοι χαλεπανοῦμεν ζῶντι καὶ ἐκεῖ οἱ ἡμέτεροι ἀδελφοὶ οἱ ἐν Ἅιδου νόμοι οὐκ εὐμενῶς σε ὑποδέξονται, εἰδότες ὅτι καὶ ἡμᾶς ἐπεχείρησας ἀπολέσαι τὸ σὸν μέρος. Ἀλλὰ μή σε πείσῃ Κρίτων ποιεῖν ἃ λέγει μᾶλλον ἢ ἡμεῖς. » d

Ταῦτα, ὦ φίλε ἑταῖρε Κρίτων, εὖ ἴσθι ὅτι ἐγὼ δοκῶ ἀκούειν, ὥσπερ οἱ κορυβαντιῶντες τῶν αὐλῶν δοκοῦσιν ἀκούειν, καὶ ἐν ἐμοὶ αὕτη ἡ ἠχὴ τούτων τῶν λόγων βομβεῖ καὶ ποιεῖ μὴ δύνασθαι τῶν ἄλλων ἀκούειν· ἀλλὰ ἴσθι, ὅσα γε τὰ νῦν ἐμοὶ δοκοῦντα, ἐὰν λέγῃς παρὰ ταῦτα, μάτην ἐρεῖς. Ὅμως μέντοι εἴ τι οἴει πλέον ποιήσειν, λέγε.

ΚΡ. Ἀλλ', ὦ Σώκρατες, οὐκ ἔχω λέγειν.

ΣΩ. Ἔα τοίνυν, ὦ Κρίτων, καὶ πράττωμεν ταύτῃ, ἐπειδὴ ταύτῃ ὁ θεὸς ὑφηγεῖται.

zu sein behaupten, so muß man es ja wohl glauben. Also
Sokrates gehorche uns, deinen Erziehern, und achte weder die
Kinder noch das Leben noch irgend etwas anderes höher als
das Recht, damit wenn du in die Unterwelt kommst du dies
alles zu deiner Verteidigung anführen kannst den dortigen
Herrschern. Denn es zeigt sich ja weder hier für dich besser
oder gerechter oder frömmer dies wirklich auszuführen oder
für irgend einen der Deinigen, noch auch wird es, wenn du
dort ankommst, besser für dich sein. Sondern wenn du jetzt
hingehst, so gehst du hin als einer der Unrecht erlitten hat,
nicht zwar von uns Gesetzen, sondern von Menschen. Ent- c
fliehst du aber so schmählich Unrecht und Böses mit gleichem
vergeltend, deine eignen Versprechungen und Verträge mit
uns verletzend, und allen denen übles zufügend denen du es am
wenigsten solltest, dir selbst nämlich, deinen Freunden, dem
Vaterlande und uns: so werden nicht nur wir auf dich zürnen so
lange du lebst; sondern auch unsere Brüder, die Gesetze der
Unterwelt, werden dich nicht freundlich aufnehmen, wenn sie
wissen, daß du auch uns zu Grunde zu richten versucht hast, so
viel an dir war. Also, daß ja nicht Kriton mehr dich überrede, d
zu tun was er sagt, als wir.

3.7. Die unerschütterliche Überzeugung, bleiben zu müssen

Dies lieber Freund Kriton glaube ich zu hören, wie die welche das Ohrenklingen haben die Flöte zu hören glauben. Denn auch in mir klingt so der Ton dieser Reden, und macht daß ich andere nicht hören kann. Also wisse nur, was meine jetzige Überzeugung betrifft, daß wenn du etwas hiegegen sagst, du es vergeblich reden wirst. Dennoch aber, wenn du glaubst etwas damit auszurichten, so sprich.

KRITON: Nein, Sokrates, ich habe nichts zu sagen.

SOKRATES: Wohl denn, Kriton! so laß uns auf diese Art handeln, da uns hierin der Gott leitet.

Λάχης
Laches

GLIEDERUNG

1. Einleitung: Das Problem, richtig zu erziehen (178a1)
1.1. Von der Notwendigkeit, sich um die Erziehung der Kinder zu sorgen. Das Beispiel der Fechtkunst (178a1)
1.2. Die Bereitschaft zu gemeinsamer pädagogischer Beratung. Diesbezügliche Kompetenzen des Sokrates (180b1)
2. Soll man lernen, in Rüstung zu fechten? (181d9)
2.1. Nikias befürwortet es (181d9)
2.2. Laches redet dagegen (182d7)
2.3. Sokrates empfiehlt, sich an einen Sachverständigen in der Behandlung der Seele zu halten (184c9)
2.4. Sind Nikias und Laches in der Behandlung der Seele kompetent? (186a3)
2.5. Bereitschaft von Nikias und Laches, sich prüfen zu lassen. Wie Sokrates als Gesprächspartner ist (187d6)
3. Sokrates und Laches über das Wesen der Tapferkeit (189d5)
3.1. Sokrates entwickelt die Fragestellung (189d5)
3.2. Die erste Definition des Laches: Tapferkeit ist Standfestigkeit vor dem Feind. Kritik (190e4)
3.3. Die zweite Definition des Laches: Tapferkeit ist eine Beharrlichkeit der Seele. Kritik (192b9)
3.4. Aporie. Laches gibt auf (193d11)
4. Die Definition des Nikias, Tapferkeit sei ein Wissen (194c1)
4.1. Entwicklung der Definition und Erläuterung gegenüber Laches (194c1)
4.2. Vorläufige Prüfung der Definition (196c1)
4.3. Sokrates erfragt drei Präzisierungen (197e10)
4.4. Aporie: Ist die Tapferkeit mit der Tugend überhaupt identisch? (199c3)
5. Schluß: Wiederaufnahme der anfänglichen Erziehungsfragen; Aufforderung zu weiterer Bemühung (200c2)

Λάχης

ΛΥΣΙΜΑΧΟΣ ΜΕΛΗΣΙΑΣ ΝΙΚΙΑΣ ΛΑΧΗΣ
ΠΑΙΔΕΣ ΛΥΣΙΜΑΧΟΥ ΚΑΙ ΜΕΛΗΣΙΟΥ
ΣΩΚΡΑΤΗΣ

ΛΥΣΙΜΑΧΟΣ. Τεθέασθε μὲν τὸν ἄνδρα μαχόμενον ἐν 178 a
ὅπλοις, ὦ Νικία τε καὶ Λάχης· οὗ δ' ἕνεκα ὑμᾶς ἐκελεύσαμεν
συνθεάσασθαι ἐγώ τε καὶ Μελησίας ὅδε, τότε μὲν οὐκ εἴπο-
μεν, νῦν δ' ἐροῦμεν. Ἡγούμεθα γὰρ χρῆναι πρός γε ὑμᾶς
παρρησιάζεσθαι. Εἰσὶ γάρ τινες οἳ τῶν τοιούτων κατα-
γελῶσι, καὶ ἐάν τις αὐτοῖς συμβουλεύσηται, οὐκ ἂν εἴποιεν b
ἃ νοοῦσιν, ἀλλὰ στοχαζόμενοι τοῦ συμβουλευομένου ἄλλα
λέγουσι παρὰ τὴν αὑτῶν δόξαν· ὑμᾶς δὲ ἡμεῖς ἡγησάμενοι
καὶ ἱκανοὺς γνῶναι καὶ γνόντας ἁπλῶς ἂν εἰπεῖν ἃ δοκεῖ
ὑμῖν, οὕτω παρελάβομεν ἐπὶ τὴν συμβουλὴν περὶ ὧν μέλ-
λομεν ἀνακοινοῦσθαι. Ἔστιν οὖν τοῦτο, περὶ οὗ πάλαι 179 a
τοσαῦτα προοιμιάζομαι, τόδε.

Ἡμῖν εἰσιν ὑεῖς οὑτοιί, ὅδε μὲν τοῦδε, πάππου ἔχων
ὄνομα Θουκυδίδης, ἐμὸς δὲ αὖ ὅδε· παππῷον δὲ καὶ οὗτος
ὄνομ' ἔχει τοὐμοῦ πατρός· Ἀριστείδην γὰρ αὐτὸν καλοῦμεν.
Ἡμῖν οὖν τούτων δέδοκται ἐπιμεληθῆναι ὡς οἷόν τε μάλιστα,
καὶ μὴ ποιῆσαι ὅπερ οἱ πολλοί, ἐπειδὴ μειράκια γέγονεν,
ἀνεῖναι αὐτοὺς ὅ τι βούλονται ποιεῖν, ἀλλὰ νῦν δὴ καὶ
ἄρχεσθαι αὐτῶν ἐπιμελεῖσθαι καθ' ὅσον οἷοί τ' ἐσμέν.
Εἰδότες οὖν καὶ ὑμῖν ὑεῖς ὄντας, ἡγησάμεθα μεμελη-
κέναι περὶ αὐτῶν, εἴπερ τισὶν ἄλλοις, πῶς ἂν θεραπευ- b
θέντες γένοιντο ἄριστοι· εἰ δ' ἄρα πολλάκις μὴ προσ-
εσχήκατε τὸν νοῦν τῷ τοιούτῳ, ὑπομνήσοντες ὅτι
οὐ χρὴ αὐτοῦ ἀμελεῖν, καὶ παρακαλοῦντες ὑμᾶς ἐπὶ

Laches

LYSIMACHOS MELESIAS NIKIAS LACHES
DIE SÖHNE DES LYSIMACHOS UND MELESIAS
SOKRATES

1. Einleitung: Das Problem, richtig zu erziehen

1.1. Von der Notwendigkeit, sich um die Erziehung der Kinder zu sorgen. Das Beispiel der Fechtkunst

LYSIMACHOS: Gesehen habt ihr nun, o Nikias und Laches, 178a
den Mann in ganzer Rüstung fechten; weshalb aber wir, ich
und Melesias, euch genötiget haben mit uns ihm zuzusehen,
dies sagten wir gleich damals nicht, wollen es aber jetzt sagen.
Denn wir glauben zu euch ja freimütig reden zu dürfen. Denn
es gibt freilich welche, die einen hiermit nur auslachen; und
wenn Jemand sie zu Rate zieht, so sagen sie nicht was sie den- b
ken, sondern den Fragenden erratend reden sie etwas anderes
gegen ihre Meinung. Euch aber hielten wir nicht nur tüchtig zu
der Sache Beurteilung, sondern auch daß nachdem ihr sie beur-
teilt, ihr aufrichtig sagen werdet, was ihr denkt, und so haben
wir euch mit zu unserer Beratung genommen, über das was wir
euch eröffnen wollen. Worüber ich aber schon so lange so vieles 179a
vorrede, das ist folgendes. Diese hier sind unsere Söhne, der da
ist dessen, nach seinem Großvater Thukydides genannt; der
meinige aber hier führt ebenfalls den großväterlichen Namen
meines Vaters, denn er heißt Aristeides. Für diese nun haben
wir beschlossen so gut als möglich zu sorgen, und nicht, wie
die Meisten es machen, nun sie halb erwachsen sind, sie gehn
und tun zu lassen was sie wollen, sondern vielmehr nun erst
recht anzufangen die möglichste Sorgfalt auf sie zu wenden. Da
wir nun wissen, daß auch ihr Söhne habt: so glauben wir, wenn
irgend Jemand, werdet gewiß ihr darauf gesonnen haben, auf b
welche Art behandelt sie am besten gedeihen werden. Solltet
ihr aber etwa nicht sehr auf diese Sache gedacht haben: so
wollen wir euch ermahnen, sie nicht zu vernachlässigen, und
euch auffordern gemeinschaftlich mit uns Sorge zu tragen für

τὸ ἐπιμέλειάν τινα ποιήσασθαι τῶν ὑέων κοινῇ μεθ' ἡμῶν.

Ὅθεν δὲ ἡμῖν ταῦτ' ἔδοξεν, ὦ Νικία τε καὶ Λάχης, χρὴ ἀκοῦσαι, κἂν ᾖ ὀλίγῳ μακρότερα. Συσσιτοῦμεν γὰρ δὴ ἐγώ τε καὶ Μελησίας ὅδε, καὶ ἡμῖν τὰ μειράκια παρασιτεῖ. Ὅπερ οὖν καὶ ἀρχόμενος εἶπον τοῦ λόγου, παρρησιασόμεθα c
πρὸς ὑμᾶς. Ἡμῶν γὰρ ἑκάτερος περὶ τοῦ ἑαυτοῦ πατρὸς πολλὰ καὶ καλὰ ἔργα ἔχει λέγειν πρὸς τοὺς νεανίσκους, καὶ ὅσα ἐν πολέμῳ εἰργάσαντο καὶ ὅσα ἐν εἰρήνῃ, διοικοῦντες τά τε τῶν συμμάχων καὶ τὰ τῆς πόλεως· ἡμέτερα δ' αὐτῶν ἔργα οὐδέτερος ἔχει λέγειν. Ταῦτα δὴ ὑπαισχυνόμεθά τε τούσδε καὶ αἰτιώμεθα τοὺς πατέρας ἡμῶν ὅτι ἡμᾶς μὲν εἴων τρυφᾶν, ἐπειδὴ μειράκια ἐγενόμεθα, τὰ δὲ d
τῶν ἄλλων πράγματα ἔπραττον· καὶ τοῖσδε τοῖς νεανίσκοις αὐτὰ ταῦτα ἐνδεικνύμεθα, λέγοντες ὅτι, εἰ μὲν ἀμελήσουσιν ἑαυτῶν καὶ μὴ πείσονται ἡμῖν, ἀκλεεῖς γενήσονται, εἰ δ' ἐπιμελήσονται, τάχ' ἂν τῶν ὀνομάτων ἄξιοι γένοιντο ἃ ἔχουσιν.

Οὗτοι μὲν οὖν φασιν πείσεσθαι· ἡμεῖς δὲ δὴ τοῦτο σκοποῦμεν, τί ἂν οὗτοι μαθόντες ἢ ἐπιτηδεύσαντες ὅ τι ἄριστοι γένοιντο. Εἰσηγήσατο οὖν τις ἡμῖν καὶ τοῦτο τὸ μάθημα, e
ὅτι καλὸν εἴη τῷ νέῳ μαθεῖν ἐν ὅπλοις μάχεσθαι· καὶ ἐπῄνει τοῦτον ὃν νῦν ὑμεῖς ἐθεάσασθε ἐπιδεικνύμενον, κᾆτ' ἐκέλευε θεάσασθαι. Ἔδοξε δὴ χρῆναι αὐτούς τε ἐλθεῖν ἐπὶ θέαν τἀνδρὸς καὶ ὑμᾶς συμπαραλαβεῖν ἅμα μὲν συνθεατάς, ἅμα δὲ συμβούλους τε καὶ κοινωνούς, ἐὰν βούλησθε, περὶ τῆς τῶν ὑέων ἐπιμελείας.

Ταῦτ' ἐστὶν ἃ ἐβουλόμεθα ὑμῖν ἀνακοινώσασθαι. Ἤδη οὖν 180 a
ὑμέτερον μέρος συμβουλεύειν καὶ περὶ τούτου τοῦ μαθήματος, εἴτε δοκεῖ χρῆναι μανθάνειν εἴτε μή, καὶ περὶ τῶν ἄλλων, εἴ τι ἔχετε ἐπαινέσαι μάθημα νέῳ ἀνδρὶ ἢ ἐπιτήδευμα, καὶ περὶ τῆς κοινωνίας λέγειν ὁποῖόν τι ποιήσετε.

ΝΙΚΙΑΣ. Ἐγὼ μέν, ὦ Λυσίμαχε καὶ Μελησία, ἐπαινῶ τε

die Söhne. Weshalb wir nun dieses beschlossen, o Laches und Nikias, müßt ihr hören, wenn es auch etwas ausführlicher sein sollte. Wir nämlich speisen zusammen, ich und Melesias, und unsere Knaben mit uns. Wie ich nun gleich Anfangs gesagt, wir c
wollen freimütig zu euch reden. Jeder von uns nämlich hat von seinem Vater zwar viele schöne Taten zu erzählen, teils welche sie im Kriege getan haben, teils welche im Frieden, sowohl der Bundesgenossen Angelegenheiten verwaltend als auch der Stadt; eigne Taten aber von sich selbst hat keiner von uns den Jünglingen zu erzählen. Deswegen also schämen wir uns vor diesen, und klagen auch unsere Väter an, daß sie uns nachdem wir herangewachsen nach Gutdünken leben ließen, selbst aber d
nur fremde Angelegenheiten verwalteten. Diesen Jünglingen aber halten wir das Beispiel vor, und sagen ihnen, daß wenn sie sich vernachlässigen und uns nicht gehorchen, sie auch werden unberühmt bleiben, würden sie aber Fleiß anwenden, so könnten sie vielleicht der Namen sich wert machen, welche sie führen. Sie nun versprechen zu gehorchen, und wir denken darauf, was diese wohl lernen und üben müssen, um recht tüchtige Männer zu werden. Da hat uns also einer auch auf diese Kunst e
gewiesen, daß sie es wohl einem Jünglinge anständig wäre in ganzer Rüstung fechten, und hat uns dazu diesen gerühmt, welchen ihr eben gesehen habt sich in seiner Kunst zeigen, und uns geheißen ihm zuzuschauen. Wir aber glaubten, wir müßten nicht nur selbst kommen ihn zu sehen, sondern auch euch mitnehmen als Mitzuschauer zunächst, dann aber auch als Mitberater und Teilnehmer, wenn ihr wollt, an der Sorge für die Söhne. Dieses ist, weshalb wir uns mit euch zusammentun 180a
wollten. Jetzt also ist eure Sache Rat zu erteilen, sowohl wegen dieser Kunst, ihr mögt nun meinen daß sie erlernt werden müsse oder nicht, als auch übrigens wenn ihr uns für einen jungen Mann eine Kunst anzurühmen habt oder eine Wissenschaft, so auch wegen eurer Gemeinschaft mit uns, zu sagen was ihr tun wollt.

NIKIAS: Ich meines Teils, o Lysimachos und Melesias, lobe nicht nur eure Gesinnung, sondern bin auch bereit mit euch gemeine Sache zu machen; ich glaube aber dasselbe auch von Laches.

ὑμῶν τὴν διάνοιαν καὶ κοινωνεῖν ἑτοῖμος, οἶμαι δὲ καὶ
Λάχητα τόνδε.
ΛΑΧΗΣ. Ἀληθῆ γὰρ οἴει, ὦ Νικία. Ὥς ὅ γε ἔλεγεν ὁ b
Λυσίμαχος ἄρτι περὶ τοῦ πατρὸς τοῦ αὑτοῦ τε καὶ τοῦ
Μελησίου, πάνυ μοι δοκεῖ εὖ εἰρῆσθαι καὶ εἰς ἐκείνους καὶ
εἰς ἡμᾶς καὶ εἰς ἅπαντας ὅσοι τὰ τῶν πόλεων πράττουσιν,
ὅτι αὐτοῖς σχεδόν τι ταῦτα συμβαίνει, ἃ οὗτος λέγει, καὶ
περὶ παῖδας καὶ περὶ τἆλλα ἴδια, ὀλιγώρως τε καὶ ἀμελῶς
διατίθεσθαι. Ταῦτα μὲν οὖν καλῶς λέγεις, ὦ Λυσίμαχε· ὅτι
δ' ἡμᾶς μὲν συμβούλους παρακαλεῖς ἐπὶ τὴν τῶν νεανίσκων
παιδείαν, Σωκράτη δὲ τόνδε οὐ παρακαλεῖς, θαυμάζω, c
πρῶτον μὲν ὄντα δημότην, ἔπειτα ἐνταῦθα ἀεὶ τὰς δια-
τριβὰς ποιούμενον ὅπου τί ἐστι τῶν τοιούτων ὧν σὺ ζητεῖς
περὶ τοὺς νέους ἢ μάθημα ἢ ἐπιτήδευμα καλόν.
ΛΥ. Πῶς λέγεις, ὦ Λάχης; Σωκράτης γὰρ ὅδε τινὸς τῶν
τοιούτων ἐπιμέλειαν πεποίηται ;
ΛΑ. Πάνυ μὲν οὖν, ὦ Λυσίμαχε.
ΝΙ. Τοῦτο μέν σοι κἂν ἐγὼ ἔχοιμι εἰπεῖν οὐ χεῖρον
Λάχητος· καὶ γὰρ αὐτῷ μοι ἔναγχος ἄνδρα προὐξένησε τῷ
ὑεῖ διδάσκαλον μουσικῆς, Ἀγαθοκλέους μαθητὴν Δάμωνα, d
ἀνδρῶν χαριέστατον οὐ μόνον τὴν μουσικήν, ἀλλὰ καὶ
τἆλλα ὁπόσα βούλει ἄξιον συνδιατρίβειν τηλικούτοις νεα-
νίσκοις.
ΛΥ. Οὔτοι, ὦ Σώκρατές τε καὶ Νικία καὶ Λάχης, οἱ
ἥλικοι ἐγὼ ἔτι γιγνώσκομεν τοὺς νεωτέρους, ἅτε κατ' οἰκίαν
τὰ πολλὰ διατρίβοντες ὑπὸ τῆς ἡλικίας· ἀλλ' εἴ τι καὶ σύ,
ὦ παῖ Σωφρονίσκου, ἔχεις τῷδε τῷ σαυτοῦ δημότῃ ἀγαθὸν
συμβουλεῦσαι, χρὴ συμβουλεύειν. Δίκαιος δ' εἶ· καὶ γὰρ e
πατρικὸς ἡμῖν φίλος τυγχάνεις ὤν· ἀεὶ γὰρ ἐγὼ καὶ ὁ σὸς
πατὴρ ἑταίρω τε καὶ φίλω ἦμεν, καὶ πρότερον ἐκεῖνος
ἐτελεύτησε, πρίν τι ἐμοὶ διενεχθῆναι. Περιφέρει δέ τίς με
καὶ μνήμη ἄρτι τῶνδε λεγόντων· τὰ γὰρ μειράκια τάδε πρὸς
ἀλλήλους οἴκοι διαλεγόμενοι θαμὰ ἐπιμέμνηνται Σωκράτους

1.2. Die Bereitschaft zu gemeinsamer pädagogischer Beratung. Diesbezügliche Kompetenzen des Sokrates

LACHES: Und ganz richtig glaubst du, o Nikias. Denn was b
Lysimachos eben sagte von seinem und des Melesias Vater, das scheint mir sehr richtig bemerkt zu sein, nicht nur über jene, sondern auch über uns, und Alle, welche die öffentlichen Geschäfte verwalten, indem Allen fast dieses begegnet, was er sagt, sowohl was ihre Kinder betrifft als alle andere eignen Angelegenheiten, daß diese nämlich hintangesetzt und nachlässig betrieben werden. Dieses also war sehr gut gesagt, o Lysimachos; daß du aber uns zu Mitberatern wegen der Erziehung dieser Jünglinge berufest, den Sokrates hier aber nicht c
berufest, darüber wundere ich mich, da er zuförderst dein Zunftgenosse ist, demnächst aber sich immer da aufhält, wo etwas von dem zu finden ist was du suchst für die Jünglinge, irgend eine anständige Wissenschaft oder Kunst.

LYSIMACHOS: Wie sagst du, o Laches? Läßt Sokrates sich dergleichen irgend angelegen sein?

LACHES: Allerdings, o Lysimachos.

NIKIAS: Dieses kann auch ich bezeugen nicht minder als Laches. Denn auch mir selbst hat er nur neulich einen Mann zugeführt, als Lehrer für meinen Sohn in der Tonkunst, des d
Agathokles Schüler, den Damon, einen gar vortrefflichen Mann in der Tonkunst nicht nur, sondern auch sonst wie brauchbar du willst zum lehrreichen Umgang für solche Jünglinge.

LYSIMACHOS: Gar wenig, o Sokrates, Nikias und Laches, sind wir, die wir so alt sind, mehr bekannt mit den Jüngeren, da wir gar viel zu Hause bleiben unseres Alters wegen. Wenn also auch du, o Sohn des Sophroniskos, diesem deinem Zunftgenossen etwas gutes zu raten hast, so rate. Auch geziemt es dir e
so, da du schon vom Vater her mir befreundet bist; denn immer waren ich und dein Vater Freunde und Vertraute, und er ist eher gestorben als er einen Zwist mit mir gehabt hätte. Überdies kommt mir jetzt eine Erinnerung von dem was diese sagen. Denn wenn die Knaben zu Hause unter einander reden, erwähnen sie oft des Sokrates und rühmen ihn sehr, noch nie indes habe ich sie befragt, ob sie wohl den Sohn des Sophro- 181a

καὶ σφόδρα ἐπαινοῦσιν· οὐ μέντοι πώποτε αὐτοὺς ἀνηρώ-
τησα, εἰ τὸν Σωφρονίσκου λέγοιεν. Ἀλλ᾽, ὦ παῖδες, λέγετέ 181 a
μοι, ὅδ᾽ ἐστὶ Σωκράτης, περὶ οὗ ἑκάστοτε ἐμέμνησθε;

ΠΑΙΔΕΣ. Πάνυ μὲν οὖν, ὦ πάτερ, οὗτος.

ΛΥ. Εὖ γε νὴ τὴν Ἥραν, ὦ Σώκρατες, ὅτι ὀρθοῖς τὸν
πατέρα, ἄριστον ἀνδρῶν ὄντα, καὶ ἄλλως καὶ δὴ καὶ ὅτι
οἰκεῖα τά τε σὰ ἡμῖν ὑπάρξει καὶ σοὶ τὰ ἡμέτερα.

ΛΑ. Καὶ μήν, ὦ Λυσίμαχε, μὴ ἀφίεσό γε τἀνδρός· ὡς
ἐγὼ καὶ ἄλλοθί γε αὐτὸν ἐθεασάμην οὐ μόνον τὸν πατέρα,
ἀλλὰ καὶ τὴν πατρίδα ὀρθοῦντα· ἐν γὰρ τῇ ἀπὸ Δηλίου b
φυγῇ μετ᾽ ἐμοῦ συνανεχώρει, κἀγώ σοι λέγω ὅτι εἰ < οἱ >
ἄλλοι ἤθελον τοιοῦτοι εἶναι, ὀρθὴ ἂν ἡ πόλις ἦν καὶ οὐκ ἂν
ἔπεσε τότε τοιοῦτον πτῶμα.

ΛΥ. Ὦ Σώκρατες, οὗτος μέντοι ὁ ἔπαινός ἐστιν καλός,
ὃν σὺ νῦν ἐπαινεῖ ὑπ᾽ ἀνδρῶν ἀξίων πιστεύεσθαι καὶ εἰς
ταῦτα εἰς ἃ οὗτοι ἐπαινοῦσιν. Εὖ οὖν ἴσθι ὅτι ἐγὼ ταῦτα
ἀκούων χαίρω ὅτι εὐδοκιμεῖς, καὶ σὺ δὲ ἡγοῦ με ἐν τοῖς γ᾽
εὐνούστατόν σοι εἶναι. Χρῆν μὲν οὖν καὶ πρότερόν σε φοι- c
τᾶν αὐτὸν παρ᾽ ἡμᾶς καὶ οἰκείους ἡγεῖσθαι, ὥσπερ τὸ δίκαιον·
νῦν δ᾽ οὖν ἀπὸ τῆσδε τῆς ἡμέρας, ἐπειδὴ ἀνεγνωρίσαμεν
ἀλλήλους, μὴ ἄλλως ποίει, ἀλλὰ σύνισθί τε καὶ γνώριζε καὶ
ἡμᾶς καὶ τούσδε τοὺς νεωτέρους, ὅπως ἂν διασῴζητε καὶ
ὑμεῖς τὴν ἡμετέραν φιλίαν. Ταῦτα μὲν οὖν καὶ σὺ ποιήσεις
καὶ ἡμεῖς σε καὶ αὖθις ὑπομνήσομεν· περὶ δὲ ὧν ἠρξάμεθα
τί φατε; Τί δοκεῖ; Τὸ μάθημα τοῖς μειρακίοις ἐπιτήδειον
εἶναι ἢ οὔ, τὸ μαθεῖν ἐν ὅπλοις μάχεσθαι;

ΣΩΚΡΑΤΗΣ. Ἀλλὰ καὶ τούτων πέρι, ὦ Λυσίμαχε, d
ἔγωγε πειράσομαι συμβουλεύειν ἄν τι δύνωμαι, καὶ αὖ ἃ
προκαλεῖ πάντα ποιεῖν. Δικαιότατον μέντοι μοι δοκεῖ εἶναι
ἐμὲ νεώτερον ὄντα τῶνδε καὶ ἀπειρότερον τούτων ἀκούειν
πρότερον τί λέγουσιν καὶ μανθάνειν παρ᾽ αὐτῶν· ἐὰν δ᾽ ἔχω
τι ἄλλο παρὰ τὰ ὑπὸ τούτων λεγόμενα, τότ᾽ ἤδη διδάσκειν
καὶ πείθειν καὶ σὲ καὶ τούτους. Ἀλλ᾽, ὦ Νικία, τί οὐ λέγει
πότερος ὑμῶν;

niskos meinen. Sagt also, ihr Kinder, ist dieses der Sokrates dessen ihr immer erwähnt?

KINDER: Allerdings, o Vater, ist es dieser.

LYSIMACHOS: Sehr gut, bei der Here, o Sokrates, daß du so deinem Vater, dem trefflichen Manne, Ehre bringst, schon an sich besonders aber auch weil nun das deinige auch uns eignen wird, so wie das unsrige dir.

LACHES: Wahrlich, o Lysimachos, lasse ja den Mann nicht los. Ich meines Teils habe ihn auch anderswo schon gesehen nicht nur seinem Vater Ehre bringen, sondern auch seinem b
Vaterlande. Denn bei der Flucht vor Delion ging er mit mir zurück, und ich versichere dich, wenn die Übrigen sich hätten so beweisen wollen, unsere Stadt wäre damals bei Ehren geblieben, und hätte nicht einen so schmählichen Sturz erlitten.

LYSIMACHOS: O Sokrates, dieses ist ein schönes Lob, welches dir jetzt erteilt wird von glaubwürdigen Männern zumal in dem, weshalb sie dich loben. Sei also versichert, daß es mich freut dieses zu hören, deines guten Rufes wegen, und zähle mich zu denen welche dir am meisten wohlwollen. Und schon c
eher zwar hättest du von selbst fleißig zu uns kommen sollen und uns zu den deinigen rechnen: nun aber von heute an, da wir einander bekannt geworden, tue ja nicht anders, sondern halte dich zu uns, und lerne auch du uns kennen und diese Jüngeren, damit auch Ihr unsere Freundschaft fortsetzet. Dies tue also von selbst, und auch wir wollen dich dessen öfter wieder erinnern. Darüber aber, wovon wir anfingen, was sagt ihr? was dünkt euch? ist die Kunst den Jünglingen ersprießlich in der ganzen Rüstung fechten zu lernen oder nicht?

SOKRATES: Sowohl hierin, o Lysimachos, will ich versu- d
chen dir zu raten, wenn ich nur kann, als auch alles Andere, wozu du mich einladest, will ich tun. Das schicklichste aber dünkt mich zu sein, daß ich als der Jüngste von diesen und der Unerfahrenste zuerst sie höre, was sie meinen, und von ihnen lerne, wenn ich aber etwas anderes habe außer dem von ihnen gesagten, dann erst es ihnen vortrage, und sie und dich überzeuge. Also, o Nikias, warum redest du nicht zuerst unter uns?

ΝΙ. Ἀλλ' οὐδὲν κωλύει, ὦ Σώκρατες. Δοκεῖ γὰρ ἐμοὶ
τοῦτο τὸ μάθημα τοῖς νέοις ὠφέλιμον εἶναι ἐπίστασθαι e
πολλαχῇ. Καὶ γὰρ τὸ μὴ ἄλλοθι διατρίβειν, ἐν οἷς δὴ φιλοῦσιν
οἱ νέοι τὰς διατριβὰς ποιεῖσθαι, ὅταν σχολὴν ἄγωσιν, ἀλλ'
ἐν τούτῳ, εὖ ἔχει, ὅθεν καὶ τὸ σῶμα βέλτιον ἴσχειν ἀνάγκη
— οὐδενὸς γὰρ τῶν γυμνασίων φαυλότερον οὐδ' ἐλάττω
πόνον ἔχει — καὶ ἅμα προσήκει μάλιστ' ἐλευθέρῳ τοῦτό τε 182 a
τὸ γυμνάσιον καὶ ἡ ἱππική· οὗ γὰρ ἀγῶνος ἀθληταί ἐσμεν
καὶ ἐν οἷς ἡμῖν ὁ ἀγὼν πρόκειται, μόνοι οὗτοι γυμνάζονται
οἱ ἐν τούτοις τοῖς περὶ τὸν πόλεμον ὀργάνοις γυμναζόμενοι.
Ἔπειτα ὀνήσει μέν τι τοῦτο τὸ μάθημα καὶ ἐν τῇ μάχῃ
αὐτῇ, ὅταν ἐν τάξει δέῃ μάχεσθαι μετὰ πολλῶν ἄλλων·
μέγιστον μέντοι αὐτοῦ ὄφελος, ὅταν λυθῶσιν αἱ τάξεις καὶ
ἤδη τινὰ δέῃ μόνον πρὸς μόνον ἢ διώκοντα ἀμυνομένῳ τινὶ
ἐπιθέσθαι ἢ καὶ ἐν φυγῇ ἐπιτιθεμένου ἄλλου ἀμύνασθαι αὐ- b
τόν· οὐ τἂν ὑπό γε ἑνὸς εἷς ὁ τοῦτ' ἐπιστάμενος οὐδὲν ἂν
πάθοι, ἴσως δ' οὐδὲ ὑπὸ πλειόνων, ἀλλὰ πανταχῇ ἂν ταύτῃ
πλεονεκτοῖ. Ἔτι δὲ καὶ εἰς ἄλλου καλοῦ μαθήματος ἐπιθυμίαν
παρακαλεῖ τὸ τοιοῦτον· πᾶς γὰρ ἂν μαθὼν ἐν ὅπλοις
μάχεσθαι ἐπιθυμήσειε καὶ τοῦ ἑξῆς μαθήματος τοῦ περὶ
τὰς τάξεις, καὶ ταῦτα λαβὼν καὶ φιλοτιμηθεὶς ἐν αὐτοῖς
ἐπὶ πᾶν ἂν τὸ περὶ τὰς στρατηγίας ὁρμήσειε· καὶ ἤδη c
δῆλον ὅτι τὰ τούτων ἐχόμενα καὶ μαθήματα πάντα καὶ
ἐπιτηδεύματα καὶ καλὰ καὶ πολλοῦ ἄξια ἀνδρὶ μαθεῖν τε καὶ
ἐπιτηδεῦσαι, ὧν καθηγήσαιτ' ἂν τοῦτο τὸ μάθημα.

Προσθήσομεν δ' αὐτῷ οὐ σμικρὰν προσθήκην, ὅτι πάντα
ἄνδρα ἐν πολέμῳ καὶ θαρραλεώτερον καὶ ἀνδρειότερον ἂν
ποιήσειεν αὐτὸν αὐτοῦ οὐκ ὀλίγῳ αὕτη ἡ ἐπιστήμη. Μὴ
ἀτιμάσωμεν δὲ εἰπεῖν, εἰ καὶ τῳ σμικρότερον δοκεῖ εἶναι,
ὅτι καὶ εὐσχημονέστερον ἐνταῦθα οὗ χρὴ τὸν ἄνδρα εὐσχη-
μονέστερον φαίνεσθαι, οὗ ἅμα καὶ δεινότερος τοῖς ἐχθροῖς
φανεῖται διὰ τὴν εὐσχημοσύνην.

2. Soll man lernen, in Rüstung zu fechten?

2.1. Nikias befürwortet es

NIKIAS: Nichts hindert mich, o Sokrates. Mich nämlich dünkt auch diese Kunst zu verstehen könne jungen Männern e
in vieler Art nützlich sein. Denn schon deshalb, daß sie unterdes nicht eine andere Beschäftigung treiben, von denen welche junge Leute zu lieben pflegen in der Muße, sondern diese wodurch doch ihr Körper notwendig an Stärke gewinnen muß, ist sie gut, denn diese Leibesübung ist nicht schlechter als irgend eine andere, noch geringere Anstrengungen erfordernd; zugleich aber gehört sich für einen anständigen Mann vor allen 182a
andern diese und das Reiten. Denn auf den Kampf, worin wir ja Künstler sein sollen, und den wir wirklich zu bestehen haben, üben sich doch nur die, welche sich mit diesen im Kriege zu handhabenden Werkzeugen üben. Ferner kann diese Kunst ihnen auch vorteilen in der Schlacht selbst, wenn sie in geschlossener Ordnung fechten sollen mit vielen andern. Ihr größter Nutzen jedoch zeigt sich erst dann, wenn die Glieder sich trennen und schon der Einzele gegen den Einzelen entweder verfolgend den sich verteidigenden zusetzen, oder auch b
fliehend gegen den, der ihn angreift, sich selbst verteidigen soll. Alsdann kann wohl nicht leicht, wer dieses versteht, von Einem bezwungen werden, vielleicht auch nicht von Mehreren, sondern dürfte überall die Oberhand haben. Ferner fordert dies auch auf zum Streben nach einer andern edlen Kunst. Denn Jeder, welcher gelernt hat in voller Bewaffnung zu fechten, wird auch Verlangen tragen nach der verwandten Kunst der Schlachtordnung, und wer diese erlangt hat und sich darin hervorgetan, der wird dann gewiß zu allem, was noch sonst dem Heerführer nötig ist, fortschreiten. Und so ist schon offen- c
bar, wie anständig und einem Manne höchst nützlich zu lernen und zu üben die hieran hängenden Künste und Kenntnisse sind, zu denen diese der Anfang sein kann. Noch ein nicht Geringes aber wollen wir hinzufügen, daß nämlich diese Kenntnis einen Jeden im Kriege um nicht weniges dreister und tapferer als er sonst wäre machen wird. Auch das wollen wir nicht verschmähen zu sagen, obgleich es Menschen geringfügiger dünken möchte, daß durch sie auch ein Mann in besserem

Ἐμοὶ μὲν οὖν, ὦ Λυσίμαχε, ὥσπερ λέγω, δοκεῖ τε χρῆναι
διδάσκειν τοὺς νεανίσκους ταῦτα καὶ δι' ἃ δοκεῖ εἴρηκα·
Λάχητος δ', εἴ τι παρὰ ταῦτα λέγει, κἂν αὐτὸς ἡδέως
ἀκούσαιμι.

ΛΑ. Ἀλλ' ἔστι μέν, ὦ Νικία, χαλεπὸν λέγειν περὶ ὁτου-
οῦν μαθήματος, ὡς οὐ χρὴ μανθάνειν· πάντα γὰρ ἐπί-
στασθαι ἀγαθὸν δοκεῖ εἶναι. Καὶ δὴ καὶ τὸ ὁπλιτικὸν τοῦτο,
εἰ μέν ἐστιν μάθημα, ὅπερ φασὶν οἱ διδάσκοντες, καὶ οἷον e
Νικίας λέγει, χρὴ αὐτὸ μανθάνειν· εἰ δ' ἔστιν μὲν μὴ
μάθημα, ἀλλ' ἐξαπατῶσιν οἱ ὑπισχνούμενοι, ἢ μάθημα μὲν
τυγχάνει ὄν, μὴ μέντοι πάνυ σπουδαῖον, τί καὶ δέοι ἂν
αὐτὸ μανθάνειν;

Λέγω δὲ ταῦτα περὶ αὐτοῦ εἰς τάδε ἀποβλέψας, ὅτι οἶμαι
ἐγὼ τοῦτο, εἴ τι ἦν, οὐκ ἂν λεληθέναι Λακεδαιμονίους, οἷς
οὐδὲν ἄλλο μέλει ἐν τῷ βίῳ ἢ τοῦτο ζητεῖν καὶ ἐπιτηδεύειν,
ὅ τι ἂν μαθόντες καὶ ἐπιτηδεύσαντες πλεονεκτοῖεν τῶν 183 a
ἄλλων περὶ τὸν πόλεμον. Εἰ δ' ἐκείνους ἐλελήθειν, ἀλλ' οὐ
τούτους γε τοὺς διδασκάλους αὐτοῦ λέληθεν αὐτὸ τοῦτο,
ὅτι ἐκεῖνοι μάλιστα τῶν Ἑλλήνων σπουδάζουσιν ἐπὶ τοῖς
τοιούτοις καὶ ὅτι παρ' ἐκείνοις ἄν τις τιμηθεὶς εἰς ταῦτα
καὶ παρὰ τῶν ἄλλων πλεῖστ' ἂν ἐργάζοιτο χρήματα ὥσπερ
γε καὶ τραγῳδίας ποιητὴς παρ' ἡμῖν τιμηθείς. Τοιγάρτοι ὃς
ἂν οἴηται τραγῳδίαν καλῶς ποιεῖν, οὐκ ἔξωθεν κύκλῳ περὶ
τὴν Ἀττικὴν κατὰ τὰς ἄλλας πόλεις ἐπιδεικνύμενος περι- b
έρχεται, ἀλλ' εὐθὺς δεῦρο φέρεται καὶ τοῖσδ' ἐπιδείκνυτ'
εἰκότως· τοὺς δὲ ἐν ὅπλοις μαχομένους ἐγὼ τούτους ὁρῶ
τὴν μὲν Λακεδαίμονα ἡγουμένους εἶναι ἄβατον ἱερὸν καὶ
οὐδὲ ἄκρῳ ποδὶ ἐπιβαίνοντας, κύκλῳ δὲ περιιόντας αὐτὴν
καὶ πᾶσι μᾶλλον ἐπιδεικνυμένους, καὶ μάλιστα τούτοις οἳ
κἂν αὐτοὶ ὁμολογήσειαν πολλοὺς σφῶν προτέρους εἶναι
πρὸς τὰ τοῦ πολέμου.

Ἔπειτα, ὦ Λυσίμαχε, οὐ πάνυ ὀλίγοις ἐγὼ τούτων παρα- c
γέγονα ἐν αὐτῷ τῷ ἔργῳ, καὶ ὁρῶ οἷοί εἰσιν. Ἔξεστι δὲ καὶ

Anstande sich zeigt, grade da, wo er durch seinen Anstand den d
Feinden noch furchtbarer erscheint. Mich also, o Lysimachos,
dünkt, wie ich sage, daß die Jünglinge dieses erlernen müssen,
und auch weshalb es mich dünkt habe ich hiemit ausgespro-
chen. Was aber Laches etwa anderes hierüber meint, wünsche
ich nun selbst auch zu hören.

2.2. Laches redet dagegen

LACHES: Zwar ist es bedenklich, o Nikias, von welcher
Kunst es auch sei, zu sagen, daß man sie nicht lernen solle.
Denn auch alles zu wissen scheint gut zu sein, und so auch
dieses Fechterstück, wenn es eine Kunst ist, wie diejenigen die e
es lehren behaupten, und eine solche wie Nikias sagt muß man
lernen. Ist es aber keine Kunst, sondern betrügen uns nur, die
es zu lehren verheißen, oder ist es zwar eine Kunst, jedoch zu
gar keinem ernsthaften Gebrauch, wozu sollte man sie denn
wohl lernen? Ich spreche aber hierüber so in der Hinsicht, weil
ich glaube dieses würde, wenn es etwas wäre, den Lakedai-
moniern nicht entgangen sein, denen ja nichts anderes fast an-
liegt im Leben, als dasjenige zu lernen und zu üben, was ge-
lernt und geübt ihnen Übermacht verschaffen kann über An- 183a
dere im Kriege. Wäre es ihnen aber auch entgangen, so würde
doch den Lehrern dieser Kunst eben das nicht entgangen sein,
daß Jene am meisten unter allen Hellenen sich dieser Dinge
befleißigen, und daß wer von ihnen deshalb geachtet wäre,
auch bei den andern desto mehr Geld gewinnen müßte, eben
wie ein Tragödiendichter der bei uns geachtet ist. Denn gewiß
wer eine Tragödie schön gedichtet zu haben glaubt, der wird
nicht rund um Attika in andern Städten herumziehend sie zur b
Schau geben, sondern er kommt geradezu hieher und stellt sie
bei uns zur Schau, wie billig. Diese Fechtkünstler aber sehe ich,
daß sie Lakedaimon für ein unzugängliches Heiligtum halten
und es auch nicht mit der Fußspitze betreten, sondern sich
lieber bei allen andern zeigen, am liebsten aber bei denen, wel-
che selbst gestehen, daß Viele ihnen überlegen sind, was den
Krieg betrifft. Ferner, o Lysimachos, bin ich schon mit nicht c
gar Wenigen von diesen zusammen gewesen bei der Tat selbst,
und habe gesehen was sie wert sind. Aber auch daraus können

αὐτόθεν ἡμῖν σκέψασθαι. Ὥσπερ γὰρ ἐπίτηδες οὐδεὶς πώποτ' εὐδόκιμος γέγονεν ἐν τῷ πολέμῳ ἀνὴρ τῶν τὰ ὁπλιτικὰ ἐπιτηδευσάντων. Καίτοι εἴς γε τἆλλα πάντα ἐκ τούτων οἱ ὀνομαστοὶ γίγνονται, ἐκ τῶν ἐπιτηδευσάντων ἕκαστα· οὗτοι δ', ὡς ἔοικε, παρὰ τοὺς ἄλλους οὕτω σφόδρα εἰς τοῦτο δεδυστυχήκασιν. Ἐπεὶ καὶ τοῦτον τὸν Στησίλεων, ὃν ὑμεῖς μετ' ἐμοῦ ἐν τοσούτῳ ὄχλῳ ἐθεάσασθε ἐπιδεικνύμενον καὶ d τὰ μεγάλα περὶ αὑτοῦ λέγοντα ἃ ἔλεγεν, ἑτέρωθι ἐγὼ κάλλιον ἐθεασάμην [ἐν τῇ ἀληθείᾳ] ὡς ἀληθῶς ἐπιδεικνύμενον οὐχ ἑκόντα.

Προσβαλούσης γὰρ τῆς νεὼς ἐφ' ᾗ ἐπεβάτευεν πρὸς ὁλκάδα τινά, ἐμάχετο ἔχων δορυδρέπανον, διαφέρον δὴ ὅπλον ἅτε καὶ αὐτὸς τῶν ἄλλων διαφέρων. Τὰ μὲν οὖν ἄλλα οὐκ ἄξια λέγειν περὶ τἀνδρός, τὸ δὲ σόφισμα τὸ τοῦ δρεπάνου τοῦ πρὸς τῇ λόγχῃ οἷον ἀπέβη. Μαχομένου γὰρ αὐτοῦ e ἐνέσχετό που ἐν τοῖς τῆς νεὼς σκεύεσιν καὶ ἀντελάβετο· εἷλκεν οὖν ὁ Στησίλεως βουλόμενος ἀπολῦσαι, καὶ οὐχ οἷός τ' ἦν· ἡ δὲ ναῦς τὴν ναῦν παρῄει. Τέως μὲν οὖν παρέθει ἐν τῇ νηὶ ἀντεχόμενος τοῦ δόρατος· ἐπεὶ δὲ δὴ παρημείβετο ἡ ναῦς τὴν ναῦν καὶ ἐπέσπα αὐτὸν τοῦ δόρατος ἐχόμενον, ἠφίει τὸ δόρυ διὰ τῆς χειρός, ἕως ἄκρου τοῦ 184 a στύρακος ἀντελάβετο. Ἦν δὲ γέλως καὶ κρότος ὑπὸ τῶν ἐκ τῆς ὁλκάδος ἐπί τε τῷ σχήματι αὐτοῦ, καὶ ἐπειδὴ βαλόντος τινὸς λίθῳ παρὰ τοὺς πόδας αὐτοῦ ἐπὶ τὸ κατάστρωμα ἀφίεται τοῦ δόρατος, τότ' ἤδη καὶ οἱ ἐκ τῆς τριήρους οὐκέτι οἷοί τ' ἦσαν τὸν γέλωτα κατέχειν, ὁρῶντες αἰωρούμενον ἐκ τῆς ὁλκάδος τὸ δορυδρέπανον ἐκεῖνο. Ἴσως μὲν οὖν εἴη ἄν τι ταῦτα, ὥσπερ Νικίας λέγει· οἷς δ' οὖν ἐγὼ ἐντετύχηκα, τοιαῦτ' ἄττα ἐστίν.

Ὃ οὖν καὶ ἐξ ἀρχῆς εἶπον, ὅτι εἴτε οὕτω σμικρὰς ὠφε- b λίας ἔχει μάθημα ὄν, εἴτε μὴ ὂν φασὶ καὶ προσποιοῦνται αὐτὸ εἶναι μάθημα, οὐκ ἄξιον ἐπιχειρεῖν μανθάνειν. Καὶ

wir dieses beurteilen, daß, recht als müßte es so sein, niemals
irgend einer von diesen Fechtkünstlern ein berühmter Mann
geworden ist im Kriege, da doch sonst überall die berühmten
aus denen herkommen, welche sich jeder Sache besonders be-
fleißigen, diese aber wie es scheint sind hierin vor allen andern
sehr unglücklich gewesen. Ja auch diesen Stesilaos, den ihr mit
mir vor einer großen Volksmenge sich zeigen gesehn habt und d
so vieles von sich rühmen als er gerühmt hat, den habe ich
anderwärts schon besser gesehen ganz der Wahrheit nach, wo
er sich wahrhaft zeigte, aber eben nicht gern. Als nämlich das
Schiff, auf welchem er sich befand, mit einem Frachtschiff zu-
sammenstieß, so focht er mit einem Sichelspeer, einem sonder-
lichen Gewehr, wie auch er sonderlich war vor den Übrigen.
Sonst nun verdient wohl nichts von dem Manne erzählt zu
werden, doch aber diese Erfindung mit der Sichel an dem Speer e
wie sie ablief. Indem er nämlich damit herumfocht faßte er
irgendwo an dem Takelzeug des Schiffes, und blieb hängen.
Nun zog Stesilaos daran um ihn loszumachen und konnte
nicht. Die Schiffe aber gingen einander vorbei. Anfangs nun
lief er längs dem Schiffe seinen Speer festhaltend ihm nach, als
aber jenes Schiff schon vorüber war vor dem seinigen und ihn
nun mitzog, weil er seinen Speer halten wollte, so ließ er den 184a
Speer allmählich noch durch die Hand, bis er nur noch die
äußerste Spitze am untern Ende hielt. Da war nun groß Ge-
lächter und Geklatsch unter denen auf dem Frachtschiff schon
über diese Stellung, hernach aber als ihm einer einen Stein vor
die Füße auf das Verdeck warf, und er den Speer losließ, dann
konnten auch die auf dem Kriegsschiffe das Lachen nicht mehr
halten, als sie an dem Frachtschiffe hängen sahen jenen Sichel-
speer. Vielleicht also kann zwar dennoch etwas an der Sache
sein, wie auch Nikias sagt, was ich aber daran gefunden habe
war nicht besser als dieses. Wie ich also schon anfangs sagte, hat b
er so wenigen Nutzen wenn es eine Kunst ist, oder ist es gar
keine, und sie geben es nur dafür aus: so ist es wohl nicht der
Mühe wert es zu lernen. Daher nun dünkt mich, wenn ein
Feiger glaubte dieses verstehen zu müssen und sich dadurch
dreist machen ließe, so würde nur um so offenbarer werden
was für einer er war; wenn aber ein Tapferer der würde, von

γὰρ οὖν μοι δοκεῖ, εἰ μὲν δειλός τις ὢν οἴοιτο αὐτὸ ἐπίστασθαι, θρασύτερος ἂν δι' αὐτὸ γενόμενος ἐπιφανέστερος γένοιτο οἷος ἦν· εἰ δὲ ἀνδρεῖος, φυλαττόμενος ἂν ὑπὸ τῶν ἀνθρώπων, εἰ καὶ σμικρὸν ἐξαμάρτοι, μεγάλας ἂν διαβολὰς ἴσχοι· ἐπίφθονος γὰρ ἡ προσποίησις τῆς τοιαύτης ἐπιστή- c
μης, ὥστ' εἰ μή τι θαυμαστὸν ὅσον διαφέρει τῇ ἀρετῇ τῶν ἄλλων, οὐκ ἔσθ' ὅπως ἄν τις φύγοι τὸ καταγέλαστος γενέσθαι φάσκων ἔχειν ταύτην τὴν ἐπιστήμην.

Τοιαύτη τις ἔμοιγε δοκεῖ, ὦ Λυσίμαχε, ἡ περὶ τοῦτο τὸ μάθημα εἶναι σπουδή· χρὴ δ' ὅπερ σοι ἐξ ἀρχῆς ἔλεγον, καὶ Σωκράτη τόνδε μὴ ἀφιέναι, ἀλλὰ δεῖσθαι συμβουλεύειν ὅπῃ δοκεῖ αὐτῷ περὶ τοῦ προκειμένου.

ΛΥ. Ἀλλὰ δέομαι ἔγωγε, ὦ Σώκρατες· καὶ γὰρ ὥσπερ ἔτι τοῦ διακρινοῦντος δοκεῖ μοι δεῖν ἡμῖν ἡ βουλή. Εἰ μὲν d
γὰρ συνεφερέσθην τώδε, ἧττον ἂν τοῦ τοιούτου ἔδει· νῦν δέ — τὴν ἐναντίαν. γάρ, ὡς ὁρᾷς, Λάχης Νικίᾳ ἔθετο — εὖ δὴ ἔχει ἀκοῦσαι καὶ σοῦ, ποτέρῳ τοῖν ἀνδροῖν σύμψηφος εἶ.

ΣΩ. Τί δέ, ὦ Λυσίμαχε; Ὁπότερ' ἂν οἱ πλείους ἐπαινῶσιν ἡμῶν, τούτοις μέλλεις χρῆσθαι;

ΛΥ. Τί γὰρ ἄν τις καὶ ποιοῖ, ὦ Σώκρατες;

ΣΩ. Ἦ καὶ σύ, ὦ Μελησία, οὕτως ἂν ποιοῖς; Κἂν εἴ τις περὶ ἀγωνίας τοῦ ὑέος σοι βουλὴ εἴη τί χρὴ ἀσκεῖν, e
ἆρα τοῖς πλείοσιν ἂν ἡμῶν πείθοιο, ἢ 'κείνῳ ὅστις τυγχάνει ὑπὸ παιδοτρίβῃ ἀγαθῷ πεπαιδευμένος καὶ ἠσκηκώς;

ΜΕΛΗΣΙΑΣ. Ἐκείνῳ εἰκός γε, ὦ Σώκρατες.

ΣΩ. Αὐτῷ ἄρ' ἂν μᾶλλον πείθοιο ἢ τέτταρσιν οὖσιν ἡμῖν;

ΜΕ. Ἴσως.

ΣΩ. Ἐπιστήμῃ γὰρ οἶμαι δεῖ κρίνεσθαι, ἀλλ' οὐ πλήθει τὸ μέλλον καλῶς κριθήσεσθαι.

allen Menschen beobachtet, auch wenn er nur ein Weniges fehlte, großen Tadel davon tragen; denn neiderweckend ist es sich c
einer solchen Wissenschaft zu rühmen. So daß wer nicht, ich weiß nicht wie sehr, sich auszeichnet vor Andern in der Tapferkeit, unmöglich vermeiden kann lächerlich zu werden, wenn er sich dafür ausgibt diese Wissenschaft zu besitzen. Solche Bewandtnis dünkt es mich zu haben, o Lysimachos, mit dem Bestreben um diese Kunst. Du mußt aber, wie ich dir gleich sagte, auch den Sokrates hier nicht loslassen, sondern ihn bitten Rat mitzuteilen, was ihn dünkt von der vorliegenden Sache.

2.3. Sokrates empfiehlt, sich an einen Sachverständigen in der Behandlung der Seele zu halten

LYSIMACHOS: Darum bitte ich dich allerdings, o Sokrates; zumal unsere Beratung mir gleichsam noch eines Schiedsrich- d
ters zu bedürfen scheint. Denn wenn diese beiden übereinstimmten, so würde es dessen weniger bedürfen; nun aber, wie du siehst, Laches für die entgegengesetzte Seite gestimmt hat als Nikias, so ist es sehr dienlich auch dich noch zu hören, welchem von den Männern du beistimmst.

SOKRATES: Wie also, o Lysimachos? welches von beiden die Meisten unter uns billigen, das willst du annehmen?

LYSIMACHOS: Wie sollte es einer denn auch wohl anders machen, o Sokrates?

SOKRATES: Würdest auch du, o Melesias, es so machen?
Und wenn von Kampfspielen in Beziehung auf deinen Sohn e
die Frage wäre, auf welches er sich üben sollte, würdest du den Mehresten von uns glauben, oder dem der von einem guten Lehrer in Leibesübungen unterrichtet wäre, und sie eingeübt hätte.

MELESIAS: Diesem wohl natürlich, o Sokrates.

SOKRATES: Dem würdest du wohl mehr glauben als uns allen Vieren?

MELESIAS: Vielleicht wohl.

SOKRATES: Denn nach der Kenntnis der Sache meine ich muß entschieden werden, nicht nach der Zahl, was gut soll entschieden werden.

ΜΕ. Πῶς γὰρ οὔ;

ΣΩ. Οὐκοῦν καὶ νῦν χρὴ πρῶτον αὐτὸ τοῦτο σκέψασθαι, εἴ ἐστιν τις ἡμῶν τεχνικὸς περὶ οὗ βουλευόμεθα, ἢ οὔ· καὶ 185 a εἰ μὲν ἔστιν, ἐκείνῳ πείθεσθαι ἑνὶ ὄντι, τοὺς δ' ἄλλους ἐᾶν· εἰ δὲ μή, ἄλλον τινὰ ζητεῖν. Ἦ περὶ σμικροῦ οἴεσθε νυνὶ κινδυνεύειν καὶ σὺ καὶ Λυσίμαχος, ἀλλ' οὐ περὶ τούτου τοῦ κτήματος ὃ τῶν ὑμετέρων μέγιστον ὂν τυγχάνει; Υἱέων γάρ που ἢ χρηστῶν ἢ τἀναντία γενομένων καὶ πᾶς ὁ οἶκος ὁ τοῦ πατρὸς οὕτως οἰκήσεται, ὁποῖοι ἂν τινες οἱ παῖδες γένωνται.

ΜΕ. Ἀληθῆ λέγεις.

ΣΩ. Πολλὴν ἄρα δεῖ προμηθίαν αὐτοῦ ἔχειν.

ΜΕ. Πάνυ γε.

ΣΩ. Πῶς οὖν, ὃ ἐγὼ ἄρτι ἔλεγον, ἐσκοποῦμεν ἄν, εἰ b ἐβουλόμεθα σκέψασθαι τίς ἡμῶν περὶ ἀγωνίαν τεχνικώτατος; Ἆρ' οὐχ ὁ μαθὼν καὶ ἐπιτηδεύσας, ᾧ καὶ διδάσκαλοι ἀγαθοὶ γεγονότες ἦσαν αὐτοῦ τούτου;

ΜΕ. Ἔμοιγε δοκεῖ.

ΣΩ. Οὐκοῦν ἔτι πρότερον, τίνος ὄντος τούτου ζητοῦμεν τοὺς διδασκάλους;

ΜΕ. Πῶς λέγεις;

ΣΩ. Ὧδε ἴσως μᾶλλον κατάδηλον ἔσται. Οὔ μοι δοκεῖ ἐξ ἀρχῆς ἡμῖν ὡμολογῆσθαι τί ποτ' ἔστιν περὶ οὗ βουλευόμεθα καὶ σκεπτόμεθα ὅστις ἡμῶν τεχνικὸς καὶ τούτου ἕνεκα διδασκάλους ἐκτήσατο, καὶ ὅστις μή. c

ΝΙ. Οὐ γάρ, ὦ Σώκρατες, περὶ τοῦ ἐν ὅπλοις μάχεσθαι σκοποῦμεν, εἴτε χρὴ αὐτὸ τοὺς νεανίσκους μανθάνειν εἴτε μή;

ΣΩ. Πάνυ μὲν οὖν, ὦ Νικία. Ἀλλ' ὅταν περὶ φαρμάκου τις τοῦ πρὸς ὀφθαλμοὺς σκοπῆται, εἴτε χρὴ αὐτὸ ὑπαλείφεσθαι εἴτε μή, πότερον οἴει τότε εἶναι τὴν βουλὴν περὶ τοῦ φαρμάκου ἢ περὶ τῶν ὀφθαλμῶν;

ΝΙ. Περὶ τῶν ὀφθαλμῶν.

ΣΩ. Οὐκοῦν καὶ ὅταν ἵππῳ χαλινὸν σκοπῆταί τις εἰ d

MELESIAS: Wie sollte man nicht?

SOKRATES: Also auch jetzt müssen wir zuerst dieses untersuchen, ob einer von uns kunstverständig ist in dem wor- 185a
über wir Rat pflegen, oder nicht, und ist es einer, alsdann diesem folgen, wäre es auch nur Einer, die Andern aber lassen; ist es aber keiner, dann einen andern suchen. Oder glaubt ihr, du und Lysimachos, jetzt nur eine Kleinigkeit zu wagen und nicht vielmehr dasjenige was das größte ist unter allem eurigen? Denn je nachdem die Söhne tüchtig geraten oder im Gegenteil, wird auch das ganze Hauswesen des Vaters so verwaltet werden, wie die Söhne geraten sind.

MELESIAS: Sehr richtig gesprochen.

SOKRATES: Viele Vorsicht muß also hiebei gebraucht werden.

MELESIAS: Allerdings.

SOKRATES: Wie also würden wir was ich eben sagte un- b
tersuchen, wenn wir beurteilen wollten, wer von uns im Wettkampfe der kunstverständigste wäre? Nicht wer es gelernt und geübt hat? und wer auch tüchtige Lehrer gehabt hat in eben dieser Kunst?

MELESIAS: So scheint es mir wenigstens.

SOKRATES: Nicht auch noch eher, was denn das eigentlich ist, worin wir nach Lehrern fragen?

MELESIAS: Wie meinst du dieses?

SOKRATES: So wird es vielleicht deutlicher werden. Es dünkt mich nicht, daß wir uns anfänglich darüber verständiget haben, was es eigentlich ist, worüber wir beratschlagen und untersuchen, wer von uns darin kunstverständig ist und dazu
gute Lehrer gehabt hat, und wer nicht. c

NIKIAS: Ist denn nicht, o Sokrates, die Frage von dem Fechten in ganzer Rüstung, ob die jungen Männer es lernen sollen oder nicht?

SOKRATES: Allerdings freilich, o Nikias; aber wenn einer wegen eines Mittels für die Augen überlegt, ob er es aufstreichen soll oder nicht, glaubst du seine Beratschlagung betreffe dann die Arznei oder die Augen?

NIKIAS: Die Augen.

SOKRATES: Also auch wenn Jemand überlegt, ob er dem d

προσοιστέον ἢ μή, καὶ ὁπότε, τότε που περὶ τοῦ ἵππου βουλεύεται, ἀλλ' οὐ περὶ τοῦ χαλινοῦ;

ΝΙ. Ἀληθῆ.

ΣΩ. Οὐκοῦν ἑνὶ λόγῳ ὅταν τίς τι ἕνεκά του σκοπῇ, περὶ ἐκείνου ἡ βουλὴ τυγχάνει οὖσα οὗ ἕνεκα ἐσκόπει, ἀλλ' οὐ περὶ τοῦ ὃ ἕνεκα ἄλλου ἐζήτει.

ΝΙ. Ἀνάγκη.

ΣΩ. Δεῖ ἄρα καὶ τὸν σύμβουλον σκοπεῖν, ἆρα τεχνικός ἐστιν εἰς ἐκείνου θεραπείαν, οὗ ἕνεκα σκοποῦμεν ὃ σκοποῦμεν.

ΝΙ. Πάνυ γε.

ΣΩ. Οὐκοῦν νῦν φαμεν περὶ μαθήματος σκοπεῖν τῆς e ψυχῆς ἕνεκα τῆς τῶν νεανίσκων;

ΝΙ. Ναί.

ΣΩ. Ὅστις ἄρα ἡμῶν τεχνικὸς περὶ ψυχῆς θεραπείαν καὶ οἷός τε καλῶς τοῦτο θεραπεῦσαι, καὶ ὅτῳ διδάσκαλοι ἀγαθοὶ γεγόνασιν τούτου, σκεπτέον.

ΛΑ. Τί δέ, ὦ Σώκρατες; Οὔπω ἑώρακας ἄνευ διδασκάλων τεχνικωτέρους γεγονότας εἰς ἔνια ἢ μετὰ διδασκάλων;

• ΣΩ. Ἔγωγε, ὦ Λάχης· οἷς γε σὺ οὐκ ἂν ἐθέλοις πιστεῦσαι, εἰ φαῖεν ἀγαθοὶ εἶναι δημιουργοί, εἰ μή τί σοι τῆς αὑτῶν τέχνης ἔργον ἔχοιεν ἐπιδεῖξαι εὖ εἰργασμένον, καὶ ἓν καὶ πλείω. 186 a

ΛΑ. Τοῦτο μὲν ἀληθῆ λέγεις.

ΣΩ. Καὶ ἡμᾶς ἄρα δεῖ, ὦ Λάχης τε καὶ Νικία, ἐπειδὴ Λυσίμαχος καὶ Μελησίας εἰς συμβουλὴν παρεκαλεσάτην ἡμᾶς περὶ τοῖν ὑέοιν, προθυμούμενοι αὐτοῖν ὅ τι ἀρίστας γενέσθαι τὰς ψυχάς, εἰ μέν φαμεν ἔχειν, ἐπιδεῖξαι αὐτοῖς καὶ διδασκάλους οἵτινες ἡμῶν γεγόνασιν, < οἳ > αὐτοὶ πρῶτον ἀγαθοὶ ὄντες καὶ πολλῶν νέων τεθεραπευκότες ψυχὰς ἔπειτα καὶ ἡμᾶς διδάξαντες φαίνονται· ἢ εἴ τις ἡμῶν b αὐτῶν ἑαυτῷ διδάσκαλον μὲν οὔ φησι γεγονέναι, ἀλλ' οὖν

Pferde den Zaum anlegen soll oder nicht, und wann, dann beratschlagt er wohl über das Pferd und nicht über den Zaum?

NIKIAS: Gewiß.

SOKRATES: Also mit einem Worte, wenn Jemand etwas eines Anderen wegen überlegt, so betrifft seine Beratung dasjenige, um deswillen er es überlegte, nicht das, was er um des andern willen suchte.

NIKIAS: Notwendig.

SOKRATES: Also müssen wir auch in Absicht des Ratgebers untersuchen, ob er kunstverständig ist in der Behandlung dessen, um deswillen wir unsere Untersuchung anstellten.

NIKIAS: Freilich wohl.

SOKRATES: Und nicht wahr, jetzt sagen wir, daß wir, ob e
eine Kunst soll gelernt werden, überlegen, um der Seele der Jünglinge willen.

NIKIAS: Ja.

SOKRATES: Ob also Jemand von uns kunstverständig ist in Behandlung der Seele, und geschickt diese gut zu behandeln, und darin gute Lehrer gehabt hat, das müssen wir untersuchen.

LACHES: Wie doch, o Sokrates? Hast du noch nie solche gesehen, welche ohne Lehrer kunstreicher geworden sind in manchen Dingen, als mit Lehrern?

SOKRATES: Wohl habe ich, o Laches, denen du aber gewiß nicht würdest trauen wollen, wenn sie behaupten gute Künstler zu sein, wofern sie dir nicht ein Werk ihrer Kunst zu zeigen haben, das gut gearbeitet ist, und wohl mehr als eins. 186a

NIKIAS: Darin hast du sehr Recht.

2.4. Sind Nikias und Laches in der Behandlung der Seele kompetent?

SOKRATES: Auch wir also, o Laches und Nikias, müssen da Lysimachos und Melesias uns zur Beratung ihrer Söhne wegen gerufen haben, deren Seele sie so trefflich als möglich zu bilden bestrebt sind, ihnen die Lehrer zeigen, welche wir gehabt, welche selbst zuerst tüchtige Männer gewesen und vieler jungen Männer Seelen gut gebildet, hernach auch uns so gelehrt ha- b
ben; oder wenn einer von uns sagte, einen Lehrer habe er zwar nicht gehabt, so müßte doch auch dieser seine Werke anführen können, und zeigen, welche Athener oder Fremde, Knechte

ἔργα αὐτὸς αὑτοῦ ἔχει εἰπεῖν, ἐπιδεῖξαι τίνες Ἀθηναίων ἢ τῶν ξένων, ἢ δοῦλοι ἢ ἐλεύθεροι, δι' ἐκεῖνον ὁμολογουμένως ἀγαθοὶ γεγόνασιν· εἰ δὲ μηδὲν ἡμῖν τούτων ὑπάρχει, ἄλλους κελεύειν ζητεῖν καὶ μὴ ἐν ἑταίρων ἀνδρῶν ὑέσιν κινδυνεύειν διαφθείροντας τὴν μεγίστην αἰτίαν ἔχειν ὑπὸ τῶν οἰκειοτάτων.

Ἐγὼ μὲν οὖν, ὦ Λυσίμαχέ τε καὶ Μελησία, πρῶτος περὶ c
ἐμαυτοῦ λέγω ὅτι διδάσκαλός μοι οὐ γέγονε τούτου πέρι. Καίτοι ἐπιθυμῶ γε τοῦ πράγματος ἐκ νέου ἀρξάμενος. Ἀλλὰ τοῖς μὲν σοφισταῖς οὐκ ἔχω τελεῖν μισθούς, οἵπερ μόνοι ἐπηγγέλλοντό με οἷοί τ' εἶναι ποιῆσαι καλόν τε κἀγαθόν· αὐτὸς δ' αὖ εὑρεῖν τὴν τέχνην ἀδυνατῶ ἔτι νυνί. Εἰ δὲ Νικίας ἢ Λάχης ηὕρηκεν ἢ μεμάθηκεν, οὐκ ἂν θαυμάσαιμι· καὶ γὰρ χρήμασιν ἐμοῦ δυνατώτεροι, ὥστε μαθεῖν παρ' ἄλλων, καὶ ἅμα πρεσβύτεροι, ὥστε ἤδη ηὑρηκέναι. Δοκοῦσι δή μοι δυνατοὶ εἶναι παιδεῦσαι ἄνθρωπον· οὐ γὰρ ἄν ποτε ἀδεῶς d
ἀπεφαίνοντο περὶ ἐπιτηδευμάτων νέῳ χρηστῶν τε καὶ πονηρῶν, εἰ μὴ αὑτοῖς ἐπίστευον ἱκανῶς εἰδέναι. Τὰ μὲν οὖν ἄλλα ἔγωγε τούτοις πιστεύω· ὅτι δὲ διαφέρεσθον ἀλλήλοιν, ἐθαύμασα.

Τοῦτο οὖν σου ἐγὼ ἀντιδέομαι, ὦ Λυσίμαχε, καθάπερ ἄρτι Λάχης μὴ ἀφίεσθαί σε ἐμοῦ διεκελεύετο, ἀλλὰ ἐρωτᾶν, καὶ ἐγὼ νῦν παρακελεύομαί σοι μὴ ἀφίεσθαι Λάχητος μηδὲ Νικίου, ἀλλ' ἐρωτᾶν λέγοντα ὅτι ὁ μὲν Σωκράτης οὔ φησιν ἐπαΐειν περὶ τοῦ πράγματος, οὐδ' ἱκανὸς εἶναι διακρῖναι e
ὁπότερος ὑμῶν ἀληθῆ λέγει· οὔτε γὰρ εὑρετὴς οὔτε μαθητὴς οὐδενὸς περὶ τῶν τοιούτων γεγονέναι· σὺ δ', ὦ Λάχης καὶ Νικία, εἴπετον ἡμῖν ἑκάτερος τίνι δὴ δεινοτάτῳ συγγεγόνατον περὶ τῆς τῶν νέων τροφῆς, καὶ πότερα μαθόντε παρά του ἐπίστασθον ἢ αὐτὼ ἐξευρόντε, καὶ εἰ μὲν μαθόντε, τίς ὁ διδάσκαλος ἑκατέρῳ καὶ τίνες ἄλλοι ὁμότεχνοι αὐτοῖς, 187 a
ἵν', ἂν μὴ ὑμῖν σχολὴ ᾖ ὑπὸ τῶν τῆς πόλεως πραγμάτων, ἐπ' ἐκείνους ἴωμεν καὶ πείθωμεν ἢ δώροις ἢ χάρισιν ἢ

oder Freie durch ihn eingeständlich sind gut geworden. Wenn aber nichts hiervon sich bei uns findet: so müssen wir diese heißen Andere zu suchen, nicht aber an befreundeter Männer Söhnen die Gefahr wagen sie zu verderben und so den härtesten Vorwurf uns zuziehen von denen die uns so nahe sind. Ich
nun, o Lysimachos und Melesias, erkläre zuerst was mich be- c
trifft, daß ich keinen Lehrer hierin gehabt habe, wiewohl ich der Sache nachtrachte schon seit meiner Jugend. Allein ich habe nicht den Sophisten ihren Lohn zu bezahlen, welche doch allein verhießen im Stande zu sein mich zu einem trefflichen und edlen Manne zu machen; selbst aber die Kunst zu erfinden bin ich noch unvermögend für jetzo. Wenn aber Nikias oder Laches sie erfunden haben oder gelernt, will ich mich nicht wundern, denn sowohl an Gelde sind sie vermögender als ich, so daß sie sie von Andern können erlernt haben, als auch zugleich älter um sie schon erfunden zu haben. Deshalb dünken
sie mich wohl tüchtig zu sein einen Menschen zu bilden, sonst d
würden sie auch nicht so dreist etwas behauptet haben von den Übungen, welche einem Jünglinge nützlich sind oder schädlich, wenn sie nicht sich selbst vertrauten, daß sie es genugsam verständen. Im Übrigen also glaube ich ihnen, nur daß sie verschiedener Meinung sind, wundert mich. Dieses bitte ich dich daher meinerseits, o Lysimachos, so wie eben Laches dir zuredete mich nicht loszulassen sondern zu fragen, so ermahne ich nun dich, doch ja den Laches nicht loszulassen noch auch den Nikias, sondern frage sie und sprich zu ihnen: Sokrates
behauptet daß er nichts von der Sache versteht, und nicht tüch- e
tig ist zu entscheiden welcher von euch das Richtige sage, denn er selbst sei weder Erfinder noch Ausgelernter in irgend etwas hieher gehörigem. Ihr aber, o Laches und Nikias, sagt uns doch Jeder, wer der größte Meister ist in der Erziehung der Jünglinge, mit dem ihr umgegangen seid, und ob ihr, was ihr wißt, erlernt habt oder selbst erfunden, und wenn erlernt, wer
eines Jeden Lehrer gewesen ist und welche sonst noch Künst- 187a
ler derselben Art sind, damit wenn ihr nicht Muße habt vor den Angelegenheiten der Stadt wir zu Jenen gehen können, und sie durch Geschenke oder Bitten oder beides überreden sich unserer und eurer Söhne anzunehmen, damit diese nicht schlecht

ἀμφότερα ἐπιμεληθῆναι καὶ τῶν ἡμετέρων καὶ τῶν ὑμετέρων
παίδων, ὅπως μὴ καταισχύνωσι τοὺς αὑτῶν προγόνους
φαῦλοι γενόμενοι· εἰ δ' αὐτοὶ εὕρεταὶ γεγονότε τοῦ τοιού-
του, δότε παράδειγμα τίνων ἤδη ἄλλων ἐπιμεληθέντες ἐκ
φαύλων καλούς τε κἀγαθοὺς ἐποιήσατε. Εἰ γὰρ νῦν ἄρξεσθε
πρῶτον παιδεύειν, σκοπεῖν χρὴ μὴ οὐκ ἐν τῷ Καρὶ ὑμῖν ὁ b
κίνδυνος κινδυνεύηται, ἀλλ' ἐν τοῖς ὑέσι τε καὶ ἐν τοῖς
τῶν φίλων παισί, καὶ ἀτεχνῶς τὸ λεγόμενον κατὰ τὴν πα-
ροιμίαν ὑμῖν συμβαίνῃ ἐν πίθῳ ἡ κεραμεία γιγνομένη. Λέγετε
οὖν, τί τούτων ἢ φατὲ ὑμῖν ὑπάρχειν τε καὶ προσήκειν,
ἢ οὔ φατε.

Ταῦτ', ὦ Λυσίμαχε, παρ' αὐτῶν πυνθάνου τε καὶ μὴ
μεθίει τοὺς ἄνδρας.

ΛΥ. Καλῶς μὲν ἔμοιγε δοκεῖ, ὦ ἄνδρες, Σωκράτης
λέγειν· εἰ δὲ βουλομένοις ὑμῖν ἐστι περὶ τῶν τοιούτων c
ἐρωτᾶσθαί τε καὶ διδόναι λόγον, αὐτοὺς δὴ χρὴ γιγνώσκειν,
ὦ Νικία τε καὶ Λάχης. Ἐμοὶ μὲν γὰρ καὶ Μελησίᾳ τῷδε
δῆλον ὅτι ἡδομένοις ἂν εἴη εἰ πάντα ἃ Σωκράτης ἐρωτᾷ
ἐθέλοιτε λόγῳ διεξιέναι· καὶ γὰρ ἐξ ἀρχῆς ἐντεῦθεν ἠρχό-
μην λέγων, ὅτι εἰς συμβουλὴν διὰ ταῦτα ὑμᾶς παρακαλέ-
σαιμεν, ὅτι μεμεληκέναι ὑμῖν ἡγούμεθα, ὡς εἰκός, περὶ τῶν
τοιούτων, καὶ ἄλλως καὶ ἐπειδὴ οἱ παῖδες ὑμῖν ὀλίγου
ὥσπερ οἱ ἡμέτεροι ἡλικίαν ἔχουσι παιδεύεσθαι. Εἰ οὖν ὑμῖν d
μή τι διαφέρει, εἴπατε καὶ κοινῇ μετὰ Σωκράτους σκέψασθε,
διδόντες τε καὶ δεχόμενοι λόγον παρ' ἀλλήλων· εὖ γὰρ καὶ
τοῦτο λέγει ὅδε, ὅτι περὶ τοῦ μεγίστου νῦν βουλευόμεθα
τῶν ἡμετέρων. Ἀλλ' ὁρᾶτε εἰ δοκεῖ χρῆναι οὕτω ποιεῖν.

ΝΙ. Ὦ Λυσίμαχε, δοκεῖς μοι ὡς ἀληθῶς Σωκράτη πα-
τρόθεν γιγνώσκειν μόνον, αὐτῷ δ' οὐ συγγεγονέναι ἀλλ' ἢ
παιδὶ ὄντι, εἴ που ἐν τοῖς δημόταις μετὰ τοῦ πατρὸς ἀκο- e
λουθῶν ἐπλησίασέν σοι ἢ ἐν ἱερῷ ἢ ἐν ἄλλῳ τῳ συλλόγῳ τῶν
δημοτῶν· ἐπειδὴ δὲ πρεσβύτερος γέγονεν, οὐκ ἐντετυχηκὼς
τῷ ἀνδρὶ δῆλος εἶ.

geratend ihren Voreltern Schande bringen. Wenn ihr aber
selbst Erfinder hierin seid, so zeigt uns Beweise, welche An-
dere ihr schon durch eure Sorgfalt habt zu Edlen und Guten
gemacht. Denn wollt ihr etwa jetzt erst anfangen zu erziehen,
so möget ihr wohl erwägen, daß ihr nicht am Karier den Ver- b
such macht, sondern an den Söhnen und an eurer Freunde
Kindern, damit es euch nicht nach jenem Sprüchwort ergehe
vom Töpfer, der beim Fasse anfängt. Saget also, was hievon
bei euch zutrifft und zu finden ist, und was nicht. Dieses, o
Lysimachos, erforsche von ihnen und laß die Männer nicht los.

LYSIMACHOS: Sehr wahr, ihr Männer, dünkt mich Sokrates
gesprochen zu haben. Ob aber ihr Willens seid euch hierüber c
fragen zu lassen und Rede zu stehen, das müßt ihr selbst
beurteilen, o Nikias und Laches. Denn mir und dem Melesias
würde es offenbar erfreulich sein, wenn ihr Alles, was Sokrates
fragt, ordentlich durchgehen wolltet. Fing doch von Anfang
meine Rede damit an, daß wir deshalb euch zur Ratschlagung
berufen hätten, weil wir glaubten ihr würdet euch dieses haben
angelegen sein lassen, wie zu vermuten war nicht nur an sich
schon, sondern noch mehr, weil eure Söhne beinahe dasselbe
Alter haben wie die unsrigen zur Erziehung. Wofern ihr also d
nicht etwas dagegen habt, so sprecht und überlegt gemein-
schaftlich mit dem Sokrates gegenseitig euch anhörend und
antwortend. Denn auch darin hat er recht gesprochen, daß wir
jetzt über das größte beratschlagen unter allem Unsrigen. Seht
also zu, ob ihr glaubt so tun zu müssen.

2.5. Bereitschaft von Nikias und Laches, sich prüfen zu lassen. Wie Sokrates als Gesprächspartner ist

NIKIAS: O Lysimachos, ich sehe wohl daß du in der Tat den
Sokrates nur von seinem Vater her kennst, mit ihm selbst aber
nicht umgegangen bist, außer als er noch ein Knabe war, wenn
er da etwa unter den Zunftgenossen seinen Vater begleitend e
dir in die Nähe gekommen, sei es im Tempel oder bei einer
andern Versammlung der Zunft; seitdem er aber älter gewor-
den hast du den Mann noch gar nicht angetroffen, das ist offen-
bar.

LYSIMACHOS: Wie so doch, o Nikias?

ΛΥ. Τί μάλιστα, ὦ Νικία;

ΝΙ. Οὔ μοι δοκεῖς εἰδέναι ὅτι, ὃς ἂν ἐγγύτατα Σωκράτους ᾖ λόγῳ, ὥσπερ γένει, καὶ πλησιάζῃ διαλεγόμενος, ἀνάγκη αὐτῷ, ἐὰν ἄρα καὶ περὶ ἄλλου του πρότερον ἄρξηται διαλέγεσθαι, μὴ παύεσθαι ὑπὸ τούτου περιαγόμενον τῷ λόγῳ, πρὶν < ἂν > ἐμπέσῃ εἰς τὸ διδόναι περὶ αὑτοῦ λόγον, ὅντινα τρόπον νῦν τε ζῇ καὶ ὅντινα τὸν παρεληλυ- 188 a
θότα βίον βεβίωκεν· ἐπειδὰν δ' ἐμπέσῃ, ὅτι οὐ πρότερον αὐτὸν ἀφήσει Σωκράτης, πρὶν ἂν βασανίσῃ ταῦτα εὖ τε καὶ καλῶς ἅπαντα. Ἐγὼ δὲ συνήθης τέ εἰμι τῷδε καὶ οἶδ' ὅτι ἀνάγκη ὑπὸ τούτου πάσχειν ταῦτα, καὶ ἔτι γε αὐτὸς ὅτι πείσομαι ταῦτα εὖ οἶδα· χαίρω γάρ, ὦ Λυσίμαχε, τῷ ἀνδρὶ πλησιάζων, καὶ οὐδὲν οἶμαι κακὸν εἶναι τὸ ὑπομιμνῄσκεσθαι ὅ τι μὴ καλῶς ἢ πεποιήκαμεν ἢ ποιοῦμεν, ἀλλ' εἰς τὸν ἔπειτα βίον προμηθέστερον ἀνάγκη εἶναι τὸν ταῦτα μὴ b
φεύγοντα, ἀλλ' ἐθέλοντα κατὰ τὸ τοῦ Σόλωνος καὶ ἀξιοῦντα μανθάνειν ἕωσπερ ἂν ζῇ, καὶ μὴ οἰόμενον αὐτὸ τὸ γῆρας νοῦν ἔχον προσιέναι. Ἐμοὶ μὲν οὖν οὐδὲν ἄηθες οὐδ' αὖ ἀηδὲς ὑπὸ Σωκράτους βασανίζεσθαι, ἀλλὰ καὶ πάλαι σχεδόν τι ἠπιστάμην ὅτι οὐ περὶ τῶν μειρακίων ἡμῖν ὁ λόγος ἔσοιτο Σωκράτους παρόντος, ἀλλὰ περὶ ἡμῶν αὐτῶν. Ὅπερ οὖν λέγω, τὸ μὲν ἐμὸν οὐδὲν κωλύει Σωκράτει συνδιατρίβειν c
ὅπως οὗτος βούλεται· Λάχητα δὲ τόνδε ὅρα ὅπως ἔχει περὶ τοῦ τοιούτου.

ΛΑ. Ἁπλοῦν τό γ' ἐμόν, ὦ Νικία, περὶ λόγων ἐστίν· εἰ δὲ βούλει, οὐχ ἁπλοῦν, ἀλλὰ διπλοῦν. Καὶ γὰρ ἂν δόξαιμί τῳ φιλόλογος εἶναι καὶ αὖ μισόλογος. Ὅταν μὲν γὰρ ἀκούω ἀνδρὸς περὶ ἀρετῆς διαλεγομένου ἤ περί τινος σοφίας ὡς ἀληθῶς ὄντος ἀνδρὸς καὶ ἀξίου τῶν λόγων ὧν λέγει, χαίρω ὑπερφυῶς, θεώμενος ἅμα τόν τε λέγοντα καὶ τὰ λεγόμενα d
ὅτι πρέποντα ἀλλήλοις καὶ ἁρμόττοντά ἐστι· καὶ κομιδῇ μοι δοκεῖ μουσικὸς ὁ τοιοῦτος εἶναι, ἁρμονίαν καλλίστην ἡρμοσμένος, οὐ λύραν οὐδὲ παιδιᾶς ὄργανα, ἀλλὰ τῷ ὄντι ζῆν

NIKIAS: Du scheinst gar nicht zu wissen, daß wer der Rede des Sokrates nahe genug kommt, und sich mit ihm einläßt ins Gespräch, unvermeidlich, wenn er auch von etwas ganz anderem zuerst angefangen hat zu reden, von diesem so lange ohne Ruhe herumgeführt wird, bis er ihn da hat, daß er Rede
stehen muß über sich selbst, auf welche Weise er jetzt lebt, und 188a
auf welche er das vorige Leben gelebt hat; wenn ihn aber Sokrates da hat, daß er ihn dann gewiß nicht eher herausläßt, bis er dies Alles gut und gründlich untersucht hat. Ich nun bin schon mit ihm bekannt, und weiß daß man dieses notwendig von ihm leiden muß; ja auch daß es mir selbst begegnen wird weiß ich sehr wohl. Denn gern, o Lysimachos, lasse ich mich ein mit dem Manne, und halte es nicht für etwas übles daran erinnert zu werden, wo wir etwa nicht schön gehandelt haben oder noch handeln; sondern für notwendig, daß derjenige vor-
sichtiger werden muß für sein nachheriges Leben, der dieses b
nicht scheut, sondern es wünscht nach des Sokrates Wort, und gern lernen will so lange er lebt, nicht aber meint, daß das Alter ihm schon von selbst den Verstand mitbringen werde. Mir also ist es weder ungewohnt noch ungewünscht vom Sokrates geprüft zu werden, vielmehr schon lange wußte ich es beinahe, daß von den Knaben nicht die Rede sein würde, wenn Sokrates zugegen wäre, sondern von uns selbst. Wie gesagt also, an
meinem Teil hindert nichts, daß wir uns mit dem Sokrates c
unterreden, wie er es selbst will; den Laches aber befrage wie er hierüber gesonnen ist.

LACHES: Sehr einfach, o Nikias, ist meine Weise in Absicht solcher Reden, oder wenn du willst nicht einfach sondern zwiefach; denn ich könnte einem scheinen ein Freund davon zu sein, und auch wiederum ein Feind. Wenn ich nämlich über die Tugend oder über irgend eine Art der Weisheit einen Mann reden höre, der wirklich ein Mann ist und der Reden wert welche er spricht, dann freue ich mich über die Maßen zugleich
den Redenden und seine Reden betrachtend, wie beide zusam- d
men gehören und stimmen; und ein solcher scheint mir eigentlich ein musikalischer Mann zu sein der den schönsten Einklang gestimmt, nicht die Leier oder sonst ein Werkzeug des Spiels, sondern wahrhaft zu leben sich gestimmt sein eignes

[ἡρμοσμένος οὗ] αὐτὸς αὑτοῦ τὸν βίον σύμφωνον τοῖς λόγοις πρὸς τὰ ἔργα, ἀτεχνῶς δωριστί, ἀλλ' οὐκ ἰαστί, οἶμαι, οὐδὲ φρυγιστὶ οὐδὲ λυδιστί, ἀλλ' ἥπερ μόνη Ἑλληνική ἐστιν ἁρμονία. Ὁ μὲν οὖν τοιοῦτος χαίρειν με ποιεῖ φθεγγόμενος καὶ δοκεῖν ὁτῳοῦν φιλόλογον εἶναι· οὕτω σφόδρα ἀποδέχομαι e
παρ' αὐτοῦ τὰ λεγόμενα· ὁ δὲ τἀναντία τούτου πράττων λυπεῖ με, ὅσῳ ἂν δοκῇ ἄμεινον λέγειν, τοσούτῳ μᾶλλον, καὶ ποιεῖ αὖ δοκεῖν εἶναι μισόλογον.

Σωκράτους δ' ἐγὼ τῶν μὲν λόγων οὐκ ἔμπειρός εἰμι, ἀλλὰ πρότερον, ὡς ἔοικε, τῶν ἔργων ἐπειράθην, καὶ ἐκεῖ αὐτὸν ηὗρον ἄξιον ὄντα λόγων καλῶν καὶ πάσης παρρησίας. Εἰ 189 a
οὖν καὶ τοῦτο ἔχει, συμβούλομαι τἀνδρί, καὶ ἥδιστ' ἂν ἐξεταζοίμην ὑπὸ τοῦ τοιούτου, καὶ οὐκ ἂν ἀχθοίμην μανθάνων, ἀλλὰ καὶ ἐγὼ τῷ Σόλωνος ἓν μόνον προσλαβών, συγχωρῶ· γηράσκων γὰρ πολλὰ διδάσκεσθαι ἐθέλω ὑπὸ χρηστῶν μόνον. Τοῦτο γάρ μοι συγχωρείτω, ἀγαθὸν καὶ αὐτὸν εἶναι τὸν διδάσκαλον, ἵνα μὴ δυσμαθὴς φαίνωμαι ἀηδῶς μανθάνων· εἰ δὲ νεώτερος ὁ διδάσκων ἔσται ἢ μήπω ἐν δόξῃ ὢν ἤ τι ἄλλο τῶν τοιούτων ἔχων, οὐδέν μοι μέλει. b
Σοὶ οὖν, ὦ Σώκρατες, ἐγὼ ἐπαγγέλλομαι καὶ διδάσκειν καὶ ἐλέγχειν ἐμὲ ὅ τι ἂν βούλῃ, καὶ μανθάνειν γε ὅ τι αὖ ἐγὼ οἶδα· οὕτω σὺ παρ' ἐμοὶ διάκεισαι ἀπ' ἐκείνης τῆς ἡμέρας ᾗ μετ' ἐμοῦ συνδιεκινδύνευσας καὶ ἔδωκας σαυτοῦ πεῖραν ἀρετῆς ἣν χρὴ διδόναι τὸν μέλλοντα δικαίως δώσειν. Λέγ' οὖν ὅ τί σοι φίλον, μηδὲν τὴν ἡμετέραν ἡλικίαν ὑπόλογον ποιούμενος.

ΣΩ. Οὐ τὰ ὑμέτερα, ὡς ἔοικεν, αἰτιασόμεθα μὴ οὐχ c
ἕτοιμα εἶναι καὶ συμβουλεύειν καὶ συσκοπεῖν.

ΛΥ. Ἀλλ' ἡμέτερον δὴ ἔργον, ὦ Σώκρατες· ἕνα γάρ σε ἔγωγε ἡμῶν τίθημι· σκόπει οὖν ἀντ' ἐμοῦ ὑπὲρ τῶν νεανίσκων ὅ τι δεόμεθα παρὰ τῶνδε πυνθάνεσθαι, καὶ συμβούλευε διαλεγόμενος τούτοις. Ἐγὼ μὲν γὰρ καὶ ἐπιλανθάνομαι ἤδη τὰ πολλὰ διὰ τὴν ἡλικίαν ὧν ἂν διανοηθῶ ἐρέσθαι, καὶ

Leben zusammenklingend mit den Worten die Werke, echt do-
risch, nicht ionisch, auch glaube ich nicht phrygisch oder ly-
disch, sondern nach jener einzigen echt hellenischen Tonart.
Ein solcher also macht mich erfreut, wenn er nur den Mund
öffnet, so daß ich Jedem als ein Freund der Reden erscheine, so e
gern nehme ich von ihm an was er redet. Wer aber hiervon das
Gegenteil tut, der ist mir nur um so mehr zuwider, je besser er
mir zu reden scheint, und macht, daß ich als ein Redefeind
erscheine. Von des Sokrates Reden nun habe ich noch keine
Erfahrung, sondern zuerst habe ich, wie es scheint, seine Taten
erproben gesollt; und in denen habe ich ihn wohl würdig be-
funden auch Schönes zu reden mit aller Freimütigkeit. Ward 189a
ihm nun auch dieses, so freue ich mich mit ihm und möchte
gern von einem solchen geprüft werden und es mich nicht
verdrießen lassen zu lernen. Sondern auch ich stimme dem
Solon bei, nur noch mit einem Zusatz, ich wünsche nämlich alt
zu werden vieles noch lernend, jedoch nur von Guten. Denn
dieses mag er mir nachgeben, daß auch der Lehrer selbst ein
guter sei, damit ich nicht ungelehrig erscheine ungern lernend.
Ob aber der Lehrende jünger ist, oder noch keinen Ruf hat,
oder was er von dieser Art sonst an sich hat, das soll mich nicht b
kümmern. Dir also, o Sokrates, erbiete ich mich, daß du mich
sowohl belehrest als prüfest worin du willst, und auch wieder-
um lernen was ich weiß. So stehest du bei mir seit jenem Tage,
an welchem du mit mir die Gefahr bestanden, und einen Be-
weis deiner Tugend gegeben hast, wie ihn derjenige geben
muß der ihn recht geben will. Sage also was du Lust hast und
rechne unser Alter dabei für nichts.

SOKRATES: Euch, scheint es, werden wir nicht beschuldi- c
gen können, daß ihr eures Teils nicht bereit gewesen wäret mit
zu beratschlagen und mit zu untersuchen.

LYSIMACHOS: Nun also beruht die Sache auf uns, o Sokra-
tes, denn dich rechne ich für einen der unsrigen. So untersuche
nun an meiner Statt zum Besten der Jünglinge, was wir von
diesen Männern zu erforschen haben, und pflege Rat mit ihnen
im Gespräch. Denn ich vergesse schon Alters wegen gar vieles,
was ich im Sinn gehabt hatte zu fragen, und so auch was ich
gehört habe; kommen aber gar andere Reden zwischen ein, so

αὖ ἃ ἂν ἀκούσω, ἐάν γε μεταξὺ ἄλλοι λόγοι γένωνται, οὐ πάνυ μέμνημαι. Ὑμεῖς οὖν λέγετε καὶ διέξιτε πρὸς ὑμᾶς d αὐτοὺς περὶ ὧν προὐθέμεθα· ἐγὼ δ' ἀκούσομαι καὶ ἀκούσας αὖ μετὰ Μελησίου τοῦδε ποιήσω τοῦτο ὅ τι ἂν καὶ ὑμῖν δοκῇ.

ΣΩ. Πειστέον, ὦ Νικία τε καὶ Λάχης, Λυσιμάχῳ καὶ Μελησίᾳ. Ἃ μὲν οὖν νυνδὴ ἐπεχειρήσαμεν σκοπεῖν, τίνες οἱ διδάσκαλοι ἡμῖν τῆς τοιαύτης παιδείας γεγόνασιν ἢ τίνας ἄλλους βελτίους πεποιήκαμεν, ἴσως μὲν οὐ κακῶς ἔχει ἐξετάζειν καὶ τὰ τοιαῦτα ἡμᾶς αὐτούς· ἀλλ' οἶμαι καὶ ἡ e τοιάδε σκέψις εἰς ταὐτὸν φέρει, σχεδὸν δέ τι καὶ μᾶλλον ἐξ ἀρχῆς εἴη ἄν. Εἰ γὰρ τυγχάνομεν ἐπιστάμενοι ὁτουοῦν πέρι ὅ τι παραγενόμενόν τῳ βέλτιον ποιεῖ ἐκεῖνο ᾧ παρεγένετο, καὶ προσέτι οἷοί τέ ἐσμεν αὐτὸ ποιεῖν παραγίγνεσθαι ἐκείνῳ, δῆλον ὅτι αὐτό γε ἴσμεν τοῦτο οὗ πέρι σύμβουλοι ἂν γενοίμεθα ὡς ἄν τις αὐτὸ ῥᾷστα καὶ ἄριστα κτήσαιτο. Ἴσως οὖν οὐ μανθάνετέ μου ὅ τι λέγω, ἀλλ' ὧδε ῥᾷον μαθήσεσθε.

Εἰ τυγχάνομεν ἐπιστάμενοι ὅτι ὄψις παραγενομένη 190 a ὀφθαλμοῖς βελτίους ποιεῖ ἐκείνους οἷς παρεγένετο, καὶ προσέτι οἷοί τέ ἐσμεν ποιεῖν αὐτὴν παραγίγνεσθαι ὄμμασι, δῆλον ὅτι ὄψιν γε ἴσμεν αὐτὴν ὅ τί ποτ' ἔστιν, ἧς πέρι σύμβουλοι ἂν γενοίμεθα ὡς ἄν τις αὐτὴν ῥᾷστα καὶ ἄριστα κτήσαιτο. Εἰ γὰρ μηδ' αὐτὸ τοῦτο εἰδεῖμεν, ὅ τί ποτ' ἔστιν ὄψις ἢ ὅ τι ἔστιν ἀκοή, σχολῇ ἂν σύμβουλοί γε ἄξιοι λόγου γενοίμεθα καὶ ἰατροὶ ἢ περὶ ὀφθαλμῶν ἢ περὶ ὤτων, ὅντινα τρόπον ἀκοὴν ἢ ὄψιν κάλλιστ' ἂν κτήσαιτό τις. b

ΛΑ. Ἀληθῆ λέγεις, ὦ Σώκρατες.

ΣΩ. Οὐκοῦν, ὦ Λάχης, καὶ νῦν ἡμᾶς τώδε παρακαλεῖτον εἰς συμβουλήν, τίν' ἂν τρόπον τοῖς ὑέσιν αὐτῶν ἀρετὴ παραγενομένη τὰς ψυχὰς ἀμείνους ποιήσειε;

ΛΑ. Πάνυ γε.

ΣΩ. Ἆρ' οὖν τουτό γ' ὑπάρχειν δεῖ, τὸ εἰδέναι ὅ τί ποτ'

behalte ich fast nichts mehr. Ihr also redet und handelt allein d
dasjenige ab unter euch, was wir euch vorgelegt haben; ich aber
will zuhören, und nachdem ich gehört mit dem Melesias das-
jenige tun, was euch gut dünkt.

3. Sokrates und Laches über das Wesen der Tapferkeit

3.1. Sokrates entwickelt die Fragestellung

SOKRATES: Wir werden wohl, o Nikias und Laches, dem
Lysimachos und Melesias gehorchen müssen. Was wir nun so
eben uns vorsetzten zu untersuchen, wer nämlich unsere Leh-
rer gewesen sind in dieser Kunst, oder welche Andere wir
schon besser gemacht haben, auch darüber uns selbst zu prüfen
wäre gewiß nicht übel; aber ich glaube die folgende Untersu- e
chung wird uns zu demselbigen Ziele führen, und fängt eher
fast noch etwas höher hinauf an. Wenn wir nämlich von irgend
etwas wissen, daß es einem andern einwohnend dieses besser
macht dem es einwohnt, und zugleich im Stande sind zu be-
wirken, daß es jenem einwohne: so kennen wir doch offenbar
eben dieses, worüber wir Rat geben sollen, wie Jemand es am
leichtesten und besten erwerben könne. Vielleicht indes ver-
steht ihr noch nicht was ich meine, so aber werdet ihr es besser
verstehen. Wenn wir wissen, das Sehen, den Augen einwoh- 190a
nend, mache die besser denen es einwohnt, und zugleich ver-
mögen zu bewirken, daß es den Augen einwohne: so kennen
wir doch offenbar das Sehen selbst, was es ist, über welches wir
Rat geben sollen, wie Jemand es am leichtesten und besten
erwerben möge. Denn wenn wir auch dieses nicht einmal wüß-
ten, was das Sehen ist oder das Hören, so hat es gute Wege, daß
wir taugliche Ratgeber und Ärzte sein könnten für Augen und
Ohren, auf welche Weise Jemand Gehör und Gesicht am be-
sten erlangen könnte. b

LACHES: Richtig ist, was du sagst, o Sokrates.

SOKRATES: Haben nun nicht, o Laches, auch jetzt diese bei-
den uns zur Beratung gerufen, auf welche Weise wohl den
Seelen ihrer Söhne Tugend beigebracht werden und sie besser
machen möge?

LACHES: Freilich.

SOKRATES: Muß also nicht dieses wenigstens sich bei uns

ἔστιν ἀρετή; Εἰ γάρ που μηδ' ἀρετὴν εἰδεῖμεν τὸ παράπαν ὅ τί ποτε τυγχάνει ὄν, τίν' ἂν τρόπον τούτου σύμβουλοι γενοίμεθα ὁτῳοῦν, ὅπως ἂν αὐτὸ κάλλιστα κτήσαιτο; c

ΛΑ. Οὐδένα, ἔμοιγε δοκεῖ, ὦ Σώκρατες.

ΣΩ. Φαμὲν ἄρα, ὦ Λάχης, εἰδέναι αὐτὸ ὅ τι ἔστιν.

ΛΑ. Φαμὲν μέντοι.

ΣΩ. Οὐκοῦν ὅ γε ἴσμεν, κἂν εἴποιμεν δήπου τί ἐστιν.

ΛΑ. Πῶς γὰρ οὔ;

ΣΩ. Μὴ τοίνυν, ὦ ἄριστε, περὶ ὅλης ἀρετῆς εὐθέως σκοπώμεθα· πλέον γὰρ ἴσως ἔργον· ἀλλὰ μέρους τινὸς πέρι πρῶτον ἴδωμεν, εἰ ἱκανῶς ἔχομεν πρὸς τὸ εἰδέναι· καὶ ἡμῖν, ὡς τὸ εἰκός, ῥᾴων ἡ σκέψις ἔσται. d

ΛΑ. Ἀλλ' οὕτω ποιῶμεν, ὦ Σώκρατες, ὡς σὺ βούλει.

ΣΩ. Τί οὖν ἂν προελοίμεθα τῶν τῆς ἀρετῆς μερῶν; Ἢ δῆλον δὴ ὅτι τοῦτο εἰς ὃ τείνειν δοκεῖ ἡ ἐν τοῖς ὅπλοις μάθησις; δοκεῖ δέ που τοῖς πολλοῖς εἰς ἀνδρείαν. Ἢ γάρ;

ΛΑ. Καὶ μάλα δὴ οὕτω δοκεῖ.

ΣΩ. Τοῦτο τοίνυν πρῶτον ἐπιχειρήσωμεν, ὦ Λάχης, εἰπεῖν, ἀνδρεία τί ποτ' ἐστίν· ἔπειτα μετὰ τοῦτο σκεψόμεθα καὶ ὅτῳ ἂν τρόπῳ τοῖς νεανίσκοις παραγένοιτο, καθ' e ὅσον οἷόν τε ἐξ ἐπιτηδευμάτων τε καὶ μαθημάτων παραγενέσθαι. Ἀλλὰ πειρῶ εἰπεῖν ὃ λέγω, τί ἐστιν ἀνδρεία.

ΛΑ. Οὐ μὰ τὸν Δία, ὦ Σώκρατες, οὐ χαλεπὸν εἰπεῖν· εἰ γάρ τις ἐθέλοι ἐν τῇ τάξει μένων ἀμύνεσθαι τοὺς πολεμίους καὶ μὴ φεύγοι, εὖ ἴσθι ὅτι ἀνδρεῖος ἂν εἴη.

ΣΩ. Εὖ μὲν λέγεις, ὦ Λάχης· ἀλλ' ἴσως ἐγὼ αἴτιος, οὐ σαφῶς εἰπών, τὸ σὲ ἀποκρίνασθαι μὴ τοῦτο ὃ διανοούμενος ἠρόμην, ἀλλ' ἕτερον.

finden, daß wir wissen was die Tugend ist? Denn wenn wir etwa ganz und gar nicht wüßten von der Tugend, was sie eigentlich ist, wie könnten wir wohl Jemanden Rat darüber erteilen, auf welche Weise er sie am besten erwerben möge? c

LACHES: Wir könnten es ganz und gar nicht, wie mich wenigstens dünkt, o Sokrates.

SOKRATES: Behaupten wir also, o Laches, daß wir wissen, was sie ist?

LACHES: Freilich wollen wir das.

SOKRATES: Wovon wir aber wissen, davon müssen wir doch auch sagen können was es ist?

LACHES: Wie sollten wir nicht.

SOKRATES: Laß uns aber nicht, o Bester, nach der ganzen Tugend sogleich fragen, denn vielleicht wäre dies Geschäft zu groß, sondern von einem Teile derselben zuerst sehen, ob wir tüchtig sind ihn zu verstehen, so wird uns wahrscheinlich die d
Untersuchung leichter sein.

LACHES: Wohl, o Sokrates, laß es uns so machen, wie du willst.

SOKRATES: Welchen also sollen wir wählen von den Teilen der Tugend? Oder nicht wahr den gewiß, auf welchen diese Kunst des Fechtens abzuzwecken scheint? und das scheint sie doch den Leuten auf die Tapferkeit?

LACHES: Allerdings so scheint es ihnen.

SOKRATES: Dieses also wollen wir zuerst versuchen zu erklären was die Tapferkeit ist; dann aber nach diesem auch überlegen, auf welche Art sie den Jünglingen beizubringen e
wäre, so weit es nämlich möglich ist sie durch Übung und Unterricht beizubringen. Also versuche nun, wie ich sage, zu beschreiben was die Tapferkeit ist.

3.2. Die erste Definition des Laches: Tapferkeit ist Standfestigkeit vor dem Feind. Kritik

LACHES: Dieses, o Sokrates, ist beim Zeus nicht schwer zu sagen. Denn wenn Jemand pflegt in Reihe und Glied Stand haltend die Feinde abzuwehren und nicht zu fliehen, so wisse daß ein solcher tapfer ist.

SOKRATES: Sehr wohl zwar gesprochen, o Laches; viel-

ΛΑ. Πῶς τοῦτο λέγεις, ὦ Σώκρατες;

ΣΩ. Ἐγὼ φράσω, ἐὰν οἷός τε γένωμαι. Ἀνδρεῖός που 191 a
οὗτος ὃν καὶ σὺ λέγεις, ὃς ἂν ἐν τῇ τάξει μένων μάχηται
τοῖς πολεμίοις.

ΛΑ. Ἐγὼ γοῦν φημί.

ΣΩ. Καὶ γὰρ ἐγώ. Ἀλλὰ τί αὖ ὅδε, ὃς ἂν φεύγων μάχηται τοῖς πολεμίοις, ἀλλὰ μὴ μένων;

ΛΑ. Πῶς φεύγων;

ΣΩ. Ὥσπερ που καὶ Σκύθαι λέγονται οὐχ ἧττον φεύγοντες ἢ διώκοντες μάχεσθαι, καὶ Ὅμηρός που ἐπαινῶν
τοὺς τοῦ Αἰνείου ἵππους κραιπνὰ μάλ' ἔνθα καὶ ἔνθα
ἔφη αὐτοὺς ἐπίστασθαι διώκειν ἠδὲ φέβεσθαι· καὶ αὐτὸν b
τὸν Αἰνείαν κατὰ τοῦτ' ἐνεκωμίασε, κατὰ τὴν τοῦ φόβου
ἐπιστήμην, καὶ εἶπεν αὐτὸν εἶναι μήστωρα φόβοιο.

ΛΑ. Καὶ καλῶς γε, ὦ Σώκρατες· περὶ ἁρμάτων γὰρ ἔλεγε· καὶ σὺ τὸ τῶν Σκυθῶν ἱππέων πέρι λέγεις. Τὸ μὲν γὰρ ἱππικὸν τὸ ἐκείνων οὕτω μάχεται, τὸ δὲ ὁπλιτικόν τό γε τῶν Ἑλλήνων ὡς ἐγὼ λέγω.

ΣΩ. Πλήν γ' ἴσως, ὦ Λάχης, τὸ Λακεδαιμονίων. Λακε-
δαιμονίους γάρ φασιν ἐν Πλαταιαῖς, ἐπειδὴ πρὸς τοῖς γερ- c
ροφόροις ἐγένοντο, οὐκ ἐθέλειν μένοντας πρὸς αὐτοῖς
μάχεσθαι, ἀλλὰ φεύγειν, ἐπειδὴ δ' ἐλύθησαν αἱ τάξεις τῶν
Περσῶν, ἀναστρεφομένους ὥσπερ ἱππέας μάχεσθαι καὶ
οὕτω νικῆσαι τὴν ἐκεῖ μάχην.

ΛΑ. Ἀληθῆ λέγεις.

ΣΩ. Τοῦτο τοίνυν ὃ ἄρτι ἔλεγον, ὅτι ἐγὼ αἴτιος μὴ κα-
λῶς σε ἀποκρίνασθαι, ὅτι οὐ καλῶς ἠρόμην. Βουλόμενος
γάρ σου πυθέσθαι μὴ μόνον τοὺς ἐν τῷ ὁπλιτικῷ ἀνδρείους, d
ἀλλὰ καὶ τοὺς ἐν τῷ ἱππικῷ καὶ ἐν ξύμπαντι τῷ πολεμικῷ
εἴδει, καὶ μὴ μόνον τοὺς ἐν τῷ πολέμῳ, ἀλλὰ καὶ τοὺς ἐν
τοῖς πρὸς τὴν θάλατταν κινδύνοις ἀνδρείους ὄντας, καὶ
ὅσοι γε πρὸς νόσους καὶ ὅσοι πρὸς πενίας ἢ καὶ πρὸς τὰ
πολιτικὰ ἀνδρεῖοί εἰσιν, καὶ ἔτι αὖ μὴ μόνον ὅσοι πρὸς λύπας

leicht aber bin ich, weil ich mich nicht deutlich erklärt, Schuld daran, daß du nicht dasjenige geantwortet hast, was ich im Sinne hatte bei meiner Frage, sondern etwas anderes.

LACHES: Wie meinst du dieses, o Sokrates?

SOKRATES: Ich will es dir erklären, wenn ich es nur werde 191a
im Stande sein. Tapfer freilich ist auch der, den du beschreibst, der im Gliede Stand haltend gegen die Feinde ficht.

LACHES: So wenigstens behaupte ich.

SOKRATES: Ich gewiß auch. Aber was ist doch der, welcher fliehend gegen die Feinde ficht, und nicht Stand haltend?

LACHES: Wie doch fliehend?

SOKRATES: Wie ja von den Skythen gesagt wird, daß sie nicht minder fliehend als verfolgend den Feind bekriegen. Und auch Homeros, indem er irgendwo die Pferde des Aeneias lobt,
sagt: Dort zu sprengen und dort, verständen sie, in Verfol- b
gungen und in Entfliehung. Ja auch den Aeneias selbst lobt er in dieser Hinsicht daß er sich auf die Furcht verstände, und nennt ihn Meister des Schreckens.

LACHES: Und das sehr richtig, o Sokrates, denn er spricht von Wagen, und so auch du meinst das von den Skythen in Beziehung auf die Reuter; denn die Reuter bei ihnen fechten so, das Fußvolk der Hellenen aber so wie ich sage.

SOKRATES: Ausgenommen doch wohl, o Laches, das der
Lakedaimonier; denn von diesem wird erzählt, als es bei Pla- c
taiai auf die Schildträger gestoßen, habe es nicht Stand haltend fechten gewollt, sondern sei geflohen, nachdem aber die Reihen der Perser sich getrennt, habe es umkehrend wie Reuter gefochten, und dadurch in jener Schlacht gesiegt.

LACHES: Richtig.

SOKRATES: Das ist nun eben was ich meinte, ich wäre Schuld daran, daß du nicht recht geantwortet hast, weil ich dich
nicht recht gefragt habe; denn ich wollte nicht nur erfahren, d
welches die Tapfern im Fußvolke wären, sondern auch in der Reuterei, und in Allem was zum Kriege gehört; und nicht nur die im Kriege, sondern auch die Tapfern in den Gefahren zur See, ferner auch die, welche in Krankheiten und in Armut und in der Staatsverwaltung tapfer sind, ja noch mehr nicht nur die gegen den Schmerz tapfer sind und gegen die Furcht, sondern

ἀνδρεῖοί εἰσιν ἢ φόβους, ἀλλὰ καὶ πρὸς ἐπιθυμίας ἢ ἡδονὰς δεινοὶ μάχεσθαι, καὶ μένοντες καὶ ἀναστρέφοντες — εἰσὶ e γάρ πού τινες, ὦ Λάχης, καὶ ἐν τοῖς τοιούτοις ἀνδρεῖοι.

ΛΑ. Καὶ σφόδρα, ὦ Σώκρατες.

ΣΩ. Οὐκοῦν ἀνδρεῖοι μὲν πάντες οὗτοί εἰσιν, ἀλλ' οἱ μὲν ἐν ἡδοναῖς, οἱ δ' ἐν λύπαις, οἱ δ' ἐν ἐπιθυμίαις, οἱ δ' ἐν φόβοις τὴν ἀνδρείαν ἔκτηνται· οἱ δέ γ', οἶμαι, δειλίαν ἐν τοῖς αὐτοῖς τούτοις.

ΛΑ. Πάνυ γε.

ΣΩ. Τί ποτε ὂν ἑκάτερον τούτων, τοῦτο ἐπυνθανόμην. Πάλιν οὖν πειρῶ εἰπεῖν ἀνδρείαν πρῶτον, τί ὂν ἐν πᾶσι τούτοις ταὐτόν ἐστιν· ἢ οὔπω καταμανθάνεις ὃ λέγω;

ΛΑ. Οὐ πάνυ τι.

ΣΩ. Ἀλλ' ὧδε λέγω, ὥσπερ ἂν εἰ τάχος ἠρώτων τί ποτ' 192 a ἐστίν, ὃ καὶ ἐν τῷ τρέχειν τυγχάνει ὂν ἡμῖν καὶ ἐν τῷ κιθαρίζειν καὶ ἐν τῷ λέγειν καὶ ἐν τῷ μανθάνειν καὶ ἐν ἄλλοις πολλοῖς, καὶ σχεδόν τι αὐτὸ κεκτήμεθα, οὗ καὶ πέρι ἄξιον λέγειν, ἢ ἐν ταῖς τῶν χειρῶν πράξεσιν ἢ σκελῶν ἢ στόματός τε καὶ φωνῆς ἢ διανοίας· ἢ οὐχ οὕτω καὶ σὺ λέγεις;

ΛΑ. Πάνυ γε.

ΣΩ. Εἰ τοίνυν τίς με ἔροιτο, Ὦ Σώκρατες, τί λέγεις τοῦτο, ὃ ἐν πᾶσιν ὀνομάζεις ταχυτῆτα εἶναι; εἴποιμ' ἂν αὐτῷ ὅτι τὴν ἐν ὀλίγῳ χρόνῳ πολλὰ διαπραττομένην δύνα- b μιν ταχυτῆτα ἔγωγε καλῶ καὶ περὶ φωνὴν καὶ περὶ δρόμον καὶ περὶ τἆλλα πάντα.

ΛΑ. Ὀρθῶς γε σὺ λέγων.

ΣΩ. Πειρῶ δὴ καὶ σύ, ὦ Λάχης, τὴν ἀνδρείαν οὕτως εἰπεῖν, τίς οὖσα δύναμις ἡ αὐτὴ ἐν ἡδονῇ καὶ ἐν λύπῃ καὶ ἐν ἅπασιν οἷς νυνδὴ ἐλέγομεν αὐτὴν εἶναι, ἔπειτα ἀνδρεία κέκληται.

ΛΑ. Δοκεῖ τοίνυν μοι καρτερία τις εἶναι τῆς ψυχῆς, εἰ τό γε διὰ πάντων [περὶ ἀνδρείας] πεφυκὸς δεῖ εἰπεῖν. c

auch die gegen Begierden und Lust stark sind zu fechten, und
sowohl Stand haltend als umwendend. Denn es sind doch Eini- e
ge, o Laches, auch in diesen Dingen tapfer?

LACHES: Gar sehr, o Sokrates.

SOKRATES: Tapfer also sind alle diese, aber Einige beweisen in der Lust, Einige in der Unlust, Einige in der Begierde, Einige in der Furcht ihre Tapferkeit: Andere aber dagegen, meine ich, Feigheit eben hierin?

LACHES: Allerdings.

SOKRATES: Was ist wohl jede von diesen? darnach fragte ich. Noch einmal also versuche zuerst die Tapferkeit zu erklären, was doch seiend sie in allem diesem dasselbige ist. Oder verstehst du noch nicht, was ich meine?

LACHES: Noch nicht recht.

SOKRATES: Ich meine es so, als wenn ich fragte, was wohl 192a
die Geschwindigkeit ist, was sie nämlich sowohl im Laufen ist,
als in der Musik, im Reden, im Lernen und in vielen andern
Dingen, und fast haben wir sie ja in allem wovon nur der Mühe
lohnt zu reden sowohl in den Verrichtungen der Hände als der
Füße, des Mundes und der Stimme oder auch des Verstandes.
Oder meinst du nicht auch so?

LACHES: Allerdings.

SOKRATES: Wenn nun Jemand mich fragte, wie erklärst du
dieses, o Sokrates, was du in allen Dingen Geschwindigkeit
nennst, so würde ich sagen, daß ich die in kurzer Zeit vieles b
vollbringende Kraft Geschwindigkeit nenne, sowohl in der
Stimme als im Lauf und in allen andern Dingen.

LACHES: Sehr gut wäre dieses erklärt.

SOKRATES: Versuche also auch du, o Laches, so die Tapferkeit zu erklären, welche Kraft wohl seiend dieselbe in der Lust und Unlust und allen andern Dingen, worin wir sagten, daß sie statt habe, sie Tapferkeit genannt wird.

3.3. Die zweite Definition des Laches: Tapferkeit ist eine Beharrlichkeit der Seele. Kritik

LACHES: So dünkt sie mich denn eine gewisse Beharrlich-
keit der Seele zu sein, wenn ich doch das in allem sich findende
von der Tapferkeit sagen soll. c

ΣΩ. Ἀλλὰ μὴν δεῖ, εἴ γε τὸ ἐρωτώμενον ἀποκρινούμεθα ἡμῖν αὐτοῖς. Τοῦτο τοίνυν ἔμοιγε φαίνεται· οὔ τι πᾶσά γε, ὡς ἐγᾦμαι, καρτερία ἀνδρεία σοι φαίνεται· τεκμαίρομαι δὲ ἐνθένδε· σχεδὸν γάρ τι οἶδα, ὦ Λάχης, ὅτι τῶν πάνυ καλῶν πραγμάτων ἡγεῖ σὺ ἀνδρείαν εἶναι.

ΛΑ. Εὖ μὲν οὖν ἴσθι ὅτι τῶν καλλίστων.

ΣΩ. Οὐκοῦν ἡ μὲν μετὰ φρονήσεως καρτερία καλὴ κἀγαθή;

ΛΑ. Πάνυ γε.

ΣΩ. Τί δ' ἡ μετ' ἀφροσύνης; Οὐ τοὐναντίον ταύτῃ d βλαβερὰ καὶ κακοῦργος;

ΛΑ. Ναί.

ΣΩ. Καλὸν οὖν τι φήσεις σὺ εἶναι τὸ τοιοῦτον, ὂν κακοῦργόν τε καὶ βλαβερόν;

ΛΑ. Οὔκουν δίκαιόν γε, ὦ Σώκρατες.

ΣΩ. Οὐκ ἄρα τήν γε τοιαύτην καρτερίαν ἀνδρείαν ὁμολογήσεις εἶναι, ἐπειδήπερ οὐ καλή ἐστιν, ἡ δὲ ἀνδρεία καλόν ἐστιν.

ΛΑ. Ἀληθῆ λέγεις.

ΣΩ. Ἡ φρόνιμος ἄρα καρτερία κατὰ τὸν σὸν λόγον ἀνδρεία ἂν εἴη.

ΛΑ. Ἔοικεν.

ΣΩ. Ἴδωμεν δή, ἡ εἰς τί φρόνιμος; ἢ ἡ εἰς ἅπαντα e καὶ τὰ μεγάλα καὶ τὰ σμικρά; οἷον εἴ τις καρτερεῖ ἀναλίσκων ἀργύριον φρονίμως, εἰδὼς ὅτι ἀναλώσας πλέον ἐκτήσεται, τοῦτον ἀνδρεῖον καλοῖς ἄν;

ΛΑ. Μὰ Δί' οὐκ ἔγωγε.

ΣΩ. Ἀλλ' οἷον εἴ τις ἰατρὸς ὤν, περιπλευμονίᾳ τοῦ ὑέος ἐχομένου ἢ ἄλλου τινὸς καὶ δεομένου πιεῖν ἢ φαγεῖν δοῦναι, μὴ κάμπτοιτο, ἀλλὰ καρτεροῖ; 193 a

ΛΑ. Οὐδ' ὁπωστιοῦν οὐδ' αὕτη.

ΣΩ. Ἀλλ' ἐν πολέμῳ καρτεροῦντα ἄνδρα καὶ ἐθέλοντα μάχεσθαι, φρονίμως λογιζόμενον, εἰδότα μὲν ὅτι βοηθή-

SOKRATES: Das mußt du allerdings, wenn wir uns die Frage wirklich beantworten wollen. Dieses ist mir indes deutlich, daß doch nicht jede Beharrlichkeit, glaube ich, dir als Tapferkeit erscheint. Ich schließe es aber hieraus, das nämlich weiß ich doch, daß du die Tapferkeit unter die vortrefflichen Dinge rechnest.

LACHES: Davon halte dich überzeugt, unter die allervortrefflichsten.

SOKRATES: Also ist die Beharrlichkeit mit Verstand wohl gut und vortrefflich?

LACHES: Allerdings.

SOKRATES: Wie aber die mit Unverstand? ist diese nicht im d
Gegensatz von jener schädlich und verderblich?

LACHES: Ja.

SOKRATES: Vortrefflich also, wolltest du behaupten, wäre was so schädlich ist und verderblich?

LACHES: Keinesweges wäre das recht, o Sokrates.

SOKRATES: Also wirst du auch nicht zugeben, daß eine solche Beharrlichkeit Tapferkeit ist, da sie ja nicht vortrefflich ist, die Tapferkeit aber etwas vortreffliches.

LACHES: Richtig.

SOKRATES: Die verständige Beharrlichkeit also wäre nach deiner Rede Tapferkeit?

LACHES: So sieht es aus.

SOKRATES: Laß uns also sehen, ist es die in etwas gewis- e
sem, oder die in allen Dingen verständige, sie seien groß oder klein. Wie wenn Jemand im Geldausgeben verständig beharrte, wohl wissend, daß er durch das Ausgeben gewinnen wird, möchtest du diesen tapfer nennen?

LACHES: Beim Zeus, ich nicht.

SOKRATES: Wie aber wenn ein Arzt, den sein Sohn oder sonst ein mit der Lungenentzündung behafteter bäte, er solle ihm zu essen oder zu trinken geben, sich doch nicht erweichen
ließe, sondern auf der Weigerung beharrte? 193a

LACHES: Keinesweges, auch nicht diese.

SOKRATES: Aber einen im Kriege beharrlichen und zum Streite Mut behaltenden, welcher es verständig berechnete, weil er wüßte, daß nicht nur Andere ihm zu Hülfe kommen

σουσιν ἄλλοι αὐτῷ, πρὸς ἐλάττους δὲ καὶ φαυλοτέρους μαχεῖται ἢ μεθ' ὧν αὐτός ἐστιν, ἔτι δὲ χωρία ἔχει κρείττω, τοῦτον τὸν μετὰ τῆς τοιαύτης φρονήσεως καὶ παρασκευῆς καρτεροῦντα ἀνδρειότερον ἂν φαίης ἢ τὸν ἐν τῷ ἐναντίῳ στρατοπέδῳ ἐθέλοντα ὑπομένειν τε καὶ καρτερεῖν;

ΛΑ. Τὸν ἐν τῷ ἐναντίῳ, ἔμοιγε δοκεῖ, ὦ Σώκρατες. b

ΣΩ. Ἀλλὰ μὴν ἀφρονεστέρα γε ἡ τούτου ἢ ἡ τοῦ ἑτέρου καρτερία.

ΛΑ. Ἀληθῆ λέγεις.

ΣΩ. Καὶ τὸν μετ' ἐπιστήμης ἄρα ἱππικῆς καρτεροῦντα ἐν ἱππομαχίᾳ ἧττον φήσεις ἀνδρεῖον εἶναι ἢ τὸν ἄνευ ἐπιστήμης.

ΛΑ. Ἔμοιγε δοκεῖ.

ΣΩ. Καὶ τὸν μετὰ σφενδονητικῆς ἢ τοξικῆς ἢ ἄλλης τινὸς τέχνης καρτεροῦντα.

ΛΑ. Πάνυ γε. c

ΣΩ. Καὶ ὅσοι δὴ ἐθέλουσιν εἰς φρέαρ καταβαίνοντες καὶ κολυμβῶντες καρτερεῖν ἐν τούτῳ τῷ ἔργῳ, μὴ ὄντες δεινοί, ἢ ἔν τινι ἄλλῳ τοιούτῳ, ἀνδρειοτέρους φήσεις τῶν ταῦτα δεινῶν.

ΛΑ. Τί γὰρ ἄν τις ἄλλο φαίη, ὦ Σώκρατες;

ΣΩ. Οὐδέν, εἴπερ οἴοιτό γε οὕτως.

ΛΑ. Ἀλλὰ μὴν οἶμαί γε.

ΣΩ. Καὶ μήν που ἀφρονεστέρως γε, ὦ Λάχης, οἱ τοιοῦτοι κινδυνεύουσίν τε καὶ καρτεροῦσιν ἢ οἱ μετὰ τέχνης αὐτὸ πράττοντες.

ΛΑ. Φαίνονται.

ΣΩ. Οὐκοῦν αἰσχρὰ ἡ ἄφρων τόλμα τε καὶ καρτέρησις d
ἐν τῷ πρόσθεν ἐφάνη ἡμῖν οὖσα καὶ βλαβερά;

ΛΑ. Πάνυ γε.

ΣΩ. Ἡ δέ γε ἀνδρεία ὡμολογεῖτο καλόν τι εἶναι.

ΛΑ. Ὡμολογεῖτο γάρ.

werden; sondern auch, daß er gegen Wenigere und Schlechtere zu fechten hat, als die zu denen er selbst gehört, und überdies noch mehr durch seinen Standort begünstiget ist, würdest du diesen mit solcher Kenntnis und solchen Hülfsmitteln beharrenden für tapfer erklären, oder den der in dem entgegenstehenden Heere noch Lust hätte Stand zu halten und auszudauern?

LACHES: Mich dünkt den im entgegenstehenden Lager, o b
Sokrates.

SOKRATES: Aber dessen Beharrlichkeit ist ja doch unverständiger als die des Andern.

LACHES: Das ist wahr.

SOKRATES: Und wirst du wohl den mit der Reitkunst in einem Reutergefecht aushaltenden weniger für tapfer erklären als den ohne diese Kunst?

LACHES: Mich wenigstens dünkt es so.

SOKRATES: Also auch den der mit der Fertigkeit des Schleuderns oder des Bogenschießens oder irgend einer andern beharrt?

LACHES: Freilich. c

SOKRATES: Und welche in den Brunnen springen und im Untertauchen auszuharren denken, oder in sonst etwas dergleichen, wiewohl sie in der Sache nicht stark sind, die, behauptest du, wären tapferer als die, welche stark darin sind?

LACHES: Was wollte Einer denn anders behaupten, o Sokrates?

SOKRATES: Nichts, wenn er es wirklich so meint.

LACHES: Aber ich meine es freilich so.

SOKRATES: Doch aber, o Laches, gefährden sich diese und beharren unverständiger als die dasselbe mit der Kunst tun.

LACHES: So scheinen sie.

SOKRATES: Und hatte sich nicht die unverständige Kühn- d
heit und Beharrung in dem vorigen als schlecht und verderblich gezeigt?

LACHES: Freilich wohl.

SOKRATES: Die Tapferkeit aber waren wir übereingekommen sei etwas vortreffliches?

LACHES: Darin waren wir übereingekommen.

ΣΩ. Νῦν δ' αὖ πάλιν φαμὲν ἐκεῖνο τὸ αἰσχρόν, τὴν ἄφρονα καρτέρησιν, ἀνδρείαν εἶναι.

ΛΑ. Ἐοίκαμεν.

ΣΩ. Καλῶς οὖν σοι δοκοῦμεν λέγειν;

ΛΑ. Μὰ τὸν Δία, ὦ Σώκρατες, ἐμοὶ μὲν οὔ.

ΣΩ. Οὐκ ἄρα που κατὰ τὸν σὸν λόγον δωριστὶ ἡρμόσμεθα ἐγώ τε καὶ σύ, ὦ Λάχης· τὰ γὰρ ἔργα οὐ ξυμφωνεῖ e
ἡμῖν τοῖς λόγοις. Ἔργῳ μὲν γάρ, ὡς ἔοικε, φαίη ἄν τις ἡμᾶς ἀνδρείας μετέχειν, λόγῳ δ', ὡς ἐγῷμαι, οὐκ ἄν, εἰ νῦν ἡμῶν ἀκούσειε διαλεγομένων.

ΛΑ. Ἀληθέστατα λέγεις.

ΣΩ. Τί οὖν; δοκεῖ καλὸν εἶναι οὕτως ἡμᾶς διακεῖσθαι;

ΛΑ. Οὐδ' ὁπωστιοῦν.

ΣΩ. Βούλει οὖν ᾧ λέγομεν πειθώμεθα τό γε τοσοῦτον;

ΛΑ. Τὸ ποῖον δὴ τοῦτο, καὶ τίνι τούτῳ;

ΣΩ. Τῷ λόγῳ ὃς καρτερεῖν κελεύει. Εἰ οὖν βούλει, καὶ 194 a
ἡμεῖς ἐπὶ τῇ ζητήσει ἐπιμείνωμέν τε καὶ καρτερήσωμεν, ἵνα καὶ μὴ ἡμῶν αὐτὴ ἡ ἀνδρεία καταγελάσῃ, ὅτι οὐκ ἀνδρείως αὐτὴν ζητοῦμεν, εἰ ἄρα πολλάκις αὐτὴ ἡ καρτέρησίς ἐστιν ἀνδρεία.

ΛΑ. Ἐγὼ μὲν ἕτοιμος, ὦ Σώκρατες, μὴ προαφίστασθαι· καίτοι ἀήθης γ' εἰμὶ τῶν τοιούτων λόγων· ἀλλά τίς με καὶ φιλονεικία εἴληφεν πρὸς τὰ εἰρημένα, καὶ ὡς ἀληθῶς ἀγανακτῶ, εἰ οὑτωσὶ ἃ νοῶ μὴ οἷός τ' εἰμὶ εἰπεῖν. Νοεῖν μὲν b
γὰρ ἔμοιγε δοκῶ περὶ ἀνδρείας ὅ τι ἔστιν, οὐκ οἶδα δ' ὅπῃ με ἄρτι διέφυγεν, ὥστε μὴ ξυλλαβεῖν τῷ λόγῳ αὐτὴν καὶ εἰπεῖν ὅ τι ἔστιν.

ΣΩ. Οὐκοῦν, ὦ φίλε, τὸν ἀγαθὸν κυνηγέτην μεταθεῖν χρὴ καὶ μὴ ἀνιέναι.

ΛΑ. Παντάπασι μὲν οὖν.

ΣΩ. Βούλει οὖν καὶ Νικίαν τόνδε παρακαλῶμεν ἐπὶ τὸ κυνηγέσιον, εἴ τι ἡμῶν εὐπορώτερός ἐστιν;

SOKRATES: Nun aber behaupten wir wieder, jenes schlechte, die unverständige Beharrung, sei Tapferkeit?

LACHES: Das behaupten wir offenbar.

SOKRATES: Dünkt dich also, daß wir etwas richtiges sagen?

LACHES: Beim Zeus, o Sokrates, mich nicht.

3.4. Aporie. Laches gibt auf

SOKRATES: Wir beide sind also wohl nicht, deiner Rede
zufolge, dorisch gestimmt, ich und du, o Laches; die Taten e
nämlich sind uns nicht im Einklang mit den Reden. Denn in den Taten möchte Einer wohl sagen, wie es scheint, daß wir die Tapferkeit besäßen, in den Reden aber glaube ich wohl nicht, wenn er jetzt unser Gespräch hörte.

LACHES: Sehr wahr ist dieses.

SOKRATES: Wie also? dünkt es dich gut zu sein, daß es so um uns steht?

LACHES: Auch nicht im geringsten.

SOKRATES: Willst du also, daß wir dem, was wir behaupten, wenigstens so weit gehorchen?

LACHES: Wie weit doch, und welchem?

SOKRATES: Der Behauptung, welche zu beharren befiehlt. 194a
Wenn du nämlich willst, so wollen auch wir der Untersuchung Stand halten und beharren, damit doch grade die Tapferkeit uns nicht auslache, daß wir sie nicht tapfer suchen, wenn doch vielleicht eben die Beharrung Tapferkeit ist.

LACHES: Ich wenigstens bin bereit, o Sokrates, nicht eher abzulassen, ob schon ich ungewohnt bin solcher Reden. Aber es hat mich ordentlich ein Eifer ergriffen über das gesagte, und
ich bin ganz unwillig, wie ich, was ich in Gedanken habe, so gar b
nicht im Stande bin zu sagen. Denn in Gedanken glaube ich es doch zu haben, was die Tapferkeit ist; ich weiß aber nicht, wie sie mir jetzt entgangen ist, daß ich sie nicht ergreifen konnte in der Rede, und heraussagen, was sie ist.

SOKRATES: Nicht so, Lieber, der gute Jäger muß nachsetzen und nicht ablassen?

LACHES: Auf alle Weise freilich.

SOKRATES: Willst du also, daß wir auch den Nikias hier herbeirufen zur Jagd, ob er etwas mehr ausrichten kann als wir?

ΛΑ. Βούλομαι· πῶς γὰρ οὔ;

ΣΩ. Ἴθι δή, ὦ Νικία, ἀνδράσι φίλοις χειμαζομένοις ἐν c
λόγῳ καὶ ἀποροῦσιν βοήθησον, εἴ τινα ἔχεις δύναμιν. Τὰ μὲν γὰρ δὴ ἡμέτερα ὁρᾷς ὡς ἄπορα· σὺ δ' εἰπὼν ὅ τι ἡγεῖ ἀνδρείαν εἶναι, ἡμᾶς τε τῆς ἀπορίας ἔκλυσαι καὶ αὐτὸς ἃ νοεῖς, τῷ λόγῳ βεβαίωσαι.

ΝΙ. Δοκεῖτε τοίνυν μοι πάλαι οὐ καλῶς, ὦ Σώκρατες, ὁρίζεσθαι τὴν ἀνδρείαν· ὃ γὰρ ἐγὼ σοῦ ἤδη καλῶς λέγοντος ἀκήκοα, τούτῳ οὐ χρῆσθε.

ΣΩ. Ποίῳ δή, ὦ Νικία;

ΝΙ. Πολλάκις ἀκήκοά σου λέγοντος ὅτι ταῦτα ἀγαθὸς d
ἕκαστος ἡμῶν ἅπερ σοφός, ἃ δὲ ἀμαθής, ταῦτα δὲ κακός.

ΣΩ. Ἀληθῆ μέντοι νὴ Δία λέγεις, ὦ Νικία.

ΝΙ. Οὐκοῦν εἴπερ ὁ ἀνδρεῖος ἀγαθός, δῆλον ὅτι σοφός ἐστιν.

ΣΩ. Ἤκουσας, ὦ Λάχης;

ΛΑ. Ἔγωγε, καὶ οὐ σφόδρα γε μανθάνω ὃ λέγει.

ΣΩ. Ἀλλ' ἐγὼ δοκῶ μανθάνειν, καί μοι δοκεῖ ἀνὴρ σοφίαν τινὰ τὴν ἀνδρείαν λέγειν.

ΛΑ. Ποίαν, ὦ Σώκρατες, σοφίαν;

ΣΩ. Οὐκοῦν τόνδε τοῦτο ἐρωτᾷς; e

ΛΑ. Ἔγωγε.

ΣΩ. Ἴθι δή, αὐτῷ εἰπέ, ὦ Νικία, ποία σοφία ἀνδρεία ἂν εἴη κατὰ τὸν σὸν λόγον· οὐ γάρ που ἥ γε αὐλητική.

ΝΙ. Οὐδαμῶς.

ΣΩ. Οὐδὲ μὴν ἡ κιθαριστική.

ΝΙ. Οὐ δῆτα.

ΣΩ. Ἀλλὰ τίς δὴ αὕτη ἢ τίνος ἐπιστήμη;

LACHES: Ich will es wohl; warum sollte ich nicht?

4. Die Definition des Nikias, Tapferkeit sei ein Wissen

4.1. Entwicklung der Definition und Erläuterung gegenüber Laches

SOKRATES: Hieher also, Nikias! Guten Freunden, die eine c stürmische Fahrt haben in der Untersuchung und nicht vorwärts können, komm zu Hülfe, wenn du etwas vermagst. Denn unser Tun siehst du wie es nichts fördert. Sage du also, was du glaubst daß die Tapferkeit sei, um dadurch sowohl uns aus der Verlegenheit zu erlösen, als auch dir selbst, was du im Sinne hast durch die Rede noch fester zu begründen.

NIKIAS: Ihr dünkt mich also schon lange, o Sokrates, die Tapferkeit nicht recht bestimmt zu haben. Denn was ich dich sonst schon sehr richtig habe sagen gehört, das wendet ihr nicht an.

SOKRATES: Was doch, o Nikias?

NIKIAS: Oft habe ich dich sagen gehört, darin wäre Jeder d von uns gut, worin er klug ist, worin aber dumm, darin auch schlecht.

SOKRATES: Wahr ist, beim Zeus, was du sagst, o Nikias.

NIKIAS: Also wenn der Tapfere gut ist, ist er offenbar auch klug?

SOKRATES: Hast du gehört, o Laches?

LACHES: Ich habe wohl, nur verstehe ich eben nicht sehr was er meint.

SOKRATES: Ich aber glaube es zu verstehen, nämlich mich dünkt der Mann zu meinen, die Tapferkeit sei irgend eine Klugheit.

LACHES: Was doch für eine Klugheit, o Sokrates!

SOKRATES: Willst du das nicht von diesem lieber erfragen? e

LACHES: Das tue ich.

SOKRATES: So komm denn, o Nikias, und sage ihm, was doch für eine Klugheit die Tapferkeit sein soll, nach deiner Rede. Denn die des Flötenbläsers ist sie doch nicht?

NIKIAS: Keinesweges.

SOKRATES: Auch nicht dessen, der die Lyra spielt?

NIKIAS: Eben so wenig.

SOKRATES: Also was für eine Erkenntnis ist sie denn und wovon?

ΛΑ. Πάνυ μὲν οὖν ὀρθῶς αὐτὸν ἐρωτᾷς, ὦ Σώκρατες, καὶ εἰπέτω γε τίνα φησὶν αὐτὴν εἶναι.

ΝΙ. Ταύτην ἔγωγε, ὦ Λάχης, τὴν τῶν δεινῶν καὶ θαρραλέων ἐπιστήμην καὶ ἐν πολέμῳ καὶ ἐν τοῖς ἄλλοις ἅπασιν. 195 a

ΛΑ. Ὡς ἄτοπα λέγει, ὦ Σώκρατες.

ΣΩ. Πρὸς τί τοῦτ' εἶπες βλέψας, ὦ Λάχης;

ΛΑ. Πρὸς ὅ τι; Χωρὶς δήπου σοφία ἐστὶν ἀνδρείας.

ΣΩ. Οὔκουν φησί γε Νικίας.

ΛΑ. Οὐ μέντοι μὰ Δία· ταῦτά τοι καὶ ληρεῖ.

ΣΩ. Οὐκοῦν διδάσκωμεν αὐτόν, ἀλλὰ μὴ λοιδορῶμεν.

ΝΙ. Οὔκ, ἀλλά μοι δοκεῖ, ὦ Σώκρατες, Λάχης ἐπιθυμεῖν κἀμὲ φανῆναι μηδὲν λέγοντα, ὅτι καὶ αὐτὸς ἄρτι τοιοῦτος ἐφάνη. b

ΛΑ. Πάνυ μὲν οὖν, ὦ Νικία, καὶ πειράσομαί γε ἀποφῆναι. Οὐδὲν γὰρ λέγεις· ἐπεὶ αὐτίκα ἐν ταῖς νόσοις οὐχ οἱ ἰατροὶ τὰ δεινὰ ἐπίστανται; Ἢ οἱ ἀνδρεῖοι δοκοῦσί σοι ἐπίστασθαι; Ἢ τοὺς ἰατροὺς σὺ ἀνδρείους καλεῖς;

ΝΙ. Οὐδ' ὁπωστιοῦν.

ΛΑ. Οὐδέ γε τοὺς γεωργοὺς οἶμαι. Καίτοι τά γε ἐν τῇ γεωργίᾳ δεινὰ οὗτοι δήπου ἐπίστανται, καὶ οἱ ἄλλοι δημιουργοὶ ἅπαντες τὰ ἐν ταῖς αὐτῶν τέχναις δεινά τε καὶ θαρραλέα ἴσασιν· ἀλλ' οὐδέν τι μᾶλλον οὗτοι ἀνδρεῖοί εἰσιν. c

ΣΩ. Τί δοκεῖ Λάχης λέγειν, ὦ Νικία; Ἔοικεν μέντοι λέγειν τι.

ΝΙ. Καὶ γὰρ λέγει γέ τι, οὐ μέντοι ἀληθές γε.

ΣΩ. Πῶς δή;

ΝΙ. Ὅτι οἴεται τοὺς ἰατροὺς πλέον τι εἰδέναι περὶ τοὺς κάμνοντας ἢ τὸ ὑγιεινὸν [εἰπεῖν οἷόν] τε καὶ νοσῶδες. Οἱ δὲ δήπου τοσοῦτον μόνον ἴσασιν· εἰ δὲ δεινόν τῳ τοῦτό ἐστιν τὸ ὑγιαίνειν μᾶλλον ἢ τὸ κάμνειν, ἡγεῖ σὺ τουτί, ὦ Λάχης, τοὺς ἰατροὺς ἐπίστασθαι; ἢ οὐ πολλοῖς οἴει ἐκ τῆς νόσου ἄμεινον εἶναι μὴ ἀναστῆναι ἢ ἀναστῆναι; τοῦτο γὰρ

LACHES: Ganz recht fragst du ihn das, o Sokrates, und er sage also was für eine er behauptet, daß sie sei.

NIKIAS: Diese, o Laches, die Erkenntnis des gefährlichen und des unbedenklichen im Kriege sowohl als in allen andern 195a
Dingen.

LACHES: Was für ungereimte Dinge er redet, o Sokrates!

SOKRATES: Weshalb meinst du denn das, o Laches?

LACHES: Weshalb? Klugheit ist doch wohl etwas ganz anderes als Tapferkeit!

SOKRATES: Nein, meint eben Nikias.

LACHES: Freilich meint er nein, und eben das ist verwirrt geredet.

SOKRATES: So laß uns ihn belehren aber nicht schmähen.

NIKIAS: Freilich nicht. Aber Laches dünkt mich nur zu wünschen, daß ich mich auch als einen zeigen möchte der
Nichts sagt, weil er sich eben als einen solchen gezeigt hat. b

LACHES: Allerdings, o Nikias, und ich will wenigstens versuchen, es zu beweisen; denn du sagst auch Nichts. Nämlich gleich in Krankheiten, erkennen da nicht die Ärzte das gefährliche? oder scheinen dir die Tapfern es zu erkennen? oder nennst du die Ärzte tapfer?

NIKIAS: Keinesweges.

LACHES: Auch wohl nicht die Landwirte glaube ich; wiewohl das im Ackerbau furchtbare grade diese erkennen, und so auch alle Gewerbtreibende erkennen jeder in seiner Kunst das
gefährliche und das unbedenkliche; aber keinesweges sind sie c
deshalb tapfer.

SOKRATES: Was dünkt dich Laches zu sagen, o Nikias? Es sieht doch aus als sagte er etwas.

NIKIAS: Er sagt auch wohl etwas, aber nur nichts Richtiges.

SOKRATES: Wie so?

NIKIAS: Weil er meint die Ärzte wüßten noch etwas mehr von den Kranken, als daß sie sagen können, was ihnen gesund ist und ungesund; in der Tat aber wissen sie nur dieses. Ob aber Einem eben dieses gefährlich ist, das Gesundsein mehr als das Kranksein, glaubst du, o Laches, daß dies die Ärzte wissen? Oder meinst du nicht, daß es Vielen besser ist von der Krankheit nicht aufzukommen als aufzukommen? Hierüber erkläre

εἰπέ· σὺ πᾶσι φῂς ἄμεινον εἶναι ζῆν καὶ οὐ πολλοῖς κρεῖτ- d
τον τεθνάναι ;

ΛΑ. Οἶμαι ἔγωγε τοῦτό γε.

ΝΙ. Οἷς οὖν τεθνάναι λυσιτελεῖ, ταὐτὰ οἴει δεινὰ εἶναι
καὶ οἷς ζῆν ;

ΛΑ. Οὐκ ἔγωγε.

ΝΙ. Ἀλλὰ τοῦτο δὴ σὺ δίδως τοῖς ἰατροῖς γιγνώσκειν ἢ
ἄλλῳ τινὶ δημιουργῷ πλὴν τῷ τῶν δεινῶν καὶ μὴ δεινῶν
ἐπιστήμονι, ὃν ἐγὼ ἀνδρεῖον καλῶ ;

ΣΩ. Κατανοεῖς, ὦ Λάχης, ὅ τι λέγει ;

ΛΑ. Ἔγωγε, ὅτι γε τοὺς μάντεις καλεῖ τοὺς ἀνδρείους· e
τίς γὰρ δὴ ἄλλος εἴσεται ὅτῳ ἄμεινον ζῆν ἢ τεθνάναι ;
καίτοι σύ, ὦ Νικία, πότερον ὁμολογεῖς μάντις εἶναι ἢ οὔτε
μάντις οὔτε ἀνδρεῖος ;

ΝΙ. Τί δέ ; μάντει αὖ οἴει προσήκειν τὰ δεινὰ γιγνώ-
σκειν καὶ τὰ θαρραλέα ;

ΛΑ. Ἔγωγε· τίνι γὰρ ἄλλῳ ;

ΝΙ. Ὧι ἐγὼ λέγω πολὺ μᾶλλον, ὦ βέλτιστε· ἐπεὶ μάντιν
γε τὰ σημεῖα μόνον δεῖ γιγνώσκειν τῶν ἐσομένων, εἴτε τῳ
θάνατος εἴτε νόσος εἴτε ἀποβολὴ χρημάτων ἔσται, εἴτε
νίκη εἴτε ἧττα ἢ πολέμου ἢ καὶ ἄλλης τινὸς ἀγωνίας· ὅ τι 196 a
δέ τῳ ἄμεινον τούτων ἢ παθεῖν ἢ μὴ παθεῖν, τί μᾶλλον
μάντει προσήκει κρῖναι ἢ ἄλλῳ ὁτῳοῦν ;

ΛΑ. Ἀλλ' ἐγὼ τοῦτο οὐ μανθάνω, ὦ Σώκρατες, ὅ τι
βούλεται λέγειν· οὔτε γὰρ μάντιν οὔτε ἰατρὸν οὔτε ἄλλον
οὐδένα δηλοῖ ὅντινα λέγει τὸν ἀνδρεῖον, εἰ μὴ εἰ θεόν τινα
λέγει αὐτὸν εἶναι. Ἐμοὶ μὲν οὖν φαίνεται Νικίας οὐκ ἐθέ-
λειν γενναίως ὁμολογεῖν ὅτι οὐδὲν λέγει, ἀλλὰ στρέφεται b
ἄνω καὶ κάτω ἐπικρυπτόμενος τὴν αὑτοῦ ἀπορίαν· καίτοι
κἂν ἡμεῖς οἷοί τε ἦμεν ἄρτι ἐγώ τε καὶ σὺ τοιαῦτα στρέ-
φεσθαι, εἰ ἐβουλόμεθα μὴ δοκεῖν ἐναντία ἡμῖν αὐτοῖς λέγειν.
Εἰ μὲν οὖν ἐν δικαστηρίῳ ἡμῖν οἱ λόγοι ἦσαν, εἶχεν ἄν τινα

dich, behauptest du, daß es für Alle besser ist zu leben, und nicht für Viele besser zu sterben? d

LACHES: Ich dieses letztere.

NIKIAS: Welchen also das Sterben dienlich ist, glaubst du daß denen dasselbe gefährlich ist, als welchen das Leben?

LACHES: Nicht ich.

NIKIAS: Und dieses zu erkennen schreibst du den Ärzten zu? oder irgend einem der ein anderes Geschäft treibt, außer dem, der sich auf das gefährliche und unbedenkliche versteht, und welchen eben ich tapfer nenne?

SOKRATES: Merkst du nun, o Laches, was er meint?

LACHES: O ja, daß er nämlich die Wahrsager tapfer nennt. e
Denn welcher Andere kann wissen wem besser ist zu leben oder zu sterben? Du selbst aber, o Nikias, welches behauptest du, daß du ein Wahrsager bist? oder weder ein Wahrsager noch auch tapfer?

NIKIAS: Wie denn? meinst du nun wieder dem Wahrsager komme zu das gefährliche zu erkennen und das unbedenkliche?

LACHES: Das meine ich. Wem sonst?

NIKIAS: Dem weit mehr, welchen ich meine, o Bester. Denn der Wahrsager soll nur die Zeichen dessen erkennen, was geschehen wird, ob einem Tod oder Krankheit oder Verlust des
Vermögens bevorsteht, ob Siegen oder Besiegtwerden im 196a
Kriege oder in jedem andern Kampf. Was aber einem besser ist von diesen Dingen zu erfahren oder nicht zu erfahren, wie sollte das mehr dem Wahrsager zu beurteilen zukommen als Jedem Andern sonst?

LACHES: Nein diesen kann ich nicht begreifen, o Sokrates, was er sagen will. Denn weder ist es der Wahrsager noch der Arzt, noch stellt er sonst einen auf, den er für tapfer erklärt, wo er nicht etwa nur irgend einen Gott dafür erklärt. Mir nun
scheint nur Nikias nicht ehrlich gestehen zu wollen, daß er b
Nichts gesagt hat, sondern er windet sich hin und her, um seine Verlegenheit zu verbergen. Das aber hätten wir auch vorher gekonnt, ich und du, uns so winden, wenn wir gestrebt hätten nicht das Ansehn zu haben, daß wir uns selbst widersprächen. Wenn nun unsere Reden vor Gericht wären, so hätte er viel-

λόγον ταῦτα ποιεῖν· νῦν δὲ τί ἂν τις ἐν ξυνουσίᾳ τοιᾷδε μάτην κενοῖς λόγοις αὐτὸς αὐτὸν κοσμοῖ;

ΣΩ. Οὐδὲν οὐδ' ἐμοὶ δοκεῖ, ὦ Λάχης· ἀλλ' ὁρῶμεν μὴ c
Νικίας οἴεταί τι λέγειν καὶ οὐ λόγου ἕνεκα ταῦτα λέγει. Αὐτοῦ οὖν σαφέστερον πυθώμεθα τί ποτε νοεῖ· καὶ ἐάν τι φαίνηται λέγων, ξυγχωρησόμεθα, εἰ δὲ μή, διδάξομεν.

ΛΑ. Σὺ τοίνυν, ὦ Σώκρατες, εἰ βούλει πυνθάνεσθαι, πυνθάνου· ἐγὼ δ' ἴσως ἱκανῶς πέπυσμαι.

ΣΩ. Ἀλλ' οὐδέν με κωλύει· κοινὴ γὰρ ἔσται ἡ πύστις ὑπὲρ ἐμοῦ τε καὶ σοῦ.

ΛΑ. Πάνυ μὲν οὖν.

ΣΩ. Λέγε δή μοι, ὦ Νικία, μᾶλλον δ' ἡμῖν· κοινούμεθα
γὰρ ἐγώ τε καὶ Λάχης τὸν λόγον· τὴν ἀνδρείαν ἐπιστήμην d
φῂς δεινῶν τε καὶ θαρραλέων εἶναι;

ΝΙ. Ἔγωγε.

ΣΩ. Τοῦτο δὲ οὐ παντὸς δὴ εἶναι ἀνδρὸς γνῶναι, ὁπότε γε μήτε ἰατρὸς μήτε μάντις αὐτὸ γνώσεται μηδὲ ἀνδρεῖος ἔσται, ἐὰν μὴ αὐτὴν ταύτην τὴν ἐπιστήμην προσλάβῃ· οὐχ οὕτως ἔλεγες;

ΝΙ. Οὕτω μὲν οὖν.

ΣΩ. Κατὰ τὴν παροιμίαν ἄρα τῷ ὄντι οὐκ ἂν πᾶσα ὗς γνοίη οὐδ' ἂν ἀνδρεία γένοιτο.

ΝΙ. Οὔ μοι δοκεῖ.

ΣΩ. Δῆλον δή, ὦ Νικία, ὅτι οὐδὲ τὴν Κρομμυωνίαν ὗν e
πιστεύεις σύ γε ἀνδρείαν γεγονέναι. Τοῦτο δὲ λέγω οὐ παίζων, ἀλλ' ἀναγκαῖον οἶμαι τῷ ταῦτα λέγοντι μηδενὸς θηρίου ἀποδέχεσθαι ἀνδρείαν, ἢ ξυγχωρεῖν θηρίον τι οὕτω σοφὸν εἶναι, ὥστε ἃ ὀλίγοι ἀνθρώπων ἴσασι διὰ τὸ χαλεπὰ εἶναι γνῶναι, ταῦτα λέοντα ἢ πάρδαλιν ἤ τινα κάπρον φάναι εἰδέναι· ἀλλ' ἀνάγκη ὁμοίως λέοντα καὶ ἔλαφον καὶ ταῦ-

leicht nicht ganz unrecht es so zu machen; nun aber, weshalb sollte wohl einer in solchem Zusammensein sich unnützerweise mit leeren Worten schmücken!

4.2. Vorläufige Prüfung der Definition

SOKRATES: Das dünkt auch mich zu nichts zu führen, o c
Laches. Aber laß uns sehen, ob nicht Nikias wirklich glaubt etwas zu sagen, und nicht bloß um zu streiten dieses vorträgt? Laß uns daher ihn noch genauer ausforschen, was er wohl meint; und wenn sich zeigt, daß etwas Richtiges darin liegt, so wollen wir es ihm zugestehen, wo aber nicht, so wollen wir ihn belehren.

LACHES: Forsche du also weiter, Sokrates, wenn du willst; denn ich habe, denke ich, schon genug ausgeforscht.

SOKRATES: Nichts hindert mich, denn die Nachforschung wird gemeinschaftlich sein für mich sowohl als dich.

LACHES: Allerdings.

SOKRATES: Sage mir also, o Nikias, oder vielmehr uns, denn ich und Laches haben gemeinschaftliche Sache, die Tap- d
ferkeit, sagst du, wäre die Erkenntnis des gefährlichen und des unbedenklichen.

NIKIAS: Das sage ich.

SOKRATES: Und dieses wäre nicht Jedermanns Sache zu erkennen, da ja weder der Arzt noch der Wahrsager es wissen soll, also auch nicht tapfer sein, wenn er nicht jene Erkenntnis besonders erlangt hat. Meinst du es nicht so?

NIKIAS: So allerdings.

SOKRATES: Nach dem Sprüchwort also wird in der Tat nicht jedes Schwein dieses wissen, noch auch tapfer sein.

NIKIAS: Nein wie ich denke.

SOKRATES: Offenbar also, o Nikias, wirst du auch von dem e
krommyonischen Schwein nicht glauben es sei tapfer gewesen. Und das sage ich nicht scherzend, sondern ich meine, es ist notwendig für den, der dieses behauptet, keinem Tiere Tapferkeit zuzugestehen oder zuzugeben, irgend ein Tier sei so weise, daß was wenige Menschen wissen, weil es schwer einzusehen ist, dieses dennoch ein Löwe oder Tiger oder Eber wissen könne; sondern vielmehr, daß Löwe und Hirsch, Stier

ρον καὶ πίθηκον πρὸς ἀνδρείαν φάναι πεφυκέναι τὸν τιθέμενον ἀνδρείαν τοῦθ' ὅπερ σὺ τίθεσαι.

ΛΑ. Νὴ τοὺς θεούς, καὶ εὖ γε λέγεις, ὦ Σώκρατες. Καὶ 197 a
ἡμῖν ὡς ἀληθῶς τοῦτο ἀπόκριναι, ὦ Νικία, πότερον σοφώτερα φῂς ἡμῶν ταῦτα εἶναι τὰ θηρία, ἃ πάντες ὁμολογοῦμεν ἀνδρεῖα εἶναι, ἢ πᾶσιν ἐναντιούμενος τολμᾷς μηδὲ ἀνδρεῖα αὐτὰ καλεῖν ;

ΝΙ. Οὐ γάρ τι, ὦ Λάχης, ἔγωγε ἀνδρεῖα καλῶ οὔτε θηρία οὔτε ἄλλο οὐδὲν τὸ τὰ δεινὰ ὑπὸ ἀγνοίας μὴ φοβούμενον, ἀλλ' ἄφοβον καὶ μῶρον· ἢ καὶ τὰ παιδία πάντα οἴει με ἀνδρεῖα καλεῖν, ἃ δι' ἄγνοιαν οὐδὲν δέδοικεν ; 'Αλλ', οἶμαι, b
τὸ ἄφοβον καὶ τὸ ἀνδρεῖον οὐ ταὐτόν ἐστιν. 'Εγὼ δὲ ἀνδρείας μὲν καὶ προμηθίας πάνυ τισὶν ὀλίγοις οἶμαι μετεῖναι, θρασύτητος δὲ καὶ τόλμης καὶ τοῦ ἀφόβου μετὰ ἀπρομηθίας πάνυ πολλοῖς καὶ ἀνδρῶν καὶ γυναικῶν καὶ παίδων καὶ θηρίων. Ταῦτ' οὖν ἃ σὺ καλεῖς ἀνδρεῖα καὶ οἱ πολλοί, ἐγὼ θρασέα καλῶ, ἀνδρεῖα δὲ τὰ φρόνιμα περὶ ὧν λέγω. c

ΛΑ. Θέασαι, ὦ Σώκρατες, ὡς εὖ ὅδε ἑαυτὸν δή, ὡς οἴεται, κοσμεῖ τῷ λόγῳ· οὓς δὲ πάντες ὁμολογοῦσιν ἀνδρείους εἶναι, τούτους ἀποστερεῖν ἐπιχειρεῖ ταύτης τῆς τιμῆς.

ΝΙ. Οὔκουν ἔγωγε, ὦ Λάχης, ἀλλὰ θάρρει· φημὶ γάρ σε εἶναι σοφόν, καὶ Λάμαχόν γε, εἴπερ ἐστὲ ἀνδρεῖοι, καὶ ἄλλους γε συχνοὺς 'Αθηναίων.

ΛΑ. Οὐδὲν ἐρῶ πρὸς ταῦτα, ἔχων εἰπεῖν, ἵνα μή με φῂς ὡς ἀληθῶς Αἰξωνέα εἶναι.

ΣΩ. Μηδέ γε εἴπῃς, ὦ Λάχης· καὶ γάρ μοι δοκεῖς τοῦδε d
μὴ ᾐσθῆσθαι ὅτι ταύτην τὴν σοφίαν παρὰ Δάμωνος τοῦ ἡμετέρου ἑταίρου παρείληφεν, ὁ δὲ Δάμων τῷ Προδίκῳ πολλὰ πλησιάζει, ὃς δὴ δοκεῖ τῶν σοφιστῶν κάλλιστα τὰ τοιαῦτα ὀνόματα διαιρεῖν.

ΛΑ. Καὶ γὰρ πρέπει, ὦ Σώκρατες, σοφιστῇ τὰ τοιαῦτα

und Affe, was Tapferkeit betrifft, gleicher Natur sind, muß derjenige behaupten, der die Tapferkeit so erklärt, wie du sie erklärst.

LACHES: Bei den Göttern, und sehr richtig ist, was du sagst, 197a
und beantworte uns doch dieses nach der Wahrheit, o Nikias, ob du behauptest weiser als wir wären diese Tiere, denen wir alle zugestehen, daß sie tapfer sind, oder ob du allen widersprechend wagest, sie auch nicht tapfer zu nennen?

NIKIAS: Niemals, o Laches, werde ich weder ein Tier noch sonst ein Wesen tapfer nennen, was nur aus Unwissenheit das gefährliche nicht fürchtet, sondern furchtlos und töricht nenne ich es. Oder meinst du, ich nenne auch alle Kinder tapfer, welche sich aus Unwissenheit vor nichts fürchten. Sondern ich b
meine, furchtlos und tapfer ist nicht dasselbe. Denn Tapferkeit und Vorsicht findet sich nur bei sehr Wenigen, denke ich; Verwegenheit aber und Kühnheit und furchtloses Wesen mit Unvorsichtigkeit bei gar vielen Männern sowohl als Frauen und Kindern und Tieren. Das also, was du mit den Meisten tapfer nennst, nenne ich nur kühn, tapfer aber nur, was verständig ist c
in der Art wie ich sagte.

LACHES: Nun sieh nur, o Sokrates, wie schön dieser sich selbst, seiner Meinung nach, durch seine Erklärung schmückt, denen aber Alle zugestehen daß sie tapfer sind, die untersteht er sich dieser Ehre zu berauben.

NIKIAS: Ganz und gar nicht, o Laches! sei guten Mutes; denn ich behaupte eben, daß du klug bist, und Lamachos wohl auch, weil ihr ja tapfer seid und noch verschiedene andere Athener.

LACHES: Ich werde nichts hierauf sagen, obschon ich könnte, damit du nicht etwa sagen mögest, ich wäre ein rechter Aixoneer.

SOKRATES: Sage auch nur ja nichts, o Laches. Denn mich d
dünkt, du merkst noch gar nicht, daß Nikias diese Weisheit von unserem Freunde Damon übernommen hat; Damon aber ist sehr genau bekannt mit dem Prodikos, welcher dafür gilt am besten unter allen Sophisten solche Wörter zu unterscheiden.

LACHES: Ja wohl, o Sokrates, ziemt es auch besser einem Sophisten sich mit solchen Dingen zu rühmen, als einem Manne, den die Stadt wert achtet ihr vorzustehen.

μᾶλλον κομψεύεσθαι ἢ ἀνδρὶ ὃν ἡ πόλις ἀξιοῖ αὑτῆς προεστάναι.

ΣΩ. Πρέπει μέντοι, ὦ μακάριε, τῶν μεγίστων προστα- e
τοῦντι μεγίστης φρονήσεως μετέχειν· δοκεῖ δέ μοι Νικίας ἄξιος εἶναι ἐπισκέψεως, ὅποι ποτὲ βλέπων τοὔνομα τοῦτο τίθησι τὴν ἀνδρείαν.

ΛΑ. Αὐτὸς τοίνυν σκόπει, ὦ Σώκρατες.

ΣΩ. Τοῦτο μέλλω ποιεῖν, ὦ ἄριστε· μὴ μέντοι οἴου με ἀφήσειν σε τῆς κοινωνίας τοῦ λόγου, ἀλλὰ πρόσεχε τὸν νοῦν καὶ συσκόπει τὰ λεγόμενα.

ΛΑ. Ταῦτα δὴ ἔστω, εἰ δοκεῖ χρῆναι.

ΣΩ. Ἀλλὰ δοκεῖ. Σὺ δέ, Νικία, λέγε ἡμῖν πάλιν ἐξ
ἀρχῆς· οἶσθ' ὅτι τὴν ἀνδρείαν κατ' ἀρχὰς τοῦ λόγου ἐσκο- 198 a
ποῦμεν ὡς μέρος ἀρετῆς σκοποῦντες;

ΝΙ. Πάνυ γε.

ΣΩ. Οὐκοῦν καὶ σὺ τοῦτο ἀπεκρίνω ὡς μόριον, ὄντων δὴ καὶ ἄλλων μερῶν, ἃ ξύμπαντα ἀρετὴ κέκληται;

ΝΙ. Πῶς γὰρ οὔ;

ΣΩ. Ἆρ' οὖν ἅπερ ἐγὼ καὶ σὺ ταῦτα λέγεις; Ἐγὼ δὲ καλῶ πρὸς ἀνδρείᾳ σωφροσύνην καὶ δικαιοσύνην καὶ ἄλλ' ἄττα τοιαῦτα. Οὐ καὶ σύ;

ΝΙ. Πάνυ μὲν οὖν. b

ΣΩ. Ἔχε δή· ταῦτα μὲν γὰρ ὁμολογοῦμεν, περὶ δὲ τῶν δεινῶν καὶ θαρραλέων σκεψώμεθα, ὅπως μὴ σὺ μὲν ἄλλ' ἄττα ἡγῇ, ἡμεῖς δὲ ἄλλα. Ἃ μὲν οὖν ἡμεῖς ἡγούμεθα, φράσομέν σοι· σὺ δέ, ἂν μὴ ὁμολογῇς, διδάξεις. Ἡγούμεθα δ' ἡμεῖς δεινὰ μὲν εἶναι ἃ καὶ δέος παρέχει, θαρραλέα δὲ ἃ μὴ δέος παρέχει· δέος δὲ παρέχειν οὐ τὰ γεγονότα οὐδὲ τὰ παρόντα τῶν κακῶν, ἀλλὰ τὰ προσδοκώμενα· δέος γὰρ εἶναι προσδοκίαν μέλλοντος κακοῦ· ἢ οὐχ οὕτω καὶ σύ, ὦ Λάχης;

SOKRATES: Das aber ziemt sich doch auch, du Stolzer, daß e
der, dem das größte anvertraut wird, auch die größte Weisheit besitze. Mich dünkt daher, es verdient wohl näher erwogen zu werden, worauf doch Nikias eigentlich geht bei seiner Erklärung dieses Wortes der Tapferkeit.

LACHES: So untersuche du es denn selbst, o Sokrates.

SOKRATES: Das will ich so eben tun, o Bester. Glaube jedoch nicht, daß ich dich losgeben werde aus der Gemeinschaft der Rede, sondern merke wohl auf und erwäge mit was gesagt wird.

LACHES: Das soll geschehen sofern du es nötig findest.

4.3. Sokrates erfragt drei Präzisierungen

SOKRATES: So finde ich es allerdings. Du aber, Nikias, sage
uns noch einmal von Anfang an. Du weißt doch, daß wir im 198a
Anfang unsers Gesprächs nach der Tapferkeit fragten, als nach einem Teile der Tugend?

NIKIAS: Sehr gut.

SOKRATES: Also auch du hast dieses so beantwortet als einen Teil, so daß es noch andere Teile gibt, welche insgesamt Tugend genannt werden.

NIKIAS: Wie sonst?

SOKRATES: Meinst auch du wohl dieselben die ich meine? Ich nenne nämlich außer der Tapferkeit auch noch die Besonnenheit, und die Gerechtigkeit und einige Andere dergleichen. Nicht auch du?

NIKIAS: Allerdings. b

SOKRATES: Halt also; denn hierüber wären wir einig, aber wegen des furchtbaren und des unbedenklichen, laß uns zusehen, damit nicht etwa du darunter etwas Anderes verstehst und wir wieder etwas anderes. Was nun wir darunter verstehen, wollen wir dir anzeigen, wenn aber du nicht einig damit bist, wirst du uns davon belehren. Wir nämlich halten das für gefährlich was Furcht macht, für unbedenklich aber das, was keine Furcht macht, Furcht aber machen weder die vergangenen Übel noch die gegenwärtigen, sondern die, welche erwartet werden; denn Furcht ist die Erwartung eines bevorstehenden Übels. Oder dünkt es eben so nicht auch dich, o Laches?

ΛΑ. Πάνυ γε σφόδρα, ὦ Σώκρατες.

ΣΩ. Τά μὲν ἡμέτερα τοίνυν, ὦ Νικία, ἀκούεις, ὅτι c
δεινὰ μὲν τὰ μέλλοντα κακά φαμεν εἶναι, θαρραλέα δὲ τὰ
μὴ κακὰ ἢ ἀγαθὰ μέλλοντα· σὺ δὲ ταύτῃ ἢ ἄλλῃ περὶ τού-
των λέγεις;

ΝΙ. Ταύτῃ ἔγωγε.

ΣΩ. Τούτων δέ γε τὴν ἐπιστήμην ἀνδρείαν προσαγο-
ρεύεις;

ΝΙ. Κομιδῇ γε.

ΣΩ. Ἔτι δὴ τὸ τρίτον σκεψώμεθα εἰ ξυνδοκεῖ σοί τε καὶ
ἡμῖν.

ΝΙ. Τὸ ποῖον δὴ τοῦτο;

ΣΩ. Ἐγὼ δὴ φράσω. Δοκεῖ γὰρ δὴ ἐμοί τε καὶ τῷδε, d
περὶ ὅσων ἐστὶν ἐπιστήμη, οὐκ ἄλλη μὲν εἶναι περὶ γεγο-
νότος, εἰδέναι ὅπῃ γέγονεν, ἄλλη δὲ περὶ γιγνομένων, ὅπῃ
γίγνεται, ἄλλη δὲ ὅπῃ ἂν κάλλιστα γένοιτο καὶ γενήσεται
τὸ μήπω γεγονός, ἀλλ' ἡ αὐτή. Οἷον περὶ τὸ ὑγιεινὸν εἰς
ἅπαντας τοὺς χρόνους οὐκ ἄλλη τις ἢ <ἡ> ἰατρική, μία
οὖσα, ἐφορᾷ καὶ γιγνόμενα καὶ γεγονότα καὶ γενησόμενα ὅπῃ
γενήσεται· καὶ περὶ τὰ ἐκ τῆς γῆς αὖ φυόμενα ἡ γεωργία e
ὡσαύτως ἔχει· καὶ δήπου τὰ περὶ τὸν πόλεμον αὐτοὶ ἂν
μαρτυρήσαιτε ὅτι ἡ στρατηγία κάλλιστα προμηθεῖται τά τε
ἄλλα καὶ περὶ τὸ μέλλον ἔσεσθαι, οὐδὲ τῇ μαντικῇ οἴεται
δεῖν ὑπηρετεῖν, ἀλλὰ ἄρχειν, ὡς εἰδυῖα κάλλιον τὰ περὶ τὸν
πόλεμον καὶ γιγνόμενα καὶ γενησόμενα· καὶ ὁ νόμος οὕτω 199 a
τάττει, μὴ τὸν μάντιν τοῦ στρατηγοῦ ἄρχειν, ἀλλὰ τὸν
στρατηγὸν τοῦ μάντεως· φήσομεν ταῦτα, ὦ Λάχης;

ΛΑ. Φήσομεν.

ΣΩ. Τί δέ; Σὺ ἡμῖν, ὦ Νικία, ξύμφῃς περὶ τῶν αὐτῶν
τὴν αὐτὴν ἐπιστήμην καὶ ἐσομένων καὶ γιγνομένων καὶ γεγο-
νότων ἐπαΐειν;

LACHES: Gar sehr eben so, o Sokrates.

SOKRATES: Das unsrige also, o Nikias, hörst du, daß wir c
sagen: künftige Übel wären das gefährliche, das unbedenkliche
aber wäre dasjenige Zukünftige was entweder nicht übel ist,
oder gut. Du aber, erklärst du dich eben so oder anders hier-
über?

NIKIAS: Eben so ich.

SOKRATES: Und die Erkenntnis hievon nennst du Tapferkeit?

NIKIAS: Ganz recht.

SOKRATES: Nun laß uns auch noch das dritte sehn, ob du darin gleicher Meinung bist mit uns.

NIKIAS: Was doch ist dieses?

SOKRATES: Ich will es dir sagen. Es dünkt nämlich mich d
und diesen, daß wovon immer es eine Erkenntnis gibt, davon
gebe es nicht eine eigne für das was geschehen ist zu wissen wie
es geschah, und wieder eine eigne für das was geschieht, wie es
geschieht, und noch eine andere wie das am besten wirklich
werden und geschehen könnte was noch nicht geworden ist,
sondern eine und dieselbe. Zum Beispiel was die Gesundheit
anbetrifft übersieht für alle Zeiten keine andere als die Arznei-
kunst, die Eine ist, das geschehende sowohl als das geschehene,
und das was geschehen wird wie es geschehen wird. Und gegen
das was aus der Erde wächst, verhält sich die Kunst der Land- e
wirtschaft eben so. Und gar was den Krieg betrifft könnt ihr
selbst bezeugen, daß die Kriegskunst am besten nicht nur das
übrige bedenkt, sondern auch das was geschehen wird, und
daß sie auch der Kunst des Wahrsagers nicht glaubt dienen
sondern befehlen zu müssen, weil sie nämlich besser versteht
was in Beziehung auf den Krieg geschieht und geschehen wird. 199a
Eben so verordnet auch das Gesetz, daß nicht der Wahrsager
dem Heerführer befehle, sondern der Heerführer dem Wahrsa-
ger. Wollen wir dies behaupten, o Laches?

LACHES: Wir wollen.

SOKRATES: Wie aber du, o Nikias? stimmst du uns bei, daß in Beziehung auf dieselben Dinge auch dieselbe Erkenntnis sowohl das was sein wird als auch das werdende und gewordene verstehe?

ΝΙ. Ἔγωγε· δοκεῖ γάρ μοι οὕτως, ὦ Σώκρατες.

ΣΩ. Οὐκοῦν, ὦ ἄριστε, καὶ ἡ ἀνδρεία τῶν δεινῶν ἐπιστήμη ἐστὶν καὶ θαρραλέων, ὥς φῄς· ἦ γάρ; b

ΝΙ. Ναί.

ΣΩ. Τὰ δὲ δεινὰ ὡμολόγηται καὶ τὰ θαρραλέα τὰ μὲν μέλλοντα ἀγαθά, τὰ δὲ μέλλοντα κακὰ εἶναι.

ΝΙ. Πάνυ γε.

ΣΩ. Ἡ δέ γ' αὐτὴ ἐπιστήμη τῶν αὐτῶν καὶ μελλόντων καὶ πάντως ἐχόντων εἶναι.

ΝΙ. Ἔστι ταῦτα.

ΣΩ. Οὐ μόνον ἄρα τῶν δεινῶν καὶ θαρραλέων ἡ ἀνδρεία ἐπιστήμη ἐστίν· οὐ γὰρ μελλόντων μόνον πέρι τῶν ἀγαθῶν τε καὶ κακῶν ἐπαΐει, ἀλλὰ καὶ γιγνομένων καὶ γεγονότων καὶ πάντως ἐχόντων, ὥσπερ αἱ ἄλλαι ἐπιστῆμαι. c

ΝΙ. Ἔοικέν γε.

ΣΩ. Μέρος ἄρα ἀνδρείας ἡμῖν, ὦ Νικία, ἀπεκρίνω σχεδόν τι τρίτον· καίτοι ἡμεῖς ἠρωτῶμεν ὅλην δὴ ἀνδρείαν ὅ τι εἴη. Καὶ νῦν δή, ὡς ἔοικεν, κατὰ τὸν σὸν λόγον οὐ μόνον δεινῶν τε καὶ θαρραλέων ἐπιστήμη ἡ ἀνδρεία ἐστίν, ἀλλὰ σχεδόν τι ἡ περὶ πάντων ἀγαθῶν τε καὶ κακῶν καὶ πάντως ἐχόντων, ὡς νῦν αὖ ὁ σὸς λόγος, ἀνδρεία ἂν εἴη. d
Οὕτως αὖ μετατίθεσθαι ἢ πῶς λέγεις, ὦ Νικία;

ΝΙ. Ἔμοιγε δοκεῖ, ὦ Σώκρατες.

ΣΩ. Δοκεῖ οὖν σοι, ὦ δαιμόνιε, ἀπολείπειν ἄν τι ὁ τοιοῦτος ἀρετῆς, εἴπερ εἰδείη τά τε ἀγαθὰ πάντα καὶ παντάπασιν ὡς γίγνεται καὶ γενήσεται καὶ γέγονε, καὶ τὰ κακὰ ὡσαύτως; Καὶ τοῦτον οἴει ἂν σὺ ἐνδεᾶ εἶναι σωφροσύνης ἢ δικαιοσύνης τε καὶ ὁσιότητος, ᾧ γε μόνῳ προσήκει καὶ περὶ θεοὺς καὶ περὶ ἀνθρώπους ἐξευλαβεῖσθαί τε τὰ δεινὰ

NIKIAS: Ich stimme ein, denn es dünkt mich so, o Sokrates.

SOKRATES: Also, o Bester, auch die Tapferkeit ist die Erkenntnis des gefährlichen und des unbedenklichen, wie du be- b hauptest. Nicht wahr?

NIKIAS: Ja.

SOKRATES: Das gefährliche aber und das unbedenkliche war uns auch einstimmig dieses das künftige Gute, jenes das künftige Übel.

NIKIAS: Ganz recht.

SOKRATES: Und daß es nur eine und dieselbe Erkenntnis gebe für einerlei Dinge, sie mögen nun künftig sein oder sich sonst wie verhalten?

NIKIAS: So ist es.

SOKRATES: Nicht also allein des gefährlichen und des unbedenklichen Erkenntnis ist die Tapferkeit. Denn nicht nur auf die künftigen Güter und Übel versteht sie sich, sondern auch auf die, welche da sind und gewesen sind, und wie sie sich immer verhalten mögen, eben wie die übrigen Erkenntnisse. c

NIKIAS: So sieht es aus.

4.4. Aporie: Ist die Tapferkeit mit der Tugend überhaupt identisch?

SOKRATES: Also etwa ein Dritteil der Tapferkeit, o Nikias, hast du uns angegeben in deiner Antwort, da wir doch nach der ganzen Tapferkeit fragten was sie sei. Und auch jetzt wie es scheint ist nach deiner Rede die Erkenntnis nicht nur des gefährlichen und unbedenklichen, sondern überhaupt die Erkenntnis aller Gütern und Übel, wie sich auch jedes verhalte, würde, wie jetzt wieder deine Rede lautet, Tapferkeit sein. So d wieder umzuändern, o Nikias, oder wie meinst du?

NIKIAS: Ich denke so, o Sokrates.

SOKRATES: Dünkt dich denn aber, du Wunderbarer, dem noch irgend etwas von der Tugend zu fehlen, welcher Erkenntnis hätte von allen Gütern in jeder Art, wie sie entstehen und entstehen werden und entstanden sind, und eben so auch von den Übeln? Und derjenige glaubst du bedürfe noch irgend Besonnenheit oder Gerechtigkeit oder Frömmigkeit, welchem allein schon eigen ist gegen Götter sowohl als Menschen das gefährliche zu vermeiden und das nicht solche und das gute ins e

καὶ τὰ μή, καὶ τἀγαθὰ πορίζεσθαι, ἐπισταμένῳ ὀρθῶς e
προσομιλεῖν;

ΝΙ. Λέγειν τί ὦ Σώκρατές μοι δοκεῖς.

ΣΩ. Οὐκ ἄρα, ὦ Νικία, μόριον ἀρετῆς ἂν εἴη τὸ νῦν σοι λεγόμενον, ἀλλὰ σύμπασα ἀρετή.

ΝΙ. Ἔοικεν.

ΣΩ. Καὶ μὴν ἔφαμέν γε τὴν ἀνδρείαν μόριον εἶναι ἓν τῶν τῆς ἀρετῆς.

ΝΙ. Ἔφαμεν γάρ.

ΣΩ. Τὸ δέ γε νῦν λεγόμενον οὐ φαίνεται.

ΝΙ. Οὐκ ἔοικεν.

ΣΩ. Οὐκ ἄρα ηὑρήκαμεν, ὦ Νικία, ἀνδρεία ὅ τι ἐστίν.

ΝΙ. Οὐ φαινόμεθα.

ΛΑ. Καὶ μὴν ἔγωγε, ὦ φίλε Νικία, ᾤμην σε εὑρήσειν,
ἐπειδὴ ἐμοῦ κατεφρόνησας Σωκράτει ἀποκριναμένου· πάνυ 200 a
δὴ μεγάλην ἐλπίδα εἶχον, ὡς τῇ παρὰ τοῦ Δάμωνος σοφίᾳ αὐτὴν ἀνευρήσεις.

ΝΙ. Εὖ γε, ὦ Λάχης, ὅτι οὐδὲν οἴει σὺ ἔτι πρᾶγμα εἶναι, ὅτι αὐτὸς ἄρτι ἐφάνης ἀνδρείας πέρι οὐδὲν εἰδώς, ἀλλ' εἰ καὶ ἐγὼ ἕτερος τοιοῦτος ἀναφανήσομαι, πρὸς τοῦτο βλέπεις, καὶ οὐδὲν ἔτι διοίσει, ὡς ἔοικε, σοὶ μετ' ἐμοῦ μηδὲν εἰδέναι ὧν προσήκει ἐπιστήμην ἔχειν ἀνδρὶ οἰομένῳ τὶ εἶναι. Σὺ
μὲν οὖν μοι δοκεῖς ὡς ἀληθῶς ἀνθρώπειον πρᾶγμα ἐργά- b
ζεσθαι, οὐδὲν πρὸς σαυτὸν βλέπειν, ἀλλὰ πρὸς τοὺς ἄλλους· ἐγὼ δ' οἶμαι ἐμοὶ περὶ ὧν ἐλέγομεν νῦν τε ἐπιεικῶς εἰρῆσθαι, καὶ εἴ τι αὐτῶν μὴ ἱκανῶς εἴρηται, ὕστερον ἐπανορθώσεσθαι καὶ μετὰ Δάμωνος, οὗ σύ τι οἴει καταγελᾶν, καὶ ταῦτα οὐδ' ἰδὼν πώποτε τὸν Δάμωνα, καὶ μετ' ἄλλων· καὶ ἐπειδὰν βεβαιώσωμαι αὐτά, διδάξω καὶ σέ, καὶ οὐ φθονήσω·
δοκεῖς γάρ μοι καὶ μάλα σφόδρα δεῖσθαι μαθεῖν. c

Werk zu richten, und der also weiß sich recht gegen sie zu verhalten?

NIKIAS: Dies scheint mir etwas gesagt zu sein, o Sokrates.

SOKRATES: Nicht also ein Teil der Tugend wäre das jetzt von dir beschriebene, sondern die gesamte Tugend?

NIKIAS: So sieht es aus.

SOKRATES: Wir aber behaupteten doch die Tapferkeit wäre nur einer von den Teilen der Tugend.

NIKIAS: Das behaupteten wir freilich.

SOKRATES: Das jetzt beschriebene aber erscheint nicht so.

NIKIAS: Es sieht nicht so aus.

SOKRATES: Wir haben also nicht gefunden, o Nikias, was die Tapferkeit ist?

NIKIAS: Wir scheinen nicht.

LACHES: Ich aber, o lieber Nikias, glaubte gewiß du werdest sie finden, da du mich so weit übersahest als ich dem 200a
Sokrates antwortete. Gar große Hoffnung hatte ich gewiß, daß vermittelst der Weisheit vom Damon her du sie finden würdest.

NIKIAS: Wahrlich schön, o Laches, daß du das für gar nichts mehr rechnest, daß du selbst dich eben gezeigt hast als ein von der Tapferkeit nichts wissender, sondern nur, ob auch ich ebenfalls als ein solcher erscheinen werde, darauf siehst du, und machst dir nun nichts mehr daraus wie es scheint, wenn nur mit mir, nichts zu wissen von dem, wovon doch einem Manne der sich etwas zu sein dünkt Erkenntnis zu haben geziemt. Du also scheinst mir recht das menschliche zu tun, nicht auf dich selbst b
zu sehn, sondern nur auf die Andern. Ich aber glaube über dasjenige wovon die Rede war schon jetzt mich ganz erträglich erklärt zu haben, und sollte etwas darin noch nicht hinlänglich erklärt sein, es noch in der Folge zu berichtigen mit dem Damon sowohl, den du auslachen zu dürfen glaubst ohne ihn doch jemals gesehen zu haben, als auch mit Anderen. Und wenn ich es recht werde begründet haben will ich es auch dich lehren und es dir nicht vorenthalten, denn du dünkst mich noch gar sehr des Lernens zu bedürfen. c

ΛΑ. Σοφὸς γάρ τοι σὺ εἶ, ὦ Νικία. Ἀλλ' ὅμως ἐγὼ Λυσιμάχῳ τῷδε καὶ Μελησίᾳ συμβουλεύω, σὲ μὲν καὶ ἐμὲ περὶ τῆς παιδείας τῶν νεανίσκων χαίρειν ἐᾶν, Σωκράτη δὲ τουτονί, ὅπερ ἐξ ἀρχῆς ἔλεγον, μὴ ἀφιέναι· εἰ δὲ καὶ ἐμοὶ ἐν ἡλικίᾳ ἦσαν οἱ παῖδες, ταὐτὰ ἂν ταῦτ' ἐποίουν.

ΝΙ. Ταῦτα μὲν κἀγὼ ξυγχωρῶ, ἐάνπερ ἐθέλῃ Σωκράτης τῶν μειρακίων ἐπιμελεῖσθαι, μηδένα ἄλλον ζητεῖν· ἐπεὶ κἂν ἐγὼ τὸν Νικήρατον τούτῳ ἥδιστα ἐπιτρέποιμι, εἰ ἐθέλοι d
οὗτος· ἀλλὰ γὰρ ἄλλους μοι ἑκάστοτε ξυνίστησιν, ὅταν τι αὐτῷ περὶ τούτου μνησθῶ, αὐτὸς δὲ οὐκ ἐθέλει. Ἀλλ' ὅρα, ὦ Λυσίμαχε, εἴ τι σοῦ ἂν μᾶλλον ὑπακούοι Σωκράτης.

ΛΥ. Δίκαιόν γέ τοι, ὦ Νικία, ἐπεὶ καὶ ἐγὼ τούτῳ πολλὰ ἂν ἐθελήσαιμι ποιεῖν, ἃ οὐκ ἂν ἄλλοις πάνυ πολλοῖς ἐθέλοιμι. Πῶς οὖν φῄς, ὦ Σώκρατες ; Ὑπακούσει τι καὶ συμπροθυμήσει ὡς βελτίστοις γενέσθαι τοῖς μειρακίοις ;

ΣΩ. Καὶ γὰρ ἂν δεινὸν εἴη, ὦ Λυσίμαχε, τοῦτό γε, μὴ e
ἐθέλειν τῳ ξυμπροθυμεῖσθαι ὡς βελτίστῳ γενέσθαι· εἰ μὲν οὖν ἐν τοῖς διαλόγοις τοῖς ἄρτι ἐγὼ μὲν ἐφάνην εἰδώς, τώδε δὲ μὴ εἰδότε, δίκαιον ἂν ἦν ἐμὲ μάλιστα ἐπὶ τοῦτο τὸ ἔργον παρακαλεῖν· νῦν δ' — ὁμοίως γὰρ πάντες ἐν ἀπορίᾳ ἐγενόμεθα· τί οὖν ἄν τις ἡμῶν τίνα προαιροῖτο ; Ἐμοὶ μὲν
οὖν δὴ αὐτῷ δοκεῖ οὐδένα· ἀλλ' ἐπειδὴ ταῦτα οὕτως ἔχει, 201 a
σκέψασθε ἄν τι δόξω ξυμβουλεύειν ὑμῖν. Ἐγὼ γάρ φημι χρῆναι, ὦ ἄνδρες — οὐδεὶς γὰρ ἔκφορος λόγου — κοινῇ πάντας ἡμᾶς ζητεῖν μάλιστα μὲν ἡμῖν αὐτοῖς διδάσκαλον ὡς ἄριστον, δεόμεθα γάρ, ἔπειτα καὶ τοῖς μειρακίοις, μήτε χρημάτων φειδομένους μήτε ἄλλου μηδενός· ἐᾶν δὲ ἡμᾶς αὐτοὺς ἔχειν, ὡς νῦν ἔχομεν, οὐ ξυμβουλεύω. Εἰ δέ τις ἡμῶν καταγελάσεται, ὅτι τηλικοίδε ὄντες εἰς διδασκάλων

5. Schluß: Wiederaufnahme der anfänglichen Erziehungsfragen; Aufforderung zu weiterer Bemühung

LACHES: Du freilich bist sehr klug, Nikias. Dennoch aber gebe ich dem Lysimachos hier und dem Melesias den Rat nach dir und mir, was die Erziehung der Jünglinge betrifft, nicht weiter zu fragen, sondern nur den Sokrates hier, wie ich auch gleich anfangs sagte, ja nicht loszulassen. Denn wenn meine Söhne schon das Alter dazu hätten, würde ich dasselbige auch tun.

NIKIAS: Dagegen wende auch ich nichts ein, wenn nämlich Sokrates sich der jungen Leute annehmen will, daß sie ja keinen Andern suchen sollen. Wie auch ich den Nikeratos am d
liebsten ihm übergeben möchte wenn er nur wollte; allein er empfiehlt mir jedesmal Andere, wenn ich ihm davon erwähne, selbst aber will er nicht. Sieh du also zu, o Lysimachos, ob dir Sokrates besser gehorchen wird.

LYSIMACHOS: Das sollte er wohl billig, o Nikias. Denn auch ich möchte ihm gern vieles tun, was ich nicht eben vielen Andern tun würde. Was sagst du also, o Sokrates? Wirst du gehorchen, und mit zu dem Besserwerden der Jünglinge helfen?

SOKRATES: Das wäre ja wohl arg, o Lysimachos, irgend e
Jemanden nicht helfen zu wollen zu seinem Besserwerden. Wenn also in unsern jetzigen Gesprächen ich mich gezeigt hätte als einen Kundigen, diese beiden aber sich als Unkundige, dann möchte es billig sein mich vorzüglich zu diesem Geschäfte zu berufen; nun wir aber Alle auf gleiche Weise in Verlegenheit gewesen sind, wie könnte wohl Jemand Einen von uns besonders vorziehn? Mir meines Teils dünkt das Keinem zu gebühren. Sondern da die Sache sich so verhält, so erwäget 201a
ob dies euch ein guter Rat dünkt, den ich geben will. Ich nämlich sage: Ihr Männer, denn keine auszubringende Rede ist es, wir müssen alle gemeinschaftlich zuerst für uns selbst den besten Lehrer suchen den wir bekommen können, denn wir bedürfen seiner, dann aber auch für die jungen Männer, und weder Geld dabei schonen noch sonst etwas. Es aber dabei bewenden zu lassen, wie es jetzt mit uns bewandt ist, das rate ich nicht. Sollte uns aber Jemand auslachen wollen, daß wir so

ἀξιοῦμεν φοιτᾶν, τὸν Ὅμηρον δοκεῖ μοι χρῆναι προβάλ- b
λεσθαι, ὃς ἔφη οὐκ ἀγαθὴν εἶναι αἰδῶ κεχρημένῳ ἀνδρὶ παρεῖναι. Καὶ ἡμεῖς οὖν ἐάσαντες χαίρειν εἴ τίς τι ἐρεῖ, κοινῇ ἡμῶν αὐτῶν καὶ τῶν μειρακίων ἐπιμέλειαν ποιησώμεθα.

ΛΥ. Ἐμοὶ μὲν ἀρέσκει, ὦ Σώκρατες, ἃ λέγεις· καὶ ἐθέλω, ὅσῳπερ γεραίτατός εἰμι, τοσούτῳ προθυμότατα μανθάνειν μετὰ τῶν νεανίσκων. Ἀλλά μοι οὑτωσὶ ποίησον· αὔριον ἕωθεν ἀφίκου οἴκαδε, καὶ μὴ ἄλλως ποιήσῃς, ἵνα c
βουλευσώμεθα περὶ αὐτῶν τούτων· τὸ δὲ νῦν εἶναι τὴν συνουσίαν διαλύσωμεν.

ΣΩ. Ἀλλὰ ποιήσω, ὦ Λυσίμαχε, ταῦτα, καὶ ἥξω παρὰ σὲ αὔριον, ἐὰν θεὸς ἐθέλῃ.

alt schon noch Lehrer besuchen wollen: so dünkt mich müssen b wir uns mit dem Homeros schützen, welcher gesagt hat: Nicht gut sei Scham dem darbenden Manne. Auch wir also wollen es gut sein lassen wenn einer etwas sagt, und gemeinschaftlich für uns und für die Jünglinge Sorge tragen.

LYSIMACHOS: Mir meines Teils gefällt, o Sokrates, was du sagst; und ich will so viel ich der älteste bin, so viel auch der Bereitwilligste sein mit den jungen Leuten zugleich zu lernen. Das aber tue mir, komme morgen früh zu mir zu Hause und c verfehle es ja nicht, damit wir weiter Rat pflegen können über eben diese Sache. Für jetzt aber müssen wir auseinander gehn.

SOKRATES: Ja das werde ich tun, o Lysimachos, und morgen früh zu dir kommen, so Gott will.

Λύσις
Lysis

GLIEDERUNG

1. Einleitung: Der Ort des Gesprächs (eine Palaistra) und die beteiligten Personen (203a1)

1.1. Sokrates trifft Hippothales und Ktesippos und erfährt von Hippothales' Liebe zu Lysis (203a1)

1.2. Eine Ungereimtheit: Der Liebende preist im Geliebten sich selbst. Sokrates will dem Hippothales einen Ausweg zeigen (205d6)

1.3. Vorbereitung eines Gesprächs über Liebe und Freundschaft: das Zusammentreffen mit Lysis und Menexenos (206e3)

2. Sokrates und Lysis über die Ziele der elterlichen Erziehung (207d5)

2.1. Man verbietet den Kindern, worin sie unerfahren sind und erlaubt ihnen, worin sie sich schon auskennen (207d5)

2.2. Einsicht als Bedingung von Freundschaft und Liebe (210a8)

2.3. Lysis fordert Sokrates auf, auch mit Menexenos zu diskutieren (210e1)

3. Sokrates und Menexenos: Ein erfolgloser Versuch zu bestimmen, wer zum Freund wird und wie, ob der Liebende des Geliebten Freund wird oder der Geliebte des Liebenden (211d5)

4. Sokrates und Lysis über zwei Bestimmungen der Freundschaft (213d6)

4.1. Der Satz, befreundet sei einander Gleiches. Widerlegung (213d6)

4.2. Der Satz, befreundet sei einander Entgegengesetztes. Widerlegung (215c2)

5. Sokrates mit Lysis und Menexenos über den Satz, befreundet seien das Gute und das weder Gute noch Schlechte (216c1)

5.1. Der Satz und die Präzisierung, das weder Gute noch Schlechte sei wegen Anhaftung von etwas Bösem dem Guten befreundet (216c1)

5.2. Dasjenige, um dessen willen Freundschaft besteht, ist selbst Gegenstand der Freundschaft und des genaueren ihr einziger wirklicher Gegenstand (218c4)
5.3. Eliminierung des Schlechten, Widerlegung des Satzes und Vorbereitung einer neuen Sicht der Freundschaft (220b8)
5.4. Das Begehren des von Natur aus Angehörigen als Ursache der Freundschaft – und das Aporetische dieser Auffassung: Das Scheitern der Untersuchung (221c6)
6. Schluß: Der Aufbruch der beiden Freunde (223a1)

Λύσις

ΣΩΚΡΑΤΗΣ ΙΠΠΟΘΑΛΗΣ ΚΤΗΣΙΠΠΟΣ ΜΕΝΕΞΕΝΟΣ ΛΥΣΙΣ

Ἐπορευόμην μὲν ἐξ Ἀκαδημείας εὐθὺ Λυκείου τὴν ἔξω 203 a
τείχους ὑπ' αὐτὸ τὸ τεῖχος· ἐπειδὴ δ' ἐγενόμην κατὰ τὴν πυλίδα ᾗ ἡ Πάνοπος κρήνη, ἐνταῦθα συνέτυχον Ἱπποθάλει τε τῷ Ἱερωνύμου καὶ Κτησίππῳ τῷ Παιανιεῖ καὶ ἄλλοις μετὰ τούτων νεανίσκοις ἀθρόοις συνεστῶσι.

Καί με προσιόντα ὁ Ἱπποθάλης ἰδών· Ὦ Σώκρατες, ἔφη, ποῖ δὴ πορεύει καὶ πόθεν; — Ἐξ Ἀκαδημείας, ἦν δ' ἐγώ, b
πορεύομαι εὐθὺ Λυκείου. — Δεῦρο δή, ἦ δ' ὅς, εὐθὺ ἡμῶν. Οὐ παραβαλεῖς; Ἄξιον μέντοι. — Ποῖ, ἔφην ἐγώ, λέγεις, καὶ παρὰ τίνας τοὺς ὑμᾶς; — Δεῦρο, ἔφη, δείξας μοι ἐν τῷ καταντικρὺ τοῦ τείχους περίβολόν τέ τινα καὶ θύραν ἀνεῳγμένην. Διατρίβομεν δέ, ἦ δ' ὅς, αὐτόθι ἡμεῖς τε αὐτοὶ καὶ
ἄλλοι πάνυ πολλοὶ καὶ καλοί. — Ἔστιν δὲ δὴ τί τοῦτο, καὶ 204 a
τίς ἡ διατριβή; — Παλαίστρα, ἔφη, νεωστὶ ᾠκοδομημένη· ἡ δὲ διατριβὴ τὰ πολλὰ ἐν λόγοις, ὧν ἡδέως ἄν σοι μεταδιδοῖμεν. — Καλῶς γε, ἦν δ' ἐγώ, ποιοῦντες· διδάσκει δὲ τίς αὐτόθι; — Σὸς ἑταῖρός γε, ἦ δ' ὅς, καὶ ἐπαινέτης, Μίκκος. — Μὰ Δία, ἦν δ' ἐγώ, οὐ φαῦλός γε ἀνήρ, ἀλλ' ἱκανὸς σοφιστής. — Βούλει οὖν ἕπεσθαι, ἔφη, ἵνα καὶ ἴδῃς τοὺς
ὄντας αὐτοῦ; — Πρῶτον ἡδέως ἀκούσαιμ' ἂν ἐπὶ τῷ καὶ b
εἴσειμι καὶ τίς ὁ καλός. — Ἄλλος, ἔφη, ἄλλῳ ἡμῶν δοκεῖ, ὦ Σώκρατες. — Σοὶ δὲ δὴ τίς, ὦ Ἱππόθαλες; Τοῦτό μοι εἰπέ.

Καὶ ὃς ἐρωτηθεὶς ἠρυθρίασεν, καὶ ἐγὼ εἶπον· Ὦ παῖ Ἱερωνύμου Ἱππόθαλες, τοῦτο μὲν μηκέτι εἴπῃς, εἴτε ἐρᾷς του εἴτε μή· οἶδα γὰρ ὅτι οὐ μόνον ἐρᾷς, ἀλλὰ καὶ πόρρω

Lysis

SOKRATES ERZÄHLT

1. Einleitung: Der Ort des Gesprächs (eine Palaistra) und die beteiligten Personen

1.1. Sokrates trifft Hippothales und Ktesippos und erfährt von Hippothales' Liebe zu Lysis

Ich ging von der Akademia grade nach dem Lykeion den 203a
Weg außerhalb der Mauer dicht unter der Mauer hin. Als ich aber an dem Pförtchen war, wo die Quelle des Panops ist, da traf ich den Hippothales, des Hieronymos Sohn, und den Paianier Ktesippos, und mehr andere Jünglinge um sie her gedrängt stehend. Und als Hippothales mich herankommen sah, rief er mich an: Wohin gehst du, o Sokrates, und woher? – Aus b
der Akademia, sprach ich, gehe ich gerade nach dem Lykeion. – Hieher also, sprach er, zu uns lenkst du nicht ein? es lohnt doch. – Wohin eigentlich, fragte ich, meinst du? und wer sind die ihr? – Hieher, sprach er, und zeigte mir der Mauer gegenüber einen eingeschlossenen Platz mit offener Tür; hier halten nicht nur wir uns auf, sondern noch viel andere Schöne. – Was ist aber dieses? und was treibt ihr dort? – Es ist, sagte er, eine 204a
ganz neugebaute Palaistra, und meistenteils besteht die Beschäftigung in Gesprächen, von welchen eben wir dir gern mitteilten. – Sehr wohl, sprach ich, werdet ihr daran tun. Aber wer lehrt hier? – Von dir, sagte er, ein großer Freund und Verehrer, Mikkos. – Beim Zeus, sprach ich, kein schlechter Mann, sondern ein tüchtiger Sophist. – Willst du uns also folgen, sagte er, daß du auch die sehest, welche drinnen sind? – Gern möchte ich hier erst vernehmen, was mir dann werden b
soll für das Hineingehn, und wer eigentlich der Schöne ist. – Einer von uns, sagte er, hält diesen dafür, der andere jenen. – Welchen denn aber du, o Hippothales? das sage mir. Auf diese Frage errötete er, und ich sprach weiter, O Sohn des Hieronymos, das darfst du mir nun nicht mehr sagen, ob du einen liebst oder nicht; denn ich sehe nicht allein, daß du liebst, son-

ἤδη εἶ πορευόμενος τοῦ ἔρωτος. Εἰμὶ δ᾽ ἐγὼ τὰ μὲν ἄλλα
φαῦλος καὶ ἄχρηστος, τοῦτο δέ μοί πως ἐκ θεοῦ δέδοται, c
ταχὺ οἵῳ τ᾽ εἶναι γνῶναι ἐρῶντά τε καὶ ἐρώμενον. — Καὶ
ὃς ἀκούσας πολὺ ἔτι μᾶλλον ἠρυθρίασεν.

Ὁ οὖν Κτήσιππος, Ἀστεῖόν γε, ἦ δ᾽ ὅς, ὅτι ἐρυθριᾷς,
ὦ Ἱππόθαλες, καὶ ὀκνεῖς εἰπεῖν Σωκράτει τοὔνομα· ἐὰν δ᾽
οὗτος καὶ σμικρὸν χρόνον συνδιατρίψῃ σοι, παραταθήσεται
ὑπὸ σοῦ ἀκούων θαμὰ λέγοντος. Ἡμῶν γοῦν, ὦ Σώκρατες,
ἐκκεκώφωκε τὰ ὦτα καὶ ἐμπέπληκε Λύσιδος· ἂν μὲν δὴ καὶ d
ὑποπίῃ, εὐμαρία ἡμῖν ἐστιν καὶ ἐξ ὕπνου ἐγρομένοις Λύσι-
δος οἴεσθαι τοὔνομα ἀκούειν. Καὶ ἃ μὲν καταλογάδην
διηγεῖται, δεινὰ ὄντα, οὐ πάνυ τι δεινά ἐστιν· ἀλλ᾽ ἐπειδὰν
τὰ ποιήματα ἡμῶν ἐπιχειρήσῃ καταντλεῖν καὶ συγγράμματα.
Καὶ ὃ ἐστιν τούτων δεινότερον, ὅτι καὶ ᾄδει εἰς τὰ παιδικὰ
φωνῇ θαυμασίᾳ, ἣν ἡμᾶς δεῖ ἀκούοντας ἀνέχεσθαι. Νῦν δὲ
ἐρωτώμενος ὑπὸ σοῦ ἐρυθριᾷ. — Ἔστιν δέ, ἦν δ᾽ ἐγώ, ὁ e
Λύσις νέος τις, ὡς ἔοικε· τεκμαίρομαι δέ, ὅτι ἀκούσας τοὔ-
νομα οὐκ ἔγνων. — Οὐ γὰρ πάνυ, ἔφη, τὶ αὐτοῦ τοὔνομα
λέγουσιν, ἀλλ᾽ ἔτι πατρόθεν ἐπονομάζεται διὰ τὸ σφόδρα
τὸν πατέρα γιγνώσκεσθαι αὐτοῦ. Ἐπεὶ εὖ οἶδ᾽ ὅτι πολλοῦ
δεῖς τὸ εἶδος ἀγνοεῖν τοῦ παιδός· ἱκανὸς γὰρ καὶ ἀπὸ μόνου
τούτου γιγνώσκεσθαι. — Λεγέσθω, ἦν δ᾽ ἐγώ, οὗτινος ἔστιν.
— Δημοκράτους, ἔφη, τοῦ Αἰξωνέως ὁ πρεσβύτατος ὑός.
— Εἶεν, ἦν δ᾽ ἐγώ, ὦ Ἱππόθαλες, ὡς γενναῖον καὶ νεανικὸν
τοῦτον τὸν ἔρωτα πανταχῇ ἀνηῦρες· καί μοι ἴθι ἐπίδειξαι
ἃ καὶ τοῖσδε ἐπιδείκνυσαι, ἵνα εἰδῶ εἰ ἐπίστασαι ἃ χρὴ 205 a
ἐραστὴν περὶ παιδικῶν πρὸς αὐτὸν ἢ πρὸς ἄλλους λέγειν.

— Τούτων δέ τι, ἔφη, σταθμᾷ, ὦ Σώκρατες, ὧν ὅδε λέ-
γει; — Πότερον, ἦν δ᾽ ἐγώ, καὶ τὸ ἐρᾶν ἔξαρνος εἶ οὗ
λέγει ὅδε; — Οὐκ ἔγωγε, ἔφη, ἀλλὰ μὴ ποιεῖν εἰς τὰ παι-
δικὰ μηδὲ συγγράφειν. — Οὐχ ὑγιαίνει, ἔφη ὁ Κτήσιππος,
ἀλλὰ ληρεῖ τε καὶ μαίνεται.

— Καὶ ἐγὼ εἶπον· Ὦ Ἱππόθαλες, οὔ τι τῶν μέτρων δέομαι

dern auch daß es schon weit mit dir gekommen ist in dieser Liebe. Übrigens wohl mag ich schlecht sein und wenig nutz; dieses aber ist mir so von Gott verliehen, daß ich gleich erkennen kann Liebende sowohl als Geliebte. – Als er dieses hörte, errötete er noch mehr. Ktesippos aber sagte: Das ist fein, Hippothales, daß du rot wirst, und dich weigerst dem Sokrates den Namen zu sagen, da er doch, wenn er nur kurze Zeit mit dir ist, sich fast tot wird daran hören müssen, wie oft du ihn nennst! Uns wenigstens, o Sokrates, hat er die Ohren schon ganz betäubt und angefüllt mit dem Namen Lysis. Und hat er gar ein wenig getrunken, so ist es uns ganz gewohnt, daß wir auch beim Erwachen aus dem Schlafe noch glauben den Namen des Lysis zu hören. Doch was er so gesprächsweise arges vorbringt, ist noch nicht gar arg: aber wenn er erst anfängt uns mit den Gedichten zu überschwemmen und mit den Reden! Ja was noch ärger ist als alles, so singt er auch auf seinen Geliebten mit wundervoller Stimme, die wir geduldig anhören müssen. Nun aber von dir befragt errötet er nur. – Dieser Lysis, sprach ich, ist also einer von den Heranwachsenden, wie es scheint. Ich schließe es nämlich nur, denn der Name fiel mir nicht auf als ein bekannter, da ich ihn hörte. – Sie nennen ihn eben nicht oft bei seinem Namen, antwortete er, sondern er wird noch nach dem Vater genannt, weil sein Vater sehr bekannt ist. Auch bin ich gewiß, daß der Knabe dir keinesweges unbekannt ist von Gestalt, und an der allein kann man ihn genug wieder erkennen. – So sage denn, sprach ich, wem er angehört. – Es ist des Demokrates von Aixone ältester Sohn. – Schön, sprach ich, o Hippothales! welche edle und in jeder Art herrliche Liebe hast du dir da ausgespürt! So komm denn und laß mich alles hören, was du diesen zu hören gibst, damit ich sehe, ob du auch weißt, wie dem Verliebten gezieme über seinen Liebling zu diesem selbst und auch zu Andern zu reden. – Und darauf, sagte er, gibst du etwas, o Sokrates, was der da sagt? – Willst du etwa, sprach ich, auch leugnen, daß du den nicht liebst, den dieser nennt? – Das nicht, sprach er, aber daß ich weder Gedichte mache auf meinen Liebling noch Reden. – Es ist eben nicht richtig mit ihm, sagte Ktesippos, sondern er faselt und redet irre. – Darauf sagte ich: ich begehre ja, o Hippothales, weder

c d e 205a

ἀκοῦσαι οὐδὲ μέλος εἴ τι πεποίηκας εἰς τὸν νεανίσκον, ἀλλὰ b
τῆς διανοίας, ἵνα εἰδῶ τίνα τρόπον προσφέρει πρὸς τὰ παιδικά. — Ὅδε δήπου σοι, ἔφη, ἐρεῖ· ἀκριβῶς γὰρ ἐπίσταται καὶ μέμνηται, εἴπερ, ὡς λέγει, ὑπ' ἐμοῦ ἀεὶ ἀκούων διατεθρύληται. — Νὴ τοὺς θεούς, ἔφη ὁ Κτήσιππος, πάνυ γε. Καὶ γάρ ἐστι καταγέλαστα, ὦ Σώκρατες. Τὸ γὰρ ἐραστὴν ὄντα καὶ διαφερόντως τῶν ἄλλων τὸν νοῦν προσέχοντα τῷ παιδὶ ἴδιον μὲν μηδὲν ἔχειν λέγειν, ὃ οὐχὶ κἂν παῖς εἴποι, πῶς οὐχὶ κατα- c
γέλαστον; Ἃ δὲ ἡ πόλις ὅλη ᾄδει περὶ Δημοκράτους καὶ Λύσιδος τοῦ πάππου τοῦ παιδὸς καὶ πάντων πέρι τῶν προγόνων, πλούτους τε καὶ ἱπποτροφίας καὶ νίκας Πυθοῖ καὶ Ἰσθμοῖ καὶ Νεμέᾳ τεθρίπποις τε καὶ κέλησι, ταῦτα ποιεῖ τε καὶ λέγει, πρὸς δὲ τούτοις ἔτι τούτων κρονικώτερα. Τὸν γὰρ τοῦ Ἡρακλέους ξενισμὸν πρῴην ἡμῖν ἐν ποιήματί τινι διῄειν, ὡς διὰ τὴν τοῦ Ἡρακλέους ξυγγένειαν ὁ πρόγονος αὐτῶν ὑποδέξαιτο τὸν Ἡρακλέα, γεγονὼς αὐτὸς ἐκ Διός τε d
καὶ τῆς τοῦ δήμου ἀρχηγέτου θυγατρός, ἅπερ αἱ γραῖαι ᾄδουσι, καὶ ἄλλα πολλὰ τοιαῦτα, ὦ Σώκρατες· ταῦτ' ἐστὶν ἃ οὗτος λέγων τε καὶ ᾄδων ἀναγκάζει καὶ ἡμᾶς ἀκροᾶσθαι.

Καὶ ἐγὼ ἀκούσας εἶπον· Ὦ καταγέλαστε Ἱππόθαλες, πρὶν νενικηκέναι ποιεῖς τε καὶ ᾄδεις εἰς σαυτὸν ἐγκώμιον; — Ἀλλ' οὐκ εἰς ἐμαυτόν, ἔφη, ὦ Σώκρατες, οὔτε ποιῶ οὔτε ᾄδω. — Οὐκ οἴει γε, ἦν δ' ἐγώ. — Τὸ δὲ πῶς ἔχει; ἔφη. — Πάντων μάλιστα, εἶπον, εἰς σὲ τείνουσιν αὗται αἱ e
ᾠδαί. Ἐὰν μὲν γὰρ ἕλῃς τὰ παιδικὰ τοιαῦτα ὄντα, κόσμος σοι ἔσται τὰ λεχθέντα καὶ ᾀσθέντα καὶ τῷ ὄντι ἐγκώμια ὥσπερ νενικηκότι, ὅτι τοιούτων παιδικῶν ἔτυχες· ἐὰν δέ σε διαφύγῃ, ὅσῳ ἂν μείζω σοι εἰρημένα ᾖ ἐγκώμια περὶ τῶν παιδικῶν, τοσούτῳ μειζόνων δόξεις καλῶν τε κἀγαθῶν

die Verse zu hören noch die Weise, wenn du dergleichen gemacht hast auf den Knaben, sondern nur den Sinn davon, damit ich erfahre, auf welche Art du deinen Liebling behandelst. – Der da wird dir wohl alles sagen, sprach er, denn er weiß es ja genau, und hat es im Gedächtnis, wenn er mich doch, wie er sagt, bis zum Überdruß angehört hat. – Bei den Göttern, sagte Ktesippos, sehr gut weiß ich es, o Sokrates! es ist ja auch lächerlich genug, denn daß ein Liebender, und der mehr als jeder andre immer nur an seinen Knaben denkt, auch gar nichts eignes zu sagen weiß, was nicht jedes Kind ebenfalls sagen könnte, wie sollte das nicht lächerlich sein? Was aber die ganze Stadt erzählt vom Demokrates und Lysis des Knaben Großvater und von allen seinen Voreltern, ihren Reichtum, ihre Pferdezucht und ihre Siege in den Pythischen, Isthmischen und Nemeischen Spielen mit dem Viergespann und dem Rennpferde, das bringt er in Gedichte und Reden. Und noch altväterlicheres als dieses. Denn die Bewirtung des Herakles schilderte er uns neulich in ich weiß nicht was für einem Gedichte, wie nämlich wegen Verwandtschaft mit dem Herakles ihr Ahnherr den Herakles aufgenommen, selbst auch vom Zeus erzeugt mit der Tochter von dem ersten Stifter jener Zunft, kurz was die alten Mütterchen singen, und viel anderes dergleichen. Solcherlei ist es, was er in Reden und Gedichten vortragend auch uns anzuhören zwingt. b c d

1.2. Eine Ungereimtheit: Der Liebende preist im Geliebten sich selbst. Sokrates will dem Hippothales einen Ausweg zeigen

– Als ich dies gehört, sagte ich, du lächerlicher Hippothales! ehe du noch gesiegt hast, dichtest du schon und singst auf dich selbst das Lobgedicht! – Auf mich selbst, o Sokrates, sagte er, habe ich doch nie weder gedichtet noch gesungen. – Du meinst es wenigstens nicht. – Aber wie wäre denn das, fragte er? – Auf alle Weise, sagte ich, zielen doch diese Gesänge auf dich. Denn e gewinnst du dir einen Liebling solcher Art, so wird dir selbst zur Zierde gereichen, was du gesprochen und gesungen hast, und ein wahres Lobgedicht sein auf dich, als der den Preis davon getragen, weil du einen solchen Liebling erlangt hast: entgeht er dir aber, so wirst du je größeres du lobend gesagt

ἐστερημένος καταγέλαστος εἶναι. Ὅστις οὖν τὰ ἐρωτικά, 206 a
ὦ φίλε, σοφός, οὐκ ἐπαινεῖ τὸν ἐρώμενον πρὶν ἂν ἕλῃ, δεδιὼς τὸ μέλλον ὅπῃ ἀποβήσεται. Καὶ ἅμα οἱ καλοί, ἐπειδάν τις αὐτοὺς ἐπαινῇ καὶ αὔξῃ, φρονήματος ἐμπίμπλανται καὶ μεγαλαυχίας· ἢ οὐκ οἴει; — Ἔγωγε, ἔφη.

— Οὐκοῦν ὅσῳ ἂν μεγαλαυχότεροι ὦσιν, δυσαλωτότεροι γίγνονται; — Εἰκός γε. — Ποῖός τις οὖν ἄν σοι δοκεῖ θηρευτὴς εἶναι, εἰ ἀνασοβοῖ θηρεύων καὶ δυσαλωτοτέραν τὴν ἄγραν ποιοῖ; — Δῆλον ὅτι φαῦλος. — Καὶ μὲν δὴ λόγοις b
τε καὶ ᾠδαῖς μὴ κηλεῖν, ἀλλ' ἐξαγριαίνειν πολλὴ ἀμουσία· ἦ γάρ; — Δοκεῖ μοι. — Σκόπει δή, ὦ Ἱππόθαλες, ὅπως μὴ πᾶσι τούτοις ἔνοχον σαυτὸν ποιήσεις διὰ τὴν ποίησιν· καίτοι οἶμαι ἐγὼ ἄνδρα ποιήσει βλάπτοντα ἑαυτὸν οὐκ ἄν σε ἐθέλειν ὁμολογῆσαι ὡς ἀγαθός ποτ' ἐστὶν ποιητής, βλαβερὸς ὢν ἑαυτῷ. — Οὐ μὰ τὸν Δία, ἔφη· πολλὴ γὰρ ἂν ἀλογία εἴη· ἀλλὰ διὰ ταῦτα δή σοι, ὦ Σώκρατες, ἀνακοινοῦμαι, καὶ c
εἴ τι ἄλλο ἔχεις, συμβούλευε, τίνα ἄν τις λόγον διαλεγόμενος ἢ τί πράττων προσφιλὴς παιδικοῖς γένοιτο.

— Οὐ ῥᾴδιον, ἦν δ' ἐγώ, εἰπεῖν· ἀλλ' εἴ μοι ἐθελήσαις αὐτὸν ποιῆσαι εἰς λόγους ἐλθεῖν, ἴσως ἂν δυναίμην σοι ἐπιδεῖξαι ἃ χρὴ αὐτῷ διαλέγεσθαι ἀντὶ τούτων ὧν οὗτοι λέγειν τε καὶ ᾄδειν φασί σε. — Ἀλλ' οὐδέν, ἔφη, χαλεπόν. Ἂν γὰρ εἰσέλθῃς μετὰ Κτησίππου τοῦδε καὶ καθεζόμενος διαλέγῃ, οἶμαι μὲν καὶ αὐτός σοι πρόσεισι· φιλήκοος γάρ, ὦ Σώκρατες, διαφερόντως ἐστίν, καὶ ἅμα, ὡς Ἑρμαῖα ἄγουσιν, ἀνα- d
μεμιγμένοι ἐν ταὐτῷ εἰσιν οἵ τε νεανίσκοι καὶ οἱ παῖδες. Πρόσεισιν οὖν σοι· εἰ δὲ μή, Κτησίππῳ συνήθης ἐστὶν διὰ τὸν τούτου ἀνεψιὸν Μενέξενον· Μενεξένῳ μὲν γὰρ δὴ πάντων μάλιστα ἑταῖρος ὢν τυγχάνει. Καλεσάτω οὖν οὗτος αὐτόν, ἐὰν ἄρα μὴ προσίῃ αὐτός. — Ταῦτα, ἦν δ' ἐγώ, χρὴ ποιεῖν. — Καὶ ἅμα λαβὼν τὸν Κτήσιππον προσῄ' εἰς τὴν e
παλαίστραν· οἱ δ' ἄλλοι ὕστεροι ἡμῶν ᾖσαν.

hattest von diesem Liebling, auch nach Verhältnis des Schönen und Guten, so du verfehlst, um desto mehr verspottet werden. 206a
Wer also, o Freund, in der Kunst zu lieben ein Meister ist, der lobt den Geliebten nicht eher bis er ihn hat, aus Furcht, wie die Sache ablaufen werde. Überdies auch werden die Schönen, wenn man sie lobt und verherrlicht, voll Einbildung und Hochmut; oder meinst du nicht? – Das wohl, sagte er. – Nicht auch das, je hochmütiger sie sind, desto schwerer sie zu besiegen werden? – Wahrscheinlich. – Was für ein Jäger also dünkt dich der, welcher jagend das Wild so aufscheucht, daß er es ungleich schwerer bekommt? – Ein schlechter offenbar. – So b
auch durch Reden und Gesänge nicht ankirren sondern wild machen, ist große Unkunde; nicht so? – Mich dünkt es. – Sieh also zu Hippothales, daß du dich nicht alles dessen schuldig machst durch dein Dichten. Denn ich glaube doch, demjenigen der durch seine Dichtungen sich selbst schadet, wirst du nicht zugestehn wollen, daß er ein guter Dichter sei, da er sich selbst zum Schaden ist. – Nein, beim Zeus, sagte er, das wäre ja große Unvernunft. Aber deshalb eben, o Sokrates, vertraue ich mich c
dir, und hast du etwas anderes, so rate mir, worüber man denn reden und was man tun muß um dem Geliebten angenehm zu werden. – Nicht leicht, sprach ich, ist das zu sagen: wolltest du aber bewirken, daß er mir selbst zum Gespräch käme, so könnte ich dir vielleicht einen Versuch zeigen, was mit ihm zu reden ist anstatt dessen, was, wie diese sagen, du redest und singst. – Das, sagte er, ist nichts schweres. Denn wenn du nur hier mit dem Ktesippos hineingehst und dich niedersetzest im Gespräch, so glaube ich wird er schon von selbst herzukommen; denn hörbegierig, o Sokrates, ist er vor Allen. Zumal sie nun d
die Hermaien feiern, sind Knaben und Jünglinge ohne Unterschied zusammen; er kommt dir also gewiß. Wo nicht, so ist er doch sehr bekannt mit dem Ktesippos durch dessen Vetter Menexenos, der sein vertrautester Freund ist unter allen. Ktesippos also kann ihn rufen, wenn er ja nicht von selbst kommt. – So sprach ich müssen wir es machen; und somit nahm ich den Ktesippos und ging in die Palaistra, die Andern aber gingen e
hinter uns.

Εἰσελθόντες δὲ κατελάβομεν αὐτόθι τεθυκότας τε τοὺς παῖδας καὶ τὰ περὶ τὰ ἱερεῖα σχεδόν τι ἤδη πεποιημένα, ἀστραγαλίζοντάς τε δὴ καὶ κεκοσμημένους ἅπαντας. Οἱ μὲν οὖν πολλοὶ ἐν τῇ αὐλῇ ἔπαιζον ἔξω, οἱ δέ τινες τοῦ ἀποδυτηρίου ἐν γωνίᾳ ἠρτίαζον ἀστραγάλοις παμπόλλοις, ἐκ φορμίσκων τινῶν προαιρούμενοι· τούτους δὲ περιέστασαν ἄλλοι θεωροῦντες. Ὧν δὴ καὶ ὁ Λύσις ἦν, καὶ εἱστήκειν ἐν
τοῖς παισί τε καὶ νεανίσκοις ἐστεφανωμένος καὶ τὴν ὄψιν 207 a
διαφέρων, οὐ τὸ καλὸς εἶναι μόνον ἄξιος ἀκοῦσαι, ἀλλ' ὅτι καλός τε κἀγαθός.

Καὶ ἡμεῖς εἰς τὸ καταντικρὺ ἀποχωρήσαντες ἐκαθεζόμεθα — ἦν γὰρ αὐτόθι ἡσυχία — καί τι ἀλλήλοις διελεγόμεθα. Περιστρεφόμενος οὖν ὁ Λύσις θαμὰ ἐπεσκοπεῖτο ἡμᾶς, καὶ δῆλος ἦν ἐπιθυμῶν προσελθεῖν. Τέως μὲν οὖν ἠπόρει τε καὶ ὤκνει μόνος προσιέναι· ἔπειτα ὁ Μενέξενος ἐκ τῆς
αὐλῆς μεταξὺ παίζων εἰσέρχεται, καὶ ὡς εἶδεν ἐμέ τε καὶ b
τὸν Κτήσιππον, ᾔει παρακαθιζησόμενος· ἰδὼν οὖν αὐτὸν ὁ Λύσις εἵπετο καὶ συμπαρεκαθέζετο μετὰ τοῦ Μενεξένου. Προσῆλθον δὴ καὶ οἱ ἄλλοι, καὶ δὴ καὶ ὁ Ἱπποθάλης, ἐπειδὴ πλείους ἑώρα ἐφισταμένους, τούτους ἐπηλυγισάμενος προσέστη ᾗ μὴ ᾤετο κατόψεσθαι τὸν Λύσιν, δεδιὼς μὴ αὐτῷ ἀπεχθάνοιτο· καὶ οὕτω προσεστὼς ἠκροᾶτο.

Καὶ ἐγὼ πρὸς τὸν Μενέξενον ἀποβλέψας· Ὦ παῖ Δη-
μοφῶντος, ἦν δ' ἐγώ, πότερος ὑμῶν πρεσβύτερος; — Ἀμ- c
φισβητοῦμεν, ἔφη. — Οὐκοῦν καὶ ὁπότερος γενναιότερος ἐρίζοιτ' ἄν, ἦν δ' ἐγώ. — Πάνυ γε, ἔφη. — Καὶ μὴν ὁπότερός γε καλλίων, ὡσαύτως. — Ἐγελασάτην οὖν ἄμφω. — Οὐ μὴν ὁπότερός γε, ἔφην, πλουσιώτερος ὑμῶν, οὐκ ἐρήσομαι· φίλω γάρ ἐστον. Ἦ γάρ; — Πάνυ γ', ἐφάτην. — Οὐκοῦν κοινὰ τά γε φίλων λέγεται, ὥστε τούτῳ γε οὐδὲν διοίσετον, εἴπερ ἀληθῆ περὶ τῆς φιλίας λέγετον. — Συνεφάτην.

Ἐπεχείρουν δὴ μετὰ τοῦτο ἐρωτᾶν ὁπότερος δικαιότερος d

1.3. Vorbereitung eines Gesprächs über Liebe und Freundschaft: das Zusammentreffen mit Lysis und Menexenos

Als wir nun hineintraten, fanden wir dort die Knaben nach vollbrachtem Opfer und fast aller heiligen Dinge Vollendung, Alle schön geschmückt mit Knöcheln spielend. Die meisten nun spielten im Vorhofe draußen; einige aber auch in einem Winkel des Auskleidegemachs, spielten grade und ungrade mit gar vielen Knöcheln, die sie aus den Körbchen vorholten. Um diese her standen Andere zusehend, deren einer dann auch Lysis war, welcher dastand unter den Knaben und Jünglingen 207a
bekränzt und durch sein Ansehn sich auszeichnend vor Allen, nicht etwa nur schön zu heißen verdienend, sondern schön und edel. Wir nun bogen um und setzten uns gegenüber, denn dort war es ruhig, und redeten etwas mit einander. Lysis aber sah sich häufig um nach uns, und hatte offenbar große Lust sich zu uns zu gesellen. So lange nun war er bedenklich und verlegen, allein heranzukommen; hernach kam Menexenos währendes Spiels aus dem Vorhofe herein, und als er mich und den Kte- b
sippos gewahr ward, kam er um sich zu uns zu setzen. Als das Lysis sah, folgte er ihm und setzte sich ebenfalls zu uns neben den Menexenos. Darauf nun traten auch die Andern herzu, und auch Hippothales, da er mehrere herumstehen sah, versteckte sich hinter diesen, und stellte sich, wo er glaubte vom Lysis nicht gesehen zu werden, aus Furcht es möchte ihm zuwider sein, und so ganz nahe bei hörte er zu. Ich also wendete mich an Menexenos, und sagte: Welcher von euch, o Sohn des Demophon, ist wohl der Ältere? – Wir streiten darüber, antwortete c
er. – Auch wohl darüber, sprach ich, könntet ihr streiten, welcher der Vornehmere wäre? – Allerdings. – Gewiß auch welcher der Schönere, eben so? Da lachten sie beide. Keinesweges aber, sprach ich weiter, will ich fragen, welcher der Reichere ist von euch beiden, denn ihr seid ja Freunde, nicht wahr? – Gar sehr, sagten sie. – Und Freunden ist ja alles gemein, wie man sagt. So daß hierin keine Verschiedenheit statt finden kann, wenn ihr anders die Wahrheit sagt von eurer Freundschaft. – Das gaben sie zu. – Und hierauf war ich eben im Begriff zu d
fragen, welcher wohl der gerechtere und weisere wäre von ihnen. Indem aber kam einer dem Menexenos zu sagen, der

καὶ σοφώτερος αὐτῶν εἴη. Μεταξὺ οὖν τις προσελθὼν
ἀνέστησε τὸν Μενέξενον, φάσκων καλεῖν τὸν παιδοτρίβην·
ἐδόκει γάρ μοι ἱεροποιῶν τυγχάνειν.

Ἐκεῖνος μὲν οὖν ᾤχετο· ἐγὼ δὲ τὸν Λύσιν ἠρόμην·
Ἦ που, ἦν δ' ἐγώ, ὦ Λύσι, σφόδρα φιλεῖ σε ὁ πατὴρ καὶ ἡ
μήτηρ; — Πάνυ γε, ἦ δ' ὅς. — Οὐκοῦν βούλοιντο ἄν σε
ὡς εὐδαιμονέστατον εἶναι; — Πῶς γὰρ οὔ; — Δοκεῖ δέ
σοι εὐδαίμων εἶναι < ἂν > ἄνθρωπος δουλεύων τε καὶ ᾧ e
μηδὲν ἐξείη ποιεῖν ὧν ἐπιθυμοῖ; — Μὰ Δί' οὐκ ἔμοιγε,
ἔφη.

— Οὐκοῦν εἴ σε φιλεῖ ὁ πατὴρ καὶ ἡ μήτηρ καὶ εὐδαίμονά
σε ἐπιθυμοῦσι γενέσθαι, τοῦτο παντὶ τρόπῳ δῆλον ὅτι προ-
θυμοῦνται ὅπως ἂν εὐδαιμονοίης. — Πῶς γὰρ οὐχί; ἔφη.
— Ἐῶσιν ἄρα σε ἃ βούλει ποιεῖν, καὶ οὐδὲν ἐπιπλήττουσιν
οὐδὲ διακωλύουσι ποιεῖν ὧν ἂν ἐπιθυμῇς; — Ναὶ μὰ Δία
ἐμέ γε, ὦ Σώκρατες, καὶ μάλα γε πολλὰ κωλύουσιν.

— Πῶς λέγεις; ἦν δ' ἐγώ. Βουλόμενοί σε μακάριον εἶναι
διακωλύουσι τοῦτο ποιεῖν ὃ ἂν βούλῃ; Ὧδε δέ μοι λέγε. 208 a
Ἢν ἐπιθυμήσῃς ἐπί τινος τῶν τοῦ πατρὸς ἁρμάτων ὀχεῖ-
σθαι λαβὼν τὰς ἡνίας, ὅταν ἁμιλλᾶται, οὐκ ἂν ἐῷέν σε, ἀλλὰ
διακωλύοιεν; — Μὰ Δί' οὐ μέντοι ἄν, ἔφη, ἐῷεν. — Ἀλλὰ
τίνα μήν; — Ἔστιν τις ἡνίοχος παρὰ τοῦ πατρὸς μισθὸν
φέρων. — Πῶς λέγεις; Μισθωτῷ μᾶλλον ἐπιτρέπουσιν ἢ
σοὶ ποιεῖν ὅ τι ἂν βούληται περὶ τοὺς ἵππους, καὶ προσέτι
αὐτοῦ τούτου ἀργύριον τελοῦσιν; — Ἀλλὰ τί μήν; ἔφη. — b
Ἀλλὰ τοῦ ὀρικοῦ ζεύγους, οἶμαι, ἐπιτρέπουσίν σοι ἄρχειν,
κἂν εἰ βούλοιο λαβὼν τὴν μάστιγα τύπτειν, ἐῷεν ἄν. —
Πόθεν, ἦ δ' ὅς, ἐῷεν; — Τί δέ; ἦν δ' ἐγώ· οὐδενὶ ἔξεστιν
αὐτοὺς τύπτειν; — Καὶ μάλα, ἔφη, τῷ ὀρεοκόμῳ. — Δούλῳ
ὄντι ἢ ἐλευθέρῳ; — Δούλῳ, ἔφη.

— Καὶ δοῦλον, ὡς ἔοικεν, ἡγοῦνται περὶ πλείονος ἢ σὲ τὸν
ὑόν, καὶ ἐπιτρέπουσι τὰ ἑαυτῶν μᾶλλον ἢ σοί, καὶ ἐῶσιν
ποιεῖν ὅ τι βούλεται, σὲ δὲ διακωλύουσι; Καί μοι ἔτι τόδε c

Meister der Palaistra riefe nach ihm; es schien mir, als habe er die Opferschau.

2. Sokrates und Lysis über die Ziele der elterlichen Erziehung
2.1. Man verbietet den Kindern, worin sie unerfahren sind und erlaubt ihnen, worin sie sich schon auskennen

Dieser also ging weg; ich aber fragte den Lysis weiter, und sagte: Gewiß, o Lysis, lieben dich dein Vater und deine Mutter sehr? – Allerdings, sagte er. – Also wollten sie auch wohl, daß du so glücklich wärest als möglich? – Wie sollten sie nicht? –
Scheint dir aber der glücklich zu sein, welcher dient, und nichts e
tun darf, wozu er Lust hat? – Beim Zeus, mir nicht, sagte er. – Also wenn die Eltern dich lieben, und wünschen daß du glücklich seist: so sorgen sie doch gewiß auf alle Weise dafür, daß du ganz zufrieden bist? – Wie sollten sie nicht? sagte er. – Sie lassen dich also tun, was du willst, und schelten dich um nichts, oder verwehren dir etwas zu tun, wozu du Lust hast? – Ja wohl, beim Zeus, wehren sie mir, o Sokrates, und das gar Vieles. – Wie sagst du? sprach ich, Sie wollen, daß es dir wohl gehe, und
verwehren dir doch zu tun was du willst? Sage mir doch dieses. 208a
Wenn du Lust hättest, auf einem von des Vaters Wagen zu fahren, und die Zügel selbst zu führen, wenn Wettlauf gehalten wird, würden sie dich nicht lassen, sondern es dir verwehren? – Beim Zeus, sagte er, sie würden mich doch nicht lassen. – Aber wen denn? – Da ist ein Wagenführer, der bekommt seinen Lohn vom Vater. – Wie sagst du? und einem Mietling erlauben sie eher als dir zu tun was er will mit den Pferden, und geben
dem dafür auch noch Geld? – Aber wie anders? sprach er. – b
Doch das Maultiergespann glaube ich immer werden sie dir erlauben zu regieren, und auch wenn du die Peitsche nehmen und sie schlagen wolltest, würden sie es zugeben. – Woher, sagte er, würden sie es zugeben? – Wie denn, sprach ich, darf Niemand sie schlagen? – Ja freilich, sagte er, der Maultiertreiber. – Und ist der ein Knecht oder ein Freier? – Ein Knecht. – Einen Knecht also, wie es scheint, achten sie höher als dich ihren Sohn, und übergeben ihm das ihrige lieber als dir, und
lassen ihn tun was er will, dir aber verwehren sie es? So sage c
mir doch noch dieses, lassen sie dich wohl dich selbst regieren,

εἰπέ. Σὲ αὐτὸν ἐῶσιν ἄρχειν σεαυτοῦ, ἢ οὐδὲ τοῦτο ἐπιτρέπουσί σοι; — Πῶς γάρ, ἔφη, ἐπιτρέπουσιν; — Ἀλλ' ἄρχει τίς σου; — Ὅδε, παιδαγωγός, ἔφη. — Μῶν δοῦλος ὤν; — Ἀλλὰ τί μήν; Ἡμέτερός γε, ἔφη. — Ἦ δεινόν, ἦν δ' ἐγώ, ἐλεύθερον ὄντα ὑπὸ δούλου ἄρχεσθαι. Τί δὲ ποιῶν αὖ οὗτος ὁ παιδαγωγός σου ἄρχει; — Ἄγων δήπου, ἔφη, εἰς διδασκάλου. — Μῶν μὴ καὶ οὗτοί σου ἄρχουσιν, οἱ διδάσκαλοι; — Πάντως δήπου. — Παμπόλλους ἄρα σοι d
δεσπότας καὶ ἄρχοντας ἑκὼν ὁ πατὴρ ἐφίστησιν. Ἀλλ' ἆρα, ἐπειδὰν οἴκαδε ἔλθῃς παρὰ τὴν μητέρα, ἐκείνη σε ἐᾷ ποιεῖν ὅ τι ἂν βούλῃ, ἵν' αὐτῇ μακάριος ἦς, ἢ περὶ τὰ ἔρια ἢ περὶ τὸν ἱστόν, ὅταν ὑφαίνῃ; Οὔ τι γάρ που διακωλύει σε ἢ τῆς σπάθης ἢ τῆς κερκίδος ἢ ἄλλου του τῶν περὶ ταλασιουργίαν ὀργάνων ἅπτεσθαι. — Καὶ ὃς γελάσας· Μὰ Δία, ἔφη, ὦ Σώκρατες, οὐ μόνον γε διακωλύει, ἀλλὰ καὶ τυπτοίμην ἄν, e
εἰ ἁπτοίμην. — Ἡράκλεις, ἦν δ' ἐγώ, μῶν μή τι ἠδίκηκας τὸν πατέρα ἢ τὴν μητέρα; — Μὰ Δί' οὐκ ἔγωγε, ἔφη.

— Ἀλλ' ἀντὶ τίνος μὴν οὕτω σε δεινῶς διακωλύουσιν εὐδαίμονα εἶναι καὶ ποιεῖν ὅ τι ἂν βούλῃ, καὶ δι' ἡμέρας ὅλης τρέφουσί σε ἀεί τῳ δουλεύοντα καὶ ἑνὶ λόγῳ ὀλίγου ὧν ἐπιθυμεῖς οὐδὲν ποιοῦντα; Ὥστε σοι, ὡς ἔοικεν, οὔτε τῶν χρημάτων τοσούτων ὄντων οὐδὲν ὄφελος, ἀλλὰ πάντες αὐτῶν μᾶλλον ἄρχουσιν ἢ σύ, οὔτε τοῦ σώματος οὕτω γενναίου 209 a
ὄντος, ἀλλὰ καὶ τοῦτο ἄλλος ποιμαίνει καὶ θεραπεύει· σὺ δὲ ἄρχεις οὐδενός, ὦ Λύσι, οὐδὲ ποιεῖς οὐδὲν ὧν ἐπιθυμεῖς. — Οὐ γάρ πω, ἔφη, ἡλικίαν ἔχω, ὦ Σώκρατες.

— Μὴ οὐ τοῦτό σε, ὦ παῖ Δημοκράτους, κωλύῃ, ἐπεὶ τό γε τοσόνδε, ὡς ἐγᾧμαι, καὶ ὁ πατὴρ καὶ ἡ μήτηρ σοι ἐπιτρέπουσιν καὶ οὐκ ἀναμένουσιν ἕως ἂν ἡλικίαν ἔχῃς. Ὅταν γὰρ βούλωνται αὐτοῖς τι ἢ ἀναγνωσθῆναι ἢ γραφῆναι, σέ, ὡς ἐγᾧμαι, πρῶτον τῶν ἐν τῇ οἰκίᾳ ἐπὶ τοῦτο τάττουσιν. b
Ἦ γάρ; — Πάνυ γ', ἔφη. — Οὐκοῦν ἔξεστί σοι ἐνταῦθ' ὅ τι ἂν βούλῃ πρῶτον τῶν γραμμάτων γράφειν καὶ ὅ τι ἂν

oder erlauben sie dir auch dieses nicht? – Wie sollten sie das
doch erlauben! sagte er. – Sondern es regiert dich einer? – Hier
der Knabenführer, sprach er. – Ist der auch ein Knecht? – Was
sonst? unserer wenigstens. – Gewiß, sagte ich, das ist arg, daß
du ein Freier von einem Knechte regiert wirst! Was tut aber
eigentlich dieser Knabenführer, daß er dich regiert? – Er führt
mich eben zum Lehrer. – Und gebieten dir die etwa auch, die
Lehrer? – Allerdings ja. – Gar viele Herren und Gebieter setzt d
dir also dein Vater recht mit Bedacht. Aber doch wenn du nach
Hause kommst zur Mutter, läßt diese dich, damit du ihr recht
vergnügt seist, alles tun was du willst, es sei nun an der Wolle
oder am Weberstuhl, wenn sie webt? Denn gewiß, sie verbietet
dir weder die Weberlade anzurühren noch das Schiff, noch was
sonst irgend zu ihrer Weberei gehört? – Da lachte er und sagte,
beim Zeus, o Sokrates, nicht nur verbietet sie mirs, sondern ich e
bekäme gewiß Schläge, wenn ich etwas anrührte. – Herakles!
sagte ich, hast du auch etwa dem Vater etwas zu leide getan
oder der Mutter? – Beim Zeus, sagte er, ich nicht. – Aber
weshalb verwehren sie dir so mit Gewalt glücklich zu sein und
zu tun was du willst, und halten dich den ganzen Tag über
immer unter Jemandes Befehlen, mit einem Wort, daß du fast
gar nichts tun kannst, was du möchtest? So daß, wie es scheint,
dir weder aller dieser Reichtum etwas nutzt, denn jeder Andere
hat ja mehr darüber zu gebieten als du, noch auch diese so 209a
vorzügliche Gestalt, denn auch deinen Körper hütet und pflegt
ja ein Anderer: du aber, o Lysis, hast über nichts zu gebieten,
und kannst nichts tun was du möchtest. – Ich habe eben, sprach
er, noch nicht die Jahre dazu, o Sokrates. – Das mag es wohl
nicht sein, o Sohn des Demokrates, sagte ich, was dich hindert!
Denn dergleichen, glaube ich, überlassen dir doch der Vater
sowohl als die Mutter, und warten nicht erst bis du die Jahre
habest, zum Beispiel wenn sie etwas wollen vorgelesen haben
oder geschrieben, werden sie es, denke ich, dir eher auftragen b
als irgend einem im Hause. Nicht so? – Zuverlässig, sagte er. –
Und nicht wahr, hier steht dir frei, welchen Buchstaben du
willst zuerst zu schreiben und zum zweiten; und eben so beim
Lesen; und wenn du deine Lyra nimmst, glaube ich, wehrt dir
weder Vater noch Mutter, welche Saite du willst, höher zu

δεύτερον· καὶ ἀναγιγνώσκειν ὡσαύτως ἔξεστιν. Καὶ ἐπειδάν, ὡς ἐγῷμαι, τὴν λύραν λάβῃς, οὐ διακωλύουσί σε οὔτε ὁ πατὴρ οὔτε ἡ μήτηρ ἐπιτεῖναί τε καὶ ἀνεῖναι ἣν ἂν βούλῃ τῶν χορδῶν, καὶ ψῆλαι καὶ κρούειν τῷ πλήκτρῳ. Ἢ διακωλύουσιν; — Οὐ δῆτα. — Τί ποτ' ἂν οὖν εἴη, ὦ Λύσι, τὸ αἴτιον ὅτι ἐνταῦθα μὲν οὐ διακωλύουσιν, ἐν οἷς δὲ ἄρτι c ἐλέγομεν κωλύουσιν; — Ὅτι, οἶμαι, ἔφη, ταῦτα μὲν ἐπίσταμαι, ἐκεῖνα δ' οὔ.

— Εἶεν, ἦν δ' ἐγώ, ὦ ἄριστε· οὐκ ἄρα τὴν ἡλικίαν σου περιμένει ὁ πατὴρ ἐπιτρέπειν πάντα, ἀλλ' ᾗ ἂν ἡμέρᾳ ἡγήσηταί σε βέλτιον αὐτοῦ φρονεῖν, ταύτῃ ἐπιτρέψει σοι καὶ αὑτὸν καὶ τὰ αὑτοῦ. — Οἶμαι ἔγωγε, ἔφη. — Εἶεν, ἦν δ' ἐγώ· τί δέ; Τῷ γείτονι ἆρ' οὐχ ὁ αὐτὸς ὅρος ὅσπερ τῷ πατρὶ περὶ σοῦ; Πότερον οἴει αὐτὸν ἐπιτρέψειν σοι τὴν αὑτοῦ οἰκίαν d οἰκονομεῖν, ὅταν σε ἡγήσηται βέλτιον περὶ οἰκονομίας ἑαυτοῦ φρονεῖν, ἢ αὐτὸν ἐπιστατήσειν; — Ἐμοὶ ἐπιτρέψειν οἶμαι. — Τί δ'; Ἀθηναίους οἴει σοι οὐκ ἐπιτρέψειν τὰ αὑτῶν, ὅταν αἰσθάνωνται ὅτι ἱκανῶς φρονεῖς; — Ἔγωγε.

— Πρὸς Διός, ἦν δ' ἐγώ, τί ἄρα ὁ μέγας βασιλεύς; Πότερον τῷ πρεσβυτάτῳ ὑεῖ, οὗ ἡ τῆς Ἀσίας ἀρχὴ γίγνεται, μᾶλλον ἂν ἐπιτρέψειεν ἑψομένων κρεῶν ὅ τι ἂν βούληται ἐμβαλεῖν εἰς τὸν ζωμόν, ἢ ἡμῖν, εἰ ἀφικόμενοι παρ' ἐκεῖνον e ἐνδειξαίμεθα αὐτῷ ὅτι ἡμεῖς κάλλιον φρονοῦμεν ἢ ὁ ὑὸς αὐτοῦ περὶ ὄψου σκευασίας; — Ἡμῖν δῆλον ὅτι, ἔφη. — Καὶ τὸν μέν γε οὐδ' ἂν σμικρὸν ἐάσειεν ἐμβαλεῖν· ἡμᾶς δέ, κἂν εἰ βουλοίμεθα δραξάμενοι τῶν ἁλῶν, ἐῴη ἂν ἐμβαλεῖν. — Πῶς γὰρ οὔ; — Τί δ' εἰ τοὺς ὀφθαλμοὺς ὁ ὑὸς αὐτοῦ ἀσθενοῖ, ἆρα ἐῴη ἂν αὐτὸν ἅπτεσθαι τῶν ἑαυτοῦ ὀφθαλμῶν, μὴ ἰατρικὸν ἡγούμενος, ἢ κωλύοι ἄν; — Κωλύοι ἄν. — 210 a Ἡμᾶς δέ γε εἰ ὑπολαμβάνοι ἰατρικοὺς εἶναι, κἂν εἰ βουλοίμεθα διανοίγοντες τοὺς ὀφθαλμοὺς ἐμπάσαι τῆς τέφρας, οἶμαι, οὐκ ἂν κωλύσειεν, ἡγούμενος ὀρθῶς φρονεῖν. — Ἀληθῆ λέγεις. — Ἆρ' οὖν καὶ τἆλλα πάντα ἡμῖν ἐπιτρέποι ἂν μᾶλ-

stimmen oder tiefer, und mit dem Finger zu kneipen oder mit
dem Plektron zu schlagen. Oder verwehren sie dirs? – Ganz
und gar nicht. – Was mag also nur, o Lysis, die Ursach sein, daß
sie dir hier nicht wehren, wohl aber in dem, was wir vorher c
sagten? – Ich glaube, sprach er, weil ich dieses verstehe, jenes
aber nicht. – Wohl, antwortete ich, Bester! Nicht also deine
Jahre erwartet dein Vater, um dir alles zu überlassen, sondern
welchen Tag er glauben wird, du seist klüger als er, an dem
wird er dir sich selbst und alles das Seinige überlassen. – Das
glaube ich selbst, sagte er. – Wohl, sprach ich; wie aber der
Nachbar? hat der nicht dieselbe Regel deinetwegen, wie dein
Vater? Meinst du, er wird dir sein Hauswesen zu verwalten d
überlassen, sobald er glaubt, du verstehest dich besser auf die
Haushaltungskunst als er, oder er wird ihm dann noch selbst
vorstehen wollen? – Er wird es mir überlassen, meine ich. –
Und wie die Athener? glaubst du, sie werden dir nicht ihre
Angelegenheiten übergeben, wenn sie merken, daß du Klug-
heit genug besitzest? – Ich glaube es. – Und beim Zeus, fuhr ich
fort, wie wohl der große König? ob er wohl seinem ältesten
Sohn, auf den die Regierung von Asien kommt, wenn Fleisch
gekocht wird eher erlauben wird alles in die Brühe zu werfen, e
was er nur hineinwerfen will, als uns, wenn wir nämlich zu ihm
kämen, und ihm zeigten, daß wir uns besser verständen als sein
Sohn auf die Zubereitung der Speisen? – Uns offenbar, sagte
er. – Und jenen zwar würde er auch nicht das mindeste hinein-
werfen lassen, uns aber, wollten wir auch ganze Hände voll
Salz nehmen, ließe er doch hineinwerfen. – Wie sollte er nicht? –
Wie aber wenn sein Sohn an den Augen litte, ließ er ihn wohl
an seinen eignen Augen etwas tun, wenn er ihn für keinen Arzt 210a
hält, oder verböte er es ihm? – Er verböte es gewiß. – Uns aber,
wenn er uns für Arzneikundige hielte, wollten wir ihm auch
die Augen aufreißen und mit Asche einstreuen, würde er doch,
meine ich, nicht wehren, wenn er glaubte, daß wir es gründlich
verständen. – Du hast Recht. – Würde er nicht auch alles an-
dere eher uns überlassen als sich und seinem Sohne, worin
nämlich wir ihm weiser zu sein schienen als sie beide? – Not-
wendig, o Sokrates.

λον ἢ ἑαυτῷ καὶ τῷ ὑεῖ, περὶ ὅσων ἂν δόξωμεν αὐτῷ σοφώτεροι ἐκείνων εἶναι; — Ἀνάγκη, ἔφη, ὦ Σώκρατες.

— Οὕτως ἄρα ἔχει, ἦν δ' ἐγώ, ὦ φίλε Λύσι· εἰς μὲν ταῦτα, ἃ ἂν φρόνιμοι γενώμεθα, ἅπαντες ἡμῖν ἐπιτρέψουσιν, b
Ἕλληνές τε καὶ βάρβαροι καὶ ἄνδρες καὶ γυναῖκες, ποιήσομέν τε ἐν τούτοις ὅ τι ἂν βουλώμεθα, καὶ οὐδεὶς ἡμᾶς ἑκὼν εἶναι ἐμποδιεῖ, ἀλλ' αὐτοί τε ἐλεύθεροι ἐσόμεθα ἐν αὐτοῖς καὶ ἄλλων ἄρχοντες, ἡμέτερά τε ταῦτα ἔσται· ὀνησόμεθα γὰρ ἀπ' αὐτῶν· εἰς ἃ δ' ἂν νοῦν μὴ κτησώμεθα, οὔτε τις ἡμῖν ἐπιτρέψει περὶ αὐτὰ ποιεῖν τὰ ἡμῖν δοκοῦντα, ἀλλ' ἐμποδιοῦσι πάντες καθ' ὅ τι ἂν δύνωνται, οὐ μόνον οἱ c
ἀλλότριοι, ἀλλὰ καὶ ὁ πατὴρ καὶ ἡ μήτηρ καὶ εἴ τι τούτων οἰκειότερόν ἐστιν, αὐτοί τε ἐν αὐτοῖς ἐσόμεθα ἄλλων ὑπήκοοι, καὶ ἡμῖν ἔσται ἀλλότρια· οὐδὲν γὰρ ἀπ' αὐτῶν ὀνησόμεθα. Συγχωρεῖς οὕτως ἔχειν; — Συγχωρῶ.

— Ἆρ' οὖν τῳ φίλοι ἐσόμεθα καί τις ἡμᾶς φιλήσει ἐν τούτοις, ἐν οἷς ἂν ὦμεν ἀνωφελεῖς; — Οὐ δῆτα, ἔφη. — Νῦν ἄρα οὐδὲ σὲ ὁ πατὴρ οὐδὲ ἄλλος ἄλλον οὐδένα φιλεῖ, καθ' ὅσον ἂν ᾖ ἄχρηστος. — Οὐκ ἔοικεν, ἔφη. — Ἐὰν μὲν ἄρα σοφὸς γένῃ, ὦ παῖ, πάντες σοι φίλοι καὶ πάντες σοι οἰκεῖοι d
ἔσονται· χρήσιμος γὰρ καὶ ἀγαθὸς ἔσει· εἰ δὲ μή, σοὶ οὔτε ἄλλος οὐδεὶς οὔτε ὁ πατὴρ φίλος ἔσται οὔτε ἡ μήτηρ οὔτε οἱ οἰκεῖοι. Οἷόν τε οὖν ἐπὶ τούτοις, ὦ Λύσι, μέγα φρονεῖν, ἐν οἷς τις μήπω φρονεῖ; -- Καὶ πῶς ἄν; ἔφη. — Εἰ δ' ἄρα σὺ διδασκάλου δέει, οὔπω φρονεῖς. — Ἀληθῆ. — Οὐδ' ἄρα μεγαλόφρων εἶ, εἴπερ ἄφρων ἔτι. — Μὰ Δία, ἔφη, ὦ Σώκρατες, οὔ μοι δοκεῖ.

— Καὶ ἐγὼ ἀκούσας αὐτοῦ ἀπέβλεψα πρὸς τὸν Ἱπποθάλη, e
καὶ ὀλίγου ἐξήμαρτον· ἐπῆλθε γάρ μοι εἰπεῖν ὅτι· Οὕτω χρή, ὦ Ἱππόθαλες, τοῖς παιδικοῖς διαλέγεσθαι, ταπεινοῦντα καὶ συστέλλοντα, ἀλλὰ μὴ ὥσπερ σὺ χαυνοῦντα καὶ διαθρύπτοντα. Κατιδὼν οὖν αὐτὸν ἀγωνιῶντα καὶ τεθορυβημένον

2.2. *Einsicht als Bedingung von Freundschaft und Liebe*

– So verhält es sich also, lieber Lysis, sagte ich. Darüber, wo-
von wir uns richtige Einsichten erworben, wird Jedermann b
uns schalten lassen, Hellenen und Ausländer, Männer wie
Frauen; wir werden darin tun was wir nur wollen, und Nie-
mand wird uns gern hindern, sondern wir werden hierin ganz
frei sein, und auch gebietend über Andere, und dieses wird das
unsrige sein, denn wir werden Genuß davon haben. Wovon
wir aber keinen Verstand erlangt haben, damit wird uns Nie-
mand verstatten zu tun was uns gut dünkt; sondern Alle wer-
den uns hinderlich sein, soviel sie können, nicht die Fremden c
allein, sondern Vater und Mutter, und wenn uns Jemand noch
näher verwandt sein könnte als sie. Vielmehr werden wir selbst
was diese Dinge betrifft Andern folgsam sein, und sie werden
uns also fremd sein, denn wir werden keinen Genuß von ihnen
haben. Räumst du ein, daß es sich so verhalte? – Ich räume es
ein. – Werden wir also Jemanden lieb sein, und wird uns Je-
mand lieben in Hinsicht auf dasjenige, wozu wir unnütz sind? –
Nicht füglich, sagte er. – Jetzt also liebt weder dich dein Vater
noch sonst Jemand Jemanden in sofern er unbrauchbar ist. –
Es ist nicht zu glauben, sagte er. – Wenn du aber verständig
wirst, o Sohn, dann werden Alle dir freund und alle dir zugetan d
sein: denn du wirst brauchbar sein und gut. Wenn aber nicht: so
wird weder irgend ein Anderer dir freund sein, noch selbst
dein Vater, oder deine Mutter, oder deine Verwandten. Ist es
also wohl möglich, o Lysis, sich damit viel zu wissen, worin
man noch nichts weiß? – Und wie könnte man, sagte er. –
Wenn also du noch des Lehrers bedarfst, weißt du noch nicht? –
Richtig. – Also weißt du dich auch nicht viel wenn du doch
noch unwissend bist. – Wahrlich, o Sokrates, sagte er, ich glau-
be auch nicht.

2.3. *Lysis fordert Sokrates auf, auch mit Menexenos zu diskutieren*

Als ich dies von ihm hörte, sah ich mich um nach dem Hip- e
pothales, und beinahe hätte ich mich verredet. Denn ich war
schon im Begriff zu sagen: So, o Hippothales, muß man mit
dem Liebling reden, ihn demütigend und zur Ordnung brin-
gend, nicht aber ihn aufblähend und verwöhnend. Da ich ihm

ὑπὸ τῶν λεγομένων, ἀνεμνήσθην ὅτι καὶ προσεστὼς λανθάνειν τὸν Λύσιν ἐβούλετο· ἀνέλαβον οὖν ἐμαυτὸν καὶ ἐπέσχον τοῦ λόγου.

Καὶ ἐν τούτῳ ὁ Μενέξενος πάλιν ἧκεν, καὶ ἐκαθέζετο 211 a
παρὰ τὸν Λύσιν, ὅθεν καὶ ἐξανέστη. Ὁ οὖν Λύσις μάλα παιδικῶς καὶ φιλικῶς, λάθρᾳ τοῦ Μενεξένου, σμικρὸν πρός με λέγων ἔφη· Ὦ Σώκρατες, ἅπερ καὶ ἐμοὶ λέγεις, εἰπὲ καὶ Μενεξένῳ. — Καὶ ἐγὼ εἶπον· Ταῦτα μὲν σὺ αὐτῷ ἐρεῖς, ὦ Λύσι· πάντως γὰρ προσεῖχες τὸν νοῦν. — Πάνυ μὲν οὖν, ἔφη. — Πειρῶ τοίνυν, ἦν δ' ἐγώ, ἀπομνημονεῦσαι αὐτὰ ὅ τι μάλιστα, ἵνα τούτῳ σαφῶς πάντα εἴπῃς· b
ἐὰν δέ τι αὐτῶν ἐπιλάθῃ, αὖθίς με ἀνερέσθαι ὅταν ἐντύχῃς πρῶτον. — Ἀλλὰ ποιήσω, ἔφη, ταῦτα, ὦ Σώκρατες, πάνυ σφόδρα, εὖ ἴσθι. Ἀλλά τι ἄλλο αὐτῷ λέγε, ἵνα καὶ ἐγὼ ἀκούω, ἕως ἂν οἴκαδε ὥρα ᾖ ἀπιέναι. — Ἀλλὰ χρὴ ποιεῖν ταῦτα, ἦν δ' ἐγώ, ἐπειδή γε καὶ σὺ κελεύεις· ἀλλὰ ὅρα ὅπως ἐπικουρήσεις μοι, ἐάν με ἐλέγχειν ἐπιχειρῇ ὁ Μενέξενος· ἢ οὐκ οἶσθα ὅτι ἐριστικός ἐστιν; — Ναὶ μὰ Δία, ἔφη, σφόδρα γε· διὰ ταῦτά τοι καὶ βούλομαί σε αὐτῷ διαλέ- c
γεσθαι. — Ἵνα, ἦν δ' ἐγώ, καταγέλαστος γένωμαι; — Οὐ μὰ Δία, ἔφη, ἀλλ' ἵνα αὐτὸν κολάσῃς. — Πόθεν; ἦν δ' ἐγώ· οὐ ῥᾴδιον· δεινὸς γὰρ ὁ ἄνθρωπος, Κτησίππου μαθητής. Πάρεστι δέ τοι αὐτός, οὐχ ὁρᾷς; Κτήσιππος. — Μηδενός σοι, ἔφη, μελέτω, ὦ Σώκρατες, ἀλλ' ἴθι διαλέγου αὐτῷ. — Διαλεκτέον, ἦν δ' ἐγώ.

Ταῦτα οὖν ἡμῶν λεγόντων πρὸς ἡμᾶς αὐτούς· Τί ὑμεῖς, ἔφη ὁ Κτήσιππος, αὐτὼ μόνω ἑστιᾶσθον, ἡμῖν δὲ οὐ μεταδίδοτον τῶν λόγων; — Ἀλλὰ μήν, ἦν δ' ἐγώ, μεταδο- d
τέον. Ὅδε γάρ τι ὧν λέγω οὐ μανθάνει, ἀλλά φησιν οἴεσθαι Μενέξενον εἰδέναι, καὶ κελεύει τοῦτον ἐρωτᾶν.

— Τί οὖν, ἦ δ' ὅς, οὐκ ἐρωτᾷς; — Ἀλλ' ἐρήσομαι, ἦν δ'

aber ansah, wie er ganz in Angst und Verwirrung war über das
Gesagte, erinnerte ich mich, daß er wollte, Lysis solle nicht
einmal merken, daß er dabei stehe. Also begriff ich mich wie-
der, und hielt mit der Rede an mich, und darüber kam auch 211a
Menexenos zurück, und setzte sich neben den Lysis, von wel-
chem Platz er aufgestanden war. Lysis nun gar kindlich und
freundlich, sagte mir ganz leise damit es Menexenos nicht höre,
Was du mir gesagt hast, o Sokrates, das sage doch auch dem
Menexenos. – Ich antwortete, Dieses kannst du ihm ja sagen, o
Lysis, denn du hast sehr genau Acht gegeben. – Das freilich,
sagte er. – Versuche also, sprach ich, es möglichst im Gedächt-
nisse zu behalten, damit du ihm alles genau sagen kannst; soll- b
test du aber etwas davon vergessen haben, so frage mich wie-
der, sobald du mich nur antriffst. – Wohl, sagte er, so will ich es
machen, o Sokrates, aufs allergenauste, verlasse dich darauf.
Aber sage ihm etwas anderes, damit ich auch zuhöre, bis es Zeit
ist nach Hause zu gehen. – Ja, das muß ich wohl tun, sprach ich,
zumal du es wünschest. Aber sieh auch zu, wie du mir helfen
willst, wenn Menexenos drauf ausgeht mich zu widerlegen.
Oder weißt du nicht, daß er sehr streitbar ist? – Ja, beim Zeus,
sagte er, gewaltig. Deshalb eben will ich, daß du dich mit ihm c
unterredest. – So, sprach ich, damit ich mich lächerlich mache? –
Nein, beim Zeus, sondern damit du ihn etwas züchtigest. –
Woher? sprach ich, das ist nicht leicht. Denn er ist ein gewal-
tiger Mensch, ein Schüler des Ktesippos; und da ist auch er
selbst, siehst du ihn nicht? der Ktesippos! – Kümmere du dich
um niemand, o Sokrates, sagte er, sondern geh rede mit ihm. –
So muß ich wohl anfangen, sprach ich. – Indem wir dieses noch
unter uns redeten, fragte Ktesippos: Ihr da, was tut ihr euch da
gütlich allein, wovon ihr uns nichts mitteilen wollt? – Aller- d
dings, sagte ich, wollen wir mitteilen. Dieser nämlich versteht
etwas nicht, was ich sage, meint aber Menexenos werde es
wissen, und heißt mich, diesen fragen. – Warum also fragst du
ihn nicht? sagte Ktesippos. – Eben will ich es tun, sprach ich.

ἐγώ. Καί μοι εἰπέ, ὦ Μενέξενε, ὃ ἄν σε ἔρωμαι. Τυγχάνω
γὰρ ἐκ παιδὸς ἐπιθυμῶν κτήματός του, ὥσπερ ἄλλος ἄλλου.
Ὁ μὲν γάρ τις ἵππους ἐπιθυμεῖ κτᾶσθαι, ὁ δὲ κύνας, ὁ δὲ e
χρυσίον, ὁ δὲ τιμάς· ἐγὼ δὲ πρὸς μὲν ταῦτα πρᾴως ἔχω,
πρὸς δὲ τὴν τῶν φίλων κτῆσιν πάνυ ἐρωτικῶς, καὶ βουλοί-
μην ἂν μοι φίλον ἀγαθὸν γενέσθαι μᾶλλον ἢ τὸν ἄριστον ἐν
ἀνθρώποις ὄρτυγα ἢ ἀλεκτρυόνα, καὶ ναὶ μὰ Δία ἔγωγε
μᾶλλον ἢ ἵππον τε καὶ κύνα· οἶμαι δέ, νὴ τὸν κύνα, μᾶλλον
ἢ τὸ Δαρείου χρυσίον κτήσασθαι δεξαίμην πολὺ πρότερον
ἑταῖρον [μᾶλλον ἢ αὐτὸν Δαρεῖον]· οὕτως ἐγὼ φιλέταιρός
τίς εἰμι. Ὑμᾶς οὖν ὁρῶν, σέ τε καὶ Λύσιν, ἐκπέπληγμαι 212 a
καὶ εὐδαιμονίζω ὅτι οὕτω νέοι ὄντες οἷοί τ᾽ ἐστὸν τοῦτο τὸ
κτῆμα ταχὺ καὶ ῥᾳδίως κτᾶσθαι, καὶ σύ τε τοῦτον οὕτω
φίλον ἐκτήσω ταχύ τε καὶ σφόδρα, καὶ αὖ οὗτος σέ· ἐγὼ δὲ
οὕτω πόρρω εἰμὶ τοῦ κτήματος, ὥστε οὐδ᾽ ὅντινα τρόπον
γίγνεται φίλος ἕτερος ἑτέρου οἶδα, ἀλλὰ ταῦτα δὴ αὐτά σε
βούλομαι ἐρέσθαι ἅτε ἔμπειρον.

Καί μοι εἰπέ· ἐπειδάν τίς τινα φιλῇ, πότερος ποτέρου
φίλος γίγνεται, ὁ φιλῶν τοῦ φιλουμένου ἢ ὁ φιλούμενος τοῦ b
φιλοῦντος· ἢ οὐδὲν διαφέρει; — Οὐδέν, ἔφη, ἔμοιγε δοκεῖ
διαφέρειν. — Πῶς λέγεις; ἦν δ᾽ ἐγώ· ἀμφότεροι ἄρα
ἀλλήλων φίλοι γίγνονται, ἐὰν μόνος ὁ ἕτερος τὸν ἕτερον
φιλῇ; — Ἔμοιγε, ἔφη, δοκεῖ. — Τί δέ; Οὐκ ἔστιν φιλοῦντα
μὴ ἀντιφιλεῖσθαι ὑπὸ τούτου ὃν ἂν φιλῇ; — Ἔστιν. — Τί
δέ; Ἆρα ἔστιν καὶ μισεῖσθαι φιλοῦντα; Οἷόν που ἐνίοτε
δοκοῦσι καὶ οἱ ἐρασταὶ πάσχειν πρὸς τὰ παιδικά· φιλοῦντες
γὰρ ὡς οἷόν τε μάλιστα οἱ μὲν οἴονται οὐκ ἀντιφιλεῖσθαι, c
οἱ δὲ καὶ μισεῖσθαι· ἢ οὐκ ἀληθές δοκεῖ σοι τοῦτο; —
Σφόδρα γε, ἔφη, ἀληθές. — Οὐκοῦν ἐν τῷ τοιούτῳ, ἦν δ᾽
ἐγώ, ὁ μὲν φιλεῖ, ὁ δὲ φιλεῖται; — Ναί. — Πότερος οὖν
αὐτῶν ποτέρου φίλος ἐστίν; ὁ φιλῶν τοῦ φιλουμένου, ἐάν
τε μὴ ἀντιφιλῆται ἐάν τε καὶ μισῆται, ἢ ὁ φιλούμενος τοῦ

3. Sokrates und Menexenos: Ein erfolgloser Versuch zu bestimmen, wer zum Freund wird und wie, ob der Liebende des Geliebten Freund wird oder der Geliebte des Liebenden

Sage mir also, o Menexenos, was ich dich fragen werde. Ich trage nämlich von Kindheit an groß Verlangen nach einer Sache, wie denn Jeder so die seinige hat. Denn einer hat große Lust Pferde zu haben, einer Hunde, einer Geld, einer Ehre. Ich e
aber bin gegen alle diese Dinge ziemlich gleichgültig, dagegen aber auf den Besitz von Freunden ganz leidenschaftlich, und einen guten Freund zu haben wäre mir lieber als die beste Wachtel oder der beste Hahn von der Welt; ja, beim Zeus, lieber als ein Pferd oder ein Hund; und ich glaube beim Hunde, ich würde allem Golde des Dareios bei weitem den Besitz eines Freundes vorziehn, weit mehr noch als Dareios selbst; so sehr bin ich ein Freundelieb. Indem ich nun euch sehe, dich und den 212a
Lysis, bin ich erstaunt und preise euch glücklich, daß euch so jung schon gelungen ist dieses Besitztum schnell und leicht zu erwerben, und du dir diesen so schnell und sehr zum Freunde erworben hast, und dieser wiederum dich. Ich aber bin so weit von der Sache, daß ich nicht einmal dieses weiß, auf welche Art einer des andern Freund wird, sondern eben dieses von dir erfragen will, als einem Kundigen. Sage mir also, wenn einer einen liebt, welcher wird des andern Freund, der Liebende des b
Geliebten, oder der Geliebte des Liebenden? oder macht das keinen Unterschied? – Mir wenigstens, sagte er, scheint es keinen Unterschied zu machen. – Wie sagst du? sprach ich! beide also werden einander freund, wenn auch nur der eine den andern liebt? – Mich wenigstens, sagte er, dünkt es so. – Wie doch? geschieht es nicht, daß der liebende nicht wieder geliebt wird von dem den er liebt? – Es geschieht. – Und wie? geschieht es auch, daß der Liebende gehaßt wird? wie doch manchmal die Liebhaber mit den Lieblingen dran zu sein glauben. Denn wiewohl liebend so sehr es nur irgend möglich ist, c
meinen doch Einige, daß sie nicht wieder geliebt, Andere gar, daß sie gehaßt werden. – Oder dünkt dich dieses nicht wahr zu sein? – Sehr wahr, sagte er. – Und in einem solchen Falle, sprach ich, liebt doch der Eine, der Andere wird geliebt? – Ja. – Welcher also von ihnen ist des Andern Freund? der Liebende

φιλοῦντος; ἢ οὐδέτερος αὖ ἐν τῷ τοιούτῳ οὐδετέρου φίλος ἐστίν, ἂν μὴ ἀμφότεροι ἀλλήλους φιλῶσιν; — Ἔοικε γοῦν οὕτως ἔχειν. — Ἀλλοίως ἄρα νῦν ἡμῖν δοκεῖ ἢ πρό- d
τερον ἔδοξεν. Τότε μὲν γάρ, εἰ ὁ ἕτερος φιλοῖ, φίλω εἶναι ἄμφω· νῦν δέ, ἂν μὴ ἀμφότεροι φιλῶσιν, οὐδέτερος φίλος. — Κινδυνεύει, ἔφη. — Οὐκ ἄρα ἐστὶν φίλον τῷ φιλοῦντι οὐδὲν μὴ οὐκ ἀντιφιλοῦν. — Οὐκ ἔοικεν. — Οὐδ' ἄρα φίλιπποί εἰσιν οὓς ἂν οἱ ἵπποι μὴ ἀντιφιλῶσιν, οὐδὲ φιλόρτυγες, οὐδ' αὖ φιλόκυνές γε καὶ φίλοινοι καὶ φιλογυμνασταὶ καὶ φιλόσοφοι, ἂν μὴ ἡ σοφία αὐτοὺς ἀντιφιλῇ. Ἢ φιλοῦσι μὲν ταῦτα ἕκαστοι, οὐ μέντοι φίλα ὄντα, ἀλλὰ ψεύδεθ' ὁ e
ποιητής, ὃς ἔφη·

ὄλβιος, ᾧ παῖδές τε φίλοι καὶ μώνυχες ἵπποι
καὶ κύνες ἀγρευταὶ καὶ ξένος ἀλλοδαπός;

— Οὐκ ἔμοιγε δοκεῖ, ἦ δ' ὅς. — Ἀλλ' ἀληθῆ δοκεῖ λέγειν σοι; — Ναί.

— Τὸ φιλούμενον ἄρα τῷ φιλοῦντι φίλον ἐστίν, ὡς ἔοικεν, ὦ Μενέξενε, ἐάν τε μὴ φιλῇ ἐάν τε καὶ μισῇ· οἷον καὶ τὰ νεωστὶ γεγονότα παιδία, τὰ μὲν οὐδέπω φιλοῦντα, τὰ δὲ καὶ μισοῦντα, ὅταν κολάζηται ὑπὸ τῆς μητρὸς ἢ ὑπὸ τοῦ 213 a
πατρός, ὅμως καὶ μισοῦντα ἐν ἐκείνῳ τῷ χρόνῳ πάντων μάλιστά ἐστι τοῖς γονεῦσι φίλτατα. — Ἔμοιγε δοκεῖ, ἔφη, οὕτως ἔχειν. — Οὐκ ἄρα ὁ φιλῶν φίλος ἐκ τούτου τοῦ λόγου, ἀλλ' ὁ φιλούμενος. — Ἔοικεν. — Καὶ ὁ μισούμενος ἐχθρὸς ἄρα, ἀλλ' οὐχ ὁ μισῶν. — Φαίνεται. — Πολλοὶ ἄρα ὑπὸ τῶν ἐχθρῶν φιλοῦνται, ὑπὸ δὲ τῶν φίλων μισοῦνται, καὶ τοῖς μὲν ἐχθροῖς φίλοι εἰσίν, τοῖς δὲ φίλοις ἐχθροί, εἰ τὸ φιλού- b
μενον φίλον ἐστίν, ἀλλὰ μὴ τὸ φιλοῦν. Καίτοι πολλὴ ἀλογία, ὦ φίλε ἑταῖρε, μᾶλλον δέ, οἶμαι, καὶ ἀδύνατον, τῷ τε φίλῳ ἐχθρὸν καὶ τῷ ἐχθρῷ φίλον εἶναι. — Ἀληθῆ, ἔφη, ἔοικας λέγειν, ὦ Σώκρατες.

— Οὐκοῦν εἰ τοῦτ' ἀδύνατον, τὸ φιλοῦν ἂν εἴη φίλον τοῦ φιλουμένου. — Φαίνεται. — Τὸ μισοῦν ἄρα πάλιν ἐχθρὸν

des Geliebten, mag er nun wieder geliebt werden oder auch gehaßt? oder der Geliebte des Liebenden? Oder ist im Gegenteil keiner von beiden in diesem Falle des Andern Freund, wenn nicht beide einander lieben? – Es hat wohl das Ansehen, als verhielte es sich auf die letzte Art. – Anders also scheint es d
uns jetzt als es vorher schien. Damals nämlich, daß wenn auch nur der Eine liebt, beide Freunde wären: jetzt aber, daß wenn nicht beide lieben, keiner Freund ist. – So kommt es heraus, sagte er. – Das Liebende ist also auch keinem freund, was nicht wiederliebt? – Es scheint nicht. – Also ist auch der kein Pferdefreund, den seine Pferde nicht wieder lieben, noch auch Wachtelfreund, noch Hundefreund, noch Weinfreund, noch Weisheitsfreund, welchen die Weisheit nicht wiederliebt? Oder liebt zwar Jeder von diesen seinen Gegenstand, ist ihm aber e
doch nicht freund, sondern der Dichter hat unrichtig gesprochen, welcher sagt: Glücklich, wer, denen er freund ist, Kinder und mutige Pferde, Hunde zur Jagd, Gastfreund' auch in der Ferne besitzt? – Nicht so scheint es mir wenigstens. – Sondern richtig dünkt er dich zu reden? – Ja. – Der Liebende ist also allerdings dem Geliebten freund, wie es scheint, o Menexenos, dieser mag ihn nun lieben oder hassen. So wie auch den Kindern, teils den ganz jungen, welche noch nicht lieben, teils auch denen, welche hassen, wenn sie eben von der Mutter oder dem 213a
Vater gezüchtiget worden, dennoch selbst in dieser Zeit, wenn sie hassen, die Eltern über alles in der Welt freund sind. – Mir, sagte er, scheint es so zu sein. – Nicht also der Geliebte ist Freund nach dieser Rede, sondern der Liebende. – Das ist deutlich. – Also ist auch der Hassende feind, nicht der Gehaßte? – So scheint es. – Viele also lieben die, welche ihnen feind sind, und hassen dagegen die, welche ihnen freund sind, und sind also den Feinden freund und dagegen den Freunden feind, b
wenn nämlich der Liebende Freund ist, und nicht der Geliebte? Dieses aber ist doch große Unvernunft, lieber Freund, oder vielmehr, glaube ich, gar unmöglich, dem Feinde freund sein und dem Freunde feind? – Sehr recht, sagte er, hast du offenbar, o Sokrates. – Also wenn dieses unmöglich ist, so wäre wohl der Geliebte dem Liebenden freund? – Das leuchtet ein. – Also auch der Gehaßte dem Hassenden feind? – Notwendig. –

τοῦ μισουμένου. — Ἀνάγκη. — Οὐκοῦν ταὐτὰ ἡμῖν συμβή-
σεται ἀναγκαῖον εἶναι ὁμολογεῖν, ἅπερ ἐπὶ τῶν πρότερον, c
πολλάκις φίλον εἶναι μὴ φίλου, πολλάκις δὲ καὶ ἐχθροῦ,
ὅταν ἢ μὴ φιλοῦν τις φιλῇ ἢ καὶ μισοῦν φιλῇ· πολλάκις δ᾽
ἐχθρὸν εἶναι μὴ ἐχθροῦ ἢ καὶ φίλου, ὅταν ἢ μὴ μισοῦν τις
μισῇ ἢ καὶ φιλοῦν μισῇ. — Κινδυνεύει, ἔφη.

— Τί οὖν δὴ χρησώμεθα, ἦν δ᾽ ἐγώ, εἰ μήτε οἱ φιλοῦντες
φίλοι ἔσονται μήτε οἱ φιλούμενοι μήτε οἱ φιλοῦντές τε καὶ
φιλούμενοι, ἀλλὰ καὶ παρὰ ταῦτα ἄλλους τινὰς ἔτι φήσομεν
εἶναι φίλους ἀλλήλοις γιγνομένους; — Οὐ μὰ τὸν Δία, ἔφη,
ὦ Σώκρατες, οὐ πάνυ εὐπορῶ ἔγωγε. — Ἆρα μή, ἦν δ᾽
ἐγώ, ὦ Μενέξενε, τὸ παράπαν οὐκ ὀρθῶς ἐζητοῦμεν; — d
Οὐκ ἔμοιγε δοκεῖ, ἔφη, ὦ Σώκρατες, ὁ Λύσις. Καὶ ἅμα
εἰπὼν ἠρυθρίασεν· ἐδόκει γάρ μοι ἄκοντ᾽ αὐτὸν ἐκφεύγειν
τὸ λεχθὲν διὰ τὸ σφόδρα προσέχειν τὸν νοῦν τοῖς λεγομένοις·
δῆλος δ᾽ ἦν καὶ ὅτε ἠκροᾶτο οὕτως ἔχων.

Ἐγὼ οὖν βουλόμενος τόν τε Μενέξενον ἀναπαῦσαι καὶ
ἐκείνου ἡσθεὶς τῇ φιλοσοφίᾳ, οὕτω μεταβαλὼν πρὸς τὸν
Λύσιν ἐποιούμην τοὺς λόγους, καὶ εἶπον· — Ὦ Λύσι, e
ἀληθῆ μοι δοκεῖς λέγειν ὅτι εἰ ὀρθῶς ἡμεῖς ἐσκοποῦμεν, οὐκ
ἄν ποτε οὕτως ἐπλανώμεθα. Ἀλλὰ ταύτῃ μὲν μηκέτι ἴωμεν·
καὶ γὰρ χαλεπή τίς μοι φαίνεται ὥσπερ ὁδὸς ἡ σκέψις· ᾗ δὲ
ἐτράπημεν, δοκεῖ μοι χρῆναι ἰέναι, σκοποῦντας [τὰ] κατὰ
τοὺς ποιητάς· οὗτοι γὰρ ἡμῖν ὥσπερ πατέρες τῆς σοφίας 214 a
εἰσὶν καὶ ἡγεμόνες. Λέγουσι δὲ δήπου οὐ φαύλως ἀποφαινό-
μενοι περὶ τῶν φίλων, οἳ τυγχάνουσιν ὄντες· ἀλλὰ τὸν θεὸν
αὐτόν φασιν ποιεῖν φίλους αὐτούς, ἄγοντα παρ᾽ ἀλλήλους.
Λέγουσι δέ πως ταῦτα, ὡς ἐγᾦμαι, ὡδί·

αἰεί τοι τὸν ὁμοῖον ἄγει θεὸς ὡς τὸν ὁμοῖον

καὶ ποιεῖ γνώριμον· ἢ οὐκ ἐντετύχηκας τούτοις τοῖς ἔπε- b
σιν; — Ἔγωγ᾽, ἔφη.

Wird aber nicht so herauskommen, daß wir notwendig dasselbe zugeben müssen, wie bei dem Vorigen, daß oft einer freund c
ist dem der ihm nicht freund ist, oft auch dem, der ihm feind ist, wenn Jemand geliebt wird nicht wieder liebend, oder wohl gar hassend; daß auch oft einer feind ist dem der ihm nicht feind ist, sondern wohl gar freund, wenn Jemand gehaßt wird nicht wieder hassend, oder wohl gar liebend? – So scheint es zu werden, sagte er. – Was also sollen wir machen, sprach ich, wenn weder die Liebenden Freunde sein sollen, noch auch die Geliebten, noch auch nur die zugleich Liebenden und Geliebten, sondern wir von Andern außer diesen behaupten sollen, daß sie einander freund werden? – Beim Zeus, sagte er, o Sokrates, ich weiß gar keinen Rat. – Haben wir auch etwa, sprach ich, o Menexenos, unsere Untersuchung überall unrich- d
tig angelegt? – So dünkt es mich wohl, o Sokrates, sagte Lysis, und wie er es gesagt, so errötete er. So daß das Wort ihm schien wider Willen entschlüpft zu sein, weil er mit ganzer Seele darauf achtete, was gesprochen ward. Und so hatte er offenbar auch, als er zuhörte, immer getan.

4. Sokrates und Lysis über zwei Bestimmungen der Freundschaft

4.1. Der Satz, befreundet sei einander Gleiches. Widerlegung

Ich also, teils weil ich den Menexenos ausruhen wollte, teils auch in der Freude über Jenes Nachdenklichkeit, wechselte um, und die Rede an den Lysis richtend sagte ich: O Lysis, du e
scheinst mir richtig zu sprechen, denn wenn wir unsere Untersuchung recht angelegt hätten, so würden wir schwerlich so in die Irre geraten sein. Hier also laß uns nicht weiter gehen, denn sie ist offenbar gar ein schlimmer Weg diese Untersuchung; sondern wo wir abgelenkt haben, da, glaube ich, müssen wir weiter gehn, und nach den Dichtern untersuchen. Denn 214a
diese sind doch gleichsam unsere Väter und Führer in der Weisheit. Sie reden aber so, daß sie sich wahrlich nicht schlecht erklären über Freunde, wer sie sind, sondern der Gott selbst, sagen sie, führe sie einander zu, und mache sie zu Freunden. Es lautet aber dieses bei ihnen wo ich nicht irre so: Wie doch stets den Gleichen ein Gott gesellet zum Gleichen, und ihn bekannt b
macht. Oder sind dir diese Verse niemals vorgekommen? – Mir

— Οὐκοῦν καὶ τοῖς τῶν σοφωτάτων συγγράμμασιν ἐντε-
τύχηκας ταῦτα ταὐτὰ λέγουσιν, ὅτι τὸ ὅμοιον τῷ ὁμοίῳ
ἀνάγκη ἀεὶ φίλον εἶναι; Εἰσὶν δέ που οὗτοι οἱ περὶ φύσεώς
τε καὶ τοῦ ὅλου διαλεγόμενοι καὶ γράφοντες. — Ἀληθῆ,
ἔφη, λέγεις. — Ἆρ᾽ οὖν, ἦν δ᾽ ἐγώ, εὖ λέγουσιν; — Ἴσως,
ἔφη.

— Ἴσως, ἦν δ᾽ ἐγώ, τὸ ἥμισυ αὐτοῦ, ἴσως δὲ καὶ πᾶν, ἀλλ᾽
ἡμεῖς οὐ συνίεμεν. Δοκεῖ γὰρ ἡμῖν ὅ γε πονηρὸς τῷ πονηρῷ,
ὅσῳ ἂν ἐγγυτέρω προσίῃ καὶ μᾶλλον ὁμιλῇ, τοσούτῳ ἐχθίων c
γίγνεσθαι. Ἀδικεῖ γάρ· ἀδικοῦντας δὲ καὶ ἀδικουμένους
ἀδύνατόν που φίλους εἶναι. Οὐχ οὕτως; — Ναί, ἦ δ᾽ ὅς
— Ταύτῃ μὲν ἂν τοίνυν τοῦ λεγομένου τὸ ἥμισυ οὐκ ἀληθὲς
εἴη, εἴπερ οἱ πονηροὶ ἀλλήλοις ὅμοιοι. — Ἀληθῆ λέγεις. —
Ἀλλά μοι δοκοῦσιν λέγειν τοὺς ἀγαθοὺς ὁμοίους εἶναι ἀλλή-
λοις καὶ φίλους, τοὺς δὲ κακούς, ὅπερ καὶ λέγεται περὶ αὐτῶν,
μηδέποτε ὁμοίους μηδ᾽ αὐτοὺς αὑτοῖς εἶναι, ἀλλ᾽ ἐμπλήκ-
τους τε καὶ ἀσταθμήτους· ὃ δὲ αὐτὸ αὑτῷ ἀνόμοιον εἴη καὶ d
διάφορον, σχολῇ γ᾽ < ἄν > τῳ ἄλλῳ ὅμοιον ἢ φίλον γένοιτο·
ἢ οὐ καὶ σοὶ δοκεῖ οὕτως; — Ἔμοιγ᾽, ἔφη. — Τοῦτο τοίνυν
αἰνίττονται, ὡς ἐμοὶ δοκοῦσιν, ὦ ἑταῖρε, οἱ τὸ ὅμοιον τῷ
ὁμοίῳ φίλον λέγοντες, ὡς ὁ ἀγαθὸς τῷ ἀγαθῷ μόνος μόνῳ
φίλος, ὁ δὲ κακὸς οὔτε ἀγαθῷ οὔτε κακῷ οὐδέποτε εἰς
ἀληθῆ φιλίαν ἔρχεται. Συνδοκεῖ σοι; — Κατένευσεν. —
Ἔχομεν ἄρα ἤδη τίνες εἰσὶν οἱ φίλοι· ὁ γὰρ λόγος ἡμῖν
σημαίνει ὅτι οἳ ἂν ὦσιν ἀγαθοί. — Πάνυ γε, ἔφη, δοκεῖ. e

— Καὶ ἐμοί, ἦν δ᾽ ἐγώ· καίτοι δυσχεραίνω τί γε ἐν αὐτῷ·
φέρε οὖν, ὦ πρὸς Διός, ἴδωμεν τί καὶ ὑποπτεύω. Ὁ ὅμοιος
τῷ ὁμοίῳ καθ᾽ ὅσον ὅμοιος φίλος, καὶ ἔστιν χρήσιμος ὁ
τοιοῦτος τῷ τοιούτῳ; Μᾶλλον δὲ ὧδε· ὁτιοῦν ὅμοιον
ὁτῳοῦν ὁμοίῳ τίνα ὠφελίαν [ἔχειν] ἢ τίνα βλάβην ἂν ποιῆ-
σαι δύναιτο, ὃ μὴ καὶ αὐτὸ αὑτῷ; ἢ τί ἂν παθεῖν, ὃ μὴ
καὶ ὑφ᾽ αὑτοῦ πάθοι; Τὰ δὴ τοιαῦτα πῶς ἂν ὑπ᾽ ἀλλήλων 215 a
ἀγαπηθείη, μηδεμίαν ἐπικουρίαν ἀλλήλοις ἔχοντα; Ἔστιν

wohl, sagte er. – Auch wohl Schriften sehr weiser Männer sind dir vorgekommen, welche eben dasselbe sagen, daß das Ähnliche dem Ähnlichen notwendig immer freund sei. Und dies sind die, welche von der Natur und dem All reden und schreiben. – Richtig, sagte er. – Sprechen sie also wahr? – Vielleicht, sagte er. – Vielleicht, sprach ich, zur Hälfte, vielleicht aber auch ganz, und wir verstehen es nur nicht. Denn uns scheint der
Böse dem Bösen, je näher er ihm kommt, und je genauer er mit c
ihm umgeht, um desto mehr feind werden zu müssen. Denn er beleidigt; die Beleidigenden aber und Beleidigten können unmöglich Freunde sein. Nicht so? – Gewiß, sagte er. – Auf diese Art also wäre von dem Gesagten die Hälfte nicht wahr, wenn doch die Bösen einander auch ähnlich sind. – Du hast Recht. – Aber mich dünkt, sie wollen nur von den Guten sagen, daß sie einander ähnlich sind und freund; die Bösen aber, was ja auch von ihnen gesagt wird, wären niemals nicht einmal sich selbst
ähnlich, sondern veränderlich und nicht zu berechnen. Was d
aber sich selbst unähnlich ist, und mit sich selbst in Zwiespalt, damit hat es gute Wege, daß es jemals sollte einem andern ähnlich werden und freund. Oder meinst du nicht auch so? – Ich allerdings, sagte er. – Dieses also, o Freund, wollen jene, wie mich dünkt, andeuten, welche sagen das Ähnliche sei dem Ähnlichen freund, daß nämlich nur der Gute und nur dem Guten freund ist, der Böse aber niemals weder mit dem Guten noch mit dem Bösen zu einer wahren Freundschaft gelangt. Stimmst du mit ein? – Er bejahete es. – Das also hätten wir nun, welche Menschen Freunde sind; denn die Rede zeigt ganz deut-
lich an, es sind die welche gut sind. – So, sagte er, scheint es e
allerdings. – Auch mir, sprach ich; wiewohl eines verdrießt mich daran. Komm also, und um Zeus willen, laß uns betrachten was ich zu sehen glaube. Der Ähnliche ist dem Ähnlichen, sofern er ähnlich ist, freund; und ist ein solcher einem solchen auch nützlich. Oder vielmehr so: jedes Ähnliche, welchen Nutzen kann es jedem Ähnlichen wohl bringen, oder welchen Schaden ihm zufügen, den es nicht auch sich selbst täte? oder überhaupt, was ihm antun, was nicht auch jedes sich selbst
antun könnte? Solche Dinge also, wie können sie Anhänglich- 215a
keit an einander haben, da sie einander gar keine Hülfe gewäh-

ὅπως; — Οὐκ ἔστιν. — Ὁ δὲ μὴ ἀγαπῷτο, πῶς φίλον; —
Οὐδαμῶς. — Ἀλλὰ δὴ ὁ μὲν ὅμοιος τῷ ὁμοίῳ οὐ φίλος· ὁ
δὲ ἀγαθὸς τῷ ἀγαθῷ καθ' ὅσον ἀγαθός, οὐ καθ ὅσον ὅμοιος,
φίλος ἂν εἴη; — Ἴσως. — Τί δέ; Οὐχ ὁ ἀγαθός, καθ'
ὅσον ἀγαθός, κατὰ τοσοῦτον ἱκανὸς ἂν εἴη αὑτῷ; — Ναί.
— Ὁ δέ γε ἱκανὸς οὐδενὸς δεόμενος κατὰ τὴν ἱκανότητα.
— Πῶς γὰρ οὔ; — Ὁ δὲ μή του δεόμενος οὐδέ τι ἀγαπῴη b
ἄν. — Οὐ γὰρ οὖν. — Ὁ δὲ μὴ ἀγαπῶν οὐδ' ἂν φιλοῖ. —
Οὐ δῆτα. — Ὁ δὲ μὴ φιλῶν γε οὐ φίλος. — Οὐ φαίνεται.
— Πῶς οὖν οἱ ἀγαθοὶ τοῖς ἀγαθοῖς ἡμῖν φίλοι ἔσονται τὴν
ἀρχήν, οἳ μήτε ἀπόντες ποθεινοὶ ἀλλήλοις, ἱκανοὶ γὰρ
ἑαυτοῖς καὶ χωρὶς ὄντες, μήτε παρόντες χρείαν αὐτῶν
ἔχουσιν; Τοὺς δὴ τοιούτους τίς μηχανὴ περὶ πολλοῦ
ποιεῖσθαι ἀλλήλους; — Οὐδεμία, ἔφη. — Φίλοι δέ γε οὐκ
ἂν εἶεν μὴ περὶ πολλοῦ ποιούμενοι ἑαυτούς. — Ἀληθῆ. c

— Ἄθρει δή, ὦ Λύσι, πῇ παρακρουόμεθα. Ἆρά γε ὅλῳ τινὶ
ἐξαπατώμεθα; — Πῶς δή; ἔφη. — Ἤδη ποτέ του ἤκουσα
λέγοντος, καὶ ἄρτι ἀναμιμνῄσκομαι, ὅτι τὸ μὲν ὅμοιον τῷ
ὁμοίῳ καὶ οἱ ἀγαθοὶ τοῖς ἀγαθοῖς πολεμιώτατοι εἶεν· καὶ
δὴ καὶ τὸν Ἡσίοδον ἐπήγετο μάρτυρα, λέγων ὡς ἄρα

καὶ κεραμεὺς κεραμεῖ κοτέει καὶ ἀοιδὸς ἀοιδῷ
καὶ πτωχὸς πτωχῷ, d

καὶ τἆλλα δὴ πάντα οὕτως ἔφη ἀναγκαῖον εἶναι μάλιστα τὰ
ὁμοιότατα <πρὸς> ἄλληλα φθόνου τε καὶ φιλονεικίας καὶ
ἔχθρας ἐμπίμπλασθαι, τὰ δ' ἀνομοιότατα φιλίας. Τὸν γὰρ
πένητα τῷ πλουσίῳ ἀναγκάζεσθαι φίλον εἶναι καὶ τὸν
ἀσθενῆ τῷ ἰσχυρῷ τῆς ἐπικουρίας ἕνεκα, καὶ τὸν κάμνοντα
τῷ ἰατρῷ· καὶ πάντα δὴ τὸν μὴ εἰδότα ἀγαπᾶν τὸν εἰδότα
καὶ φιλεῖν. Καὶ δὴ καὶ ἔτι ἐπεξῄει τῷ λόγῳ μεγαλοπρεπέσ- e
τερον, λέγων ὡς ἄρα παντὸς δέοι τὸ ὅμοιον τῷ ὁμοίῳ φίλον
εἶναι, ἀλλ' αὐτὸ τὸ ἐναντίον εἴη τούτου· τὸ γὰρ ἐναντιώτα-

ren? Kann es irgendwie sein? – Es kann gar nicht sein. – Und ohne Anhänglichkeit, wie kann etwas freund sein? – Auf keine Weise. – Allein so ist zwar der Ähnliche dem Ähnlichen nicht freund, wohl aber könnte der Gute dem Guten, sofern er gut, nicht sofern er ähnlich ist, freund sein? – Vielleicht. – Wie aber? wird nicht der Gute, in wiefern er gut ist, in sofern auch sich selbst genügen? – Ja. – Der aber sich selbst genügt bedarf keines Andern, soweit dieses Genügen geht? – Wie sollte er? – Der aber keines bedarf, wird auch keinem anhängen? – Freilich b
nicht. – Der aber keinem anhängt, wird auch keinen lieben? – Nicht füglich. – Und der nicht liebt, ist doch wohl nicht freund? – Nein, offenbar. – Wie also können uns nur überall Gute mit Guten freund werden, welche weder in der Abwesenheit sich nach einander sehnen, denn sie genügen Jeder sich selbst auch einzeln, noch auch vereinigt irgend Nutzen von einander haben? Wie ist zu bewerkstelligen, daß solche einander sehr wert seien? – Auf keine Art, sagte er. – Freunde aber können sie doch nicht sein, wenn sie einander nicht sehr wert sind. – Das c
ist richtig.

4.2. Der Satz, befreundet sei einander Entgegengesetztes. Widerlegung

– Sieh also zu, o Lysis, wie wir übel ankommen! Werden wir auch etwa um ein Ganzes dabei betrogen? – Wie so, sprach er. – Ich habe schon irgendwann einen sagen gehört, und erinnere mich dessen itzo, daß das Ähnliche dem Ähnlichen, also auch der Gute dem Guten am meisten feind wäre. Ja auch den Hesiodos führte er zum Zeugen an, sagend, daß ja auch ein Töpfer ist feind dem Anderen, Sängern die Sänger, Bettlern der Bett- d
ler sogar, und von allem andern zeigte er auf gleiche Weise, daß notwendig das Ähnlichste am meisten mit Neide, Streit und Feindschaft gegen einander erfüllt sein müsse, das Unähnlichste aber mit Freundschaft. Denn dem Reichen sei der Arme genötiget Freund zu sein, und dem Starken der Schwache des Beistandes wegen, und dem Arzt der Kranke, und jeder Unkundige müsse sich anhängen an den Kundigen und ihn lieben. Ja auch noch weiter führte er den Satz aus in einem höheren e
Sinne behauptend, daß weit gefehlt das Ähnliche sei dem Ähnlichen freund, vielmehr das Gegenteil hievon sich zeige, und

τον τῷ ἐναντιωτάτῳ εἶναι μάλιστα φίλον. Ἐπιθυμεῖν γὰρ τοῦ τοιούτου ἕκαστον, ἀλλ' οὐ τοῦ ὁμοίου· τὸ μὲν γὰρ ξηρὸν ὑγροῦ, τὸ δὲ ψυχρὸν θερμοῦ, τὸ δὲ πικρὸν γλυκέος, τὸ δὲ ὀξὺ ἀμβλέος, τὸ δὲ κενὸν πληρώσεως, καὶ τὸ πλῆρες δὲ κενώσεως· καὶ τἆλλα οὕτω κατὰ τὸν αὐτὸν λόγον. Τροφὴν γὰρ εἶναι τὸ ἐναντίον τῷ ἐναντίῳ· τὸ γὰρ ὅμοιον τοῦ ὁμοίου
οὐδὲν ἂν ἀπολαῦσαι. Καὶ μέντοι, ὦ ἑταῖρε, καὶ κομψὸς ἐδόκει 216 a
εἶναι ταῦτα λέγων· εὖ γὰρ ἔλεγεν. Ὑμῖν δέ, ἦν δ' ἐγώ, πῶς δοκεῖ λέγειν ; — Εὖ γε, ἔφη ὁ Μενέξενος, ὥς γε οὑτωσὶ ἀκοῦσαι. — Φῶμεν ἄρα τὸ ἐναντίον τῷ ἐναντίῳ μάλιστα φίλον εἶναι ; — Πάνυ γε.

— Εἶεν, ἦν δ' ἐγώ· οὐκ ἀλλόκοτον, ὦ Μενέξενε ; καὶ ἡμῖν εὐθὺς ἄσμενοι ἐπιπηδήσονται οὗτοι οἱ πάσσοφοι ἄνδρες, οἱ
ἀντιλογικοί, καὶ ἐρήσονται εἰ οὐκ ἐναντιώτατον ἔχθρα φιλίᾳ ; b
Οἷς τί ἀποκρινούμεθα ; Ἢ οὐκ ἀνάγκη ὁμολογεῖν ὅτι ἀληθῆ λέγουσιν ; — Ἀνάγκη. — Ἆρ' οὖν, φήσουσιν, τὸ ἐχθρὸν τῷ φίλῳ φίλον ἢ τὸ φίλον τῷ ἐχθρῷ ; — Οὐδέτερα, ἔφη. — Ἀλλὰ τὸ δίκαιον τῷ ἀδίκῳ, ἢ τὸ σῶφρον τῷ ἀκολάστῳ, ἢ τὸ ἀγαθὸν τῷ κακῷ ; — Οὐκ ἄν μοι δοκεῖ οὕτως ἔχειν. — Ἀλλὰ μέντοι, ἦν δ' ἐγώ, εἴπερ γε κατὰ τὴν ἐναντιότητά τί τῳ φίλον ἐστίν, ἀνάγκη καὶ ταῦτα φίλα εἶναι. — Ἀνάγκη. — Οὔτε ἄρα τὸ ὅμοιον τῷ ὁμοίῳ οὔτε τὸ ἐναντίον τῷ ἐναντίῳ φίλον. — Οὐκ ἔοικεν.

— Ἔτι δὲ καὶ τόδε σκεψώμεθα, μὴ ἔτι μᾶλλον ἡμᾶς λανθάνει c
τὸ φίλον ὡς ἀληθῶς οὐδὲν τούτων ὄν, ἀλλὰ τὸ μήτε ἀγαθὸν μήτε κακὸν φίλον οὕτω ποτὲ γιγνόμενον τοῦ ἀγαθοῦ. — Πῶς, ἦ δ' ὅς, λέγεις ; — Ἀλλὰ μὰ Δία, ἦν δ' ἐγώ, οὐκ οἶδα, ἀλλὰ τῷ ὄντι αὐτὸς ἰλιγγιῶ ὑπὸ τῆς τοῦ λόγου ἀπορίας, καὶ κινδυνεύει κατὰ τὴν ἀρχαίαν παροιμίαν τὸ καλὸν φίλον

das Entgegengesetzte dem Entgegengesetzten am meisten freund sei. Denn dessen begehre ein Jedes, nicht aber des Ähnlichen, das Trockne nämlich des Feuchten, das Kalte des Warmen, das Bittre des Süßen, das Scharfe des Stumpfen, das Leere der Erfüllung und das Volle der Ausleerung, und so alles Andere auf dieselbige Weise. Denn jedes Gegenteil sei Nahrung für sein Gegenteil, von dem Ähnlichen aber habe das Ähnliche gar keinen Genuß. Und zwar, o Freund, dünkte er sich recht 216a
wichtig, da er dieses sagte; denn er sprach sehr gut. Euch aber, sprach ich, wie gefällt seine Rede? – Sehr gut, sagte Menexenos, soviel man so hören kann. – Wollen wir also annehmen, daß jedem sein Entgegengesetztes auch am meisten freund ist? – Das wollen wir. – Wohl, sprach ich, ist es auch nicht ungereimt, Menexenos? und werden nicht voller Freuden sogleich die hochweisen streitkundigen Männer auf uns losgesprungen kommen, und uns fragen, ob nicht der stärkste Gegensatz zur b
Feindschaft die Freundschaft wäre? Was nun sollen wir diesen antworten? Oder müssen wir nicht notwendig zugeben, es sei wahr was sie sagen? – Notwendig. – Ist also, werden sie sagen, Feindschaft der Freundschaft freund, oder Freundschaft der Feindschaft? – Keines von beiden, sprach er. – Aber doch das Recht dem Unrecht, oder das Besonnene dem Unbändigen, oder das Gute dem Bösen? – Mir scheint es nicht sich so zu verhalten. – Dennoch aber, sagte ich, wenn der Entgegensetzung wegen eins dem andern freund wird, müssen auch diese freund sein. – Notwendig. – Weder also ist das Ähnliche dem Ähnlichen freund noch das Entgegengesetzte dem Entgegengesetzten. – Es läßt sich nicht so an.

5. Sokrates mit Lysis und Menexenos über den Satz, befreundet seien das Gute und das weder Gute noch Schlechte

5.1. Der Satz und die Präzisierung, das weder Gute noch Schlechte sei wegen Anhaftung von etwas Bösem dem Guten befreundet

– Laß uns aber auch dieses noch sehen: verbirgt sich uns auch c
nicht die Freundschaft noch mehr, und ist nichts von dem allen, sondern es wird nur so etwa das weder gut noch böse dem Guten freund. – Wie, sagte er, meinst du? – Ja, beim Zeus, sprach ich, ich weiß es nicht, sondern ich bin in der Tat selbst

εἶναι. Ἔοικε γοῦν μαλακῷ τινι καὶ λείῳ καὶ λιπαρῷ· διὸ καὶ
ἴσως ῥᾳδίως διολισθαίνει καὶ διαδύεται ἡμᾶς, ἅτε τοιοῦτον d
ὄν. Λέγω γὰρ τἀγαθὸν καλὸν εἶναι· σὺ δ' οὐκ οἴει; —
Ἔγωγε.

— Λέγω τοίνυν ἀπομαντευόμενος, τοῦ καλοῦ τε κἀγαθοῦ
φίλον εἶναι τὸ μήτε ἀγαθὸν μήτε κακόν· πρὸς ἃ δὲ λέγων
μαντεύομαι, ἄκουσον. Δοκεῖ μοι ὡσπερεὶ τρία ἄττα εἶναι
γένη, τὸ μὲν ἀγαθόν, τὸ δὲ κακόν, τὸ δ' οὔτ' ἀγαθὸν οὔτε κακόν.
Τί δὲ σοί; — Καὶ ἐμοί, ἔφη. — Καὶ οὔτε τἀγαθὸν τἀγαθῷ
οὔτε τὸ κακὸν τῷ κακῷ οὔτε τἀγαθὸν τῷ κακῷ φίλον εἶναι,
ὥσπερ οὐδ' ὁ ἔμπροσθεν λόγος ἐᾷ· λείπεται δή, εἴπερ τῴ τί e
ἐστιν φίλον, τὸ μήτε ἀγαθὸν μήτε κακὸν φίλον εἶναι ἢ τοῦ
ἀγαθοῦ ἢ τοῦ τοιούτου οἷον αὐτό ἐστιν. Οὐ γὰρ ἄν που τῷ
κακῷ φίλον ἄν τι γένοιτο. — Ἀληθῆ. — Οὐδὲ μὴν τὸ ὅμοιον
τῷ ὁμοίῳ ἔφαμεν ἄρτι· ἦ γάρ; — Ναί. — Οὐκ ἄρα ἔσται
τῷ μήτε ἀγαθῷ μήτε κακῷ τὸ τοιοῦτον φίλον οἷον αὐτό. —
Οὐ φαίνεται. — Τῷ ἀγαθῷ ἄρα τὸ μήτε ἀγαθὸν μήτε κακὸν
μόνῳ μόνον συμβαίνει γίγνεσθαι φίλον. — Ἀνάγκη, ὡς 217 a
ἔοικεν.

— Ἆρ' οὖν καὶ καλῶς, ἦν δ' ἐγώ, ὦ παῖδες, ὑφηγεῖται ἡμῖν
τὸ νῦν λεγόμενον; Εἰ γοῦν θέλοιμεν ἐννοῆσαι τὸ ὑγιαῖνον
σῶμα, οὐδὲν ἰατρικῆς δεῖται οὐδὲ ὠφελίας· ἱκανῶς γὰρ
ἔχει, ὥστε ὑγιαίνων οὐδεὶς ἰατρῷ φίλος διὰ τὴν ὑγίειαν.
Ἦ γάρ; — Οὐδείς. — Ἀλλ' ὁ κάμνων, οἶμαι, διὰ τὴν
νόσον. — Πῶς γὰρ οὔ; — Νόσος μὲν δὴ κακόν, ἰατρικὴ δὲ b
ὠφέλιμον καὶ ἀγαθόν. — Ναί. — Σῶμα δέ γέ που κατὰ τὸ
σῶμα εἶναι οὔτε ἀγαθὸν οὔτε κακόν. — Οὕτως. — Ἀναγ-
κάζεται δέ γε σῶμα διὰ νόσον ἰατρικὴν ἀσπάζεσθαι καὶ
φιλεῖν. — Δοκεῖ μοι. — Τὸ μήτε κακὸν ἄρα μήτε ἀγαθὸν
φίλον γίγνεται τοῦ ἀγαθοῦ διὰ κακοῦ παρουσίαν. — Ἔοι-
κεν. — Δῆλον δέ γε ὅτι πρὶν γενέσθαι αὐτὸ κακὸν ὑπὸ τοῦ
κακοῦ οὗ ἔχει. Οὐ γὰρ δή γε κακὸν γεγονὸς ἔτι ἂν τοῦ

schwindlich von der Verwirrung der Sache; und so wird wohl
am Ende nach dem alten Sprichwort das Schöne das Liebe sein.
Wenigstens läßt dieses sich an wie etwas gar weiches, glattes,
schlüpfriges. Darum auch vielleicht entschlüpft es uns so leicht d
und entkommt uns, weil es so geartet ist. Ich meine nämlich das
Gute sei schön. Meinst du nicht auch? – Ich ebenfalls. – Ich
meine also nur gleichsam ahndend, daß dem Schönen und Gu-
ten das weder gut noch böse freund ist. In welcher Beziehung
aber ich dieses ahnde, das höre. Ich denke mir nämlich dieses
als drei verschiedene Gattungen, erst das Gute, dann das Böse,
dann das weder gut noch böse. Wie du? – Auch ich, sagte er. –
Und daß weder das Gute dem Guten, noch auch das Böse dem
Bösen, noch auch das Gute dem Bösen freund ist, wie auch die e
bisherige Rede nicht zuläßt. Also bleibt, wenn nämlich etwas
einem freund sein soll, nur übrig, daß das weder gut noch böse
freund sein kann entweder dem Guten oder solchem wie es
selbst ist. Denn dem Bösen kann doch nichts freund sein. –
Richtig. – Aber auch nicht das Ähnliche dem Ähnlichen, sagten
wir vorhin. Nicht wahr? – Ja. – Also kann auch nicht dem
weder gut noch bösen dasjenige freund sein, was ebenso ist? –
Nein wie man sieht. – Es folgt also, daß allein das weder gut
noch böse dem Guten allein kann freund werden. – Notwen- 217a
dig, wie es das Ansehn hat. – Wird uns aber auch, sagte ich, ihr
Kinder, das jetzt gesagte richtig führen? Wenn wir zum Bei-
spiel betrachten wollen den gesunden Leib, der bedarf weder
der Arzneikunst noch Hülfe; denn er ist sich selbst genug, so
daß kein Gesunder einem Arzte freund wird der Gesundheit
wegen. Nicht wahr? – Keiner. – Aber der Kranke, glaube ich,
der Krankheit wegen? – Wie sollte er nicht? – Und die Krank- b
heit ist doch ein Übel, die Arzneikunst aber etwas Hülfreiches
und Gutes? – Ja. – Der Leib aber ist doch sofern er Leib ist
weder gut noch böse? – So ist es. – Genötiget aber wird der
Leib der Krankheit wegen der Arzneikunde anzuhängen und
sie zu lieben? – So scheint es mir. – Das weder bös noch gute
also wird freund dem Guten wegen einer bösen Anhaftung? –
So folgt es. – Offenbar aber doch ehe es noch durch das ihm
anhaftende Böse selbst böse geworden ist. Denn, böse gewor-
den, könnte es doch nicht mehr des Guten begehren, und ihm c

ἀγαθοῦ ἐπιθυμοῖ καὶ φίλον εἴη· ἀδύνατον γὰρ ἔφαμεν κακὸν c
ἀγαθῷ φίλον εἶναι. — Ἀδύνατον γάρ.

— Σκέψασθε δὴ ὃ λέγω· λέγω γὰρ ὅτι ἔνια μέν, οἷον ἂν ᾖ τὸ παρόν, τοιαῦτά ἐστι καὶ αὐτά, ἔνια δὲ οὔ. Ὥσπερ εἰ ἐθέλοι τις χρώματί τῳ ὁτιοῦν ἀλεῖψαι, πάρεστίν που τῷ ἀλειφθέντι τὸ ἐπαλειφθέν. — Πάνυ γε. — Ἆρ᾽ οὖν καὶ ἔστιν τότε τοιοῦτον τὴν χρόαν τὸ ἀλειφθέν, οἷον τὸ ἐπόν; — Οὐ μανθάνω, ἦ δ᾽ ὅς. — Ἀλλ᾽ ὧδε, ἦν δ᾽ ἐγώ. Εἴ d
τίς σου ξανθὰς οὔσας τὰς τρίχας ψιμυθίῳ ἀλείψειεν, πότερον τότε λευκαὶ εἶεν ἢ φαίνοιντ᾽ ἄν; — Φαίνοιντ᾽ ἄν, ἦ δ᾽ ὅς. — Καὶ μὴν παρείη γ᾽ ἂν αὐταῖς λευκότης. — Ναί. — Ἀλλ᾽ ὅμως οὐδέν τι μᾶλλον ἂν εἶεν λευκαί πω, ἀλλὰ παρούσης λευκότητος οὔτε τι λευκαὶ οὔτε μέλαιναί εἰσιν. — Ἀληθῆ. — Ἀλλ᾽ ὅταν δή, ὦ φίλε, τὸ γῆρας αὐταῖς ταὐτὸν τοῦτο χρῶμα ἐπαγάγῃ, τότε ἐγένοντο οἷόνπερ τὸ παρόν, λευκοῦ παρουσίᾳ λευκαί. — Πῶς γὰρ οὔ; — Τοῦτο τοίνυν e
ἐρωτῶ νῦν δή, εἰ ᾧ ἄν τι παρῇ, τοιοῦτον ἔσται τὸ ἔχον οἷον τὸ παρόν· ἢ ἐὰν μὲν κατά τινα τρόπον παρῇ, ἔσται, ἐὰν δὲ μή, οὔ; — Οὕτω μᾶλλον, ἔφη. — Καὶ τὸ μήτε κακὸν ἄρα μήτε ἀγαθὸν ἐνίοτε κακοῦ παρόντος οὔπω κακόν ἐστιν, ἔστιν δ᾽ ὅτε ἤδη τὸ τοιοῦτον γέγονεν. — Πάνυ γε. — Οὐκοῦν ὅταν μήπω κακὸν ᾖ κακοῦ παρόντος, αὕτη μὲν ἡ παρουσία ἀγαθοῦ αὐτὸ ποιεῖ ἐπιθυμεῖν· ἡ δὲ κακὸν ποιοῦσα ἀποστερεῖ αὐτὸ τῆς τε ἐπιθυμίας ἅμα καὶ τῆς φιλίας τἀγαθοῦ. Οὐ γὰρ ἔτι ἐστὶν οὔτε κακὸν οὔτε ἀγαθόν, ἀλλὰ 218 a
κακόν· φίλον δὲ ἀγαθῷ κακὸν οὐκ ἦν. — Οὐ γὰρ οὖν.

— Διὰ ταῦτα δὴ φαῖμεν ἂν καὶ τοὺς ἤδη σοφοὺς μηκέτι φιλοσοφεῖν, εἴτε θεοὶ εἴτε ἄνθρωποί εἰσιν οὗτοι· οὐδ᾽ αὖ ἐκείνους φιλοσοφεῖν τοὺς οὕτως ἄγνοιαν ἔχοντας ὥστε κακοὺς εἶναι· κακὸν γὰρ καὶ ἀμαθῆ οὐδένα φιλοσοφεῖν. Λείπονται δὴ οἱ ἔχοντες μὲν τὸ κακὸν τοῦτο, τὴν ἄγνοιαν, μήπω δὲ ὑπ᾽ αὐτοῦ ὄντες ἀγνώμονες μηδὲ ἀμαθεῖς, ἀλλ᾽ ἔτι ἡγούμενοι μὴ εἰδέναι ἃ μὴ ἴσασιν. Διὸ δὴ καὶ φιλοσοφοῦσιν b

freund sein; denn unmöglich, behaupteten wir, kann das Böse dem Guten freund sein. – Es ist auch unmöglich. – So erwäget denn, was ich sage. Ich sage nämlich, daß Einiges zwar wie das was ihm anhaftet selbst auch so ist, anderes aber nicht. Wie wenn Jemand mit irgend einer Farbe etwas bestreicht, so haftet doch auf dem Bestrichenen das Aufgestrichene. – Allerdings. – Ist aber dann auch das Bestrichene der Farbe nach so wie das darauf befindliche? – Ich verstehe nicht, sagte er. – Aber doch d
so, sprach ich. Wenn Jemand deine goldfarbigen Haare mit Bleiweiß bestriche, wären sie dann wohl weiß, oder schienen sie nur so? – Sie schienen nur. – Doch aber haftete an ihnen die Weiße. – Ja. – Nichts desto weniger aber wären sie doch nicht weiß, sondern ohnerachtet der anhaftenden Weiße sind sie weder weiß noch schwarz. – Richtig. – Wenn aber, o Freund, das Alter ihnen diese nämliche Farbe mitgeteilt hat, dann sind sie geworden wie das ihnen anhaftende, weiß nämlich wegen des Anhaftens der Weiße. – Wie könnte es anders sein? – Hiernach e
also frage ich eben, ob das, worauf etwas haftet, immer so ist wie das daran haftende? oder ob nur wenn es auf eine gewisse Weise daran haftet jenes eben so sein wird, wenn aber anders dann nicht? – Das letzte also, sagte er. – Auch das weder gut noch böse ist also bisweilen bei daran haftendem Bösen noch nicht böse, in andern Fällen aber ist es schon ein solches geworden. – Allerdings. – Also wenn es noch nicht böse ist ohnerachtet des daran haftenden Bösen, so erregt eben dieses Anhaften ihm ein Verlangen nach dem Guten; ein bösemachendes Anhaften aber beraubt es dieses Verlangens sowohl als auch der Freundschaft zum Guten. Denn nun ist es kein weder gut 218a
noch böses mehr, sondern ein Böses, und das Böse war dem Guten nicht freund. – Freilich nicht. – Dem gemäß könnten wir daher auch sagen, daß die schon Weisen nicht mehr Weisheitsfreunde sind, seien dies nun Götter oder Menschen, noch auch diejenigen ihr freund sind, welche den Unverstand so an sich haben daß sie böse sind; denn kein Böser und Ungelehriger liebt die Weisheit. Übrig also bleiben diejenigen, welche jenes Übel zwar haben, den Unverstand, noch nicht aber dadurch unverständig und gelehrig geworden, sondern noch der Meinung sind, sie wüßten das nicht, was sie wirklich nicht b

οἱ οὔτε ἀγαθοὶ οὔτε κακοί πω ὄντες· ὅσοι δὲ κακοί, οὐ φιλοσοφοῦσιν, οὐδὲ οἱ ἀγαθοί· οὔτε γὰρ τὸ ἐναντίον τοῦ ἐναντίου οὔτε τὸ ὅμοιον τοῦ ὁμοίου φίλον ἡμῖν ἐφάνη ἐν τοῖς ἔμπροσθεν λόγοις. Ἢ οὐ μέμνησθε; — Πάνυ γε, ἐφάτην. — Νῦν ἄρα, ἦν δ' ἐγώ, ὦ Λύσι τε καὶ Μενέξενε, παντὸς μᾶλλον ἐξηυρήκαμεν ὃ ἔστιν τὸ φίλον καὶ οὔ. Φαμὲν γὰρ αὐτό, καὶ κατὰ τὴν ψυχὴν καὶ κατὰ τὸ σῶμα καὶ πανταχοῦ, τὸ μήτε κακὸν μήτε ἀγαθὸν διὰ κακοῦ παρουσίαν τοῦ ἀγαθοῦ c
φίλον εἶναι. — Παντάπασιν ἐφάτην τε καὶ συνεχωρείτην οὕτω τοῦτ' ἔχειν.

Καὶ δὴ καὶ αὐτὸς ἐγὼ πάνυ ἔχαιρον, ὥσπερ θηρευτής τις, ἔχων ἀγαπητῶς ὃ ἐθηρευόμην. Κἄπειτ' οὐκ οἶδ' ὁπόθεν μοι ἀτοπωτάτη τις ὑποψία εἰσῆλθεν ὡς οὐκ ἀληθῆ εἴη τὰ ὡμολογημένα ἡμῖν· καὶ εὐθὺς ἀχθεσθεὶς εἶπον· Βαβαῖ, ὦ Λύσι τε καὶ Μενέξενε, κινδυνεύομεν ὄναρ πεπλουτηκέναι. — Τί μάλιστα; ἔφη ὁ Μενέξενος. — Φοβοῦμαι, ἦν δ' ἐγώ, d
μὴ ὥσπερ ἀνθρώποις ἀλαζόσιν λόγοις τισὶν τοιούτοις ψευδέσιν ἐντετυχήκαμεν περὶ τοῦ φίλου. — Πῶς δή; ἔφη.

— Ὧδε, ἦν δ' ἐγώ, σκοπῶμεν· φίλος ὃς ἂν εἴη, πότερόν ἐστίν τῳ φίλος ἢ οὔ; — Ἀνάγκη, ἔφη. — Πότερον οὖν οὐδενὸς ἕνεκα καὶ δι' οὐδέν, ἢ ἕνεκά του καὶ διά τι; — Ἕνεκά του καὶ διά τι. — Πότερον φίλου ὄντος ἐκείνου τοῦ πράγματος, οὗ ἕνεκα φίλος ὁ φίλος τῷ φίλῳ, ἢ οὔτε φίλου οὔτε ἐχθροῦ; — Οὐ πάνυ, ἔφη, ἕπομαι. — Εἰκότως γε, e
ἦν δ' ἐγώ· ἀλλ' ὧδε ἴσως ἀκολουθήσεις, οἶμαι δὲ καὶ ἐγὼ μᾶλλον εἴσομαι ὅ τι λέγω. Ὁ κάμνων, νυνδὴ ἔφαμεν, τοῦ ἰατροῦ φίλος· οὐχ οὕτως; — Ναί. — Οὐκοῦν διὰ νόσον ἕνεκα ὑγιείας τοῦ ἰατροῦ φίλος; — Ναί. — Ἡ δέ γε νόσος κακόν; — Πῶς δ' οὔ; — Τί δὲ ὑγίεια; ἦν δ' ἐγώ· ἀγαθὸν ἢ κακὸν ἢ οὐδέτερα; — Ἀγαθόν, ἔφη. — Ἐλέγομεν δ' ἄρα,

wissen. Daher auch nur diejenigen philosophieren, welche noch weder gut noch böse sind, alle Bösen aber philosophieren nicht, noch auch die Guten. Denn weder das Entgegengesetzte war dem Entgegengesetzten freund noch das Ähnliche dem Ähnlichen, wie sich gezeigt hatte in unsern vorigen Reden. Oder erinnert ihr euch nicht? – Sehr gut, sagten sie. –

Jetzt also haben wir, sprach ich, o Lysis und Menexenos, ganz sicher ausgefunden was freund ist und was nicht? Wir behaupten nämlich sowohl in Betreff der Seele als des Leibes und überall sei nur das weder gut noch böse wegen Anhaftung c eines Bösen freund dem Guten. – Auf alle Weise wollten sie behaupten und einräumen daß es sich so verhalte.

5.2. Dasjenige, um dessen willen Freundschaft besteht, ist selbst Gegenstand der Freundschaft und des genaueren ihr einziger wirklicher Gegenstand

– Und auch ich selbst freute mich sehr, als hätte ich wie ein Jäger nun zur Genüge was ich gejagt hatte. Hernach aber kam mir, ich weiß nicht woher, der seltsamste Verdacht, daß wohl Alles nicht wahr wäre, was wir zusammen ausgefunden hatten. Und sehr verdrießlich sagte ich: O weh, Lysis und Menexenos, wir werden wohl nur im Traume den Schatz gehoben haben. – Was ist wieder, fragte Menexenos? – Ich fürchte, sprach ich, wie d auf prahlerische Menschen, so sind wir wohl auf eben solche falsche Gedanken über die Freundschaft gekommen. – Woher? fragte er. – Laß es uns so betrachten, sprach ich. Wer freund ist, ist der Jemanden freund oder nicht? – Notwendig, sagte er. – Und um keines Endzwecks willen, auch keiner Ursach wegen? oder wegen etwas und um etwas willen? – Um etwas und wegen etwas. – Ist er nun auch dieser Sache freund, um derentwillen er der andern freund ist, oder ist er ihr weder freund noch feind? – Ich folge dir nicht recht, sagte er. – Kein Wunder, e sprach ich. Aber so wirst vielleicht du besser folgen, und, denke ich, auch ich besser wissen was ich meine. Der Kranke, sagten wir eben, ist dem Arzt freund. Nicht wahr? – Ja. – Und zwar der Krankheit wegen um der Gesundheit willen ist er dem Arzte freund. – Ja. – Die Krankheit aber ist etwas böses? – Wie sollte sie nicht? – Die Gesundheit aber, ist die gut oder

ὡς ἔοικεν, ὅτι τὸ σῶμα, οὔτε ἀγαθὸν οὔτε κακόν, διὰ τὴν 219 a
νόσον, τοῦτο δὲ διὰ τὸ κακόν, τῆς ἰατρικῆς φίλον ἐστίν·
ἀγαθὸν δ' ἡ ἰατρική· ἕνεκα δὲ τῆς ὑγιείας τὴν φιλίαν ἡ
ἰατρικὴ ἀνῄρηται· ἡ δὲ ὑγίεια ἀγαθόν. Ἦ γάρ; — Ναί. —
Φίλον δὲ ἢ οὐ φίλον ἡ ὑγίεια; — Φίλον. — Ἡ δὲ νόσος
ἐχθρόν. — Πάνυ γε. — Τὸ οὔτε κακὸν οὔτε ἀγαθὸν ἄρα διὰ
τὸ κακὸν καὶ τὸ ἐχθρὸν τοῦ ἀγαθοῦ φίλον ἐστὶν ἕνεκα τοῦ ἀγα- b
θοῦ καὶ φίλου. — Φαίνεται. — Ἕνεκα ἄρα τοῦ φίλου τὸ
φίλον < τοῦ φίλου > φίλον διὰ τὸ ἐχθρόν. — Ἔοικεν.

— Εἶεν, ἦν δ' ἐγώ· ἐπειδὴ ἐνταῦθα ἥκομεν, ὦ παῖδες, πρόσ-
σχωμεν τὸν νοῦν μὴ ἐξαπατηθῶμεν. Ὅτι μὲν γὰρ φίλον
τοῦ φίλου τὸ φίλον γέγονεν, ἐῶ χαίρειν, καὶ τοῦ ὁμοίου γ'
< ὅτι > τὸ ὁμοῖον φίλον γίγνεται, ὅ ἔφαμεν ἀδύνατον
εἶναι· ἀλλ' ὅμως τόδε σκεψώμεθα, μὴ ἡμᾶς ἐξαπατήσῃ τὸ
νῦν λεγόμενον. Ἡ ἰατρική, φαμέν, ἕνεκα τῆς ὑγιείας φίλον. c
— Ναί. — Οὐκοῦν καὶ ἡ ὑγίεια φίλον; — Πάνυ γε. — Εἰ
ἄρα φίλον, ἕνεκά του. — Ναί. — Φίλου γέ τινος δή, εἴπερ
ἀκολουθήσει τῇ πρόσθεν ὁμολογίᾳ. — Πάνυ γε. — Οὐκοῦν
καὶ ἐκεῖνο φίλον αὖ ἔσται ἕνεκα φίλου; — Ναί. — Ἆρ' οὖν
οὐκ ἀνάγκη ἀπειπεῖν ἡμᾶς οὕτως ἰόντας, ἢ ἀφικέσθαι ἐπί
τινα ἀρχήν, ἣ οὐκέτ' ἐπανοίσει ἐπ' ἄλλο φίλον, [ἀλλ' ἥξει]
ἐπ' ἐκεῖνο ὅ ἐστιν < τὸ > πρῶτον φίλον, οὗ ἕνεκα καὶ τὰ
ἄλλα φαμὲν πάντα φίλα εἶναι; — Ἀνάγκη. d

— Τοῦτο δή ἐστιν ὃ λέγω, μὴ ἡμᾶς τἆλλα πάντα ἃ εἴπομεν
ἐκείνου ἕνεκα φίλα εἶναι, ὥσπερ εἴδωλα ἄττα ὄντα αὐτοῦ,
ἐξαπατᾷ, ᾖ δ' ἐκεῖνο τὸ πρῶτον, ὃ ὡς ἀληθῶς ἐστι φίλον.
Ἐννοήσωμεν γὰρ οὑτωσί· ὅταν τίς τι περὶ πολλοῦ ποιῆται,
οἷόνπερ ἐνίοτε πατὴρ ὑὸν ἀντὶ πάντων τῶν ἄλλων χρημάτων
προτιμᾷ, ὁ δὴ τοιοῦτος ἕνεκα τοῦ τὸν ὑὸν περὶ παντὸς
ἡγεῖσθαι ἆρα καὶ ἄλλο τι ἂν περὶ πολλοῦ ποιοῖτο; Οἷον εἰ e
αἰσθάνοιτο αὐτὸν κώνειον πεπωκότα, ἆρα περὶ πολλοῦ

böse oder keines von beiden? – Gut, sprach er. – Wir sagten also, wie es scheint, der Leib, weder gut noch böse, wäre wegen 219a der Krankheit, das heißt etwas bösen, der Arzneikunst freund. Die Arzneikunst aber ist etwas gutes; und um der Gesundheit willen empfängt die Arzneikunst die Freundschaft; die Gesundheit aber ist gut. Nicht so? – Ja. – Ist er nun der Gesundheit freund oder nicht freund? – Freund. – Der Krankheit aber feind? – Allerdings. – Das weder bös und gute also ist wegen des Bösen und Verhaßten dem Guten freund, um eines Guten b willen, dem es freund ist? – So zeigt es sich. – Freund ist man also dem man freund ist um etwas willen, dem man freund ist wegen etwas dem man feind ist. – So sieht es aus. – Gut, sprach ich. Da wir nun hier angekommen sind, Kinder, so laßt uns wohl Acht geben, daß wir nicht betrogen werden. Denn daß nun Freund dem Freunde freund geworden ist, lasse ich gehn, obgleich so das Ähnliche dem Ähnlichen freund wird, welches wir für unmöglich erklärt haben. Dieses aber laßt uns wenigstens erwägen, damit nicht das jetzt angenommene uns betrüge. Der Arzneikunst, sagten wir, ist man freund um der Ge- c sundheit willen? – Ja. – Also ist man auch der Gesundheit freund? – Allerdings. – Wenn aber, so ist man es um etwas willen? – Ja. – Und zwar um etwas willen dem man freund ist, wenn auch dies dem vorhin angenommenen folgen soll. – Allerdings. – Also auch jenem wird man freund sein um eines Andern willen, dem man freund ist? – Ja. – Müssen wir also nicht müde werden, so umher zu gehen, und bei einem Anfange ankommen, der nicht wieder auf eine andere Freundschaft zurückführt, sondern auf jenes selbst geht, dem wir zuerst freund sind, allem andern aber nur um seinetwillen freund zu d sein gestehen? – Notwendig. – Dies ist es nun eben, was ich meine, daß nur nicht alles, welchem wir um jenes willen freund zu sein bekennen, als bloßes Schattenbild davon uns betrügt, eigentlich aber nur jenes erste es ist, dem wir wahrhaft freund sind. Wir wollen es nämlich so überlegen: Wenn jemand aus etwas sehr viel macht, wie der Vater den Sohn pflegt allen andern Dingen vorzuziehen; kann nicht ein solcher, eben deshalb, weil ihm der Sohn über Alles geht, sich auch aus etwas e Anderem sehr viel machen? Etwa wenn er gewahr würde, Je-

ποιοῖτ' ἂν οἶνον, εἴπερ τοῦτο ἡγοῖτο τὸν ὑὸν σώσειν ; — Τί μήν ; ἔφη. — Οὐκοῦν καὶ τὸ ἀγγεῖον, ἐν ᾧ ὁ οἶνος ἐνείη ; — Πάνυ γε. — Ἆρ' οὖν τότε οὐδὲν περὶ πλείονος ποιεῖται, κύλικα κεραμέαν ἢ τὸν ὑὸν τὸν αὑτοῦ, οὐδὲ τρεῖς κοτύλας οἴνου ἢ τὸν ὑόν ; Ἢ ὧδέ πως ἔχει· πᾶσα ἡ τοιαύτη σπουδὴ οὐκ ἐπὶ τούτοις ἐστὶν ἐσπουδασμένη, ἐπὶ τοῖς ἕνεκά του παρασκευαζομένοις, ἀλλ' ἐπ' ἐκείνῳ, οὗ ἕνεκα πάντα τὰ τοιαῦτα παρασκευάζεται; Οὐχ ὅτι πολλάκις λέγομεν ὡς 220 a
περὶ πολλοῦ ποιούμεθα χρυσίον καὶ ἀργύριον· ἀλλὰ μὴ οὐδέν τι μᾶλλον οὕτω τό γε ἀληθὲς ἔχῃ· ἀλλ' ἐκεῖνό ἐστιν ὃ περὶ παντὸς ποιούμεθα, ὃ ἂν φανῇ ὄν, ὅτου ἕνεκα καὶ χρυσίον καὶ πάντα τὰ παρασκευαζόμενα παρασκευάζεται. Ἆρ' οὕτως φήσομεν ; — Πάνυ γε.

— Οὐκοῦν καὶ περὶ τοῦ φίλου ὁ αὐτὸς λόγος ; Ὅσα γάρ φαμεν φίλα εἶναι ἡμῖν ἕνεκα φίλου τινὸς ἑτέρου, ῥήματι φαινόμεθα λέγοντες αὐτό· φίλον δὲ τῷ ὄντι κινδυνεύει b
ἐκεῖνο αὐτὸ εἶναι, εἰς ὃ πᾶσαι αὗται αἱ λεγόμεναι φιλίαι τελευτῶσιν. — Κινδυνεύει οὕτως, ἔφη, ἔχειν. — Οὐκοῦν τό γε τῷ ὄντι φίλον οὐ φίλου τινὸς ἕνεκα φίλον ἐστίν ; — Ἀληθῆ. — Τοῦτο μὲν δὴ ἀπήλλακται, μὴ φίλου τινὸς ἕνεκα τὸ φίλον φίλον εἶναι· ἀλλ' ἆρα τὸ ἀγαθόν ἐστιν φίλον ; — Ἔμοιγε δοκεῖ.

— Ἆρ' οὖν διὰ τὸ κακὸν τὸ ἀγαθὸν φιλεῖται, καὶ ἔχει ὧδε· εἰ τριῶν ὄντων ὧν νυνδὴ ἐλέγομεν, ἀγαθοῦ καὶ κακοῦ καὶ c
μήτε ἀγαθοῦ μήτε κακοῦ, τὰ δύο λειφθείη, τὸ δὲ κακὸν ἐκποδὼν ἀπέλθοι καὶ μηδενὸς ἐφάπτοιτο μήτε σώματος μήτε ψυχῆς μήτε τῶν ἄλλων, ἃ δή φαμεν αὐτὰ καθ' αὑτὰ οὔτε κακὰ εἶναι οὔτε ἀγαθά, ἆρα τότε οὐδὲν ἂν ἡμῖν χρήσιμον εἴη τὸ ἀγαθόν, ἀλλ' ἄχρηστον ἂν γεγονὸς εἴη ; Εἰ γὰρ μηδὲν ἡμᾶς ἔτι βλάπτοι, οὐδὲν ἂν οὐδεμιᾶς ὠφελίας δεοίμεθα, καὶ οὕτω δὴ ἂν τότε γένοιτο κατάδηλον ὅτι διὰ τὸ d

ner habe Schierling getrunken, würde er sich dann nicht sehr viel aus Wein machen, indem er glaubte, dieser könne den Sohn retten? – Was wird er nicht? sagte er. – Ja auch aus dem Gefäß, worin der Wein wäre? – Auch wohl. – Achtet er aber deshalb keines von beiden höher, den tönernen Becher oder seinen Sohn? die drei Maß Wein oder seinen Sohn? Oder verhält es sich nicht vielmehr so. Alle solche Sorgfalt geht eigentlich gar nicht auf dasjenige, was um eines Andern willen herbeigeschafft wird, sondern auf jenes, um deswillen das Andere alles herbeigeschafft wird. Wenn gleich wir öfters sagen, wir 220a
machen uns viel aus Gold und Silber, mag das doch dem ohnerachtet nicht das wahre sein; sondern woraus wir uns viel machen, das ist jenes, was sich als das zeigt, um dessentwillen wir das Gold und alles andere Erworbene erwerben. Wollen wir dies behaupten? – Allerdings. – Also auch von dem Freunde gilt dasselbe? Denn wovon wir sagen, daß wir ihm um eines Andern willen freund sind, das benennen wir offenbar nur mit einem fremden Wort, freund aber mögen wir in der Tat wohl b
nur jenem sein, in welchem alle diese sogenannte Freundschaften endigen. – So wird es sich wohl verhalten, sagte er. – Dem also, welchem wir in Wahrheit freund sind, sind wir es nicht um eines Andern willen, dem wir auch freund wären? – Richtig. – Dieses also ist abgemacht, wem wir freund sind, sind wir es nicht um eines Andern willen, dem wir es auch sind. Aber sind wir wohl dem Guten freund? – Mich dünkt es.

5.3. Eliminierung des Schlechten, Widerlegung des Satzes und Vorbereitung einer neuen Sicht der Freundschaft

– Wird also wegen des Bösen das Gute geliebt, und es verhält sich so: wenn von jenen drei eben erwähnten Gattungen, dem c
Guten, dem Bösen und dem weder gut noch bösen, die beiden andern gesetzt werden, das Böse aber aus dem Wege geschafft wird, und nichts mehr berühren kann, weder Leib noch Seele, noch etwas anderes von dem, was wie wir sagten an und für sich weder gut noch böse ist, wäre dann wohl das Gute uns gar nichts mehr nutz, sondern wäre unnütz geworden? Denn wenn uns nichts mehr schadete, so bedürften wir auch nirgends keiner Hülfe. Und so würde alsdann offenbar, daß wir nur des d

κακὸν τἀγαθὸν ἠγαπῶμεν καὶ ἐφιλοῦμεν, ὡς φάρμακον ὂν τοῦ κακοῦ τὸ ἀγαθόν, τὸ δὲ κακὸν νόσημα· νοσήματος δὲ μὴ ὄντος οὐδὲν δεῖ φαρμάκου. Ἆρ' οὕτω πέφυκέ τε καὶ φιλεῖται τἀγαθὸν διὰ τὸ κακὸν ὑφ' ἡμῶν, τῶν μεταξὺ ὄντων τοῦ κακοῦ τε καὶ τἀγαθοῦ, αὐτὸ δ' ἑαυτοῦ ἕνεκα οὐδεμίαν χρείαν ἔχει; — Ἔοικεν, ἦ δ' ὅς, οὕτως ἔχειν. — Τὸ ἄρα φίλον ἡμῖν ἐκεῖνο, εἰς ὃ ἐτελεύτα πάντα τὰ ἄλλ', <ἃ> ἕνεκα ἑτέρου φίλου φίλα ἔφαμεν εἶναι, οὐδὲν δὴ τούτοις ἔοικεν. Ταῦτα
μὲν γὰρ φίλου ἕνεκα φίλα κέκληται, τὸ δὲ τῷ ὄντι φίλον e
πᾶν τοὐναντίον τούτου φαίνεται πεφυκός· φίλον γὰρ ἡμῖν ἀνεφάνη ὂν ἐχθροῦ ἕνεκα· εἰ δὲ τὸ ἐχθρὸν ἀπέλθοι, οὐκέτι, ὡς ἔοικ', ἔσθ' ἡμῖν φίλον. — Οὔ μοι δοκεῖ, ἔφη, ὥς γε νῦν λέγεται.

— Πότερον, ἦν δ' ἐγώ, πρὸς Διός, ἐὰν τὸ κακὸν ἀπόληται, οὐδὲ πεινῆν ἔτι ἔσται οὐδὲ διψῆν οὐδὲ ἄλλο οὐδὲν τῶν τοιού-
των; Ἢ πείνη μὲν ἔσται, ἐάνπερ ἄνθρωποί τε καὶ τἆλλα 221 a
ζῷα ᾖ, οὐ μέντοι βλαβερά γε; Καὶ δίψα δὴ καὶ αἱ ἄλλαι ἐπιθυμίαι, ἀλλ' οὐ κακαί, ἅτε τοῦ κακοῦ ἀπολωλότος; Ἢ γελοῖον τὸ ἐρώτημα, ὅ τί ποτ' ἔσται τότε ἢ μὴ ἔσται; Τίς γὰρ οἶδεν; Ἀλλ' οὖν τόδε γ' ἴσμεν, ὅτι καὶ νῦν ἔστιν πεινῶντα βλάπτεσθαι, ἔστιν δὲ καὶ ὠφελεῖσθαι. Ἦ γάρ; — Πάνυ γε. — Οὐκοῦν καὶ διψῶντα καὶ τῶν ἄλλων τῶν τοιούτων πάντων ἐπιθυμοῦντα ἔστιν ἐνίοτε μὲν ὠφελίμως
ἐπιθυμεῖν, ἐνίοτε δὲ βλαβερῶς, ἐνίοτε δὲ μηδέτερα; — b
Σφόδρα γε. — Οὐκοῦν ἐὰν ἀπολλύηται τὰ κακά, ἅ γε μὴ τυγχάνει ὄντα κακὰ τί προσήκει τοῖς κακοῖς συναπόλλυσθαι; — Οὐδέν. — Ἔσονται ἄρα αἱ μήτε ἀγαθαὶ μήτε κακαὶ ἐπιθυμίαι καὶ ἐὰν ἀπόληται τὰ κακά. — Φαίνεται. — Οἷόν τε οὖν ἐστιν ἐπιθυμοῦντα καὶ ἐρῶντα τούτου οὗ ἐπιθυμεῖ καὶ ἐρᾷ μὴ φιλεῖν; — Οὐκ ἔμοιγε δοκεῖ. — Ἔσται
ἄρα καὶ τῶν κακῶν ἀπολομένων, ὡς ἔοικεν, φίλ' ἄττα. — c
Ναί. — Οὐκ ἄν, εἴ γε τὸ κακὸν αἴτιον ἦν τοῦ φίλον τι εἶναι,

Bösen wegen dem Guten anhingen und es liebten, weil näm-
lich das Gute die Arznei ist wider das Böse, das Böse aber die
Krankheit. Gibt es nun keine Krankheit mehr, so bedarf man
auch keiner Arznei. Ist es wohl so beschaffen mit dem Guten,
und wird es wohl so des Bösen wegen geliebt von uns, die wir
mitten inne sind zwischen dem Bösen und Guten, hat aber
selbst an und für sich gar keinen Nutzen? – Es hat das Ansehn,
sprach er, sich so zu verhalten. – Jenes erste also, in welchem
sich alle übrigen Dinge endigten, denen wir um eines Andern
willen freund waren, hat mit allen diesen gar keine Ähnlich-
keit. Denn allen diesen nannten wir uns freund um eines An-
dern willen, dem wir freund waren; jenes eigentliche aber e
scheint diesen ganz entgegengesetzt geartet zu sein, indem sich
zeigte, daß wir ihm freund sind wegen etwas dem wir feind
sind. Würde aber dieses letztere fortgeschafft, so würden wir
ihm wie es scheint nicht mehr freund sein. – Mich dünkt nicht,
sprach er, nach dem wenigstens, was eben gesagt wird. – Ob
man wohl, sprach ich, um Zeus willen, wenn auch alles Böse
untergegangen ist, dann nicht hungern wird und nicht dursten,
und nichts anderes der Art? Oder wird zwar Hunger sein, 221a
wenn doch Menschen und andere Tiere sein sollen, aber er wird
nicht verderblich sein; und so auch der Durst und die andern
Begierden, nur nicht böse werden sie sein, da ja das Böse un-
tergegangen ist. Oder ist es eine lächerliche Frage, was alsdann
sein wird und nicht sein? Denn wer weiß es? Dieses aber wissen
wir doch, daß auch jetzt schon wer hungert Schaden davon
haben kann, auch Nutzen davon haben kann, nicht wahr? –
Allerdings. – Nicht auch wer durstet oder etwas anderes der-
gleichen begehrt, begehrt es bisweilen sich zum Nutzen, bis-
weilen zum Schaden, bisweilen ohne eins von beiden? – Ge- b
wiß. – Also wenn auch das Böse unterginge, wie käme das was
nicht böse ist dazu mit dem Bösen zugleich unterzugehn? – Auf
keine Weise. – Die weder gut noch bösen Begierden werden
also bleiben, wenn auch das Böse untergeht? – Das leuchtet ein.
– Ist es aber wohl möglich etwas zu begehren und zu lieben,
ohne dem freund zu sein was man begehrt und liebt? – Mich
dünkt es nicht. – Also auch wenn das Böse untergegangen ist, c
wie es scheint, werden wir einigem freund sein? – Ja. – Nicht

οὐκ ἂν ἦν τούτου ἀπολομένου φίλον ἕτερον ἑτέρῳ. Αἰτίας
γὰρ ἀπολομένης ἀδύνατόν που ἦν ἔτ' ἐκεῖνο εἶναι, οὗ ἦν
αὕτη ἡ αἰτία. — Ὀρθῶς λέγεις.

— Οὐκοῦν ὡμολόγηται ἡμῖν τὸ φίλον φιλεῖν τι καὶ διά τι·
καὶ ᾠήθημεν τότε γε διὰ τὸ κακὸν τὸ μήτε ἀγαθὸν μήτε
κακὸν τὸ ἀγαθὸν φιλεῖν; — Ἀληθῆ. — Νῦν δέ γε, ὡς ἔοικε,
φαίνεται ἄλλη τις αἰτία τοῦ φιλεῖν τε καὶ φιλεῖσθαι. — d
Ἔοικεν. — Ἆρ' οὖν τῷ ὄντι, ὥσπερ ἄρτι ἐλέγομεν, ἡ ἐπιθυ-
μία τῆς φιλίας αἰτία, καὶ τὸ ἐπιθυμοῦν φίλον ἐστὶν τούτῳ
οὗ ἐπιθυμεῖ καὶ τότε ὅταν ἐπιθυμῇ, ὃ δὲ τὸ πρότερον ἐλέ-
γομεν φίλον εἶναι, ὕθλος τις ἦν, ὥσπερ ποίημα μακρὸν
συγκείμενον; — Κινδυνεύει, ἔφη.

— Ἀλλὰ μέντοι, ἦν δ' ἐγώ, τό γε ἐπιθυμοῦν, οὗ ἂν ἐνδεὲς
ᾖ, τούτου ἐπιθυμεῖ. Ἦ γάρ; — Ναί. — Τὸ δ' ἐνδεὲς ἄρα e
φίλον ἐκείνου οὗ ἂν ἐνδεὲς ᾖ; — Δοκεῖ μοι. — Ἐνδεὲς δὲ
γίγνεται οὗ ἄν τι ἀφαιρῆται. — Πῶς δ' οὔ; — Τοῦ οἰκείου
δή, ὡς ἔοικεν, ὅ τε ἔρως καὶ ἡ φιλία καὶ ἡ ἐπιθυμία τυγ-
χάνει οὖσα, ὡς φαίνεται, ὦ Μενέξενέ τε καὶ Λύσι. —
Συνεφάτην. — Ὑμεῖς ἄρα εἰ φίλοι ἐστὸν ἀλλήλοις, φύσει
πῃ οἰκεῖοί ἐσθ' ὑμῖν αὐτοῖς. — Κομιδῇ, ἐφάτην. — Καὶ εἰ
ἄρα τις ἕτερος ἑτέρου ἐπιθυμεῖ, ἦν δ' ἐγώ, ὦ παῖδες, ἢ
ἐρᾷ, οὐκ ἄν ποτε ἐπεθύμει οὐδὲ ἤρα οὐδὲ ἐφίλει, εἰ μὴ 222 a
οἰκεῖός πῃ τῷ ἐρωμένῳ ἐτύγχανεν ὢν ἢ κατὰ τὴν ψυχὴν ἢ
κατά τι τῆς ψυχῆς ἦθος ἢ τρόπους ἢ εἶδος. — Πάνυ γε,
ἔφη ὁ Μενέξενος· ὁ δὲ Λύσις ἐσίγησεν. — Εἶεν, ἦν δ' ἐγώ.
Τὸ μὲν δὴ φύσει οἰκεῖον ἀναγκαῖον ἡμῖν πέφανται φιλεῖν.
— Ἔοικεν, ἔφη. — Ἀναγκαῖον ἄρα τῷ γνησίῳ ἐραστῇ καὶ
μὴ προσποιήτῳ φιλεῖσθαι ὑπὸ τῶν παιδικῶν. — Ὁ μὲν οὖν
Λύσις καὶ ὁ Μενέξενος μόγις πως ἐπενευσάτην, ὁ δὲ Ἱπ- b
ποθάλης ὑπὸ τῆς ἡδονῆς παντοδαπὰ ἠφίει χρώματα.

doch, wenn das Böse die Ursach der Freundschaft war, könnte wohl nach Untergang des Bösen nichts mehr einem Andern freund sein; denn ist eine Ursach weggenommen, so kann unmöglich das noch statt finden, wovon dieses die Ursach war. – Du hast Recht.

5.4. Das Begehren des von Natur aus Angehörigen als Ursache der Freundschaft – und das Aporetische dieser Auffassung: Das Scheitern der Untersuchung

– Darüber aber waren wir einig, daß wer einem freund ist es
auch liebe, und zwar wegen etwas, und wir glaubten damals
wenigstens, das weder gut noch böse liebe so des Bösen wegen
das Gute? – Richtig. – Jetzt aber, wie es scheint, zeigt sich
wieder eine andere Ursach des Liebens und Geliebtwerdens? – d
So scheint es. – Ist nun in der Tat, wie wir jetzt sagten, das
Begehren die Ursach der Freundschaft, und das Begehrende
dem freund was es begehrt, dann wann es begehrt? alles aber
was wir zuvor sagten vom freund sein war nur Geschwätz wie
ein langes zurechtgelegtes Machwerk. – So wird es wohl sein,
sagte er. – Aber, sprach ich, das Begehrende begehrt doch das,
was ihm fehlt. Nicht wahr? – Ja. – Wem also etwas fehlt, das ist e
dem freund, was ihm fehlt? – Mich dünkt. – Jedem aber fehlt
das, was ihm entzogen ist? – Wie anders? – Auf das Angehörige
also, wie es scheint, geht Liebe und Freundschaft und Verlan-
gen, wie sich zeigt, o Menexenos und Lysis? – Sie stimmten ein.
– Ihr beide also, wenn ihr gegenseitig Freunde seid, müßt ir-
gendwie von Natur einander angehören. – Offenbar, sagten
sie. – Und auch sonst ihr Kinder, sprach ich, wo einer des
andern begehrt und liebt, er würde ihn weder begehren noch 222a
lieben, noch ihm freund sein, wenn ihm nicht der Geliebte
angehörig wäre überhaupt der Seele nach oder wegen irgend
einer Gesinnung, Art und Eigenschaft. – Gewiß, sagte Me-
nexenos; Lysis aber schwieg. – Wohl, sprach ich. Das von Na-
tur angehörige also müssen wir, wie sich zeigt, notwendig lie-
ben? – So folgt es, sagte er. – Notwendig also muß auch der
echte Liebhaber, und der sich nicht nur so anstellt, wieder ge-
liebt werden von seinem Liebling? – Diesem nun wollten Lysis
und Menexenos kaum Bejahung zuwinken. Hippothales aber b

Καὶ ἐγὼ εἶπον, βουλόμενος τὸν λόγον ἐπισκέψασθαι· Εἰ μέν τι τὸ οἰκεῖον τοῦ ὁμοίου διαφέρει, λέγοιμεν ἄν τι, ὡς ἐμοὶ δοκεῖ, ὦ Λύσι τε καὶ Μενέξενε, περὶ φίλου ὃ ἔστιν· εἰ δὲ ταὐτὸν τυγχάνει ὂν ὅμοιόν τε καὶ οἰκεῖον, οὐ ῥᾴδιον ἀποβαλεῖν τὸν πρόσθεν λόγον, ὡς οὐ τὸ ὅμοιον τῷ ὁμοίῳ κατὰ τὴν ὁμοιότητα ἄχρηστον· τὸ δὲ ἄχρηστον φίλον ὁμολογεῖν πλημμελές. Βούλεσθ' οὖν, ἦν δ' ἐγώ, ἐπειδὴ c ὥσπερ μεθύομεν ὑπὸ τοῦ λόγου, συγχωρήσωμεν καὶ φῶμεν ἕτερόν τι εἶναι τὸ οἰκεῖον τοῦ ὁμοίου; — Πάνυ γε. — Πότερον οὖν καὶ τἀγαθὸν οἰκεῖον θήσομεν παντί, τὸ δὲ κακὸν ἀλλότριον εἶναι; ἢ τὸ μὲν κακὸν τῷ κακῷ οἰκεῖον, τῷ δὲ ἀγαθῷ τὸ ἀγαθόν, τῷ δὲ μήτε ἀγαθῷ μήτε κακῷ τὸ μήτε ἀγαθὸν μήτε κακόν; — Οὕτως ἐφάτην δοκεῖν σφίσιν ἕκαστον ἑκάστῳ οἰκεῖον εἶναι. — Πάλιν ἄρα, ἦν δ' ἐγώ, ὦ παῖ- d δες, οὓς τὸ πρῶτον λόγους ἀπεβαλόμεθα περὶ φιλίας, εἰς τούτους εἰσπεπτώκαμεν· ὁ γὰρ ἄδικος τῷ ἀδίκῳ καὶ ὁ κακὸς τῷ κακῷ οὐδὲν ἧττον φίλος ἔσται ἢ ὁ ἀγαθὸς τῷ ἀγαθῷ. — Ἔοικεν, ἔφη. — Τί δέ; Τὸ ἀγαθὸν καὶ τὸ οἰκεῖον ἂν ταὐτὸν φῶμεν εἶναι, ἄλλο τι ἢ ὁ ἀγαθὸς τῷ ἀγαθῷ μόνον φίλος; — Πάνυ γε. — Ἀλλὰ μὴν καὶ τοῦτό γε ᾠόμεθα ἐξελέγξαι ἡμᾶς αὐτούς· ἢ οὐ μέμνησθε; — Μεμνήμεθα.

— Τί οὖν ἂν ἔτι χρησαίμεθα τῷ λόγῳ; ἢ δῆλον ὅτι οὐδέν; e Δέομαι οὖν, ὥσπερ οἱ σοφοὶ ἐν τοῖς δικαστηρίοις, τὰ εἰρημένα ἅπαντα ἀναπεμπάσασθαι. Εἰ γὰρ μήτε οἱ φιλούμενοι μήτε οἱ φιλοῦντες μήτε οἱ ὅμοιοι μήτε οἱ ἀνόμοιοι μήτε οἱ ἀγαθοὶ μήτε οἱ οἰκεῖοι μήτε τὰ ἄλλα ὅσα διεληλύθαμεν — οὐ γὰρ ἔγωγε ἔτι μέμνημαι ὑπὸ τοῦ πλήθους — ἀλλ' εἰ μηδὲν τούτων φίλον ἐστίν, ἐγὼ μὲν οὐκέτι ἔχω τί λέγω.

wechselte alle Farben vor Freunde. – Da sagte ich in der Absicht den Satz noch näher zu betrachten: Ja wenn das Angehörige von dem Ähnlichen irgend verschieden wäre, o Menexenos und Lysis, dann wäre hiemit etwas gesagt über die Freundschaft, was sie ist. Wenn aber das Ähnliche und das Angehörige dasselbe ist, so ist es doch nicht leicht unsern vorigen Satz wegzuwerfen, daß nämlich das Ähnliche dem Ähnlichen, so weit seine Ähnlichkeit geht, unnütz ist. Zu dem unnützen aber als freund sich zu bekennen, ist Frevel. Wollt ihr c
also, da wir gleichsam berauscht sind von der Rede, daß wir nachgeben und behaupten, das Angehörige sei etwas anderes als das Ähnliche? – Allerdings. – Wollen wir nun auch weiter sagen, das Gute sei Jedem angehörig, das Böse aber Jedem fremdartig? oder das Böse sei dem Bösen angehörig, und dem Guten das Gute, und dem weder gut noch bösen das weder gut noch böse? – Sie meinten auf die letzte Art schiene ihnen jedes Jedem angehörig zu sein. – Da sind wir also, sprach ich, ihr d
Kinder, wieder in die vorher verworfenen Gedanken von der Freundschaft hinein geraten. Denn so wird der Ungerechte dem Ungerechten und der Böse dem Bösem nicht weniger freund sein als der Gute dem Guten. – So scheint es, sagte er. – Wie aber, wenn wir sagten, das Gute und das Angehörige sei einerlei, wird dann nicht der Gute dem Guten allein freund sein? – Gewiß. – Aber auch dieses glaubten wir uns selbst widerlegt zu haben. Oder erinnert ihr euch nicht? – Sehr gut erinnern wir uns. – Was haben wir also nun noch an dem Satz? e
Offenbar wohl nichts. Ich bitte euch daher, wie vor Gericht die Redner pflegen, das Gesagte alles noch einmal zurückzurufen. Wenn nämlich weder die Geliebten noch die Liebenden, noch die Ähnlichen noch die Unähnlichen, noch die Guten noch die Angehörigen, noch was wir sonst durchgenommen haben, denn ich erinnere es mich nicht mehr alles vor der großen Menge; wenn also nichts von allem diesem der Gegenstand der Freundschaft ist, so weiß ich meines Teils nicht mehr was ich sagen soll.

Ταῦτα δ' εἰπὼν ἐν νῷ εἶχον ἄλλον ἤδη τινὰ τῶν πρεσβυ- a
τέρων κινεῖν· κᾆτα, ὥσπερ δαίμονές τινες, προσελθόντες οἱ παιδαγωγοί, ὅ τε τοῦ Μενεξένου καὶ ὁ τοῦ Λύσιδος, ἔχοντες αὐτῶν τοὺς ἀδελφούς, παρεκάλουν καὶ ἐκέλευον αὐτοὺς οἴκαδ' ἀπιέναι· ἤδη γὰρ ἦν ὀψέ· τὸ μὲν οὖν πρῶτον καὶ ἡμεῖς καὶ οἱ περιεστῶτες αὐτοὺς ἀπηλαύνομεν· ἐπειδὴ δὲ οὐδὲν ἐφρόντιζον ἡμῶν, ἀλλ' ὑποβαρβαρίζοντες ἠγανάκτουν τε καὶ οὐδὲν ἧττον ἐκάλουν, ἀλλ' ἐδόκουν ἡμῖν ὑποπεπωκό- b
τες ἐν τοῖς Ἑρμαίοις ἄποροι εἶναι προσφέρεσθαι, ἡττηθέντες οὖν αὐτῶν διελύσαμεν τὴν συνουσίαν. Ὅμως δ' ἔγωγε ἤδη ἀπιόντων αὐτῶν· Νῦν μέν, ἦν δ' ἐγώ, ὦ Λύσι τε καὶ Μενέξενε, καταγέλαστοι γεγόναμεν ἐγώ τε, γέρων ἀνήρ, καὶ ὑμεῖς. Ἐροῦσι γὰρ οἵδε ἀπιόντες ὡς οἰόμεθα ἡμεῖς ἀλλήλων φίλοι εἶναι, καὶ ἐμὲ γὰρ ἐν ὑμῖν τίθημι, οὔπω δὲ ὅ τι ἔστιν ὁ φίλος οἷοί τε ἐγενόμεθα ἐξευρεῖν.

6. Schluß: Der Aufbruch der beiden Freunde

Dieses gesprochen, war ich im Begriff, einen anderen von 223a
den Älteren in Bewegung zu setzen. Da kamen aber eben wie schlimme Geister die Knabenführer herbei, der des Menexenos sowohl als der des Lysis mit deren Brüdern an der Hand, und riefen sie ab, sie sollten nach Hause gehn, denn es war schon spät. Zuerst zwar wollten wir und die Umstehenden sie fort-treiben; da sie sich aber nichts um uns kümmerten, sondern in sehr schlechtem Hellenisch brummten und schalten, und doch immer wieder riefen: so glaubten wir, zumal sie an den Her- b
maien ein wenig mochten getrunken haben, daß nichts mit ihnen würde auszurichten sein; und lösten, gezwungen von ihnen, die Gesellschaft auf. Doch sagte ich noch als sie schon gingen: Diesmal, o Lysis und Menexenos, haben wir uns lächerlich gemacht, ich der alte Mann und ihr. Denn diese wenn sie nun gehen, werden sagen, wir bildeten uns ein Freunde zu sein, nämlich ich rechne auch mich mit zu euch; was aber ein Freund sei, hätten wir noch nicht vermocht auszufinden.

Χαρμίδης
Charmides

GLIEDERUNG

1. Einleitung (153a1)
1.1. Rückkehr und Bericht des Sokrates von Potidaia (153a1)
1.2. Sokrates' Rückfrage nach den Jünglingen; die Schönheit des Charmides (153d3)
1.3. Charmides erscheint. Sokrates als Arzt für Charmides' Kopfschmerzen; die Heilung des Leibes setzt Besonnenheit der Seele voraus (155b7)
1.4. Besitzt Charmides Besonnenheit? Entschluß zu weiteren Untersuchungen darüber (157c6)
2. Sokrates und Charmides über die Besonnenheit (158e7)
2.1. Erste Definition: Besonnenheit ist eine gewisse Bedächtigkeit. Kritik (158e7)
2.2. Zweite Definition: Besonnenheit ist Scham. Kritik (160d5)
2.3. Dritte Definition: Besonnenheit ist, das Seinige zu tun. Die Rätselhaftigkeit dieser Bestimmung (161b4)
3. Sokrates und Kritias über die Besonnenheit (162c1)
3.1. Nochmals die dritte Definition des Charmides (162c1)
3.1.1. Kritias verteidigt die Definition: Unterscheidung von Tun und Machen; das ‹Seinige› als das Gute (162c1)
3.1.2. Handeln beruht auf Wissen. Die Unangemessenheit der Definition (164a1)
3.2. Vierte Definition: Besonnenheit ist, sich selbst zu erkennen. Entwurf der Definition durch Kritias und Rückfragen des Sokrates zum Gegenstand des Besonnenheitswissens (164d3)
3.3. Eine Verbesserung der vierten Definition (166e6)
3.3.1. Die neue Version: Besonnenheit ist die Erkenntnis ihrer selbst und der anderen Erkenntnisse. Von der Schwierigkeit dieses Begriffs (166e6)
3.3.2. Aporie, ob es eine Erkenntnis der Erkenntnis gibt. Wenn es sie gibt, muß sie nützlich sein, damit die Definition adäquat sein kann (168b2)

3.3.3. Die hypothetisch angenommene Erkenntnis der Erkenntnis weiß nichts von den Erkenntnisinhalten, ist zur Wissensprüfung ungeeignet. Besonnenheit, so gedacht, hat nicht den von ihr erwarteten Nutzen (169e6)

3.3.4. Auch bei Einräumung von Erkenntnisinhalten hat Besonnenheit im Sinne der Definition nichts mit gutem und glücklichem Leben zu tun, ist sie völlig nutzlos (172c4)

3.4. Aporetische Zusammenfassung (175a7)

4. Schluß: Nutzlosigkeit der angestellten Untersuchungen und Bereitschaft des Charmides zu weiteren Besprechungen (175d5)

Χαρμίδης

ΣΩΚΡΑΤΗΣ ΧΑΙΡΕΦΩΝ ΚΡΙΤΙΑΣ ΧΑΡΜΙΔΗΣ

Ἧκον μὲν τῇ προτεραίᾳ ἑσπέρας ἐκ Ποτειδαίας ἀπὸ 153 a
τοῦ στρατοπέδου, οἷον δὲ διὰ χρόνου ἀφιγμένος ἀσμένως ᾖα ἐπὶ τὰς ξυνήθεις διατριβάς. Καὶ δὴ καὶ εἰς τὴν Ταυρέου παλαίστραν τὴν καταντικρὺ τοῦ τῆς Βασίλης ἱεροῦ εἰσῆλθον, καὶ αὐτόθι κατέλαβον πάνυ πολλούς, τοὺς μὲν καὶ ἀγνῶτας ἐμοί, τοὺς δὲ πλείστους γνωρίμους. Καί με ὡς εἶδον εἰσιόντα ἐξ ἀπροσδοκήτου, εὐθὺς πόρρωθεν ἠσπάζοντο ἄλλος ἄλλοθεν· b
Χαιρεφῶν δέ, ἅτε καὶ μανικὸς ὤν, ἀναπηδήσας ἐκ μέσων ἔθει πρός με, καί μου λαβόμενος τῆς χειρός· Ὦ Σώκρατες, ἦ δ' ὅς, πῶς ἐσώθης ἐκ τῆς μάχης; — Ὀλίγον δὲ πρὶν ἡμᾶς ἀπιέναι μάχη ἐγεγόνειν ἐν τῇ Ποτειδαίᾳ, ἣν ἄρτι ἦσαν οἱ τῇδε πεπυσμένοι. — Καὶ ἐγὼ πρὸς αὐτὸν ἀποκρινόμενος· Οὑτωσί, ἔφην, ὡς σὺ ὁρᾷς. — Καὶ μὴν ἤγγελταί γε δεῦρο, ἔφη, ἥ τε μάχη πάνυ ἰσχυρὰ γεγονέναι καὶ ἐν αὐτῇ πολλοὺς c
τῶν γνωρίμων τεθνάναι. — Καὶ ἐπιεικῶς, ἦν δ' ἐγώ, ἀληθῆ ἀπήγγελται. — Παρεγένου μέν, ἦ δ' ὅς, τῇ μάχῃ; — Παρεγενόμην. — Δεῦρο δή, ἔφη, καθεζόμενος ἡμῖν διήγησαι· οὐ γάρ τί πω πάντα σαφῶς πεπύσμεθα. — Καὶ ἅμα με καθίζει ἄγων παρὰ Κριτίαν τὸν Καλλαίσχρου. Παρακαθεζόμενος οὖν ἠσπαζόμην τόν τε Κριτίαν καὶ τοὺς ἄλλους, καὶ διηγούμην αὐτοῖς τὰ ἀπὸ στρατοπέδου, ὅ τί μέ τις ἀνέροιτο· d
ἠρώτων δὲ ἄλλος ἄλλο.

Ἐπειδὴ δὲ τῶν τοιούτων ἅδην εἴχομεν, αὖθις ἐγὼ αὐτοὺς ἀνηρώτων τὰ τῇδε, περὶ φιλοσοφίας ὅπως ἔχοι τὰ νῦν, περί τε τῶν νέων, εἴ τινες ἐν αὐτοῖς διαφέροντες ἢ σοφίᾳ ἢ κάλλει ἢ ἀμφοτέροις ἐγγεγονότες εἶεν. Καὶ ὁ Κριτίας ἀπο-

Charmides

SOKRATES ERZÄHLT

1. Einleitung

1.1. Rückkehr und Bericht des Sokrates von Potidaia

Ich war nur am Abend zuvor von dem Heere vor Potidaia 153a
zurückgekommen, und ging nun nach so langer Abwesenheit
mit großem Wohlbehagen wieder an die gewohnten Plätze. So
kam ich denn auch in die Palaistra des Taureas, gegenüber dem
Tempel der Basilika, und traf dort sehr Viele, einige zwar auch
Unbekannte, die meisten aber Bekannte. Und als sie mich so
unerwartet hereintreten sahen begrüßten sie mich schon von b
fern, einer hier der andere dort. Chairephon aber, wie er denn
immer heftig ist, aufspringend von seiner Gesellschaft, lief auf
mich zu, nahm mich bei der Hand und sagte: O Sokrates, wie
bist du doch davongekommen im Gefecht? Kurz ehe wir von
dort abreisten, war nämlich ein Gefecht vorgefallen, wovon
man hier nur eben erst gehört hatte. – Ich antwortete ihm, so
wie du siehst. – Wenigstens, sagte er, ist hieher berichtet wor-
den das Gefecht wäre sehr hitzig gewesen, und viele bekannte c
Männer darin geblieben. – Und sehr richtig, sprach ich, ist dies
berichtet. – Du warst doch, fragte er, bei dem Gefecht. – Ich
war dabei. – Hieher also, sprach er, setze dich, und erzähle uns;
denn wir haben noch gar nicht alles genau erfahren. – Und
somit führte er mich zu sitzen neben den Kritias, den Sohn des
Kallaischros. Indem ich mich nun setzte begrüßte ich den Kri-
tias und die Andern, und erzählte ihnen von dem Heere, wo- d
nach sich Jeder erkundigte; der Eine fragte dies, der Andere
jenes.

1.2. Sokrates' Rückfrage nach den Jünglingen; die Schönheit des Charmides

Als wir aber hievon genug hatten, fragte ich sie wieder meinerseits wie es jetzt hier stände mit der Weisheitsliebe und mit den Jünglingen, ob welche von ausgezeichnetem Verstande oder

βλέψας πρὸς τὴν θύραν, ἰδών τινας νεανίσκους εἰσιόντας 154 a
καὶ λοιδορουμένους ἀλλήλοις καὶ ἄλλον ὄχλον ὄπισθεν ἑπόμενον· Περὶ μὲν τῶν καλῶν, ἔφη, ὦ Σώκρατες, αὐτίκα μοι δοκεῖς εἴσεσθαι· οὗτοι γὰρ τυγχάνουσιν οἱ εἰσιόντες πρόδρομοί τε καὶ ἐρασταὶ ὄντες τοῦ δοκοῦντος καλλίστου εἶναι τά γε δὴ νῦν· φαίνεται δέ μοι καὶ αὐτὸς ἐγγὺς ἤδη που εἶναι προσιών. — Ἔστιν δέ, ἦν δ' ἐγώ, τίς τε καὶ τοῦ; — Οἶσθά που σύ γε, ἔφη, ἀλλ' οὔπω ἐν ἡλικίᾳ ἦν πρίν σε
ἀπιέναι, Χαρμίδην τὸν τοῦ Γλαύκωνος τοῦ ἡμετέρου θείου b
ὑόν, ἐμὸν δὲ ἀνεψιόν. — Οἶδα μέντοι νὴ Δία, ἦν δ' ἐγώ· οὐ γάρ τι φαῦλος οὐδὲ τότε ἦν ἔτι παῖς ὤν, νῦν δ' οἶμαί που εὖ μάλα ἂν ἤδη μειράκιον εἴη. — Αὐτίκα, ἔφη, εἴσει καὶ ἡλίκος καὶ οἷος γέγονεν. — Καὶ ἅμα ταῦτ' αὐτοῦ λέγοντος ὁ Χαρμίδης εἰσέρχεται.

Ἐμοὶ μὲν οὖν, ὦ ἑταῖρε, οὐδὲν σταθμητόν· ἀτεχνῶς γὰρ λευκὴ στάθμη εἰμὶ πρὸς τοὺς καλούς· σχεδὸν γάρ τί μοι πάν-
τες οἱ ἐν τῇ ἡλικίᾳ καλοὶ φαίνονται· ἀτὰρ οὖν δὴ καὶ τότε c
ἐκεῖνος ἐμοὶ θαυμαστὸς ἐφάνη τό τε μέγεθος καὶ τὸ κάλλος, οἱ δὲ δὴ ἄλλοι πάντες ἐρᾶν ἔμοιγε ἐδόκουν αὐτοῦ· οὕτως ἐκπεπληγμένοι τε καὶ τεθορυβημένοι ἦσαν, ἡνίκ' εἰσῄει· πολλοὶ δὲ δὴ ἄλλοι ἐρασταὶ καὶ ἐν τοῖς ὄπισθεν εἵποντο. Καὶ τὸ μὲν ἡμέτερον τὸ τῶν ἀνδρῶν ἧττον θαυμαστὸν ἦν· ἀλλ' ἐγὼ καὶ τοῖς παισὶ προσέσχον τὸν νοῦν, ὡς οὐδεὶς ἄλλοσ' ἔβλεπεν αὐτῶν, οὐδ' ὅστις σμικρότατος ἦν, ἀλλὰ πάντες ὥσπερ ἄγαλμα ἐθεῶντο αὐτόν.

Καὶ ὁ Χαιρεφῶν καλέσας με· Τί σοι φαίνεται ὁ νεανίσκος, d
ἔφη, ὦ Σώκρατες; Οὐκ εὐπρόσωπος; — Ὑπερφυῶς, ἦν δ' ἐγώ. — Οὗτος μέντοι, ἔφη, εἰ ἐθέλοι ἀποδῦναι, δόξει σοι ἀπρόσωπος εἶναι· οὕτως τὸ εἶδος πάγκαλός ἐστιν. — Συνέφασαν οὖν καὶ οἱ ἄλλοι ταὐτὰ ταῦτα τῷ Χαιρεφῶντι· κἀγώ· Ἡράκλεις, ἔφην, ὡς ἄμαχον λέγετε τὸν ἄνδρα, εἰ ἔτι αὐτῷ ἓν δὴ μόνον τυγχάνει προσὸν σμικρόν τι. — Τί; ἔφη ὁ Κριτίας.
— Εἰ τὴν ψυχήν, ἦν δ' ἐγώ, τυγχάνει εὖ πεφυκώς. Πρέπει e

Schönheit oder beidem sich seitdem hervorgetan hätten. – Kri-
tias, der den Blick nach der Türe gerichtet eben einige Jüng- 154a
linge Mutwillen mit einander treibend hereinkommen sah, und
noch einen großen Haufen hinter ihnen, sagte darauf: Wie es
mit den Schönen steht, o Sokrates, das wirst du, dünkt mich,
gleich selbst sehen. Denn diese eben hereintretenden sind gra-
de die Vorläufer und Liebhaber dessen, der für den schönsten
gehalten wird wenigstens für itzt; gewiß auch ist er selbst wo
auf dem Wege hieher in der Nähe. – Wer, fragte ich, ist er denn,
und wem angehörig? – Auch du kennst ihn wohl, sprach er, er
war aber ehe du abreistest noch nicht unter den Jünglingen,
Charmides, mein Vetter, meines Oheims Glaukon Sohn. – Den b
kenne ich freilich, beim Zeus, sagte ich. Schon damals war er
gar nicht übel, wiewohl noch ein Knabe, jetzt, meine ich, muß
er schon ein ziemlich herangewachsener junger Mensch sein. –
Sogleich, sprach er, wirst du sehen, wie groß und wie schön er
geworden ist. Und indem er dies sagte, trat auch Charmides
herein. Auf mich nun, Freund, ist freilich nicht viel zu geben,
denn ich bin, wenn Schöne sollen bezeichnet werden, wie Krei-
de an der weißen Wand. Mir erscheinen eben Alle schön, die in
diesem Alter sind. Folglich erschien auch damals jener mir ganz c
bewundernswürdig von Wuchs und Schönheit. Aber auch die
Andern Alle dünkten mich in ihn verliebt zu sein, so waren sie
entzückt und verwirrt als er hereinkam. Viele Liebhaber waren
auch noch unter denen, die ihm folgten. Und daß es uns Män-
nern so erging, war weniger zu verwundern; allein ich hatte
auch auf die Knaben Acht, daß keiner von ihnen anderwärts
hinsah, auch nicht der Kleinste, sondern Alle betrachteten wie
ein Götterbild nur ihn. Da rief Chairephon mich an, und sagte: d
Nun Sokrates, wie findest du den Jüngling? Nicht schön von
Angesicht? – Über die Maßen, sagte ich. – Und doch, sprach er,
wenn er sich entkleiden wollte, würdest du sagen, sein Gesicht
sei Nichts, so durchaus schön ist er von Gestalt. Auch die An-
dern sagten Alle dasselbe wie Chairephon. – Herakles, rief ich
darauf, wie unwiderstehlich beschreibt ihr den Mann, wenn
nur noch Eine Kleinigkeit sich bei ihm findet! – Welche doch?
fragte Kritias. – Wenn er, sprach ich, auch der Seele nach wohl- e
gebildet ist. Und es kommt ihm wohl zu ein solcher zu sein,

δέ που, ὦ Κριτία, τοιοῦτον αὐτὸν εἶναι τῆς γε ὑμετέρας ὄντα
οἰκίας· — Ἀλλ', ἔφη, πάνυ καλὸς κἀγαθός ἐστιν καὶ ταῦτα.
— Τί οὖν, ἔφην, οὐκ ἀπεδύσαμεν αὐτοῦ αὐτὸ τοῦτο καὶ
ἐθεασάμεθα πρότερον τοῦ εἴδους; Πάντως γάρ που τηλικοῦ-
τος ὢν ἤδη ἐθέλει διαλέγεσθαι. — Καὶ πάνυ γε, ἔφη ὁ
Κριτίας, ἐπεί τοι καὶ ἔστιν φιλόσοφός τε καί, ὡς δοκεῖ 155 a
ἄλλοις τε καὶ ἑαυτῷ, πάνυ ποιητικός. — Τοῦτο μέν, ἦν δ'
ἐγώ, ὦ φίλε Κριτία, πόρρωθεν ὑμῖν τὸ καλὸν ὑπάρχει ἀπὸ
τῆς Σόλωνος συγγενείας. Ἀλλὰ τί οὐκ ἐπέδειξάς μοι τὸν
νεανίαν καλέσας δεῦρο; Οὐδὲ γὰρ ἄν που εἰ ἔτι ἐτύγχανε
νεώτερος ὤν, αἰσχρὸν ἂν ἦν αὐτῷ διαλέγεσθαι ἡμῖν ἐναντίον
γε σοῦ, ἐπιτρόπου τε ἅμα καὶ ἀνεψιοῦ ὄντος. — Ἀλλὰ
καλῶς, ἔφη, λέγεις, καὶ καλῶμεν αὐτόν. — Καὶ ἅμα πρὸς
τὸν ἀκόλουθον· Παῖ, ἔφη, κάλει Χαρμίδην, εἰπὼν ὅτι b
βούλομαι αὐτὸν ἰατρῷ συστῆσαι περὶ τῆς ἀσθενείας ἧς
πρῴην πρός με ἔλεγεν ὅτι ἀσθενοῖ. — Πρὸς οὖν ἐμὲ ὁ Κρι-
τίας· Ἔναγχός τοι ἔφη βαρύνεσθαί τι τὴν κεφαλὴν ἕωθεν
ἀνιστάμενος· ἀλλὰ τί σε κωλύει προσποιήσασθαι πρὸς αὐτὸν
ἐπίστασθαί τι κεφαλῆς φάρμακον; — Οὐδέν, ἦν δ' ἐγώ·
μόνον ἐλθέτω. — Ἀλλ' ἥξει, ἔφη.

Ὅπερ οὖν καὶ ἐγένετο. Ἧκε γάρ, καὶ ἐποίησε γέλωτα
πολύν· ἕκαστος γὰρ ἡμῶν τῶν καθημένων ξυγχωρῶν τὸν c
πλησίον ἐώθει σπουδῇ, ἵνα παρ' αὐτῷ καθέζοιτο, ἕως τῶν
ἐπ' ἐσχάτῳ καθημένων τὸν μὲν ἀνεστήσαμεν, τὸν δὲ πλάγιον
κατεβάλομεν. Ὁ δ' ἐλθὼν μεταξὺ ἐμοῦ τε καὶ τοῦ Κριτίου
ἐκαθέζετο. Ἐνταῦθα μέντοι, ὦ φίλε, ἐγὼ ἤδη ἠπόρουν, καί
μου ἡ πρόσθεν θρασύτης ἐξεκέκοπτο, ἣν εἶχον ἐγὼ ὡς πάνυ
ῥᾳδίως αὐτῷ διαλεξόμενος· ἐπειδὴ δέ, φράσαντος τοῦ Κρι-
τίου ὅτι ἐγὼ εἴην ὁ τὸ φάρμακον ἐπιστάμενος, ἐνέβλεψέν τέ
μοι τοῖς ὀφθαλμοῖς ἀμήχανόν τι οἷον καὶ ἀνήγετο ὡς ἐρωτή- d
σων, καὶ οἱ ἐν τῇ παλαίστρᾳ ἅπαντες περιέρρεον ἡμᾶς κύκλῳ
κομιδῇ, τότε δή, ὦ γεννάδα, εἶδόν τε τὰ ἐντὸς τοῦ ἱματίου
καὶ ἐφλεγόμην καὶ οὐκέτ' ἐν ἐμαυτοῦ ἦν καὶ ἐνόμισα σοφώτα-

Kritias, da er von eurem Hause ist. – Er ist auch, sagte der, sehr schön und gut auch hierin. – Warum nun, sprach ich, entkleiden wir ihm nicht eben diese, und betrachten sie eher noch als die Gestalt? Denn da er schon in diesen Jahren ist wird er sich ja wohl dem Gespräch hergeben. – Und sehr gern, sagte Kritias. Denn nachdenklich ist er, und wie es andere und ihn selbst 155a
dünkt auch sehr dichterisch. – Dieser Vorzug, lieber Kritias, sprach ich, eignet euch schon von lange her wegen der Verwandtschaft mit dem Solon. Aber warum zeigst du mir nicht den Jüngling vor, und rufst ihn her? Denn selbst wenn er jünger wäre, könnte es doch nicht unanständig für ihn sein mit uns in Deiner Gegenwart zu reden, der du sein Vormund und zugleich Vetter bist. – Sehr wohl gesprochen, sagte er, wir wollen ihn gleich rufen; und zugleich befahl er seinem Diener; b
geh, ruf den Charmides, und sage, ich wollte ihn einem Arzte vorstellen wegen des Übels, wovon er mir neulich sagte, daß er daran litte. Er klagte mir neulich, sagte Kritias dabei, der Kopf wäre ihm immer so schwer, wenn er des Morgens aufstände. Und was hindert, daß du dich gegen ihn anstellst, als wüßtest du ein Mittel wider den Kopfschmerz? – Nichts, sprach ich, wenn er nur kommt.

1.3. Charmides erscheint. Sokrates als Arzt für Charmides' Kopfschmerzen; die Heilung des Leibes setzt Besonnenheit der Seele voraus

– Er wird schon kommen, sagte Kritias, welches denn auch geschah. Er kam und verursachte uns großes Gelächter. Denn jeder von uns, die wir saßen, drückte seinen Nebenmann weg c
um Platz zu machen, damit er sich neben ihn setzen möchte, so daß von denen die am Ende saßen, der eine aufstehn mußte, und der andere platt zur Erde fiel. Als er nun kam, setzte er sich zwischen den Kritias und mich. Und schon hier, Freund, ward ich verlegen, und die vorige Dreistigkeit verging mir, die ich hatte, als ob ich ganz unbefangen und leicht mit ihm würde reden können. Hernach aber, als Kritias ihm sagte, ich wäre der, welcher das Mittel wüßte, und er mich, ich kann gar nicht d
beschreiben wie, mit seinen Augen ansah und ansetzte als wollte er fragen, und nun Alle in der Palaistra uns ganz im Kreise umringten, da, du Herrlicher, sah ich ihm unter das Gewand

τον εἶναι τὸν Κυδίαν τὰ ἐρωτικά, ὃς εἶπεν ἐπὶ καλοῦ λέγων παιδός, ἄλλῳ ὑποτιθέμενος, εὐλαβεῖσθαι μὴ κατέναντα λέοντος νεβρὸν ἐλθόντα μοῖραν αἱρεῖσθαι κρεῶν· αὐτὸς γάρ μοι ἐδόκουν ὑπὸ τοῦ τοιούτου θρέμματος ἑαλωκέναι. e

Ὅμως δὲ αὐτοῦ ἐρωτήσαντος, εἰ ἐπισταίμην τὸ τῆς κεφαλῆς φάρμακον, μόγις πως ἀπεκρινάμην ὅτι ἐπισταίμην. — Τί οὖν, ἦ δ' ὅς, ἐστίν; — Καὶ ἐγὼ εἶπον ὅτι αὐτὸ μὲν εἴη φύλλον τι, ἐπῳδὴ δέ τις ἐπὶ τῷ φαρμάκῳ εἴη, ἣν εἰ μέν τις ἐπᾴδοι ἅμα καὶ χρῷτο αὐτῷ, παντάπασιν ὑγιᾶ ποιοῖ τὸ φάρμακον· ἄνευ δὲ τῆς ἐπῳδῆς οὐδὲν ὄφελος εἴη τοῦ φύλλου. — Καὶ ὅς· Ἀπογράψομαι τοίνυν, ἔφη, παρὰ σοῦ τὴν 156 a
ἐπῳδήν. — Πότερον, ἦν δ' ἐγώ, ἐάν με πείθῃς ἢ κἂν μή; — Γελάσας οὖν· Ἐάν σε πείθω, ἔφη, ὦ Σώκρατες. — Εἶεν, ἦν δ' ἐγώ· καὶ τοὔνομά μου σὺ ἀκριβοῖς; — Εἰ μὴ ἀδικῶ γε, ἔφη· οὐ γάρ τι σοῦ ὀλίγος λόγος ἐστὶν ἐν τοῖς ἡμετέροις ἡλικιώταις, μέμνημαι δὲ ἔγωγε καὶ παῖς ὢν Κριτίᾳ τῷδε ξυνόντα σε. — Καλῶς γε σύ, ἦν δ' ἐγώ, ποιῶν· μᾶλλον γάρ σοι παρρησιάσομαι περὶ τῆς ἐπῳδῆς, οἵα τυγ- b
χάνει οὖσα· ἄρτι δ' ἠπόρουν, τίνι τρόπῳ σοι ἐνδειξαίμην τὴν δύναμιν αὐτῆς. Ἔστι γάρ, ὦ Χαρμίδη, τοιαύτη οἵα μὴ δύνασθαι τὴν κεφαλὴν μόνον ὑγιᾶ ποιεῖν, ἀλλ' ὥσπερ ἴσως ἤδη καὶ σὺ ἀκήκοας τῶν ἀγαθῶν ἰατρῶν, ἐπειδάν τις αὐτοῖς προσέλθῃ τοὺς ὀφθαλμοὺς ἀλγῶν, λέγουσί που ὅτι οὐχ οἷόν τε αὐτοὺς μόνους ἐπιχειρεῖν τοὺς ὀφθαλμοὺς ἰᾶσθαι, ἀλλ' ἀναγκαῖον <ἂν> εἴη ἅμα καὶ τὴν κεφαλὴν θεραπεύειν, εἰ μέλλοι καὶ τὰ τῶν ὀμμάτων εὖ ἔχειν· καὶ αὖ τὸ τὴν κεφαλὴν c
οἴεσθαι ἄν ποτε θεραπεῦσαι αὐτὴν ἐφ' ἑαυτῆς ἄνευ ὅλου τοῦ σώματος πολλὴν ἄνοιαν εἶναι. Ἐκ δὴ τούτου τοῦ λόγου διαίταις ἐπὶ πᾶν τὸ σῶμα τρεπόμενοι μετὰ τοῦ ὅλου τὸ μέρος ἐπιχειροῦσιν θεραπεύειν τε καὶ ἰᾶσθαι· ἢ οὐκ ᾔσθησαι ὅτι ταῦτα οὕτως λέγουσίν τε καὶ ἔχει; — Πάνυ γε, ἔφη. — Οὐκοῦν καλῶς σοι δοκεῖ λέγεσθαι καὶ ἀποδέχει τὸν λόγον — Πάντων μάλιστα, ἔφη.

und entbrannte, und war nicht mehr bei mir, sondern gedachte, Kydias wäre wohl sehr weise in der Liebe, welcher in Beziehung auf einen schönen Knaben bildlich sagt, es hüte das Reh sich, nicht dem Löwen ins Angesicht kommend zur Beute ergriffen zu werden. Denn ich selbst dünkte mich nun von e
einem solchen Tiere gefangen. Dennoch als er mich fragte, ob ich das Mittel wider den Kopfschmerz wüßte, brachte ich wiewohl mit Mühe und Not die Antwort heraus, ich wüßte es. – Was, fragte er, ist es denn? – Ich sagte darauf, es wäre eigentlich ein Blatt, aber es gehörte noch ein Spruch zu dem Mittel, wenn man den zugleich spräche, indem man es gebrauchte, machte das Mittel ganz und gar gesund, ohne den Spruch aber wäre das Blatt zu nichts nutz. – So werde ich denn, sprach er, den 156a
Spruch von dir abschreiben. – Nur wenn du mich überredest, fragte ich, oder auch wenn nicht? – Da lachte er und sagte: Freilich wenn ich dich überrede, Sokrates. – Schön, sprach ich, auch meinen Namen weißt du? – Das wäre ja übel, sagte er, denn es ist nicht wenig die Rede von dir unter uns Jünglingen; auch erinnere ich mich ja noch, als ich ein Knabe war, dich bei dem Kritias hier gesehen zu haben. – Ganz wohl, sprach ich, tust du daran. Um so freimütiger werde auch ich zu dir reden können von dem Spruch, wie er beschaffen ist, denn vorher b
war ich verlegen, auf welche Weise ich dir seine Kraft erklären sollte. Sie ist nämlich, o Charmides, von der Art, daß sie nicht nur den Kopf kann gesund machen, sondern wie auch du vielleicht schon von guten Ärzten gehört hast, wenn etwa einer, der an den Augen leidet, zu ihnen kömmt, daß sie sagen, es wäre unmöglich die Heilung der Augen für sich allein zu unternehmen, sondern sie müßten zugleich auch den Kopf behandeln, wenn die Augen sollten hergestellt werden; und wie- c
derum zu glauben, man könnte den Kopf allein für sich behandeln ohne den ganzen Leib, wäre großer Unverstand. Dieser Rede zufolge richten sie nun ihre Verordnung auf den ganzen Leib, und versuchen mit dem Ganzen auch den Teil zu behandeln und zu heilen. Oder hast du nicht bemerkt, daß sie so sprechen und daß es sich so verhält? – Allerdings, sagte er. Dünkt es dich also richtig gesprochen, und nimmst du die Rede an? – Vor allen Andern, sagte er. – Ich nun, da ich ihn Beifall d

Κἀγὼ ἀκούσας αὐτοῦ ἐπαινέσαντος ἀνεθάρρησά τε καί d
μοι κατὰ σμικρὸν πάλιν ἡ θρασύτης ξυνηγείρετο, καὶ ἀνεζωπυρούμην καὶ εἶπον· Τοιοῦτον τοίνυν ἐστίν, ὦ Χαρμίδη, καὶ τὸ ταύτης τῆς ἐπῳδῆς. Ἔμαθον δ' αὐτὴν ἐγὼ ἐκεῖ ἐπὶ στρατιᾶς παρά τινος τῶν Θρᾳκῶν τῶν Ζαλμόξιδος ἰατρῶν, οἳ λέγονται καὶ ἀπαθανατίζειν. Ἔλεγεν δὲ ὁ Θρᾷξ οὗτος ὅτι ταῦτα μὲν [ἰατροὶ] οἱ Ἕλληνες, ἃ νυνδὴ ἐγὼ ἔλεγον, καλῶς λέγοιεν· ἀλλὰ Ζάλμοξις, ἔφη, λέγει ὁ ἡμέτερος βασιλεύς, θεὸς ὤν, ὅτι ὥσπερ ὀφθαλμοὺς ἄνευ κεφαλῆς e
οὐ δεῖ ἐπιχειρεῖν ἰᾶσθαι οὐδὲ κεφαλὴν ἄνευ σώματος, οὕτως οὐδὲ σῶμα ἄνευ ψυχῆς, ἀλλὰ τοῦτο καὶ αἴτιον εἴη τοῦ διαφεύγειν τοὺς παρὰ τοῖς Ἕλλησιν ἰατροὺς τὰ πολλὰ νοσήματα, ὅτι τὸ ὅλον ἀγνοοῖεν οὗ δέοι τὴν ἐπιμέλειαν ποιεῖσθαι, οὗ μὴ καλῶς ἔχοντος ἀδύνατον εἴη τὸ μέρος εὖ ἔχειν. Πάντα γὰρ ἔφη ἐκ τῆς ψυχῆς ὡρμῆσθαι καὶ τὰ κακὰ καὶ τὰ ἀγαθὰ τῷ σώματι καὶ παντὶ τῷ ἀνθρώπῳ, καὶ ἐκεῖθεν ἐπιρρεῖν ὥσπερ ἐκ τῆς κεφαλῆς ἐπὶ τὰ ὄμματα· δεῖν οὖν ἐκεῖνο καὶ πρῶτον 157 a
καὶ μάλιστα θεραπεύειν, εἰ μέλλει καὶ τὰ τῆς κεφαλῆς καὶ τὰ τοῦ ἄλλου σώματος καλῶς ἔχειν. Θεραπεύεσθαι δὲ τὴν ψυχὴν ἔφη, ὦ μακάριε, ἐπῳδαῖς τισιν· τὰς δ' ἐπῳδὰς ταύτας τοὺς λόγους εἶναι τοὺς καλούς· ἐκ δὲ τῶν τοιούτων λόγων ἐν ταῖς ψυχαῖς σωφροσύνην ἐγγίγνεσθαι, ἧς ἐγγενομένης καὶ παρούσης ῥᾴδιον ἤδη εἶναι τὴν ὑγίειαν καὶ τῇ κεφαλῇ καὶ τῷ ἄλλῳ σώματι πορίζειν. Διδάσκων οὖν με τό b
τε φάρμακον καὶ τὰς ἐπῳδάς, ὅπως, ἔφη, τῷ φαρμάκῳ τούτῳ μηδείς σε πείσει τὴν αὐτοῦ κεφαλὴν θεραπεύειν, ὃς ἂν μὴ τὴν ψυχὴν πρῶτον παράσχῃ τῇ ἐπῳδῇ ὑπό σου θεραπευθῆναι. Καὶ γὰρ νῦν, ἔφη, τοῦτ' ἔστιν τὸ ἁμάρτημα περὶ τοὺς ἀνθρώπους, ὅτι χωρὶς ἑκατέρου [σωφροσύνης τε καὶ ὑγιείας] ἰατροί τινες ἐπιχειροῦσιν εἶναι· καί μοι πάνυ σφόδρα ἐνετέλλετο μήτε πλούσιον οὕτω μηδένα εἶναι μήτε γενναῖον μήτε καλόν, ὃς ἐμὲ πείσει ἄλλως ποιεῖν. Ἐγὼ οὖν — ὀμώμοκα γὰρ αὐτῷ, καί μοι ἀνάγκη πείθεσθαι — πείσο- c

geben hörte, gewann wieder Mut, und bei wenigem regte sich mir die Kühnheit wieder, und die Kräfte wuchsen, und ich sprach: Eben so nun, o Charmides, ist es auch mit diesem Spruch. Gelernt aber habe ich ihn dort im Felde von einem jener Ärzte unter den Zamolxischen Thrakiern, von denen man sagt, sie machten auch unsterblich. Dieser Thrakier nun sagte, in Jenem, was ich eben gesagt habe, hätten die Hellenischen Ärzte ganz recht; aber Zamolxis unser König, sprach er, der ein Gott ist, sagt, so wie man nicht unternehmen dürfe die e
Augen zu heilen ohne den Kopf, noch den Kopf ohne den ganzen Leib, so auch nicht den Leib ohne die Seele; sondern dieses eben wäre auch die Ursach, weshalb bei den Hellenen die Ärzte den meisten Krankheiten noch nicht gewachsen wären, weil sie nämlich das Ganze verkennten, auf welches man seine Sorgfalt richten müßte, und bei dessen Übelbefinden sich unmöglich irgend ein Teil wohlbefinden könnte. Denn alles, sagte er, entspränge aus der Seele Böses und Gutes dem Leibe und dem ganzen Menschen, und ströme ihm von dorther zu wie aus dem Kopfe den Augen. Jenes also müsse man zuerst und am 157a
sorgfältigsten behandeln, wenn es um den Kopf und auch um den ganzen Leib gut solle stehen. Die Seele aber, mein Guter, sagte er, werde behandelt durch gewisse Besprechungen, und diese Besprechungen wären die schönen Reden. Denn durch solche Reden entstehe in der Seele Besonnenheit, und wenn diese entstanden und da wäre, würde es leicht, Gesundheit auch dem Kopf und dem übrigen Körper zu verschaffen. Als er b
mich daher das Mittel und die Besprechungen lehrte, sprach er, daß dich ja nicht Jemand überrede, mit dieser Arznei seinen Kopf zu behandeln, der dir nicht zuvor auch seine Seele darbietet, um sie mit den Besprechungen von dir behandeln zu lassen. Denn auch itzt, sagte er, ist eben dieses der Fehler bei den Menschen, daß welche unternehmen abgesondert für eins von beiden Ärzte zu sein. Und gar sehr befahl er mir an, daß ich mich ja von Niemand, wäre er auch noch so reich und vornehm und schön, sollte überreden lassen anders zu tun. Ich nun habe ihm geschworen, und muß notwendig gehorchen, werde es c
also auch. Und du, wenn du nach des Fremdlings Vorschrift zuerst die Seele hergeben willst, um sie zu besprechen mit des

μαι οὖν, καὶ σοί, ἐὰν μὲν βούλῃ κατὰ τὰς τοῦ ξένου ἐντολὰς τὴν ψυχὴν πρῶτον παρασχεῖν ἐπᾷσαι ταῖς τοῦ Θρᾳκὸς ἐπῳδαῖς, προσοίσω τὸ φάρμακον τῇ κεφαλῇ· εἰ δὲ μή, οὐκ ἂν ἔχοιμεν ὅ τι ποιοῖμέν σοι, ὦ φίλε Χαρμίδη.

Ἀκούσας οὖν μου ὁ Κριτίας ταῦτ' εἰπόντος· Ἕρμαιον, ἔφη, ὦ Σώκρατες, γεγονὸς ἂν εἴη ἡ τῆς κεφαλῆς ἀσθένεια τῷ νεανίσκῳ, εἰ ἀναγκασθήσεται καὶ τὴν διάνοιαν διὰ τὴν κεφαλὴν βελτίων γενέσθαι. Λέγω μέντοι σοι ὅτι Χαρμίδης d
τῶν ἡλικιωτῶν οὐ μόνον τῇ ἰδέᾳ δοκεῖ διαφέρειν, ἀλλὰ καὶ αὐτῷ τούτῳ, οὗ σὺ φῂς τὴν ἐπῳδὴν ἔχειν· φῂς δὲ σωφροσύνης· ἦ γάρ; — Πάνυ γε, ἦν δ' ἐγώ. — Εὖ τοίνυν ἴσθι, ἔφη, ὅτι πάνυ πολὺ δοκεῖ σωφρονέστατος εἶναι τῶν νυνί, καὶ τἆλλα πάντα, εἰς ὅσον ἡλικίας ἥκει, οὐδενὸς χείρων ὤν. — Καὶ γάρ, ἦν δ' ἐγώ, καὶ δίκαιον, ὦ Χαρμίδη, διαφέρειν σε τῶν ἄλλων πᾶσιν τοῖς τοιούτοις· οὐ γὰρ οἶμαι ἄλλον e
οὐδένα τῶν ἐνθάδε ῥᾳδίως ἂν ἔχειν ἐπιδεῖξαι ποῖαι δύο οἰκίαι συνελθοῦσαι εἰς ταὐτὸν τῶν Ἀθήνησιν ἐκ τῶν εἰκότων καλλίω ἂν καὶ ἀμείνω γεννήσειαν ἢ ἐξ ὧν σὺ γέγονας. Ἥ τε γὰρ πατρῴα ὑμῖν οἰκία, ἡ Κριτίου τοῦ Δρωπίδου, καὶ ὑπὸ Ἀνακρέοντος καὶ ὑπὸ Σόλωνος καὶ ὑπ' ἄλλων πολλῶν ποιητῶν ἐγκεκωμιασμένη παραδέδοται ἡμῖν, ὡς διαφέρουσα κάλλει τε καὶ ἀρετῇ καὶ τῇ ἄλλῃ λεγομένῃ εὐδαιμονίᾳ· καὶ 158 a
αὖ ἡ πρὸς μητρὸς ὡσαύτως· Πυριλάμπους γὰρ τοῦ σοῦ θείου οὐδεὶς τῶν ἐν τῇ ἠπείρῳ λέγεται καλλίων καὶ μείζων ἀνὴρ δόξαι εἶναι, ὁσάκις ἐκεῖνος ἢ παρὰ μέγαν βασιλέα ἢ παρὰ ἄλλον τινὰ [τῶν ἐν τῇ ἠπείρῳ] πρεσβεύων ἀφίκετο, σύμπασα δὲ αὕτη ἡ οἰκία οὐδὲν τῆς ἑτέρας ὑποδεεστέρα. Ἐκ δὴ τοιούτων γεγονότα εἰκός σε εἰς πάντα πρῶτον εἶναι. Τὰ μὲν οὖν ὁρώμενα τῆς ἰδέας, ὦ φίλε παῖ Γλαύκωνος, δοκεῖς b
μοι οὐδένα τῶν πρὸ σοῦ ἐν οὐδενὶ ὑποβεβηκέναι· εἰ δὲ δὴ καὶ πρὸς σωφροσύνην καὶ πρὸς τἆλλα κατὰ τὸν τοῦδε λόγον

Thrakiers Besprechungen, so werde ich auch deinem Kopf das Mittel auflegen; wenn aber nicht, so weiß ich nichts, was ich für dich tun kann, lieber Charmides.

1.4. Besitzt Charmides Besonnenheit? Entschluß zu weiteren Untersuchungen darüber

– Als nun Kritias dieses hörte, sagte er: Ein guter Fund, o Sokrates, wäre dieser Kopfschmerz für den Jüngling, wenn er genötiget würde, um des Kopfes willen auch der Seele nach besser zu werden. Ich versichere dich jedoch, daß Charmides d
vor seinen Altersgenossen nicht nur durch seine Gestalt sich auszuzeichnen scheint, sondern auch eben in dem Stücke, wofür du eine Besprechung zu haben behauptest; du behauptest aber für die Besonnenheit, nicht wahr? – Eben dafür, sagte ich. – So wisse denn, sprach er, daß er bei weitem für den Besonnensten unserer Jünglinge gehalten wird, so wie er auch in keinem anderen Stücke, so weit nur sein Alter reicht, irgendeinem nachsteht. – Freilich, sagte ich, ist es auch billig, o Charmides, daß du dich in allen dergleichen Dingen vor den Übrigen auszeichnest. Denn ich glaube nicht, daß noch irgend e
ein anderer hier bei uns leicht würde nachweisen können, aus welcher zwei Athenischen Häuser Vereinigung sich ein besserer und edlerer Abkömmling wahrscheinlich erwarten ließe, als aus der beiden, von welchen du entsprossen bist. Denn euer väterliches von Kritias dem Sohne des Dropides her ist uns durch die Gesänge des Anakreon sowohl, als durch Solons und anderer Dichter Überlieferung angepriesen als ausgezeichnet durch Schönheit und Tugend, und was man sonst zur Glück- 158a
seligkeit zu rechnen pflegt; und das mütterliche ebenso. Denn für schöner und stattlicher als dein Oheim Pyrilampes soll keiner auf dem festen Lande gehalten worden sein, so oft jener an den großen König oder sonst wohin auf das feste Land als Gesandter geschickt worden ist. Und dieses ganze Haus gibt in keinem Stücke jenem anderen etwas nach. Aus solchen entsprossen ist es also billig, daß du in Allem der erste seist. Was man nun sieht von deiner Gestalt, lieber Sohn des Glaukon, damit b
dünkst du mich keinem von deinen Voreltern Schande zu machen, wenn du aber auch in Absicht auf Besonnenheit und das

ἱκανῶς πέφυκας, μακάριόν σε, ἦν δ' ἐγώ, ὦ φίλε Χαρμίδη, ἡ μήτηρ ἔτικτεν. Ἔχει δ' οὖν οὕτως. Εἰ μέν σοι ἤδη πάρεστιν, ὡς λέγει Κριτίας ὅδε, σωφροσύνη καὶ εἶ σώφρων ἱκανῶς, οὐδὲν ἔτι σοι δεῖ οὔτε τῶν Ζαλμόξιδος οὔτε τῶν Ἀβάριδος τοῦ Ὑπερβορέου ἐπῳδῶν, ἀλλ' αὐτό σοι ἂν ἤδη δοτέον εἴη τὸ τῆς κεφαλῆς φάρμακον· εἰ δ' ἔτι τούτων c
ἐπιδεὴς εἶναι δοκεῖς, ἐπᾳστέον πρὸ τῆς τοῦ φαρμάκου δόσεως. Αὐτὸς οὖν μοι εἰπέ, πότερον ὁμολογεῖς τῷδε καὶ φῂς ἱκανῶς ἤδη σωφροσύνης μετέχειν ἢ ἐνδεὴς εἶναι;

Ἀνερυθριάσας οὖν ὁ Χαρμίδης πρῶτον μὲν ἔτι καλλίων ἐφάνη· καὶ γὰρ τὸ αἰσχυντηλὸν αὐτοῦ τῇ ἡλικίᾳ ἔπρεψεν· ἔπειτα καὶ οὐκ ἀγεννῶς ἀπεκρίνατο· εἶπεν γὰρ ὅτι οὐ ῥᾴδιον εἴη ἐν τῷ παρόντι οὔθ' ὁμολογεῖν οὔτε ἐξάρνῳ εἶναι τὰ ἐρωτώμενα. Ἐὰν μὲν γάρ, ἦ δ' ὅς, μὴ φῶ εἶναι σώφρων, d
ἅμα μὲν ἄτοπον αὐτὸν καθ' ἑαυτοῦ τοιαῦτα λέγειν, ἅμα δὲ καὶ Κριτίαν τόνδε ψευδῆ ἐπιδείξω καὶ ἄλλους πολλούς, οἷς δοκῶ εἶναι σώφρων, ὡς ὁ τούτου λόγος· ἐὰν δ' αὖ φῶ καὶ ἐμαυτὸν ἐπαινῶ, ἴσως ἐπαχθὲς φανεῖται· ὥστε οὐκ ἔχω ὅ τί σοι ἀποκρίνωμαι. — Καὶ ἐγὼ εἶπον ὅτι μοι εἰκότα φαίνει λέγειν, ὦ Χαρμίδη. Καί μοι δοκεῖ, ἦν δ' ἐγώ, κοινῇ ἂν εἶναι σκεπτέον εἴτε κέκτησαι εἴτε μὴ ὃ πυνθάνομαι, ἵνα μήτε e
σὺ ἀναγκάζῃ λέγειν ἃ μὴ βούλει, μήτ' αὖ ἐγὼ ἀσκέπτως ἐπὶ τὴν ἰατρικὴν τρέπωμαι. Εἰ οὖν σοι φίλον, ἐθέλω σκοπεῖν μετὰ σοῦ· εἰ δὲ μή, ἐᾶν. — Ἀλλὰ πάντων μάλιστα, ἔφη, φίλον· ὥστε τούτου γε ἕνεκα, ὅπῃ αὐτὸς οἴει βέλτιον <ἂν> σκέψασθαι, ταύτῃ σκόπει.

— Τῇδε τοίνυν, ἔφην ἐγώ, δοκεῖ μοι βελτίστη εἶναι ἡ σκέψις περὶ αὐτοῦ. Δῆλον γὰρ ὅτι, εἴ σοι πάρεστιν σωφροσύνη, ἔχεις τι περὶ αὐτῆς δοξάζειν. Ἀνάγκη γάρ που 159 a
ἐνοῦσαν αὐτήν, εἴπερ ἔνεστιν, αἴσθησίν τινα παρέχειν, ἐξ

Übrige nach des Kritias Aussage vollkommen gebildet bist, so hat dich, lieber Charmides, sagte ich, glückselig die Mutter geboren. So demnach steht es: Wenn dir, wie Kritias sagt, die Besonnenheit schon eignet, und du hinlänglich besonnen bist: so bedarfst du ja weder des Zamolxis noch Abaris des Hyperboreers Besprechungen mehr, sondern es kann dir gleich das Mittel für den Kopfschmerz selbst gegeben werden. Wenn dich c
aber dünkt, es fehle dir noch etwas hieran: so mußt du dich besprechen lassen vor dem Gebrauch des Mittels. Sage mir also selbst, ob du diesem beistimmst, und behauptest, der Besonnenheit schon genug zu haben, oder noch Mangel daran. – Hiebei errötete Charmides, und wurde dadurch zuerst noch schöner vor unsern Augen, denn die Verschämtheit stand seiner Jungend sehr wohl, hernach aber antwortete er auch nicht unedel. Er sagte nämlich, es wäre ihm nicht leicht so im Augenblick das Gefragte weder einzugestehen noch abzuleugnen. Denn, sprach er, wenn ich leugne, besonnen zu sein, so ist es d
teils widersinnig selbst gegen sich selbst so etwas zu sagen, teils auch zeihe ich dann den Kritias der Unwahrheit, und noch viele Andere, welche mich für besonnen halten, wie er ja sagt; wenn ich es aber behaupte und mich selbst lobe, so kann ich mich dadurch leicht verhaßt machen. So daß ich nicht weiß, was ich dir antworten soll. – Darauf sagte ich, mir scheint das ganz billig, was du sagst, Charmides, und mich dünkt daher, wir sollten gemeinschaftlich untersuchen, ob du das besitzest oder e
nicht wonach ich frage, damit weder du genötiget werdest etwas zu sagen was du nicht willst, noch auch ich unüberlegt mich an die Heilung mache. Ist es dir also recht, so will ich es wohl mit dir untersuchen, wo nicht, so lassen wir es. – Auf alle Weise, sprach er, ist es mir recht; deswegen also untersuche es, wie du selbst es am besten angreifen zu können meinst.

2. Sokrates und Charmides über die Besonnenheit

2.1. Erste Definition: Besonnenheit ist eine gewisse Bedächtigkeit. Kritik

– Auf folgende Art also, sprach ich, wird dünkt mich die Untersuchung der Sache am besten fortgehen. Offenbar nämlich wenn dir die Besonnenheit beiwohnt, mußt du auch etwas von 159a

ἧς δόξα ἄν τίς σοι περὶ αὐτῆς εἴη, ὅ τί ἐστιν καὶ ὁποῖόν τι ἡ σωφροσύνη· ἢ οὐκ οἴει; — Ἔγωγε, ἔφη, οἶμαι. — Οὐκοῦν τοῦτό γε, ἔφην, ὃ οἴει, ἐπειδήπερ ἑλληνίζειν ἐπίστασαι, κἂν εἴποις δήπου αὐτὸ ὅ τί σοι φαίνεται; — Ἴσως, ἔφη. — Ἵνα τοίνυν τοπάσωμεν εἴτε σοι ἔνεστιν εἴτε μή, εἰπέ, ἦν δ' ἐγώ, τί φῂς εἶναι σωφροσύνην κατὰ τὴν σὴν δόξαν. — Καὶ ὃς τὸ μὲν πρῶτον ὤκνει τε καὶ οὐ πάνυ b
ἤθελεν ἀποκρίνασθαι· ἔπειτα μέντοι εἶπεν ὅτι οἷ δοκοῖ σωφροσύνη εἶναι τὸ κοσμίως πάντα πράττειν καὶ ἡσυχῇ, ἔν τε ταῖς ὁδοῖς βαδίζειν καὶ διαλέγεσθαι, καὶ τὰ ἄλλα πάντα ὡσαύτως ποιεῖν. Καί μοι δοκεῖ, ἔφη, συλλήβδην ἡσυχιότης τις εἶναι ὃ ἐρωτᾷς.

— Ἆρ' οὖν, ἦν δ' ἐγώ, εὖ λέγεις; Φασί γέ τοι, ὦ Χαρμίδη, τοὺς ἡσυχίους σώφρονας εἶναι· ἴδωμεν δὴ εἴ τι λέγουσιν. Εἰπὲ γάρ μοι, οὐ τῶν καλῶν μέντοι ἡ σωφροσύνη c
ἐστίν; — Πάνυ γε, ἔφη. — Πότερον οὖν κάλλιόν ἐστιν ἐν γραμματιστοῦ τὰ ὅμοια γράμματα γράφειν ταχὺ ἢ ἡσυχῇ; — Ταχύ. — Τί δ' ἀναγιγνώσκειν; Ταχέως ἢ βραδέως; — Ταχέως. — Καὶ μὲν δὴ καὶ τὸ κιθαρίζειν ταχέως καὶ τὸ παλαίειν ὀξέως πολὺ κάλλιον τοῦ ἡσυχῇ τε καὶ βραδέως; — Ναί. — Τί δέ; Πυκτεύειν τε καὶ παγκρατιάζειν οὐχ ὡσαύτως; — Πάνυ γε. — Θεῖν δὲ καὶ ἅλλεσθαι καὶ τὰ τοῦ σώματος ἅπαντα ἔργα, οὐ τὰ μὲν ὀξέως καὶ ταχὺ γιγνόμενα d
τὰ τοῦ καλοῦ ἐστιν, τὰ δὲ μόγις τε καὶ ἡσυχῇ τὰ τοῦ αἰσχροῦ; — Φαίνεται. — Φαίνεται ἄρα ἡμῖν, ἔφην ἐγώ, κατά γε τὸ σῶμα οὐ τὸ ἡσύχιον, ἀλλὰ τὸ τάχιστον καὶ ὀξύτατον κάλλιστον ὄν. Ἦ γάρ; — Πάνυ γε. — Ἡ δέ γε σωφροσύνη καλόν τι ἦν; — Ναί. — Οὐ τοίνυν κατά γε τὸ σῶμα ἡ ἡσυχιότης ἄν, ἀλλ' ἡ ταχυτὴς σωφρονέστερον εἴη, ἐπειδὴ καλὸν ἡ σωφροσύνη. — Ἔοικεν, ἔφη. — Τί δέ; ἦν

ihr auszusagen wissen. Denn notwendig muß ihr Einwohnen
wenn sie dir einwohnt, eine Empfindung hervorbringen, auf
welche dir dann irgend eine Vorstellung von der Besonnenheit
sich gründet, was sie wohl ist und worin sie besteht. Oder
meinst du nicht so? – Das meine ich wohl, sprach er. Und
dieses, fuhr ich fort, was du meinst, mußt du doch, da du
hellenisch reden kannst, auch zu sagen wissen, was es dir er-
scheint. – Vielleicht, sagte er. – Auf daß wir nun beurteilen
können, ob sie dir einwohnt oder nicht, so sage mir, sprach ich,
was behauptest du daß die Besonnenheit ist nach deiner Vor-
stellung? – Anfänglich nun war er bedenklich und wollte gar b
nicht recht antworten, hernach jedoch sagte er, Besonnenheit
dünke ihn zu sein, wenn man alles sittsam verrichte und be-
dächtig, auf der Straße gehn und sprechen, und alles Andere
ebenso. Und mich dünkt, sagte er, überhaupt ein gewisse Be-
dächtlichkeit das zu sein wonach du fragst. – Ist das auch,
sprach ich, gut erklärt? Sie sagen freilich, Charmides, von den
Bedächtigen, daß sie besonnen sind. Laß uns also zusehen, ob
etwas damit gesagt ist.

Sage mir also, gehört die Besonnenheit nicht zu dem Schö- c
nen? – Ei freilich, sagte er. – Welches ist nun schöner, beim
Sprachlehrer die Buchstaben eben so gut und dabei geschwind
schreiben oder bedächtig? – Geschwind. – Und lesen, ge-
schwind oder langsam? – Geschwind. – Und wohl auch ge-
schwind die Lyra spielen, und mit Behendigkeit ringen ist bei
weitem schöner als bedächtig und langsam? – Ja. – Wie nun
beim Faustkampf und beim Doppelringen, nicht eben so? –
Allerdings. – Und im Laufen und Springen und allen andern
körperlichen Handlungen, ist da nicht das Behende und Ge- d
schwinde auch das Schönere, was aber langsam, mühselig und
bedächtig geschieht, das Schlechtere? – So zeigt es sich. – Es
zeigt sich uns also, sprach ich, was den Leib betrifft nicht das
Bedächtige, sondern das Schnellste und Behendeste als das
Schönste. Nicht wahr? – Allerdings. – Die Besonnenheit aber
war etwas Schönes? – Ja. – Also wäre, was wenigstens den Leib
betrifft, nicht die Bedächtlichkeit besonnener, sondern die
Schnelligkeit, wenn doch die Besonnenheit etwas Schönes ist. –
So sieht es aus, sprach er. – Wie aber, fuhr ich fort, ist die

δ' ἐγώ, εὐμαθία κάλλιον ἢ δυσμαθία; — Εὐμαθία. — Ἔστιν e
δέ γ', ἔφην, ἡ μὲν εὐμαθία ταχέως μανθάνειν; Ἡ δὲ δυσμαθία ἡσυχῇ καὶ βραδέως; — Ναί. — Διδάσκειν δὲ ἄλλον οὐ ταχέως κάλλιον καὶ σφόδρα μᾶλλον ἢ ἡσυχῇ τε καὶ βραδέως; — Ναί. — Τί δέ; Ἀναμιμνῄσκεσθαι καὶ μεμνῆσθαι ἡσυχῇ τε καὶ βραδέως κάλλιον ἢ σφόδρα καὶ ταχέως;
— Σφόδρ', ἔφη, καὶ ταχέως. — Ἡ δ' ἀγχίνοια οὐχὶ ὀξύτης 160 a
τίς ἐστιν τῆς ψυχῆς, ἀλλ' οὐχὶ ἡσυχία; — Ἀληθῆ. — Οὐκοῦν καὶ τὸ ξυνιέναι τὰ λεγόμενα, καὶ ἐν γραμματιστοῦ καὶ κιθαριστοῦ καὶ ἄλλοθι πανταχοῦ, οὐχ ὡς ἡσυχαίτατα ἀλλ' ὡς τάχιστά ἐστι κάλλιστον; — Ναί. — Ἀλλὰ μὴν ἔν γε ταῖς ζητήσεσιν τῆς ψυχῆς καὶ τῷ βουλεύεσθαι οὐχ ὁ ἡσυχιώτατος, ὡς ἐγὼ οἶμαι, καὶ μόγις βουλευόμενός τε καὶ
ἀνευρίσκων ἐπαίνου δοκεῖ ἄξιος εἶναι, ἀλλ' ὁ ῥᾷστά τε καὶ b
τάχιστα τοῦτο δρῶν. — Ἔστιν ταῦτα, ἔφη. — Οὐκοῦν πάντα, ἦν δ' ἐγώ, ὦ Χαρμίδη, ἡμῖν καὶ τὰ περὶ τὴν ψυχὴν καὶ τὰ περὶ τὸ σῶμα, τὰ τοῦ τάχους τε καὶ τῆς ὀξύτητος καλλίω φαίνεται ἢ τὰ τῆς βραδυτῆτός τε καὶ ἡσυχιότητος; — Κινδυνεύει, ἔφη. — Οὐκ ἄρα ἡσυχιότης τις ἡ σωφροσύνη ἂν εἴη, οὐδ' ἡσύχιος ὁ σώφρων βίος, ἔκ γε τούτου τοῦ λόγου, ἐπειδὴ καλὸν αὐτὸν δεῖ εἶναι σώφρονα ὄντα. Δυοῖν γὰρ δὴ
τὰ ἕτερα, ἢ οὐδαμοῦ ἡμῖν ἢ πάνυ που ὀλιγαχοῦ αἱ ἡσύχιοι c
πράξεις ἐν τῷ βίῳ καλλίους ἐφάνησαν ἢ αἱ ταχεῖαί τε καὶ ἰσχυραί. Εἰ δ' οὖν, ὦ φίλε, ὅ τι μάλιστα μηδὲν ἐλάττους αἱ ἡσύχιοι τῶν σφοδρῶν τε καὶ ταχειῶν πράξεων τυγχάνουσιν καλλίους οὖσαι, οὐδὲ ταύτῃ σωφροσύνη ἂν εἴη μᾶλλόν τι τὸ ἡσυχῇ πράττειν τοῦ σφόδρα τε καὶ ταχέως, οὔτε ἐν βαδισμῷ οὔτε ἐν λέξει οὔτε ἄλλοθι οὐδαμοῦ, οὐδὲ ὁ ἡσύχιος
βίος τοῦ μὴ ἡσυχίου σωφρονέστερος ἂν εἴη, ἐπειδὴ ἐν τῷ d
λόγῳ τῶν καλῶν τι ἡμῖν ἡ σωφροσύνη ὑπετέθη, καλὰ δὲ οὐχ ἧττον <τὰ> ταχέα τῶν ἡσυχίων πέφανται. — Ὀρθῶς μοι δοκεῖς, ἔφη, ὦ Σώκρατες, εἰρηκέναι.

Gelehrigkeit schöner oder die Ungelehrigkeit? – Die Gelehrigkeit. – Es besteht aber doch, sprach ich, die Gelehrigkeit im schnell lernen, die Ungelehrigkeit aber im bedächtig und langsam? – Ja. – Und einen Andern lehren ist das nicht auch schöner geschwind und mit Macht als bedächtig und langsam? – Ja wohl. – Und wie, etwas ins Gedächtnis fassen und sich erinnern ist das schön bedächtig und langsam oder hurtig und leicht? – Hurtig und leicht. – Und die Geistesgegenwart, ist die nicht eine Behendigkeit der Seele, nicht aber eine Langsamkeit? – Richtig. – Also auch begreifen was gesagt wird beim Sprachlehrer und beim Musiklehrer und sonst überall, auch das geschieht nicht am bedächtigsten aufs schönste, sondern am schnellsten? – Ja. – Aber gewiß auch in Absicht auf die Nachforschungen der Seele und das Beratschlagen wird nicht der Bedächtigste, denke ich, und der nur mit Mühe sich beratet und etwas ausfindet für lobenswürdig geachtet, sondern der dieses am leichtesten und schnellsten vermag. – So ist es, sagte er. – In allen Dingen also, sprach ich, Charmides, sowohl was die Seele als was den Leib betrifft, erscheint uns das worin sich Kraft und Schnelligkeit zeigt schöner, als das worin Langsamkeit und Bedächtlichkeit. – So kommt es heraus, sagte er. – Also wäre wohl die Besonnenheit nicht eine Bedächtlichkeit, und das besonnene Leben nicht ein bedächtliches nach dieser Rede, da ja das besonnene das schöne sein soll. Denn eins von beiden, entweder gar nirgends oder nur in sehr wenigen Fällen fanden wir die bedächtigen Handlungen in dem Leben schöner, als die schnellen und kräftigen. Und wenn nun auch, mein Lieber, aufs höchste gesagt, nicht wenigere bedächtige Handlungen die schöneren sind als schnelle und behende: so wäre doch auch so nicht das bedächtig handeln mehr Besonnenheit als das schnell und behende, weder im Gehen noch im Lesen, und auch sonst nirgends wäre das bedächtige Leben irgend besonnener als das nichtbedächtige, da wir in unserer Erklärung vorausgesetzt haben, die Besonnenheit gehöre unter das Schöne, und sich uns nun das schnelle nicht minder schön gezeigt hat, als das bedächtige. – Richtig, Sokrates, sagte er, dünkst du mich dieses einzuwenden.

— Πάλιν τοίνυν, ἦν δ' ἐγώ, ὦ Χαρμίδη, μᾶλλον προσέχων τὸν νοῦν καὶ εἰς σεαυτὸν ἀποβλέψας, ἐννοήσας ὁποῖόν τινά σε ποιεῖ ἡ σωφροσύνη παροῦσα καὶ ποία τις οὖσα τοιοῦτον ἀπεργάζοιτο ἄν, πάντα ταῦτα συλλογισάμενος εἰπὲ εὖ καὶ ἀνδρείως, τί σοι φαίνεται εἶναι; — Καὶ ὃς ἐπισχὼν καὶ e
πάνυ ἀνδρικῶς πρὸς ἑαυτὸν διασκεψάμενος· Δοκεῖ τοίνυν μοι, ἔφη, αἰσχύνεσθαι ποιεῖν ἡ σωφροσύνη καὶ αἰσχυντηλὸν τὸν ἄνθρωπον, καὶ εἶναι ὅπερ αἰδὼς ἡ σωφροσύνη. — Εἶεν, ἦν δ' ἐγώ, οὐ καλὸν ἄρτι ὡμολόγεις τὴν σωφροσύνην εἶναι; — Πάνυ γ', ἔφη. — Οὐκοῦν καὶ ἀγαθοὶ ἄνδρες οἱ σώφρονες; — Ναί. — Ἆρ' οὖν ἂν εἴη ἀγαθὸν ὃ μὴ ἀγαθοὺς ἀπεργάζεται; — Οὐ δῆτα. — Οὐ μόνον οὖν ἄρα καλόν, ἀλλὰ καὶ ἀγαθόν ἐστιν. — Ἔμοιγε δοκεῖ. — Τί οὖν; ἦν δ' ἐγώ· 161 a
Ὁμήρῳ οὐ πιστεύεις καλῶς λέγειν, λέγοντι ὅτι

αἰδὼς δ' οὐκ ἀγαθὴ κεχρημένῳ ἀνδρὶ παρεῖναι;

— Ἔγωγ', ἔφη. — Ἔστιν ἄρα, ὡς ἔοικεν, αἰδὼς οὐκ ἀγαθὸν καὶ ἀγαθόν. — Φαίνεται. — Σωφροσύνη δέ γε ἀγαθόν, εἴπερ ἀγαθοὺς ποιεῖ οἷς ἂν παρῇ, κακοὺς δὲ μή. — Ἀλλὰ μὴν οὕτω γε δοκεῖ μοι ἔχειν, ὡς σὺ λέγεις. — Οὐκ ἄρα σωφροσύνη ἂν εἴη αἰδώς, εἴπερ τὸ μὲν ἀγαθὸν τυγχάνει ὄν, αἰδὼς δὲ δὴ οὐδὲν μᾶλλον ἀγαθὸν ἢ κακόν. b

— Ἀλλ' ἔμοιγε δοκεῖ, ἔφη, ὦ Σώκρατες, τοῦτο μὲν ὀρθῶς λέγεσθαι· τόδε δὲ σκέψαι τί σοι δοκεῖ εἶναι περὶ σωφροσύνης. Ἄρτι γὰρ ἀνεμνήσθην ὃ ἤδη του ἤκουσα λέγοντος, ὅτι σωφροσύνη εἴη τὸ τὰ ἑαυτοῦ πράττειν. Σκόπει οὖν τοῦτο εἰ ὀρθῶς σοι δοκεῖ λέγειν ὁ λέγων. — Καὶ ἐγώ· Ὦ μιαρέ, ἔφην, Κριτίου τοῦδε ἀκήκοας αὐτὸ ἢ ἄλλου του τῶν σοφῶν. c
— Ἔοικεν, ἔφη ὁ Κριτίας, ἄλλου· οὐ γὰρ δὴ ἐμοῦ γε. — Ἀλλὰ τί διαφέρει, ἦ δ' ὃς ὁ Χαρμίδης, ὦ Σώκρατες, ὅτου ἤκουσα; — Οὐδέν, ἦν δ' ἐγώ· πάντως γὰρ οὐ τοῦτο σκεπτέον, ὅστις αὐτὸ εἶπεν, ἀλλὰ πότερον ἀληθὲς λέγεται ἢ οὔ. — Νῦν ὀρθῶς λέγεις, ἦ δ' ὅς.

2.2. Zweite Definition: Besonnenheit ist Scham. Kritik

Noch einmal also, Charmides, sprach ich; und genauer auf-
merkend schaue in dich selbst, und beobachte wozu dich die dir
einwohnende Besonnenheit macht, und was sie wohl sein muß,
um dich hiezu zu machen, und dies alles zusammennehmend
sage dann grade und dreist, als was sie dir erscheint. – Hierauf e
hielt er an sich, und nachdem er sehr wacker die Sache bei sich
überlegt hatte, sagte er: Mich dünkt also, die Besonnenheit
mache schämen und den Menschen verschämt, und daß also die
Besonnenheit ist was die Scham. – Wohl, sprach ich. Gestan-
dest du nicht vorher ein, die Besonnenheit wäre etwas Schö-
nes? – Allerdings, sagte er. – Also sind auch wohl die beson-
nenen Menschen gute? – Ja. – Kann nun wohl etwas gut sein,
was sie nicht zu guten macht? – Nicht wohl. – Nicht nur etwas
Schönes ist sie, sondern auch etwas Gutes? – So dünkt es mich. 161a
– Wie nun, sprach ich, glaubst du nicht, daß Homeros Recht
hat, wenn er sagt: Nicht gut ist Scham dem darbenden Manne?
– Ich wohl, sagte er. – Also wie es scheint ist die Scham gut und
auch nicht gut? – So zeigt es sich. – Die Besonnenheit aber ist
gut, da sie diejenigen zu Guten macht, denen sie beiwohnt, zu
Schlechten aber nicht. – Ganz gewiß, so dünkt es mich zu sein
wie du sagst. – Nicht also wäre die Besonnenheit Scham, wenn
jener zukommt gut zu sein, dieser aber um nichts mehr gut als b
schlecht. – Dies scheint mir ganz richtig gesagt zu sein, Sokra-
tes. Folgendes aber betrachte dir wie es dich dünken wird von
der Besonnenheit.

2.3. Dritte Definition: Besonnenheit ist, das Seinige zu tun. Die Rätselhaftigkeit dieser Bestimmung

Eben nämlich erinnere ich mich, was ich schon Einen habe
sagen gehört, Besonnenheit sei wenn man das Seinige tue.
Überlege also, ob dich der dünkt richtig zu erklären, der dieses
sagt. – Du Schlauer, sagte ich darauf, das hast du vom Kritias
gehört, oder von einem anderen Weisen. – So muß es wohl, c
sagte Kritias, von einem Anderen sein, denn von mir wenig-
stens nicht. – Aber Sokrates, sagte Charmides wieder, was ver-
schlägt es denn, von wem ich es gehört habe? – Nichts, sprach
ich. Denn allewege ist nicht darauf zu sehen, wer etwas gesagt

— Νὴ Δία, ἦν δ᾿ ἐγώ· ἀλλ᾿ εἰ καὶ εὑρήσομεν αὐτὸ ὅπῃ γε
ἔχει, θαυμάζοιμ᾿ ἄν· αἰνίγματι γάρ τινι ἔοικεν. — Ὅτι δὴ
τί γε; ἔφη. — Ὅτι οὐ δήπου, ἦν δ᾿ ἐγώ, ᾗ τὰ ῥήματα d
ἐφθέγξατο, ταύτῃ καὶ ἐνόει ὁ λέγων σωφροσύνην εἶναι τὸ
τὰ αὑτοῦ πράττειν. Ἢ σὺ οὐδὲν ἡγεῖ πράττειν τὸν γραμμα-
τιστήν, ὅταν γράφῃ ἢ ἀναγιγνώσκῃ; — Ἔγωγε, ἡγοῦμαι
μὲν οὖν, ἔφη. — Δοκεῖ οὖν σοι τὸ αὑτοῦ ὄνομα μόνον
γράφειν ὁ γραμματιστὴς καὶ ἀναγιγνώσκειν, ἢ ὑμᾶς τοὺς
παῖδας διδάσκειν, ἢ οὐδὲν ἧττον τὰ τῶν ἐχθρῶν ἐγράφετε
ἢ τὰ ὑμέτερα καὶ τὰ τῶν φίλων ὀνόματα; — Οὐδὲν ἧττον.
— Ἦ οὖν ἐπολυπραγμονεῖτε καὶ οὐκ ἐσωφρονεῖτε τοῦτο
δρῶντες; — Οὐδαμῶς. — Καὶ μὴν οὐ τὰ ὑμέτερά γε αὐτῶν
ἐπράττετε, εἴπερ τὸ γράφειν πράττειν τί ἐστιν καὶ τὸ e
ἀναγιγνώσκειν. — Ἀλλὰ μὴν ἔστιν. — Καὶ γὰρ τὸ ἰᾶσθαι,
ὦ ἑταῖρε, καὶ τὸ οἰκοδομεῖν καὶ τὸ ὑφαίνειν καὶ τὸ ᾑτινιοῦν
τέχνῃ ὁτιοῦν τῶν τέχνης ἔργων ἀπεργάζεσθαι πράττειν
δήπου τί ἐστιν. — Πάνυ γε. — Τί οὖν; ἦν δ᾿ ἐγώ, δοκεῖ ἂν
σοι πόλις εὖ οἰκεῖσθαι ὑπὸ τούτου τοῦ νόμου τοῦ κελεύοντος
τὸ ἑαυτοῦ ἱμάτιον ἕκαστον ὑφαίνειν καὶ πλύνειν, καὶ
ὑποδήματα σκυτοτομεῖν, καὶ λήκυθον καὶ στλεγγίδα καὶ
τἆλλα πάντα κατὰ τὸν αὐτὸν λόγον, τῶν μὲν ἀλλοτρίων μὴ 162 a
ἅπτεσθαι, τὰ δὲ ἑαυτοῦ ἕκαστον ἐργάζεσθαί τε καὶ πράτ-
τειν; — Οὐκ ἔμοιγε δοκεῖ, ἦ δ᾿ ὅς. — Ἀλλὰ μέντοι, ἔφην
ἐγώ, σωφρόνως γε οἰκοῦσα εὖ ἂν οἰκοῖτο. — Πῶς δ᾿ οὔκ;
ἔφη. — Οὐκ ἄρα, ἦν δ᾿ ἐγώ, τὸ τὰ τοιαῦτά τε καὶ οὕτω τὰ
αὑτοῦ πράττειν σωφροσύνη ἂν εἴη. — Οὐ φαίνεται.

— Ἠινίττετο ἄρα, ὡς ἔοικεν, ὅπερ ἄρτι ἐγὼ ἔλεγον, ὁ
λέγων τὸ τὰ αὑτοῦ πράττειν σωφροσύνην εἶναι· οὐ γάρ που
οὕτω γε ἦν εὐήθης· ἤ τινος ἠλιθίου ἤκουσας τουτὶ λέγοντος, b
ὦ Χαρμίδη; — Ἥκιστά γε, ἔφη, ἐπεί τοι καὶ πάνυ ἐδόκει
σοφὸς εἶναι. — Παντὸς τοίνυν μᾶλλον, ὡς ἐμοὶ δοκεῖ,
αἴνιγμα αὐτὸ προὔβαλεν, ὡς ὂν χαλεπὸν τὸ τὰ αὑτοῦ πράτ-
τειν γνῶναι ὅ τί ποτε ἔστιν. — Ἴσως, ἔφη. — Τί οὖν ἂν

hat, sondern ob es richtig gesagt ist oder nicht. – Nun sprichst du wie es sich gehört, sagte er. – Beim Zeus, sprach ich, ob wir aber auch nur finden werden, was dies eigentlich bedeutet, das soll mich wundern; denn es sieht aus wie ein Rätsel. – Weshalb doch? fragte er. – Weil doch gewiß derjenige es nicht so ge- d
meint hat, wie die Worte lauten, welcher sagt, Besonnenheit sei, wenn man das Seinige tue. Oder glaubst du der Sprachlehrer tue nichts, wenn er schreibt oder liest? – Ich, sagte er, glaube ja. – Meinst du nun, daß der Sprachlehrer immer nur seinen eigenen Namen liest und schreibt und Euch Kinder lehrt? Oder schriebet und laset ihr der Feinde Namen nicht minder als eure eignen und der Freunde ihre? – Nicht minder. – Also waret ihr mit fremden Angelegenheiten beschäftiget und also nicht besonnen, indem ihr dieses tatet? – Keinesweges. – Doch aber tatet ihr nicht das Eurige, wenn doch schreiben ein Tun ist und e
lesen. – Das ist es gewiß. – Und heilen, lieber Freund, und bauen, und weben, und mit welcher Kunst du immer willst eins von den Werken dieser Kunst verrichten, das ist doch wohl auch ein Tun? – Allerdings. – Wie also, sprach ich, dünkt dich wohl eine Stadt gut verwaltet zu werden unter diesem Gesetz, welches befiehlt, Jeder solle sein eigenes Kleid weben und waschen, und seine eignen Schuhe schneiden und mit Ölschläuchen und Kratzeisen und allem anderen nach demselben Verhältnis das Fremde nämlich ja nicht berühren, sondern 162a
Jeder sein eignes machen und verrichten? – Mich dünkt nicht, sagte er. – Aber doch besonnen verwaltet würde sie gut verwaltet? – Wie sonst? sagte er. – Also kann nicht in solchen Dingen und auf solche Art das Seinige tun Besonnenheit sein. – Offenbar nicht. – Also hat der rätselhaft gesprochen, wie es scheint, und ich auch vorher schon sagte, der da sagt, das Seinige tun sei Besonnenheit. Denn so einfältig war er doch wohl nicht. Oder hast du einen albernen Menschen dieses sagen ge- b
hört, Charmides? – Keinesweges, sprach er, vielmehr dünkte er mich gar weise zu sein. – Ganz gewiß also, wie mich dünkt, hat er dies nur als ein Rätsel hingeworfen, weil es nämlich schwer ist zu wissen, was das heißen soll, das Seinige tun. – Vielleicht, sagte er. – Was mag also das wohl heißen das Seinige tun? Kannst du es sagen? – Beim Zeus, sagte er, ich weiß es

εἴη ποτὲ τὸ τὰ αὑτοῦ πράττειν; ἔχεις εἰπεῖν; — Οὐκ οἶδα μὰ Δία ἔγωγε, ἦ δ' ὅς· ἀλλ' ἴσως οὐδὲν κωλύει μηδὲ τὸν λέγοντα μηδὲν εἰδέναι ὅ τι ἐνόει. — Καὶ ἅμα ταῦτα λέγων ὑπεγέλα τε καὶ εἰς τὸν Κριτίαν ἀπέβλεπεν.

Καὶ ὁ Κριτίας δῆλος μὲν ἦν καὶ πάλαι ἀγωνιῶν καὶ c
φιλοτίμως πρός τε τὸν Χαρμίδην καὶ πρὸς τοὺς παρόντας ἔχων· μόγις δ' ἑαυτὸν ἐν τῷ πρόσθεν κατέχων, τότε οὐχ οἷός τε ἐγένετο· δοκεῖ γάρ μοι παντὸς μᾶλλον ἀληθὲς εἶναι, ὃ ἐγὼ ὑπέλαβον, τοῦ Κριτίου ἀκηκοέναι τὸν Χαρμίδην ταύτην τὴν ἀπόκρισιν περὶ τῆς σωφροσύνης. Ὁ μὲν οὖν Χαρμίδης βουλόμενος μὴ αὐτὸς ὑπέχειν λόγον, ἀλλ' ἐκεῖνον τῆς ἀποκρίσεως, ὑπεκίνει αὐτὸν ἐκεῖνον, καὶ ἐνεδείκνυτο ὡς ἐξεληλεγμένος εἴη· ὁ δ' οὐκ ἠνέσχετο, ἀλλά μοι ἔδοξεν d
ὀργισθῆναι αὐτῷ ὥσπερ ποιητὴς ὑποκριτῇ κακῶς διατιθέντι τὰ ἑαυτοῦ ποιήματα· ὥστ' ἐμβλέψας αὐτῷ εἶπεν· Οὕτως οἴει, ὦ Χαρμίδη, εἰ σὺ μὴ οἶσθα ὅ τί ποτ' ἐνόει ὃς ἔφη σωφροσύνην εἶναι τὸ τὰ ἑαυτοῦ πράττειν, οὐδὲ δὴ ἐκεῖνον εἰδέναι; — Ἀλλ', ὦ βέλτιστε, ἔφην ἐγώ, Κριτία, τοῦτον μὲν οὐδὲν θαυμαστὸν ἀγνοεῖν τηλικοῦτον ὄντα· σὲ δέ που e
εἰκὸς εἰδέναι καὶ ἡλικίας ἕνεκα καὶ ἐπιμελείας. Εἰ οὖν ξυγχωρεῖς τοῦτ' εἶναι σωφροσύνην ὅπερ οὑτοσὶ λέγει, καὶ παραδέχῃ τὸν λόγον, ἔγωγε πολὺ ἂν ἥδιον μετὰ σοῦ σκοποίμην, εἴτ' ἀληθὲς εἴτε μὴ τὸ λεχθέν.

— Ἀλλὰ πάνυ ξυγχωρῶ, ἔφη, καὶ παραδέχομαι. — Καλῶς γε σὺ τοίνυν, ἦν δ' ἐγώ, ποιῶν. Καί μοι λέγε· ἦ καὶ ἃ νυνδὴ ἠρώτων ἐγὼ ξυγχωρεῖς, τοὺς δημιουργοὺς πάντας ποιεῖν τι; — Ἔγωγε. — Ἦ οὖν δοκοῦσί σοι τὰ ἑαυτῶν μόνον 163 a
ποιεῖν ἢ καὶ τὰ τῶν ἄλλων; — Καὶ τὰ τῶν ἄλλων. — Σωφρονοῦσιν οὖν οὐ τὰ ἑαυτῶν μόνον ποιοῦντες; — Τί γὰρ κωλύει; ἔφη. — Οὐδὲν ἐμέ γε, ἦν δ' ἐγώ· ἀλλ' ὅρα μὴ ἐκεῖνον κωλύει, ὃς ὑποθέμενος σωφροσύνην εἶναι τὸ τὰ ἑαυτοῦ

nicht. Aber was hindert, daß vielleicht der, welcher es gesagt hat, auch nicht wußte was er dachte? Und indem er dies sagte, lächelte er, und sah nach dem Kritias hin.

3. Sokrates und Kritias über die Besonnenheit
3.1. Nochmals die dritte Definition des Charmides
3.1.1. Kritias verteidigt die Definition: Unterscheidung von Tun und Machen; das ‹Seinige› als das Gute

Dem Kritias aber war schon lange deutlich anzusehn, wie ge- c
peinigt er war und wie gern er sich gezeigt hätte vor dem Charmides und den Anwesenden, und wie er sich schon vorher nur mit Gewalt zurückgehalten hatte, nun aber konnte er es gar nicht mehr. Daher ich glaube es war ganz gewiß so, wie ich vermutete, daß Charmides diese Antwort über die Besonnenheit vom Kritias gehört hatte. Charmides nun, der nicht Lust hatte, selbst die Antwort zu vertreten, sondern daß jener es tun sollte, reizte ihn nun selbst auf, und deutet auf ihn hin, als wäre er widerlegt. Dies nun hielt er nicht aus, sondern schien ihm d
sehr böse zu sein, wie ein Dichter dem Schauspieler, der sein Gedicht übel zurichtet, so daß er ihn ansah und sagte: So meinst du Charmides, weil du nicht weißt was jener dachte, welcher sagte: Besonnenheit sei wenn man das Seinige tue, daß deshalb Jener selbst es auch nicht wisse? –

Aber, sprach ich, bester Kritias, das ist wohl nicht zu verwundern, daß dieser es nicht weiß, der noch so jung ist, wohl e
aber ist zu glauben, daß du es weißt in deinem Alter und bei deinen Beschäftigungen mit diesen Dingen. Wenn du also einräumst, das sei die Besonnenheit, was dieser sagt, und du den Satz übernehmen willst: so möchte ich noch weit lieber mit dir untersuchen, ob das Gesagte wahr ist oder nicht. – Allerdings, sagte er, räume ich es ein und übernehme es. – Sehr wohl getan, sprach ich, und sage mir, ob du auch das was ich eben fragte zugibst, daß alle Handwerker etwas machen? – Ich gewiß. – Meinst du also, daß sie nur das ihrige machen, oder auch An- 163a
derer ihres? – Auch Anderer ihres. – Besonnen also sind Leute, die doch nicht nur das ihrige machen? – Was hinderts? sagte er. – Mich freilich nichts, sprach ich, aber sieh doch zu, ob es nicht Jenen hindert, welcher angenommen hatte: Besonnen sein hei-

πράττειν ἔπειτα οὐδέν φησι κωλύειν καὶ τοὺς τὰ τῶν ἄλλων πράττοντας σωφρονεῖν. — Ἐγὼ γάρ που, ἦ δ' ὅς, τοῦθ' ὡμολόγηκα, ὡς οἱ τὰ τῶν ἄλλων πράττοντες σωφρονοῦσιν, εἰ τοὺς ποιοῦντας ὡμολόγησα; — Εἰπέ μοι, ἦν b δ' ἐγώ, οὐ ταὐτὸν καλεῖς τὸ ποιεῖν καὶ τὸ πράττειν; — Οὐ μέντοι, ἔφη· οὐδέ γε τὸ ἐργάζεσθαι καὶ τὸ ποιεῖν. Ἔμαθον γὰρ παρ' Ἡσιόδου, ὃς ἔφη, ἔργον οὐδὲν εἶναι ὄνειδος. Οἴει οὖν αὐτόν, εἰ τὰ τοιαῦτα ἔργα ἐκάλει καὶ ἐργάζεσθαι καὶ πράττειν, οἷα νυνδὴ σὺ ἔλεγες, οὐδενὶ ἂν ὄνειδος φάναι εἶναι σκυτοτομοῦντι ἢ ταριχοπωλοῦντι ἢ ἐπ' οἰκήματος καθημένῳ; Οὐκ οἴεσθαί γε χρή, ὦ Σώκρατες, ἀλλὰ καὶ ἐκεῖνος οἶμαι ποίησιν πράξεως καὶ ἐργασίας ἄλλο ἐνόμιζεν, καὶ ποίημα μὲν γίγνεσθαι ὄνειδος ἐνίοτε, ὅταν μὴ μετὰ τοῦ c καλοῦ γίγνηται, ἔργον δὲ οὐδέποτε οὐδὲν ὄνειδος· τὰ γὰρ καλῶς τε καὶ ὠφελίμως ποιούμενα ἔργα ἐκάλει, καὶ ἐργασίας τε καὶ πράξεις τὰς τοιαύτας ποιήσεις. Φάναι δέ γε χρὴ καὶ οἰκεῖα μόνα τὰ τοιαῦτα ἡγεῖσθαι αὐτόν, τὰ δὲ βλαβερὰ πάντα ἀλλότρια· ὥστε καὶ Ἡσίοδον χρὴ οἴεσθαι καὶ ἄλλον, ὅστις φρόνιμος, τὸν τὰ αὑτοῦ πράττοντα τοῦτον σώφρονα καλεῖν.

— Ὦ Κριτία, ἦν δ' ἐγώ, καὶ εὐθὺς ἀρχομένου σου σχεδὸν d ἐμάνθανον τὸν λόγον, ὅτι τὰ οἰκεῖά τε καὶ τὰ αὑτοῦ ἀγαθὰ καλοίης, καὶ τὰς τῶν ἀγαθῶν ποιήσεις πράξεις· καὶ γὰρ Προδίκου μυρία τινὰ ἀκήκοα περὶ ὀνομάτων διαιροῦντος. Ἀλλ' ἐγώ σοι τίθεσθαι μὲν τῶν ὀνομάτων δίδωμι ὅπῃ ἂν βούλῃ ἕκαστον· δήλου δὲ μόνον ἐφ' ὅ τι ἂν φέρῃς τοὔνομα ὅ τι ἂν λέγῃς. Νῦν οὖν πάλιν ἐξ ἀρχῆς σαφέστερον ὅρισαι· ἆρα τὴν τῶν ἀγαθῶν πρᾶξιν ἢ ποίησιν ἢ ὅπως σὺ βούλει e ὀνομάζειν, ταύτην λέγεις σὺ σωφροσύνην εἶναι; — Ἔγωγε, ἔφη. — Οὐκ ἄρα σωφρονεῖ ὁ τὰ κακὰ πράττων, ἀλλ' ὁ τἀγαθά; — Σοὶ δέ, ἦ δ' ὅς, ὦ βέλτιστε, οὐχ οὕτω δοκεῖ; — Ἔα, ἦν δ' ἐγώ· μὴ γάρ πω τὸ ἐμοὶ δοκοῦν σκοπῶμεν, ἀλλ' ὃ σὺ λέγεις νῦν. — Ἀλλὰ μέντοι ἔγωγε, ἔφη, τὸν μὴ

ße das Seinige tun, wenn er hernach wieder sagt, es hindere nichts, daß auch die, welche Anderer ihres tun, können besonnen sein. – Habe ich denn, sagte er, das eingestanden, daß die Anderer ihres tun besonnen sind? oder habe ich nur zugegeben die es machen? – Sage mir doch, sprach ich, ist denn das bei dir b
nicht dasselbe, das Tun und das Machen? – Keineswegs doch, sagte er, auch nicht verrichten und machen. Dies habe ich nämlich vom Hesiodos gelernt, welcher sagt: Keine Verrichtung ist Schande. Glaubst du denn, wenn er dergleichen hätte Verrichtungen genannt und verrichten und tun was du jetzt anführtest, er würde behauptet haben, es sei Niemanden Schande Schuhe zu machen oder zu hökern oder sich selbst feil zu haben? Das darf man ja wohl nicht glauben, Sokrates, sondern auch er, glaube ich, hielt Machen für etwas anderes als Verrichten und Tun, und daß etwas zu machen wohl bisweilen Schan- c
de wäre, wenn das Schöne nicht dabei ist, keine Verrichtung aber jemals Schande wäre. Denn nur was schön und nützlich gemacht ist, nannte er Werke, und nur ein solches Machen Verrichtungen und Handlungen. Und man muß behaupten, nur dergleichen habe er für das einem Jeden gehörige gehalten, alles schädliche aber für ungehörig. So daß man glauben muß, auch Hesiodos und jeder Andere wer nur vernünftig ist halte den, der das seinige tut, für besonnen. – O Kritias, sprach ich, d
gleich als du anfingst, habe ich wohl beinahe deine Erklärung verstanden, daß du unter dem einem Jeden gehörigen und seinigen Gutes verständest, und unter den Handlungen was die Guten machten; denn auch vom Prodikos habe ich tausenderlei dergleichen gehört, wie er die Worte unterscheidet. Ich aber will dir gern gestatten, jedes Wort zu nehmen wie du willst; erkläre dich aber nur, worauf du jedes Wort beziehst, dessen du dich bedienst.

Jetzt also bestimme von vorn noch einmal deutlicher, ob du die Handlung oder Verrichtung oder wie du es sonst nennen e
willst des Guten, ob du diese Besonnenheit nennst? – Das tue ich, sagte er. – Der also ist nicht besonnen, der das Böse tut, sondern der das Gute? – Und dich, Bester, sprach er, dünkt es nicht so? – Mag es doch, antwortete ich. Denn noch untersuchen wir ja nicht, was ich denke, sondern was du jetzt sagst. –

ἀγαθά, ἀλλὰ κακὰ ποιοῦντα οὔ φημι σωφρονεῖν, τὸν δὲ
ἀγαθά, ἀλλὰ μὴ κακά, σωφρονεῖν· τὴν γὰρ τῶν ἀγαθῶν
πρᾶξιν σωφροσύνην εἶναι σαφῶς σοι διορίζομαι.

— Καὶ οὐδέν γέ σε ἴσως κωλύει ἀληθῆ λέγειν· τόδε γε μέν- 164 a
τοι, ἦν δ' ἐγώ, θαυμάζω, εἰ σωφρονοῦντας ἀνθρώπους ἡγεῖ
σὺ ἀγνοεῖν ὅτι σωφρονοῦσιν. — Ἀλλ' οὐχ ἡγοῦμαι, ἔφη. —
Οὐκ ὀλίγον πρότερον, ἔφην ἐγώ, ἐλέγετο ὑπὸ σοῦ, ὅτι τοὺς
δημιουργοὺς οὐδὲν κωλύει καὶ αὖ τὰ τῶν ἄλλων ποιοῦντας
σωφρονεῖν; — Ἐλέγετο γάρ, ἔφη· ἀλλὰ τί τοῦτο; — Οὐδέν·
ἀλλὰ λέγε εἰ δοκεῖ τίς σοι ἰατρός, ὑγιᾶ τινὰ ποιῶν, ὠφέλιμα
καὶ ἑαυτῷ ποιεῖν καὶ ἐκείνῳ ὃν ἰῷτο; — Ἔμοιγε. — b
Οὐκοῦν τὰ δέοντα πράττει ὅ γε ταῦτα πράττων; — Ναί.
— Ὁ τὰ δέοντα πράττων οὐ σωφρονεῖ; — Σωφρονεῖ μὲν
οὖν. — Ἦ οὖν καὶ γιγνώσκειν ἀνάγκη τῷ ἰατρῷ, ὅταν τε
ὠφελίμως ἰᾶται καὶ ὅταν μή; Καὶ ἑκάστῳ τινὶ τῶν δημιουρ-
γῶν, ὅταν τε μέλλῃ ὀνήσεσθαι ἀπὸ τοῦ ἔργου οὗ ἂν πράττῃ,
καὶ ὅταν μή; — Ἴσως οὔ. — Ἐνίοτε ἄρα, ἦν δ' ἐγώ, ὠφε-
λίμως πράξας ἢ βλαβερῶς ὁ ἰατρὸς οὐ γιγνώσκει ἑαυτὸν ὡς c
ἔπραξεν· καίτοι ὠφελίμως πράξας, ὡς ὁ σὸς λόγος, σω-
φρόνως ἔπραξεν· ἢ οὐχ οὕτως ἔλεγες; — Ἔγωγε. — Οὐκοῦν,
ὡς ἔοικεν, ἐνίοτε ὠφελίμως πράξας πράττει μὲν σωφρόνως
καὶ σωφρονεῖ, ἀγνοεῖ δ' ἑαυτὸν ὅτι σωφρονεῖ;

— Ἀλλὰ τοῦτο μέν, ἔφη, ὦ Σώκρατες, οὐκ ἄν ποτε γένοιτο,
ἀλλ' εἴ τι σὺ οἴει ἐκ τῶν ἔμπροσθεν ὑπ' ἐμοῦ ὡμολογημένων
εἰς τοῦτο ἀναγκαῖον εἶναι συμβαίνειν, ἐκείνων ἄν τι ἔγωγε
μᾶλλον ἀναθείμην, καὶ οὐκ ἂν αἰσχυνθείην τότε μὴ οὐχὶ d
ὀρθῶς φάναι εἰρηκέναι, μᾶλλον ἤ ποτε συγχωρήσαιμ' ἂν
ἀγνοοῦντα αὐτὸν ἑαυτὸν ἄνθρωπον σωφρονεῖν. Σχεδὸν γάρ

Ich meines Teils jedoch, sagte er, leugne, daß wer nicht Gutes macht, sondern Böses, besonnen ist; wer aber Gutes macht und nicht Böses, der ist besonnen. Denn daß das Tun des Guten Besonnenheit ist, das bestimme ich dir nun ganz deutlich.

3.1.2. Handeln beruht auf Wissen. Die Unangemessenheit der Definition

– Vielleicht hindert auch nichts daß du recht habest, sprach ich; 164a
das indessen wundert mich, wenn du glaubst, besonnene Menschen könnten auch wohl nicht wissen, daß sie besonnen sind. – Aber das glaube ich auch nicht, sagte er. – Wurde nicht, fragte ich, vor kurzem von dir gesagt, es stehe nichts im Wege, daß Künstler, auch wenn sie etwas für Andere machen, könnten besonnen sein? – Das wurde gesagt, sprach er; aber was soll dieses? – Nichts. Aber sage mir, dünkt dich ein Arzt, indem er jemanden gesund macht, etwas nützliches zu machen für sich selbst und auch für den, den er heilt? – Mich dünkt er. – Und b
der tut doch was sich gehört, der dieses tut? – Ja. – Und wer tut was sich gehört ist der nicht besonnen? – Wohl ist er besonnen. – Muß aber jeder Arzt notwendig wissen, wann er mit Erfolg den Kranken behandelt und wann nicht? und so jeder Künstler, wann er Nutzen haben wird von dem Werke welches er verrichtet und wann nicht? – Vielleicht wohl nicht. – Also bisweilen, sprach ich, indem er nützlich handelt oder schädlich, weiß der Arzt selbst nicht wie er handelt; dennoch aber, wenn c
er nützlich handelt, nach deiner Rede, hat er auch besonnen gehandelt. Oder sagtest du nicht so? – Allerdings. – Also, wie es scheint, bisweilen handelt er zwar besonnen, indem er ja nützlich handelt, und ist also besonnen, weiß aber selbst nicht, daß er besonnen ist. – Aber dieses, o Sokrates, sagte er, kann doch auf keine Weise sein; sondern wenn du meinst, daß etwas von dem, was ich vorher behauptete, hierauf notwendig führe, möchte ich lieber etwas von jenem zurücknehmen, und mich d
nicht schämen einzugestehen, daß ich mich unrichtig ausgedrückt habe, lieber als daß ich zugeben sollte, irgend ein Mensch, der von sich selbst nicht wisse könne besonnen sein.

τι ἔγωγε αὐτὸ τοῦτό φημι εἶναι σωφροσύνην, τὸ γιγνώσκειν ἑαυτόν, καὶ ξυμφέρομαι τῷ ἐν Δελφοῖς ἀναθέντι τὸ τοιοῦτον γράμμα. Καὶ γὰρ τοῦτο οὕτω μοι δοκεῖ τὸ γράμμα ἀνακεῖσθαι, ὡς δὴ πρόσρησις οὖσα τοῦ θεοῦ τῶν εἰσιόντων ἀντὶ τοῦ Χαῖρε, ὡς τούτου μὲν οὐκ ὀρθοῦ ὄντος τοῦ προσρήματος, e
τοῦ χαίρειν, οὐδὲ δεῖν τοῦτο παρακελεύεσθαι ἀλλήλοις, ἀλλὰ σωφρονεῖν. Οὕτω μὲν δὴ ὁ θεὸς προσαγορεύει τοὺς εἰσιόντας εἰς τὸ ἱερὸν διαφέρον τι ἢ οἱ ἄνθρωποι, ὡς διανοούμενος ἀνέθηκεν ὁ ἀναθείς, ὥς μοι δοκεῖ· καὶ λέγει πρὸς τὸν ἀεὶ εἰσιόντα οὐκ ἄλλο τι ἢ Σωφρόνει, φησίν. Αἰνιγματωδέστερον δὲ δή, ὡς μάντις, λέγει· τὸ γὰρ Γνῶθι σαυτόν καὶ τὸ Σωφρόνει ἔστιν μὲν ταὐτόν, ὡς τὰ γράμματά φησιν καὶ 165 a
ἐγώ, τάχα δ' ἄν τις οἰηθείη ἄλλο εἶναι, ὃ δή μοι δοκοῦσιν παθεῖν καὶ οἱ τὰ ὕστερον γράμματα ἀναθέντες, τό τε Μηδὲν ἄγαν καὶ τὸ Ἐγγύη πάρα δ' ἄτη. Καὶ γὰρ οὗτοι ξυμβουλὴν ᾠήθησαν εἶναι τὸ Γνῶθι σαυτόν, ἀλλ' οὐ τῶν εἰσιόντων [ἕνεκεν] ὑπὸ τοῦ θεοῦ πρόσρησιν· εἶθ' ἵνα δὴ καὶ σφεῖς μηδὲν ἧττον συμβουλὰς χρησίμους ἀναθεῖεν, ταῦτα γράψαντες ἀνέθεσαν. Οὗ δὴ οὖν ἕνεκα λέγω, ὦ Σώκρατες, ταῦτα πάντα, τόδ' ἐστίν· τὰ μὲν ἔμπροσθέν σοι πάντα ἀφίημι· ἴσως μὲν γάρ τι σὺ ἔλεγες περὶ αὐτῶν ὀρθότερον, b
ἴσως δ' ἐγώ, σαφὲς δ' οὐδὲν πάνυ ἦν ὧν ἐλέγομεν· νῦν δ' ἐθέλω τούτου σοι διδόναι λόγον, εἰ μὴ ὁμολογεῖς σωφροσύνην εἶναι τὸ γιγνώσκειν αὐτὸν ἑαυτόν.

— Ἀλλ', ἦν δ' ἐγώ, ὦ Κριτία, σὺ μὲν ὡς φάσκοντος ἐμοῦ εἰδέναι περὶ ὧν ἐρωτῶ, προσφέρει πρός με, καὶ ἐὰν δὴ βούλωμαι, ὁμολογήσοντός σοι· τὸ δ' οὐχ οὕτως ἔχει, ἀλλὰ ζητῶ γὰρ μετὰ σοῦ ἀεὶ τὸ προτιθέμενον διὰ τὸ μὴ αὐτὸς εἰδέναι· σκεψάμενος οὖν ἐθέλω εἰπεῖν εἴτε ὁμολογῶ εἴτε c
μή· ἀλλ' ἐπίσχες ἕως ἂν σκέψωμαι. — Σκόπει δή, ἦ δ' ὅς.

3.2. Vierte Definition: Besonnenheit ist, sich selbst zu erkennen. Entwurf der Definition durch Kritias und Rückfragen des Sokrates zum Gegenstand des Besonnenheitswissens

Vielmehr möchte ich beinahe sagen, eben dieses wäre die Besonnenheit, das Sich selbst kennen, und ganz dem beistimmen, der in Delphi diesen Spruch aufgestellt hat. Denn in solchem Sinne scheint mir dieser Spruch hingestellt zu sein als eine Anrede des Gottes an die Eintretenden, anstatt des Sei fröhlich, als ob nämlich jener Wunsch nicht recht wäre fröhlich zu e
sein, und wir uns dazu nicht ermuntern müßten, sondern besonnen zu sein. Auf diese Art also begrüßt der Gott die Eintretenden in seinem Tempel ganz anders als die Menschen, nach der Meinung dessen der diese Tafel geweihet hat, wie mich wenigstens dünkt, und spricht zu jedem Eintretenden nichts Anderes als Sei besonnen sagt er ihm. Etwas rätselhaft freilich wie ein Wahrsager drückt er sich aus. Das Kenne dich selbst und Sei besonnen ist also zwar dasselbe, wie jener 165a
Spruch behauptet und ich; leicht aber mag Mancher glauben, beides wäre verschieden, und das dünkt mich auch denen begegnet zu sein, welche die folgenden Sprüche aufgestellt haben, das Nichts zu viel und Wer zu viel und Wer sich verbürgt, dem nahet Verderben. Denn diese haben geglaubt, das Kenne dich selbst wäre ein Rat, nicht aber eine Begrüßung des Gottes für die Eintretenden, und um also auch selbst nicht minder heilsame Ratschläge aufzustellen, haben sie dieses niedergeschrieben und aufgestellt. Weshalb ich nun alles dieses sage, o Sokrates, das ist folgendes.

Das vorige Alles schenke ich dir. Denn vielleicht hast du einiges richtiger darüber gesagt, vielleicht auch ich; recht be- b
stimmt aber war gar nichts von dem, was wir sagten. Jetzt aber will ich dir hierüber Rede stehn, wenn du nicht annimmst, die Besonnenheit sei das Sich selbst kennen. – Aber Kritias, sprach ich, du handelst mit mir, als behauptete ich das zu wissen, wonach ich frage, und als könne ich also, wenn ich nur wollte, gleich dir beistimmen. So verhält es sich aber nicht, sondern ich suche erst mit dir, was wir uns aufgegeben haben, weil ich es eben selbst nicht weiß. Habe ich es also untersucht, dann will c
ich wohl sagen ob ich es annehme oder nicht; aber gedulde dich

— Καὶ γάρ, ἦν δ' ἐγώ, σκοπῶ. Εἰ γὰρ δὴ γιγνώσκειν γέ τί ἐστιν ἡ σωφροσύνη, δῆλον ὅτι ἐπιστήμη τις ἂν εἴη καὶ τινός· ἢ οὔ; — Ἔστιν, ἔφη, ἑαυτοῦ γε. — Οὐκοῦν καὶ ἰατρική, ἔφην, ἐπιστήμη ἐστὶν τοῦ ὑγιεινοῦ; — Πάνυ γε. — Εἰ τοίνυν με, ἔφην, ἔροιο σύ, ἰατρικὴ ὑγιεινοῦ ἐπιστήμη οὖσα τί ἡμῖν χρησίμη ἐστὶν καὶ τί ἀπεργάζεται, εἴποιμ' ἂν ὅτι οὐ σμικρὰν ὠφελείαν· τὴν γὰρ ὑγίειαν καλὸν ἡμῖν ἔργον d
ἀπεργάζεται, εἰ ἀποδέχῃ τοῦτο. — Ἀποδέχομαι. — Καὶ εἰ τοίνυν με ἔροιο τὴν οἰκοδομικήν, ἐπιστήμην οὖσαν τοῦ οἰκοδομικοῦ, τί φημι ἔργον ἀπεργάζεσθαι, εἴποιμ' ἂν ὅτι οἰκήσεις· ὡσαύτως δὲ καὶ τῶν ἄλλων τεχνῶν. Χρὴ οὖν καὶ σὲ ὑπὲρ τῆς σωφροσύνης, ἐπειδὴ φῂς αὐτὴν ἑαυτοῦ ἐπιστήμην εἶναι, ἔχειν εἰπεῖν ἐρωτηθέντα, ὦ Κριτία, σωφροσύνη, ἐπιστήμη οὖσα ἑαυτοῦ, τί καλὸν ἡμῖν ἔργον ἀπεργάζεται e
καὶ ἄξιον τοῦ ὀνόματος; Ἴθι οὖν, εἰπέ.

— Ἀλλ', ὦ Σώκρατες, ἔφη, οὐκ ὀρθῶς ζητεῖς· οὐ γὰρ ὁμοία αὕτη πέφυκεν ταῖς ἄλλαις ἐπιστήμαις, οὐδέ γε αἱ ἄλλαι ἀλλήλαις· σὺ δ' ὡς ὁμοίων οὐσῶν ποιῇ τὴν ζήτησιν. Ἐπεὶ λέγε μοι, ἔφη, τῆς λογιστικῆς τέχνης ἢ τῆς γεωμετρικῆς τί ἐστιν τοιοῦτον ἔργον οἷον οἰκία οἰκοδομικῆς ἢ ἱμάτιον ὑφαντικῆς ἢ ἄλλα τοιαῦτ' ἔργα, ἃ πολλὰ ἄν τις ἔχοι πολλῶν τεχνῶν δεῖξαι; Ἔχεις οὖν μοι καὶ σὺ τούτων τοιοῦτόν 166 a
τι ἔργον δεῖξαι; Ἀλλ' οὐχ ἕξεις. — Καὶ ἐγὼ εἶπον ὅτι· Ἀληθῆ λέγεις· ἀλλὰ τόδε σοι ἔχω δεῖξαι, τίνος ἐστὶν ἐπιστήμη ἑκάστη τούτων τῶν ἐπιστημῶν, ὃ τυγχάνει ὂν ἄλλο αὐτῆς τῆς ἐπιστήμης. Οἷον ἡ λογιστική ἐστίν που τοῦ ἀρτίου καὶ τοῦ περιττοῦ, πλήθους ὅπως ἔχει πρὸς αὑτὰ καὶ πρὸς ἄλληλα· ἢ γάρ; — Πάνυ γε, ἔφη. — Οὐκοῦν ἑτέρου ὄντος τοῦ περιττοῦ καὶ ἀρτίου αὐτῆς τῆς λογιστικῆς; — Πῶς δ' οὔ; — Καὶ μὴν αὖ ἡ στατικὴ τοῦ βαρυτέρου τε b
καὶ κουφοτέρου σταθμοῦ ἐστιν· ἕτερον δέ ἐστιν τὸ βαρὺ

bis ich es untersucht habe. – So untersuche es denn, sagte er. –
Ich tue es auch schon, sprach ich. Wenn also die Besonnenheit
darin besteht, daß man etwas kennt, so ist sie offenbar eine
Erkenntnis und von etwas. Oder nicht? – Das ist sie auch, sagte
er, seiner selbst nämlich. – Ist nicht auch die Heilkunde, sprach
ich, eine Erkenntnis, des gesunden nämlich? – Allerdings. –
Wenn du mich nun; sprach ich, fragtest, die Heilkunde, als die
Erkenntnis des gesunden, wozu ist sie uns nützlich, und was
bewirkt sie uns: so würde ich antworten, keinen kleinen Vor- d
teil, nämlich die Gesundheit, ein gar schönes Werk bewirkt sie
uns, wenn du dies annimmst. – Das nehme ich an. – Und wenn
du mich weiter fragtest nach der Baukunst, als der Erkenntnis
des Bauens, was für ein Werk, ich behauptete, daß die uns
bewirkte: so würde ich sagen, Wohnungen. Und so auch mit
den übrigen Künsten. Eben so etwas mußt nun auch du von
der Besonnenheit, da du behauptest, sie sei die Erkenntnis
seiner selbst zu sagen wissen, wenn du gefragt wirst: Kritias,
die Besonnenheit als die Erkenntnis seiner selbst, was für ein e
schönes und ihres Namens würdiges Werk bewirkt sie uns
denn? So komm nun und sage es. – Aber Sokrates, sagte er, du
untersuchst nicht richtig. Denn diese Erkenntnis ist ihrer Na-
tur nach den übrigen nicht ähnlich, wie auch nicht die übrigen
alle unter einander, du aber führst deine Untersuchung als wä-
ren sie einander ähnlich. Denn sage mir, sprach er, wo gibt es
wohl von der Rechenkunst oder von der Meßkunst ein solches
Werk, wie das Haus von der Baukunst oder das Kleid von der
Webekunst, oder dergleichen Werke, deren einer viele von vie-
len andern Künsten aufzeigen könnte? Hast du mir etwa auch 166a
von diesen ein solches Werk zu zeigen? Das wirst du gewiß
nicht haben. – Darauf sagte ich, du hast Recht. Aber das kann
ich dir doch aufzeigen, wovon nun eine jede von diesen Er-
kenntnissen die Erkenntnis ist, was wieder etwas anderes ist als
die Erkenntnis selbst. So ist die Rechenkunst die Erkenntnis
des graden und ungraden, wie sie sich unter sich und gegen
einander in jeder Menge verhalten. Nicht wahr? – Allerdings. –
Und ist nicht das Gerade und Ungerade etwas anderes als die
Rechenkunst selbst? – Wie sollte es nicht? – Und die Statik ist b
doch die des schwereren und leichteren Gewichts; das Schwere

καὶ τὸ κοῦφον τῆς στατικῆς αὐτῆς. Ξυγχωρεῖς; — Ἔγωγε. — Λέγε δή, καὶ ἡ σωφροσύνη τίνος ἐστὶν ἐπιστήμη, ὃ τυγχάνει ἕτερον ὂν αὐτῆς τῆς σωφροσύνης;

— Τοῦτό ἐστιν ἐκεῖνο, ἔφη, ὦ Σώκρατες· ἐπ᾽ αὐτὸ ἥκεις ἐρευνῶν, ὅτῳ διαφέρει πασῶν τῶν ἐπιστημῶν ἡ σωφροσύνη· σὺ δὲ ὁμοιότητά τινα ζητεῖς αὐτῆς ταῖς ἄλλαις. Τὸ δ᾽ οὐκ ἔστιν οὕτως, ἀλλ᾽ αἱ μὲν ἄλλαι πᾶσαι ἄλλου εἰσὶν ἐπιστῆμαι, c
ἑαυτῶν δ᾽ οὔ, ἡ δὲ μόνη τῶν τε ἄλλων ἐπιστημῶν ἐπιστήμη ἐστὶ καὶ αὐτὴ ἑαυτῆς. Καὶ ταῦτά σε πολλοῦ δεῖ λεληθέναι· ἀλλὰ γάρ, οἶμαι, ὃ ἄρτι οὐκ ἔφησθα ποιεῖν, τοῦτο ποιεῖς· ἐμὲ γὰρ ἐπιχειρεῖς ἐλέγχειν, ἐάσας περὶ οὗ ὁ λόγος ἐστίν. — Οἷον, ἦν δ᾽ ἐγώ, ποιεῖς ἡγούμενος, εἰ ὅ τι μάλιστα σὲ ἐλέγχω, ἄλλου τινὸς ἕνεκα ἐλέγχειν ἢ οὗπερ ἕνεκα κἂν ἐμαυτὸν διερευνῴμην τί λέγω, φοβούμενος μή ποτε λάθω d
οἰόμενος μέν τι εἰδέναι, εἰδὼς δὲ μή. Καὶ νῦν δὴ οὖν ἔγωγέ φημι τοῦτο ποιεῖν, τὸν λόγον σκοπεῖν μάλιστα μὲν ἐμαυτοῦ ἕνεκα, ἴσως δὲ δὴ καὶ τῶν ἄλλων ἐπιτηδείων· ἢ οὐ κοινὸν οἴει ἀγαθὸν εἶναι σχεδόν τι πᾶσιν ἀνθρώποις, γίγνεσθαι καταφανὲς ἕκαστον τῶν ὄντων ὅπῃ ἔχει; — Καὶ μάλα, ἦ δ᾽ ὅς, ἔγωγε, ὦ Σώκρατες. — Θαρρῶν τοίνυν, ἦν δ᾽ ἐγώ, ὦ μακάριε, ἀποκρινόμενος τὸ ἐρωτώμενον ὅπῃ σοι φαίνεται, ἔα χαίρειν εἴτε Κριτίας ἐστὶν εἴτε Σωκράτης ὁ ἐλεγχό- e
μενος· ἀλλ᾽ αὐτῷ προσέχων τὸν νοῦν τῷ λόγῳ σκόπει, ὅπῃ ποτὲ ἐκβήσεται ἐλεγχόμενος. — Ἀλλά, ἔφη, ποιήσω οὕτω· δοκεῖς γάρ μοι μέτρια λέγειν. — Λέγε τοίνυν, ἦν δ᾽ ἐγώ, περὶ τῆς σωφροσύνης πῶς λέγεις;

— Λέγω τοίνυν, ἦ δ᾽ ὅς, ὅτι μόνη τῶν ἄλλων ἐπιστημῶν αὐτή τε αὑτῆς ἐστιν καὶ τῶν ἄλλων ἐπιστημῶν ἐπιστήμη.

und Leichte aber ist etwas anderes als die Statik selbst. Gibst du
das zu? – O ja. – Sage also auch, wessen Erkenntnis denn die
Besonnenheit ist, was etwas anderes ist als die Besonnenheit
selbst. – Das ist eben die Sache, Sokrates, sprach er, nun bist du
dem auf die Spur gekommen, wodurch die Besonnenheit sich
von allen Erkenntnissen unterscheidet, du aber suchst bei ihr
eine Ähnlichkeit mit den übrigen. So ist es aber nicht, sondern c
die übrigen Alle sind eines anderen Erkenntnisse, sie allein
aber ist sowohl der andern Erkenntnisse Erkenntnis als auch
selbst ihrer selbst. Auch fehlt viel, daß dir das sollte entgangen
sein. Aber ich glaube, was du vorher leugnetest, daß du es
tätest, das tust du doch, nämlich du gehst nur darauf aus, mich
zu widerlegen, und kümmerst dich wenig um das, wovon die
Rede ist. – Was machst du doch, sprach ich, daß du denkst,
wenn ich auch wirklich dich widerlege, ich täte es um einer
andern Ursach willen, als um derentwillen ich auch mich selbst
eben so ausfragen würde, ob ich wohl etwas rechtes sage, aus d
Besorgnis nämlich, daß ich unvermerkt mir einbilden möchte
etwas zu wissen was ich doch nicht weiß. Und auch jetzt behaupte
ich, daß ich nur dieses tue, die Erklärung nämlich untersuche
vorzüglich meiner selbst, vielleicht aber auch der andern
guten Freunde wegen. Oder meinst du nicht, daß dieses
ein gemeines Gut fast aller Menschen ist, wenn jegliches Ding
offenbar wird, wie es sich damit verhält? – Gewiß, sagte er,
glaube ich das, o Sokrates. – Getrost also, du Trauter, sprach
ich, beantworte das Gefragte wie es dir erscheint, und laß es dir
einerlei sein, ob Kritias es ist oder Sokrates der widerlegt wird, e
sondern habe nur auf die Erklärung Acht, wie die Untersuchung
darüber ablaufen wird. – Wohl, sagte er, so will ich es
machen; denn es dünkt mich annehmlich, was du sagst. – So
sage denn, sprach ich, wie du es eigentlich meinst mit der Besonnenheit. –

3.3. Eine Verbesserung der vierten Definition

3.3.1. Die neue Version: Besonnenheit ist die Erkenntnis ihrer selbst und der anderen Erkenntnisse. Von der Schwierigkeit dieses Begriffs

Ich sage also, sprach er, daß sie allein unter allen Erkenntnissen sowohl ihrer selbst als der übrigen Erkenntnisse Er-

— Οὐκοῦν, ἦν δ' ἐγώ, καὶ ἀνεπιστημοσύνης ἐπιστήμη ἂν εἴη,
εἴπερ καὶ ἐπιστήμης; — Πάνυ γε, ἔφη. — Ὁ ἄρα σώφρων 167 a
μόνος αὐτός τε ἑαυτὸν γνώσεται καὶ οἷός τε ἔσται ἐξετάσαι
τί τε τυγχάνει εἰδὼς καὶ τί μή, καὶ τοὺς ἄλλους ὡσαύτως
δυνατὸς ἔσται ἐπισκοπεῖν τί τις οἶδεν καὶ οἴεται, εἴπερ
οἶδεν, καὶ τί αὖ οἴεται μὲν εἰδέναι, οἶδεν δ' οὔ, τῶν δ' ἄλλων
οὐδείς· καὶ ἔστιν δὴ τοῦτο τὸ σωφρονεῖν τε καὶ σωφροσύνη
καὶ τὸ ἑαυτὸν αὐτὸν γιγνώσκειν τὸ εἰδέναι ἅ τε οἶδεν καὶ
ἃ μὴ οἶδεν. Ἆρα ταῦτά ἐστιν ἃ λέγεις; — Ἔγωγ', ἔφη.
— Πάλιν τοίνυν, ἦν δ' ἐγώ, τὸ τρίτον τῷ σωτῆρι, ὥσπερ
ἐξ ἀρχῆς ἐπισκεψώμεθα, πρῶτον μὲν εἰ δυνατόν ἐστιν τοῦτ' b
εἶναι ἢ οὔ, τὸ ἃ οἶδεν καὶ ἃ μὴ οἶδεν εἰδέναι ὅτι < οἶδε
καὶ ὅτι > οὐκ οἶδεν· ἔπειτα εἰ ὅ τι μάλιστα δυνατόν, τίς ἂν
εἴη ἡμῖν ὠφελία εἰδόσιν αὐτό. — Ἀλλὰ χρή, ἔφη, σκοπεῖν.
— Ἴθι δή, ἔφην ἐγώ, ὦ Κριτία, σκέψαι, ἐάν τι περὶ
αὐτῶν εὐπορώτερος φανῇς ἐμοῦ· ἐγὼ μὲν γὰρ ἀπορῶ· ᾗ
δὲ ἀπορῶ, φράσω σοι; — Πάνυ γ', ἔφη. — Ἄλλο τι
οὖν, ἦν δ' ἐγώ, πάντα ταῦτ' ἂν εἴη, εἰ ἔστιν ὅπερ σὺ
νυνδὴ ἔλεγες, μία τις ἐπιστήμη, ἣ οὐκ ἄλλου τινός ἐστιν
ἢ ἑαυτῆς τε καὶ τῶν ἄλλων ἐπιστημῶν ἐπιστήμη, καὶ δὴ c
καὶ ἀνεπιστημοσύνης ἡ αὐτὴ αὕτη; — Πάνυ γε. — Ἰδὲ
δὴ ὡς ἄτοπον ἐπιχειροῦμεν, ὦ ἑταῖρε, λέγειν· ἐν ἄλλοις
γάρ που τὸ αὐτὸ τοῦτο ἐὰν σκοπῇς, δόξει σοι, ὡς ἐγᾦμαι,
ἀδύνατον εἶναι. — Πῶς δὴ καὶ ποῦ; — Ἐν τοῖσδε. Ἐννόει
γὰρ εἴ σοι δοκεῖ ὄψις τις εἶναι, ἣ ὧν μὲν αἱ ἄλλαι ὄψεις
εἰσίν, οὐκ ἔστιν τούτων ὄψις, ἑαυτῆς δὲ καὶ τῶν ἄλλων
ὄψεων ὄψις ἐστὶν καὶ μὴ ὄψεων ὡσαύτως, καὶ χρῶμα μὲν
ὁρᾷ οὐδὲν ὄψις οὖσα, αὑτὴν δὲ καὶ τὰς ἄλλας ὄψεις· δοκεῖ d
τίς σοι εἶναι τοιαύτη; — Μὰ Δί' οὐκ ἔμοιγε. — Τί δὲ
ἀκοήν, ἣ φωνῆς μὲν οὐδεμιᾶς ἀκούει, αὑτῆς δὲ καὶ τῶν
ἄλλων ἀκοῶν ἀκούει καὶ τῶν μὴ ἀκοῶν; — Οὐδὲ τοῦτο. —
Συλλήβδην δὴ σκόπει περὶ πασῶν τῶν αἰσθήσεων εἴ τίς σοι
δοκεῖ εἶναι αἰσθήσεων μὲν αἴσθησις καὶ αὑτῆς, ὧν δὲ δὴ αἱ

kenntnis ist. – Müßte sie nicht auch, sprach ich, der Unkenntnis Erkenntnis sein, wenn der Erkenntnis? – Allerdings, sagte er. – 167a
Der Besonnene also allein wird sich selbst erkennen, und im Stande sein zu ergründen was er wirklich weiß und was nicht; und eben so auch wird er vermögend sein Andere zu beurteilen, was einer weiß und auch zu wissen glaubt, da er es ja weiß, und auch wieder was einer zu wissen glaubt, es aber nicht weiß; sonst aber keiner. Und dies ist also das Besonnensein und die Besonnenheit und das sich selbst kennen, zu wissen was einer weiß und was er nicht weiß. Ist es dieses, was du meinst? – Dies ist es, sagte er. – Noch einmal also, sprach ich, das dritte von den drei guten Dingen, laß uns von Anfang an erwägen, zuerst b
ob dies wohl möglich ist oder nicht, was einer weiß und nicht weiß zu wissen daß er es weiß und nicht weiß, hernach wenn es auch noch so möglich ist, was für ein Nutzen es uns wohl wäre es zu wissen. – Das müssen wir freilich erwägen, sagte er. – Komm also Kritias, sprach ich, und siehe zu, ob du besseren Rat dafür hast als ich, denn ich habe keinen. Wie so ich aber ratlos bin, soll ich dir das sagen? – Ja wohl, sagte er. – Ist es nicht so, sprach ich, Alles dieses, findet statt, wenn, was du jetzt eben sagtest, es Eine gewisse Erkenntnis gibt, welche von nichts Anderem als von sich selbst und den übrigen Erkennt- c
nissen die Erkenntnis ist, und dieselbe zugleich auch von der Unkenntnis? – Allerdings. – Sieh also, Freund, was wir wunderliches zu behaupten unternehmen! Denn wenn du an andern Dingen dasselbe aufsuchst wird es dich unmöglich zu sein dünken. – Wie doch und wo? – So meine ich. Bedenke nur, ob du glauben kannst es gebe ein Sehen, welches gar nicht ein Sehen derer Dinge ist, die anderes Sehen sieht, sondern nur ein Sehen von sich selbst und anderem Sehen, und vom Nichtsehen ebenfalls, und welches keine Farbe sieht, ob es gleich ein d
Sehen ist, sich selbst aber und anderes Sehen sieht. Glaubst du, daß es ein solches gibt? – Beim Zeus, ich nicht. – Und wie ein Hören welches keine Stimmen hört, sich selbst aber und anderes Hören und Nichthören? – Auch das nicht. – Und so erwäge überhaupt von allen Empfindungen, ob es dich irgend eine Empfindung anderer Empfindungen und ihrer selbst zu geben dünkt, die aber von dem Allen was andere Empfindun-

ἄλλαι αἰσθήσεις αἰσθάνονται, μηδενὸς αἰσθανομένη; — Οὐκ ἔμοιγε.

— Ἀλλ' ἐπιθυμία δοκεῖ τίς σοι εἶναι, ἥτις ἡδονῆς μὲν e
οὐδεμιᾶς ἐστιν ἐπιθυμία, αὑτῆς δὲ καὶ τῶν ἄλλων ἐπιθυμιῶν; — Οὐ δῆτα. — Οὐδὲ μὴν βούλησις, ὡς ἐγᾦμαι, ἣ ἀγαθὸν μὲν οὐδὲν βούλεται, αὑτὴν δὲ καὶ τὰς ἄλλας βουλήσεις βούλεται. — Οὐ γὰρ οὖν. — Ἔρωτα δὲ φαίης ἄν τινα εἶναι τοιοῦτον, ὃς τυγχάνει ὢν ἔρως καλοῦ μὲν οὐδενός, αὑτοῦ δὲ καὶ τῶν ἄλλων ἐρώτων; — Οὔκ, ἔφη, ἔγωγε. — Φόβον δὲ ἤδη τινὰ κατανενόηκας, ὃς ἑαυτὸν μὲν καὶ τοὺς ἄλλους
φόβους φοβεῖται, τῶν δεινῶν δ' οὐδὲ ἓν φοβεῖται; — Οὐ 168 a
κατανενόηκα, ἔφη. — Δόξαν δὲ δοξῶν δόξαν καὶ αὑτῆς, ὧν δὲ αἱ ἄλλαι δοξάζουσιν μηδὲν δοξάζουσαν; — Οὐδαμῶς.

— Ἀλλ' ἐπιστήμην, ὡς ἔοικεν, φαμέν τινα εἶναι τοιαύτην, ἥτις μαθήματος μὲν οὐδενός ἐστιν ἐπιστήμη, αὑτῆς δὲ καὶ τῶν ἄλλων ἐπιστημῶν ἐπιστήμη; — Φαμὲν γάρ. — Οὐκοῦν ἄτοπον, εἰ ἄρα καὶ ἔστιν; μηδὲν γάρ πω διισχυριζώμεθα
ὡς οὐκ ἔστιν, ἀλλ' εἰ ἔστιν ἔτι σκοπῶμεν. — Ὀρθῶς λέγεις. b
— Φέρε δή· ἔστι μὲν αὕτη ἡ ἐπιστήμη τινὸς ἐπιστήμη, καὶ ἔχει τινὰ τοιαύτην δύναμιν ὥστε τινὸς εἶναι· ἦ γάρ; — Πάνυ γε. — Καὶ γὰρ τὸ μεῖζόν φαμεν τοιαύτην τινὰ ἔχειν δύναμιν, ὥστε τινὸς εἶναι μεῖζον; — Ἔχει γάρ. — Οὐκοῦν ἐλάττονός τινος, εἴπερ ἔσται μεῖζον. — Ἀνάγκη. — Εἰ οὖν τι εὕροιμεν μεῖζον, ὃ τῶν μὲν μειζόνων ἐστὶν μεῖζον καὶ ἑαυτοῦ, ὧν δὲ τἆλλα μείζω ἐστὶν μηδενὸς μεῖζον, πάν-
τως ἄν που ἐκεῖνό γ' αὐτῷ ὑπάρχοι, εἴπερ ἑαυτοῦ μεῖζον c
εἴη, καὶ ἔλαττον ἑαυτοῦ εἶναι· ἢ οὔ; — Πολλὴ ἀνάγκη, ἔφη, ὦ Σώκρατες. — Οὐκοῦν καὶ εἴ τι διπλάσιόν ἐστιν τῶν τε ἄλλων διπλασίων καὶ ἑαυτοῦ, ἡμίσεος δήπου ὄντος ἑαυτοῦ τε καὶ τῶν ἄλλων διπλάσιον ἂν εἴη· οὐ γάρ ἐστίν που ἄλλου

gen empfinden nicht empfindet? – Mich dünkt nicht. – Aber
glaubst du etwa es gebe ein Verlangen, welches nicht ein Ver- e
langen nach irgend einer Lust ist, sondern nach sich selbst und
anderem Verlangen? – Nicht wohl. – Auch wohl kein Wollen
denke ich, welches nicht irgend ein Gut will, sondern sich
selbst und das andere Wollen will. – Freilich nicht. – Oder
möchtest du behaupten es gäbe eine solche Liebe, welche keine
Liebe irgend eines Schönen ist, sondern nur ihrer selbst und
anderer Liebe? – Ich, sagte er, nicht. – Oder hast du schon eine
Furcht bemerkt, die nur sich selbst und andere Furcht fürchtet, 168a
furchtbares aber nicht fürchtet? – Nichts dergleichen, sagte er. –
Aber eine Vorstellung von sich selbst und anderen Vorstellun-
gen, die aber von dem was andere Vorstellungen vorstellen
nicht vorstellt? – Niemals. – Eine solche Erkenntnis aber, wie
es scheint, wollen wir behaupten daß es gebe, welche keines
erkennbaren Gegenstandes Erkenntnis ist, sondern nur ihrer
selbst und der andern Erkenntnisse Erkenntnis? – Das behaup-
ten wir freilich. – Ist die nicht seltsam, wenn sie wirklich ist?
Denn noch laß uns nicht behaupten, daß sie nicht ist, sondern
nur untersuchen ob sie ist. – Richtig gesprochen. b

3.3.2. Aporie, ob es eine Erkenntnis der Erkenntnis gibt. Wenn es sie gibt, muß sie nützlich sein, damit die Definition adäquat sein kann

– Wohlan denn, diese Erkenntnis ist doch eine Erkenntnis von
etwas, und hat eine solche Eigenschaft, vermöge deren sie sich
auf etwas bezieht. Nicht wahr? – Allerdings. – Denn auch das
größere, behaupten wir, hat eine solche Eigenschaft, daß es ein
größeres ist von etwas? – Eine solche hat es. – Nicht wahr, von
irgend einem kleineren, wenn es doch größer sein soll? – Not-
wendig. – Wenn wir nun ein Größeres fänden, welches das
größere ist von anderem größeren und von sich selbst, gar
nicht aber von etwas unter dem, wovon anderes größere das
größere ist, müßte dem nicht auf alle Weise dieses zukommen, c
wenn es größer ist als es selbst, auch kleiner zu sein als es selbst?
oder nicht? – Ganz notwendig Sokrates, sagte er. – Nicht auch
wenn etwas das Doppelte ist von dem übrigen Doppelten und
von sich selbst, so kann es nur indem es auch die Hälfte ist von
sich selbst und dem übrigen zugleich das Doppelte sein? Denn

διπλάσιον ἢ ἡμίσεος. — Ἀληθῆ. — Πλέον δὲ αὑτοῦ ὂν οὐ καὶ ἔλαττον ἔσται, καὶ βαρύτερον ὂν κουφότερον, καὶ πρεσβύτερον ὂν νεώτερον, καὶ τἆλλα πάντα ὡσαύτως, ὅ τί περ ἂν τὴν ἑαυτοῦ δύναμιν πρὸς ἑαυτὸ ἔχῃ, οὐ καὶ ἐκείνην d
ἕξει τὴν οὐσίαν, πρὸς ἣν ἡ δύναμις αὐτοῦ ἦν; Λέγω δὲ τὸ τοιόνδε· οἷον ἡ ἀκοή, φαμέν, οὐκ ἄλλου τινὸς ἦν ἀκοὴ ἢ φωνῆς· ἢ γάρ; — Ναί. — Οὐκοῦν εἴπερ αὐτὴ αὑτῆς ἀκούσεται, φωνὴν ἐχούσης ἑαυτῆς ἀκούσεται· οὐ γὰρ ἂν ἄλλως ἀκούσειεν. — Πολλὴ ἀνάγκη. — Καὶ ἡ ὄψις γέ που, ὦ ἄριστε, εἴπερ ὄψεται αὐτὴ ἑαυτήν, χρῶμά τι αὐτὴν ἀνάγκη ἔχειν· ἄχρων γὰρ ὄψις οὐδὲν μή ποτε ἴδῃ. — Οὐ γὰρ οὖν. e
— Ὁρᾷς οὖν, ὦ Κριτία, ὅτι ὅσα διεληλύθαμεν, τὰ μὲν αὐτῶν ἀδύνατα παντάπασι φαίνεται ἡμῖν, τὰ δ' ἀπιστεῖται σφόδρα μή ποτ' ἂν τὴν ἑαυτῶν δύναμιν πρὸς ἑαυτὰ σχεῖν; Μεγέθη μὲν γὰρ καὶ πλήθη καὶ τὰ τοιαῦτα παντάπασιν ἀδύνατον· ἢ οὐχί; — Πάνυ γε. — Ἀκοὴ δ' αὖ καὶ ὄψις καὶ ἔτι γε κίνησις αὐτὴ ἑαυτὴν κινεῖν, καὶ θερμότης κάειν, καὶ πάντα δὴ τὰ τοιαῦτα τοῖς μὲν ἀπιστίαν < ἂν > παράσχοι, ἴσως
δέ τισιν οὔ. Μεγάλου δή τινος, ὦ φίλε, ἀνδρὸς δεῖ, ὅστις 169 a
τοῦτο κατὰ πάντων ἱκανῶς διαιρήσεται, πότερον οὐδὲν τῶν ὄντων τὴν αὑτοῦ δύναμιν αὐτὸ πρὸς ἑαυτὸ πέφυκεν ἔχειν [πλὴν ἐπιστήμης], ἀλλὰ πρὸς ἄλλο, ἢ τὰ μέν, τὰ δ' οὔ· καὶ εἰ ἔστιν αὖ ἅτινα αὐτὰ πρὸς αὑτὰ ἔχει, ἆρ' ἐν τούτοις ἐστὶν ἐπιστήμη, ἣν δὴ ἡμεῖς σωφροσύνην φαμὲν εἶναι. Ἐγὼ μὲν οὐ πιστεύω ἐμαυτῷ ἱκανὸς εἶναι ταῦτα διελέσθαι· διὸ καὶ οὔτ' εἰ δυνατόν ἐστι τοῦτο γενέσθαι, ἐπιστήμης ἐπιστήμην εἶναι, ἔχω διισχυρίσασθαι, οὔτ' εἰ ὅ τι μάλιστα ἔστι, σω- b
φροσύνην ἀποδέχομαι αὐτὸ εἶναι, πρὶν ἂν ἐπισκέψωμαι εἴτε τι ἂν ἡμᾶς ὠφελοῖ τοιοῦτον ὄν, εἴτε μή. Τὴν γὰρ οὖν δὴ σωφροσύνην ὠφέλιμόν τι καὶ ἀγαθὸν μαντεύομαι εἶναι· σὺ οὖν, ὦ παῖ Καλλαίσχρου — τίθεσαι γὰρ σωφροσύνην τοῦτ' εἶναι, ἐπιστήμην ἐπιστήμης καὶ δὴ καὶ ἀνεπιστη-

es gibt von nichts Anderem ein Doppeltes als von der Hälfte. –
Richtig. – Und was mehr ist als es selbst wird das nicht auch
weniger sein, was schwerer ist auch leichter, was älter ist auch
jünger, und eben so in allen andern Dingen, was seine Eigen- d
schaft in Beziehung auf sich selbst hat, wird das nicht auch
dasjenige an sich haben müssen, worauf die Eigenschaft sich
bezieht? Ich meine nämlich dieses: das Gehör sagten wir doch
war von nichts Anderem Gehör als von der Stimme, nicht
wahr? – Ja. – Also wenn es sich selbst hören soll, so muß es sich
selbst eine Stimme habend hören; denn sonst kann es nicht
hören. – Ganz unumgänglich. – Und auch wohl das Gesicht, o
Bester, wenn es sich selbst sehen soll; muß irgend eine Farbe
haben; denn farbloses kann das Gesicht nichts jemals sehen. – e
Freilich nicht. – Du siehst also, o Kritias, was wir nur durch-
gegangen sind, so zeigte es sich uns teils gänzlich unmöglich
teils gar sehr unglaublich, daß jemals etwas seine Eigenschaft
in Beziehung auf sich selbst haben könne. Denn bei Größen
und Vielheiten und dergleichen war es ganz und gar unmög-
lich; oder nicht? – Allerdings. – Vom Gehör und Gesicht aber
und ferner von der Bewegung, daß sie sich selbst bewegen und
die Wärme sich selbst erwärmen sollte und von Allem der Art
möchte es Einigen wohl sehr unglaublich scheinen, Anderen
aber vielleicht nicht. Ein großer Mann freilich, o Freund, ge- 169a
hört dazu, um im Allgemeinen zu entscheiden, ob gar nichts so
geartet ist, seine Eigenschaft auf sich selbst zu beziehen, son-
dern nur auf ein Anderes, oder ob Einiges so beschaffen ist und
Anderes nicht; und wiederum wenn Einiges sie auf sich selbst
bezieht, ob hierunter auch die Erkenntnis gehört, von welcher
wir alsdann behaupten sie sei die Besonnenheit. Ich nun traue
mir nicht zu, daß ich im Stande bin dieses zu entscheiden; wes-
halb ich auch, weder ob es möglich ist, daß es so etwas gebe wie
eine Erkenntnis der Erkenntnis, mit Gewißheit behaupten b
kann, noch auch, wenn es wirklich dergleichen gibt, anneh-
men, daß dieses die Besonnenheit ist, bis ich untersucht habe,
ob sie uns auch, wenn sie dieses wäre, etwas nützlich sein wür-
de oder nicht. Denn daß die Besonnenheit etwas Gutes und
Nützliches sein müsse, das ahndet mir wohl. Du also, Sohn des
Kallaischros, denn du sagest ja, die Besonnenheit sei dieses,

μοσύνης — πρῶτον μὲν τοῦτο ἔνδειξαι, ὅτι δυνατὸν [ἀπο-
δεῖξαί σε] ὃ νυνδὴ ἔλεγον, ἔπειτα πρὸς τῷ δυνατῷ ὅτι καὶ
ὠφέλιμον· κἀμὲ τάχ' ἂν ἀποπληρώσαις ὡς ὀρθῶς λέγεις c
περὶ σωφροσύνης, ὃ ἔστιν.

— Καὶ ὁ Κριτίας ἀκούσας ταῦτα καὶ ἰδών με ἀποροῦντα,
ὥσπερ οἱ τοὺς χασμωμένους καταντικρὺ ὁρῶντες ταὐτὸν
τοῦτο ξυμπάσχουσιν, κἀκεῖνος ἔδοξέ μοι ὑπ' ἐμοῦ ἀπο-
ροῦντος ἀναγκασθῆναι καὶ αὐτὸς ἁλῶναι ὑπὸ ἀπορίας.
Ἅτε οὖν εὐδοκιμῶν ἑκάστοτε, ᾐσχύνετο τοὺς παρόντας, καὶ
οὔτε ξυγχωρῆσαί μοι ἤθελεν ἀδύνατος εἶναι διελέσθαι ἃ
προὐκαλούμην αὐτόν, ἔλεγέν τε οὐδὲν σαφές, ἐπικαλύπτων d
τὴν ἀπορίαν. Κἀγὼ ἡμῖν ἵνα ὁ λόγος προΐοι, εἶπον· Ἀλλ'
εἰ δοκεῖ, ὦ Κριτία, νῦν μὲν τοῦτο ξυγχωρήσωμεν, δυνατὸν
εἶναι γενέσθαι ἐπιστήμην ἐπιστήμης· αὖθις δὲ ἐπισκεψό-
μεθα εἴτε οὕτως ἔχει εἴτε μή. Ἴθι δὴ οὖν, εἰ ὅ τι μάλιστα
δυνατὸν τοῦτο, τί μᾶλλον οἷόν τέ ἐστιν εἰδέναι ἅ τέ τις
οἶδε καὶ ἃ μή; Τοῦτο γὰρ δήπου ἔφαμεν εἶναι τὸ γιγνώσκειν
αὐτὸν καὶ σωφρονεῖν· ἦ γάρ; — Πάνυ γε, ἦ δ' ὅς, καὶ
ξυμβαίνει γέ που, ὦ Σώκρατες· εἰ γάρ τις ἔχει ἐπιστήμην
ἣ αὐτὴ αὑτὴν γιγνώσκει, τοιοῦτος ἂν αὐτὸς εἴη οἷόνπερ e
ἐστὶν ὃ ἔχει. Ὥσπερ ὅταν τάχος τις ἔχῃ, ταχύς, καὶ ὅταν
κάλλος, καλός, καὶ ὅταν γνῶσιν, γιγνώσκων· ὅταν δὲ δὴ
γνῶσιν αὐτὴν αὑτῆς τις ἔχῃ, γιγνώσκων που αὐτὸς ἑαυτὸν
τότε ἔσται.

— Οὐ τοῦτο, ἦν δ' ἐγώ, ἀμφισβητῶ, ὡς οὐχ ὅταν τὸ αὐτὸ
γιγνῶσκόν τις ἔχῃ, αὐτὸς αὑτὸν γνώσεται, ἀλλ' ἔχοντι
τοῦτο τίς ἀνάγκη εἰδέναι ἅ τε οἶδεν καὶ ἃ μὴ οἶδεν; —
Ὅτι, ὦ Σώκρατες, ταὐτόν ἐστιν τοῦτο ἐκείνῳ. — Ἴσως, 170 a
ἔφην, ἀλλ' ἐγὼ κινδυνεύω ἀεὶ ὅμοιος εἶναι· οὐ γὰρ αὖ μαν-

Erkenntnis der Erkenntnis und so auch der Unkenntnis, zeige
mir zuerst, daß dieses möglich ist was ich itzt eben sagte, und
dann nächst dem möglichen auch daß es nützlich ist, und so c
möchtest du mir vielleicht genügen, daß du dich richtig erklärst
über die Besonnenheit, was sie ist. Als nun Kritias dies hörte
und mich ratlos sah, dünkte es mich, daß gerade wie denen,
welche einen Andern gegenüber gähnen sehen, dasselbige zu
begegnen pflegt, so auch er von mir dem ratlosen überwältigt
selbst in Ratlosigkeit gefangen war. Da er nun jedesmal Lob
einzuernten pflegt, schämte er sich vor den Anwesenden, und
wollte mir weder zugeben, daß er unfähig wäre das auszufüh-
ren, wozu ich ihn aufforderte, noch sagte er irgend etwas be- d
stimmtes, sondern suchte nur seine Verlegenheit zu verbergen.
Damit wir also doch weiter kämen in der Sache, so sprach ich:
Gut, Kritias, wenn dir das recht ist, so wollen wir für jetzt
dieses einräumen, es könne wirklich eine Erkenntnis der Er-
kenntnis geben, und auf ein anderes Mal untersuchen, ob es
sich wirklich so verhält oder nicht. Komm aber und sage mir,
wenn dies auch ja möglich ist, was ist es deshalb leichter zu
wissen was einer weiß und was nicht? Denn dies behaupten wir
ja eigentlich wäre das Sich selbst kennen und das Beson-
nensein? Nicht wahr? – Allerdings, sagte er, und das folgt ja
auch, Sokrates. Denn wenn Einer die Erkenntnis hat welche
sich selbst erkennt, so muß er ja auch so sein wie das ist was er e
hat; so wie einer geschwind ist wenn er Geschwindigkeit hat,
und schön wenn Schönheit, und wenn Erkenntnis erkennend,
so auch wenn Jemand die Erkenntnis ihrer selbst hat, muß er
dann auch sich selbst erkennend sein.

3.3.3. Die hypothetisch angenommene Erkenntnis der Erkenntnis weiß nichts von den Erkenntnisinhalten, ist zur Wissensprüfung ungeeignet. Besonnenheit, so gedacht, hat nicht den von ihr erwarteten Nutzen

– Daran, sprach ich, zweifle ich auch nicht, daß nicht wer das
Selbsterkennende hat auch sich selbst erkennen wird, sondern
nur, ob wer dieses hat notwendig auch wissen müsse was er
weiß und was er nicht weiß. – Weil das einerlei ist, Sokrates, 170a
dieses mit jenem. – Vielleicht, sprach ich. Aber ich bin eben

θάνω ὡς ἔστιν τὸ αὐτὸ [ἃ οἶδεν εἰδέναι καὶ ἅ τις μὴ οἶδεν εἰδέναι]. — Πῶς λέγεις, ἔφη; — Ὧδε, ἦν δ' ἐγώ· ἐπιστήμη που ἐπιστήμης οὖσα ἆρα πλέον τι οἵα τ' ἔσται διαιρεῖν, ἢ ὅτι τούτων τόδε μὲν ἐπιστήμη, τόδε δ' οὐκ ἐπιστήμη; — Οὔκ, ἀλλὰ τοσοῦτον. — Ταὐτὸν οὖν ἐστιν ἐπιστήμη τε καὶ ἀνεπιστημοσύνη ὑγιεινοῦ, καὶ ἐπιστήμη τε καὶ ἀνεπιστη- b
μοσύνη δικαίου; — Οὐδαμῶς. — Ἀλλὰ τὸ μὲν οἶμαι ἰατρική, τὸ δὲ πολιτική, τὸ δὲ οὐδὲν ἄλλο ἢ ἐπιστήμη. — Πῶς γὰρ οὔ; — Οὐκοῦν ἐὰν μὴ προσεπίστηταί τις τὸ ὑγιεινὸν καὶ τὸ δίκαιον, ἀλλὰ ἐπιστήμην μόνον γιγνώσκῃ ἅτε τούτου μόνον ἔχων ἐπιστήμην, ὅτι μέν τι ἐπίσταται καὶ ὅτι ἐπιστήμην τινὰ ἔχει, εἰκότως ἂν γιγνώσκοι καὶ περὶ αὑτοῦ καὶ περὶ τῶν ἄλλων· ἦ γάρ; — Ναί.

— Ὅ τι δὲ γιγνώσκει ταύτῃ τῇ ἐπιστήμῃ πῶς εἴσεται; Γιγνώσκει γὰρ δὴ τὸ μὲν ὑγιεινὸν τῇ ἰατρικῇ, ἀλλ' οὐ σω- c
φροσύνῃ, τὸ δὲ ἁρμονικὸν μουσικῇ, ἀλλ' οὐ σωφροσύνῃ, τὸ δ' οἰκοδομικὸν οἰκοδομικῇ, ἀλλ' οὐ σωφροσύνῃ, καὶ οὕτω πάντα· ἢ οὔ; — Φαίνεται. — Σωφροσύνῃ δέ, εἴπερ μόνον ἐστὶν ἐπιστημῶν ἐπιστήμη, πῶς εἴσεται ὅτι τὸ ὑγιεινὸν γιγνώσκει ἢ ὅτι τὸ οἰκοδομικόν; — Οὐδαμῶς. — Οὐκ ἄρα εἴσεται ὃ οἶδεν ὁ τοῦτο ἀγνοῶν, ἀλλ' ὅτι οἶδεν μόνον. — Ἔοικεν. — Οὐκ ἄρα σωφρονεῖν τοῦτ' ἂν εἴη οὐδὲ σωφροσύνη, d
εἰδέναι ἅ τε οἶδεν καὶ ἃ μὴ οἶδεν, ἀλλ', ὡς ἔοικεν, ὅτι οἶδεν καὶ ὅτι οὐκ οἶδεν μόνον. — Κινδυνεύει. — Οὐδὲ ἄλλον ἄρα οἷός τε ἔσται οὗτος ἐξετάσαι φάσκοντά τι ἐπίστασθαι, πότερον ἐπίσταται ὃ φησιν ἐπίστασθαι ἢ οὐκ ἐπίσταται· ἀλλὰ τοσοῦτον μόνον, ὡς ἔοικεν, γνώσεται, ὅτι ἔχει τινὰ ἐπιστήμην, ὅτου δέ γε, ἡ σωφροσύνη οὐ ποιήσει αὐτὸν γιγνώσκειν. — Οὐ φαίνεται.

— Οὔτε ἄρα τὸν προσποιούμενον ἰατρὸν εἶναι, ὄντα δὲ e
μή, καὶ τὸν ὡς ἀληθῶς ὄντα οἷός τε ἔσται διακρίνειν, οὔτε

leider wohl immer der Alte. Denn ich verstehe schon wieder nicht wie das einerlei sein kann zu wissen was Einer weiß oder nicht weiß und ob er weiß. – Wie meinst du das, sagte er? – So, sprach ich. Es gebe eine Erkenntnis der Erkenntnis, wird die ein mehreres im Stande sein zu unterscheiden, als daß von zweien das eine eine Erkenntnis ist, das andere keine Erkenntnis? – Nein, sondern gerade soviel. – Ist damit nun dasselbe die
Erkenntnis oder Unkenntnis des Gesunden, und die Erkennt- b
nis oder Unkenntnis des Gerechten? – Keinesweges. – Sondern diese sind, glaube ich, eine die Heilkunde, eine die Staatskunde, jene andere aber ist eben nichts weiter als die Erkenntnis? – Wie anders? – Also wenn Jemand nicht auch noch das Gesunde und das Gerechte dazu kennt, sondern nur die Erkenntnis kennt, indem er von dieser allein Erkenntnis hat, so wird er zwar, daß er etwas weiß und irgend eine Erkenntnis hat, wahrscheinlich wissen von sich selbst und von Andern; nicht wahr? – Ja. – Was er aber erkennt, wie soll er das vermittelst dieser
Erkenntnis wissen? Denn das Gesunde erkennt er vermöge der c
Heilkunst, nicht vermöge der Besonnenheit, das Wohlklingende vermöge der Tonkunst, nicht vermöge der Besonnenheit, das zum Bauen gehörige vermöge der Baukunst, nicht vermöge der Besonnenheit, und so auch alles Übrige. Oder nicht? – Offenbar. – Vermöge der Besonnenheit aber, wenn sie nur die Erkenntnis der Erkenntnisse ist, wie soll er wissen, daß er das Gesunde kennt, oder daß er das zum Bauwesen gehörige kennt? – Auf keine Art. – Und wer dies nicht weiß, der wird doch nicht wissen, was er weiß, sondern nur daß er weiß? – So
scheint es. – Das wäre also nicht die Besonnenheit und das d
Besonnensein zu wissen, was man weiß und was man nicht weiß, sondern wie es scheint nur, daß man weiß und daß man nicht weiß. – So sieht es aus. – Noch auch wird also ein solcher im Stande sein, einen Andern zu prüfen, welcher etwas zu wissen behauptet, ob er das wirklich weiß, was er zu wissen vorgibt, oder ob er es nicht weiß, sondern nur soviel, wie es scheint, wird er erkennen, daß jener irgend eine Erkenntnis hat, wovon aber das wird ihn die Besonnenheit nicht erkennen
machen. – Offenbar nicht. – Also auch den der ein Arzt zu sein e
vorgibt, es aber nicht ist, wird er nicht im Stande sein, von dem

ἄλλον οὐδένα τῶν ἐπιστημόνων καὶ μή. Σκεψώμεθα δὲ ἐκ τῶνδε· εἰ μέλλει ὁ σώφρων ἢ ὁστισοῦν ἄλλος τὸν ὡς ἀληθῶς ἰατρὸν διαγνώσεσθαι καὶ τὸν μή, ἆρ' οὐχ ὧδε ποιήσει· περὶ μὲν ἰατρικῆς δήπου αὐτῷ οὐ διαλέξεται· οὐδὲν γὰρ ἐπαΐει, ὡς ἔφαμεν, ὁ ἰατρός, ἀλλ' ἢ τὸ ὑγιεινὸν καὶ τὸ νοσῶδες· ἢ οὔ; — Ναί, οὕτως. — Περὶ δέ γε ἐπιστήμης οὐδὲν οἶδεν, ἀλλὰ τοῦτο δὴ τῇ σωφροσύνῃ μόνῃ ἀπέδομεν. — Ναί. — Οὐδὲ περὶ ἰατρικῆς ἄρα οἶδεν ὁ ἰατρικός, ἐπειδήπερ ἡ ἰατρικὴ ἐπιστήμη οὖσα τυγχάνει. — Ἀληθῆ. — Ὅτι μὲν δὴ 171 a
ἐπιστήμην τινὰ ἔχει γνώσεται ὁ σώφρων τὸν ἰατρόν· δέον δὲ πεῖραν λαβεῖν ἥτις ἐστίν, ἄλλο τι σκέψεται ὧντινων; Ἢ οὐ τούτῳ ὥρισται ἑκάστη ἐπιστήμη μὴ μόνον ἐπιστήμη εἶναι, ἀλλὰ καὶ τίς, τῷ τινῶν εἶναι; — Τούτῳ μὲν οὖν. — Καὶ ἡ ἰατρικὴ δὴ ἑτέρα εἶναι τῶν ἄλλων ἐπιστημῶν ὡρίσθη τῷ τοῦ ὑγιεινοῦ εἶναι καὶ νοσώδους ἐπιστήμη. — Ναί. — Οὐκοῦν ἐν τούτοις ἀναγκαῖον σκοπεῖν τὸν βουλόμενον ἰατρικὴν σκοπεῖν, ἐν οἷς ποτ' ἔστιν· οὐ γὰρ δήπου ἔν γε τοῖς b
ἔξω, ἐν οἷς οὐκ ἔστιν; — Οὐ δῆτα. — Ἐν τοῖς ὑγιεινοῖς ἄρα καὶ νοσώδεσιν ἐπισκέψεται τὸν ἰατρόν, ᾗ ἰατρικός ἐστιν, ὁ ὀρθῶς σκοπούμενος. — Ἔοικεν. — Οὐκοῦν ἐν τοῖς οὕτως ἢ λεγομένοις ἢ πραττομένοις τὰ μὲν λεγόμενα, εἰ ἀληθῆ λέγεται, σκοπούμενος, τὰ δὲ πραττόμενα, εἰ ὀρθῶς πράττεται; — Ἀνάγκη. — Ἦ οὖν ἄνευ ἰατρικῆς δύναιτ' ἄν τις τούτων ποτέροις ἐπακολουθῆσαι; — Οὐ δῆτα. — Οὔτε γε ἄλλος οὐδείς, ὡς ἔοικεν, πλὴν ἰατρός, οὔτε δὴ ὁ σώφρων· c
ἰατρὸς γὰρ ἂν εἴη πρὸς τῇ σωφροσύνῃ. — Ἔστι ταῦτα.

— Παντὸς ἄρα μᾶλλον, εἰ ἡ σωφροσύνη ἐπιστήμης ἐπιστήμη μόνον ἐστὶν καὶ ἀνεπιστημοσύνης, οὔτε ἰατρὸν διακρῖναι οἵα τε ἔσται ἐπιστάμενον τὰ τῆς τέχνης ἢ μὴ ἐπιστάμενον, προσποιούμενον δὲ ἢ οἰόμενον, οὔτε ἄλλον οὐδένα τῶν ἐπισταμένων καὶ ὁτιοῦν, πλήν γε τὸν αὑτοῦ ὁμότεχνον, ὥσπερ οἱ ἄλλοι δημιουργοί. — Φαίνεται, ἔφη.

der es in der Tat ist zu unterscheiden, noch auch in andern
Dingen den Kundigen von dem Unkundigen. Laß es uns hieran uns anschaulich machen. Wenn der Besonnene, oder wer es
sonst sein mag, den wahrhaften Arzt erkennen will, und den
der es nicht ist, wird er es nicht so machen? Von der Heilkunde
wird er nicht mit ihm reden. Denn der Arzt, wie wir sagten,
versteht nichts als das gesunde und ungesunde. Oder sagten
wir nicht so? – Ja, so. – Von der Erkenntnis aber weiß er nichts,
sondern dieses haben wir allein der Besonnenheit zugeschrieben. – Ja. – Also weiß auch von der Heilkunde der Arzt nichts,
da ja die Heilkunde eine Erkenntnis ist? – Richtig. – Daß nun 171a
der Arzt irgend eine Erkenntnis hat, wird der Besonnene freilich einsehen; unternimmt er aber zu erproben was für eine,
muß er dann nicht sehen, wovon sie es ist? Oder ist nicht eben
dadurch jede Erkenntnis bestimmt, nicht nur daß sie eine Erkenntnis ist, sondern auch was für eine, daß sie es von etwas
ist? – Eben dadurch. – Auch die Heilkunde ist also bestimmt als
eine verschiedene von andern Erkenntnissen, dadurch daß sie
des gesunden und ungesunden Erkenntnis ist. – Ja. – Also
eben hierin muß, wer Jemandes Heilkunst untersuchen will,
sie untersuchen, worin sie besteht. Gewiß doch nicht in dem b
außer ihr, worin sie nicht besteht? – Freilich nicht. – In dem
gesunden also und ungesunden muß, wer recht prüft, den Arzt
prüfen, in wiefern er heilkundig ist. – So zeigt es sich. – Nämlich doch indem er, was hierin gesprochen oder getan wird,
prüft, ob das Gesprochene wahr gesprochen, und das getane
richtig getan ist? – Notwendig. – Könnte nun wohl Jemand
ohne Heilkunde eines von beiden gehörig verfolgen? – Gewiß
nicht. – Also auch wohl kein Anderer außer der Arzt, auch c
nicht der Besonnene? Er wäre sonst ein Arzt noch außer der
Besonnenheit. – So ist es. – Auf alle Weise also, wenn die
Besonnenheit nur die Erkenntnis der Erkenntnis ist und der
Unkenntnis, wird sie auch nicht im Stande sein, weder den
Arzt zu unterscheiden der seine Kunst versteht und den der sie
nicht versteht, sondern es nur vorgibt oder sich einbildet, noch
auch irgend einen Andern, ob er wirklich das seinige versteht
was es auch sei, ausgenommen seinen Kunstverwandten, eben
wie die andern Künstler auch. – Offenbar, sagte er. – Welchen

— Τίς οὖν, ἦν δ᾽ ἐγώ, ὦ Κριτία, ὠφελία ἡμῖν ἔτι ἂν εἴη d
ἀπὸ τῆς σωφροσύνης τοιαύτης οὔσης; Εἰ μὲν γάρ, ὃ ἐξ ἀρχῆς ὑπετιθέμεθα, ᾔδειν ὁ σώφρων ἅ τε ᾔδει καὶ ἃ μὴ ᾔδει, τὰ μὲν ὅτι οἶδεν, τὰ δ᾽ ὅτι οὐκ οἶδεν, καὶ ἄλλον ταὐτὸν τοῦτο πεπονθότα ἐπισκέψασθαι οἷός τ᾽ ἦν, μεγαλωστὶ ἂν ἡμῖν, φαμέν, ὠφέλιμον ἦν σώφροσιν εἶναι· ἀναμάρτητοι γὰρ ἂν τὸν βίον ἐζῶμεν αὐτοί τε οἱ τὴν σωφροσύνην ἔχοντες καὶ οἱ ἄλλοι πάντες ὅσοι ὑφ᾽ ἡμῶν ἤρχοντο. Οὔτε γὰρ ἂν αὐτοὶ ἐπεχειροῦμεν πράττειν ἃ μὴ ἠπιστάμεθα, ἀλλ᾽ e
ἐξευρίσκοντες τοὺς ἐπισταμένους ἐκείνοις ἂν παρεδίδομεν, οὔτε τοῖς ἄλλοις ἐπετρέπομεν, ὧν ἤρχομεν, ἄλλο τι πράττειν ἢ ὅ τι πράττοντες ὀρθῶς ἔμελλον πράξειν· τοῦτο δ᾽ ἦν ἄν, οὗ ἐπιστήμην εἶχον· καὶ οὕτω δὴ ὑπὸ σωφροσύνης οἰκία τε οἰκουμένη ἔμελλεν καλῶς οἰκεῖσθαι, πόλις τε πολιτευομένη, καὶ ἄλλο πᾶν οὗ σωφροσύνη ἄρχοι· ἁμαρτίας γὰρ ἐξῃρημένης, ὀρθότητος δὲ ἡγουμένης, ἐν πάσῃ πράξει 172 a
ἀναγκαῖον καλῶς καὶ εὖ πράττειν τοὺς οὕτω διακειμένους, τοὺς δὲ εὖ πράττοντας εὐδαίμονας εἶναι. Ἆρ᾽ οὐχ οὕτως, ἦν δ᾽ ἐγώ, ὦ Κριτία, ἐλέγομεν περὶ σωφροσύνης, λέγοντες ὅσον ἀγαθὸν εἴη τὸ εἰδέναι ἅ τε οἶδέν τις καὶ ἃ μὴ οἶδεν; — Πάνυ μὲν οὖν, ἔφη, οὕτω. — Νῦν δέ, ἦν δ᾽ ἐγώ, ὁρᾷς ὅτι οὐδαμοῦ ἐπιστήμη οὐδεμία τοιαύτη οὖσα πέφανται. — Ὁρῶ, ἔφη.

— Ἆρ᾽ οὖν, ἦν δ᾽ ἐγώ, τοῦτ᾽ ἔχει τὸ ἀγαθὸν ἣν νῦν εὑρί- b
σκομεν σωφροσύνην οὖσαν, τὸ ἐπιστήμην ἐπίστασθαι καὶ ἀνεπιστημοσύνην, ὅτι ὁ ταύτην ἔχων, ὅ τι ἂν ἄλλο μανθάνῃ, ῥᾷόν τε μαθήσεται καὶ ἐναργέστερα πάντα αὐτῷ φανεῖται, ἅτε πρὸς ἑκάστῳ ᾧ ἂν μανθάνῃ προσκαθορῶντι τὴν ἐπιστήμην· καὶ τοὺς ἄλλους δὴ κάλλιον ἐξετάσει περὶ ὧν ἂν καὶ αὐτὸς μάθῃ, οἱ δὲ ἄνευ τούτου ἐξετάζοντες ἀσθενέστερον καὶ φαυλότερον τοῦτο δράσουσιν; Ἆρ᾽, ὦ φίλε, τοιαῦτα ἄττα ἐστὶν ἃ ἀπολαυσόμεθα τῆς σωφροσύνης, ἡμεῖς δὲ c
μεῖζόν τι βλέπομεν καὶ ζητοῦμεν αὐτὸ μεῖζόν τι εἶναι ἢ ὅσον ἐστίν; — Τάχα δ᾽ ἄν, ἔφη, οὕτως ἔχοι.

Nutzen also Kritias, sprach ich, hätten wir wohl noch von der d
so beschaffenen Besonnenheit? Denn wenn, wie wir anfänglich
annahmen, der Besonnene wüßte was er weiß und was er nicht
weiß, das eine daß er es weiß und das andere daß er es nicht
weiß, und auch einen Andern wie es eben hierin mit ihm steht
zu beurteilen im Stande wäre: dann wäre es uns, das können
wir behaupten, höchst nützlich besonnen zu sein. Denn fehler-
frei würden wir selbst unser Leben durchführen im Besitz der
Besonnenheit, und auch alle Übrigen soviel ihrer von uns re-
giert würden. Denn weder würden wir selbst etwas zu tun e
unternehmen was wir nicht verständen, sondern diejenigen
ausfindend, welche es verstehen, würden wir es ihnen überlas-
sen, noch auch würden wir den übrigen, welche wir regierten,
verstatten irgend etwas Anderes zu tun, als das was sie, wenn
sie es tun, auch richtig tun werden. Dies wäre aber das, wovon
sie die Erkenntnis haben. Und so würde ein durch Besonnen-
heit verwaltetes Hauswesen wohl verwaltet werden, und eine
so regierte Stadt, und alles Andere worüber Besonnenheit
herrscht. Denn wenn das Fehlen beseitiget ist, und das Rich- 172a
tighandeln überall obwaltet: so müssen, die in dieser Verfas-
sung sind, notwendig ein schönes und gutes Leben führen, die
aber wohlleben müssen glückselig sein. Würden wir nicht die-
ses, sprach ich, von der Besonnenheit sagen, o Kritias, wenn
wir beschreiben wollten, welch ein großes Gut es wäre zu wis-
sen, was einer weiß und nicht weiß? – Allerdings dieses. – Nun
aber siehst du doch, sprach ich, daß sich uns nirgends eine
solche Erkenntnis gezeigt hat? – Ich sehe es, sagte er. – Hat
etwa, sprach ich, die Besonnenheit wie wir sie jetzt gefunden b
haben, daß man nämlich durch sie die Erkenntnis erkennt und
die Unkenntnis, das Gute, daß wer sie besitzt alles was er sonst
lernen will leichter lernen, und daß ihm Alles klarer erscheinen
wird, weil er neben jedem was er lernt auch noch die Erkennt-
nis dazu sieht? und daß er auch Andere besser beurteilen wird
in dem nämlich was er selbst gelernt hat, die aber ohne dieses
Andere beurteilen wollen, werden es schlechter und ungründ-
licher tun? Ist es etwa dergleichen etwas, Freund, was wir noch c
von der Besonnenheit vorteilen werden? und wir haben nur
etwas größeres im Sinn und suchen etwas größeres in ihr als sie
ist? – Vielleicht, sagte er, verhält es sich so.

— Ἴσως, ἦν δ' ἐγώ· ἴσως δέ γε ἡμεῖς οὐδὲν χρηστὸν ἐζητήσαμεν. Τεκμαίρομαι δέ, ὅτι μοι ἄτοπ' ἄττα καταφαίνεται περὶ σωφροσύνης, εἰ τοιοῦτόν ἐστιν. Ἴδωμεν γάρ, εἰ βούλει, συγχωρήσαντες καὶ ἐπίστασθαι ἐπιστήμην δυνατὸν εἶναι καὶ ὅ γε ἐξ ἀρχῆς ἐτιθέμεθα σωφροσύνην εἶναι, τὸ εἰδέναι ἅ τε οἶδεν καὶ ἃ μὴ οἶδεν, μὴ ἀποστερήσωμεν, ἀλλὰ d
δῶμεν· καὶ πάντα ταῦτα δόντες ἔτι βέλτιον σκεψώμεθα εἰ ἄρα τι καὶ ἡμᾶς ὀνήσει τοιοῦτον ὄν. Ἃ γὰρ νυνδὴ ἐλέγομεν, ὡς μέγα ἂν εἴη ἀγαθὸν ἡ σωφροσύνη, εἰ τοιοῦτον εἴη, ἡγουμένη διοικήσεως καὶ οἰκίας καὶ πόλεως, οὔ μοι δοκοῦμεν, ὦ Κριτία, καλῶς ὡμολογηκέναι. — Πῶς δή; ἦ δ' ὅς. — Ὅτι, ἦν δ' ἐγώ, ῥᾳδίως ὡμολογήσαμεν μέγα τι ἀγαθὸν εἶναι τοῖς ἀνθρώποις, εἰ ἕκαστοι ἡμῶν, ἃ μὲν ἴσασιν, πράττοιεν ταῦτα, ἃ δὲ μὴ ἐπίσταιντο, ἄλλοις παραδιδοῖεν τοῖς ἐπισταμένοις. — Οὐκ οὖν, ἔφη, καλῶς ὡμολογήσαμεν; — Οὔ μοι δοκοῦμεν, e
ἦν δ' ἐγώ. — Ἄτοπα λέγεις ὡς ἀληθῶς, ἔφη, ὦ Σώκρατες. — Νὴ τὸν κύνα, ἔφην, καὶ ἐμοί τοι δοκεῖ οὕτω, κἀνταῦθα καὶ ἄρτι ἀποβλέψας ἄτοπ' ἄττ' ἔφην μοι προφαίνεσθαι, καὶ ὅτι φοβοίμην μὴ οὐκ ὀρθῶς σκοποῖμεν. Ὡς ἀληθῶς γάρ, εἰ ὅ τι μάλιστα τοιοῦτόν ἐστιν ἡ σωφροσύνη, οὐδέν μοι δῆλον εἶναι δοκεῖ ὅ τι ἀγαθὸν ἡμᾶς ἀπεργάζεται. — Πῶς δή; ἦ 173 a
δ' ὅς· λέγε, ἵνα καὶ ἡμεῖς εἰδῶμεν ὅ τι λέγεις. — Οἶμαι μέν, ἦν δ' ἐγώ, ληρεῖν με· ὅμως τό γε προφαινόμενον ἀναγκαῖον σκοπεῖν καὶ μὴ εἰκῇ παριέναι, εἴ τίς γε αὑτοῦ καὶ σμικρὸν κήδεται. — Καλῶς γάρ, ἔφη, λέγεις.

— Ἄκουε δή, ἔφην, τὸ ἐμὸν ὄναρ, εἴτε διὰ κεράτων εἴτε δι' ἐλέφαντος ἐλήλυθεν. Εἰ γὰρ ὅ τι μάλιστα ἡμῶν ἄρχοι ἡ σωφροσύνη, οὖσα οἵαν νῦν ὁριζόμεθα, ἄλλο τι κατὰ τὰς

3.3.4. Auch bei Einräumung von Erkenntnisinhalten hat Besonnenheit im Sinne der Definition nichts mit gutem und glücklichem Leben zu tun, ist sie völlig nutzlos

– Vielleicht, sprach ich; vielleicht aber auch haben wir etwas ganz unnützes gesucht. Ich denke nur so, weil mir allerlei wunderliche Dinge einfallen von der Besonnenheit, wenn sie so etwas ist.

Laß uns doch sehen wenn du willst. Eingestanden es sei möglich die Erkenntnis zu erkennen, laß uns auch jenes, was wir anfänglich als die Besonnenheit setzten, das Wissen was einer weiß und was er nicht weiß, auch das laß uns nicht ab- d
streiten sondern zugeben, und dies Alles zugegeben laß uns noch besser überlegen, ob sie uns etwas helfen wird, wenn sie nun diesen ganzen Umfang hat. Denn was wir nur eben sagten, daß die Besonnenheit ein großes Gut sein würde, wenn sie dieses wäre und so der Verwaltung der Hauswesen und Staaten vorstände, das dünkt mich, Kritias, haben wir eben nicht gar löblich ausgesagt. – Wie doch? sprach er. – Weil wir, sagte ich, sehr obenhin behauptet haben, es wäre ein großes Gut für die Menschen, wenn Jeder das täte was er wisse, was er aber nicht wisse Andern überließe die es wissen. – Und dieses, fragte er, e
hätten wir nicht löblich ausgesagt? – Nein wie mich dünkt. – Wunderliche Dinge in der Tat, sagte er, sprichst du Sokrates. – Beim Hunde, sprach ich, auch mich dünkt es eben so. Das hatte ich auch eben im Sinne, als ich sagte, es fielen mir wunderliche Dinge ein, und wie ich fürchtete, daß wir gar nicht richtig untersuchten. Denn in der Tat, wenn auch die Besonnenheit alles dieses wirklich ist, so dünkt mich gar nicht klar zu sein daß 173a
sie uns irgend ein Gut bewirkt. – Wie denn? sprach er; sage doch, damit auch wir sehen was du meinst. – Ich glaube wohl, sagte ich, daß ich fasele; aber doch muß man, was einem vorschwebt, in Betrachtung ziehen und nicht leichtsinnig vorübergehn, wenn einem auch nur im mindesten an sich selbst etwas gelegen ist. – Wohl gesprochen, sagte er. – So höre denn, sprach ich, meinen Traum, ob er aus der Pforte von Horn kommt, oder aus der von Elfenbein. Wenn nämlich die Besonnenheit, sofern sie dasjenige ist, was wir jetzt festgestellt haben, auch noch so sehr über uns herrscht, würde dann nicht

ἐπιστήμας ἂν πράττοιτο, καὶ οὔτε τις κυβερνήτης φάσκων b
εἶναι, ὢν δὲ οὔ, ἐξαπατῷ ἂν ἡμᾶς, οὔτε ἰατρὸς οὔτε
στρατηγὸς οὔτ' ἄλλος οὐδείς, προσποιούμενός τι εἰδέναι ὃ
μὴ οἶδεν, λανθάνοι ἄν· ἐκ δὴ τούτων οὕτως ἐχόντων ἄλλο
ἂν ἡμῖν τι ξυμβαίνοι < ἢ > ὑγιέσιν τε τὰ σώματα εἶναι
μᾶλλον ἢ νῦν, καὶ ἐν τῇ θαλάττῃ κινδυνεύοντας καὶ ἐν
πολέμῳ σῴζεσθαι, καὶ τὰ σκεύη καὶ τὴν ἀμπεχόνην καὶ ὑπό-
δεσιν πᾶσαν καὶ τὰ χρήματα πάντα τεχνικῶς ἡμῖν εἰργασ- c
μένα εἶναι καὶ ἄλλα πολλὰ διὰ τὸ ἀληθινοῖς δημιουργοῖς
χρῆσθαι ; Εἰ δὲ βούλοιό γε, καὶ τὴν μαντικὴν εἶναι ξυγχω-
ρήσωμεν ἐπιστήμην τοῦ μέλλοντος ἔσεσθαι, καὶ τὴν σω-
φροσύνην, αὐτῆς ἐπιστατοῦσαν, τοὺς μὲν ἀλαζόνας ἀπο-
τρέπειν, τοὺς δὲ ὡς ἀληθῶς μάντεις καθιστάναι ἡμῖν
προφήτας τῶν μελλόντων. Κατεσκευασμένον δὴ οὕτω τὸ
ἀνθρώπινον γένος ὅτι μὲν ἐπιστημόνως ἂν πράττοι καὶ ζῴη,
ἕπομαι· ἡ γὰρ σωφροσύνη φυλάττουσα οὐκ ἂν ἐῴη παρεμ- d
πίπτουσαν τὴν ἀνεπιστημοσύνην ξυνεργὸν ἡμῖν εἶναι· ὅτι δ'
ἐπιστημόνως ἂν πράττοντες εὖ ἂν πράττοιμεν καὶ εὐδαιμο-
νοῖμεν, τοῦτο δὲ οὔπω δυνάμεθα μαθεῖν, ὦ φίλε Κριτία.
— Ἀλλὰ μέντοι, ἦ δ' ὅς, οὐ ῥᾳδίως εὑρήσεις ἄλλο τι τέλος
τοῦ εὖ πράττειν, ἐὰν τὸ ἐπιστημόνως ἀτιμάσῃς. — Σμι-
κρὸν τοίνυν με, ἦν δ' ἐγώ, ἔτι προσδίδαξον. Τίνος ἐπιστημό-
νως λέγεις ; Ἦ σκυτῶν τομῆς ; — Μὰ Δί' οὐκ ἔγωγε. — e
Ἀλλὰ χαλκοῦ ἐργασίας ; — Οὐδαμῶς. — Ἀλλὰ ἐρίων ἢ
ξύλων ἢ ἄλλου του τῶν τοιούτων ; — Οὐ δῆτα. — Οὐκ
ἄρα, ἦν δ' ἐγώ, ἔτι ἐμμένομεν τῷ λόγῳ τῷ εὐδαίμονα εἶναι
τὸν ἐπιστημόνως ζῶντα. Οὗτοι γὰρ ἐπιστημόνως ζῶντες
οὐχ ὁμολογοῦνται παρὰ σοῦ εὐδαίμονες εἶναι, ἀλλὰ περί
τινων ἐπιστημόνως ζῶντα σὺ δοκεῖς μοι ἀφορίζεσθαι τὸν
εὐδαίμονα. Καὶ ἴσως λέγεις ὃν νυνδὴ ἐγὼ ἔλεγον, τὸν εἰδότα
τὰ μέλλοντα ἔσεσθαι πάντα, τὸν μάντιν. Τοῦτον ἢ ἄλλον τινὰ 174 a
λέγεις ; — Καὶ τοῦτον ἔγωγε, ἔφη, καὶ ἄλλον. — Τίνα ; ἦν δ'
ἐγώ. Ἆρα μὴ τὸν τοιόνδε, εἴ τις πρὸς τοῖς μέλλουσιν καὶ τὰ

b überall nach der Erkenntnis verfahren werden, und Keiner der ein Steuermann zu sein behauptete, es aber nicht wäre, uns hintergehen können, noch auch ein Arzt oder Heerführer oder was einer sonst vorgäbe zu wissen was er nicht weiß würde unentdeckt bleiben? Würde uns aber hieraus, wenn es sich so verhielte, wohl etwas anderes entstehen, als daß wir eben gesunder sein werden am Leibe als itzt, und besser aus Gefahren zur See und im Kriege errettet werden, und daß unser Hausgerät, Kleidung und was sonst hieher gehört, kunstreich wird c gearbeitet sein, weil wir uns überall wahrer Künstler bedienten? Ja wenn du willst wollen wir auch noch die Wahrsagerkunst zugeben daß die eine Erkenntnis des Zukünftigen sein werde, und die Besonnenheit soll dieser vorstehen, um die Großsprecher abzuwehren, und uns die wahrhaften Wahrsager als Ausleger des Zukünftigen aufzustellen. Daß nun das menschliche Geschlecht also versorgt verständig handeln und leben würde, das begreife ich. Denn die achthabende Besonnenheit würde nicht zulassen, daß sich uns der Unverstand als d Mitarbeiter neben einschleichen könnte. Daß wir aber verständig und erkenntnismäßig lebend auch gut leben und glücklich sein würden, das können wir doch noch nicht einsehn, lieber Kritias. – Aber, sagte er, du wirst doch nicht leicht ein anderes Ziel des Gutlebens finden, wenn das erkenntnismäßig dir zu schlecht ist. – Lehre mich nur noch das Wenige, sprach ich, welcher Erkenntnis gemäß du denn meinst? Etwa der von Schneidung der Schuhe? – Beim Zeus, sagte er, die meine ich e nicht. – Oder von Verarbeitung des Metalls? – Keinesweges. – Oder der Wolle, des Holzes und irgend sonst etwas dergleichen? – Auch nicht. – Also, sprach ich, bleiben wir nicht mehr bei der Erklärung, der lebe glückselig, der erkenntnismäßig lebe; denn diesen, obgleich sie erkenntnismäßig leben, willst du doch nicht zugestehen, daß sie glückselig sind; sondern du scheinst mir nur als einen in gewisser Hinsicht erkenntnismäßig lebenden den Glückseligen zu beschreiben; und vielleicht meinst du den, dessen ich nur eben erwähnte, der das Zukünftige Alles wissen soll, den Wahrsager. Meinst du den oder 174a einen andern? – Auch den, sagte er, meine ich, auch Andere. – Welche doch, fragte ich. Nicht etwa den, der außer dem Zu-

γεγονότα πάντα εἰδείη καὶ τὰ νῦν ὄντα, καὶ μηδὲν ἀγνοοῖ; Φῶμεν γάρ τινα εἶναι αὐτόν. Οὐ γὰρ οἶμαι τούτου γε ἔτι ἂν εἴποις οὐδένα ἐπιστημονέστερον ζῶντα εἶναι. — Οὐ δῆτα. — Τόδε δὴ ἔτι προσποθῶ, τίς αὐτὸν τῶν ἐπιστημῶν ποιεῖ εὐδαίμονα; Ἢ ἅπασαι ὁμοίως; — Οὐδαμῶς ὁμοίως, ἔφη. — Ἀλλὰ ποία μάλιστα; Ἧι τί οἶδεν καὶ τῶν ὄντων καὶ b τῶν γεγονότων καὶ τῶν μελλόντων ἔσεσθαι; Ἆρά γε ᾗ τὸ πεττευτικόν; — Ποῖον, ἦ δ' ὅς, πεττευτικόν; — Ἀλλ' ᾗ τὸ λογιστικόν; — Οὐδαμῶς. — Ἀλλ' ᾗ τὸ ὑγιεινόν; — Μᾶλλον, ἔφη. — Ἐκείνη δ' ἣν λέγω μάλιστα, ἦν δ' ἐγώ, ᾗ τί; — Ἧι τὸ ἀγαθόν, ἔφη, καὶ τὸ κακόν.

— Ὦ μιαρέ, ἔφην ἐγώ, πάλαι με περιέλκεις κύκλῳ, ἀποκρυπτόμενος ὅτι οὐ τὸ ἐπιστημόνως ἦν ζῆν τὸ εὖ πράττειν τε καὶ εὐδαιμονεῖν ποιοῦν, οὐδὲ ξυμπασῶν τῶν ἄλλων ἐπιστημῶν, c ἀλλὰ μιᾶς οὔσης ταύτης μόνον τῆς περὶ τὸ ἀγαθόν τε καὶ κακόν. Ἐπεί, ὦ Κριτία, εἰ θέλεις ἐξελεῖν ταύτην τὴν ἐπιστήμην ἐκ τῶν ἄλλων ἐπιστημῶν, ἧττόν τι ἡ μὲν ἰατρικὴ ὑγιαίνειν ποιήσει, ἡ δὲ σκυτικὴ ὑποδεδέσθαι, ἡ δὲ ὑφαντικὴ ἠμφιέσθαι, ἡ δὲ κυβερνητικὴ κωλύσει ἐν τῇ θαλάττῃ ἀποθνῄσκειν καὶ ἡ στρατηγικὴ ἐν πολέμῳ; — Οὐδὲν ἧττον, ἔφη. — Ἀλλ', ὦ φίλε Κριτία, τὸ εὖ γε τούτων ἕκαστα γίγνεσθαι καὶ ὠφελίμως ἀπολελοιπὸς ἡμᾶς ἔσται ταύτης d ἀπούσης. — Ἀληθῆ λέγεις. — Οὐχ αὕτη δέ γε, ὡς ἔοικεν, ἐστὶν ἡ σωφροσύνη, ἧς ἔργον ἐστὶν τὸ ὠφελεῖν ἡμᾶς. Οὐ γὰρ ἐπιστημῶν τε καὶ ἀνεπιστημοσυνῶν ἡ ἐπιστήμη ἐστίν, ἀλλὰ ἀγαθοῦ τε καὶ κακοῦ· ὥστε εἰ αὕτη ἐστὶν ὠφέλιμος, ἡ σωφροσύνη ἄλλο τι ἂν εἴη ἡμῖν.

— Τί δ', ἦ δ' ὅς, οὐκ ἂν αὕτη ὠφελοῖ; Εἰ γὰρ ὅ τι μάλιστα τῶν ἐπιστημῶν ἐπιστήμη ἐστὶν ἡ σωφροσύνη, ἐπιστατεῖ δὲ καὶ ταῖς ἄλλαις ἐπιστήμαις, καὶ ταύτης δήπου ἂν ἄρχουσα e τῆς περὶ τἀγαθὸν ἐπιστήμης ὠφελοῖ ἂν ἡμᾶς. — Ἦ κἂν ὑγιαίνειν ποιοῖ, ἦν δ' ἐγώ, αὕτη, ἀλλ' οὐχ ἡ ἰατρική; Καὶ

künftigen auch das Vergangene Alles wüßte und das Gegen-
wärtige, und dem gar nichts unbekannt wäre? Denn laß uns
annehmen, es gäbe einen solchen. Und ich denke doch, du
wirst nicht behaupten, daß irgend jemand erkenntnismäßiger
lebe als dieser. – Freilich nicht. – Das aber vermisse ich nun
doch, welche von seinen Erkenntnissen ihn glückselig macht;
oder alle auf gleiche Weise? – Mit nichten auf gleiche Weise. –
Aber welche denn vornehmlich? Was doch aus allem Gegen- b
wärtigen, Vergangenen und Zukünftigen weiß er durch diese?
Etwa was zum Brettspiel gehört? – Ei was Brettspiel! sagte er. –
Oder zum Rechnen? – Keinesweges. – Oder zur Gesundheit? –
Schon eher. – Aber jene eigentliche, sprach ich, die ich meine,
was erkennt er durch die? – Das Gute, sagte er, und das Böse. –
O du böser Mensch! sprach ich, so lange ziehst du mich rund
herum, und verbirgst mir, daß nicht das erkenntnismäßig le-
ben überhaupt wohllebend und glückselig macht, auch nicht c
das nach allen andern Erkenntnissen zusammengenommen,
sondern nur das nach dieser einen, welche sich auf das Gute
und Böse bezieht! Denn Kritias, wenn du nun diese Erkenntnis
wegnimmst von den übrigen Erkenntnissen, wird dann die
Heilkunst uns weniger heilen, die Kunst des Schuhmachers
uns weniger beschuhen, die des Webers uns weniger bekleiden,
und die des Steuermanns uns weniger bewahren, daß wir nicht
zur See, so wie die des Heerführers, daß wir nicht im Kriege
umkommen? – Um nichts weniger, sagte er. – Aber, lieber
Kritias, daß alles dieses gut geschehe und zu unserm Nutzen, d
das werden wir eingebüßt haben, wenn jene Erkenntnis weg-
genommen ist. – Richtig. – Aber diese ist doch, wie es scheint,
nicht die Besonnenheit, sondern sie ist die deren Geschäft ist
uns zu nutzen. Denn sie ist ja nicht die Erkenntnis der Er-
kenntnis und Unkenntnis, sondern die Erkenntnis des Guten
und Bösen, so daß wenn diese die nutzende ist, die Besonnen-
heit etwas anderes sein muß als nutzend. – Wie? sagte er; die
sollte nicht nutzen? Denn wenn doch einmal die Besonnenheit
die Erkenntnis der Erkenntnisse ist, und den andern Erkennt-
nissen vorsteht: so muß sie ja auch dieser sich auf das Gute e
beziehenden Erkenntnis vorstehen, und uns so doch nutzen. –
Macht auch sie uns, sprach ich, etwan gesund, und nicht die

τἆλλα τὰ τῶν τεχνῶν αὕτη ἂν ποιοῖ, καὶ οὐχ αἱ ἄλλαι τὸ αὑτῆς ἔργον ἑκάστη; Ἢ οὐ πάλαι διεμαρτυρόμεθα, ὅτι ἐπιστήμης μόνον ἐστὶν καὶ ἀνεπιστημοσύνης ἐπιστήμη, ἄλλου δὲ οὐδενός· οὐχ οὕτω; — Φαίνεταί γε. — Οὐκ ἄρα ὑγιείας ἔσται δημιουργός. — Οὐ δῆτα. — Ἄλλης γὰρ ἦν 175 a
τέχνης ὑγίεια· ἢ οὔ; — Ἄλλης. — Οὐδ' ἄρα ὠφελίας, ὦ ἑταῖρε· ἄλλῃ γὰρ αὖ ἀπέδομεν τοῦτο τὸ ἔργον τέχνῃ νυνδή· ἦ γάρ; — Πάνυ γε. — Πῶς οὖν ὠφέλιμος ἔσται ἡ σωφροσύνη, οὐδεμιᾶς ὠφελίας οὖσα δημιουργός; — Οὐδαμῶς, ὦ Σώκρατες, ἔοικέν γε.

— Ὁρᾷς οὖν, ὦ Κριτία, ὡς ἐγὼ πάλαι εἰκότως ἐδεδοίκη καὶ δικαίως ἐμαυτὸν ᾐτιώμην ὅτι οὐδὲν χρηστὸν περὶ σωφροσύνης σκοπῶ; Οὐ γὰρ ἄν που ὅ γε κάλλιστον πάντων ὁμολογεῖται εἶναι, τοῦτο ἡμῖν ἀνωφελὲς ἐφάνη, εἴ τι ἐμοῦ ὄφελος b
ἦν πρὸς τὸ καλῶς ζητεῖν. Νῦν δέ — πανταχῇ γὰρ ἡττώμεθα, καὶ οὐ δυνάμεθα εὑρεῖν ἐφ' ὅτῳ ποτὲ τῶν ὄντων ὁ ὀνοματοθέτης τοῦτο τοὔνομα ἔθετο, τὴν σωφροσύνην. Καίτοι πολλά γε ξυγκεχωρήκαμεν οὐ ξυμβαίνονθ' ἡμῖν ἐν τῷ λόγῳ. Καὶ γὰρ ἐπιστήμην ἐπιστήμης εἶναι ξυνεχωρήσαμεν, οὐκ ἐῶντος τοῦ λόγου οὐδὲ φάσκοντος εἶναι· καὶ ταύτῃ αὖ τῇ ἐπιστήμῃ καὶ τὰ τῶν ἄλλων ἐπιστημῶν ἔργα γιγνώσκειν ξυνεχωρήσαμεν, οὐδὲ τοῦτ' ἐῶντος τοῦ λόγου, ἵνα δὴ ἡμῖν γένοιτο ὁ c
σώφρων ἐπιστήμων ὧν τε οἶδεν, ὅτι οἶδεν, καὶ ὧν μὴ οἶδεν, ὅτι οὐκ οἶδεν. Τοῦτο μὲν δὴ καὶ παντάπασι μεγαλοπρεπῶς ξυνεχωρήσαμεν, οὐδ' ἐπισκεψάμενοι τὸ ἀδύνατον εἶναι, ἅ τις μὴ οἶδεν μηδαμῶς, ταῦτα εἰδέναι ἁμῶς γέ πως· ὅ τι γὰρ οὐκ οἶδεν, φησὶν αὐτὰ εἰδέναι ἡ ἡμετέρα ὁμολογία. Καίτοι, ὡς ἐγᾦμαι, οὐδενὸς ὅτου οὐχὶ ἀλογώτερον τοῦτ' ἂν φανείη·

Heilkunde? und so auch mit den andern Künsten; verrichtet sie die Geschäfte derselben, und nicht vielmehr jede von ihnen das ihrige? Oder haben wir nicht lange schon eingestanden, daß sie nur der Erkenntnisse und Unkenntnisse Erkenntnis wäre, und keiner andern Sache? Nicht so? – Allerdings wohl. – Sie also wird uns nicht die Gesundheit bewirken? – Wohl nicht. – Weil 175a
nämlich die Gesundheit für eine andere Kunst gehört. Oder nicht? – Ja für eine andere. – Also auch nicht den Nutzen, Freund, wird sie uns bewirken. Denn auch dieses Geschäft haben wir itzt eben einer andern Kunst beigelegt. Nicht wahr? – Freilich. – Wie kann also die Besonnenheit nützlich sein, wenn sie uns gar keinen Nutzen irgend bewirkt? – Auf keine Weise, Sokrates, scheint es ja.

3.4. Aporetische Zusammenfassung

– Du siehst also, Kritias, wie sehr mit Recht ich schon lange Besorgnis hegte, und wohl mit Grund mich selbst beschuldigte, daß ich gar nichts nutzes von der Besonnenheit herausbrächte. Denn gewiß würde nicht, was einstimmig für das Vortrefflichste von allen gehalten wird, uns als etwas unnützes b
erschienen sein, wenn ich etwas nutz wäre um eine Untersuchung gut zu führen. Nun aber werden wir ja überall geschlagen, und können nicht aufzeigen, was doch wohl dasjenige ist, dem der Wortbildner diesen Namen Besonnenheit beigelegt hat, ohnerachtet wir Vieles eingeräumt haben, was gar nicht herauskam in unserer Rede. Denn zuerst haben wir eingeräumt, es gebe eine Erkenntnis der Erkenntnis, ohnerachtet unsere Rede dies nicht zuließ noch behauptete, es gebe eine; dann haben wir ferner dieser Erkenntnis eingeräumt, daß sie auch die Werke der übrigen Erkenntnisse erkennen sollte, da auch dieses unsere Rede nicht zuließ, um nur den Beson- c
nenen so weit zu bringen, daß er erkennte, was er weiß daß er es weiß, und was er nicht weiß daß er es nicht weiß. Und dieses haben wir in der Tat sehr freigebig eingeräumt, ohne darauf zu sehen wie unmöglich es ist, was einer ganz und gar nicht weiß, dieses doch gewissermaßen zu wissen. Denn daß er es nicht wisse, hatten wir ihm doch eingestanden zu wissen, obgleich wie ich glaube dieses offenbar unvernünftiger ist als irgend

Ἀλλ' ὅμως οὕτως ἡμῶν εὐηθικῶν τυχοῦσα ἡ ζήτησις καὶ οὐ σκληρῶν, οὐδέν τι μᾶλλον εὑρεῖν δύναται τὴν ἀλήθειαν, d
ἀλλὰ τοσοῦτον κατεγέλασεν αὐτῆς, ὥστε ὃ ἡμεῖς πάλαι ξυνομολογοῦντες καὶ ξυμπλάττοντες ἐτιθέμεθα σωφροσύνην εἶναι, τοῦτο ἡμῖν πάνυ ὑβριστικῶς ἀνωφελὲς ὂν ἀπέφαινε.

Τὸ μὲν οὖν ἐμὸν καὶ ἧττον ἀγανακτῶ· ὑπὲρ δὲ σοῦ, ἦν δ' ἐγώ, ὦ Χαρμίδη, πάνυ ἀγανακτῶ, εἰ σὺ τοιοῦτος ὢν τὴν ἰδέαν καὶ πρὸς τούτῳ τὴν ψυχὴν σωφρονέστατος, μηδὲν ὀνήσει ἀπὸ ταύτης τῆς σωφροσύνης μηδέ τί σε ὠφελήσει ἐν e
τῷ βίῳ παροῦσα. Ἔτι δὲ μᾶλλον ἀγανακτῶ ὑπὲρ τῆς ἐπῳδῆς, ἣν παρὰ τοῦ Θρᾳκὸς ἔμαθον, εἰ μηδενὸς ἀξίου πράγματος οὖσαν αὐτὴν μετὰ πολλῆς σπουδῆς ἐμάνθανον. Ταῦτ' οὖν πάνυ μὲν οὐκ οἴομαι οὕτως ἔχειν, ἀλλ' ἐμὲ φαῦλον εἶναι ζητητήν· ἐπεὶ τήν γε σωφροσύνην μέγα τι ἀγαθὸν εἶναι, καὶ εἴπερ γε ἔχεις αὐτό, μακάριον εἶναί σε. Ἀλλ' ὅρα εἰ ἔχεις τε καὶ μηδὲν δέῃ τῆς ἐπῳδῆς· εἰ γὰρ ἔχεις, 176 a
μᾶλλον ἂν ἔγωγέ σοι συμβουλεύσαιμι ἐμὲ μὲν λῆρον ἡγεῖσθαι εἶναι καὶ ἀδύνατον λόγῳ ὁτιοῦν ζητεῖν, σεαυτὸν δέ, ὅσῳπερ σωφρονέστερος εἶ, τοσούτῳ εἶναι καὶ εὐδαιμονέστερον.

Καὶ ὁ Χαρμίδης· Ἀλλὰ μὰ Δία, ἦ δ' ὅς, ἔγωγε, ὦ Σώκρατες, οὐκ οἶδα οὔτ' εἰ ἔχω οὔτ' εἰ μὴ ἔχω. Πῶς γὰρ ἂν εἰδείην ὅ γε μηδ' ὑμεῖς οἷοί τέ ἐστε ἐξευρεῖν ὅ τί ποτ' ἔστιν, ὡς φῂς σύ; Ἐγὼ μέντοι οὐ πάνυ σοι πείθομαι, καὶ ἐμαυτόν, ὦ Σώκρατες, πάνυ οἶμαι δεῖσθαι τῆς ἐπῳδῆς, καὶ b
τό γ' ἐμὸν οὐδὲν κωλύει ἐπᾴδεσθαι ὑπὸ σοῦ ὅσαι ἡμέραι, ἕως ἂν φῂς σὺ ἱκανῶς ἔχειν. — Εἶεν· ἀλλ', ἔφη ὁ Κριτίας, ὦ Χαρμίδη, δρᾷ τοῦτο· ἔμοιγ' ἔσται τοῦτο τεκμήριον ὅτι σωφρονεῖς, ἢν ἐπᾴδειν παρέχῃς Σωκράτει καὶ μὴ ἀπολείπῃ τούτου μήτε μέγα μήτε σμικρόν. — Ὡς ἀκολουθήσοντος,

sonst etwas. Und dennoch hat die Untersuchung, wie gutmütig
und gar nicht hart wir auch gegen sie gewesen sind, die Wahr- d
heit nicht finden können, sondern ihr dergestalt Hohn ge-
sprochen, daß sie uns was wir durch ewiges Zugeben und Zu-
dichten als das Wesen der Besonnenheit aufgestellt hatten, die-
ses zuletzt höchst übermütig als etwas ganz unnützes gezeigt
hat.

4. Schluß: Nutzlosigkeit der angestellten Untersuchungen und Bereitschaft des Charmides zu weiteren Besprechungen

Meinetwegen nun verdrießt es mich weniger, Deinetwegen
aber, o Charmides, verdrießt es mich sehr, daß du mit einer
solchen Gestalt und überdies von Gemüt so besonnen, den-
noch von dieser Besonnenheit gar keinen Nutzen haben sollst, e
und sie dir nichts helfen soll im Leben. Noch mehr aber ver-
drießt es mich wegen der Besprechung, die ich von dem Thra-
kier gelernt habe, daß ich an etwas so gar nichts wertes so viele
Mühe gewendet habe, es zu lernen. Auch glaube ich gar nicht,
daß es sich wirklich so verhält; sondern nur, daß ich ein
schlechter Forscher bin, die Besonnenheit aber gewiß ein gro-
ßes Gut ist, und du, wenn du es besitzest, sehr glückselig. Sieh
also zu, ob du es etwa besitzest und der Besprechung gar nicht 176a
bedarfst. Denn besitzest du es, so wollte ich dir lieber raten,
mich nur für einen Schwätzer zu halten, der unfähig ist, etwas
ordentlich zu suchen im Gespräch, dich selbst aber, je beson-
nener du bist für desto glückseliger.

Darauf sagte Charmides: Aber beim Zeus, Sokrates, ich
weiß ja nicht ob ich sie habe oder ob ich sie nicht habe. Wie
sollte ich es auch wohl wissen, da ja nicht einmal Ihr im Stande
seid herauszufinden, was sie wohl ist, wie du sagst. Ich meines
Teils jedoch glaube dir eben nicht sehr, und meine von mir
selbst, Sokrates, daß ich der Besprechung gar sehr bedarf; auch b
soll von meiner Seite nichts hindern, daß ich mich von dir
besprechen lasse alle Tage, bis du sagst es sei genug. – Wohl,
sagte Kritias, und wenn du dies tust, Charmides, das wird mir
ein Beweis sein, daß du besonnen bist, wenn du dich dem
Sokrates hingibst, um dich von ihm besprechen zu lassen, und
nicht von ihm lässest weder viel noch wenig. – Gewiß, sagte er,

ἔφη, καὶ μὴ ἀπολειψομένου· δεινὰ γὰρ ἂν ποιοίην, εἰ μὴ πειθοίμην σοὶ τῷ ἐπιτρόπῳ καὶ μὴ ποιοίην ἃ κελεύεις. — c
Ἀλλὰ μήν, ἔφη, κελεύω ἔγωγε. — Ποιήσω τοίνυν, ἔφη, ἀπὸ ταυτησὶ τῆς ἡμέρας ἀρξάμενος. — Οὗτοι, ἦν δ' ἐγώ, τί βουλεύεσθον ποιεῖν; — Οὐδέν, ἔφη ὁ Χαρμίδης, ἀλλὰ βεβουλεύμεθα. — Βιάσῃ ἄρα, ἦν δ' ἐγώ, καὶ οὐδ' ἀνάκρισίν μοι δώσεις; — Ὡς βιασομένου, ἔφη, ἐπειδήπερ ὅδε γε ἐπιτάττει· πρὸς ταῦτα σὺ αὖ βουλεύου ὅ τι ποιήσεις. —
Ἀλλ' οὐδεμία, ἔφην ἐγώ, λείπεται βουλή· σοὶ γὰρ ἐπιχει- d
ροῦντι πράττειν ὁτιοῦν καὶ βιαζομένῳ οὐδεὶς οἷός τ' ἔσται ἐναντιοῦσθαι ἀνθρώπων. — Μὴ τοίνυν, ἦ δ' ὅς, μηδὲ σὺ ἐναντιοῦ. — Οὐ τοίνυν, ἦν δ' ἐγώ, ἐναντιώσομαι.

werde ich ihm folgen und nicht von ihm lassen. Es wäre ja auch arg von mir, wenn ich dir meinem Vormunde nicht gehorchte, c und nicht täte, was du befiehlst. – Und gar sehr, sagte er, befehle ich es. – So werde ich es denn tun, antwortete Charmides, mit diesem Tage anfangend. – Ihr da, sprach ich, was beratet Ihr Euch zu tun? – Nichts, sagte Charmides, sondern wir haben uns schon beraten. – Gewalt also, sprach ich, willst du brauchen, und mir nicht einmal eine Wahl lassen? – Ja Gewalt, sagte er, will ich brauchen, zumal es ja dieser befiehlt. Hiergegen nun berate du dich auch, was du zu tun gedenkst. – Da ist ja, sprach ich, weiter kein Rat übrig. Denn dir, wenn du etwas auszufüh- d ren unternimmst, und noch gar Gewalt brauchst, wird wohl kein Mensch im Stande sein sich zu widersetzen. – So widersetze du dich denn auch nicht, sagte er. – Ich werde auch nicht, sprach ich.

HINWEISE DES HERAUSGEBERS

Am Ende dieses 1. Bandes sind noch die bibliographischen Nachweise zum griechischen und deutschen Text der abgedruckten Platon-Schriften nachzutragen: a) Der griechische Text des Dialogs *Ion*, für die Ausgabe von „Les Belles Lettres" erarbeitet von L. Méridier, erschien dort in Bd. 5,1, S. 29–47 (Paris 1931, 7. Aufl. 1989); der Text des *Protagoras*, von A. Croiset, in Bd. 3,1, S. 20–86 (Paris 1923, 9. Aufl. 1984); der der *Apologie*, von M. Croiset, in Bd. 1, S. 140–173 (Paris 1920, 12. Aufl. 1985); der des *Kriton*, ebenfalls von M. Croiset, in Bd. 1, S. 216–233; der des *Laches*, von A. Croiset, in Bd. 2, S. 90–122 (Paris 1921, 6. Aufl. 1972); der des *Lysis*, ebenfalls von A. Croiset, in Bd. 2, S. 130–155; und der des *Charmides*, nochmals von A. Croiset, in Bd. 2, S. 52–82. – b) Der deutsche Text aller sieben Schriften stammt von F. Schleiermacher. Bei ihm stand der *Ion* in Bd. I,2, S. 268–288 (2. verbess. Aufl., Berlin 1818), der *Protagoras* in Bd. I,1, S. 235–318 (2. verbess. Aufl., Berlin 1817), die *Apologie* in Bd. I,2, S. 189–230, der *Kriton* in Bd. I,2, S. 237–258, der *Laches* in Bd. I,1, S. 328–368, der *Lysis* in Bd. I,1, S. 181–214 und der *Charmides* in Bd. I,2, S. 9–48.

Platon
Sämtliche Werke

Griechisch und Deutsch

Nach der Übersetzung Friedrich Schleiermachers, ergänzt durch Übersetzungen von Franz Susemihl u.a.. Griechischer Text nach der letztgültigen Gesamtausgabe der Association Guillaume Budé. Herausgegeben von Karlheinz Hülser. Zehn Bände in Kassette it 1401-1410

PROTAGORAS · APOLOGIE. Sämtliche Werke I
Ion. Protagoras. Apologie. Kriton. Laches. Lysis. Charmides. it 1401

EUTHYPHRON · GORGIAS. Sämtliche Werke II
Euthyphron. Alkibiades I. Gorgias. Menexenos. it 1402

MENON · KRATYLOS. Sämtliche Werke III
Menon. Kratylos. Euthydemos. Hippias maior. it 1403

SYMPOSION · PHAIDON. Sämtliche Werke IV
Hippias minor. Symposion. Phaidon. it 1404

POLITEIA. Sämtliche Werke V
Politeia. it 1405

PHAIDROS · THEAITETOS. Sämtliche Werke VI
Phaidros. Theaitetos. it 1406

Platon
Sämtliche Werke

SOPHISTES · POLITIKOS. Sämtliche Werke VII
Parmenides. Sophistes. Politikos. it 1407

TIMAIOS · KRITIAS. Sämtliche Werke VIII
Philebos. Timaios. Kritias. it 1408

NOMOI. Sämtliche Werke IX
Nomoi. it 1409

BRIEFE. Sämtliche Werke X
Briefe. Unechtes. it 1410

Alte Welt und Mittelalter
im insel taschenbuch

Aischylos: Prometheus in Fesseln. Zweisprachige Ausgabe. Herausgegeben und übersetzt von Dieter Bremer. Mit Hinweisen zur Deutung und Wirkungsgeschichte. it 918

Jost Amman: Frauentrachtenbuch. Mit kolorierten Holzschnitten der Erstausgabe von 1586 und einem Nachwort von Manfred Lemmer. it 717

Apuleius: Der goldene Esel. Mit Illustrationen von Max Klinger zu ›Amor und Psyche‹. Aus dem Lateinischen von August Rode. Mit einem Nachwort von Wilhelm Haupt. it 146

Augustinus: Bekenntnisse. Lateinisch und Deutsch. Eingeleitet, übersetzt und erläutert von Joseph Bernhart. Mit einem Vorwort von Ernst Ludwig Grasmück. it 1002

Joseph Bédier: Der Roman von Tristan und Isolde. Mit Holzschnitten von 1484. Deutsch von Rudolf G. Binding. it 387

Boethius: Trost der Philosophie. Zweisprachige Ausgabe. Lateinisch und deutsch. Mit einem Nachwort von Ernst Ludwig Grasmück. it 1215

Otto Borst: Alltagsleben im Mittelalter. Mit zeitgenössischen Abbildungen. it 513

Giordano Bruno: Das Aschermittwochsmahl. Übersetzt von Ferdinand Fellmann. Mit einer Einleitung von Hans Blumenberg. it 548

Marcus Tullius Cicero: Von den Pflichten. Zweisprachige Ausgabe. Aus dem Lateinischen von Christian Garve. it 1273

Epikur: Philosophie der Freude. Briefe, Hauptlehrsätze, Spruchsammlung, Fragmente. Übertragen und mit einem Nachwort versehen von Paul M. Laskowsky. it 1057

Erasmus von Rotterdam: Das Lob der Torheit. Mit den Randzeichnungen von Hans Holbein dem Jüngeren. Übersetzt und herausgegeben von Uwe Schultz. it 369

Das Evangeliar Heinrichs des Löwen. Erläutert von Elisabeth Klemm. Mit farbigen Bildtafeln. it 1121

Aulus Gellius: Attische Nächte. Ein Lesebuch aus der Zeit des Kaisers Marc Aurel. Herausgegeben von Heinz Berthold. it 1079

Geschichte des Königs Apollonius von Tyrus. Ein antiker Liebesroman nach dem Text der Gesta Romanorum. Übertragen von Ilse und Johannes Schneider. Mit Illustrationen von Harry Jürgens. it 977

Geschichten aus dem Mittelalter. Herausgegeben von Hermann Hesse. Aus dem Lateinischen übersetzt von Hermann Hesse und J. G. T. Graesse und mit Nacherzählungen von Leo Greiner. Neu zu sammengestellt von Volker Michels. it 161

151/1/10.90

Alte Welt und Mittelalter im insel taschenbuch

Gesta Romanorum. Das älteste Märchen- und Legendenbuch des christlichen Mittelalters. Übersetzt von J. G. T. Graesse. Augewählt und eingeleitet von Hermann Hesse. it 315

Griechisches Lesebuch. Herausgegeben von Hellmuth Flashar. it 995

Griechisches Theater. Aischylos: Die Perser. Die Sieben gegen Theben. Sophokles: Antigone. König Ödipus. Elektra. Aristophanes: Die Vögel. Lysistrata. Menander: Das Schiedsgericht. Deutsch von Wolfgang Schadewaldt. it 721

Johannes Hartlieb: Das Buch aller verbotenen Künste. Herausgegeben und ins Neuhochdeutsche übertragen von Frank Fürbeth. Mit einer Einleitung, einem Nachwort und zeitgenössischen Illustrationen. it 1241

Helmut Hiller: Heinrich der Löwe. Herzog und Rebell. Eine Chronik von Helmut Hiller. it 922

Homer: Ilias. Neue Übertragung von Wolfgang Schadewaldt. Mit antiken Vasenbildern. it 153

Klosterleben im deutschen Mittelalter. Nach zeitgenössischen Quellen von Johannes Bühler. Mit zahlreichen Abbildungen. Herausgegeben von Georg A. Narciß. it 1135

Das Leben der Heiligen. Eine Auswahl aus der ältesten deutschen Druckausgabe von Heiligenlegenden »Das Passional«. Mit zahlreichen farbigen Holzschnitten. it 892

Das Leben des Flavius Josephus. Aus seinen eigenen Aufzeichnungen zusammengestellt und übersetzt von Emanuel bin Gorion. it 536

Longus: Daphnis und Chloë. Ein antiker Liebesroman. Aus dem Griechischen übersetzt und mit einem Nachwort von Arno Mauersberger. Mit Illustrationen der »Edition du Régent«. it 136

Thomas Malory: Die Geschichten von König Artus und den Rittern seiner Tafelrunde. 3 Bde. Übertragen von Helmut Findeisen auf der Grundlage der Lachmannschen Übersetzung. Mit einem Nachwort von Walter Martin. Mit Illustrationen von Aubrey Beardsley. it 239

Minnesinger. In Bildern der Manessischen Liederhandschrift. Mit Erläuterungen herausgegeben von Walter Koschorreck. Vierundzwanzig Abbildungen. it 88

Die Nibelungen. In der Wiedergabe von Franz Keim. Mit Illustrationen von Carl Otto Czeschka. Mit einem Vor- und Nachwort von Helmut Brackert. Im Anhang die Nacherzählung ›Die Nibelungen‹ von Gretel und Wolfgang Hecht. it 14

151/2/10.90

Alte Welt und Mittelalter im insel taschenbuch

Ovid: Liebeskunst. Nach der Übersetzung von W. Hertzberg. Bearbeitet von Franz Burger-München. Mit Abbildungen nach etruskischen Wandmalereien. it 164

– Metamorphosen. In der Übertragung von Johann Heinrich Voß. Mit den Radierungen von Pablo Picasso und einem Nachwort von Bernhard Kytzler. it 1237

Francesco Petrarca: Dichtungen. Briefe. Schriften. Auswahl und Einleitung von Hanns W. Eppelsheimer. it 486

Gaius Petronius: Satiricon oder Begebenheiten des Enkolp. In der Übertragung von Wilhelm Heinse. Mit Illustrationen von Marcus Behmer. it 169

Philostratos: Erotische Briefe. Des älteren Philostratos erotische Briefe nebst den Hetärenbriefen des Alkiphron. Herausgegeben von Paul Hansmann. it 1165

Platon: Phaidon. In der Übersetzung von Rudolf Kassner. Mit einem Nachwort von Karl Hielscher. it 379

– Das Trinkgelage oder Über den Eros. Übertragung, Nachwort und Erläuterungen von Ute Schmidt-Berger. Mit einer Wirkungsgeschichte von Jochen Schmidt und griechischen Vasenbildern. it 681

Römisches Lesebuch. Herausgegeben von Manfred Fuhrmann. it 996

Der Sachsenspiegel in Bildern. Aus der Heidelberger Bilderhandschrift ausgewählt und erläutert von Walter Koschorreck. it 218

Sagen der Römer. Geschichten und Geschichte aus der Frühzeit Roms. Nach antiken Autoren erzählt von Waldemar Fietz. it 466

Sappho. Neu übertragen und kommentiert von Stefanie Preiswerk-zum Stein. Mit farbigen Abbildungen. it 1229

Sappho: Strophen und Verse. Übersetzt und herausgegeben von Joachim Schickel. it 309

Wolfgang Schadewaldt: Der Gott von Delphi und die Humanitätsidee. Aufsätze und Vorträge. it 1291

Gustav Schwab: Sagen des klassischen Altertums. 3 Bde. Mit sechsundneunzig Zeichnungen von John Flaxman und einem Nachwort von Manfred Lemmer. it 127

Seneca: Von der Seelenruhe. Philosophische Schriften und Briefe. Herausgegeben und aus dem Lateinischen übertragen von Heinz Berthold. it 743

Sophokles: Antigone. Übertragen und herausgegeben von Wolfgang Schadewaldt. Mit einem Nachwort, einem Aufsatz, Wirkungsgeschichte und Literaturhinweisen. it 70

151/3/10.90

Alte Welt und Mittelalter
im insel taschenbuch

Sophokles: Antigone. Übersetzt von Hölderlin. Bearbeitet von Martin Walser und Edgar Selge. it 1248

– König Ödipus. Übertragen und herausgegeben von Wolfgang Schadewaldt. Mit einem Nachwort, drei Aufsätzen, Wirkungsgeschichte und Literaturnachweisen. it 15

Tacitus: Germania. Zweisprachig. Übertragen und erläutert von Arno Mauersberger. it 471

Der tanzende Tod. Mittelalterliche Totentänze. Herausgegeben, eingeleitet und übersetzt von Gert Kaiser. it 647

Theokrit: Sämtliche Dichtungen. Aus dem Griechischen übertragen und herausgegeben von Dietrich Ebener. it 1158

Walther von der Vogelweide: Gedichte. Mittelhochdeutscher Text mit der Übertragung von Karl Simrock aus dem Jahre 1833. it 1004

Weisheit aus der Wüste. Worte der frühen Christen. Herausgegeben von Gerd Heinz-Mohr. Mit farbigen Abbildungen. it 1187

Wie ein Mann ein fromm Weib soll machen. Mittelalterliche Lehren über Ehe und Haushalt. Herausgegeben, ins Neuhochdeutsche übertragen und mit einem Nachwort versehen von Michael Dallapiazza. it 745

151/4/10.90

Philosophie
im insel taschenbuch

Augustinus: Bekenntnisse. Lateinisch und Deutsch. Eingeleitet, übersetzt und erläutert von Joseph Bernhart. Mit einem Vorwort von Ernst Ludwig Grasmück. it 1002

Jakob Böhme: Aurora oder Morgenröte im Aufgang. it 1171

Boethius: Trost der Philosophie. Zweisprachige Ausgabe. Lateinisch und deutsch. Mit einem Nachwort von Ernst Ludwig Grasmück. it 1215

Giordano Bruno: Das Aschermittwochsmahl. Übersetzt von Ferdinand Fellmann. Mit einer Einleitung von Hans Blumenberg. it 548

Marcus Tullius Cicero: Von den Pflichten. Zweisprachige Ausgabe. Aus dem Lateinischen von Christian Garve. it 1273

Epikur: Philosophie der Freude. Briefe, Hauptlehrsätze, Spruchsammlung, Fragmente. Übertragen und mit einem Nachwort versehen von Paul M. Laskowsky. it 1057

Erasmus von Rotterdam: Das Lob der Torheit. Mit den Randzeichnungen von Hans Holbein dem Jüngeren. Übersetzt und herausgegeben von Uwe Schultz. it 369

Kant-Brevier. Ein philosophisches Lesebuch für freie Minuten. Herausgegeben von Wilhelm Weischedel. it 61

Sören Kierkegaard: Briefe. Aus dem Dänischen und mit einem Nachwort von Walter Boehlich. it 727

– Tagebuch des Verführers. Aus dem Dänischen von Helene Ritzerfeld. it 405

Niccolò Machiavelli: Der Fürst. Aus dem Italienischen von Friedrich von Oppeln-Bronikowski. Mit einem Nachwort von Horst Günther. it 1207

Philipp Mainländer: Philosophie der Erlösung. Ausgewählt von Ulrich Horstmann. it 1148

Meister Eckhart: Das Buch der göttlichen Tröstung. Ins Neuhochdeutsche übertragen von Josef Quint. it 1005

Michel de Montaigne: Essays. Herausgegeben und mit einem Nachwort versehen von Ralph-Rainer Wuthenow. Revidierte Fassung der Übertragung von Johann Joachim Bode. it 220

Thomas Morus: Utopia. Mit einem Nachw. von Norbert Elias. it 1206

Friedrich Nietzsche: Also sprach Zarathustra. Ein Buch für alle und keinen. Thomas Mann, Die Philosophie Nietzsches im Lichte unserer Erfahrung. it 145

– Der Antichrist. Versuch einer Kritik des Christentums. it 947

– Ecce homo. Mit einem Vorwort von Raoul Richter und einem Nachwort von Ralph-Rainer Wuthenow. it 290

167/1/10.90

Philosophie
im insel taschenbuch

Friedrich Nietzsche: Die fröhliche Wissenschaft. Mit einem Nachwort von Ralph-Rainer Wuthenow. it 635

– Die Geburt der Tragödie aus dem Geiste der Musik. Mit einem Nachwort von Peter Sloterdijk. it 1012

– Götzen-Dämmerung oder Wie man mit dem Hammer philosophiert. it 822

– Jenseits von Gut und Böse. Mit der Streitschrift ›Zur Genealogie der Moral‹ und einem Nachwort von Ralph-Rainer Wuthenow. it 762

– Menschliches, Allzumenschliches. Ein Buch für freie Geister. Mit einem Nachwort von Ralph-Rainer Wuthenow. it 614

– Morgenröte. Gedanken über die moralischen Vorurteile. Mit einem Nachwort von Ralph-Rainer Wuthenow. it 678

– Unzeitgemäße Betrachtungen. Mit einem Nachwort von Ralph-Rainer Wuthenow. it 509

– Vom Nutzen und Nachteil der Historie für das Leben. it 1236

– ›Wie man wird, was man ist.‹ Ermutigungen zum kritischen Denken. Herausgegeben von Ursula Michels -Wenz. it 1096

Jean Orieux: Das Leben des Voltaire. Aus dem Französischen von Julia Kirchner. Mit einer Zeittafel und einem Personenregister. it 874

Blaise Pascal: Größe und Elend des Menschen. Aus den »Pensées«. Auswahl, Übersetzung und Nachwort von Wilhelm Weischedel. it 441

– Über die Religion und über einige andere Gegenstände. Aus dem Französischen übertragen und mit einem Nachwort herausgegeben von Ewald Wasmuth. it 1008

Platon: Phaidon. In der Übersetzung von Rudolf Kassner. Mit einem Nachwort von Karl Hielscher. it 379

– Das Trinkgelage oder Über den Eros. Übertragung, Nachwort und Erläuterungen von Ute Schmidt-Berger. Mit einer Wirkungsgeschichte von Jochen Schmidt und griechischen Vasenbildern. it 681

Jean-Jacques Rousseau: Bekenntnisse. Aus dem Französischen von Ernst Hardt. Mit einer Einführung von Werner Krauss. it 823

Arthur Schopenhauer: Aphorismen zur Lebensweisheit. Vollständige Ausgabe mit Erläuterungen und Übersetzung der fremdsprachigen Zitate. Mit einem Nachwort von Hermann von Braunbehrens. Mit 16 Daguerreotypen und Fotos und Bilderläuterungen von Arthur Hübscher. it 223

Arthur Schopenhauer: Kopfverderber. Über die Universitäts-Philosophie und ihre Professoren. Herausgegeben von Otto A. Böhmer. Mit Abbildungen. it 661

167/2/10.90